ON
BRANDING

4 ON-BRANDING

CONTENTS Vol.11

SPECIAL ISSUE
ON-BRANDING

온브랜딩이란 Brandon(브랜든)들이 온라인 혹은 오프라인에서 자신이 소유하거나 (구매하지 않고) 연애하는 브랜드의 '인지도'가 아닌 '충성도'를 높이는 브랜딩 작업을 하고 있음을 의미한다. Brandon들은 기업의 고용과는 별개로, 자발적으로 자신이 정한 브랜드의 '성숙과 완성'을 '사명'으로 완수하는 사람들이다. 그렇다면 Brandon들의 온브랜딩 괴력은 얼마나 강력할까? 결론부터 말한다면 핵폭탄급이다.

08	**EDITOR'S LETTER**	편집장의 편지
14	**INDEX**	온브랜딩 용어사전

INSIGHT ON

아인슈타인이 말했듯 "믿지 않는 것보다 믿는 것이 낫다. 믿으면 모든 일이 가능해"진다. 온브랜딩은, '브랜드 아이덴티티는 고객이 만들며, 브랜딩은 기업의 통제권을 벗어났으며, 브랜드 아이덴티티는 온라인에서 24시간 동안 구축되고 있다는 것'을 있는 그대로 '인정'하고 '믿는' 것에서 시작한다.

20		노ᴺᴼ브랜드가 온ᴼᴺ브랜딩을 만났을 때, 조폭떡볶이
21		유나이티드 에어라인의 브랜드 운영 작전권 이양
22		멈추지 않는 브랜딩 시계, 유니클락
23		흩어진 나의 이야기를 잇는 노드ⁿᵒᵈᵉ, 스키틀즈닷컴
24	INTERVIEW	브랜드 아이덴티티가 ON의 열쇠_황상민
30		Brandon들의 ON–Branding

ANGLES ON ON-BRANDING

"당신이 네트워크 경제의 개척자라면 브랜딩은 당신의 성공에 절대적일 것이다. 특히 귀에 거슬리는 소리들이 난무하는 온라인 세계에서 브랜드는 온갖 잡음들이 득실거려도 당신의 메시지를 고스란히 전달해 줄 것이다." 스웨덴 태생의 브랜드 전략가 토마스 가드 역시 21세기 롱런 브랜드를 위한 전략으로 '온브랜딩'과 같은 관점을 제시한다. 미국, 인도, 영국의 경영 전략가, 브랜드 전략가, 미래학자, IT 전문가도 다르지 않았다. 온브랜딩은 새로운 브랜딩 용어가 아니다. 눈에 보이지 않았지만 이미 존재했던 현상에 '이름'을 부여한 것이다.

38	INTERVIEW	온브랜딩의 혁신 공식 N=1,R=G_M.S.크리슈난
44	INTERVIEW	온브랜딩은 가장 '자신다움'이다_앨런 애덤슨
50	INTERVIEW	Business ON을 위한 쿨헌팅, 쿨파밍_피터 글루어
54	INTERVIEW	Interaction ON_폴 길린
58	INTERVIEW	Digital Media, Branding ON_캐롤린 핸들러 밀러
64	INTERVIEW	I² Technology, ON브랜딩_프랭크 피더
68	INTERVIEW	Unique Branding, ON–Branding_스캇 데밍

LOG ON BRAND IDENTITY

2008년 전 세계에 개설된 블로그 수는 약 1억 3천 3백만 개, 국내 블로그 개설자 1,300만 명 시대를 살아가고 있는 기업들은 블로고스피어를 어떻게 바라보아야 할까. "링크는 블로고스피어의 화폐"라고 한 팟캐스트의 창시자 애덤 커리의 말대로 전 세계 1억 3천만 개, 국내 1,300만 개의 노드를 링크시켰을 때 얻을 수 있는 무형자산의 크기는 이루 말할 수 없이 크다. 실제로 브랜드라는 무형자산을 온라인에 퇴적시키고 있는 기업 블로그들의 노하우를 소개한다.

- 76 ON 기업 블로그, 브랜드 아이덴티티 퇴적층
- 80 INTERVIEW | Humanization ON, 온브랜딩은 브랜드의 인간화다_셀 이스라엘
- 84 Real Identity ON, 티스토리
- 88 ON 대화의 기술, 기아버즈
- 94 사적인 배려 ON, LG전자 더블로그
- 100 INTERVIEW | Warmheart ON, 김안과 옆집아이_김성주

OFFLINE BRAND ON-BRANDING

온라인 시대가 도래하기 전, 오프라인 브랜드들은 'OFF'가 상징하듯 24시간 365일 소비자와 커뮤니케이션하지 않아도 괜찮았다. 매장 문을 닫으면 커뮤니케이션도 끝나는 것이다. 그러나 이제 상황은 달라졌다. 기업이 잠든 시간에도 소비자들은 온라인에서 브랜드에 관해 끊임없이 이야기한다. 그래서 온라인의 'ON'은 Ongoing 즉, 지속적인 커뮤니케이션이다. 이제 오프라인 브랜드들의 온브랜딩은 선택이 아니라 필수다.

- 108 오프라인 브랜드의 ON-Branding
- 110 명확한 프레임이 ON-Branding의 출발, 코카콜라
- 118 고객의 관심을 배려하는 ON-Communication, 존슨앤존슨
- 124 자신감에서 시작된 ON-Branding, 필립스와 베네피트
- 128 보물 탐험가, 나이키 마니아의 ON-Branding
- 134 'ON'과 'WITH'의 ON-Branding

24HOURS ON STORE 24HOURS ON BRAND

"브랜드와 유통이 경쟁하는 시대가 왔다." 장노엘 캐퍼러의 이 말은 시장이 성숙 단계에 이르고, 할인 경쟁은 온·오프라인을 막론한 일상이 되며, 대형 마트가 저가로 브랜드를 위협하는 현상들을 한 문장으로 요약한다. 그러니 인터넷 쇼핑몰들은 이제, 반짝 빛났다 사라지는 '유통 채널'이 되고야 말 것인지, 아니면 시대를 이기고 이름을 남기는 'ON브랜드'가 될 것인지 심각하게 고민해야 한다.

- 138 24시간 꺼지지 않는 가게, 인터넷 쇼핑몰
- 140 새로움에 고객이 ON한다, 인터파크
- 144 아이덴티티로 소통하다, 로토코 & 녜스클로짓
- 148 감성적 이야기 큐브, 10X10
- 154 링크로 온브랜딩의 길을 만들다, 예스24

SEARCHING ON IDENTITY TECH

포털사이트의 검색 기능에서 중추적인 역할을 하는 크롤러는 정보의 거미줄로 빼곡히 찬 온라인 공간을 돌아다니며 검색어에 대한 답변을 가져다 주는 로봇 거미라고 할 수 있다. 그들의 미션은 웹 상 구석구석에 숨겨진 소비자의 욕망과 그 욕망에서 비롯된 특정 브랜드에 대한 예찬과 비방의 목소리를 마케터에게 물어다 주는 것이다. 각기 다른 뇌 구조를 가진 네 개의 크롤러는 진화의 방향도, 매커니즘도 달리한다. 브랜드는 항상 'ON' 되어 있다는 것의 확실한 증거를 눈 앞의 현실로 보여주는 그들의 움직임을 추적해 본다.

- 162 Talking ON Brand, Crawling ON Identity
- 168 INTERVIEW | 툭툭 찔러 성공하다, ON Nudging_리처드 탈러
- 172 '존재'는 질문으로부터 시작된다, 네이버
- 178 ON Branding의 ON상溫床, Daum
- 186 흩뿌려진 나의 아이덴티티를 찾아주다, 네이트
- 190 ON Communication, 구글

LINK ON THE NETWORK

거미 없는 거미줄의 세계인 웹은 복잡계로 설명된다. 웹의 등장으로 인해서 폭발한 온브랜딩 현상 역시 무작위 네트워크 안에서 진행되기 때문에 그 과정과 영향력을 짐작하기 어렵다. 단지 그 방향만을 예측할 뿐이다. 그리고 그 방향의 중심에는 '관계'가 있다. 버진그룹의 CEO 리처드 브랜슨이 "브랜드는 상품보다는 관계로서 명확하게 정의되고 있다"고 했듯 말이다.

- 200 INTERVIEW | 관심경제학으로 보는 ON-Branding_이면희, 김화수
- 210 문학동네, ON정溫情 으로 브랜딩하다
- 216 COLUMN | ON vs. OFF_배근정
- 222 COLUMN | 브랜드 2.0 시대_김지현
- 226 COLUMN | 소셜 미디어, 온브랜딩의 시대를 열다_이중대
- 231 COLUMN | 온브랜드 : 변증법적 브랜딩 과정_최영일
- 240 ON Relationship

IDEA ESSAY

- 248 Anyone, Anytime, Anywhere ON, 트위터
- 250 ON IDEA, ON TED
- 252 미공군에게 배우는 ON의 법칙
- 254 수익 마인드 Business ON, ON-Branding
- 256 Business Insight 6_김경필

6 ON-BRANDING

Vol. 11 온브랜딩 쉽게 보기

NETWORK Node⊙+Link🔗
REFERENCE

온브랜딩 지식 Node⊙을 연결 Link🔗 시키십시오.

"모든 것은 모든 것에 잇닿아 있다." 호르헤 루이스 보르헤스

인터넷을 통해 만들어진 촘촘한 네트워크가 브랜드의 온브랜딩을 원활하게 했듯, 독자 여러분이 얻게 될 새로운 지식의 원활한 이해를 돕기 위해 유니타스브랜드도 Vol.11 내에 새로운 네트워크를 만들었습니다. 네트워크의 기본 구조처럼, 유니타스브랜드 속의 네트워크도 노드node와 링크link로 이루어져 있습니다. 노드(⊙)는 기사 내용 중 유니타스브랜드가 독자분들께 추가로 설명드리고자 하는 키워드이고, 링크(🔗)는 그 키워드의 개념을 더 자세히, 혹은 사례로 설명하는 내용입니다. 기사를 읽다 보면 내용 중에 밑줄이 그어진, 그리고 고유 번호를 가진 노드를 발견할 수 있으실 겁니다. 이때 추가적인 설명이 필요하다고 느끼시면, 페이지 하단에 적혀있는 링크 페이지로 따라가시면 됩니다. 그 페이지에서 노드와 같은 번호를 가진, 밑줄이 그어진 링크 내용을 확인하는 것입니다.

www.sampartners.co.kr

하루 7잔의 커피

자료로 터질 듯한 책상

24시간이 모자르는 회의

끊임없이 고민하는
우리의 일상

왜 이러고 사냐고 물으신다면

이유는단하나
당신의브랜드와
브랜드를통한놀라운경험을만드는
진심어린노력의과정

진짜 브랜딩은
사람들에게 잊지못할
경험을 만들어 내는 것입니다

Real branding is creating brand experience!

sam partners
creating brand experience

Sampartners inc. 609 - 25 yoeksamdong, gangnamgu, seoul, korea, zipcode 135-907, telephone 02 508 7871   facsimile 02 508 7651

ON-Branding과 Online Branding 그리고 溫따뜻할 온-Branding

작년 이맘때쯤 일이다. 세계적인 거대 인터넷 업체가 '온라인 비즈니스에서의 브랜딩'을 주제로 한국의 광고주를 초청해서 비공개 세미나를 열었다. 행사를 주관한 업체가 세계적인(?) 인터넷 기업이다 보니 그 준비와 규모가 가히 놀랄만했다. 주최측은 강사진에게 세미나 참석자들이 강의를 들으면서 온라인의 중요성을 충분히 공감할 수 있을만한 강의안을 만들 수 있도록 각종 자료와 정보를 제공했다. 나의 강의안도 세 번이나 검열을 받아야 했다. 그런데 강의 전날, 참석자들의 명단을 받아 보고는 실로 놀라움을 감출 수가 없었다. 왜냐하면 행사 주최측에서 말했던 참석자 기준과 당일 참석자는 상당히 달랐기 때문이다. 나는 '시장의 변화에 따른 온브랜딩 전략'에 대한 강의안을 수정할 수밖에 없었다. 왜냐하면 당일 참석자의 80%가 '대리'도 아닌 2년 차 '사원'이었기 때문이다. 정확히 말하면 '인터넷 광고팀원'들이었다.

2000년을 기준으로 '브랜드'의 역사는 BC(기원 전)와 AD(기원 후)로 구분되었다고 본다. 물론 기원 전·후가 구분되는 시점을 아마존이 성공적인 비즈니스 모델을 탄생시킨 시기로 보는 사람도 있고, 이베이 혹은 대형 의류 쇼핑몰들의 성공했던 시기로 보는 사람도 있다. 왜냐하면 인터넷 업계는 절대로 아마존과 이베이 그리고 대형 의류 쇼핑몰이 성공할 수 없을 것이라고 단언했기 때문이다. 누가 책을 직접 훑어 보지도 않고 서평과 광고 카피만으로 사겠는가? 누가 훔친 물건일지도 모르는 상품을 인터넷에서 경매로 사겠는가? 누가 입어 보지도 않은 옷을 사진만 보고 사겠는가? 이 질문만 본다면 사지 않을 것 같지만 우리나라 인터넷 쇼핑몰 상위 5위까지는 모두 의류 쇼핑몰이고, 아마존과 이베이도 초기의 우려와는 달리 거대 비즈니스 모델을 만들어냈다. 대부분의 인터넷 비즈니스 모델에서 가장 궁금했던 것은 '어떻게 돈을 벌 것인가?'였다. 거북한 단어일지 모르지만, 인터넷의 '상용화(생활화로 쓰고 싶었지만)'의 역사는 10년이 채 안 된다. 이 정도의 변화라면 충격적이라고 말할 수 있다. 이 짧은 비즈니스 기간에 너무나도 많은 것들이 변했기 때문이다. 솔직히 무엇이 어떻게 변했는지 알아차릴 겨를도 없이 우리의 사고방식마저도 통째로 변화했다. 이 변화의 관점을 브랜드 관점이 아니라 마케팅 관점에서 본다면 마케터들은 이제 시장을 통제하거나 조정하지 못할 정도다.

인터넷이 존재하지 않았던 과거에는 천문학적 비용을 들여 대중매체에 광고를 하면서, '상표'에 대한 '인지도'를 올렸다. 그리고 나면 소비자의 '충성도'가 생겨서 흔히 신뢰도가 높은 '브랜드'가 되었다. 지금 생각해보면 참 쉬웠다. 왜냐하면 돈과 시간의 싸움이었기 때문이다. 상표가 브랜드가 되는 과정에서 제품에 불만을 가진 소비자들이 할 수 있는 일은 ①서비스 센터에 찾아가기, ②소비자 보호원에 신고하기, 그것도 안 되면 ③방송국에 제보하기였다. 그러나 지금은 어떤가? 어떤 기업이 자신의 상품에 대해서 소비자를 기만하거나 부정을 저지르면 각종 인터넷 미디어를 통해서 전 국민이 알게 된다. 이런 사건이 영어권에서 터졌다면 유튜브와 트위터 등을 통해서 삽시간에 전 세계인들에게 알려지고 해외토픽으로 다뤄질지도 모른다. 그러니까 많은 비용을 들여서 혹은 대중 마케팅으로 소비자를 다스리면서 상표를 브랜드로 만들겠다는 사고는 한 마디로 시대에 뒤쳐진 재래식 마케팅 사고방식이라고 볼 수 있다.

그럼에도 불구하고 아직도 오프라인 브랜드의 인터넷 담당자들은 평균적으로 대리직급을 달고 있다. 의식이 있는 기업에서는 간혹 차장직급의 담당자도 볼 수 있지만, 임원이 인터넷 비즈니스를 전담하고 끌고 가는 기업은 매우 드물다. 아직도 인터넷을 단순히 매체로 바라보기 때문이다.

브랜딩이라는 단어는 최근 3년 전부터 많이 사용하는 단어다.

AD&MARKETING
BRIGHTEST BRAINS

Provide the industry-best online consulting and innovative design services

SNS SERVICE
SOCIAL NETWORIKNG

Provide the superb customer relations service that integrates web & mobile platforms

R&D CENTER
INNOVATION

Provide innovative solutions optimized for the e-Business Environment

WEB SERVICE
TRENDY & SENSITIVE

Provide Web Total Services in strategy, design, and operation, tailored to our customer's needs

MOBILE SERVICE
SMART MARKETING

Provide the best mobile service through Mobile Development Center

Let's leap 2011

YOU WILL EXPERIENCE AN AMAZING ACHIEVEMENT IN ONLINE!

All about online™ Media4th

Homepage_ www.media4th.co.kr Blog_ www.onlinefirst.co.kr Twitter_ www.twitter.com/media4th Tel_ 02. 536. 0517

ON-BRANDING

사실 확인을 하고 싶다면 3년 전 마케팅 책에서 브랜딩이라는 단어를 찾아보면 된다. 그러면 그 단어가 얼마나 편협하고 희귀하게 사용되었는지를 알게 될 것이다. 그렇다면 브랜딩이라는 단어가 뭘까? 말 그대로 '브랜드를 브랜드답게 만드는 모든 과정'이라고 정의할 수 있다. 그렇다면 누가 브랜딩을 할까? 앞서 말했듯이 예전에는 마케터들이 광고, 홍보 그리고 각종 판촉을 통해서 '충성도 높은 상표'를 만드는 것이 브랜딩이라고 생각했다. 하지만 인터넷, 광의적인 표현으로는 온라인 시장이 도래하면서 소비자가 브랜딩 과정에 참여하게 되었다. 기업이 이름 붙인 제품에 소비자가 가치를 부여하기 전까지 그 제품은 단지 상품^{Commodity}에 지나지 않는다. 그러나 소비자가 상품에 의미를 부여하고, 상징으로 사용하며 자신의 가치로 인정하게 되면 그것은 상품이 아니라 자신과 동격으로 여기는 아이덴티티^{Identity}가 된다. 이제 브랜드가 온라인에서 무엇인가를 하려고 한다면 Information Technology의 IT가 Identity Technology의 IT로 변했다는 것을 알고, 현란한 플래시 기반의 웹페이지를 구축하는 것보다 브랜드 아이덴티티와 철학 그리고 진정성이 더 중요하다는 것을 깨달아야한다. 이 과정, 즉 상품을 더 이상 필요에 의한 '상품'이 아니라 욕망에 의한 '브랜드'로 만드는 연금술을 '브랜딩'이라 한다. 그러나 온라인 공간에서는 이것을 브랜더가 하는 것이 아니라 브랜드를 사랑하는 소비자들이 하게 될 것이다.

ON-Branding이란, 한 마디로 브랜드가 24시간 내내 브랜딩 되는 현상을 말한다. 브랜드를 보유한 기업에서 근무하는 직원들이 잠도 자지 않고, 휴일도 반납하고 브랜딩을 하기는 어렵다. 하지만 특정 브랜드를 사랑하는 사람들은 자신들이 애호하는 브랜드 사이트에 안티 세력이 생겨나는 것을 막기 위하여 자체적으로 보초(?)를 세워가며 24시간 365일 브랜딩 하고 있다. 이번 특집은 왜 이런 현상이 벌어지고 있고, 이러한 현상이 앞으로 어떻게 전개될 것인가에 관한 이야기다. 다시 말한다면 ON-Branding은 online에서의 인터넷 비즈니스 마케팅 이야기가 아니다. 하지만 ON-Branding이 online이라는 기술적 환경의 소산임은 틀림 없다.

이번 특집 기사들을 보면 전략, 마케팅, 디자인, 메시지라는 단어보다 진정성, 투명성, 본질, 가치, 겸손, 참여, 공유, 개방, 철학, 열린 마음, 경청, 감동과 같은 단어가 많이 보일 것이다. 그 이유는 이들에게 브랜드는 '소비'하는 것이 아니라 '관계'를 맺는 것이기 때문이다. 브랜드와의 관계, 브랜드를 좋아하는 사람들과의 관계, 그리고 브랜드를 만드는 사람과의 관계가 online에서 이루어지고 있다. 이런 끊임없는 관계의 지속 현상이 바로 ON-Branding이다. 사람과 사람과의 관계에서 가장 오래가고, 단단하고 그리고 뜨거운 것이 바로 사랑이다. ON-Branding의 관계성 안에 바로 '사랑'이라는 이 특이한 관계성이 일어나고 있다. 그래서 ON-Branding을 溫^{따뜻할온}-Branding이라고도 할 수 있다.

종교의 여러 구성 조건을 살펴보면 '특별한 감정'을 서로 공유해야만 종교성을 가진다고 한다. 브랜드에 대해서 '특별한 체험'을 공유하고 있다면, 그래서 '특별한 감정'을 서로 공유하게 된다면 브랜드도 종교가 될 수 있을까? 인터넷에서 클릭 세 번이면 특정 브랜드의 광신도를 만날 수 있다. 그들이 24시간 내내 온라인과 오프라인을 돌아다니면서 브랜드에 관해서 찬양과 파티를 즐기는 것을 관람할 수 있을 것이다. 거듭 말하지만 브랜드는 소비의 대상이 아니라 관계의 통로가 되었다.

P.S 다음 특집호인 Vol.12, 수퍼내추럴코드를 끝으로 유니타스브랜드의 '시즌 I'이 끝납니다. 시즌 1은 브랜더들이 브랜드를 만들고 운영할 때 반드시 알아야 할 개념들을 다루었습니다. 그 이유는 유니타스브랜드의 모든 특집은 교육용 교재로 기획되었기 때문입니다. 그래서 Vol.1~12까지 모두 가지고 계신 분을 위해서 '브랜드 교육 매뉴얼'을 드리겠습니다. 시즌 I을 정리하는 차원에서 Vol.13의 주제는 '브랜딩'입니다. 그 동안 열 두 권의 책에서 다루었던 주제를 '브랜딩'이라는 통합된 관점으로 편집한 책을 특별판으로 출간하겠습니다. 시즌 II는 브랜드 운영을 위한 '방법론'을 다룰 예정입니다. 교육, 철학, 리더십, 문화, 전략, 브랜드 아이덴티티, 경영 등 다소 포괄적인 주제이지만 '컨셉'과 '디자인 경영'처럼 실제적인 방법론과 사례를 다룰 예정입니다. 그리고 Vol.12는 11월1일에 출간될 예정입니다. 그 이유는 인터뷰를 요청한 대부분의 사람들이 8월에 휴가를 떠나 9월부터 인터뷰를 시작하기 때문입니다. 이점 독자분들께 양해를 구합니다. 혹시 저희가 정한 주제와 관련이 있거나 좋은 브랜드나 취재할 만한 대상을 알고 계신다면 editor@unitasbrand.com 그리고 unitas@unitasbrand.com으로 연락주십시오. 시즌 II에서는 회원들과 함께 기획 및 편집을 하는 유니타스브랜드가 되고 싶습니다.

편집장 권 민

BOOK

Unitas BRAND
브랜드, 마케팅, 트렌드, 디자인에 관한 전문 매거북(magazine+book)으로, 격월간 발행

Unitas VIEW
트렌드, 문화, 라이프스타일, 예술, 리서치 등의 주제를 무크지 형태로 발행

단행본
브랜드를 비롯한 전문 분야에 대한 다수의 연구서 저술을 통해 지식을 개발

CONSULTING

Unitas Consulting
브랜딩 최적화를 위한 브랜드 컨설팅 서비스를 제공 브랜드 철학 및 비전구축과 이를 가시화하는 전략 수립 컨설팅 병행

Unitas Coaching
CEO와 Top Management의 실제적인 브랜드 경영을 돕기 위한 프로그램을 제안

BRANDING HOUSE
브랜드를 브랜드답게 만듭니다

EDUCATION

Unitas CLASS
전 직원의 브랜더화를 위한 브랜드 전략가 양성 교육, 기업 맞춤 교육 및 집합 교육 등 브랜드 특화 교육 커리큘럼 제공

Unitas Conference
최고의 브랜딩, 마케팅 전문가들과 함께하는 컨퍼런스 및 세미나를 통해 브랜딩 역량을 향상

SOLUTION

Brand 창업
브랜드 창업센터를 통해 예비창업자를 위한 교육 및 세미나 진행. 브랜드 창업을 근간으로 한 유니타스브랜드 시즌 III 기획. Vol.21 '브랜드 창업'과 《아내가 창업을 한다》 출간.

UNITAS MATRIX
프로젝트가 진행될 때 최상의 결과를 얻을 수 있도록 돕는 프로젝트 도구. 프로젝트 플래너, 크리에이티브 노트, 시장조사 노트, 독서 노트 등을 통해 전략적 사고의 툴 제공

㈜모라비안유니타스 서울시 서초구 방배동 907-4 Tel 02.545.6240 Email unitas@unitasbrand.com www.unitasbrand.com 문의 조선화 실장

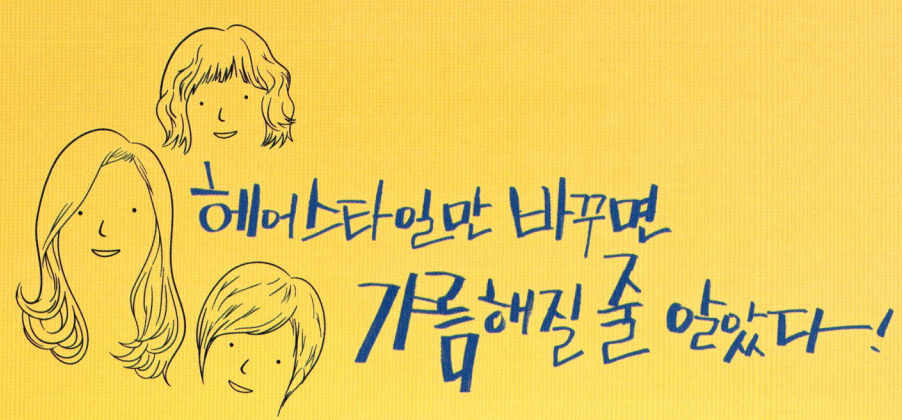

www.regen.co.kr
대한의사협회 의료광고심의필
제 110126-중-20985호

리젠의 360° 얼굴미인 프로젝트와 만나야 할 때!

애써 외면하려고 했던 얼굴형 고민-
더 이상 피하지 말고 리젠의 360도 얼굴미인 프로젝트로 당당한 얼굴미인 되세요
예쁘게 바뀐 얼굴형 하나로 어떤 머리도 자신 있게!
어느 각도에서도 아름다운 360도 얼굴미인,
리젠성형외과에서 최선을 다하겠습니다

리젠의 360도 얼굴미인 프로젝트 리젠은 3D CT촬영을 통해 보다 정교해진 안면윤곽·양악성형 노하우와 각 성형외과 전문의들의 체계적인 협진시스템으로 얼굴의 라인과 볼륨까지 조화롭게 살려 360도 얼굴미인이 되도록 최선을 다합니다.

- 분야별 의사들의 협진시스템
- 첨단의료 장비시스템
- 환자중심의 의료서비스 시스템
- 수술 후 관리시스템

대표전화 **1577-8766**

압구정점 / 강남점(진료내용:양악·안면윤곽클리닉) / 일산점

14 ON-BRANDING

ON-BRANDING DICTIONARY
온브랜딩 용어사전

온브랜딩은 유니타스브랜드가 제안하는 새로운 개념어입니다. 따라서 본문 중 온라인 환경에서 쓰이는 아래의 단어들 역시 온브랜딩 관점에서 재해석되었을 가능성이 높습니다. 아래 모든 항목은 위키백과를 참조하여 유니타스브랜드에서 재편집하였습니다. 브랜더나 마케터, 디자이너에게 낯선 다음의 용어들은 온브랜딩을 이해하는데 도움이 될 것입니다.

검색성 Findability 65

어떠한 것의 위치 혹은 내용의 '찾기 쉬운 정도'를 말하는 것이다. 정보의 검색 측면에서 검색성은 어떤 특정한 정보를 찾기 위해 어느 정도의 노력이 필요하며, 몇 단계를 거쳐야 하는가, 또한 얼마나 빨리 찾을 수 있는가의 정도를 말한다. 온라인 공간에서 브랜드가 얼마나 빈번히, 검색 결과의 상위에 노출되는가는 소비자에게 얼마나 자주 회자되는가와 밀접한 관련이 있음으로 온브랜딩에 큰 영향을 미칠 수 있다.

구글 크롬 Google Chrome 195

구글에서 애플사의 웹킷 렌더링 엔진을 사용하여 개발한 '가장 빠르고, 안정되고, 가벼움을 지향'하는 오픈 소스 웹 브라우저이다. 이름이 '크롬(브라우저에서 컨텐츠 영역을 제외한 브라우저의 틀)'인 이유는 이 크롬 영역을 최소화시켜 속도에서 경쟁우위를 가지려는 구글의 의지를 표현하기 위함이다. 실제 이를 위하여 V8이라는 자바스크립트 엔진을 이용해 웹페이지 로딩속도를 개선하는 등의 장치가 마련되어 있다.

그라운드스웰 Groundswell 132

쉘린 리와 조시 버노프의 《그라운드스웰》에서 소개된 개념으로 사전적 정의로는 '먼 곳의 폭풍에 의해 생기는 큰 파도'라는 뜻이다. 이는 기업 울타리 밖에서 생긴 흐름이 큰 트렌드가 되어 기업에 다시 밀어 닥치는 현상을 의미한다. 이는 사람들이 정보통신 기술을 이용하여 필요한 것을 기업에 의존하지 않고 직접 서로에게 얻어내는 것이 가능해졌기에 나타난 현상이며, 대중의 힘이 기업을 능가하고 있음을 상징한다.

넛지 Nudge 168

'팔꿈치로 쿡쿡 찌르다'라는 뜻으로 일종의 자유주의적 개입, 혹은 간섭을 말한다. 즉, 사람들을 바람직한 방향으로 부드럽게 유도하되, 선택은 여전히 개인에게 열려있는 상태. 온브랜딩 현상을 이해한 기업이 적용할 수 있는 넛지는 사람들이 끊임없이 자사 브랜드에 대해 이야기 할 수 있도록 긍정적인 이야기 소스를 지속적으로 만들어 주는 것이다. 단, 그것이 거짓이나 트릭이어서는 안 된다.

노드 Node　　159, 180

'매듭' '복잡한 조직의 중심점'을 의미하며, 컴퓨터에서는 네트워크의 분기점이나 단말 장치의 접속점을 말한다. 네트워크 이론의 기초가 되는 그래프 이론에서는 그래프(네트워크)는 노드라는 땅조각과 링크라는 다리가 만나 이루어진다고 말한다. 온브랜딩의 개념에서 노드는 사람들의 이야기가 폭발해 뻗어나갈 수 있는 중심으로 볼 수 있기 때문에 온브랜딩에서도 기초적인 용어로 사용된다.

밈 Meme　　34

생물학자 리처드 도킨스가 《이기적 유전자》에서 소개한 용어로, 문화의 진화에도 인간의 유전자gene 같은 복제 단위가 있을 것이라는 가설 하에, 지성과 지성 사이에서 전달되는 문화적 정보의 유전자를 '밈'이라고 칭했다. 음악, 문구, 패션 등도 밈이 될 수 있는 것이다. 유사한 관점으로 온라인 공간에서 사람들 사이에 브랜드가 회자될 때 그 안에서도 독특한 복제 단위가 있다. 바로 온브랜딩에서의 '디지털 밈'이다.

소셜 미디어 Social Media　　77, 223, 227

소셜 미디어는 사람들의 의견, 생각, 경험, 관점들을 서로 공유하기 위해 사용하는 온라인 도구나 플랫폼을 말한다. 소셜 미디어는 문자, 이미지, 오디오, 비디오 등의 다양한 형태를 취할 수 있다. 인기있는 소셜 미디어 형식은 블로그, 인터넷 포럼, 팟캐스팅, 위키피디아, 비디오 블로그(vlog) 등이 있다.

딜레이션십 Dilationship　　243

디지털digital과 릴레이션십relationship의 합성어로, 온라인 공간에서 만들어지는 '관계'를 설명하기 위해 만든 신조어이다. 인터넷 환경이 생활과 밀접해지면서 브랜드와 소비자, 소비자와 소비자 사이에는 새로운 관계가 형성된다. 온브랜딩에서는 딜레이션십의 중심에 '온라인 친밀감intermacy'을 두고 있으며, 인터넷 정보情報가 아닌 '정情'을 주고 받는 공간이라고 말한다.

복잡계 Complex System　　233

자연과학에서 시작해, 최근 사회과학, 인문학, 예술 영역의 관심까지 끌고 있는 이 개념은, 말 그대로 '혼란스러워 보이는 현상complex들 이면에 존재하는 나름의 질서system'를 의미한다. 나비효과가 복잡계를 설명하는 대표적인 예이며, 주로 프랙탈, 혼돈, 자기조직화 이론이 그 축을 이룬다. 온브랜딩의 주요 공간인 월드와이드웹 역시 무작위 네트워크로 이루어진 복잡계로 바라볼 수 있다.

스위칭 코스트 switching costs　　173

시장에서 소비자가 특정 상품이나 서비스의 제공자를 변경할 때 발생하는 비용(금전, 시간, 노력 등)을 의미한다. 온브랜딩의 주요 무대인 인터넷 환경은 클릭 한 번으로 페이지 전환이 가능하기 때문에 스위칭 코스트가 거의 들지 않는 특성이 있다. 따라서 소비자가 서비스를 이용할 때 오프라인보다 더 쉽게 공급자를 바꿀 수 있다.

링크 Link　　158

'연결'을 의미하는 용어로, 온브랜딩의 주요 무대가 되는 인터넷의 특성이 바로 이 링크들이 수없이 복잡하게 연결되어 '네트워크'를 형성한다는 것이다. 복잡계 네트워크 이론의 창시자인 알버트 라즐로 바라바시의 저서 《링크》는 링크와 노드의 개념을 웹에 적용시켜 인터넷을 이해하는데 필요한 준거들을 제시했다. '클릭 한 번으로 한 페이지에서 다른 페이지로 옮겨갈 수 있는 링크'야말로 웹의 힘이자 특권이다.

브랜든 Brandon　　31

온브랜딩 현상을 설명하는 중추적 역할을 하는 용어로, 브랜드의 '충성 고객'을 이르는 말이다. 이들은 자신이 소유하거나 구매하지 않음에도 애착을 갖고 자발적으로 해당 브랜딩 작업에 참여한다. 인터넷 세상에서 그들의 활동 영역과 영향력은 무한하다. 하지만 주의할 점은 이 브랜든은 언제든 충성 고객에서 불매 선동자로 변할 수 있다는 것이다. 그 변심은 브랜드와의 '관계'에서 치명적 상처를 입을 때 일어난다.

오버추어 overture　　165

모체는 1997년, 아이디어랩에 의해 설립된 GoTo.com이다. 최초로 '스폰서검색(Sponsored Search, 광고주가 구매한 키워드가 유저들의 검색어에 포함되거나 검색 결과에 그 키워드가 노출될 때 광고가 보여지는 검색)'을 개발하였으며 특히, 클릭당 광고비를 지불하는 CPC(Cost per Click) 방식을 만들어 획기적인 광고 모델을 선보였다고 평가받고 있다. 지난 2003년 야후에 인수되었다.

맥월드 MacWorld　　223

세계 정보기술 신제품 전시회이자 시사회인 맥월드 컨퍼런스 및 엑스포는 연례 행사로 2009년 25회를 맞겼다. 애플의 스티브 잡스가 기조 연설을 하며, 애플의 주요 제품을 발표하는 자리로 유명하다. 한 블로거는 "드디어 맥월드의 날이 밝혔다. 이제 조금 후면 많은 소문의 진상을 파악할 수 있을 것"이라는 말로 맥월드를 설명할 정도로 IT관계자뿐 아니라 전 세계 애플 마니아들의 높은 관심을 모은다.

블로고스피어 Blogosphere　　79

'블로그blog'와 장소, 공간 등을 의미하는 '스피어sphere'를 합쳐 만든 말로, 수많은 블로그들이 매우 촘촘하게 연결된 가상의 블로그 세계의 총칭이다. 이를 통해 블로거는 다른 사람의 블로그를 읽거나, 링크하거나, 참고해서 자신의 글을 쓰기도 하고, 댓글을 달기도 한다. 블로고스피어는 브랜드들이 가장 활발하게 활동하며 영향력을 발휘하는 공간 중 하나다.

오픈마켓 open market　　152

오픈마켓은 기존 인터넷 쇼핑몰의 판매상식과 다르게 개인 판매자들이 온라인에 직접 상품을 올려 매매하는 방식이다. 인터넷 쇼핑몰에서 중간 유통마진을 생략하고 판매자와 구매자를 직접 연결시켜 줌으로써 기존보다 저렴한 가격으로 판매가 가능하다. 대표적인 오픈마켓 웹사이트로는 G마켓, 옥션, 11번가 등이 있다.

16 ON-BRANDING

오픈캐스트 opencast　　157, 211

네이버 메인 화면의 일부를 개방하여, 이용자들이 스스로 관심있는 분야의 온라인 컨텐츠들을 링크로 묶어 다른 사람에게 보여줄 수 있게 하는 시스템이다. 개인이 오픈캐스트를 발행하면 이를 구독하는 사람들은 네이버 메인 화면에서 내용을 쉽게 확인할 수 있다. 웹 2.0의 개념에 좀 더 가까운 서비스로, 비즈니스나 마케팅에 관련된 오픈캐스트의 숫자도 꾸준히 늘고 있어 온브랜딩을 계획하는 기업이 눈여겨 볼 만하다.

유튜브 YouTube　　21

무료 동영상 공유 사이트로, 사용자가 영상 클립을 업로드하거나, 보거나, 공유할 수 있다. 유튜브는 컴퓨터를 사용하는 누구나 쉽게 동영상을 올릴 수 있도록 해, UCC라는 용어를 일반화시켰으며, 동영상 공유문화를 인터넷 문화의 중요한 한 부분으로 자리잡게 했다. 온브랜딩에 적극적인 기업들은 유튜브에 계정을 만들어 브랜드 관련 동영상을 업로드하면서, 웹 2.0 시대에 알맞은 커뮤니케이션에 발맞추고 있다.

팟캐스트 podcast　　39, 56

아이팟iPod의 pod과 방송broadcast의 cast가 합쳐진 단어이다. 인터넷을 통하여 시청하려는 사용자들이 원하는 팟캐스트를 선택하여 정기적 혹은 새로운 내용이 올라올 때마다 자동으로 방송을 구독할 수 있도록하는 방법을 의미한다. 많은 사람들이 팟캐스트를 아이튠즈에서만 구독할 수 있는 것으로 알고 있으나 실제로는 팟캐스트를 구독하고 관리할 수 있는 프로그램이 다수 존재한다.

온브랜딩 ON-Branding　　20, 21, 22, 23, 30, 240

온브랜딩의 ON은 online의 약자가 아니라, 켜져 있다/꺼져있다(ON/OFF)에서의 ON 개념에 가깝다. 온브랜딩은 크게 두 가지 개념을 포함하는 신조어로, '브랜드 아이덴티티는 고객에 의해서 만들진다' '브랜딩은 24시간 지속된다'이다. 온브랜딩은 과거에도 존재했으나, 인터넷 환경은 이를 배가시켰다. 따라서 단순히 온브랜딩은 인터넷 마케팅 혹은 온라인 마케팅의 또 다른 트렌드 용어나 표현이 아니다.

크롤러 crawler　　165, 175, 188, 191

사전적 정의로는 '기어다니는 사람, 포복 동물'을 의미하여 웹상에서는 정보의 바다를 기어다니며 필요한 검색 결과를 끌어오는 검색 프로그램을 의미한다. 크롤러는 검색 결과를 얻는 과정의 시작을 열어주는 존재로서 거미줄 같은 웹상에서 링크 사이를 오가며 정보를 수집하는 '로봇 거미'정도로 이해할 수 있다.

포털 portal **사이트**　　162

'관문' '시작'이라는 뜻 그대로, 많은 사람들의 인터넷 접속에 있어 관문의 역할을 한다. 뿐만 아니라, 인터넷 이용자들은 일상처럼 그곳에서 기록하고 대화를 나누고 있다. 각종 기록의 툴(블로그, 커뮤니티, 지식서비스)을 서비스하여 정보자산을 늘려가며 유저들이 머물도록 유도하고 있다. 또한 포털이 제공하는 '검색' 기능은 자사 브랜드에 대한 기록들을 추적해 보여주기도 한다.

웹 2.0　　42, 288

단순한 웹사이트의 집합체를 웹 1.0으로 본다면, 웹을 하나의 완전한 플랫폼으로 보는 것이 웹 2.0이다. 누구나 손쉽게 데이터를 생성하고 유통, 공유, 저장할 수 있는 사용자 중심의 참여형 웹환경을 정의한 개념이라고 할 수 있다. 2003년 오라일리 미디어에서 처음 사용하기 시작한 이 개념은 현재의 웹을 가장 잘 설명하며, 고객의 참여가 핵심인 온브랜딩이 활성화되는 환경을 제공한다.

트랙백 trackback　　90, 97, 224

변형된 댓글 기능으로 흔히 '엮인글'이라고 부른다. 댓글이 글의 아래에 직접 의견을 남기는 형식이라면, 트랙백은 특정 주제에 대한 글을 작성하고 관련된 다른 블로거의 글을 링크의 형식으로 글 아래에 남김으로써 관련된 주제의 글들이 링크로 연결되는 효과가 있다. 읽는 사람들 역시 트랙백된 링크를 따라가면 관련된 주제의 다양한 글을 볼 수 있다.

프랙탈 fractal　　234

1975년 만델브로트가 발표한 기하학 개념으로 불규칙적 자연현상에도 패턴이 있다는 것을 이론적으로 설명한다. 복잡계의 중요한 이론 중 하나로 규모를 초월한 자기유사성과 순환성을 특성으로 한다. 프랙탈은 해안선 및 지표면의 구조, 번개의 궤적, 눈의 결정 모양, 전기의 방전 현상, 주식 시장의 불규칙적 등락을 나타내는 곡선 등 거의 모든 자연현상에서 발견된다.

위키피디아 Wikipedia　　86, 227

모두가 함께 만들어 가는 다국어판 인터넷 백과사전으로 배타적인 저작권을 가지고 있지 않기 때문에 누구나 편집 기능을 이용하여 기존의 내용을 수정할 수 있다. 비영리 단체에서 운영하고 있으며, 이곳에 담긴 정보의 양은 5년 만에 200년 역사를 지닌 브리태니커 백과사전의 10배를 뛰어 넘었다. 온브랜딩 시대의 '집단 지성과 지혜'를 보여주는 대표적인 사례다.

트위터 twitter　　32, 248

무료 소셜 네트워킹 겸 마이크로 블로깅 서비스이다. 사용자들은 단문 메시지를 인스턴트 메신저, 이메일, 휴대폰 등을 통해 트위터 웹사이트로 보낼 수 있고, 이는 사용자의 개인 페이지에 표시된다. 동시에 그 메시지는 관계를 맺고 있는 다른 사용자들에게 전달된다. 한 사람이 보낸 메시지가 다수에게 한번에 전달되기 때문에 브랜드에 관한 이야기가 트윗팅되면 그 확산범위와 속도는 상상을 불허한다.

플리커 Flickr　　244

온라인 사진 공유 커뮤니티 사이트로 개개인의 사진 교환 목적 외에도 사진을 올려 저장하는 용도로도 쓰인다. 주요 소셜 미디어로 주목을 받는 이유는 전 세계의 사람들과 사진을 '공유'한다는 점과 '태그'를 기반으로 하는 자체 분류법을 써서 사진 검색이 용이하기 때문이다. 저작권이 늘 문제가 되는 사진이라는 컨텐츠를 개방하고 공유함으로써 전 세계로부터의 참여를 이끌어내고 있다.

호모나랜스 homonarrans 148

디지털 공간에서 말하기 좋아하는 소비자를 말한다. 이들은 적극적으로 이야기를 찾아다니며, 자신과 같은 소비자의 이야기를 신뢰하고, 기존 컨텐츠의 재구성을 즐기며, 이야기 중심에 항상 '나'를 둔다는 특성이 있다. 온브랜딩의 주요 주체인 소비자들은 이처럼 호모나랜스라는 이름으로 명명될 수 있다.

IT 246

IT는 사전적으로 정보기술Information Technology을 의미하며 정보의 수집, 가공, 저장, 검색, 송신, 수신 등 정보 유통의 모든 과정에 사용되는 기술 수단을 총체적으로 표현하는 개념이다. 하지만 온브랜딩에서는 브랜드 아이덴티티는 고객이 만든다는 개념으로 Identity Technology, 혹은 Identity Touch를 의미하는 단어로 사용하고 있다.

SNS Social Network Service 70

온라인 인맥구축 서비스이다. 1인 미디어, 1인 커뮤니티, 정보 공유 등을 가능하게 하는 기반이 되는 개념이며, 사용자가 서로에게 친구를 소개하고, 친구관계를 넓힐 것을 목적으로 개설된 커뮤니티형 웹사이트이다. 싸이월드가 대한민국 지역에서 가장 널리 쓰이는 소셜 네트워크 서비스이며, 북아메리카 지역에서는 페이스북, 마이스페이스, 트위터, 링크드인이 가장 널리 쓰인다.

API Application Programming Interface 222

응용 프로그램을 만들기 위한 함수의 집합체로, 최근 웹기반의 여러 기업들이 API를 공개함으로써 고객의 참여를 유도하고 있다. 대표적인 예가 구글맵 서비스이며, 네이버, 다음 등도 API 소스를 공개하고 있다. 전통적인 사고 방식에서의 API는 기업의 '지적 자산'이었지만 참여, 공유, 개방의 정신이 지배하는 웹 2.0 시대에는 '공유'로 인하여 얻는 가치가 더 크기 때문에 일어나는 현상이다.

N=1,R=G (Number=1,Resource=Global) 38

경영전략가 C.K. 프라할라드 미시간대 로스 경영대학원 교수가 《새로운 혁신의 시대》에서 경영정보 전문가 M.S 크리슈난 교수와 함께 제안한 것은 '지속적인 성장을 위한 혁신 공식'이다. 새로운 경영 환경에서, N=1(소비자는 단 한 명), R=G(자원은 전세계적으로)의 조건을 만족시켜야만 혁신을 지속함으로써 ON 상태를 유지할 수 있는 기업이 된다는 것을 의미한다.

UI User Interface 61, 177

사용자와 사물 또는 시스템, 특히 기계, 컴퓨터 프로그램 등의 사이에서 의사소통을 할 수 있도록 일시적 또는 영구적인 접근을 목적으로 만들어진 물리적, 가상적 매개체를 뜻한다. 사용자 인터페이스를 판단하는 기준으로 '사용성'이 있다. 좋은 사용자 인터페이스는 심리학과 생리학에 기반하여, 사용자가 필요한 요소를 쉽게 찾고 사용하며 그 요소로부터 명확하게 의도한 결과를 쉽게 얻어 낼 수 있어야 한다.

bricks-and-clicks 68

전통적인 비즈니스 모델을 의미하는 '브릭앤모타르(bricks-And-Mortar, 벽돌과 회반죽)'에 인터넷의 상징인 클릭(click)을 합성한 것으로 온·오프라인의 장점을 취합해 시너지를 극대화할 수 있는 비즈니스 모델을 말한다. 온브랜딩 시대에는 오프라인 브랜드라 하더라도 온라인에서 고객과의 커뮤니케이션을 시도하는 등의 하이브리드 전략이 필요하다.

RSS Really Simple Syndication 97

하버드 대학교가 저작권을 보유하고 있는, 컨텐츠 배급과 수집에 관한 표준 포맷이다. RSS가 등장하기 전에는 원하는 정보를 얻기 위해 해당 사이트 각각을 직접 방문하여야 했으나, RSS 관련 프로그램(혹은 서비스)을 이용하면 지정한 카페나 블로그에 업데이트 되는 글을 자동으로 모아서 받아 볼 수 있다.

UX User eXperience 177

UX 즉, 사용자 경험은 사용자가 어떤 시스템, 제품, 서비스를 직·간접적으로 이용하면서 느끼고 생각하게 되는 총체적 경험을 말한다. 단순히 기능이나 절차상의 만족뿐 아니라 전반적으로 지각 가능한 모든 면에서 사용자가 참여, 사용, 관찰하고 상호 교감을 통해서 얻을 수 있는 경험들의 총체를 의미한다.

CUG Closed User Group 179

자체 통신망이 없는 집단이 전국적 네트워크를 가진 pc통신상에서 가상 네트워크를 운영하는 서비스를 말한다. 네트워크 구축 비용 없이 가입비만으로 전국 통신망을 개설할 수 있으며, 그룹 내 전자우편·게시판 등의 기능을 활용할 수 있다. 많은 인원에게 정보를 전달할 수 있어, 웹시대 출현 전 온라인 동호회들이 pc통신 형태로 이러한 서비스를 많이 이용하였다. 오늘날 온라인 커뮤니티의 모체라고도 볼 수 있다.

SEO Search Engine Optimization 81

검색엔진의 최적화 상태 즉, 자신의 페이지가 검색결과의 상위에 랭크되도록 하는 검색기술을 의미한다. 하지만 검색엔진에 따라 검색 결과가 다르기 때문에 각각의 검색엔진의 특성을 파악하는 것도 중요하다. SEO의 성공은 '검색광고'와 같은 온라인 광고 시장에 투자하지 않고도 ROI 측면에서 좋은 결과를 가져오기 때문에 많은 기업들이 관심을 기울이고 있는 영역이다.

1

대한민국 인구대비 인터넷 접속률 세계 1위

1

대한민국 인터넷 평균속도 세계 1위

99%

대한민국 인터넷 사용자 중 **인터넷 쇼핑 유경험자** 비율

참조 Nielsen Online 글로벌 온라인 설문조사 (2007년 12월) | Acamai.com 통계자료 (2008년)

INSIGHT ON

20 ON-BRANDING

NO 브랜드가
ON 브랜딩을 만났을 때
조폭떡볶이

브랜드 네임이 없다.
브랜드 로고가 없다.
브랜드 슬로건이 없다.
브랜드 매니저도 없다.
브랜드 미션은 당연히 없다.
그런데,
지각된 품질은 있다.
브랜드 인지도가 있다.
브랜드 충성도가 있다.
브랜드 연상 이미지가 있다.
물론 독점적 브랜드 자산도 있다.
데이비드 아커가 이야기한
브랜드 자산 구성 요소는 모두 갖추고 있다.

홍대, 럭셔리 수노래방 사거리, 무뚝뚝한, 불친절, 마약 같은 중독성, 어린 시절 먹던 그 맛.
홍대 앞, 조폭떡볶이의 연상 이미지다. 트럭 어디에도 '조폭떡볶이'라고 쓰여있지 않지만 트럭을 둘러싸고 떡볶이를 먹고 있는 대부분의 사람들은 조폭떡볶이를 먹으러 왔다고 말한다. 조폭떡볶이라는 노브랜드가 하나의 브랜드로 인식되고 있는 것은 '온브랜딩'의 최대 성과라고 할 수 있다. 고객들에 의해서 네이밍은 물론이고 브랜드 아이덴티티가 만들어졌으며, 자발적 홍보에 자생적 브랜딩까지 되고 있기 때문이다. 조폭떡볶이의 사장님이 한 것이라고는 9년째 꾸준히 맛을 유지하며 운영하고 있는 것뿐이다. 물론 사장님 역시 조폭떡볶이가 꺼지지 않도록 'ON'시키고 있지만, 사장님이 가게 문을 닫고 퇴근하신 후에도 24시간 조폭떡볶이를 'ON'하게 하는 것은 고객들이다. 친구를 만나서 소개하고, 조폭떡볶이를 먹은 하루를 블로그에 기록하고, 맛집 사이트에 소개된 조폭떡볶이 관련글에 댓글을 달면서 말이다. 이렇게 온브랜딩은 브랜드 네임, 인터넷 홈페이지 하나 없는 노브랜드라 해도 고객의 마음만 사로잡는다면, 당신이 잠든 사이에도 브랜드를 꺼지지 않게 하는 엔진이다. UB

INSIGHT ON

유나이티드 에어라인, 브랜드 운영 작전권 이양

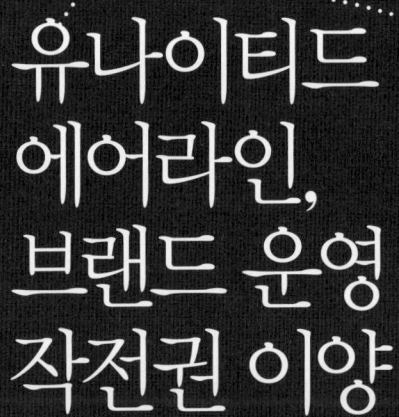

온라인 공간에서 브랜드는 브랜딩 작전 통제권을 잃었다.
전 세계 인터넷 이용자 수는 15억 9627만 명으로, 전체 인구의 약 1/4 정도이다(정보통신정책연구원, 2008년 5월 기준). 그들이 단 한 개씩만 SNS 채널(싸이월드, 개인 블로그, 페이스북, 마이스페이스, 유튜브, 트위터 등 소셜네트워크시스템)을 가지고 있다면 적어도 16억 개의 미디어가 온라인에서 ON되어 있다고 볼 수 있다.

얼마전 한 브랜드가 이들 미디어와 혹독한 전투를 치르고 있는 것을 목격할 수 있었다. 한 명의 성난 소비자 때문이다. 전쟁을 리드하고 있는 주인공은 캐나다에서 예닐곱 개의 음반을 취입한 가수 데이브 캐롤 Dave Carroll 이다. 요는 이렇다. 지난 2008년 봄 캐롤은 미국 네브래스카에서의 공연을 위해 유나이티드 에어라인 United Airline 을 이용했고 그 비행기는 경유지였던 시카고 오헤어 공항에 잠시 머물렀다. 그런데 그의 뒤에 앉은 여성이 소리쳤다. "세상에! 저들이 기타를 막 던지고 있네요!" 이 황당한 상황에 캐롤은 기내 승무원 세 명에게 이에 대해 항의했으나 무반응이었고 결국 종착지에 도착한 캐롤은 어쩔 수 없이 그 기타를 받아들었다. 다음 날 아침 확인 결과 그의 기타(3천 500달러 상당)는 부러졌다. 그 후 9개월 간 유나이티드 에어라인에 억울함을 토로했으나 그가 들을 수 있는 답변은 "유감이지만 보상할 수 없다"였다.

사건 발발 15개월 후인 2009년 7월 6일 그는 유튜브에 'United Breaks Guitars(유나이티드는 기타를 부순다)'라는 제목으로 4분 36초짜리 동영상(뮤직비디오) 하나를 업로드 했다. 게임이 ON 되었던 순간이다. 이 동영상은 2009년 7월 22일 현재, 3,594,827건의 히트수를 보이고 있으며 네티즌의 관심을 얻은 이 동영상은 순식간에 온갖 SNS의 로드를 타고 도처에 링크되었다. 게다가 일반인이 아닌 유명세 있는 가수가 만들어낸 이러한 Super UCC는 또 다시 CNN, ABC, WLS Chicago Radio, CTV National, CTV Newsnet, 등 수십 개의 네트워크 및 지역 매체들의 촉수를 건드렸고, 이제는 미국 전역에서 큰 이슈가 되었다. 아무래도 유나이티드 에어라인은 이 4분 36초짜리 동영상 때문에 75년간 쌓아온 브랜드에 큰 타격을 입을 듯하다.

이 전투는 이미 16억 네티즌들에게 주도권이 넘어갔고, 브랜딩 작전 통제권을 뺏긴 유나이티드 에어라인은 수십 억 개의 웹페이지를 통해 미리 알 수 없는 시간과 장소에서 신출귀몰하고 있을 그들에 대한 이야기를 그저 지켜볼 수밖에 없다. 한 명의 네티즌을 설득하는 동안 수백, 수천 개의 안티-유나이티드 네티즌들이 생겨날 것이기 때문이다.

온라인 공간에서 브랜드는 브랜딩 작전 통제권을 잃었다. 이 표현이 거북하다면, 정리된 표현으로 "브랜드 아이덴티티의 형성에 관한 헤게모니는 소비자 측으로 점차 이전되고 있다"정도로 해두자. 어쩌면 이것을 이해하고 인정하는 것이 바로 온브랜딩의 시작이다. UB

참조 www.youtube.com에서 United Breaks Guitars로 검색하면 해당 동영상을 볼 수 있다.

22 ON-BRANDING

24 365 ON

24시간 ON, 멈추지 않는 브랜딩 시계
유니클락 UNIQLOCK

72,128개, 아니 72,131개, 72,135개….
이것은 다름아닌 전세계 93개국에서 현재 ON하고 있는 유니클락 Uniqlock의 개수다. 일본 의류브랜드 유니클로Uniqlo에서 2007년부터 위젯 형태로 제공하고 있는 이 시계는 단지 똑딱똑딱 흘러가는 시간 사이사이에 (브랜드 로고는 전혀 보이지 않는) 유니클로 옷을 입은 사람들의 아크로바틱 동영상이 보여지는 아주 단순한 형태다. 하지만 그 단순함에 대한 호응이랄까. 유니클락의 홈페이지에서 보여지듯, 매 시간마다 이 시계를 컴퓨터에, 혹은 블로그에 설치하여 사용하는 사람들이 늘어나고 있다.

시간은 멈추지 않는다. 브랜딩도 마찬가지다. 각각의 컴퓨터가 인터넷으로 연결된 이후에 브랜딩은 단 한번도 멈춘 적이 없다. 고객들이 잠들지 않기 때문이다. 우리가 알지 못하는 사이 브랜드에 관한 이야기는 메신저와 블로그, 웹사이트를 타고 흐른다. 아주 조용히, 똑딱이는 시계 소리만 남긴 채 말이다.

어쩌면 유니클로가 유니클락을 만들게 된 것도 당연한 일이 아니었을까. 브랜드가 살아있기 위해서는 24시간 365일 ON되어야 하기 때문이다. 전세계 모든 고객에게 켜져 있는 브랜드가 되기 위해서라면, 시계의 모습으로라도 시간을 훔치는 전략이 필요하다. 덕분에 유니클로는 이미 이 시계로 재미를 찾는 많은 고객의 마음을 훔친 셈이다. UB

온라인 브랜딩이 아닙니다, 온브랜딩입니다
흩어진 나의 이야기를 잇는 노드 node, 스키틀즈닷컴 skittles.com

온브랜딩ON-Branding은 온라인브랜딩Online-Branding의 약자가 아니다. 온라인 환경으로 인해서 그 영향력이 폭발된 '고객에 의해서 브랜드가 항상 켜져있다는 의미의 온ON'이다.

새콤달콤한 맛의 중독에 멈출 수 없던 추억의 '스키틀즈'를 기억할 것이다. 최근 스키틀즈를 맛보지는 않았더라도, 마흔을 앞두고 있는 이 노장 브랜드의 홈페이지가 파격적이라는 소문을 듣고 혹시 스키틀즈닷컴에 접속해 보았는가? 홈페이지 배경에 S자가 그려진 빨강, 노랑, 파랑, 녹색의 스키틀즈들이 흩뿌려져있는 모습을 상상했다면, 팝업창처럼 생긴 두 개의 창이 덩그러니 놓여있는 첫 페이지를 보고 당황할지도 모른다. 이것을 노익장이라고 해야 할지 회춘이라고 해야 할지 헷갈릴 지경이다.

거기다 이들의 의도를 모른 채 왼쪽의 메뉴바를 하나하나 클릭하다 보면 '도대체 내가 무엇을 하고 있는 것인가'를 고민하게 될지도 모른다. HOME, PRODUCT, MEDIA 등의 메뉴를 클릭할 때마다 예상과 다른 페이지들이 보여지기 때문이다. 그러나 이것은 '컴퓨터 오류' 혹은 '고객 골탕먹이기'가 아니다. HOME은 트위터에서 스키틀즈가 검색된 결과로, PRODUCT는 위키피디아의 스키틀즈 설명으로, MEDIA는 스키틀즈 관련 동영상과 사진이 있는 유튜브와 플리커로 연결된다. 마치 스키틀즈의 형형색색의 색상과 맛처럼 온라인에 흩뿌려진 고객에 의한 자신의 이야기를 주워 담은 Raw한 모습 그대로 보는 것 같다. 이는 충격적이면서도 쿨하다. 스키틀즈가 왜 이러한 웹사이트를 기획했는지를 이해하게 되면, 스키틀즈닷컴은 온라인 브랜딩의 채널이 아니라 온브랜딩의 진원지라는 것을 알게 될 것이다. '고객이 느끼고 말하는 것이 바로 스키틀즈'라고 생각하며, 고객의 생각을 브랜드 아이덴티티로 인정하는 스키틀즈는 24시간 고객에 의해서 살아 움직이며 '온브랜딩' 중이다. UB

심리학자가 본 온브랜딩
브랜드 아이덴티티가 **ON**의 열쇠

The interview with 연세대학교 심리학과 교수 황상민

인간과 인간의 소비 행동을 연구하는 심리학자 황상민 교수가 말하는 온브랜딩은 유니타스브랜드가 생각하는 온브랜딩의 개념과 크게 다르지 않았다. 온브랜딩은 소비자에 의해서 만들어지며, 그 중심에는 브랜드 아이덴티티가 있다는 점이다. 그는 온라인에서 브랜딩을 하겠다고 마음먹은 기업이라면, 소비자가 온라인에서 자사의 브랜드를 어떻게 경험하고 있는지 먼저 파악해야 하며, 브랜드 아이덴티티를 형성하는데 있어서도 주도권의 약 80%가 소비자들에게로 넘어갔다는 것을 인정해야 한다고 말한다. 황상민 교수는 온브랜딩을 다음과 같은 비유를 들어 설명했다.

"기업의 경영자들은 브랜드 아이덴티티가 만들어지는 과정을 쉽게 생각하는 경향이 있습니다. "날씨가 더우니, 이 세상을 시원하게 만들어!"라고 외치는 것과 같습니다. 인간은 날씨를 바꿀 수 없습니다. 더운 날씨에 적응하기 위해서는 옷을 얇게 입어야 하는 것이죠. 온브랜딩도 마찬가지입니다. 온라인에서는 기업이 아니라 소비자가 브랜드 아이덴티티를 형성하기 때문에 이를 기업의 힘으로 바꾸려고 노력하기 보다, 소비자가 자신의 브랜드를 어떻게 경험하는지를 살펴보면서 컨트롤 할 수 있는 것이 무엇인지를 찾아야 합니다. 기업이 마치 '신'인 것처럼 모든 것을 컨트롤하려는 것은, 특히 온라인에서는 통하지 않습니다."

유니타스브랜드가 이번에 연구하고 있는 주제는 '온브랜딩'입니다. '소비자는 24시간, 365일 항상 브랜드에 대해서 이야기하며, 특히 온라인 공간에서는 이러한 현상이 두드러지기 때문에 소비자에 의해서 브랜드 아이덴티티가 구축되는 부분이 크다'는 개념입니다. 기업들이 온라인 공간에서 활동하는 소비자에 대해 관심을 가져야 하는 이유가 바로 이것이라고 생각하기 때문입니다. 소비자의 행동을 연구하는 학자로서 이에 대해 어떻게 생각하십니까?

저를 찾아온다고 했을 때, 사실 궁금했습니다. 온브랜딩이라는 낯선 개념을 어떠한 관점에서 접근하고, 저에게 무엇을 물어보고 싶어하는지를 말이죠. 그런데 듣고 보니, 소비자가 그 브랜드를 온라인에서 어떻게 경험하느냐에 대해 관심이 있는 것 같군요. 일반적으로 기업이 브랜드에 관해 이야기할 때, 생각해야 할 가장 첫 번째가 바로, 소비자가 자사 브랜드를 어떻게 경험하는가입니다. 그런데 과연 기업들이 이에 대해서 잘 알고 있을까요?

온브랜딩을 취재하며 만난 온라인 태생 기업 가운데 소비자가 자사 브랜드를 어떻게 생각하는지에 대해서 '브랜드 퍼스낼리티'의 관점으로 인지하고 있는 기업이 있었습니다. 브랜드를 사람으로 보았을 때, 소비자가 자사의 브랜드를 어떠한 성격의 사람으로 느끼는지에 대한 소비자 조사를 통하여 자신을 객관적으로 보려고 노력한다고 합니다.

그렇군요. 그런데 말이죠. 브랜드를 이야기할 때 실제로 온라인 태생 기업인지 오프라인 태생 기업인지와는 관계없이 가장 먼저 "*브랜드 아이덴티티가 확고하게 존재하는가'라는 질문이 선행되어야 합니다. 그 다음에 생각할 것이 *브랜드 퍼스낼리티죠.

*브랜드 아이덴티티와 브랜드 퍼스낼리티 ✐58
브랜드 아이덴티티는 브랜드 자산의 근간이 되며, 브랜드의 전략적 시각의 중심점이 되기 때문에 브랜드 연상이미지를 창출할 수 있게 한다. 반면 브랜드 퍼스낼리티는 소비자들이 특정 브랜드에게 귀속시키는 인간적 특성들의 집합으로 정의한다. 예를 들어 A라는 브랜드의 브랜드 아이덴티티가 '진보'라고 했을 때, 진보라는 브랜드의 퍼스낼리티는 자기주장이 강하고, 독립적이면서도 스마트한 인간적인 특성으로 브랜드를 표현할 수 있다

> 브랜드를 이야기할 때 실제로 온라인 태생 기업인지 오프라인 태생 기업인지와는 관계없이 가장 먼저 브랜드 아이덴티티가 확고하게 존재하는가'라는 질문이 선행되어야 합니다.

단점을 보완하는 것은 중요합니다. 그러나 핵심은 단점을 보완하는 것보다 강점을 강화하는 것이 더 중요하다는 것입니다. 소비자들은 브랜드가 가진 색깔을 흐리면 더욱 싫어합니다. 완벽하게 변할 수 없다면, 자신의 강점을 지키고 발전시키는 것이 더 중요합니다.

그렇다면 브랜드가 아이덴티티와 퍼스낼리티를 형성하는데 오프라인에서보다 온라인에서 소비자의 영향력이 더 커졌다는 의견에 대해서는 어떠한 생각을 가지고 계신가요?

앞서 '소비자 경험'에 대해서 이야기 했는데, 이 관점에서 온라인 시대가 열리면서 소비자가 브랜드를 경험할 수 있는 창구들이 더 늘어났습니다. 또한 온라인 공간에서는 오프라인 공간보다 훨씬 브랜드 아이덴티티를 형성하는데 있어서 소비자들의 힘이 강력해 졌죠. 정확한 퍼센티지를 조사한 것은 아니지만, 브랜드에 미치는 영향력에 있어서 오프라인에서는 기업과 소비자의 권력관계가 5:5였다면, 온라인에서는 2:8이 되었습니다. 그만큼 헤게모니가 소비자에게로 넘어왔다는 것이죠. 그래서 8의 주도권을 쥐고 있는 소비자가 특정 브랜드를 어떻게 경험하는가가 바로 그 브랜드의 아이덴티티를 결정하게 되는 것이죠. [34]

온라인 공간에서 인간 행동을 연구하면서 재미있었던 것은 어떠한 브랜드가 런칭을 하면, 초창기의 성격이 시간이 지남에 따라 기업이 예상하지 못한 방향으로 변화하기 시작한다는 것입니다. 그 변화는 바로 그 브랜드를 경험한 소비자의 행동에 의해서 이루어집니다. 그래서 나중에는 원래 기획했던 성격과는 상당히 다른 모습이 되는 경우도 종종 있습니다. 하지만 기업 입장에서는 이러한 사실을 받아들이기가 쉽지 않습니다. 왜냐하면 과거 오프라인에서 주로 진행되던 브랜딩 활동에서는 자사의 주도권이 적어도 50% 정도는 되었으니까요.

기업의 주도권이 그만큼 줄어들었다는 것을 받아들이지 못한다는 것은 온라인 공간에서 소비자의 영향력이 크다는 것을 인정하지 않는다는 것입니다. 이럴 때 발생하는 문제는 무엇입니까?

아무래도 쉽지 않겠죠. 기업들은 '보이는 대로'가 아니라, '보고 싶은 대로' 보는 것입니다. 모든 기업이 그렇지는 않지만, 소비자들이 자사 브랜드를 어떻게 경험하고 있는가를 보려 하지 않고, 기업이 보고 싶은 대로 소비자의 경험을 이해하는 경우가 있습니다. 이러할 때, 설령 그 업계에서 시장점유율이 1위라고 할지라도 자사의 성공 이유를 정확히 파악하고 있지 못합니다.

정확한 성공 이유를 모르는 것도 문제이지만, 더 큰 문제는 자신을 돌아보기 위해 SWOT분석을 비롯해 소비자 조사를 대규모로 진행한 후, 강점을 더 강화시키기보다는 단점을 보완하려는 행위를 한다는 것입니다. 소비자가 말하는 불만을 해결하는데 초점을 두는 것이죠. 이것은 브랜드의 강점을 더 약화시키는 결과를 만듭니다. 한 마디로 브랜드 아이덴티티가 형태를 알아볼 수 없게 뭉개지는 것이죠. 온라인에서 짧게는 2~3년, 길게는 4~5년이 지나면 시장점유율의 순위가 변동되는 경우가 흔히 일어나는데, 바로 강점을 강화시키기보다는 단점을 보강하려는 행동을 하는 기업, 소비자의 행동을 자사가 보고 싶은 대로 보는 기업들이 경쟁사에 의해 추월 당할 가능성이 높습니다.

그러나 단점을 보완하는 것은 기업으로서 소비자의 불만을 수용하려는 긍정적이고 필수적인 태도가 아닐까요?

물론 단점을 보완하는 것은 중요합니다. 그러나 핵심은 단점을 보완하는 것보다 강점을 강화하는 것이 더 중요하다는 것입니다. 예를 들어, 자사의 강점이 소비자가 원하는 것이 아니라고 기업 스스로가 강점을 버려야 할까요? 더 구체적으로 설명을 드리죠. 자사의 이미지가 보수적이라고 할 때, 보수적이다라는 보편적인 이미지가 긍정적이지 않기 때문에 자사의 이미지를 바꾸려고 합니다. 제가 볼 때, 그것은 옳은 행동이 아닙니다. 그 브랜드가 존재하게 되는 기본적인 이유가 상실되는 것이기 때문이죠. 게다가 소비자가 그것을 진정 원할까요? 그런 것처럼 보일지도 모르지만, 그렇지 않거든요. 소비자는 물론 보수적인 것을 원하지 않는다고 말할 겁니다. 그러나 소비자들은 브랜드가 가진 색깔을 흐리면 더욱 싫어합니다. 완벽하게 변할 수 없다면, 자신의 강점을 지키고 발전시키는 것이 더 중요합니다.

정리하자면, '브랜드의 단점을 보완하기보다 강점을 강화해야 한다. 또한 온라인에서 브랜드 아이덴티티는 소비자에 의해서 만들어진다는 것을 인정하고 소비자의 행동을 관찰하는 것이, 기업들이 집중해야 할 것'이라고 이해해도 될까요?

맞습니다. 브랜드는 고객의 경험을 브랜딩 활동의 중심에 놓되 막연히 상상만해서는 안 되고, 그들의 행동을 면밀히 관찰해야죠. 인구통계학적 분석 데이터는 의미가 없습니다. 20대든 30대든 개개인이

특정 웹사이트에 가서 어떠한 서비스를 주로 이용하는지가 더 중요한 것이죠. 예를 들어, 사람마다 포털사이트에 가서 하는 경험하는 것들이 다릅니다. 같은 포털사이트라도 어떤 사람은 검색, 이메일, 사전을 사용하지만, 어떤 이는 블로그, 검색만을 이용하기도 하죠. 이것이 바로 '소비자가 그 브랜드를 어떻게 경험하는가'이고, 이것이 분석되어야만 자신의 브랜드 아이덴티티와 퍼스낼리티가 소비자에 의해서 어떻게 형성되고 있는지를 정확히 파악할 수 있습니다. 시장에 좌판을 벌여놓고 모두 팔릴 거라고 생각하면 안 되는 것이죠. 그러나 의외로 여전히 이 정도의 사고 수준으로 온라인에서 비즈니스를 하고 있는 브랜드가 존재합니다.

그렇다면 말씀하신 기준에서 소비자의 브랜드 경험을 정확히 파악하고 있는 브랜드가 있다면 소개해 주시겠습니까?

'아프리카'의 예를 들고 싶네요. 아프리카는 특별한 기술이나 장비에 대한 투자 비용을 들이지 않고도 누구나 쉽게 라이브 방송을 통해서 개인 미디어를 만들 수 있게 하는 인터넷 방송 브랜드입니다. 아프리카는 이 서비스를 경험하는 고객들 가운데 어떠한 유형의 고객들이 '아프리카를 아프리카답게 하는가'에 관심이 있었습니다. 재미있는 것은 아프리카 실무 운영자들은 '아프리카를 아프리카답게 하는 사람들이 시청자와 제작자들'이라고 생각했어요. 아프리카에 와서 점잖게 동영상을 보거나 방송을 제작하는 사람들 말이죠. 그런데 아프리카 대표의 생각은 달랐습니다. "아프리카는 이류 방송을 지향한다"라고 했죠. 운영진 입장에서는 이러한 대표의 생각이 당황스러웠겠죠. 왜냐하면 이류 혹은 삼류스타로 나오는 사람들은 아프리카 안에서 말썽만 부리고 사회적 물의를 일으키거든요. 길거리에서 이상한 방송을 한다든지 말입니다. 그렇지만 대표는 <u>아프리카를 아프리카답게 만드는 것은, 즉 KBS와 MBC와 다를 수 있는 것은 바로 길거리 방송을 하고 희한한 행동을 하는 고객들이라고 생각한 것입니다.</u> 🔗12 이것이 개인방송 미디어를 표방하는 아프리카와 유사한 브랜드들이 힘을 잃어갈 때에도 아프리카가 살아있게 한 이유죠.

아프리카는 어떠한 유형의 고객이 자사의 헤게모니를 잡고 있는지를 정확히 파악했고, 그들을 인정하고 내세워서 아프리카를 진화시켰어요. 이것이 아프리카를 살아있는 생명체처럼 움직이게 한 것이죠. 브랜드를 그 브랜드답게 하고, 늘 살아있게 하는 원동력이 되는 '고객'이 어떤 고객인지를 인지하고 그들에게 집중하는 것이 바로 온브랜딩의 시작입니다. 그렇기 때문에 만약 11번가에서 쇼핑을 하는 고객의 경험과 G마켓에서 쇼핑을 하는 고객의 경험이 같다고 생각한다면 온브랜딩을 할 수가 없습니다. 이것은 소비자 집단이 그 브랜드에 대해서 어떤 마음의 지도를 가지고 있는가를 모르는 것과 일맥상통합니다.

웹에이전시에서 온라인 컨설팅을 할 때, 가장 먼저 고려해야 할 것은 기업이 그 툴을 이용하는 것 자체가 목적이나 목표가 되어서는 안 됩니다. 브랜드의 아이덴티티가 무엇인지를 먼저 안 후에 그 아이덴티티를 잘 구현해 줄 수 있는 툴을 선택해야 합니다.

그런데 의문이 드는 것은 오프라인 태생 기업의 경우, 이미 오프라인에서 구축된 브랜드 아이덴티티가 있습니다. 그렇기 때문에 그들의 온브랜딩 관점은 온라인 태생 브랜드와 다른 점이 있을 것 같습니다.
그렇죠. 오프라인에서 브랜드 아이덴티티가 잘 구축된 경우, 그 브랜드가 온브랜딩을 한다고 했을 때, 대부분 그 브랜드를 접하는 사람들은 이미 오프라인에서의 브랜드 이미지를 갖고 접하기 때문에 온라인에서 그 브랜드 이미지가 크게 바뀔 가능성이 많지는 않습니다. 그리고 기업이 기대하는 것도 마찬가지죠. 그렇지만 오프라인 환경과 온라인 환경은 분명히 다릅니다. 때문에 어떤 브랜드가 오프라인에서 표현할 수 있는 이미지는 온라인에서 표현할 수 이미지와 조금 다를 수 있습니다.

온라인과 오프라인에서 브랜드 이미지가 어떻게 다르게 표현할 수 있는지에 대해서 구체적으로 설명해 주시겠습니까?
예를 들어, 오프라인에서 어떤 브랜드의 아이덴티티가 '쿨cool'이라고 합시다. 이럴 때, '오프라인에서 표현되는 쿨'과 '온라인에서 표현되는 쿨'을 어떻게 다르게 표현할 수 있을까를 생각해야 한다는 것입니다. 적도에 사는 나라에서 '쿨'한 것과 러시아 시베리아 한복판에서 '쿨'한 것은 다르게 다가오지 않을까요? 물론 두 곳에서 모두 같은 이미지로 표현할 수도 있습니다. 그러나 오프라인과는 달리, 온라인에서 더 잘 표현될 수 있는 버전을 만든다면 좋겠죠. 그래서 제가 항상 주장하는 것이 오프라인에서의 브랜드 아이덴티티가 무엇인가를 분명히 해야만 온라인에서 그 브랜드 아이덴티티를 표현할 때에 혼동이 없다는 것입니다. 오프라인에서의 명확한 아이덴티티에서 기인하는 표현이어야만 본래의 브랜드 아이덴티티를 강화시킵니다. 이러한 생각을 갖는다면 훌륭한 브랜더가 아닐까합니다.

또 하나 궁금한 것은 보통의 경우 기업이 온라인에서 커뮤니케이션을 할 때에 목적에 따라 툴을 달리 한다는 것입니다. 목적에 따라 커뮤니티, 블로그, 웹사이트 등 다른 툴을 활용 한다는 것이죠. 이러한 접근에 대해서는 어떻게 생각하십니까?
개인적으로 그와 같은 생각은 옳지 않다고 생각합니다. 웹에이전시에서 온라인 컨설팅을 할 때, 가장 먼저 고려해야 할 것은 기업이 그 툴을 이용하는 것 자체가 목적이나 목표가 되어서는 안 됩니다. 그 브랜드의 아이덴티티가 무엇인지를 먼저 안 후에 그 아이덴티티를 잘 구현해 줄 수 있는 툴을 선택해야 합니다. 똑같은 커뮤니티를 한다고 해도 브랜드 아이덴티티에 따라서 전혀 다른 효과를 낼 수 있기 때문이죠. 좀 더 쉽게 비유하자면, 집을 짓는다고 할 때, 그것의 본래 정체성이 거주공간인지, 별장인지, 사람들에게 빌려줄 목적의 펜션인지에 따라서 같은 집이라 하더라도 외관의 모습이나 내부의 설계 등은 천차만별일 것입니다. 똑같은 물을 먹어도 독사가 먹으면 독이 되고, 사슴이 먹으면 약이 되는 것처럼, 툴이 무엇이냐보다 중요한 것은 브랜드 아이덴티티이며, 이에 따라 전혀 다른 효과를 가져온다는 것을 잊어서는 안됩니다.

국내 온라인 커뮤니티에서 일어나는 소비자 활동을 보고, 해외에서 놀란다고 합니다. 소비자들이 어떻게 그토록 자발적으로 참여하고 활발히 활동할 수 있느냐는 것이죠.
그 점에 대해서는 한국인의 속성을 생각해 보아야 합니다. 한국인들은 남의 일에 간섭하기를 좋아하고 관심이 많아요. 어떻게 보면 참 인간적인 사회이고 어떻게 보면 스스로에 대한 자아가 분명하지 않고 남의 일에 관심이 많다는 것이죠. 그러니까 타인의 평가를 통해서 자아를 형성하는 속성이 있기 때문에 다른 사람들이 나를 어떻게 생각하고 있는지가 중요합니다. 그러다 보니 다른 사람들의 의견을 볼 수 있는 온라인 커뮤니티에 모이게 되고, 그 안에 얻는 타인의 칭찬에 의해서 더욱 참여에 대한 동기부여가 되기 쉬운 것이죠.

교수님께서 생각하시기에 온라인에서 볼 수 있는 인간 본래의 속성은 무엇이라고 생각하십니까?
상당히 재미있는 질문이군요. 온라인에서는 인간이 현실에서 보여지는 것과 전혀 다른 행동 양상을 보이곤 합니다. 이를테면 온라인에서의 커뮤니케이션은 비선형적이라는 특성이 있습니다. 오프라인에서는 'A이면 B다'라는 것을 인정하는데, 온라인에서는 'A이면 B다'라는 선형성이 통하지 않을 때가 있습니다. 사람들의 행동에 있어서도 선형적인 행동인 전형성보다는 비선형적[01]인 행동인 자율성이 더 높아지는 것이죠. 그러다 보니 오프라인에서 하지 않는 행동을 온라

[01] p234

인에서 하는 소비자들이 생기게 됩니다.

또 다른 점은 현실에서는 실제로 그 사람이 무엇을 했느냐가 중요한 것이 아니라, 그것이 어떤 틀에서 이루어졌는가 더 중요합니다. 즉 제도와 규범이 작동하는 것이죠. 그래서 만약 의사가 아닌 사람의 치료로 환자가 나았다면 해도 이것은 불법입니다. 그래서 '합법적인 의료를 할 수 있는 사람'이 치료했느냐가 환자가 완쾌되었다는 사실보다 중요한 것입니다. 하지만 온라인은 다르죠. 온라인에서는 이 환자가 '치료되었다라는 사실'이 더 중요합니다. 이것이 온라인이라는 특성을 잘 보여주는 현상이죠.

한 가지 더 추가한다면, 온라인은 대세를 만든다는 것이죠. 이것은 한국사회에 사는 한국인들이 움직이는 방식이기도 합니다. 패거리 집단문화라는 것이 항상 존재하거든요. 패거리 집단문화라고 하면 부정적으로 생각하지만, 사실 우리는 그런 방식으로 행동합니다. 실제로 자신이 그 패거리에 속해있을 때는 아무런 문제가 없습니다. 항상 다른 패거리가 문제가 되는 거에요. 이러한 현상이 온라인 공간에서 나타나는 것이 전혀 이상할 리 없죠.

유저들이 온라인에서는 오프라인에서와는 전혀 다른 행동을 할 수도 있다는 의미는 '오프라인의 나'와 '온라인의 나'가 다를 수 있다는 것을 의미하는 것 같습니다. 이것이 온브랜딩에서도 적용될 것 같은데 어떻게 생각하십니까?

그렇죠. 거기서부터 고민해 볼 필요가 있어요. 예를 들면, 온라인의 G마켓 소비자들은 오프라인 마켓을 찾을 때에 어디를 선택할까요?

이마트 정도가 될 수 있을 것 같습니다.

맞습니다. G마켓이 갖는 브랜드 이미지와 이마트가 가진 브랜드 이미지는 유사하죠. 그렇지만 그 브랜드를 실제 이용하는 고객들의 행동은 전혀 다를 수 있습니다. 같은 소비자라 하더라도 온라인에서의 소비 행동과 오프라인에서의 소비 행동은 다릅니다. 오프라인에서 백화점의 명품관을 이용하는 소비자가 생필품은 온라인 오픈 마켓에서 최저가를 검색할 수도 있습니다. 한 사람의 소비자라도 전혀 다른 행동 속성을 가질 수도 있다라는 것을 말하고자 하는 것이죠.

말씀하신 대로라면, 오프라인에서 분석했던 소비자 행동을 온라인에서 적용하면 안 될 것 같습니다.

그래서 오프라인 소비자 집단을 분류하거나 그 패턴들을 확인하고 인터넷 사이트에서 유저들의 이용 형태나 그 유저들이 소비하는 패턴을 확인해야 합니다. 그리고 유저의 행동 패턴이 제품에 있어서 그들에게 어떤 의미를 가지는지 확인을 해야 하는 것이죠.

지금까지 기업들이 온브랜딩을 할 때 고려해야 할 점에 대해서 말씀해주셨는데, 가장 강조하고 싶은 것이 있다면 무엇입니까?

브랜드 아이덴티티입니다. 브랜드 아이덴티티를 파악하지 않고 브랜드 이미지를 만들거나 브랜딩 혹은 마케팅 캠페인을 진행하는 것은 겨울바다에 선장도 돛대도 없이 배를 타고 나가서 물고기 잡아오겠다는 무모할지도 모르는 행위가 될 수 있습니다. 그래서 브랜드 아이덴티티 구축이 선행되어야 그 다음에 진정한 'ON'의 의미가 확립되는 것입니다. UB

황상민 서울대학교 심리학과를 졸업하고, 하버드대학교에서 심리학 석사 및 박사 학위를 취득하였다. 현재 연세대학교 심리학과 교수로 재직 중이며, 한국가족학회이사, 한국심리학회 산하 발달심리학 이사를 맡고 있다. 저서로는 《사이버 공간에 또 다른 내가 있다》 《대한민국 사이버 신인류》 《너 지금 컴퓨터와 뭐하니》 《디지털 괴짜가 미래 소비를 결정한다》 등이 있다.

브랜드 소비자에서 브랜드 소유자로 변화하다
BRANDON들의 ON-BRANDING

편집장 권민

온브랜딩^{ON-Branding}이란 단순히 인터넷 마케팅 그리고 온라인 마케팅의 또 다른 트렌드 용어나 표현이 아니다. 인터넷에서 만들어진 아마존이나 구글같은 e브랜드^{e-Brand}들이 자신의 브랜드를 온라인에서 관리할 때 쓰이는 말도 아니다. 또한 오프라인 브랜드라고 불리는 브랜드들이 웹에서 하는 마케팅 활동을 의미하는 것도 아니다.

INSIGHT ON **31**

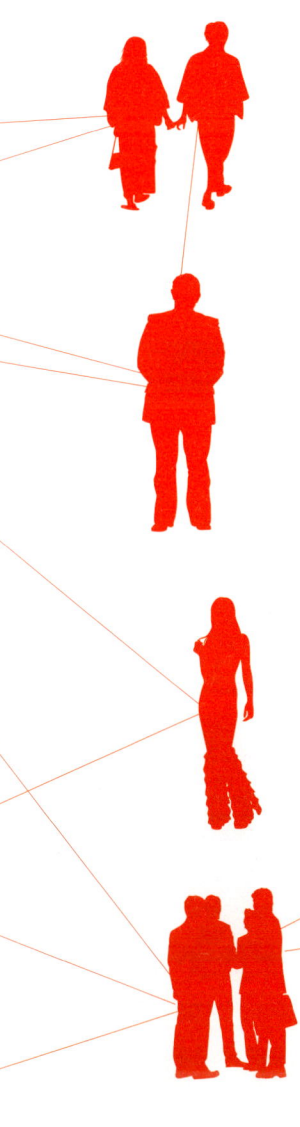

온브랜딩ON-Branding은 Brandon(브랜든)들이 온라인 혹은 오프라인에서 자신이 소유하거나 (구매하지 않고) 연애하는 브랜드에 관해서 인지도가 아닌 충성도를 높이는 브랜딩 작업을 하는 것을 말한다.

온브랜딩의 작동방법을 이해하기 위하여 먼저 용어 정리를 하겠다. 여기서 온브랜딩을 주도하는 사람들을 의미하는 Brandon은 불어다. (편집자 주: 본래 불어지만 온브랜딩에서는 하나의 개념어로 사용되기에 영어식 발음인 '브랜든'으로 표기하도록 하겠다) 영어로는 firebrand가 동의어이다. 그 뜻은 햇불, 불붙은 관솔, 불타는 나뭇조각이다. 하지만 은유적으로 (파업과 데모를 이끄는) 선동자 혹은 말썽꾼◉02이라는 뜻을 가지고 있다. Brandon은 브랜드를 만드는 사람인 Brander와는 다른 사람들이다. Brander들은 기업에서 브랜드를 위해서 고용한 사람이다. 이들은 브랜드 매니저라는 직함을 달고 브랜드 관리 비용을 쓰면서 브랜드의 '성장과 관리'에 관한 '책임'을 지고 있는 사람이다. 반면에 Brandon들은 기업의 고용과는 별개로, 자발적으로 자신이 정한 브랜드의 '성숙과 완성'을 '사명'으로 완수하는 사람들이다. 예를 들자면 할리데이비슨의 '브랜드 매니저'와 '호그H.O.G(Harley Owners Group)'의 차이라고 할 수 있다.

Brandon들이 오타쿠와 다른 점이 있다면 오타쿠는 지극히 사적이며 몰입형인 반면 Brandon들은 공동체를 지향하고 공유된 문화를 즐긴다. Brandon들이 얼리어답터, 트렌드 리더들과의 가장 큰 차이점은 Brandon들은 브랜드 지향적이며, 기술과 트렌드에 대해서는 관심만 가질뿐 관심 이상의 종속은 없다는 것이다. 물론 초기에 Brandon들은 매우 독특한 컬트 브랜드를 중심으로 독특한 취향과 가치관이 같은 사람이 뭉쳤다. 그러다가 인터넷의 발전으로 인해서 Brandon들은 대중 앞에 그 모습을 드러냈고, 그들의 소수 문화는 다수의 브랜드 충성 고객들과 결합되면서 진보, 진화, 혁신, 그리고 변형되면서 겉잡을 수 없는 온브랜딩 패턴을 만들어 냈다.

'소비자'라는 단어에서 시작된 '고객'을 칭하는 의미의 단어는 '왕'이라는 단어에서 정점을 찌르고 이윽고 구매기준과 횟수에 따라서 단골, 고객, VIP, 브랜드 마니아, 오타쿠, 얼리어답터, 트렌드 세터 등 수십 가지로 분화되었다. 이처럼 소비자에 대한 용어가 여러 개로 분화되는 것은 상품의 구매횟수와 구매하는 양보다는 브랜드에 대한 '태도'의 변화 때문이다. 마케터들이 이렇게 여러가지 학명같은 용어를 사용하면서 무엇인가를 찾으려는 이유 중에 가장 큰 것은 앞서 말한 브랜드를 브랜드답게 만드는 Brandon들 때문이다.

Brandon은 선동가agitator와 말썽꾼troublemaker 그리고 불평가grumbler라는 뜻을 동시에 가지고 있다. 예전에는, 그러니까 인터넷이 없었던 시절에는 시쳇말로 나대거나 들이대는 고객들에게 사은품과 무료 쿠폰을 당근으로, 법무팀 협박을 통한 채찍으로 쉽게 통제할 수 있었다. 하지만 지금은 인터넷으로 인하여 누구나 경험하고 있듯 무엇도 통제불가능한 세상이 왔다. 그렇다면 기업은 Brandon들을 어떻게 관리해야 할까? 먼저 불평가형 Brandon과 자사 브랜드의 선동가형 Brandon◉03의 구분은? 진짜 Brandon와 가짜 Brandon들은? 꿍꿍이가 있는 Brandon과 순수한 Brandon들의 구분은? 독이 있는 Brandon과 독 없이 겁만 주는 Brandon은? 결론부터 말한다면 처음부터 구분할 수는 없다. 시간이 지나면서 본색이 드러날 것이고, 어떤 사건이 터지면 본질이 나타나게 될 것이기 때문이다.

Brandon들은 제품이 시장에 나오자마자, 아니 나오기도 전에 인터넷 카페를 만들거나 자신의 블로그에 브랜드에 관한 정보와 감정을 정리해서 올려둔다. Brander에게는 갑작스러운 팬이 생기는 것에 대해서 위로와 용기를 받기도 하지만 아직도 수정되어야 할 것이 많은 상품이 시장에 나갔음에도 불구하고 일시적으로 중독적 호감을 보이는 이런 Brandon들이 여간 부담스러운 존재가 아니다.

일반적으로 '선동자' Brandon은 만족한 고객이 되어 입소문의 원천이자 성공적 런칭의 서포터가 되지만, 자칫하면 '말썽꾼'으로 변하여 악의를 품은 복수자가 되기도 한다. ◉70 그들과 만나서 이야기해보면 무엇을 바라는 것 같지만 바라는 것이 없다고 말하기도 하고, 브랜드를 사랑해서 하는 진심어린 조언이라고

인터넷의 발전으로 인해서 Brandon들은 대중 앞에 그 모습을 드러냈고, 그들의 소수 문화는 다수의 브랜드 충성 고객들과 결합되면서 진보, 진화, 혁신, 그리고 변형되면서 겉잡을 수 없는 온브랜딩 패턴을 만들어 냈다.

◉02 p184 ◉03 p182

ON-BRANDING

하지만 듣기에 불편한 말만 골라한다. 마케터들은 자신의 상품에 대해서 의외적인 호감을 가진 Brandon이 처음에는 반가울 테지만 계속 관계를 갖다 보면 어느 사이에 브랜드 운영의 주도권이 Brandon에게 넘어가 있는 것을 깨닫게 될 것이다. 그러나 그때는 이미 늦었다.

최고의 Brandon을 만나다

필자는 1999년도에 푸마라는 브랜드의 리뉴얼 전략에 관한 인사이트를 천리안에서 활동하는 힙합 동호회를 통해서 얻었다. 당시에 매출이 100억 원 미만의 브랜드였던 푸마는 다음 해에 700억 원이 넘었고 그 다음 해에는 1,500억 원이 넘는 브랜드가 되었다. 그들이 알려준 것은 '푸마는 스포츠가 아니라 힙합의 아이콘 중 하나'라는 것이다. 그리고 2005년 컨버스라는 신발 브랜드의 리뉴얼 때에는 Daum카페에서 활동하고 있는 Brandon들을 통해서 마케팅 인사이트를 얻었다. 그들이 알려준 것은 '컨버스는 신발이 아니라 수집품'이라는 것이었다.

물론 그들이 이야기하는 모든 말이 마케팅 전략을 구축할 때 바로 적용하거나 응용할 수 있는 것은 아니다. 실제로도 그렇게 하지 않는다. 필자가 찾는 것은 Brandon들이 브랜드와 기업에게 바라는 점과 불만사항을 듣는 것이 아니라 그들이 브랜드를 통해서 얻고자 하는, 그리고 얻은 '독특한 체험'이다. 독특한 체험들에 대해서 그들이 설명하지 못할 때도 있고, 억지스러운 해석으로 유치해 보일 때도 있지만 그것은 중요하지 않다. 1)왜 이 브랜드를 좋아하게 되었을까? 2)이 브랜드를 사용하면서 자신이 스스로 느끼게 된 또 다른 감정은 무엇인가? 3)주변 사람들에게 이 브랜드들을 설명할 때 무엇이라고 말을 하는가 등, 아주 사적인 질문을 통해서 브랜드의 잠재 성장 DNA를 찾는 것이다.

얼마 전 필자는 아날로그식 디지털 카메라인 A를 구매하면서 잊을 수 없는 경험을 했다. 구매 전에 포털 사이트와 카메라 동호회 사이트에서 정보를 얻기 위해 관련 질문을 하자 10여 명의 사람들이 A카메라에 대한 장점에 대하여 깊이 논해주었다. 실제로 여러 사이트를 소개해 주고 자신의 카메라로 찍은 사진과 다른 기종의 카메라로 찍은 사진을 비교하면서 무엇이 좋은지도 알려 주었다. 무보수로 박물관에서 작품에 대해서 설명해주는 도슨트 Docent●04처럼, 그들은 탁월한 판매기법인 '감정이입'을 이용해서 판매사원보다 더 잘 미래의 경험을 체험하게 해주었다. 그때의 기분을 뭐라고 말할 수 있을까?

결국 그들의 자상한 배려와 각종 자료들 때문에 카메라를 구매했고 두 달 후에 쓸모가 없어져서 되팔았다. 한마디로 무언가에 홀린 기분이었다. 시간이 된다면 특정 브랜드들의 Brandon들이 몰려있는 곳에 가서 자신의 구매 의사를 밝히거나 구매했다는 말을 해 보면 하루 안에 그들과 '공유된 감정과 가치'를 느끼게 될 것이다. 그것이 Brandon들에 의한 온브랜딩이다.

이쯤에서 온브랜딩을 다시 정의한다면 Brandon들에 의해서 '상표'가 '브랜드'로 변하는 것을 말한다. 아직도 기업가들 중에는 자신들이 상품을 만들어 상표를 붙이면 그것이 브랜드라고 생각하는 사람이 많다. 거기에다 대중매체의 힘을 빌려서 인지도를 올리면 그것이 브랜딩이라고 착각하기도 한다. 하지만 거기까지의 단계는 '인지도 높은 상표'일 뿐이다. 콜라의 독립선언이라는 광고카피로 소비자들을 놀라키며 런칭했던 8.15콜라가 인지도 확보에 있어서는 성공했지만, 결국 소비자들에게 외면당했던 것처럼 말이다.

15년 전만해도 시장에 나와 있는 제품은 그 숫자가 지금의 30분의 1 정도도 되지 않았다. 그래서 소비자들의 구매 방식은 제한적 기준인 대기업 메이커를 선호하였고, 오직 TV와 신문에서 본 것과 주변 사람들의 추천에 의존했다. 하지만 1999년부터 인터넷이 본격적으로 확산되면서 시장은 바뀌었다.

소비자들은 '인지도 높은 상표'와 '메이커가 만든 상품'에서 나아가 '브랜드'를 찾기 시작했다. 구매하기 불편해도, 기능이 약간 어설퍼도, 개인이 만들었어도 그리고 처음 본 상품이어도 인터넷에 들어가서 기웃거리면 원하는 것 이상의 정보를 얻을 수 있었다.

앞서 A로 설명한 '엡손 알디원Rd-1'이라는 카메라는 프린터 회사로 잘 알려진 엡손에서 만든 300만 원짜리 디지털 카메라다. 보다 정확한 설명을 한다면 아날로그 카메라를 재현한 디지털 카메라다. 한때 디지털 카메라의 기준이었던 유효 화소수로 보면, 일명 똑딱이라고 불리는 디지털 카메라는 1,000만 화소수가 넘는데 반해 알디원의 경우 610만 화소이다. 그럼에도 불구하고 가격은 일반 똑딱이 카메라의 8배를 호가한다. 카메라는 광학장비이기 때문에 매우 높은 고관여도 상품이다. 카메라 구매에 있어서 일반적으로 기업의 기술과 서비스가 중요하지만 무엇보다도 역사와 전통 역시 중요한 기준이다. 하지만 알디원은 카메라 기

업의 전통과는 거리가 먼 프린트 회사에서 만든 카메라이다. 그럼에도 불구하고 일반 디지털 카메라와 다른 구매 기준을 가진 이 알디원은 그들에게 어떤 의미가 있었던 것일까? Brandon들이 알디원 앞에 붙인 수식어를 보면 이해가 쉬워진다.

'참맛, 진정한 의미, 깊은 세계, 신중함, 아날로그 필름 느낌의 구현, 한 컷의 철학' 등 그 어디에도 기능과 화소수에 관한 말은 없다. 숭배, 예찬, 찬양 그리고 깨달음에 관한 충성도 단어들뿐이다.

앞서 이야기 했듯이 Brandon과 동의어인 firebrand의 뜻 중에는 '불타는 나뭇조각'라는 뜻이 있다. 그렇다면 어떻게 브랜드(상품과 상표)를 만드는 Brander들은 Brandon들과 함께 불타오르면서 시장을 자신의 브랜드로 태워버릴 수 있을까? 먼저 Brandon들의 생리를 알아야 한다. 가장 중요한 것은 그들은 잠을 자지 않는다는 사실이다.

ON-Branding과 O.N. branding

O.N.은 omni nocte의 약어로서 라틴어로 '매일 밤, 밤마다' 라는 뜻이다. 예전에는 상점에서 상품을 산 후에 집에 돌아와서 문제가 생기면 다음 날 아침 10시까지 기다려야 했다. 직장을 다니고 있다면 대략 7시 이후인 퇴근 시간에 다시 방문을 해야 했었다. 하지만 이제는 아니다. 저녁에 사용하다가 문제가 생기면 인터넷에 들어가서 해당 브랜드의 홈페이지가 아니라 자신과 동일한 상품을 사용한 사람들의 블로그를 먼저 검색해 본다. 또한 그 상품의 동호회가 활동하는 카페 들어가거나 여러 정보들에 대한 정보가 돌고 있는 게시판에 들어가서 문제를 풀어본다. 오늘 산 상품에 대한 문제점과 불만사항을 적으면 ①예전에 있었던 유사한 사례 ②오늘 산 상점의 점원에 대한 평가 ③고객으로서의 대응 방법 ④자신의 실수일 수도 있기에 다시 한 번 점검해보라는 제안 ⑤유사 피해자들의 사례에 대한 답을 얻을 수 있다. 만약에 상품이 글로벌 브랜드라면 해외 블로거 뿐만 아니라 해외 사이트 정보의 도움도 받을 수 있다. 잠자지 않는 Brandon들에 의해서 과연 다음날 아침에 무슨 일이 벌어질까? ON-Branding의 특징은 바로 O.N. branding, 밤사이에 일어난 다는 것이다.

기업의 직원들은 물건을 팔고 퇴근을 한다. 하지만 Brandon들은 자발적으로 이제 갓 태어난 상표를 브랜드로 성장시키고 있다. 마치 가난한 구둣방 할아버지가 잠자리에 들면 요정들이 나와서 멋진 구두를 만들어주던 동화같은 이야기가 인터넷에서 일어나고 있는 것이다.

기업의 홍보실 역할 중 핵심은 미디어에서 자신들을 다룬 기사들을 사전에 '조율과 조정'을 하고 사후에 '통제와 관리'를 하는 것이다. 그래서 홍보실의 능력은 자신들에게 불리한 뉴스가 신문과 방송에 나오기 전에 얼마나 잘 관리하느냐로 평가되기도 한다. 하지만 지금은 어떤가? 작게는 수천 명 많게는 수천만 명이 활동하는 블로고스피어와 포털사이트로 인해서 정보의 확산이 통제불능이다. 특히 밤사이에 일어나는 자사 제품의 불만은 다음날 뉴스가 되고, 뉴스는 정보가 되며, 이 정보는 상상력과 합쳐져서 스토리가 된다. 아침부터는 이 스토리에 수많은 사람들이 가세해 하나의 소설이 되기도 한다. 이런 사례에 대해서는 이번 특집과 여러 인터뷰에서 다루게 될 것이므로 일반적인 패턴만 이야기 하겠다.

'역사는 밤에 이루어진다'는 말은 누가 말하는가에 따라서 해석이 너무나도 달라진다. 그러나 마케터라면 이 말을 읽으면서 '브랜딩은 밤에 완성된다'라고 해석할 줄 알아야 한다. 실제로 블로그나 게시판의 글들은 밤에 쓴 글이 많다. 참고로 어려운 호르몬 이야기를 하지 않고도 연애를 해본 사람들이라면 밤에 쓴 연애편지를 낮에 보면 얼마나 다른 느낌으로 다가오는지를 알 것이다. 밤은 지극히 감상적이다. 만약 자살을 작정한 사람이 자신이 한밤에 쓴 유서를 낮에 본다면 이 또한 다르다는 것을 알게 될 것이다. 밤에 쓴 글은 낮에 쓴 글과 다르다. 지극히 사적이다. 이처럼 브랜딩이 사적인 감정으로 밤에 만들어지고 있다.

이제 '상품은 공장에서 만들고, 브랜드는 온라인에서 만들어진다'라는 불편한 진실과 차원이 다른 시장이 도래했음을 기업들은 명백한 현실로 받아 들여야 한다. 그렇다면 Brandon들의 온브랜딩 괴력은 얼마

> **'역사는 밤에 이루어진다'는 말은 누가 말하는가에 따라서 해석이 너무나도 달라진다. 그러나 마케터라면 이 말을 읽으면서 '브랜딩은 밤에 완성된다'라고 해석할 줄 알아야 한다. 실제로 블로그나 게시판의 글들은 밤에 쓴 글이 많다.**

나 강력할까? 결론부터 말한다면 핵폭탄급이다.

ON-Branding은 Shockwave

온브랜딩의 괴력을 알기 위해서는 단어의 구조를 살펴보아야 한다. 원자핵의 구성인 중성자^{neutron}와 양성자^{proton}라는 단어에 있는 접미사 'on'은 소립자 혹은 양자의 뜻을 가지고 있다. 중성자와 양성자라는 단어는 일상 생활에 미치는 영향은 거의 없고, 평상시 먹고 사는 데에는 몰라도 불편함이 없는 단어들이다. 하지만 몰라도 되고 육안으로 보이지도 않은 이 개념으로 과학자와 군사전문가들은 엄청난 에너지를 만들었다. 그것이 바로 핵폭탄이다. 핵무기는 중성자와 양성자같은 소립자들에 의한 핵분열과 핵융합에서 발생하는 방대한 열 에너지를 사용하는 원자 무기이다. 믿기 어렵고 이해도 어려운 말이겠지만 자연의 원자 구조와 버스 노선, 지하철 노선, 도시의 네트워크, 온라인 안에서의 사이트간 네트워크가 모두 비슷한 연관 구조◉05를 가지고 있다고 한다. 구조도 구조이지만 브랜더가 자세히 지켜보아야 할 것은 핵폭탄에서 열에너지가 '분열과 융합'을 통해서 만들어지는 것처럼 온라인에서의 정보도 이와 똑같은 과정을 거친다라는 것이다. 여기에 감정이 실리면 더 빨라지고, 명분이 갖추어지면 더 강해진다. 이미 이것과 유사한 패턴을 설명한 개념으로 티핑포인트가 있다.

현재 인터넷이라고 불리는 세상에는 약 2억 5천만 개가 넘는 웹사이트가 존재하고 있다. 최근 블로거의 발전으로 그 숫자는 더욱 많아지고 있다. 따라서 2억 5천만 개 중 하나의 웹사이트는 그야말로 '소립자'이다. 하지만 포털사이트를 비롯한 소셜 네트워크 프로그램으로 인해서 '연결'되고 있다. 그 연결의 의미는 정보가 분열과 융합을 할 준비가 되어 있다는 것이다.

인간 정보의 '분열과 융합'에 대한 이론은 영국의 생물학자 리처드 도킨스$^{Richard Dawkins}$가 아직 인터넷이 없었던 시절인 1976년에 자신의 저서 《이기적 유전자 $^{The Selfish Gene}$》에서 밈^{meme}이라는 복제 유전자 개념을 통해서 설명하고 있다. 이는 인간이 정보를 어떻게 분열시키고 융합시키는가와 상당히 유사하다. 다시 말해 생물학적 유전자처럼 사람의 문화심리에 영향(정확히 말하면 모방과 진화)을 주는 요소가 밈이다. 밈은 문화의 전달이 유전자^{gene}의 전달처럼 진화의 형태로 계속 이어져 나간다는 것이다.

우리는 도킨스 박사가 말한 밈 이상의 것을 본다.

아직 변종이라기 부르기에 명확한 기준은 없지만 확실히 디지털 밈$^{Digital meme}$은 기존의 모방과는 다른 양상을 보이고 있다. 도킨슨 박사기 말한 밈들은 문명, 지식, 문화를 모방하고 복제했지만 지금은 복제의 중심에 브랜드가 있다. 이제 복제자들은 사용후기를 가져가고, 상품평에 대한 것에 대해 단순 복제가 아니라 자신의 생각을 집어 넣고, 생산자도 미처 몰랐던 약점과 강점을 찾아서 널리 전파하고 브랜드의 비전과 가치를 공유한다.

컨버스라는 브랜드의 홈페이지에 가입한 온라인 회원 숫자가 250만 명을 넘었다고 한다. 이 브랜드의 타깃이 16~24세라는 것을 감안할 때 우리나라에 있는 이 연령대의 대부분이 컨버스 회원이라고 보면 된다. 과연 그들이 컨버스라는 브랜드를 중심으로 어떤 문화와 가치 그리고 트렌드를 공유(모방)하며 진보(첨가)하고 있을까? 민복기 대표는 250만 명의 컨버스 회원과 170만 명의 EXR회원, 그리고 이 두 개 브랜드의 500만 명의 회원을 대상으로하는 브랜딩을 준비하고 있다. 과연 우리나라 인구의 10%를 회원으로 하는 패션 브랜드가 존재할 수 있을까? 이것이 10년 전에는 가능하기나 한 상상이었을까?

인터넷은 모두 연결되어 있다. 그래서 분열과 융합이라는 관점에서 온브랜딩을 이해한 온라인 마케팅은 인터넷에서 브랜드 핵폭탄을 터트리는 것이다. 최근에 뜬다는 대부분의 브랜드들이 인터넷에서 만들어지고 있다. 물론 마케터들은 여러 매체들의 시너지 효과 때문이라고 말한다. 그것은 온브랜딩의 뇌관이 떨어졌거나 미약한 소형 폭탄에 불과한 것이다. 제대로 된 것으로 기준을 정한다면 페이스북, 트위터를 비롯해서 이번 특집에서 다루었던 사례들을 보면 알게 될 것이다. 그들의 그것을 순간폭발력^{Shockwave}이라고 한다.

인터넷 마케팅은 이제 사춘기

Brandon에 의한 온브랜딩은 인터넷 세상의 출현과 함께 시작된 것이 아니라 벨루티, 페라리, 할리데이비슨처럼 수많은 명품 브랜드의 역사와 같이 시작되었다. 그 동안 그들이 보이지 않았을 뿐이다. 반면에 Brandon들이 사는 세상을 어항처럼 볼 수 있게 해준 인터넷 비즈니스의 본격적인 역사는 이제 15년이 넘지 않는 아주 짧은 기간이다. 아직까지 인터넷 비즈니스와 브랜드 비즈니스를 접목해서 성공한 Brandon들에 의한 온브랜딩 사례들은 손에 꼽는다. 물론 인

INSIGHT ON

디지털 Brandon들은 사춘기를 겪고 있다. 그들도 왜 자신의 내분비계에서 이상한 호르몬이 분비되고 있는지 모른다. 아마 30여 년이 지나서 여러 사례와 디지털 생물학, 온라인 심리학, 온라인 감성 경제학, 온라인 내분비계 호르몬의 발견 등 이러한 신종 학문들이 생기면 그 동안 온라인에 일어났던 일들이 정리될 것이다.

터넷 비즈니스만으로 성공한 사례는 이보다 많다. 하지만 성공과 실패의 패턴을 정리하기에는 너무나 짧은 역사다. 가끔 튀어나오는 성공사례도 성공 보좌에서 3년을 견디지 못하고 사라지는 경우가 대부분이다.

15년 전의 사람이 지금 인터넷 환경에서 일을 한다면 세상은 거의 마술과 같다고 생각할 것이다. 그 이유는 전 세계의 모든 천재들은 대부분이 이곳에 붙어서 자신의 기술로 마술과 같은 세상을 만들 수 있다고 믿고 있으며 이로 인해서 정말 마술에 가까운 삶을 살고 있기 때문이다. 특히 그들은 인터넷을 통해서 전지전능할 수 있는 신의 관점◎06에서 일을 하고 있다.

사춘기 때 성장 호르몬에 의해서 도무지 걷잡을 수 없는 인간이 되는 것처럼, 인터넷도 성장 호르몬이 분비되면서 종잡을 수 없는 혁신과 진화로 거듭 발전하고 있다. 예전에는 인터넷의 발전에 대해서 과학적이고 논리적인 상상을 했는데 지금은 공상만화같은 상상을 해도 모두 그럴 수도 있다고 믿고 있다. 그래서 그것을 만들고 있는 중이다.

소비자도 소비의 대상보다는 소비의 방법을 더욱 중시한다. 소비자라는 말도 공급과 수요의 곡선이 있다고 믿었던 시절의 말이고 이제 소비자라는 말은 재래식 경영 용어가 되었다. 브랜드를 구매를 하지 않고도 구매한 사람보다 더욱 열광하는 사람들, 브랜드를 구매한 다음에 다소 과장된 정보를 붙여서 영업사원보다 더 적극적으로 선동하는 사람들, 그 사람들이 모여서 또 다른 문화를 만들고, 그 문화를 소비하고 싶어서 브랜드를 사는 사람들이 있는 곳. 여기가 온라인이다.

디지털 Brandon들은 사춘기를 겪고 있다. 그들도 왜 자신의 내분비계에서 이상한 호르몬이 분비되고 있는지 모른다. 아마 30여 년이 지나서 여러 사례와 디지털 생물학, 온라인 심리학, 온라인 감성 경제학, 온라인 내분비계 호르몬의 발견 등 이러한 신종 학문들이 생기면 그 동안 온라인에 일어났던 일들이 정리될 것이다. 분명한 것은 지금은 좌우를 종잡을 수 없는 인터넷 역시 사춘기라는 것이다. 이러한 혼돈의 세계임에도 불구하고 브랜더가 반드시 알아야 할 마케팅 키워드는 '온브랜딩'이다. 마치 5년 전만해도 유비쿼터스라는 묵시적 예언이 기술의 발달로 순식간에 생존용 전문 지식이 된 것처럼, 온브랜딩도 순식간에 모든 브랜드 운영자들이 알아야 할, 시장의 생태계에서 생존 전문 지식이 될 것이다. UB

1,596,270,108

전 세계 인터넷 사용 인구 (단위 : 명)

중국 약 3억 명

일본 약 9천 4백만 명

한국 약 3천 7백만 명

참조 www.internetworldstats.com 글로벌, 아시아 지역 인터넷 사용 현황

ANGLES ON BRANDING

38 ON-BRANDING

ON The New Age of Innovation
온브랜딩의 혁신 공식
N=1, R=G

The interview with M.S.Krishnan

인간은 언어를 통해 사물을 인식하고, 사고한다. 조지 오웰은 그의 소설《1984》에서 빅브라더의 입을 빌어 "낱말을 없애는 건 대단히 매력적인 일이지. 한 해 한 해 어휘는 줄어들고 그럴수록 의식의 한계도 좁아지겠지"라고 말했다. 인간의 생각하는 능력을 박탈하기 위해 어휘의 개수를 줄이려는 빅브라더는 어휘의 통제를 통하여 사회를 통제하려 한 것이다. 반대로 어휘가 하나 늘어나는 것은 사고의 폭을 넓힌다. 경영학에서도 '경쟁 우위' '블루오션' '리엔지니어링' '벤치마킹' 등의 개념어가 하나씩 추가될 때마다 같은 시장 환경을 새로운 시각으로 바라보게 함으로써 새로운 접근이 시도 되었다. 어휘가 인간 사고의 폭을 넓힌다면, 공식은 사고의 속도를 증가시킨다. 이제는 일상어로도 사용되는 '핵심역량$^{Core\ Competence}$'과 '전략적 의도$^{Strategic\ Intent}$'라는 개념어로 경영학적 사고의 폭을 넓혀 주었던 경영전략의 구루 C.K. 프라할라드 교수는 최근 경영정보 전문가 M.S 크리슈난 교수와 함께《새로운 혁신의 시대》를 출간하며 이번에는 공식을 하나 제안 했다. 'N=1,R=G'라는 공식은 보이지 않는 '혁신'이라는 추상적 개념을 어휘에 머물게 하지 않고 구조화시킴으로써 새롭게 변한 시장 환경을 바라보는 틀을 제공한다. 바로 이 공식의 공동창조자인 M.S 크리슈난 교수에게 기업이 온라인 환경뿐 아니라 글로벌 환경에서 항상 ON하기 위한 'N=1(소비자는 단 1명), R=G(자원은 전 세계적으로)'의 비즈니스 혁신 공식에 대해서 들어 보았다.《새로운 혁신의 시대》는 기업이 전 지구적으로 오랜 시간 살아있기 위해서 택할 수 있는 방법 중, 비즈니스 모델의 혁신을 통한 ON의 전략을 엿볼 수 있는 기회를 제공할 것이다.

《새로운 혁신의 시대》에서는 'N=1,R=G'라는 개념으로 새로운 경영 환경의 변화에 대해서 말하고 있습니다. 'N=1,R=G'가 의미하는 것은 무엇입니까?

전제는 경영 환경이 바뀌었다는데 있습니다. 우리는 전 세계 삼십억 명의 사람들이 휴대폰과 같은 기기로 연결되어 있는 세상에서 살아가고 있습니다. 따라서 디지털화된 세계에서는 부를 창조하기 위한 새로운 접근이 필요하며, 이는 비즈니스 모델의 혁신으로 이루어져야 합니다. N=1,R=G는 바로 이러한 새로운 환경에서 필요한 혁신의 공식으로, N=1이 의미하는 것은 '소비자의 수(Number)는 단 1명'이며, R=G는 '자원(Resource)은 글로벌(Global) 네트워크를 통해 얻어야 한다'는 것을 의미합니다. 이제 소비자는 단 한 명이라는 생각◎07으로, 각각의 소비자가 느낄 수 있는 독특한 경험을 제공하는 비즈니스를 해야 하며, 소비자들과 가치를 공동 창조해야만 합니다. 이를 위해서 R=G, 즉 전 세계의 크고 작은 공급자와 파트너들 간의 네트워크를 통하여 자원을 얻어야 한다는 것입니다. 글로벌화된 디지털 환경에서 자원을 공급해주는 파트너는 심지어는 한 사람의 개인이 될 수도 있습니다. 우리는 이러한 비즈니스 모델의 혁신을 간단하게 설명하기 위하여 N=1(소비자는 단 1명), R=G(자원은 전 세계적으로)라는 공식을 만든 것입니다.

N=1,R=G는 새로운 경영 환경에서 기업들이 ON하기 위한 공식으로도 볼 수 있을 것 같습니다. 이해를 높이기 위하여 사례를 통해서 설명해 주시겠습니까?

이 관계를 잘 대변할 수 있는 사례로 애플을 꼽겠습니다. 애플은 브랜드 측면에서도 훌륭하지만, 비즈니스 모델에 있어서도 N=1,R=G를 만족시키는 혁신적 모델을 취했습니다. 애플의 새로운 비즈니스 모델의 중심에 있는 아이폰이나 아이팟은 개별 고객에게 개인화된 경험을 전달하기 위한 플랫폼을 만들어왔습니다. 예를 들어 아이튠즈와 같은 디지털 플랫폼은 음악이나 비디오, 뉴스 그리고 팟캐스트 등을 통해서 브랜드 경험을 고객 스스로가 자신에게 맞게 조절할 수 있게 합니다. 개인이 처해 있는 상황에 필요한 음악을 듣고 특정 관심사와 관련된 정보나 어플리케이션을 다운받을 수 있게 하는 것입니다. 이것이 애플이 고객을 바라보는 방식입니다. 즉, 소비자 전체가 아니라 단 한 명의 소비자(N=1)를 위한 경험을 제공하려고 하는 것이죠.

반면 애플은 소비자에게 제공하는 독특한 경험을 디자인하기 위하여 모든 자원을 직접 소유하고 있지는 않습니다. 대신 글로벌 생태계 내의 다양한 파트너 네트워킹을 활용하는 방식을 택했습니다. 애플은 음악이나 뉴스, 어플리케이션, 심지어 기기에 들어가는 메모리 칩 조차도 직접 생산하거나 소유하고 있지 않지만 글로벌 네트워크를 통하면 그것들에 쉽게 접근할 수 있습니다. 이것이 글로벌 자원을 관리하는 것(R=G)에 관한 것이죠.

비슷한 비즈니스 모델은 구글에서도 보여집니다. 1억 명의 구글 유저들은 아이구글에서 그들 각자의 관심에 따라 페이지를 공동으로 창조◎08해 냅니다. 애플처럼 구글은 자원을 가지고 있지 않습니다. 파트너들과 웹사이트의 생태계를 통해서 각각의 유저들이 독특한 경험을 할 수 있도록 지휘할 뿐입니다. N=1,R=G의 비즈니스 모델을 시작하면, 하이테크 산업에서 한계란 존재하지 않습니다.

지금까지 이해하기로는 그 공식은 아무래도 하이테크 산업에서 유리한 혁신 공식이 아닐까 하는 의문이 듭니다. 기존의 전통적인 생산방식을 가지고 있는 기업도 N=1,R=G를 만족시키며 새로운 경영 환경에 대응했던 사례가 있을까요?

N=1,R=G는 어떤 기업에게도 적용이 가능합니다. 이러한 구조적 변화는 타이어나 신발과 같은 전통적인 산업분야에서도 발견됩니다. 기존의 타이어 생산업체는 주로 자동차를 생산하는 회사에 타이어를 납품하거나, 타이어를 교체하려는 운전자들을 대상으로 판매해 왔지만 최근 변화를 보이고 있습니다. 단순히 타이어를 판매하는 형태가 아니라, 트럭 운송회사와 독점 계약을 맺고, 운행 거리에 따라 타이어를 관리해주고, 화물의 무게나 종류, 배송지역, 운전자 교육, 운전자 성향, 공기압 관리나 교체주기 등과 같은 개별적인 특성에 따라 서비스를 제공하는 것입니다. 이때의 *혁신은 비즈니스의 중심에는 타이어라는 물리적인 제품이 있더라도 비즈니스 모델은 타이어 판매가 아니라 타이어 관리 서비스로 옮겨가게 되는 것입니다. 타이어를 판매하는 거래중심transaction base의 형태에서, 주기적으로 사용량을 측정하고 사용자에게 적합한 서비스를 제공하는 지속적인 관계형성ongoing relationship의 형태로 이동해 가는 것이죠.

*혁신
프라할라드와 크리슈난 교수는 N=1만으로도 전통적인 제조 산업에 속해 있던 타이어 산업이 서비스 산업으로 옮겨가는 혁신을 이룰 수 있다고 말한다. 실제로 굿이어Goodyear는 이미 이러한 서비스를 시작하고 있으며 브리지스톤Bridgestone은 타이어 마모 정도를 수동으로 측정하고, 그 수치를 데이터 센터로 전송하는 시스템을 유럽 시장에서 실시하고 있다. 그들은 전통적 기업의 이러한 시도를 통해 다음과 같은 세 가지 변화를 감지할 수 있다고 전한다.
1. 비즈니스 모델이 제품 판매에서 서비스 제공으로 변하고 있다.
2. 소비자에게 '판매'를 하는 형태에서, 소비자와 '관계'를 형성하는 형태로 변화하고 있다. 비용절감, 안전 및 운전기술 향상, 타이어 점검과 같은 관리서비스에 초점을 맞춤으로써, 타이어 생산업체들의 핵심 가치는 물리적인 제품에서 운송회사와 운전자를 위한 솔루션으로 이동하고 있다.
3. 운송회사에게 타이어를 대량 판매하는 경우, 그 비즈니스 모델은 B2B 방식이라고 할 수 있다. 그러나 운송회사에 대량으로 판매 한다 하더라도 타이어를 이용하는 일반 개별 운전자에게 안전과 타이어 관리를 위한 서비스를 맞춤형으로 제공하는 경우, B2C의 방식에 더 가까워진다. 모든 소비자와 개별적으로 관계를 맺고, 글로벌 네트워크를 통해 자원에 접근하는 새로운 경쟁 시대가 열릴수록, B2B와 B2C에 대한 경계는 점차 허물어질 것이다.

40 ON-BRANDING

역사가 깊고 대량생산 시스템에 익숙한 기존의 기업이라 하더라도 이러한 경영 환경의 변화를 위기로 생각할 필요는 없겠군요.

비즈니스를 새로 시작하는 기업이 기존의 전통적인 생산 방식에 익숙하고, 그것에 습관화된 기업보다 유리한 것은 사실입니다. 그러나 기존기업이라 하더라도 이러한 환경 자체를 위협으로 받아들일 필요는 없습니다. 사실 진정한 위협은 이러한 경향 자체를 무시하는 것입니다. 영국 보험회사인 노르위치 유니온Norwich Union 역시 전통적인 기업 모델을 가지고 있었지만 기업의 고객업무 시스템과 고객들의 자동차를 GPS 장비로 연결하는 정보통신기술(ICT, Information and Communications Technology) 시스

템을 구축하는 등 탄력적으로 고객 경험을 관리하려고 노력하고 있습니다.

이러한 변화의 첫 단계에서 중요한 것은 기업의 조직원 모두가 사업모델을 명확하게 이해하는 것입니다. 관리자들은 N=1, R=G 의 비즈니스 모델에 대한 비전을 조직원들과 공동으로 세우려는 자세가 필요합니다. 기업이 이러한 혁신을 하기로 결정했다면, 점진적으로 조직원들과 이러한 비전을 공유해야 하죠. N=1, R=G는 비즈니스 프로세스가 투명해야 효율성을 최대화 할 수 있는 모델이기 때문에 단기간에 한 사람의 '결정'으로만 이루어지지는 않습니다. 이 변화는 실험과 발견을 거듭하며 서서히 진화되는 것입니다. 관리자들은 실험과 새로운 아

이디어가 자유롭게 오갈 수 있는 조직을 구성할 필요가 있습니다. 또한 그러한 비즈니스 프로세스를 가능하게 하는 정보통신기술이 마련되어 있는지, 다양한 시도를 위한 유연한 조직 환경이 마련되어 있는지 점검해야 할 것입니다.

책에서 소개한 인도의 ICICI라는 기업 사례가 매우 흥미로웠습니다. ICICI가 새로운 비즈니스 모델로 시장을 개척한 사례를 N=1,R=G에 적용하면 어떻게 설명할 수 있나요?

*ICICI는 인도에서 가장 큰 금융 기업입니다. 그들은 공공부분에서 사업을 시작했지만 지금은 아시아에서 가장 빨리 성장한 금융기업 중의 하나가 되었죠. ICICI는 N=1,R=G 모델에 근거하여 지속적인 혁신을 기반으로 하는 진화론적 비즈니스 모델을 취하고 있었습니다. 예를 들어 고객 개개인의 행위에 따라 개인의 신용 등급을 평가하는 것은 N=1으로 해석될 수 있습니다. 반면에 그들이 농촌과 같은 변방 시장에 다가가기 위하여 비영리단체와 함께하는 파트너십은 R=G를 보여주죠. ICICI는 변화하는 비즈니스 모델을 실현하기 위한 유연한 비즈니스 프로세스를 택하고 이것을 실현하기 위하여 ICT 시스템의 통합이라는 기술적 변화를 받아들였습니다. 또한 데이터 분석 시스템을 구축하고 규모를 확대하고 비용을 줄임으로써 신속하게 혁신을 실천했습니다. 단, 혁신에 앞서 3~4개월 동안의

N=1, R=G 모델은 기업 경영자들에게 그들 사업의 모든 면을 재고하게 하고, 디자인과 생산 프로세스의 새로운 디지털화는 기업에게 유연함과 효율성 모두를 가능하게 합니다.

실험 기간 동안 수많은 작은 시도들을 통해, 변화의 과정에 수반되는 위험을 분산시켰습니다. 모든 실험의 비용과 성과에 대해 사전에 철저하게 관리했다는 것이죠.

기업들은 N=1에 대한 필요성을 절감하고 있습니다. 그렇지만 과거에 'mass customization'이 성공하지 못한 이유는 소비자의 개별 경험을 제공하려 했더니 원가 상승의 문제가 따라왔기 때문입니다. 이러한 원가 상승의 문제를 해결할 방안에는 무엇이 있을까요?

N=1, R=G 모델로의 변화가 항상 생산 비용의 상승을 동반하는 것은 아닙니다. 전통적으로 N=1은 규모의 경제를 앗아가는 존재로 인식되었죠. 그러나 디지털화로 인해서 제품 생산과 비즈니스의 프로세스는 변화하고 있습니다. 신발 사업을 다시 예로 들어볼까요. 이제는 개별 고객의 치수를 디지털로 스캐닝해서 제조하는 방식의 개인화가 가능해졌습니다. 몇 년 전만 하더라도 이러한 개인 맞춤형 생산 프로세스는 전문가용 신발에서나 가능했고 가격 또한 최소한 700달러 정도에서 시작했죠. 그러나 이제는 이러한 개인 맞춤형 신발이 80달러 정도에서도 가능합니다. 핀란드의 소규모 가족 운영체제 기업인 포마핀Pomarfin의 경우 고객의 치수를 재기 위한 스캐닝은 각 매장에서 이루어지며, 디자인은 이탈리아의 마즈카토Mazzucato와 관계를 맺고, 생산은 에스토니아에 있는 공장들에 맡김으로써 생산비용을 크게 절감하고 대리점 체제를 통해 고객관리 업무를 처리하고 있습니다. N=1, R=G의 모델을 통해서 포마핀은 저가격 고품질의 신발을 제공하게 된 것이죠. 이처럼 N=1, R=G 모델은 기업 경영자들에게 그들 사업의 모든 면을 재고하게 하고, 디자인과 생산 프로세스의 새로운 디지털화는 기업에게 유연함과 효율성 모두를 가능하게 합니다.

현재는 전 세계적 경제 위기입니다. 이러한 경제적인 위기도 N=1, R=G를 통하여 해결할 수 있다고 보시나요?

프라할라드 교수와 저는 요즘의 경제적 위기를 혁신을 통해서 뚫고 나갈 수 있다고 생각합니다. 혁신에 대한 저희의 접근은 거대한 R&D팀이나 투자팀을 운영한다는 것이 아니라, 거듭 강조한대로 N=1, R=G 모델을

---

*ICICI
ICICI는 인도의 금융시장에 수많은 혁신을 가지고 왔다. CEO인 카맛K.V.Kamath은 연례회의 석상에서 주주들에게 '세계로, 변방으로(Going Global, and Going Rural)'라는 구호를 주요 기업과제로 발표하였다. 이를테면 농촌 시장 확대를 위하여 인도의 기후, 화폐 사용습관, 노동환경 등을 고려하여 농촌 지역에서는 일반적으로 화폐가 많이 손상된다는 점을 파악하여 음료 자판기와 유사한 기술로 농촌 지역에 적합한 새로운 ATM을 개발했다. 또한 인도 농촌 지역에서는 여성들이 상부상조를 목적으로 20명 정도 규모의 협동조합을 조직하고 있다는 점을 이해하고, 이러한 협동 조합의 풍부한 정보를 활용하였다. 10~15km의 지역 단위로 농촌 주민들이 100달러 정도의 소액대출을 손쉽게 검색하고, 대출받고, 관리할 수 있는 서비스(수확, 소나 트랙터의 구입, 개간, 교육, 의료, 담보 등에 관한 다양한 대출 상품)를 실시하였다. 그 결과 ICICI의 농촌지역 대출 서비스는 2006년 두 배로 성장하여, 고객수가 320만 명을 넘었으며 대출 규모는 36억 달러에 이르렀다.

그 이후로 ICICI는 영국, 러시아, 중동, 남아프리카, 동남아시아, 캐나다 등 세계 시장으로 뻗어 나갔다. '세계로'와 '변방으로'라고 하는 과제는 서로 반대되는 것처럼 보이지만 ICICI는 십년 동안 구축해온 경쟁력을 기반으로 이 두 과제를 동시에 추진하고 있다. ICICI의 혁신적 금융 서비스에는 인도 최초의 인터넷 뱅킹 실시, 세계 최초의 소액금융 서비스 확립, 주택담보 대출 방문 서비스 최초 확립, ATM을 통합 공과금 납부 서비스 최초, 태양열 발전 ATM도입, 미상환 대출금 경매 처분 최초 도입 등이 있다.

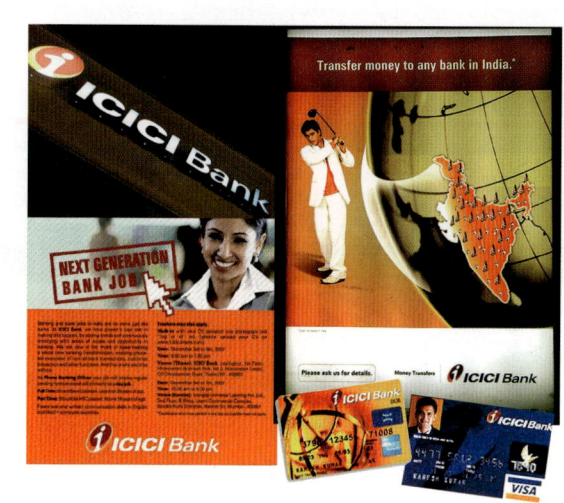

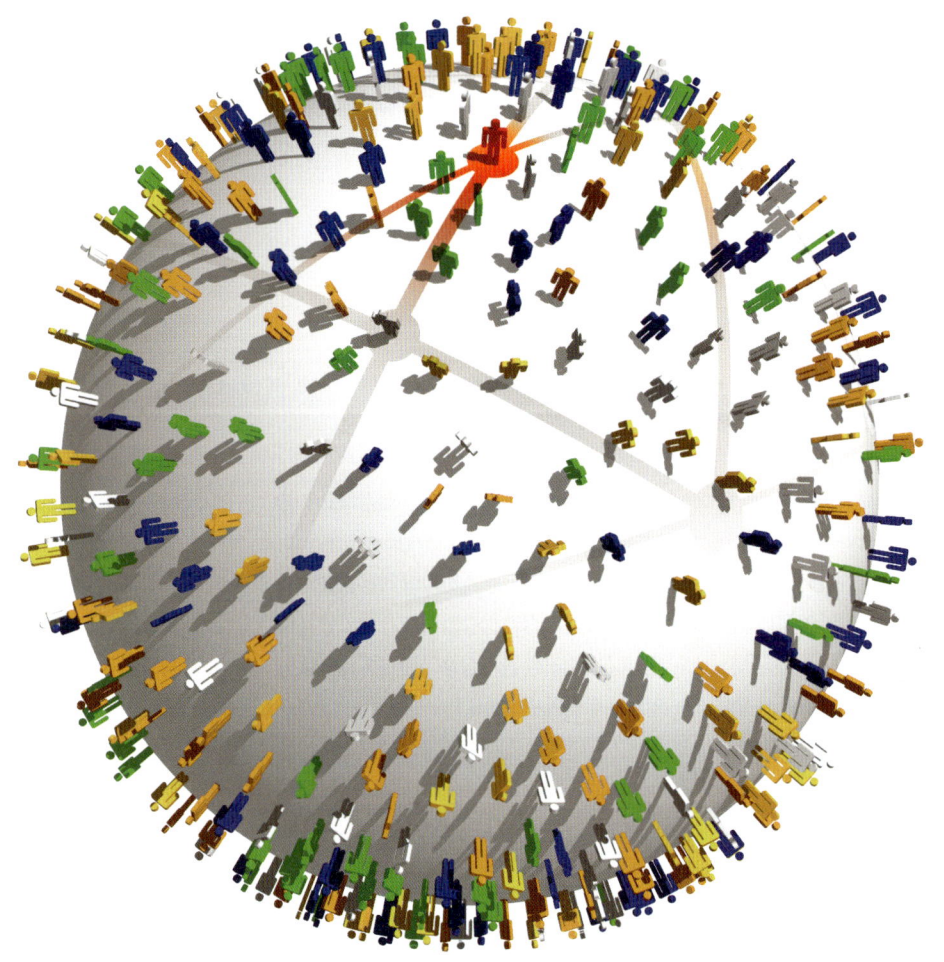

통한 비즈니스 모델의 혁신입니다. 이 혁신 모델의 숨겨진 진정한 핵심 역량은 비즈니스 프로세스의 투명성과 민첩성에 있습니다. 또한 철저한 분석에서 나온 인사이트가 기반이 되는 의사결정 또한 빼놓을 수 없습니다. 이때 인사이트란 고객, 그리고 그 고객들과 공동으로 창조하는 가치에 대한 깊은 이해에서 비롯된 것을 의미합니다. 비즈니스 프로세스와 데이터의 투명성을 높이는 과제가 중요한 이유는 기업은 투명한 비즈니스 프로세스와 데이터 분석을 통해, 소비자 행동을 예측하고, 공급망에서 특정한 자원을 추가하거나 제거할 수 있기 때문이죠. 이러한 비효율의 제거는 기업의 효율화와 함께 혁신을 가능하게 하여 종국에는 위기의 극복을 가져오리라 봅니다.

단 이러한 경제 불황에서 기억해야 할 것은 이 사태가 암시하는 것 자체입니다. 서브프라임모기지론 사태로 야기된 지금의 경제 위기는 몇몇 금융기관의 탐욕으로 인한 규제 소홀이 가지고 왔다고 볼 수 있습니다. 하지만 몇몇 기업이 전 세계적으로 미친 영향력으로 보았을 때, 이 세계가 얼마나 촘촘히 연결되어 있는지 알 수 있게 됩니다. R=G에 대한 근거가 될 수도 있죠.

최근 새로운 경영 환경의 변화라면 온라인을 말하지 않을 수 없습니다. 당신이 말하는 비즈니스 프로세스 혁신이 웹 2.0, 웹 3.0과 어떠한 관계가 있습니까?

N=1,R=G의 비즈니스 모델을 가능하게 하는 프로세스는 정보통신기술의 구조를 갖춘 기업이 유리할 것입니다. 이 기업에게 요구되는 유연성과 투명성은 ICT 구조 안에서 정보 전환이 얼마나 민첩하게 이루어지는가에 달려있죠. 가치의 공동 창출이 가능한 위키피디아나, 블로그, 그리고 여타 소셜 미디어 플랫폼은 정보 전환의 민첩함을 가능하게 합니다. 바로 웹 2.0과 웹 3.0이 N=1,R=G를 가능하게 하는 환경을 강화시킨다는 의미입니다. N=1,R=G 모델은 기업이 직원들 간에 협력을 통해서 더 나은 결과를 만들게 하고, 그 집단의 능력이 더 커질 수 있도록 영향을 준다는 것을 기억하십시오. 떠오르고 있는 웹 2.0의 기술들은 기업이 직원들과 함께 N=1을 발전시킬 수 있게 합니다. 대표적인 예가 미국의 아웃도어 전문 기업인 이스턴마운틴스포츠 Easter Moun-

ANGLES ON ON-BRANDING 43

tain Sports입니다. 이 기업은 대규모 조직임에도 불구하고 고객들의 세부적인 요구를 알고 그것을 생산, 마케팅, 그리고 인사관리에까지 반영하여 통합시키기 위하여 웹 2.0 기술의 도움을 받고 있습니다. 실시간의 협업을 위하여 블로그를 활용하여 마케팅과 판매 조직을 생산과 조달 부서와 긴밀하게 연결시키고 있습니다. 이러한 시도는 마케팅과 시장의 이슈를 전 조직이 항상 공유하게 할 뿐만 아니라 투명한 비즈니스 프로세스를 구축하게 합니다. 투명한 프로세스의 가장 큰 장점 중 하나는 낮은 비용으로 신속하게 합의를 이루어 낼 수 있다는 점입니다. 이처럼 많은 기업들이 더 나아가기 위한 새로운 아이디어를 그들의 직원뿐만 아니라 전 세계의 고객으로부터 얻기 위하여 웹 2.0을 활용하고 있습니다. 정리하자면 웹 2.0과 웹 3.0 기술은 N=1,R=G 비즈니스 모델을 촉진시키는 토대가 된다고 할 수 있습니다.

프라할라드 교수와 크리슈난 교수가 말하는 혁신 공식 N=1,R=G는 온브랜딩의 법칙과도 상당부분 일치한다. 그들에게 온브랜딩의 개념과 주요 개념어에 대해서 미리 설명한 바 없지만, 그들이 혁신 공식에서 강조하는 '개인화된 경험의 중요성' '고객과의 관계' '네트워크를 통한 효율화' '기업의 투명성' '고객과 공동으로 창조하는 가치' '웹 2.0의 중요성' 등은 온브랜딩과 교집합을 이루는 부분이었다. 이는 N=1,R=G라는 공식이 온라인 공간을 포함한 새로운 경영 환경의 핵심이기 때문이다. 단 한 명의 고객 경험이 무엇보다 중요하며(N=1), 네트워크로 연결된 세계의 위력을 알고 그것을 잘 활용하는 기업이 성공(R=G)하는 세상이 펼쳐졌음을 의미한다.

온브랜딩이 '고객에 의해서 브랜드 아이덴티티가 구축되고, 기업의 통제권 밖에서 이루어지는 고객의 경험과 활동이 브랜딩에 커다란 영향력을 미치는 것'이라고 한다면 '그렇다면 기업이 할 수 있는 것은 없다는 말인가'라는 의문이 들기도 한다. 이 질문에

> 그들에게 온브랜딩의 개념과 주요 개념어에 대해서 미리 설명한 바 없지만, 그들이 혁신 공식에서 강조하는 '개인화된 경험의 중요성' '고객과의 관계' '네트워크를 통한 효율화' '기업의 투명성' '고객과 공동으로 창조하는 가치' '웹 2.0의 중요성' 등은 온브랜딩과 교집합을 이루는 부분이었다.

도 역시 N=1,R=G의 공식을 적용시켜 볼 수 있다. N=1 측면에서는 한 사람 한 사람 고객의 목소리에 귀 기울여서, 그들 각각이 만드는 자사의 브랜드 아이덴티티를 인정하는 것이다. 기업이 자원을 조달하는 방식인 R=G 측면에서는, 기업은 고객이 우리 브랜드에 대하여 긍정적인 경험을 하기를 기다리고만 있을 것이 아니다. 새로운 환경에 적합한 비즈니스 모델(글로벌 자원 조달)을 구축함으로써 원가 절감을 이루고 개별 고객의 경험을 고려한 비즈니스를 설계함으로써 다시 N=1의 만족도를 높일 수 있다.

프라할라드 교수와 크리슈난 교수가 제시한 온브랜딩의 공식이 '비즈니스 모델의 혁신' 중심이었다면, 다음에 이어지는 석학들에게는 온라인, 브랜드, 미래학 관점의 N=1,R=G 온브랜딩 법칙을 각각 적용시켜 볼 수 있을 것이다. UB

M.S. 크리슈난 경영정보기술 분야의 전문가로, 미시간대 로스경영대학원의 교수이자, 글로벌 자원 레버리지의 공동 이사이다. 포드, IBM, ICICI, NBC, 마케틱스, TVS 그룹, 람코 시스템 등의 기업을 컨설팅하고 있다.

'What'이 아닌 'Who'에 집중하는 브랜드가 되라

ON-BRANDING은 가장 '자신다움'이다

The interview with **Allen Adamson**

아직 국내에 번역되지 않은 《BrandDigital》의 저자, 앨런 애덤슨과 인터뷰를 진행하게 된 이유는 《BrandDigital》에서 기업에게 던지는 메시지가 온브랜딩의 개념과 많은 부분에서 일치했기 때문이다. 인터넷 전화인 스카이프Skype를 통해 진행된 인터뷰에서 앨런 애덤슨은 "지금 비록 얼굴을 마주하지 않고 인터뷰를 진행하고 있지만, 우리는 대화를 통해 의견을 묻고 이해하는 쌍방향 커뮤니케이션을 하고 있습니다. 이처럼 상호작용이 일어나는 대화가 바로 관계 구축의 시작이죠. 온라인이라고 해서 특별하고 획기적인 방법이 있는 것이 아닙니다. 획기적인 기술 이면에 있는 것들은 바로 오프라인에서도 끊임없이 강조했던 요소들이며, 여전히 온라인에서도 중요한 것이죠"라고 말했다.

그의 저서에서 말하는 '브랜드디지털'은 기술에 기반을 둔 온라인에서 따뜻한 감성, 사람에서 느껴지는 '자신다움' 그리고 대화를 통한 진지한 관계를 만드는 것이 중요하다는 것이다. 인터뷰하는 내내 그는 이러한 점을 놓치지 않고 언급하며, 진리는 단순하고 기본적인 것에 있음을 강조했다.

《BrandDigital》을 집필하시면서, 과거와 달리 어떠한 측면에서 시장이 변화하고 있다고 생각하십니까?

오늘날 시장에 불어온 가장 큰 변화는 소비자들이 제품이나 서비스를 직접 경험하기 전에, 온라인에 가서 그 제품과 서비스에 대한 정보를 검색할 수 있는 환경이 너무나도 잘 갖추어져 있다는 것입니다. 그래서 소비자들이 시장에서 어떠한 일이 발생하고 있는지를 기업에 있는 브랜더나 마케터보다 훨씬 더 잘 알고 있기도 합니다. 설령, 제품이 온라인에서 판매가 되고 있지 않고, 오프라인 매장에서만 구매가 가능할지라도 소비자들은 온라인에서 여전히 그 제품의 특징과 장점을 알기 위해 정보를 검색할 수 있다는 사실입니다. 요즘에는 이것이 너무나도 당연한 것처럼 여겨지지만, 우습게 넘겨서는 안 되는 사실입니다. 왜냐하면 검색된 정보가 고객이 제품을 접하게 되는 첫 번째 만남이자, 그것을 시작으로 상호작용이 이루어지기 때문입니다. 그러므로 기업은 온라인에서 소비자가 제품을 어떤 경로를 통해서 접하고, 제품이 어떻게 포지셔닝 되길 원하는가를 생각하는 것이 중요합니다. 즉 기업이 온라인이라는 공간에서 이루어지는 검색에 대해서 신중하게 생각해야 할 시기입니다.

또 다른 큰 변화는 친구나 동료뿐만 아니라 모르는 사람의 의견조차 의사결정에 미치는 영향력이 커졌다는 사실입니다. 이는 *소비자 파워가 온라인에서 더 커졌다는 것을 의미하죠. 그러므로 기업은 소비자들에 의한 입소문으로 자사 브랜드에 대한 부정적인 문제가 이슈화되지 않게 해야 한다는 압박을 받습니다. 온라인이 우리 삶의 한 부분이 되기 전에는, 예를 들어 만약 소비자가 자신의 차에 문제가 생기면 차 딜러나 이웃에게 불평하는 정도에서 문제가 일단락되었습니다. 그러나 지금은 불만이 생기면 자신의 블로그에 그 내용을 올릴 수 있고, 이메일로 혹은 메신저로 친구에게 말하거나, 고장난 상태를 동영상으로 찍어서 유튜브에 올릴 수도 있는 상황이 된 것입니다. 온라인의 영향력이라는 것은 이처럼 소비자가 커뮤니케이션할 창구가 하나 더 생긴 것에 그치지 않고, 그 파급력마저 확대시켰습니다. 덕분에 소비자들은 자신의 불만을 매우 효과적으로 알릴 수 있게 되었죠.

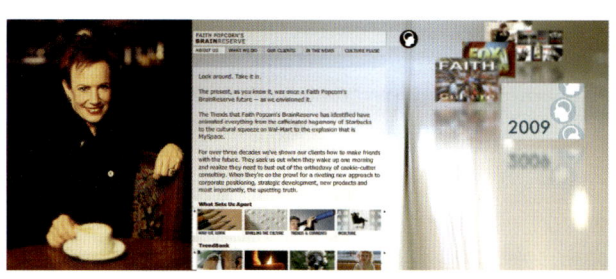

*소비자 파워

앨런 애덤슨은 페이스 팝콘Faith Popcorn과 그녀의 회사인 BrainReserve를 왜 설립했는지에 대해 이야기를 나눈 적이 있었다. 대화가 오가는 동안 그녀는 일하면서 느낀 소비자 행동과 파워의 변화에 대해서 다음과 같이 말했다고 한다.

"소비자들은 자신을 더 이상 소비자consumer라고 생각하지 않고, 시민citizen으로 생각합니다. 마치 자신의 힘으로 변화를 주도해야 할 책임감을 느끼고 있는 시민 말이죠. 인터넷은 소비자들이 서로 이러한 변화를 주도할 수 있다는 것에 더욱 의미부여를 하도록 만들었습니다. 또한 소비자들이 제도와 법을 통해 권리를 요구할 수 있는 방법들을 서로 공유하여 파워를 가질 수 있도록 만들었죠. 잊지 마세요. 당신의 소비자는 주주가 아닙니다. 그들은 기업이 훌륭하게 임무를 수행하지 않았다는 것을 알 때, 그 기업에게 등을 돌립니다."
출처: 《BrandDigital》

이러한 변화로 인해 중요성이 높아진 온라인 공간에서 비즈니스를 시작하려는 기업들에게 온브랜딩에 대해 조언해주실 말씀이 있으십니까?

기업들은 자사 브랜드의 *'무엇'에 집중하기 보다 '누구'에 더 집중해야 합니다. 과거에는 소비자에게 '무엇'을 제공하고 '어떤' 서비스를 할 것인지가 가장 중요했습니다. 즉 '무엇'으로 차별화를 시도한 것이죠. 물론 오늘날에도 '무엇'은 여전히 중요하고 이것이 어떻게 그리고 왜 효과적인지를 아는 것도 중요합니다. 그러나 이보다 더 중요한 것은 '누구'라는 것입니다. 자사가 '누구'인지, '누구'가 상징하는 것은 무엇인지, '누구'는 소비자와 어떻게 커뮤니케이션 해야 하는지가 더 중요해졌습니다. 최종적으로는 이러한 '누구'가 소비자와 어떠한 관계를 맺는지가 중요합니다. 이처럼 관계가 중요시되기 때문에 온라인에서의 커뮤니케이션이 중요한 것입니다. 저도 의자에 앉아서 왜 내가 이 제품을 구매해야 하는지에 대해서 더 이상 듣고만 싶지 않고, 브랜드와 24시간 커뮤니케이션하고 싶기 때문입니다. 다른 소비자들도 저처럼 자신이 원할 때 언제나 브랜드와 커뮤니케이션하고 싶어할 것입니다. 그렇기 때문에 온라인 세계에서는 기업이 소비자와 지속적으로 쌍방향 대화를 할 준비가 되어 있지 않으면 경쟁에서 살아남을 수가 없습니다.

*'무엇'에 집중하기 보다 '누구'인가에 더 집중

앨런 애덤슨은 '무엇what'은 거래지만, '누구who'는 관계라고 말한다. 그래서 성공하는 기업은 소비자와 관계를 구축하기 위해서 자사 브랜드가 '누구'인지를 정의하고, 발전시켜야 한다고 주장한다. 그가 말하는 '관계 구축'은 틀에 박힌 의미가 아니다. 기업이 친근하고 전문적인 모습으로 소비자에게 다가야 한다는 것이 아니라, 타사 브랜드와 뚜렷이 구분되는 퍼스낼리티로 소비자와의 관계를 구축한다는 의미다.

46 ON-BRANDING

앞서 강조하신 '기업이 소비자와 지속적인 관계'를 구축하기 위해서 고려해야 사항은 무엇입니까?

'브랜드 약속'에 대한 말씀을 드려야 할 것 같습니다. 과거에 마케터들은 오직 '브랜드'와 '브랜드 포지셔닝'에 대한 이해를 중요하게 생각했습니다. 왜냐하면 이와 같은 요소는 기업이 광고 에이전시와 일할 때 중요한 요소이자, 이것이 소비자와의 커뮤니케이션을 꽤나 성공적으로 이끌기 때문입니다. 그러나 현재 소비자들은 기업에서 일하고 있는 수많은 사람들과 간접적으로 접촉하고 커뮤니케이션합니다. 단지 광고를 통해서만 브랜드를 접하는 것은 아니기 때문에 소비자들은 브랜드 약속이 이행되는지 안 되는지를 더 쉽게 알 수 있습니다. 따라서 모든 기업은 자사의 브랜드 약속이 무엇인지를 명확히 하고, 소비자에게 한 브랜드 약속을 지키킬 수 있는 방법이 무엇인지를 고민하고 커뮤니케이션 해야 합니다. 브랜드는 단지 제품의 스토리를 말하는 것이 아니라, 브랜드 약속을 지속적으로 지킬 수 있는[10] 방법을 고민해야 한다는 것을 기업들은 잊어서는 안됩니다.

그렇다면 브랜드 약속을 지키고 이를 성공적으로 커뮤니케이션한 브랜드 사례는 무엇입니까?

온라인에서 브랜딩을 시도한다는 것은 기업이 브랜드 약속을 지키고 이를 소비자와 커뮤니케이션한다는 의미입니다. 커뮤니케이션은 소비자와 브랜드가 깊은 관계를 맺기 위해서는 필수입니다. 온라인으로까지 소비자 접점이 확대되면서 오늘날 소비자는 브랜드와 관계를 맺을 수 있는 상황이 더 증가하였습니다. 이러한 상황에서 소비자들은 기업이 제품 정보 이상의 것에 대해 커뮤니케이션하기를 기대합니다. 이러한 커뮤니케이션을 잘한 기업 가운데 유니레버가 있죠. 유니레버의 하위 브랜드인 도브는 오랫동안 제품의 특징에 대해서 소비자와 커뮤니케이션 해왔습니다. 2004년, 도브는 제품 이상의 것에 대한 커뮤니케이션 전략을 세워 고객과의 새로운 관계를 구축하려고 노력했습니다. 도브는 브랜드 약속을 단지 제품에 대한 것으로 국한시키지 않고, 어떻게 확장시키고, 보다 높은 차원의 주제로 업그레이드시킬까를 고민하다가 *Real Beauty(진정한 아름다움)'에 대해서 커뮤니케이션함으로써 소비자와의 깊은 관계를 새롭게 구축하는데 성공했습니다. 오프라인에서 단지 TV 혹은 인쇄 광고로 커뮤니케이션하는 것에 그치지 않고, 커뮤니케이션의 주제를 확장시킴으로써 온라인에서 보다 오랫동안 깊은 대화를 나눌 수 있었던 것이죠. 온라인은 좀 더 일대일[11]로, 시간의 제약을 받지 않고 대화할 수 있는 공간이기 때문에 다양하고 폭넓은 주제에 대한 대화를 통해서 깊은 관계를 맺는 것이 유리해졌습니다.

*Real Beauty
1957년에 런칭된 도브는 2000년도까지 '건조해지지 않는 피부'라는 캠페인을 통해 기능적인 브랜드 약속을 꾸준히 커뮤니케이션한 브랜드다. 점점 이러한 기능적인 브랜드 약속이 시간이 지남에 따라 차별성을 잃어간다고 판단하던 도브는 2004년에 새로운 마케팅 커뮤니케이션 캠페인을 런칭했다. 이것이 바로 오길비 광고대행사와 함께 진행한 'Real Beauty'다. 도브 마케팅 디렉터인 케이시 오브리언Kathy O'Brien은 "여성들은 직관적으로 도브와 '미'를 연관지어 생각하지만. 저희는 단지 이러한 '진정한 미의 의미'에 대해서 자사의 생각을 표현하는데 그치고 싶지 않았습니다. 이러한 주제에 대해서 토론과 논쟁이 글로벌하게 진행되었으면 했습니다. 오프라 윈프리는 '자존감Self-Esteem'과 관련된 주제의 프로그램을 진행했고, 제이 레노는 저희 광고를 패러디했으며, 케이티 코릭은 16분 동안 도브와 유튜브에 올린 'Evolution' 동영상을 투데이쇼에서 방송했습니다. 'Real Beauty'는 어디에서나 사람들에 의해서 울려 퍼졌습니다. 그리고 온라인 공간은 이러한 이야기들이 계속해서 유지되기에 가장 적절한 장소입니다. 물론 이러한 캠페인과 동시에 도브 제품을 계속해서 제공하는 것도 잊지 않았습니다"라고 말했다. 도브는 2010년까지 자존감기금self-esteem fund에 500만 명의 젊은 여성들이 참여할 것을 기획했고, 2009년 8월을 기준으로 390만 명 이상이 참여하고 있다.
출처: 《BrandDigital》

저서에 보면 '브랜드 드라이버Brand Driver'에 대한 개념이 계속 언급되고 있습니다. 브랜드 드라이버는 브랜드 아이덴티티와 어떠한 차이점이 있습니까?

브랜드 아이덴티티가 핵심적인 아이디어를 상징화하는 것이라면, 브랜드 드라이버는 이러한 핵심 아이디어를 커뮤니케이션하는 것입니다. 구체적으로 예를 들어서 말씀드리죠. 애플의 브랜드 아이덴티티는 '재미있고 쉽게 사용할 수 있는 스타일리쉬한 제품입니다. 브랜드 아이덴티티의 핵심 아이디어를 CI/BI와 같은 상징적인 시그널로 구현하는 것이죠. 애플의 로고를 떠올려 보세요. 한 입 베어먹은 사과는 마이크로소프트와 달리, 재미있으면서 스타일리쉬하죠. 이는 또한 사과를 베어 무는 것처럼 쉽게 사용할 수 있도록 만들겠다는 자사의 브랜드 아이덴티티를 이야기하는 것이기도 합니다. 그래서 소비자는 CI/BI과 같은 상징적인 표현으로 브랜드 아이덴티티를 주로 접하게 되는 것입니다.

반면 브랜드 드라이버는 거의 모든 소비자 접점(디자인, 매장, 패키지, 웹페이지, 서비스 센터 등)에서 브랜드 아이덴티티의 핵심 개념인 '쉽게 사용하는 기기'를 실현하는 것입니다. 예를 들어, 일차적으로 제품은 사용하기에 복잡해서는 안 되며, 이는 디자인도 마찬가지입니다. 또한 서비스를 받을 때도, 소비자가 불편을 느낄만큼 프로세스가 복잡하거나, 오래 걸려서도 안 됩니다. 패키지의 예도 들어봅시다. 소비자가 애플 제품이 들어 있는 패키지를 열었을 때, 꺼내기 불편하거나 어디에 쓰일지 모르는 것들이 복잡하게 얽혀 있어서는 안 됩니다. 사용 설명서도 마찬가지입니다. 애플이 유튜브에서 동영상으로 설명하는 것도 좀 더 쉽게 제품 사용법의 이해를 돕기 위함입니다. 이러한 자사의 브랜드 아이덴티티의 핵심 아이디어를 소비자의 모든 접점에서 커뮤니케이션되도록 구현시키는 것이 바로 브랜드 드라이버인 것이죠.

브랜드 아이덴티티는 '일관성'이 중요하다고 합니다. 그런 의미에서 브랜드 아이덴티티의 핵심 아이디어를 커뮤니케이션 하는 브랜드 드라이버 또한 '일관성'이 전제되어야 할 것 같습니다.

맞습니다. 브랜드 드라이버는 곧 브랜드 약속입니다. 약속을 커뮤니케이션하는데 있어서 일관성이 있어야 함은 당연합니다. 그래서 베스트 브랜드는 옳다고 생각하는 자사 브랜드의 약속을 오랫동안 지켜나갑니다. 코카콜라처럼 말이죠. 코카콜라는 100년 이상의 역사

ANGLES ON ON-BRANDING **47**

기업들은 자사 브랜드의 '무엇'에 집중하기보다 '누구'에 더 집중해야 합니다. 과거에는 소비자에게 '무엇'을 제공하고 '어떤' 서비스를 할 것인지가 가장 중요했습니다. 그러나 이보다 더 중요한 것은 '누구'라는 것입니다. 자사가 '누구'인지, '누구'가 상징하는 것은 무엇인지, '누구'는 소비자와 어떻게 커뮤니케이션 해야 하는지가 더 중요해졌습니다.

> 기업은 당연히 이성적인 코드 즉, 무엇을 해야 하고 어떻게 해야 하는 것인지를 고민해야 합니다. 동시에 감성적인 코드인 자사가 누구이며, 고객과 어떻게 상호작용해야 하는지를 생각해야 합니다. 이것이 바로 '~ness'입니다.

동안 브랜드 약속을 일관성있게 소비자와 커뮤니케이션 해왔습니다. 모든 직원들이, 코카콜라는 어떠한 기업이고, 소비자와 어떻게 커뮤니케이션해야 하는지를 트레이닝 받아온 것이죠. 어떻게 커뮤니케이션할까는 시대와 트렌드에 따라서 매년 아주 조금씩 변할 수는 있지만, 브랜드 아이덴티티에서 출발한 핵심 아이디어인 클래식, 스마일, 행복이라는 것은 끝까지 유지되어야 할 것입니다. 왜냐하면 코카콜라는 이러한 핵심 아이디어를 커뮤니케이션함(참고 p110)으로써 지금까지 유지되었기 때문이죠. 예를 들어, 만약 '경제가 어려우니 소비자는 행복하지 않아'라고 생각해서, 자사의 핵심 아이디어를 바꾼다면, 소비자들은 절대 받아들이지 못할 것입니다.

저서에 보면 '~ness'라는 표현을 사용하셨습니다. 예를 들어, 'Appleness'와 같이 말입니다. 그렇다면 'Apple'과 'Appleness'는 어떠한 차이가 있습니까?

'Apple'은 이성적으로 어떠한 제품인지에 관한 것, 즉 모든 측면에서의 기능적인 것을 의미합니다. 그러나 *Appleness는 감성적인 것입니다. 앞서 언급 했듯이, 기업은 당연히 이성적인 코드 즉, 무엇을 해야 하고 어떻게 해야 하는 것인지를 고민해야 합니다. 동시에 감성적인 코드인 자사가 누구이며, 고객과 어떻게 상호작용해야 하는지를 생각해야 합니다. 이것이 바로 '~ness'입니다. 즉, 사람에게 있어서 '자신다움'이 있는 것처럼 '애플다움'은 애플을 가장 애플답게 하는 감성적인 요소를 표현하는 것입니다. 존슨앤존슨을 예로 들어 설명해보죠. 당신이 존슨앤존슨 베이비케어에 전화를 했다고 가정합시다. 그럴 때, 당신은 전화를 받는 존슨앤존슨의 직원이 어떠한 보이스와 톤으로 커뮤니케이션하기 원하는지를 생각해보면 이해가 쉬울 것입니다. 아마도 아기에 대해 풍부한 지식을 갖추고, 아이의 설사, 밤잠을 설치는 것과 같은 고객의 문제를 토로할 때, 경청하고 공감하기를 기대합니다. 그래서 열정적이고, 경험이 많고, 자신감 있는 존슨앤존슨 직원이 당신의 문제에 대해서 상담해줄 때, 소비자들은 절대 그들이 자사의 제품을 판매한다고 생각하지 않고 당신의 문제에 대해서 조언한다고 생각할 것입니다. 이것이 바로 'Johnson&Johnsonness' 즉, '존슨앤존슨다움'입니다. 이처럼 성공한 기업은 자사 브랜드의 '브랜드다움'12에 대해서 연구합니다. 구글도 '구글다움'에 대해서 굉장히 잘 아는 기업입니다. 검색엔진이라는 기술력에서 훌륭한 퀄리티를 보일뿐만 아니라, 구글이 어떠한 보이스와 브랜드 퍼스낼리티를 가져야 하는지를 명확히 알기에 매우 재미있고, 친근하고, 창의적인 면을 보이는 것입니다. 이것이 바로 '구글다움'이 무엇인지를 알기 위해 끊임없이 연구하는 모습입니다.

12 p27

ANGLES ON ON-BRANDING 49

*Appleness

소셜 네트워크 마케팅 에이전시인 라이브월드LiveWorld의 CEO 피터 프리드만Peter Friedman은 애플에서 일했던 때를 떠올리며 다음과 같이 말했다.
"1984년부터 1996년도까지 애플에서 근무했습니다. 그 당시에도 애플은 제품뿐만 아니라 제품과 관련된 모든 것을 의인화시켜야만 한다는 것을 알고 있었습니다. 스티브 잡스는 회사의 매우 명확한 비전뿐만 아니라, 애플의 보이스를 확립했습니다. 'Appleness'는 조직 내에서 직관적으로 이해됩니다. 이것은 감성적인 관계와 창의라는 문화적 감각으로 설명하는 것이 가장 최상일 것 같습니다. 애플 직원은 누구나 자사의 브랜드를 인간관계라는 측면으로 이해합니다. Mac과 iPod은 기계가 아니라, 관계를 맺는 것이죠. 소비자는 애플과 감성적으로 연관되어 있습니다. 요즘 저희 회사 클라이언트들이 제게 와서 이런 이야기를 합니다. "지금 소비자들이 말하고 있는 것은 우리 브랜드가 아닙니다. 그들은 잘못 이해하고 있어요" 그럼 저는 "글쎄요. 소비자가 당신의 브랜드에 대해서 이야기하는 방식이, 그들이 당신의 브랜드를 인지하는 방식이고, 그것이 바로 당신의 브랜드입니다" 59라고 대답합니다."
출처:《BrandDigital》

말씀하신 '브랜드다움'은 '감성 마케팅'의 일환으로 볼 수 있을 것 같습니다. 이러한 '감성 마케팅'이 온라인 시대에 더욱 부각되는 이유는 무엇이고 '브랜드다움'은 어떠한 감성인지 말씀해주십시오.

앨런 애덤슨 랜도 어소시에이츠 뉴욕지사 매니징 디렉터로서 씨티그룹, 디아지오, GE, IBM, 레노버, P&G, 펩시콜라, 화이자, 베리즌 등 세계 유수 기업의 브랜딩을 담당해왔다. 시러큐스 대학의 뉴하우스 대학에서 학사, 뉴욕 대학 스턴 경영대학원에서 MBA를 받았다. 현재 뉴욕대학 스턴 비즈니스 스쿨과 예일 경영대학에서 강의하고 있으며, 미국경영협회의 회원으로 브랜드 컨설팅뿐만 아니라, 외부 활동도 활발히 하고 있다. 저서로는 《브랜드심플》《BrandDigital》 등이 있다.

온라인이 등장했다고 해서 과거에 있었던 브랜드의 기본 원리들이 변하는 것은 아닙니다. 과거에 중요했던 이슈들 역시 온라인에서 중요합니다. 다만 온라인이 등장함으로써 좀 더 그 이슈의 중요성이 부각되고 확대된 것입니다. 따라서 감성 마케팅도 온라인이 등장하면서 더 중요해졌습니다. 인터넷으로 인해 소비자들이 제품 정보에 대한 것을 아무리 많이 그리고 빨리 검색할 수 있을지라도 기업에게 감성적인 측면을 더욱 요구하게 되었습니다. 왜냐하면 소비자들이 기업에게 원하는 것은 여전히 어떠한 정보가 아니라, 그 이상의 것입니다. 즉 소비자는 최종적으로 제품을 선택할 때, 이성이 아닌 감성을 더 고려하여 구매한다는 것이죠. 예를 들어, 이 차를 몰 때의 느낌, 이 차를 구입했을 때 주변인들의 시선 등과 같은 것이죠. 이러한 감성 가운데에서도 특히나 인간적인 모습에서 보여지는 감성이 중요합니다. 그래서 온라인 시대에 퍼스낼러티, 즉 사람에서 느껴지는 것과 흡사한 감성을 지닌 자사의 '브랜드다움'이 무엇인지를 파악하는 것이 중요합니다. UB

커뮤니케이션하고, 헌신하며, 협업하라
BUSINESS ON을 위한 쿨헌팅, 쿨파밍

The interview with Peter A. Gloor

《쿨헌팅, 트렌드를 읽는 기술》의 공저자 피터 글루어는 온라인 세상에서 혁신과 창조의 길에 이르는 군집 창조성Swarm Creativity에 대해 이야기한다. 그리고 군집에 의해 새로운 트렌드를 창조하는 방법으로 쿨헌팅Coolhunting과 쿨파밍Coolfarming이라는 개념을 언급했다. 이러한 개념을 강조한 그가 온브랜딩을 하고자 하는 기업에게 당부한 말은 '신뢰'였다. 비록 온라인 시대가 도래하기 전부터 신뢰가 중요했다는 것을 인정하더라도, 온라인 공간에서는 '신뢰'라는 속성이 더 부각된다고 주장한다. 그 이유는 새로운 트렌드를 발견하여 비즈니스를 시작한다고 하더라도, 이를 발전시키고 유지시키는 것은 '신뢰'이기 때문이다. 특히 온라인에서 신뢰를 쌓는 것은 오랜 기간이 요구되는 반면, 무너지는 것은 순식간에 이루어진다. 온라인에서의 이러한 신뢰의 특성을 이해할 때, 온브랜딩이 가능하다고 말하는 피터 글루어, 지금부터는 그가 주장하는 온비즈니스의 이야기다.

쿨헌팅과 쿨파밍의 개념

100년 브랜딩을 하기가 점점 어려운 시대다. 급변하는 기술만큼이나 앞서가는 트렌드를 제시하기는커녕 소비자의 마음을 읽는 것조차 벅차다. 이러한 비즈니스 환경에서 영속하기 위해서는 혁신을 위한 새로운 트렌드를 창출해야 하며, 쿨헌팅과 쿨파밍이 그 해결 방안이다.

쿨헌팅은 1990년대에 사용된 용어로, 앞으로 메가 트렌드가 될 신선한 아이디어에 관심을 갖고, 이를 적극적으로 찾아 다니는 행위를 일컫는다. 쿨헌팅을 하는 사람을 쿨헌터라고 하며, 그들은 트렌드세터를 식별하여 다가올 메가 트렌드를 예측하고, 이를 미리 준비하여 성장 및 확산시키는 사람이다.

반면, 쿨파밍은 쿨헌팅과 다른 방식으로 새로운 트렌드를 창조한다. 쿨파밍을 하는 쿨파머는 쿨헌터와 달리, 트렌드를 찾아다니기보다는 트렌드를 창조하는데 참여한다. farming이라는 단어에서 느낄 수 있듯이, 트렌드를 농작물 경작하듯이 만드는 것이다. 따라서 쿨파머는 공통혁신네트워크의 일원이 되어 협업을 통해 공동의 비전을 실현하여 트렌드를 창조한다. 이처럼 쿨파머와 쿨헌터는 다른 행동 양상을 보이지만, 목적은 한 가지다. 바로 메가 트렌드의 가능성이 있는 새로운 트렌드를 발견하는 것이다.

쿨파밍과 쿨헌팅라는 새로운 개념이 인상적이었습니다. 이 두 가지 개념을 가장 잘 구현하고 있는 브랜드는 무엇이며, 그 이유가 무엇인지 설명해주시겠습니까?

모든 기업이 그들의 비즈니스 영역에서 새로운 트렌드를 쿨헌팅합니다. UBS(Union Bank of Switzerland)는 투자 트렌드를 쿨헌팅합니다. 또한 중전기, 발전설비 부문으로 유명한 다국적기업 ABB는 '지능형 전력망'이라고 불리는 스마트 그리드SmartGrid 트렌드를 쿨헌팅하고, 제약 회사들은 환자의 니즈를 쿨헌팅합니다. 그러나 쿨파밍은 아직 쿨헌팅만큼 확산되지는 않았습니다. 쿨파밍은 기업이 아닌 트렌드세터라는 소비자가 모여서 자신의 비전을 성장 촉진시켜서 현실 속에서의 트렌드로 만듭니다. 이것은 기업이 소비자에게 권력을 위임했다는 것을 의미합니다. 이로 인해 기업은 마치 소비자 집단의 영향력에 의해서 잠식당하는 것처럼 느낄 수 있습니다. 그러나 사실 그렇지 않습니다. 전 세계적으로 성공을 거둔 기업들은 쿨파

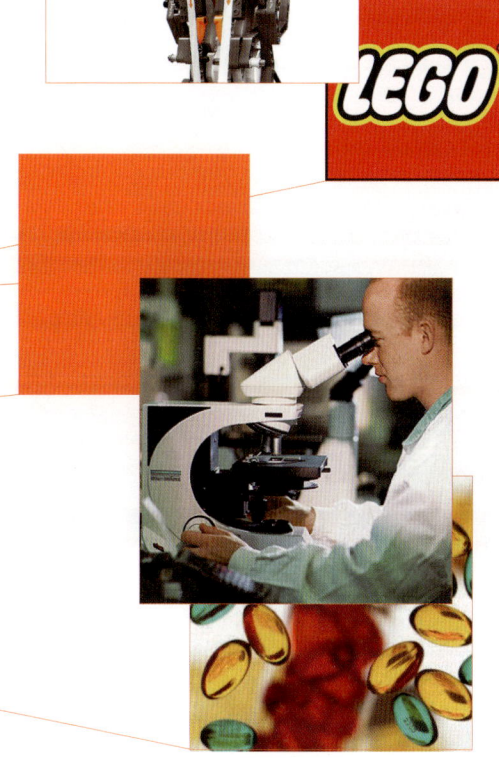

밍에 성공했죠. 예를 들어, 애플 아이폰의 마케팅은 긱(geeks: 기기 혹은 컴퓨터에 심하게 몰입하는 사람을 일컫는 말)에 의해서 완성되었습니다. 레고LEGO는 마인드스톰(미국 MIT와 산학협동으로 만들어낸 레고시리즈)의 발전을 쿨파밍하고, OLPC(One Laptop Per Child Association)는 레고의 마인드스톰에 의해서 쿨파밍됩니다.

쿨헌터와 쿨파머가 되기 위한 네 가지 행동양식 가운데 '군집을 신뢰하라'고 말씀하셨습니다. '신뢰'라는 코드를 온라인에서 강조하신 이유를 말씀해주시겠습니까?

신뢰는 온라인 시대가 도래하기 전부터 이미 중요한 개념이었습니다. 왜냐하면 신뢰는 소비자가 브랜드를 선택하는 과정에서의 모든 거래비용을 줄이기 때문입니다. 사실 신뢰는 직접 얼굴을 대면하는 상황에서 훨씬 쉽게 쌓을 수 있습니다. 그래서 소비자와 직접적인 대면이 어려운 온라인에서 신뢰를 쌓기는 쉽지 않기 때문에 오프라인보다 많은 시간을 필요로 합니다. 더욱이 까다로운 것은 온라인에서는 오랜 기간 쌓아온 신뢰가 너무나 쉽게 무너진다는 사실이죠. GM의 사례만을 보더라도 쉽게 알 수 있습니다. GM은 오프라인에서의 강력한 이미지 덕분에 온라인에서도 신뢰를 쌓았죠. 그러나 기업파산에 대한 언론사의 언급으로 오프라인 이미지뿐만 아니라, 파워풀했던 온라인에서의 브랜드 이미지마저 파괴되었습니다. 왜냐하면 온라인에서 GM에 대해 거론된 모든 내용이 파산에 관한 것이었기 때문입니다.

온라인 공간에서의 정보 확산은 너무나도 빠릅니다. 따라서 기업이 약속을 지키지 않으면 이에 대한 소문이 빨리 드러나게 됩니다. 이러한 예로 델 컴퓨터의 사례가 있습니다. 소비자에게 예의에 어긋나는 태도로 서비스한 것을 소비자들이 가혹하게 비난을 했던, 그 유명한 '*Dell Hell(델 지옥)' 사례입니다. 델은 이를 극복하는데 매우 오랜 시간이 걸렸죠.

*Dell Hell 🔗32
2005년은 델에게 한 고객의 불만이 자사에 얼마나 큰 영향력을 미치는지를 절실히 깨닫게 된 해였다. 제프 자비스Jeff Jarvis라는 블로거가 요청한 A/S를 델이 제대로 이행을 하지 않자, 자신의 블로그에 "델 컴퓨터, 서비스는 지옥만큼 끔찍하다"라는 제목으로 자신이 경험한 서비스의 부정적인 내용을 상세히 올렸다. 이것이 온라인에서 일파만파로 퍼지면서 델컴퓨터에 대한 부정적인 이미지가 급속도로 확산되었다. 이것이 바로 'Dell Hell' 사건이다. 이를 계기로 델은 2006년 7월에 DIRECT2DELL이라는 공식 블로그를 오픈한다.

그러면 델은 이러한 자사의 실수를 극복하기위해 어떠한 노력을 기울였습니까?

'Dell Hell' 사건 이후에 델은 고객의 인식을 극복하기 위해 2006년 7월에 DIRECT2DELL이라는 공식 기업블로그를 오픈함으로써 블로깅을 통해 소비자와의 커뮤니케이션communication을 시도했습니다. 그것도 아주 투명하게 말이죠. 임원들이 블로깅⊙13을 할 수 있도록 만들고 CEO인 마이클 델은 프리미엄 고객 서비스에 헌신commitment적인 노력을 기울였습니다. 저 또한 독일에서 델 컴퓨터가 고장이 났을 때, 그들이 얼마나 노력하고 있는지를 경험할 수 있었습니다. A/S 담당자가 저희 집에 와서 수리를 해 줄 정도였으니까요. 과거 델에게 이러한 서비스는 상상하지 못했던 상황입니다. 델은 블로그와 포럼에서 오픈 마인드로 고객과 투명하게 커뮤니케이션했습니다. 그리고 예전보다 훨씬 더 고객 서비스에 집중하고 사후 점검도 잊지 않았으며, 이러한 경험을 진보시키기 위해서 고객과 함께 협업collaboration을 하기도 했습니다. 이러한 3C를 기반으로 하여 델은 *군집 창조성을 만드는데 성공했죠.

*군집 창조성
쿨한 아이디어는 종종 집단적 사고방식에서 나오며, 이러한 집단적 사고방식을 설명하는 단어가 '군집'이다. 이러한 군집들이 모여서 쿨한 아이디어를 내는 것이 바로 '군집 창조성swarm creativity'이라고 말한다. 군집 창조성을 목표로 하는 쿨헌터와 쿨파머에게 저자는 다음과 같은 네 가지 행동양식을 제시하고 있다. 첫째, 스스로 군집 속에 빠져들어라. 둘째, 군집에 귀를 기울여라. 셋째, 군집을 신뢰하라. 넷째, 군집과 공유하라. 이러한 교훈을 명심하면, 쿨헌터와 쿨파머가 될 수 있다고 한다. 델도 소비자라는 군집에 빠져들기 위해 기업 블로그를 만들었고, 고객에게 귀기울였으며, 고객을 신뢰하고 공유하기 위해 협업도 마다하지 않기에 이러한 군집 창조성을 통해 온브랜딩의 성공 사례가 될 수 있었다.

만약 앞으로 모든 기업들이 말씀하신 군집 창조성, 쿨파밍, 쿨헌팅을 완벽히 수행하게 되는 단계에 이른다면, 그 다음에 중요한 개념은 무엇이라고 생각하십니까?

군집 비즈니스가 완전히 실행되는 세상이 도래하기까지는 여전히 긴 여정이 남아있기 때문에 어느 날 갑자기 특별한 세상이 출현할 것이라고 생각하지는 않습니다. 왜냐하면 비즈니스와 사회가 군집의 파워를 신뢰하기까지는 여전히 많은 숙제가 남아있기 때문이죠. 결국 이러한 세상이 완벽하게 중심이 되는 날에 우리는 완전히 하나로 연결된 사이버브레인cyberbrain이 될 것입니다. 즉 더 많은 사람들과 개체 중심의 그리고 투명한 상호작용을 할 수 있는 시대가 오는것입니다.

기업이 온브랜딩을 할 때, '지속성'의 중요성에 대한 개념없이 단발성에 그치는 프로모션 위주로 진행하는 경향이 있습니다. 이러한 기업에게는 어떠한 조언을 해주시겠습니까?

기업이 블로그, 커뮤니티, 그 외에 다른 툴에서 꾸준히 높은 퀄리티의 서비스를 제공한다는 것은 기업이 진심으로 소비자에 대해서 관심을 갖고 그들을 배려하는 것입니다. 기업의 온라인 활동이 소비자를 유인하기 위한 단기 전략에 그쳐서는 안 됩니다. 단순히 소비자를 유인하기 위한 전략은 언젠간 그 의도가 드러나고, 이로 인해 기업은 소비자의 신뢰를 잃게 되는 것이죠. 왜냐하면 소비자들은 공허한 약속을 꿰뚫어보는 능력이 있기 때문입니다.

그렇다면 지속성을 유지하기 위해 기업은 소비자와 어떠한 관계를 맺어야 한다고 생각하십니까?

기업들은 고객에게 무엇을 해야 하고, 구매해야 할지를 말하려고 하지 말고, 고객을 기업과 같은 수준으로 바라볼 필요가 있습니다. 고객을 파트너로서 대우해야지, 단지 상품을 구매하는 고객으로 생각

ANGLES ON ON-BRANDING 53

기업의 온라인 활동이 소비자를 유인하기 위한 단기 전략에 그쳐서는 안 됩니다. 단순히 소비자를 유인하기 위한 전략은 언젠간 그 의도가 드러나고, 이로 인해 기업은 소비자의 신뢰를 잃게 되는 것이죠. 왜냐하면 소비자들은 공허한 약속을 꿰뚫어 보는 능력이 있기 때문입니다.

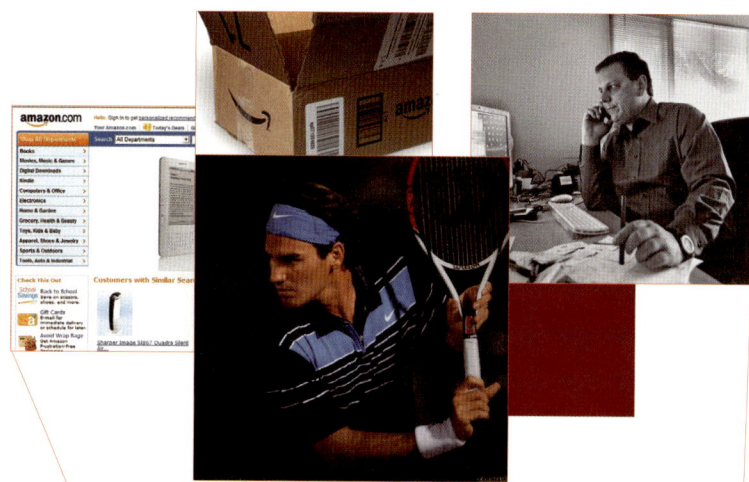

해서는 안 됩니다. 즉 서로 파트너가 되는 관계가 온라인에서는 더 중요해졌습니다. 🔗44

ON-Branding의 'ON'의 의미 역시 지속성입니다. 소비자 혹은 기업의 온라인 활동이 멈추지 않고 계속 진행되어야 한다는 것이죠. 특히나 오프라인 태생 기업이 온라인에서 '지속성이 염두해 두어야 하는 이유는 무엇입니까?

기업들이 온라인 세계에서 브랜딩 파워를 유지하기 위해서 끊임없이 활동해야 합니다. 기업들은 자사의 브랜드가 온라인에서 이야기되는 것에 대해 관심이 많습니다. 소비자들이 블로그, 포럼 등에 올린 내용을 통해 자사 브랜드를 어떻게 투영하고 있는지를 볼 수 있기 때문에 이에 대해 관심이 있는 것이죠. 특히 오프라인 태생의 브랜드 경우, 온라인에서 일어나는 현상들을 무시해서는 오프라인에서의 브랜드 파워를 유지하는 것이 불가능할 것입니다. 오프라인에서의 기업 활동이 소비자들의 블로그에 올려지거나 온라인 뉴스 등을 통해 이 온라인에서 쉽게 포착되는 것이 이를 증명합니다.

한국의 대형 인터넷 쇼핑몰의 경우, 초창기에는 주로 비즈니스 관점에서 접근을 하다가, 점차 브랜딩에 대해 관심을 보이고 있습니다. 인터넷 쇼핑몰이 브랜딩에 관심을 가져야 하는 이유에 대해서 말씀해주시겠습니까?

아마존을 한 번 보세요. 인터넷 쇼핑몰이지만, 가격과 브랜드라는 두 가지 관점에서 모두 성공적이었습니다. 소비자들은 인터넷 상점에서 적정수준의 가격을 지불할 것을 기대합니다. 또한 소비자들은 더 나은 퀄리티의 서비스를 위해서라면 기꺼이 프리미엄 가격을 지불할 것입니다. 예를 들어, 아마존에서 판매되는 중고책은 최상 등급의 인터넷 서점 가운데서도 가장 최고가에 팔릴 것입니다. 그러므로 인터넷 쇼핑몰의 경쟁 역시 치열해지는 가운데 프리미엄을 보장받기 위해서는 차별화할 수 있는 브랜딩 관점에서 접근하는 것이 필요합니다.

요즘 기업 블로그에 대한 관심이 점점 고조되고 있습니다. 기업 블로그의 장단점이 무엇인지 말씀해주시겠습니까?

모든 온라인 비즈니스는 신뢰가 요구됩니다. 블로그의 문제는 신랄한 블로거 한 명이 회사에 대해 불쾌한 사안들을 작성할 수 있고 그것이 급속히 퍼질 수 있기 때문입니다. 기업이 그 사건에 대해 블로그에서 정정할 기회도 없이 말이죠. 이러할 때 기업 블로그가 있다면 부정적인 내용에 대한 자사의 입장을 공식적으로 밝힐 수 있습니다. 단, 신속한 대응은 필수입니다. 대기업의 경우, 대응에 대한 공식적인 입장을 결정하기 위해 수많은 컨펌 과정을 거치느라 대응할 시기를 놓쳐서는 안 됩니다. 즉 기업 블로그가 존재함으로 인해 오히려 대응의 기회를 지연시키는 결과를 초래해서는 안 될 것입니다.

온브랜딩에 성공하기 위해 기업들에게 조언하고 싶은 것이 있다면 말씀해 주십시오.

자사 브랜드를 대표할 수 있는 롤 모델을 선택하십시오. 예를 들어, 애플은 스티브 잡스를 감성 테크 토이(iPod)의 롤 모델로 세웠습니다. 기업이 자사의 브랜드 아이덴티티를 가장 잘 표현해줄 수 있는 대표 이미지를 가진 사람을 세우는 것은 바로 그 브랜드의 퍼스낼리티를 구체화할 수 있기 때문이죠. 그리고 온라인에서 소비자들과 끊임없이 대화를 시도해야 합니다. 오프라인 태생과 온라인 태생 기업을 나누어서 조금 더 구체적으로 말씀 드리면, 오프라인 태생 기업은 브랜드를 구축하기 위해 테니스의 황제로 불리는 로저 페더러 Roger Federer 와 같은 스타를 영입하는 것도 좋습니다. 온라인 태생 기업은 웹 전체에서 이벤트를 여는 것이 낫습니다. 예를 들어 타임즈가 선정한 2008년도 100대 영향력자로 선정된 테크크런치 파워 블로거인 마이클 애링턴 Michael Arrington 이 길을 위한 블로그 세션을 여는 것처럼 말이죠. UB

피터 A. 글루어 현재 MIT 슬론 경영대학원과 헬싱키 공과 대학교, 쾰른 대학교에서 강의를 하고, 연구를 지도하면서 저술활동을 하고 있다. USB와 PwC, 딜로이트 컨설팅의 경영진으로 20여 년 동안 실무경험을 쌓아왔다.

54 ON-BRANDING

브랜딩을 강화하는 소셜 미디어 전략
INTERACTION의 ON

The interview with **Paul Gillin**

'The New Influencers'가 원제인《링크의 경제학》은 온라인 환경에서 대두된 새로운 '영향력(자)'에 대해 이야기한다. 책에서 말하고자 하는 것은 블로그, 팟캐스트, UCC 등과 같은 '도구'에 대한 것이 아니라, 온라인의 영향력이 미치는 '범위'에 관한 것이다. 온라인 환경에서의 범위는 통제 구조, 기준, 계층 등의 특별한 제한이 없기 때문이다. 소셜 미디어에 관심을 갖는 PR전문가이자, 저널리스트인《링크의 경제학》의 저자 폴 길린은 온브랜딩에 대해 마케팅 혹은 브랜딩 전문가와 다르지 않은 의견을 제시했다. 그가 생각하는 온브랜딩은 기업이 브랜드 아이덴티티를 명백히 구축하는 것을 시작으로, 소비자와 관계를 형성하는 과정에는 소비자와 '함께' 브랜드를 만든다는 전제가 있어야 한다는 것이다. 한 명의 불만 고객이 다른 열 명에게 불만을 전파한다는 마케팅 업계의 통념은 소셜 미디어 앞에 힘을 잃었다. 한 명의 고객이 소셜 미디어를 통하여 천만 명에게도 영향력을 미칠 수 있게 된 것이다. 폴 길린에게 이러한 소셜 미디어의 파괴력과 그 안에서의 온브랜딩에 대해 들어 보았다.

온브랜딩을 시작할 때, 기업이 가장 먼저 고려해야 할 것이 무엇이라고 생각하십니까?

우리는 제품이나 서비스가 끊임없이 빠르게 복제되고, 점차 낮은 가격으로 거래되는 세상에 살고 있습니다. 브랜드는 이러한 환경에서 기업이 보유할 수 있는, 많지 않은 자산 가운데 하나입니다. 소비자 그리고 비즈니스 파트너와 장기적인 관계를 구축하기 위해서 브랜드를 구축하고 타 브랜드와 구별되는 것은 선택이 아니라, 필수가 된 것이죠. 이러한 브랜드가 되기 위해서 명확한 브랜드 아이덴티티는 매우 중요하며, 이는 온브랜딩에 있어서도 예외는 아닙니다.

오프라인 태생 기업은 온라인에서 수익을 창출하는 것이 온라인 태생 기업보다 절실하지 않기 때문에, 온라인 활동에 비교적 관심이 적을 수 있습니다. 이러한 상황에서 오프라인 태생 기업은 온라인에서 어떠한 면에 집중해야 하는지 조언해주시겠습니까?

온라인 태생의 기업은 온라인을 수단으로 제품과 서비스를 고객에게 전달합니다. 반면 오프라인 태생 기업은 그들의 제품과 서비스를 주로 오프라인 상의 유통회사 혹은 개인적인 컨택 포인트와 같은 유통 채널을 사용하여 고객에게 전달하죠. 그래서 한 번의 클릭으로 구매를 유도하려는 것에 온라인 태생 기업보다 관심이 적은 것

ANGLES ON ON-BRANDING 55

Interaction

Openness

philosophy

Social Media

Transparency

터스, 마이크로소프트 그리고 델과 같은 기업들이 블로그를 효율적으로 사용하고 있으며 매우 긍정적인 효과를 거두고 있죠. 또한 소셜 네트워크를 통해서 소비자들을 전략 수립과 제품 디자인 과정에 더 적극적으로 참여시킬 수 있게 됐습니다. 좋은 예가 *피스카스Fiskars라는 절단용 소비제품을 만드는 핀란드 브랜드입니다. 이 브랜드는 '피스카티어Fiskateers'라는 공예에 열정적인 사람들의 네트워크를 피스티어닷컴(www.fiskateers.com)을 통해 만들었습니다. 피스카티어들은 피스카스 제품을 업그레이드시키는데 도움을 주고 마케팅 전략을 결정함에 있어서도 가이드 역할을 해왔죠.⌒41 스타벅스도 소셜 네트워크를 이용하는 회사 가운데 하나로 소비자들로부터 제품 아이디어를 얻습니다. 소비자들이 가장 선호하는 제품에 온라인 투표를 함으로써 우선순위를 매길 수도 있습니다.

*피스카스
피스카스는 1649년에 핀란드 남부 빌네스에서 탄생한 브랜드다. 유럽에서 피스카스는 노키아만큼이나 그 명성이 높은데, 인체공학적인 설계로 소비자의 각광을 받고 있다. 피스카스를 유명하게 한 제품은 1976년에 선보인 오렌지색의 손잡이가 달린 가위로 기존의 쇠손잡이가 아닌 플라스틱 손잡이를 만들어 디자인 혁명을 일으켰다. 이 가위는 영국 여왕도 사용할 정도로 그 명성이 높다. 피스카스는 각종 가위뿐만 아니라, 손도끼, 야전삽, 쟁기 등으로도 유명하다

이 사실입니다.
그러므로 오프라인 태생 기업은 온라인에서 '판매를 목적으로 하기'보다는 고객과의 관계를 강화시키기 위한 방법을 고민해야 합니다. 즉 이미지 강화, 엔터테인먼트를 통한 유쾌함 제공, 관심있고 유익한 정보 제공과 같은 것에 더 집중해야 합니다. 왜냐하면 이러한 방법들이 오프라인에서의 구매를 유도할 수 있으니까요. 소비자가 쇼핑을 할 때, 자사 브랜드를 구매하도록 하기 위해서는 기업은 소비자의 기억에 남을 만한 교제, 즉 관계를 만드는 상호작용interaction이 일어나도록 해야 합니다. 관계를 위한 상호작용은 오프라인 태생 기업이 온브랜딩을 할 때, 잊어서는 안 될 법칙이죠.

기업이 소비자와의 '관계'를 구축하는데 소셜미디어를 활용하는 것은 단점도 있지만 분명 장점도 있습니다. 이러한 소셜 미디어를 잘 활용하여 온브랜딩에 성공한 브랜드 사례를 말씀해주시겠습니까?
오늘날 기업들은 온라인에서 소비자와 커뮤니케이션할 수 있는 많은 옵션들이 있습니다. 많은 옵션들 가운데 블로그는 간단하면서도 효과적인 커뮤니케이션 수단입니다. 사우스웨스트항공, 제너럴모

소셜미디어의 장점을 보았을 때, 기업들이 온브랜딩을 위해 소셜 미디어를 반드시 채택해야 한다고 생각하십니까?
그렇지는 않습니다. 애플처럼, 매우 존경받는 몇몇의 기업들은 소비자와의 관계를 구축하기 위해 소셜 미디어를 거의 사용하지 않습니다. 애플은 스스로 시장을 매우 잘 이해하고 있다고 믿고 있고, 시장을 이해하기 위해 소셜 미디어 툴을 사용하는 것을 그다지 중요하게 생각하지 않는 것 같습니다. 이처럼 애플의 성공을 보았을 때, 소셜 미디어를 사용하지 않는다고 소비자와의 관계를 맺는 전략에 결점이 있다고 할 수 없는 것이죠. 그러므로 기업의 상황과 전략적 가치에 따라 소셜 미디어의 선택⊙14이 달라질 수 있습니다.

일반적으로 블로그가 가장 블로그답기 위해서는 어떠한 특성이 있어야 합니까?
좋은 블로그는 정직하고, 개인적이고, 쌍방향으로 대화를 하며, 자신의 의견을 뚜렷이 피력합니다. 개개인의 개성이 표현될 때⊙15 그리고 차별화된 개성과 보이스를 갖추었을 때 블로그는 최상의 효과를 거둘 수 있습니다. 많은 경우, 좋은 블로그는 색다르며, 불손한 듯 하

지만 재미있습니다. 비록 그러한 요소들이 반드시 필요하지 않을지라도 말입니다.

기업 블로그는 말씀하신 일반적인 블로그의 특성이 있습니다. 다만 이보다 기업 블로그에게 더 중요한 것은 단지 블로그가 마케팅을 위한 채널이 아닌 기업의 철학을 이야기하는 공간이 되어야 한다고 생각합니다.
기업 가운데 블로그를 효율적으로 이용하는 사례는 매우 드뭅니다. 대부분의 기업들은 블로그를 단순히 홍보할 언론 매체가 하나 더 생겼다고 보거나, 기업과 연관성이 깊지 않은 즐겁고 행복한 소식을 배포하는 장소로 여깁니다. 그러나 효율적으로 사용되는 블로그는 호감이 가는 이미지를 전달함으로써 자사의 브랜드를 강화시킬 수 있어야 합니다. *사우스웨스트항공은 블로그와 비디오 팟캐스트를 잘 활용하여 기업 철학을 커뮤니케이션하고 있습니다. 이 블로그들은 사우스웨스트항공 직원들이 여행자들에게 매우 행복하고 긍정적인 철학을 전달하는 톤과 매너를 끊임없이 보여줍니다. 재미있는 것은 사우스웨스트항공의 평직원들도 블로그에 글을 작성하는 것이 허용되고 있다는 것이죠. 이것은 단지 임원들과 커뮤니케이션을 하기 위함이 아닙니다. 사우스웨스트항공은 블로그 하나에서도 직원들의 긍정적인 정신, 즉 철학을 돋보이도록 함으로써 기업 문화를 활성화시키고, 이것이 국제적으로 확산되기를 희망하는 것이죠. &62

저서에서 미국 기업들이 개방성이라는 온라인의 문화 가치를 무시하는 것은 블로그를 광범위하게 수용하는데 장애 요인이 될 것이라고 말씀하셨습니다. 구체적으로 어떠한 의미로 하신 말씀이신가요?
기업이 자사의 메시지를 강력하게 통제하는 사치함을 누렸던 과거 시

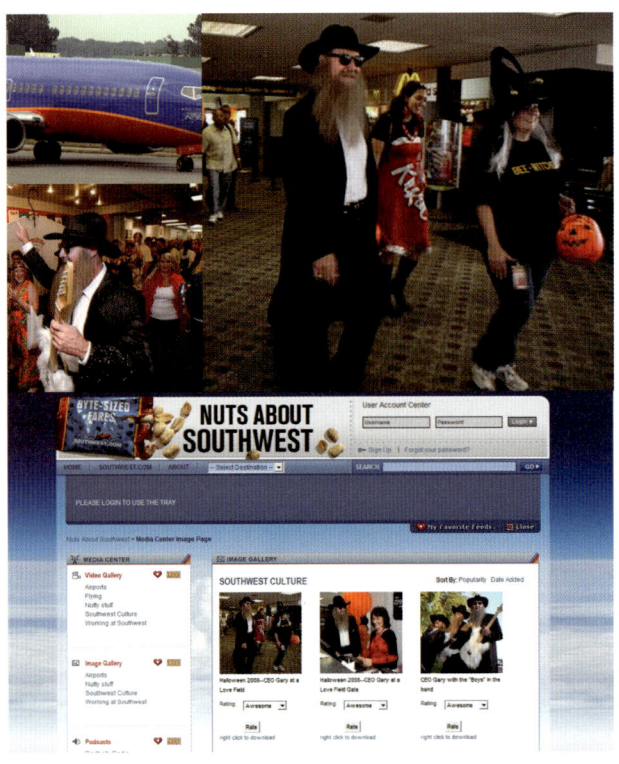

*사우스웨스트항공블로그(Nuts about Southwest : www.blogsouthwest.com)
사우스웨스트항공에서 운영하는 기업 블로그다. 플리커, 유튜브를 통해 고객이 사우스웨스트항공을 어떻게 경험하는지를 보여주며, 기존 블로그의 형식으로 회사 내 다양한 포지션(애널리스트, 승무원, 마케팅 매니저, 소비자 상담원 등)의 직원들의 블로깅이 허용된다. Nuts라는 단어가 내포한 땅콩, 즐거움, 핵심, 애호가, 멋쟁이 등과 같은 다양한 의미는 사우스웨스트항공의 블로그 이야기의 폭을 확장시킨다. 예를 들어 컨텐츠가 사우스웨스트항공에 관한 재미있는 이야기, 사우스웨스트항공의 열성 팬에 관한 스토리, 사우스웨스트항공의 멋쟁이 직원 등처럼 다양하다. 이는 사우스웨스트항공의 'Fun'이라는 브랜드 아이덴티티를 강화시킨다.

절에는, 반박할 수 없는 긍정적인 이미지를 창조하는 것이 기업의 최고 관심사였습니다. 그래서 실수 혹은 부정적인 소식은 무시되고, 부정적인 진실은 긍정적인 '정보조작'에 의해서 늘 묻히기 마련이었습니다. 이것은 기업에게 쉽고 편리한 업무의 형태였죠. 왜냐하면 당시에는 모든 정보가 대중에게 공개되지 않았기 때문에 기업이 원하는 대로 공공의 의견을 조종할 수 있었기 때문입니다. 그렇지만 오늘날 비즈니스를 할 때, 기업의 정보 혹은 결점을 숨기는 것은 거의 불가능합니다. 트위터나 블로그를 사용하는 누군가에 의해서 실수는 쉽게 노출되고 세상에 알려지기 때문이죠. 그렇기 때문에 기업은 무조건 정직해야 합니다. 이는 기업의 약점을 드러낸다는 의미가 아닙니다. 자사의 선택에 대해서 의심받거나 도전받을 때, 솔직히 응대해야 할 책임⦿16이 있다는 것입니다.

비즈니스 마인드로는 이러한 새로운 태도의 기준을 이해하기 어렵습니다. 지금까지 기업들은 자사의 정보를 스스로 철저히 단속하는 데 익숙해져 있었기 때문이죠. 이때 발생하는 문제는 자사 브랜드에 대한 소비자의 피드백을 받을 수 없기 때문에 자사의 단점뿐만 아니라 장점에 대해서도 인지하기가 훨씬 더 어렵다는 것입니다. 이것은 오히려 자사의 문제점을 개선하기도 강점을 더욱 강화하기도 어려운 구조이죠. 개방성은 여전히 전통적인 조직 구조를 가진 많은 기업에게 도전이 됩니다. 왜냐하면 고객이 서로 공유하기를 희망하는 정보를 기업이 통제하는 것이 거의 불가능하다는, 그들에게는 받아들이기 힘든 사실을 인정해야 하기 때문이죠. 온라인 세상은 개방성의 특징이 있다는 것을 받아들이는 것이 기업 정보를 노출시키지 않는 것에 급급하는 것보다 덜 고통스러울 것입니다.

저서에 보면 온라인에서의 기업 투명성을 강조하셨습니다. 투명성의 기준이 있다면 말씀해주십시오.

투명성을 판단할 수 있는 기준은 정직함입니다. 소비자들이 쉽게 선호도를 바꿀 수 있는 시장에서 속임수는 브랜드에게 재난과도 같은 것입니다. '투명하라'는 것을 전략이나 계획 등과 같은 기업의 기밀까지 공개하라는 의미로 받아들여서는 안 됩니다. 기업은 당연히 기밀을 보안해야 합니다. 그러나 소비자들이 특정 브랜드에 대해 불명확하거나 의심스러운 정보에 대한 진실을 요구할 때, 해당 기업은 정직하게 답변해야 한다는 것이죠. 그것이 설령 "우리는 그 질문에 대해서 대답할 수 없습니다"라는 답변일지라도 해야만 합니다.

기업이 아닌, 소비자 관점에서 성공적인 온브랜딩을 위해 기업에게 당부하고 싶은 말씀이 있으십니까?

소비자들은 오프라인에서보다 온라인에서 그 대상이 무엇이든지 관계없이 관심을 보이는 주기가 짧습니다. 그래서 온라인 태생 브랜드는 한 번의 클릭으로 어느 사이트로든지 쉽게 이동하여 무엇이든지 선택할 수 있는 소비자와 경쟁합니다. 이런 환경에서 소비자는 자신의 관심을 지속시켜줄 만한 즉각적인 자극을 원합니다. 엔터테인먼트 요소, 풍부한 정보 제공 그리고 쌍방향의 대화처럼 소비자의 장기적인 관심과 관계를 유지하는데 유리한 요소들이 필요한 것이죠. 혹은 다시 방문하도록 자극시킬만한 이메일 뉴스레터와 멤버십 제도와 같은 주기적인 인센티브도 효과적입니다.

반면 오프라인 태생 브랜드는 온라인과 오프라인 모두에서 접근⦿17해야 합니다. 따라서 '오프라인 소비자 접점에서의 경험'과 '온라인에서의 소비자 접점의 경험'을 모두 신경 써야 합니다. 왜냐하면 오프라인에서의 경험이 온라인에서의 경험으로 연결되어서 온브랜딩에 도움이 되기 때문입니다. 따라서 오프라인 소비자 접점에 소비자의 기억에 남을만큼 감동을 주는 *'소프트 셀soft sell' 환경을 만드는 것이 거래를 활성화시키는데 중요한 역할을 합니다.

마지막으로 온·오프라인 기업 모두에게 적용되어야 할 것은 소비자의 기대를 넘어설만큼 놀라게 할만한 경험을 제공하는 것입니다. 대부분의 성공하는 기업들은 소비자에게 기대 이상의 것을 제공하는 능력이 뛰어납니다. 또한 끊임없이 브랜드 이미지를 수정하고 재정비하는 것입니다. 단, 소비자와 협력해서 진행해야 하죠. 이로 인해 소비자들이 스스로 원하는 제품과 서비스를 정의하고 함께 만들어가는 과정에서 그 브랜드에 더 호의적으로 다가갈 수 있기 때문입니다. UB

*소프트 셀
광고 커뮤니케이션하는 방식은 크게 두 가지로 분류되는데 하나는 하드 셀hard sell이고, 다른 하나는 소프트 셀soft sell이다. 하드 셀은 제품, 기업 등의 정보성 메시지를 직접적으로 전달하는 것이고 소프트 셀은 소비자의 마음을 움직일 수 있는 감성적인 메시지를 전달하여 간접적으로 커뮤니케이션하는 방식을 말한다.

폴 길린 25년간 IT와 미디어 분야를 취재해온 저널리스트이자, PR전문가다. 세계적인 IT전문 매체 《테크타깃TechTarget》과 《컴퓨터월드ComputerWorld》의 편집장을 역임했다. 1999년부터 기업의 마케터와 임원들에게 소셜 미디어와 온라인 마케팅에 대한 컨설팅을 하고 있으며, 현재 뉴커뮤니케이션 협회의 고문이자 매사추세츠 테크놀로지 리더십 위원회 공동 의장으로 활발히 활동 중이다. 저서로는 《링크의 경제학》《소셜 미디어 마케팅의 비밀》 등이 있다

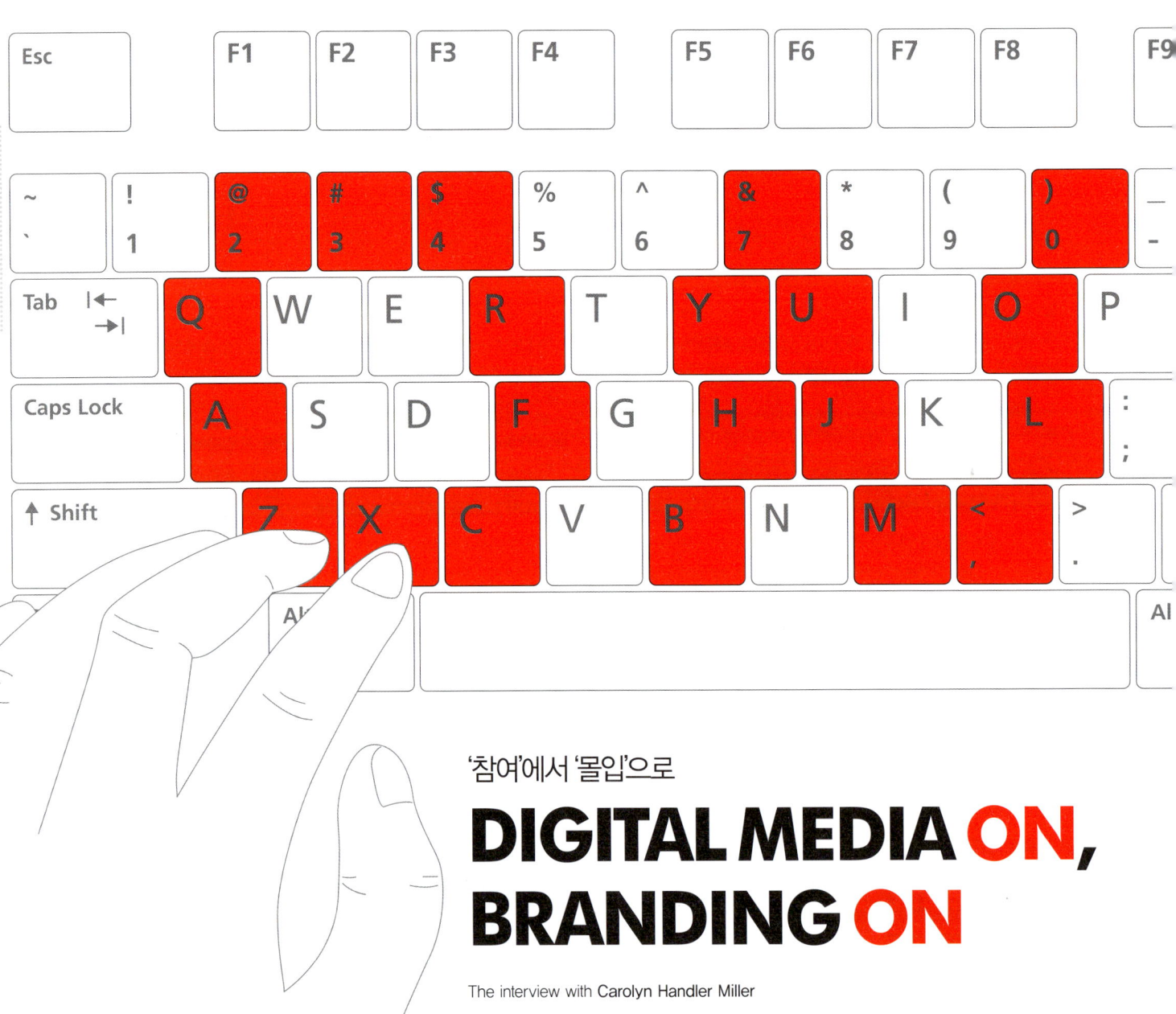

'참여'에서 '몰입'으로

DIGITAL MEDIA ON, BRANDING ON

The interview with **Carolyn Handler Miller**

'어떤 일에 끼어들어 관계함'. 이것이 '참여'의 사전적 정의다. 그런 의미에서 온브랜딩은 '참여'를 전제로 한다. 어떤 일(한 기업의 브랜딩)에 끼어들어 관계(자신의 의견을 입 밖으로 내거나, 문자로 표현하고 그것을 공유하는)하는 것이 온브랜딩의 기본이기 때문이다. 《디지털미디어 스토리텔링》의 저자 케롤린 핸들러 밀러가 강조하는 디지털미디어가 힘을 갖기 위해 갖추어야 할 '기본'도 바로 이 '참여'다. 웹사이트에 '정보와 재미, 그리고 동질감의 코드를 심을 것'을 강조하던 그녀는 '참여'의 다음 단계까지 제시했다. 바로 '몰입'이다. 이 몰입이야말로 한 브랜드가, 그리고 웹페이지가 지속적으로 ON 될 수 있는 비밀 코드임에 틀림없다. 그들이 스스로 빠져들어 머무르게 만드는 '몰입'의 환경은 어떻게 만들 수 있는지, 그 방법론 중의 하나로 제안했던 '게임'이란 어떠한 속성을 가지고 있는지 들어보자.

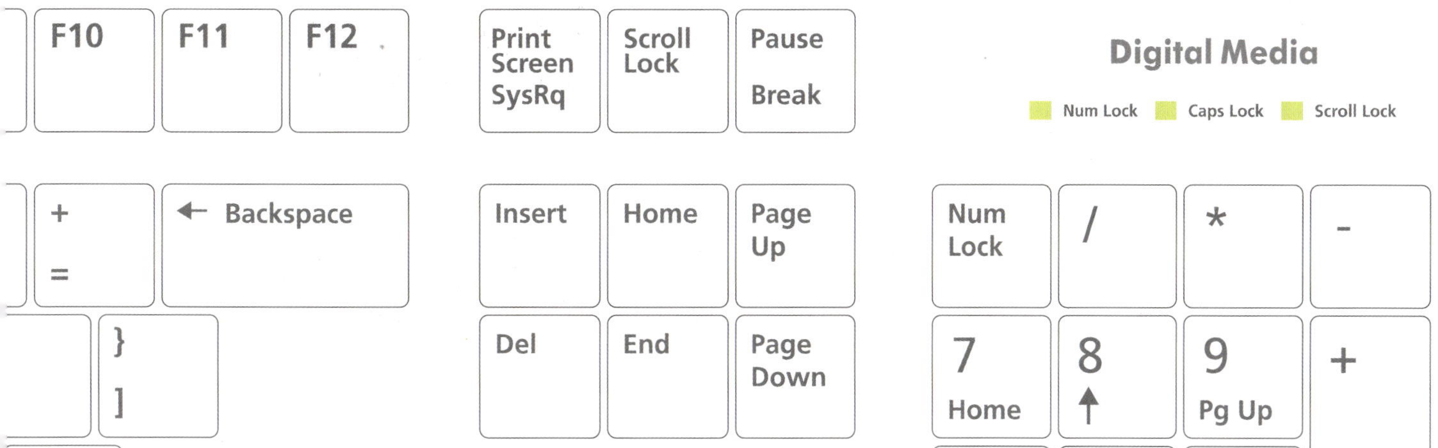

Digital Media

아마도 '온브랜딩'이라는 단어 자체부터 생소할 것이라 예상됩니다. 온브랜딩의 개략적인 개념은 24시간 켜져ON 있는 온라인 공간은 브랜드에 관한 이야기가 증폭될 수 있는 곳이며, 그 안에서 생겨나는 수많은 이야기들에 의해 브랜드 아이덴티티가 지대한 영향을 받는다는 것입니다.

생소한 단어지만 어떠한 의미인지 이해할 수 있을 것 같습니다. 말씀하신 것 중 특히나 아이덴티티에 관한 이야기를 들으니 2006년 *셰비Chevy의 타호에Tahoe 사례가 떠오릅니다. 설명하신 온브랜딩에 대한 관점으로 보면, 이는 완전히 온브랜딩에 의해 실패한 브랜드 케이스라고 볼 수 있습니다. 소비자들이 만들어낸 여러 풍자성 광고 영상물들 때문에 그들이 주장했던 'An American Revolution'이라는 아이덴티티는 완전히 묵살되고 오로지 '지구 온난화의 주범'이라는 꼬리표만 달게 되었기 때문입니다.

*셰비의 타호에

GM은 2006년 3월 국내 소비자에게는 (시보레로 익숙한 브랜드) 셰비의 새로운 SUV모델인 타호에를 광고하기 위해 NBC의 인기프로그램인 〈어프렌티스The Apprentice〉와 협력한다. 방법은 고객들이 직접 온라인 광고를 만들 수 있도록 기본적인 자료(촬영된 동영상, 배경음악, 음향효과 툴, 광고카피 에디팅 권한, 그리고 자막을 위한 텍스트 입력 툴)를 모두 제공하고 소비자의 참여를 유도하는 것이었다. 온브랜딩 관점에서 보자면 셰비를 ON 시켜줄 수 있는 환경을 마련하고 커뮤니케이션을 시도한 것이라고 볼 수 있다. 그러나 우호적 호응만을 기대했던 GM의 예상은 완전히 빗나갔다. 사람들이 만든 수백 개의 광고 동영상은 타호에 대한 예찬론 대신 '가스를 많이 먹는' '환경적 책임의식이 없는 집단' '빙하를 녹이며 사막화에 앞장서는' 이라는 수식어들로 점철된 내용이 주를 이루었다. 고객에게 셰비가 전달하고자 했던 아이덴티티인 'An American Revolution'은 말 그대로 '셰비의 생각'이었을 뿐이다.

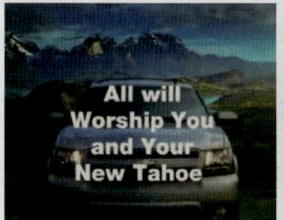   

소비자들은 광고 카피와 텍스트 입력 툴을 이용해 모든 광고 카피를 수정했다.
주된 메시지는 '석탄에너지 고갈시대, 지구 온난화의 시대에 SUV가 웬 말이냐. 쉐비는 환경적 책임의식이 없다' 등 이였다.

이 풍자적인 광고 동영상들은 엄청난 히트수를 올렸으며, SNS를 통해 예측조차 할 수 없을 만큼의 복제를 만들어 냈다. 추후 관련 동영상은 모두 삭제되었지만 여전히 누군가의 블로그에, 특정 웹사이트의 게시판에 고스란히 남아있는 그 동영상들을 쉽게 찾아볼 수 있다. 온라인 공간에서 소비자가 만들어낸 부정적인 컨텐츠가 한 브랜드의 아이덴티티에 어떠한 영향을 미치는지를 여실히 보여준 사례다.

웹페이지에서 전달해야 할 가장 중요한 세 가지 가치는, 정보, 재미, 그리고 동질감입니다. 즉, 어떠한 '정보'를 통해서 어떠한 '재미'를 주고, 이를 통해 궁극적으로 유저가 해당 브랜드와 그 웹사이트에 얼마나 '동질감'을 느끼게 할 수 있는가입니다.

그러한 사례들을 지켜본 기업들은 온라인 공간 자체를 두려워 할 것 같습니다.

그럴 수 있습니다. 그러나 두려운 만큼 더 많은 관심을 가지고 지켜봐야 합니다. 세상은 점차 온라인에 접속할 수 있도록 더 많은 기기들을 만들어내고 있습니다. 컴퓨터와 핸드폰은 기본이고 무선랜을 이용한 다양한 기기들이 출현하고 있죠. 이러한 현상은 앞으로 더욱 두드러질 것입니다. 결국 소비자들은 굉장히 다양한 채널을 통해 온라인에 빈번히 접속할 것입니다.

그 안에서 보여지는 유저들의 '이야기'는 곧 콘텐츠가 되고, 그 콘텐츠는 '정보'라는 이름으로 무한대의 '복제'를 만들어내고 있습니다. 현명한 기업이라면 온라인 공간을 더 열심히 지켜보고 적극적인 대처 방법을 준비할 것이며, 소통의 채널을 마련할 것입니다. 그러나 셰비의 사례에서처럼 아무리 유저들과의 소통을 시도한다 하더라도 대화의 플랫폼과 툴을 선택할 때에는 굉장히 조심해야 합니다. ⌘49

그렇다면 브랜드가 소통의 플랫폼과 툴을 선택할 때 가장 중점을 두고 고민해야 할 점은 무엇입니까?

가장 먼저 자사의 '브랜드 아이덴티티'와 '타깃'을 고민한 이후에, 그에 적합한 커뮤니케이션 툴을 찾아야 합니다. 즉, 게시판을 가진 웹페이지, 블로그, 유튜브, 트위터 같은 소셜 미디어 플랫폼 중 어떤 것을 선택할지, 그리고 그 플랫폼에서 어떠한 콘텐츠를 어떠한 방법으로 제공할지 고민해야 하는 것이죠. 예를 들자면, 제일 빠른 뉴스를 제공하는 것을 목표로 둘 것인지, 소비자가 직접 참여해 만들어낸 콘텐츠로 꾸밀지, 일종의 게임을 제공할 것인지를 결정해야 합니다. 그러나 이 다양한 선택조건 중에서도 절대 변하지 말아야 할 원칙이 있다면 모든 것은 고객이 사용하기에 전혀 불편함이 없고 심플해야 한다는 것입니다. 이것은 아주 어린 아이들이 이용할 서비스가 되었든, 교수와 같은 고학력자가 이용하든 예외가 없습니다. 교수라고 어려운 플랫폼을 원하는 것이 아닙니다.

어떤 플랫폼을 정하든, 어떠한 방법이 되었든 결국 그 웹페이지를 통해 궁극적으로 전달해야 할 고객을 위한 가치는 무엇이라고 생각하십니까?

웹페이지에서 전달해야 할 가장 중요한 세 가지 가치는, 정보, 재미 ⊙18, 그리고 동질감 ⊙19입니다. 즉, 어떠한 '정보'를 통해서 어떠한 '재미'를 주고, 이를 통해 궁극적으로 유저가 해당 브랜드와 그 웹사이트에 얼마나 '동질감'을 느끼게 할 수 있는가입니다.

이 세 가지 코드는 디지털미디어의 태생적 숙명입니다. 사람들이 디지털미디어를 찾는 이유는 기존의 전통적 미디어(TV, 신문, 잡지, 라디오 등)와는 다른 '재미'와 '정보'를 기대하기 때문입니다. 새롭고, 뭔가 신랄하고 edgy, 유머가 흐르고, 다소 터무니 없지만 TV에서는 한 번도 보지 못한 빠른 정보를 원합니다. 그것이 재미있는 것이고, 공감을 살 수 있다면 동질감을 느끼게 됩니다. 그러한 경험 요소를

⊙18 p202 ⊙19 p146

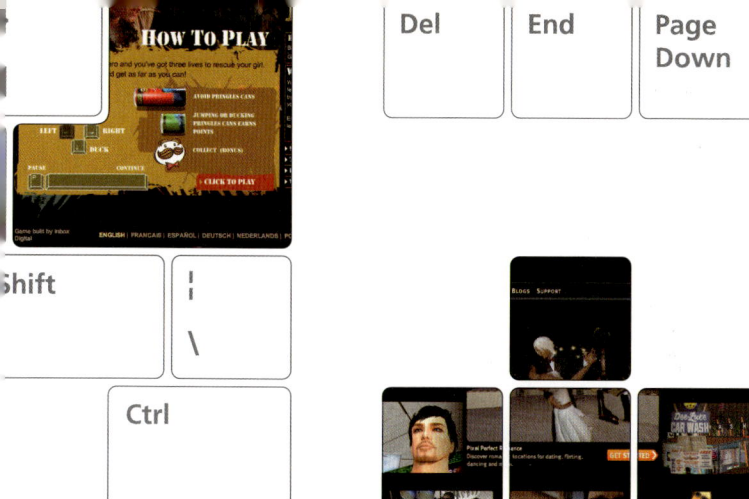

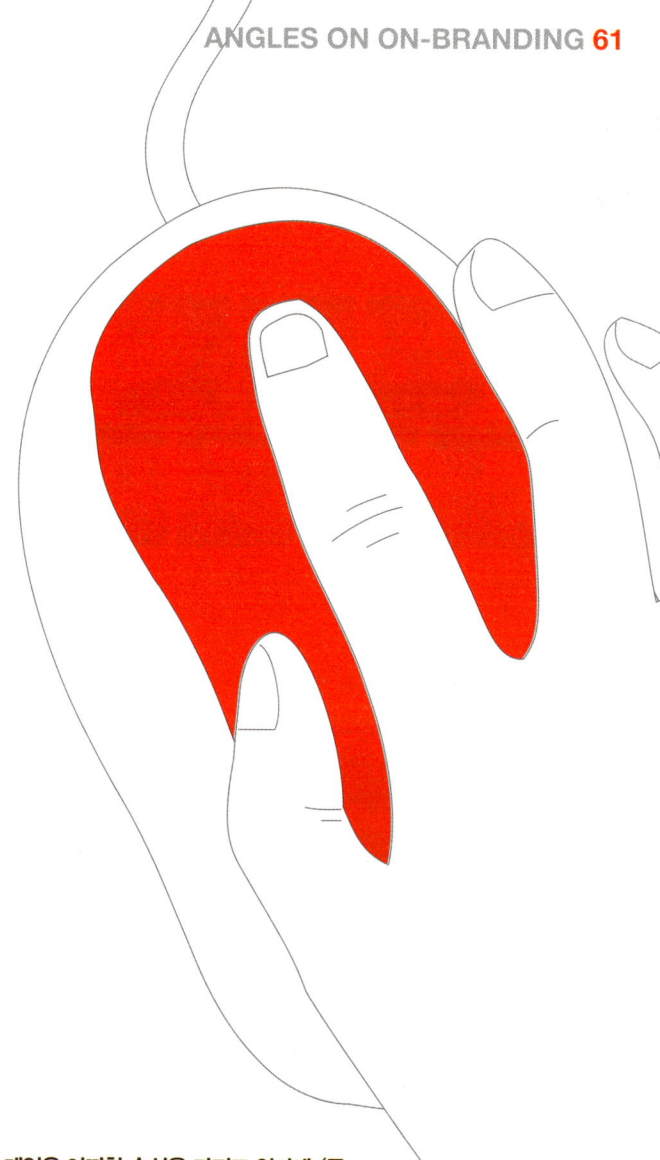

ANGLES ON ON-BRANDING

제공하는 것이 온라인 공간을 찾는 소비자에 대한 보상입니다. 마지막으로 이것을 전달하기 위한 모든 요소(글, 비디오, 디자인, 게임, 플랫폼, UI 등)가 일관된 '컨셉'으로 구현된다면 최고의 웹페이지가 될 것입니다.

말씀하시는 것은 에번 슈워츠[Evan. I. Schwartz]**가 《웹 경제학**[webconomics]**》이란 책을 통해 전달하고자 했던 "고객에게 정보, 재미, 이익, 관계를 제공하라"라는 논조와 비슷한 것으로 보입니다.**

브랜드가 어떠한 활동을 하건 그것은 모두 고객을 '참여'시키기 위함입니다. 소비자들 역시 뭔가 참여하고 기여하고 싶은 욕구를 늘 가지고 있습니다. 블로그에 코멘트를 달거나, 토론이 이루어지는 곳에 의견을 내거나, 자신이 만든 컨텐츠를 업로드시키는 행위들이 그 욕구를 대변하는 현상입니다. 이러한 행위들은 앞으로 더욱 활발해질 것이며, 각종 기술간의 융합이 그 현상을 더욱 증폭시킬 것입니다. 다양한 형태의 디지털미디어 채널이 등장하지만, 동시에 모든 것이 수렴[convergence]하는 양상을 띄고 있습니다. 여기서 수렴이란 것은 트랜스미디어 혹은 크로스미디어 플랫폼들이 생겨난다는 것을 의미합니다. 굉장히 긴밀히 연결되어 있는 플랫폼들이죠.

결국은 모든 것이 참여를 위한 것이라고 하셨는데, 참여를 이끌어내기 위해 사용할 수 있는 방법은 무엇이 있을까요?

종전에 말씀 드린 소비자들의 기본적인 참여 혹은 기여 욕구를 자극하는 것이 가장 쉬우면서도 효과적인 방법이 될 것입니다. 그래서 블로그를 열어 정보를 제공하고 댓글을 마음껏 달도록 하고, 특정 웹페이지에서 그들이 관심 있는 주제에 대해 토론하도록 하는 것 등이 효과적인 것입니다. 그리고 중요한 것은 참여한 소비자가 일종의 '피드백'을 받았다는 것을 인식[20]시켜주어야 한다는 점입니다. 그래야 '참여'의 경험을 증폭시켜줄 수 있기 때문입니다. 이러한 경험은 유저와 브랜드간의 연결을 더욱 끈끈하게 해줄 것입니다.

그러한 측면에서 제가 관심있게 보는 부분이 바로 게임입니다. 게임이란 것은 웹페이지에서 제공하는 단순한 플래시 게임에서부터 '세컨드 라이프' 같은 전문적 게임영역까지를 모두 아우릅니다. 이러한 게임이 중요한 이유는 게임은 '참여보다 더욱 강력한 '몰입' 요소를 만들어내기 때문입니다.

게임은 어떠한 속성을 가지고 있기에, '몰입'을 용이하게 한다는 말씀이십니까?

물론 모든 게임이 몰입요소를 가지고 있다기 보다는 '좋은' 게임이 그렇다는 것입니다. 좋은 게임이란 다음과 같은 특징을 가지고 있습니다. ①특별해야 하고 ②이해하기에 쉬워야 하며 ③매우 매력적이고 ④성취하기 어려운 것이어야 합니다.

특별하기 때문에 흥미를 유발할 수 있고, 이해하기 쉽기 때문에 우선 시도해 보는 즉, 손쉬운 참여를 유도할 수 있습니다. 참여 후의 경험이 매력적이어서 지속하고 싶지만 성취하기가 쉽지는 않기 때문에 지속적인 도전을 유발하는 게임, 그것이 좋은 게임입니다. 그렇기 때문에 '몰입'하게 할 수 있는 것이죠.

그렇다면 웹페이지에서 게임요소를 차용하면 게임의 몰입 속성을 브랜드로도 전이시킬 수 있다는 말씀이신가요?

소비자에게 브랜드의 아이덴티티를 더 깊게 이해시키고 지속적인 상호작용을 원한다면 게임을 이용할 수도 있다는 이야기입니다. 게임은 참여를 전제로 하고, 참여자 모두는 주인공입니다. 방관자가

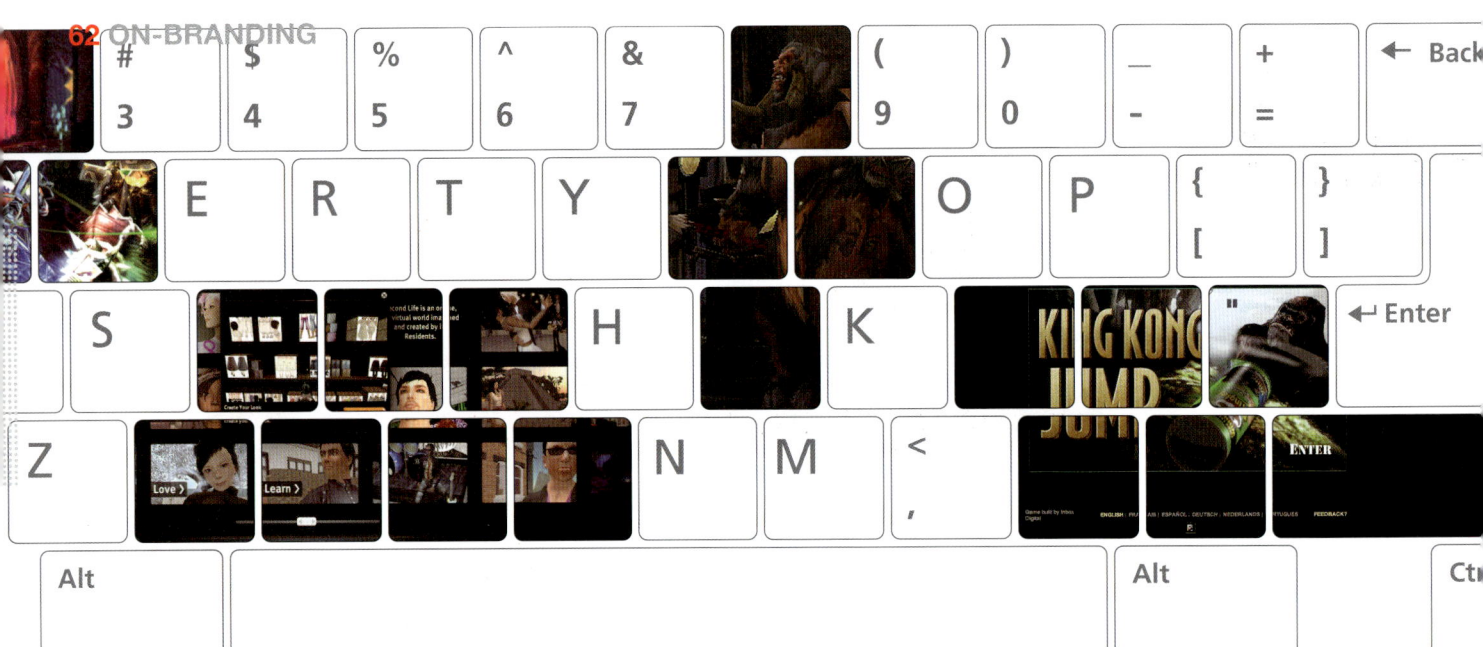

있을 수 없죠. 장애물이 오면 피해야 하고 적이 오면 싸워야 합니다. 가만히 있을 수가 없습니다. 그래서 게임 자체가 굉장한 상호작용을 전제로 이루어지는 행위입니다. 주인공이 많아야 하는 곳, 즉 MMOG(Massively Multiplayer Online Game, 다중 온라인 게임)류의 게임이나 세컨드 라이프 같은 게임을 보십시오. 모두가 주인공입니다.

말씀하신 요소들은 온브랜딩과도 많은 연계점이 있는 것 같습니다. 온브랜딩도 소비자의 참여를 전제로하고 상호간(소비자간 혹은 브랜드와 소비자간)의 상호작용이 있어야 설명이 되는 개념이며, 개개인 모두가 그 관계에 있어서 주인공이기 때문입니다. 그런데 책의 제목이기도한 '디지털 스토리텔링'과 '게임'은 어떠한 관계가 있습니까?

결론부터 말씀드리면, 게임이 가지고 있는 서사구조 자체가 곧 스토리입니다. 저 역시 이 책의 집필을 시작했을 때 같은 질문을 두고 고민했습니다. 그러다가 연구 도중 고대의 종교적 의식에서 그 단서를 찾을 수 있었습니다. 과거의 종교의식과 게임(인터렉티브 엔터테인먼트) 사이에는 굉장한 유사성이 있었습니다. 왜냐하면 종교의식에서 점차 발전된 것이 '축제'이고 축제는 집단게임, 혹은 집단유희로 볼 수 있기 때문입니다.

그래서 제가 눈여겨 본 것은 신화나 역사적 사건을 극적으로 재구성하여 연출하는 의식행위들이었고, 대표적인 것이 *디오니소스의 축제입니다. 축제 자체가 하나의 연극이죠. 다만 요즘과 다른 것이 있다면 '관객이 없는 연극'이라는 것입니다.

*디오니소스의 축제
디오니소스 축제는 우리에게 '바카스(술의 신)'로 더 익숙한 디오니소스에게 드리는 제의였다. 이 축제는 7~8일 정도로 거행 되었는데 이 축제 기간동안은 모든 상거래가 중단되는 것은 물론 전쟁도, 정치적인 사건도 모두 뒤로하고 모든 국민이 축제에 참석하는 것이 의무이자 권리였다고 한다. 그리스 시민들은 모두 '개인'의 자격으로 자신의 축제에 참석해 즐겼다.

즉, 누구에게 보여주기 위한 축제가 아닌 구성원들 모두가 참여해서 즐기기 위한 축제였다는 것입니다. 그들이 각기 하나의 역할을 맡아 연기를 하는 것 자체가 '소통'이었으며 '재미'를 주는 게임이었습니다. 그 안에는 자연스럽게 스토리(디오니소스에 대한)가 들어있었습니다. 이러한 경험은 역시 '참여'보다는 '몰입'에 가깝습니다. 왜냐하면 역동적인 상호작용이 있기 때문이죠. 모두가 한 가지 역할을 맡고 있기 때문에, 그 누구도 수동적인 태도로 뒤로 빠져서 구경할 수 없습니다. 그들에게 주어지는 자극을 충분히 느끼면서 참여하는 것이죠.

오늘날의 게임에서는 구체적으로 어떤 요소에서 그러한 종교의식(디오니소스 축제)의 DNA를 찾을 수 있을까요?

오늘날의 아바타를 기반으로 하는 온라인 플랫폼이나, 세컨드 라이프, WOW^World of WarCraft 같은 게임을 보십시오. 게임 플레이어는 모두가 각각 배역을 맡고 있고 아마 스스로를 그 게임(축제)의 주인공이라고 생각할 것입니다. 또한 게임 행위 자체가 퍼포먼스이고, 스스로 즐기기 위한 것입니다. 관객을 위한 퍼포먼스가 아닌 것이죠. 그렇기 때문에 너무도 몰입이 잘 되는 것이고 몰입이 짙어져 중독이 되는 현상까지 보이는 것입니다.

그것이 온브랜딩과는 어떠한 관계가 있다고 생각하십니까?

브랜드도 특정한 환경을 마련해 주인공 스스로가 브랜드 경험이라는 축제에 참가해 스스로 주인공이 되어 즐기게 해주고, 그 안에 녹여진 스토리를 이해할 수 있게 해주어야 한다고 생각합니다. 그것보다 더 적극적이고 브랜드에 몰입시킬 수 있는 방법이 있을까 싶습니다.

이처럼 게임을 통해 자신들의 스토리를 전달하거나 고객과의 소통을 시도하는 기업들이 있습니다. 대표적인 곳이 광고성 게임^advergame

ANGLES ON ON-BRANDING 63

이라는 툴을 사용하는 기업들입니다. 사람들이 계속해서 반복적으로 게임을 즐기고, 실패할 경우 다시 도전하게 되면서 브랜드는 스스로를 더 많이 노출시킬 수 있게 됩니다. 그 안에 스토리를 전달할 수 있다면 더욱 효과적일 것입니다. 고전적인 것으로는 '킹콩점프'가 있죠. 영화 〈킹콩〉과 프링글스가 제휴해서 만든 간단한 플래시 게임입니다. 이 게임은 프로모션 기간이 끝났음에도 불구하고 여전히 즐길 수 있으며 프링글스는 그 밖에도 여러 가지 게임을 제공하고 있습니다. 약간 유치해 보일지 몰라도 이 즐거움에서 헤어나오지 못하는 사람들이 꽤 많이 있고, 이러한 중독성을 무시할 수 없습니다. 맨 처음 소개되었을 당시에는 굉장히 큰 반향을 일으켰던 사례입니다.

그것처럼 게임을 통해 성공적인 장치를 마련한 브랜드 웹사이트에 공통된 특징이 있습니까?
배우기는 쉽지만 이기기는 어렵다는 특징이 있습니다. 게임의 방식과 조작법은 굉장히 쉽습니다. 마우스만을 이용할 수도 있고, 네 개의 방향키만으로도 조작할 수 있게 합니다. 하지만 최종 단계에서는 승리하기가 쉽지 않은 게임을 제시하는 것이죠. 물론 첫 단계는 아주 쉽습니다. 하지만 다음 단계로 넘어갈수록 상당히 어렵고 기민한 순발력을 요구하는 게임이기 때문에 사람들은 점차 더 몰입됩니다. 이것은 '운'보다는 단순한 손가락의 움직임으로 진행되기 때문에 성취욕을 꽤나 자극하는 편입니다. 지식적으로 어려운 것이어서 아예 포기해 버리는 것이 아니라 자기의 손만 빨리 움직이면 금방이라도 끝낼 수 있을 것 같아서 더욱 중독성이 높은 것입니다. 그래서인지 요즘에는 이와 같은 플래시 기반의 게임을 제시하는 브랜드가 많이 있습니다. 그 안에 자연스럽게 스토리를 녹이면서 말입니다. 그리고 이러한 게임은 바이럴 마케팅에도 큰 도움이 됩니다. 메신저로 친구에게 게임 사이트의 URL을 전달해 본 경험이 있다면 좀 더 이해하기 쉬울 것입니다. 이런 것이 요즘 한참 인기를 끌고 있는 트위터와 만난다고 생각해 보십시오. 가공할 만한 위력을 만들 것입니다.

그러한 방식으로 사람들 사이에 해당 브랜드가 회자되고 관심을 받게 되는 것도 분명히 온브랜딩의 중요한 측면인 것 같습니다. 그런데 그러한 고객들간의 소통 과정 속에서 기업이 알지도 못하는 사이에 브랜드 아이덴티티는 큰 영향을 받게 됩니다. 이러한 환경에서 기업은 어떠한 준비를 해야 한다고 생각하십니까?
분명 유저들의 목소리는 굉장한 영향력◎21이 있습니다. 그들이 원하기만 한다면 하나의 브랜드 이미지를 격상시키는 것도, 완전히 실추시켜 없애 버리는 것도 가능한 시대가 되었죠. 그러나 불행히도 유저들이 디지털미디어를 통해 전파하는 목소리는 기업의 통제영역 밖의 일입니다. 그나마 가장 유일한 방법은 당신의 브랜드가 운영할 수 있는 온라인 채널을 열어두고 가급적 그곳에 와서 자신의 목소리를 낼 수 있도록 하는 것입니다.◎27

그것이 불가능한 상황이라면 방법은 포털사이트나 검색엔진을 통해 당신의 브랜드가 회자되고 있는 공간을 끊임없이 관찰◎22해야 합니다. 그리고 만약 부정적인 입소문으로 당신의 브랜드가 손상되고 있다면 대응해야 합니다. 여기서 중요한 것은 그 플랫폼에서, 손상된 방법과 같은 방법을 통해 브랜드의 목소리를 들려주어야 한다는 것입니다. 그것이 유튜브에서였다면 똑같이 유튜브의 동영상을 통해 말하십시오. 그것이 트위터로 전파되고 있다면 트위터를 통해서 커뮤니케이션 하는 것이 좋다는 것입니다. 당신이 기자들을 불러놓고 연설을 한다고 해도 그 기사가 그들의 눈에 들어가게 될 확률은 그리 높지 않을 것이기 때문입니다.

미디어간의 장벽은 굉장히 빠른 속도로 허물어지고 있고, 이러한 상황에서 기업들은 점점 더 불안해할 질 것입니다. 메시지의 전파 속도가 굉장히 빨라질 테니 말입니다. 게다가 나쁜 소문은 더 빨리 퍼지게 마련입니다. 그러나 분명한 것은 위험 요소가 큰 만큼 더 많은 기회들이 숨어 있다는 것입니다. UB

케롤린 핸들러 밀러 기자출신의 그녀는 미국에서 저명한 저널리스트로 알려져 있으며, 방송, 영화, 도서작가로도 유명하다. 뿐만 아니라 인터렉티브미디어 디지털스토리텔러로서 각종 비디오게임, 인터렉티브 TV 및 인공지능 로봇 시스템에 네러티브를 담아내는 것으로도 유명하다. 현재는 University of New Mexico에서 '인터렉티브 네러티브와 비디오게임 디자인'이라는 주제로 강의 중이며, 세계 각지에서 동일 주제로 왕성한 강연활동을 펼치고 있다.

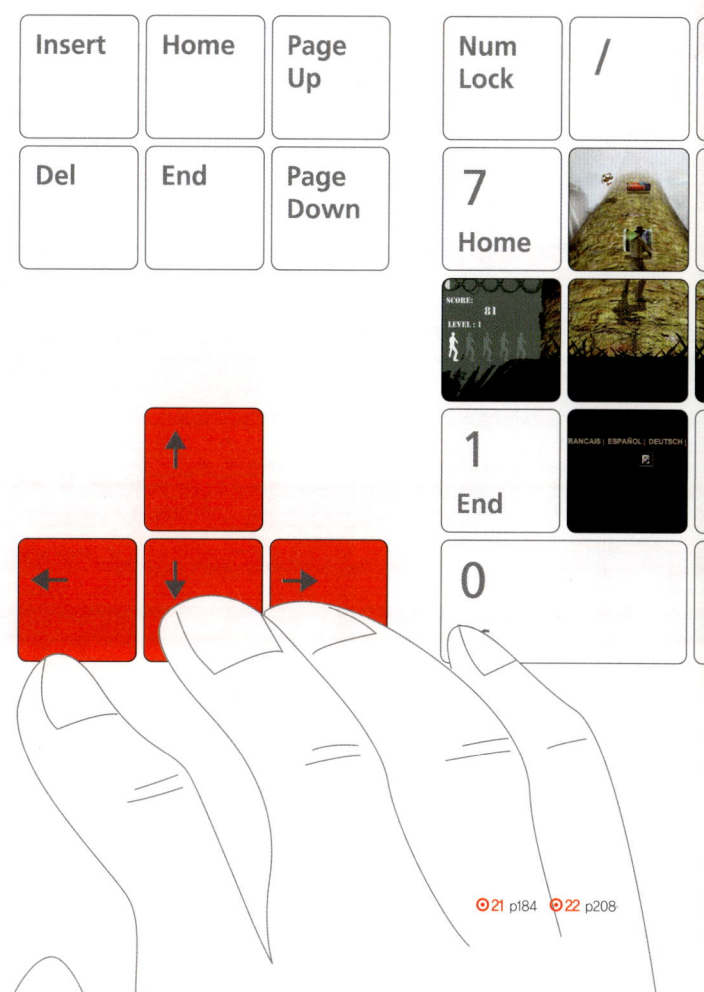

◎21 p184 ◎22 p208

ON-BRANDING

Webolution을 예언했던 예언가가 말한다
I² IDENTITY x INTEGRITY

TECHNOLOGY,
ON 브랜딩

The Interview with Frank Feather

미국의 검색엔진 마케팅 회사인 iprospect에 따르면, 전체 인터넷 사용자의 절반 이상이 검색으로 얻어진 결과 페이지에서 두 번째 페이지 이상은 보지 않는다고 한다. 어떤 정보든 인터넷에서 자주, 상위에 검색될 만큼 '존재감 있는 실체'가 되지 않으면 그 정보는 많은 사람들에게 '보여'지지조차 않는다는 것이다. 《검색2.0 : 발견의 진화》의 저자 피터 모빌Peter Morville이 그의 책에서 미래 경쟁우위의 핵심으로 언급한 새로운 개념인 '파인더빌리티(Findability, 검색성)'와 비슷한 맥락이다. 어쩌면 사람들에게 이제 검색되지 않는 것은 존재하지 않는 것이 되어버릴지도 모른다.
미래학자이자 '전지구적으로 생각하고, 지역적으로 행동하라Think Globally, Act locally' '웨볼루션Webolution' 등의 신개념으로 우리에게 변화하는 세계에 대한 통찰력을 보여준 프랭크 피더Frank Feather는 온브랜딩에 관해 이야기하면서 브랜드도 이와 같다고 말한다. 바로, 인터넷에서 '발견'되지 않는 브랜드는 오프라인에서도 이미 브랜드로서 존재하는 것이 아니라는 것이다. 브랜드 존재의 당위성을 제공하는 툴로서 인터넷을 충분히 활용하라는 그로부터 온브랜딩에 관하여 들어보았다.

당신은 과거, '웨볼루션(Web+revolution)'이라는 개념을 통해 인터넷이 가져올 변화를 예측한 바 있습니다. 미래학자이자 컨설턴트로서 인터넷이 기업에 미치는 영향이 얼마나 크다고 생각하십니까?
많은 사람들이 강조하는 것처럼 인터넷이 기업과 브랜드에 미치는 영향은 매우 큽니다. 인터넷 덕분에 대중mass의 시대는 끝이 났습니다. 브랜딩에 매우 효과적인 방법 중 하나였던 광고도 마찬가지입니다. 인터넷은 기업이 브랜드나 상품에 대한 정보를 일방적으로 제공push하던 것에서, 얻고자 하는 특정 상품의 정보를 고객 스스로 찾아pull볼 수 있는 방법을 제공하도록 전환하게 된 계기23가 되었습니다. 그래서 인터넷의 조류에 따라 이제 광고에서조차 '대화'가 이루어져야 할 정도입니다. 그저 혼자 하는 말monolog이 아니라, 컨텐츠와 대화의 방향을 결정하는 주체인 고객과의 대화로 말입니다.

인터넷이 미치는 영향이 큰 만큼 기업의 입장에서는 변화하는 환경에 대해 정확히 이해하는 것이 중요하겠다는 생각이 듭니다.
물론입니다. 제가 생각하는 인터넷의 법칙 중 하나인 '반전효과reversal effect'에 대해서 이야기하지 않을 수 없군요. 이 법칙은 인터넷에서는 기존의 선택 과정들이 모두 반대로 진행된다는 것입니다. 인터넷 쇼핑을 예로 들자면, 당신이 오프라인 매장을 방문하지 않더라도 인터넷 쇼핑몰이 컴퓨터 화면을 통해서 당신을 찾아오는 것입니다. 도서관에 가지 않더라도 구글이 정보를 검색해서 가져다 주는 것도 마찬가지입니다. 아마존도 서점 자체를 당신에게 가져다 주는 것이지요. 그리고 인터넷에서는 상품을 선택할 때도 반대의 과정이 일어납니다. 과거 소비자가 스스로 상점에서 자신에게 맞는 상품을 찾는 수고를 해야 했다면, 이제는 과거 구매 내역을 통해 나의 흥미에 맞춰 미리 제공된 리스트를 이용할 수 있습니다. 인터넷에서는 이처럼 모든 것이 고객인 '나'를 중심으로 돌아갑니다.
이런 변화에 발맞춰 브랜딩 방법도 지금 우리 생활 곳곳에 스며든 인터넷에 의해서 재개발되어야 합니다. 그러나 아직 대부분의 브랜드 매니저나 마케터들이 이러한 현상에 대해서 이해하지 못하고 있는 것 같습니다.

> 브랜드에 명확한 아이덴티티가 없으면 당연히 고객의 믿음도 없고, 따라서 브랜드가 존재할 당위성도 없습니다. 저는 그래서 IT가 Integrity Technology일수도 있다고 생각합니다. 만약 어떤 기업이나 브랜드가 인터넷에서 존재하지 않는다는 것, 기업에 의해서건 고객에 의해서건 인터넷에서 쉽게 찾아볼 수 없다는 것은 오늘날에는 곧 그 브랜드가 오프라인에서도 존재하지 않는다는 말이 됩니다.

IDENTITY

말씀하신 것처럼 아직도 인터넷 환경에 대한 이해가 부족한 상황이지만, 그럼에도 불구하고 인터넷에서 탁월한 브랜딩 활동을 하고 있는 브랜드의 사례로는 무엇이 있습니까?

제 생각에 최고의 예는 아마존인 것 같습니다. 이 브랜드는 온라인을 기반으로 세워졌으며, 어떠한 광고도 하지 않았음에도 불구하고 순수하게 고객들의 힘으로 브랜딩된 사례죠. 아마존이 브랜드 유명세를 즐기고 있을 무렵인 1999년에 창립자 제프 베조스$^{Jeffrey\ Bezos}$는 타임지가 선정한 '올해의 사람'으로도 이름을 올렸습니다. 제가 최고의 사례로 아마존을 뽑은 것은 이들이 인터넷의 성공조차 불확실했던 시대에 나타나 사람들을 모았고, 시장을 넓혔으며, 결국 세계적으로 유명한 브랜드가 되었기 때문입니다.

제가 두번째로 꼽는 사례는 구글(참고 : 190p)입니다. 구글의 서치 엔진은 유저들과 인터넷 공간 사이의 주요 인터페이스가 되었습니다. 미국에서는 과거 이 인터페이스가 주로 AOL이었으나 이제는 AOL에서 구글로 대세가 바뀌었습니다. 사실 현재의 거의 모든 온라인 활동이 정보를 검색하는 것과 연관되어 있기 때문에 구글이 시사하는 바는 더 큽니다. 구글에서 사람들이 검색을 하는 행위 자체가 구글이라는 브랜드 자체를 강화시킴은 물론이고 그 검색을 통해 발견되는 다른 브랜드들과 고객 사이의 매개자^{mediator}가 되기도 했습니다. 그 결과 구글은 이제 브랜드일 뿐만 아니라 이름 자체가 동사^{verb}가 되었습니다. 사람들은 이제 인터넷에서 자료를 *서칭^{Searching}'하는 것이 아니라 '구글^{google}'하는 것입니다. 브랜드가 동사를 대신한다는 것은 이미 사람들의 마음 속에서 일순위 브랜드가 되었다는 뜻입니다. 동사가 된 구글은 이제 24시간 365일 전세계에서 검색을 하기 위해서나 뉴스를 보기 위해 모여든 사람들로 북적입니다.

'대세'라고 말씀하셨지만, 고객들이 AOL보다 구글을 선택하게 된 것에는 구글이 주는 특정한 이미지, 즉 구글만의 아이덴티티가 큰 역할을 했다고 생각합니다. 단순히 서비스의 질이 아니라 구글의 아이덴티티를 선택한 것이죠. 그래서 저희는 IT(Information Tech)가 Identity Tech가 아닐까 합니다. 고객에게 맞는 아이덴티티를 제공하는 기술이라는 것이죠.

Identity Technology라는 의견은 동의할 만하고, 매우 신선한 의견이라 좋군요. 브랜드에 명확한 아이덴티티가 없으면 당연히 고객의 믿음도 없고, 따라서 *브랜드가 존재할 당위성^{integrity}도 없습니다. 저는 그래서 IT가 Integrity Technology일수도 있다고 생각합니다. 만약 어떤 기업이나 브랜드가 인터넷에서 존재하지 않는다는 것, 기업에 의해서건 고객에 의해서건 인터넷에서 쉽게 찾아볼 수 없다는 것은 오늘날에는 곧 그 브랜드가 오프라인에서도 존재하지 않는다는 말이 됩니다. 인터넷에서 존재감이 없는 브랜드라면 그 브랜드가 충분히 알려지지 않았거나 고객들에게 인지되지 않았다는 것이기 때문입니다. 그런 브랜드들은 인터넷에서 더 강력하게 브랜딩된 경쟁자들에 의해 쉽게 추월 당할 수 있습니다.

---

*'서칭'하는 것이 아니라 '구글'하는 것

"I googled it!" 이 말은 단순히 구글을 사용했다는 말이 아니라, 인터넷에서 무엇인가를 검색했다는 것을 의미한다. 실제로 google이라는 단어는 동사의 과거형 -ed가 결합된 googled, 진행형인 -ing가 결합된 googling 등으로 동사와 다르지 않게 사용되고 있다.

*브랜드가 존재할 당위성

Integrity는 다양한 해석이 가능하나, 프랑크 피더와의 커뮤니케이션을 통해 '존재의 당위성'으로 해석되는 것이 가장 적합하다고 판단하였다. 그가 말하는 Integrity는 브랜드의 정당성, 강력한 긍정적 명성을 포함하는 말로, 이것이 있어야만 '브랜드가 브랜드일 수 있다'는 뜻이다.

인터넷이라는 도구는 브랜드에게 아이덴티티의 강화와 동시에 존재의 당위성을 제공합니다. 그러므로 인터넷은 Identity × Integrity Technology, 즉 I²T 생성의 지렛대 역할을 합니다.

그래서 인터넷에서 존재감 있게 브랜딩된 브랜드는 어디서건 강력한 브랜드라고 할 수 있습니다. 따라서 인터넷이라는 도구는 브랜드에게 아이덴티티^{Identity}의 강화와 동시에 존재의 당위성^{Integrity}을 제공합니다. 그러므로 인터넷은 Identity × Integrity Technology, 즉 I²T 생성의 지렛대 역할을 합니다. I²T에는 상승효과$^{multiplier\ effect}$가 있는데, 바로 브랜드가 고객과 고객 사이를 넘나들면서 I²T가 기하급수적으로 증가한다는 사실입니다. 그런 브랜드는 강력한 브랜드일 수밖에 없을 것입니다.

그렇다면 이 시대에 고객에게 존재하는^{ON} 브랜드가 되기 위해서는 마케터나 브랜드 매니저는 자신의 브랜드가 인터넷에서 어떻게 브랜딩되고 있는지 더 세밀하게 관찰해야 할 것 같습니다.
물론입니다. 아마존과 구글처럼 순수하게 인터넷을 기반으로 한 브랜드뿐만 아니라 나이키나 코카콜라, 월마트 같은 오프라인 기반의 브랜드들도 인터넷을 관찰하지 않으면 어디서건 브랜드의 영향력은 제한적일 수밖에 없습니다. 고객들이 인터넷에서 보내는 시간은 점점 늘어나고 있습니다. 그런데도 대부분의 기업들이 그곳에서 자신의 브랜드를 존재감 있게 만들지 못하고 있습니다. 전통적인 미디어의 광고에만 그들의 돈을 낭비하면서 말입니다.
그래서 브랜드 매니저 혹은 마케터라면 인터넷을 잘 활용해야 합니다. 우선 인터넷을 당신의 고객이 어떤 사람인지 아는데 이용해야 합니다. 그리고 단발적인 이벤트가 아니라 장기적인 고객 관계를 맺는데 인터넷을 사용하십시오. 그래야만 그들에게 맞는 브랜딩 활동을 할 수 있습니다. 그런 퍼포먼스를 제공하면 브랜드가 고객에 의해 브랜딩되는 것에 그치는 것이 아니라, 고객 또한 그 브랜드를 통해서 자신이 누구인지 규정되어질^{branding} 것입니다. 말하자면 아마존에서 지속적으로 물건을 구매하는 고객들은 아마존에 의해 브랜딩된다고 볼 수 있는 것입니다. 그들은 아마존이 자신을 누구보다 잘 알고 있다고 생각하며, 그런 고객들은 당연히 아마존에 지속적인 로열티를 가집니다.
마셜 맥루한$^{Marshall\ Mcluhan}$의 말을 인용해 보자면 이제 인터넷이 메시지입니다. 이 사실을 직관적으로 이해하는 것이 월등한 브랜드를 만드는 방법이 될 것입니다. UB

프랭크 피더 캐나다에 위치한 Glocal Marketing Consultants의 CEO이자 국제 컨설턴트이다. IBM, 에릭슨, 포드, KFC, 닛산, 노키아, 캐나다 정부 등을 클라이언트로 둔 그는 비즈니스분야의 세계적인 미래학자이며 지속적으로 여러 세미나에서 강연을 하고 있다. 저서로는 《웹 혁명의 물결》《2010년 웹 여행》 등이 있다.

UNIQUE BRANDING, ON-BRANDING

Brand Identity는 Brand Experience를 구축하는 것이다

The interview with **Scott Deming**

전통적인 오프라인 비즈니스 모델을 상징하는 용어인 brick-and-mortar는 벽돌이라는 의미의 brick과 회반죽이라는 의미의 mortar의 합성어다. 이러한 기업들이 인터넷 시대가 도래하면서 오프라인 기반 사업을 상징하는 brick과 인터넷의 상징인 click을 통합하여 온·오프라인 전략을 추구하는 bricks-and-clicks의 비즈니스 모델로 이동하고 있다. 이러한 시장의 변화에서 《유니크 브랜딩》의 저자, 스캇 데밍도 온라인과 오프라인을 유연하게 오가는 하이브리드 전략이 온브랜딩에 분명 필요하다고 주장했다. 그러나 단순한 온·오프라인 통합이 아니다. 볼록렌즈가 빛을 하나로 모으더라도 종이의 연소점을 넘어야 태우는 것처럼, 기업은 브랜드 약속을 일관성 있게 하나로 모아 기대 이상의 경험을 창출해서 고객을 감동시키는 통합전략이다. 그는 "물건은 사람을 감동시킬 수 없습니다. 감동은 사람이 주는 것입니다"라며 유니크 브랜딩의 핵심이 사람에 있음을 강조했다. 그가 말하는 유니크 온브랜딩은 결국 기술이 아닌 사람이었다.

미국의 똑똑한 기업들은 '온브랜딩'을 하는 것을 시장에서 큰 영향력을 행사하는 리더가 될 수 있는 주요한 방법이라고 생각하고 있습니다. 그래서 온라인을 단지 상거래만을 목적으로 하는 곳이 아니라, 브랜드화된 브랜드 경험을 할 수 있는 곳으로 생각합니다.

현재 미국의 기업들이 저희가 제시한 온브랜딩이라는 개념으로 브랜딩을 하고 있는지 궁금합니다.
말씀해주신 온브랜딩은 사실 미국에서 익숙한 단어는 아닙니다. 하지만 소비자이 온·오프라인 영역을 넘나들며 브랜드와 관계를 맺기 위한 활동을 한다는 전제에 대해서는 충분히 이해하고 공감합니다. 현재 온라인은 미국 주류 소비자들의 삶 속으로 깊고 빠르게 침투하고 있어서, 하루 평균 온라인 활동 시간 역시 늘어나고 있는 상황입니다. 이러한 현상을 감지한 미국의 똑똑한 기업들은 '온브랜딩'을 하는 것이 시장에서 큰 영향력을 행사하는 리더가 될 수 있는 주요한 방법이라고 생각하고 있습니다. 그래서 온라인을 단지 상거래만을 목적으로 하는 곳이 아니라, 브랜드화된 브랜드 경험을 할 수 있는 곳으로 생각합니다. 비록 사람들은 여전히 온라인을 정보 검색, 친구와 연락, 뉴스 정보를 얻는 주요 수단으로 생각할지라도 말이죠. 특히 오프라인 태생 브랜드들은 오프라인뿐만 아니라 온라인에서도 영향력을 갖추기 위해 현재 브랜드 커뮤니케이션 방법을 재검토하거나 변형하는 대대적인 작업을 진행하고 있습니다.

그런데 오프라인을 기반으로 하는 유통 브랜드는 온라인 공간을 주로 상거래의 채널로 생각하는 경향이 있는 것 같습니다.
말씀하신 대로, 그런 경우가 많습니다. 그러나 온라인을 상거래 수단으로 바라본다고 해서 무조건 부정적인 것만은 아닙니다. 다만, 여기서의 핵심은 자사 브랜드의 경험 요소를 온라인 상거래에서도 적용시켜야 한다는 것이죠. 이것이 말처럼 쉬운 것은 아닙니다. 그래서 타겟Target, 월마트Wal-Mart, 갭Gap 처럼 오프라인 기반의 유통이 주가 되는 브랜드들은 온라인에서의 쇼핑 경험과 고객 서비스를 성공적으로 이끌어서 이를 오프라인에서의 브랜드 경험과 연계시키고 브랜드 아이덴티티를 확장시킬 수 있는 방안을 강구하고 있습니다.

유통 브랜드가 아니더라도, 온라인 상거래를 잘 이용하여 브랜드를 강화하는데 성공한 브랜드가 있습니까?
엘엘 빈L.L.Bean, 제이크루J Crew 그리고 카벨라스Cabela's라는 브랜드들을 예로 들고 싶습니다. 이 브랜드들은 웹페이지를 상거래하는 장소로 전면적으로 내세워서 자사의 카달로그 판매 혹은 유통 비즈니스의 효율성을 높이는 게이트로 만들었죠. 이로 인해 이전보다 훨씬 우수한 브랜드 경험을 소비자에게 전달할 수 있었습니다. 왜냐하면 소비자들은 온라인 쇼핑에서 경험할 수 있는 상품 리뷰, 등급 평가 순위, 상품 설명 동영상, 실시간 채팅, 온라인 주문 등을 긍정적인 시선으로 바라보기 때문입니다. 또한 온라인에서만 가능한 경험들을 고객에게 잘 전달함으로써 오프라인 구매의 만족을 능가하는 경험을 제공하였기 때문이죠. 이처럼 오프라인 태생 브랜드가 온라인에서도 소비자와 깊은 관계를 쌓고 경험의 폭을 향상시키는 기업을 브릭스앤클릭스bricks-and-clicks 모델이라고 말합니다. 아직까지 모든 브랜드가 성공적으로 온라인 상거래를 하고 있지는 않습니다. 따라서 앞으로 상거래의 경험이든 혹은 브랜드와 연관된 어떠한 경험이든 오프라인에서의 브랜드 경험이 온라인에서도 성공적으로 확장된 기업들만이 오랫동안 살아 남을 것입니다.

브릭스앤클릭스 기업이 단지 온라인을 유통채널로 이용하는 것에 그치지 않고, 성공적인 온브랜딩을 하기 위해서 어떠한 조언을 하시겠습니까?
우선 브릭스앤클릭스 기업은 오프라인에서의 전략과

온라인에서의 전략을 통합시킨 하이브리드 모델을 만들어야 합니다. 하이브리드 전략이 성공하기 위해서 오프라인 태생 기업들은 오프라인에서와 마찬가지로 온라인에서 다양한 브랜딩 전략을 실행할 것입니다. 이러한 과정 가운데 비록 기업이 온라인에서 소비자와 진정성이 있는 관계를 맺기 위한 노력하더라도 여전히 쉽지는 않을 겁니다. 의도적으로 기업을 해하려는 위험한 소비자들도 있으니까요. 그러나 온브랜딩에 성공하는 기업을 보면, 브랜드 약속을 꾸준히 지키면서 브랜드를 경험하도록 하는 것이 바로 온브랜딩의 핵심이라는 것을 알고 있습니다. 물론 기업이 용감하다고 생각이 될 만큼 개방성을 갖추고, 온라인에서 가능한 한 고객과 직접 대화하려고 시도를 하는 것도 온브랜딩을 성공시키는데 필수입니다.

앞서 언급하신 하이브리드 전략이 성공하기 위한 방법에 대해 조금 더 구체적으로 말씀해주시겠습니까?
하이브리드 전략의 핵심은 온·오프라인 통합입니다. 이러한 하이브리드 전략이 성공하기 위해서는 온·오프라인에서 보여지는 브랜드 약속이 일관되게 유지돼야 합니다. [35] 브랜드 약속의 일관성은 소비자가 인식하는 것이 아니라, 경험을 통해 느낍니다. 따라서 오프라인 태생 브랜드는 소비자가 오프라인에서 보여지는 제품, 매장 분위기, 서비스, 브랜드 문화 등의 경험을 온라인에서도 일관성있게 느끼도록 해야 합니다. 고객이 온라인에서 구매할 때의 경험이 오프라인에서 구매할 때의 경험과 일치된다고 느끼지 않으면, 브랜드의 아이덴티티는 희석됩니다. 세계에서 가장 큰 아웃도어 브랜드인 카벨라스를 예로 들어 보죠. 이곳은 사냥꾼이나 낚시꾼들에게 필요한 물품을 판매하는 브랜드입니다. 온라인으로 확장하기 전, 카벨라스는 카달로그와 오프라인 매장을 통한 판매에 의존하였습니다. 오프라인에서 소비자가 쇼핑할 때 카벨라스가 약속한 것은 '다양한 상품을 제시함으로써 폭넓은 선택권 부여, 최고로 친근한 서비스, 만족할만한 보장 시스템의 제공'이었죠. 이들이 거래 장소를 온라인으로 옮겨왔을 때에도 여전히 이러한 브랜드 약속을 일관되게 지켰습니다. [17] 온라인과 오프라인에서 카벨라스를 경험한 소비자들은 자신이 소중한 고객임을 느끼고 이로 인해 행복함을 느꼈습니다. 이것이 바로 온·오프라인의 하이브리드 온브랜딩의 성공 전략이라고 할 수 있습니다.

오프라인 태생 브랜드가 온브랜딩에서 하이브리드 전략을 고민해야 한다면, 온라인 태생 브랜드는 어떠한 측면에서 주의를 기울여야 하나요?
온라인 태생 브랜드는 고객들과 어떻게 소통해야 할 지에 대해 오프라인 태생 브랜드보다 직감적으로 이해하고 있습니다. 그러나 문제는 온라인 태생 브랜드는 오프라인에서 고객과 소통하는 방법에 대한 감각이 없다는 것이죠. 그래서 때로는 이들이 오프라인에서 브랜드를 커뮤니케이션을 할 때, 잘못된 시각을 갖고 있습니다. 오프라인을 단지 자사의 웹사이트로 고객을 유입시키기 위한 광고 플랫폼으로밖에 바라보지 않는 것 같습니다. 그래서 많은 온라인 태생 브랜드들이 오프라인에서 대규모의 수퍼볼 광고나 국가적인 광고 캠페인과 같은 곳에 마케팅 비용을 초과 지불하는 우를 범하기도 합니다. 오프라인에서 소비자들과 어떻게 관계를 맺어야 하는지에 대해서 깊이 생각하지 않았기 때문입니다. 물론 이러한 노력이 웹사이트로의 고객 유입량을 증가시키거나, 브랜딩에 긍정적인 효과를 미칠 수도 있습니다. 그러나 반복되는 서투른 접근 방법으로 인해 수없이 많은 브랜드들이 진정한 의미에서의 브랜딩 기회를 잃었다고 생각합니다. 따라서 단지 인지도

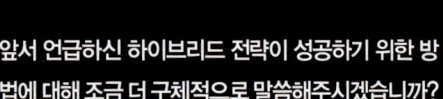
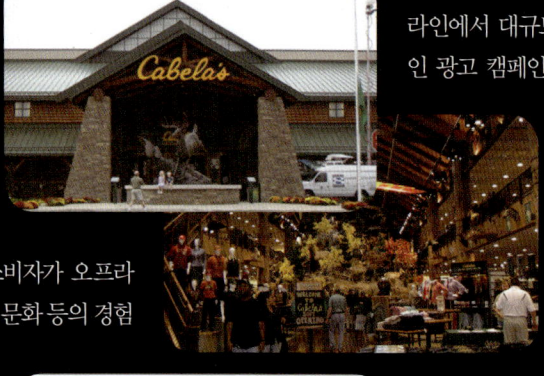

온라인에서의 전략을 통합시킨 하이브리드 모델을 만들어야 합니다. 하이브리드 전략을 성공시키기 위해서 다양한 브랜딩 전략을 실행하는 것도 중요하지만, 온브랜딩에 성공하는 기업을 보면, 브랜드 약속을 꾸준히 지키면서 브랜드를 경험하도록 하는 것이 바로 온브랜딩의 핵심이라는 것을 알고 있습니다.

를 높이기 위해 일방적인 소통의 광고에 비용을 쏟아붓기보다는 소비자와 관계를 맺고 자사 브랜드 아이덴티티를 구축하는데 도움이 되는 것이 무엇인지를 먼저 고민해야 합니다.

저서에도 보면, "브랜드 아이덴티티는 지극히 개인적이다"라고 하셨는데, 어떠한 의미인지 말씀해주시겠습니까?

브랜드 아이덴티티가 지극히 개인적이라는 의미가 강조하는 바는 소비자의 개개인의 경험을 소중히 하는 기업 문화가 있어야 유니크 브랜딩을 할 수 있다는 의미입니다. 그런데 특히나 온라인은 개개인의 고객 경험을 중요하게 생각해야 하는 공간입니다. 그러므로 고객들이 자사의 브랜드를 경험할 때, 대중에게 전달되는 경험을 받아들이는 것이 아니라, 오직 자신에게만 해당하는 개인적이고 특별한 경험이 되도록 해야 합니다. 07 이러한 예로 이베이ebay가 있는데, 바로 자사의 브랜드를 고객에게 개인적으로 전달하고 경험시키는데 성공했습니다. 민주주의 상거래를 매우 잘 드러내는 방식을 택함으로써 말이죠. 예를 들어, 거래자와 구매자를 매칭하는 오픈마켓 모델이나 소비자가 제품에 대해 피드백과 등급을 매기는 시스템은 고객이 시장을 통제하는 비즈니스 모델입니다. 이러한 비즈니스 모델은 이베이의 아이덴티티를 잘 표현해줍니다. 고객은 '자유 시장 경제 체제에서 공정함을 약속하는 거래'라는 이베이의 브랜드 아이덴티티를

경험한 것입니다. 자사의 비즈니스가 제대로 반영된 브랜드 경험을 소비자가 개인적으로 받아들이고 있지 못하고 있다면, 기업들은 분명히 어떻게 고객에게 개별적으로 자사의 브랜드 경험을 전달할 수 있는지에 대해 반드시 고민해야 합니다.

이베이와 같은 예가 아니더라도 비디오나 오디오로 제작된 제품 설명서, 소비자가 미리 옷을 착용해 보거나 구매한 차를 자신의 취향에 맞게 튜닝하는 온라인 시뮬레이션, 상호작용이 실시간으로 이루어지는 채팅 등과 같은 다양한 온라인 툴들을 이용함으로써 개인화된 감성을 효과적으로 전달할 수 있습니다. 그리고 게시판과 블로그처럼 온라인 공간에서 소비자와 직접 소통하고 관계를 맺음으로써 온브랜딩 전략에 개인적인 감성 24이 더해지고 있습니다.

저서에서 "브랜딩의 핵심은 관계 구축"이라고도 말씀하셨습니다. 그런데 온·오프라인에서 소비자와 관계를 맺을 때, 차이점이 있을 것 같은데 어떠한 점에 주의를 기울여야 합니까?

검색이라는 기능은 온라인에서 소비자의 파워를 키우는데 혁혁한 공을 세웠습니다. 검색을 통해 클릭 한 번으로 쉽게 다른 웹페이지로 이동이 가능해졌으며, 소비자들은 자신의 의견 검색에 의해서 얼마나 빠른 속도로 전파되는지, 이것이 얼마나 큰 영향력을 갖는지 알고 있습니다. 즉, 오프라인 세계와는 달리 온라인 세계의 영향력은

거의 즉각적으로 이루어집니다. 바로 이점이 매우 중요한 차이입니다. 오프라인에서는 어떤 한 사람이 카운터에서 주문한 커피를 받기 위해 3분이라는 시간을 기꺼이 기다릴 수 있지만, 인터넷에서 자료를 올리기 위해 3분이라는 시간이 걸리면, 참지 못합니다. 왜냐하면 온라인에서 자료를 업로드하는데 걸린 3분이라는 시간은 소비자의 기대 수준에 못 미치기 때문이죠. 이처럼 온라인이라는 세계는 매우 세세하면서도 촌각을 다투는 경쟁이 일어나는 곳입니다. 분명한 것은 온라인에서 소비자의 기대는 오프라인에서의 기대와 다르다는 것이죠. 따라서 기업이 온라인만의 특화된 소비자 기대 이상의 경험을 제공할 수 있느냐에 따라 경쟁력이 달라집니다. 만약 기업이 온라인에서 소비자와의 관계를 훨씬 깊고 단단하게 맺기를 원한다면 이처럼 단순하지만 강력한 사실에 주목하여야만 합니다.

일반화시키는 것은 다소 무리가 있지만, 대부분 오프라인 태생 기업들은 온라인으로 사업을 확장할 때 어려움을 겪습니다. 그 이유는 무엇이라고 생각하십니까?

초창기 버블 붕괴가 발생하기 전, 기업들은 온라인으로 사업을 하려고 몰려들었습니다. 특히 오프라인 태생 브랜드들은 인터넷이 자사 브랜드와 브랜드 아이덴티티에게 의미하는 바가 무엇인지를 고민하지 않고 무모하게 뛰어들었다가 참담한 실패를 맛보았습니다. 그러나 대부분 성공한 오프라인 태생 브랜드들은 온라인으로 사업을 확장할 때, 단지 유통 시스템 혹은 커뮤니케이션 접근 방식에 전적으로 의존하지 않았습니다. 자사 브랜드가 어느 장소에 있든지 소비자에게 한 브랜드 약속에 진실하고 일편단심으로 지키려고 헌신하는 것에서부터 성공은 시작됩니다.

반대로 온라인 태생 기업이 오프라인으로 사업을 확장할 때, 주의를 해야 점은 무엇입니까?

온라인 태생 기업의 가장 큰 문제는 자사 브랜드를 오프라인으로 확장시키는 DNA를 갖고 있지 않다는 것입니다. 그래서 보통은, 오프라인 태생 브랜드가 온라인으로 확장하는 것보다 온라인 태생 브랜드가 오프라인으로 확장하는 것에 더 어려움을 느낍니다. 왜냐하면 오프라인에서 부동산, 설비, 인력과 같은 부분에 무리한 투자를 해 본 경험이 없기 때문이죠. 이러한 오프라인 시장의 룰에 대한 마인드가 그들에게는 존재하지 않습니다. 따라서 온라인 태생 기업은 오프라인 확장에 대해 시간적인 여유를 갖고 신중히 생각해 보고, 결정이 되면 오프라인 및 소매 전문가를 고용하여 확장하라는 말씀을 드리고 싶습니다.

일반적으로 브랜딩 전략을 세우기 이전에 핵심 타겟이 누구인지를 결정합니다. 그런데 "브랜딩에 있어서 핵심고객만을 생각해서는 안 된다"라는 저서에서의 말씀은 어떠한 의미입니까?

인터넷이라는 공간이 생겨나면서 브랜드와 비즈니스에서 일어나고 있는 가장 심플한 변화는 바로 사람들이 원하는 정보를 원하는 그 순간에 바로 검색할 수 있다는 것입니다. 이러한 소비자 행동의 변화는 '사전 쇼핑pre-shopping'의 급격한 증가 추세를 만들었습니다. 즉 소비자들은 구매를 결정하기 전에 인터넷에서 브랜드와 제품에 대한 모든 정보를 미리 검색합니다. 그래서 '사전 쇼핑'은 소비자가 좀 더 합리적인 구매를 할 수 있기 때문에 온라인에서 브랜드를 경험하는 것 중에서도 중요한 요소가 되었습니다. 따라서 제품 비교, 구매 비용 산출, 구매 예정 목록 등과 같은 간단한 기능조차 온라인에서의 브랜드 경험을 증가시키는데 큰 역할을 하고 있습니다. 이러한 '사전 쇼핑'은 소위 핵심 타겟이라고 불리는 수많은 소비자들을 포함하여 새로운 소비자를 모을 수 있는 훌륭한 툴이 될 수 있습니다. 매스 타겟층을 고려하지 않고, 오로지 핵심 타겟층만을 생각하는 것은 브랜딩을 위한 많은 가능성뿐만 아니라, 새로운 고객을 유입시킬 수 있는 기회를 상실하는 것입니다. 그러므로 앞으로는 핵심 타겟에 너무 얽매이지 않고 최상의 '사전 쇼핑' 경험과 같은 놀라운 가치를 제공하는 기업이 시장을 이끄는 승리자가 될 것입니다.

브랜딩에서 진정성은 강조되고 있습니다. 진정성이 특히 온라인에서 부각되는 이유에 대해서 사례를 들어 설명해 주십시오.

진정성이 브랜딩에 얼마나 중요한지는 소비자와 한 약속을 이행하지 않은 실수로 인해 미국 전체 은행원과 모기지 투자자의 이미지에 먹칠을 한 최근의 사례를 통해서 말씀드리죠. 컨트리와이드 홈 론 Countrywide Home Loans 은 미국에서 가장 큰 모기지 mortgage 사업을 하는 기업이었습니다. 그러나 현재는 뱅크 오브 아메리카 Bank of America 가 인수하여 사라진 기업이죠. 컨트리와이드 홈 론이 소비자에게 약속한 것은 자사가 제공하는 서비스로 소비자가 감당할 수 있는 재정적인 범위 내에서 집을 마련하도록 돕는다는 것이었습니다. 그렇지만 컨트리와이드 CEO인 안젤로 마젤로 Angelo Mazzello 는 대출 담당 직원들에게 모기지를 팔기 위해서는 할 수 있는 모든 것을 하라며 그들을 자극했습니다. 그러던 즈음에 그다지 풍족하지 않은 수입의 어느 젊은 커플이 컨트리와이드 홈 론 홈페이지에서 대출 조건과 이자를 확인하고는 이곳에서 대출을 받기로 결정했습니다. 이 커플은 컨트리와이드홈 론이 집 장만에 힘이 되어줄 것이라는 대출 직원의 말을 믿었죠. 상담을 받는 동안. 그 직원은 이 커플에게 집을 장만하는데 과감해지라며 그들이 감당할 수 없는 대출금액을 제안했습니다. 순수하게 직원과 회사가 말하는 약속을 믿었던 커플은 결국 대출을 감당하지 못했습니다. 당분간은 갚을 수 있었을지라도, 몇 년 이내에 대출 조건과 이자율이 변동하는 상황에서는 감당할 수 없었을 것입니다. 이러한 사건들이 반복되면서 고객들은 컨트리와이드 홈 론에 등을 돌렸습니다.

이 사례는 진정성이 브랜드의 존패를 결정담할 수 있다는 것을 보여줍니다. 최고의 위치에 이르더라도 온라인과 오프라인 어디에서나 항상 고객을 속이지 않는 진심으로 대하고, 자사의 브랜드 약속을 충실히 이행하면서 이를 끝까지 지켜나가는 것이 얼마나 중요한지를 깨닫게 되는 것이죠. 진정성은 기술이 아니라 사람에게서 느껴지는 것입니다. 온라인이라는 공간의 특성상 인간의 진정성을 전달하는 것이 다소 어려울 수 있기 때문에 더 강조할 수밖에 없습니다. UB

스캇 데밍 1년에 100회가 넘은 강연과 세미나 활동을 하는 그는 세계적으로 유명한 강연자, 기업 트레이너 그리고 컨설턴트로서 열정적인 에너지를 갖고 있다. 강연의 주된 주제는 영업과 고객 서비스에 관한 것이다. 또한 그는 광고·마케팅 회사인 RC를 운영했고, 수백만 달러의 자산 가치를 가진 회사로 성장시킨 주역이다.

13,000,000
대한민국 블로그 개설자

40%
인터넷 사용자 중 블로그 운영 비율

91.9%
검색을 통한 블로그 유입 비율

참조 블로그 포털 블로그얌, 블로고스피어 인사이트 (2009년 1분기)

LOG ON
BRAND IDENTITY

블로그, 브랜드 아이덴티티가 항상 켜져있는 곳

ON 기업 블로그, 브랜드 아이덴티티의 퇴적층

기업 블로그를 연다는 것은 온브랜딩에 적극적으로 접속[log on]하는 것이다. 가만히 앉아서 고객들이 어딘가에서 좋은 이야기를 해 주기만을 기다리는 것이 아니라 우리 브랜드를 찾아올 수 있는 허브를 마련해 주고, 그곳을 놀이터로 꾸며주는 것이다. 사적인 배려로 고객을 친구로 만들고, 불안을 녹이는 정성으로 브랜드의 진정성을 보여주면, 고객들은 기꺼이 스스로 우리 브랜드를 알리는 전도사가 되어 당신이 잠든 사이에도 당신의 브랜드가 'ON' 되어 있을 수 있는 동력이 될 것이다. 따라서 블로그 섹션에서는 기업들이 블로그를 활용하여 온브랜딩에 성공할 수 있도록 돕고자 한다. 이를 위하여 기업 블로그가 가지고 있는 블로고스피어에 대한 오해를 풀고, 블로고스피어의 본질을 이해한 후, 기업 블로그 성공 케이스의 운영 노하우에 대하여 논의할 것이다. 그렇지만 기억해야 할 것은 앞으로 이어질 내용은 기업 블로그의 '운영 방법'이 아니라, 잘 운영하기 위한 '마인드 세팅'에 관한 내용이라는 점이다.

브랜드와 온라인의 조우는 물고기가 물을 만난 것과 다름없다. 브랜드는 인터넷을 만나면서 언제 어디서나 살아 움직이기 쉬워졌다. 온라인을 만난 브랜드는 항상 켜져 있는 '온[ON] 브랜드'가 될 것이다. 그것은 브랜드가 온라인에서 브랜딩 활동을 하는지 여부와 관계없다. 왜냐하면 온브랜딩은 재차 강조하듯 '고객에 의해서 만들어지기 때문이다. 온브랜딩을 작동하게 하는 고객들은 어디에서나 활동 중이지만 그 중 블로고스피어에서의 활동이 주목을 끄는 이유는 블로그에서 이루어지는 커뮤니케이션은 단순한 '소통'이 아니라 '교감'이기 때문이다. 따라서 기업 블로그는 고객을 친구로 만들고 그들과 교감할 수 있는 대화의 기지 역할을 해야 하며, 이러한 기지가 제 역할을 다 했을 때에 브랜드는 온브랜딩의 핵을 쥐게 되는 것이다. 그곳에서 브랜드 아이덴티티가 자생하기 때문이다. 따라서 블로고스피어에서의 기업 블로그로 온브랜딩에 성공하기 위해서는 블로고스피어에 대한 이해가 선행되어야 한다. 그래야만 브랜드는 블로그를 통해서 'ON' 할 수 있다.

ON blogosphere 1. 브랜드 아이덴티티의 퇴적지

인간의 기억에 관한 영화였던 〈메멘토〉는 "기억은 기록이 아니라 해석이다"라는 말로 마지막 장면을 채운다. 단기 기억상실증에 걸린 주인공은 자신이 누구인지 알기 위해 자신의 몸에 문신으로 자신의 '기억'을 기록한다. 이런 주인공의 행동은 인간이 기록하는 존재임을 단적으로 보여준다. 인간은 기록을 통하여 존재한다. 인류의 역사가 당시의 사실 그 자체라기보다는 '기록된 사실'에 의존하듯이 말이다.

인간이 사회에 귀속되어 문명인이 되기 위한 첫 단계는 문자를 익히고, 책을 읽는 것이다. 이 사회에 일원이라는 증거는 출생기록부와 주민등록등본이라는 기록이며, 사망신고서가 작성되어야 공식적으로 죽음이 인정된다. 또한 인간은 일기라는 형태의 자기기록을 통해서 자기반성을 하고 자기성장을 이루며 자기세뇌를 반복한다. 인간이 이토록 기록에 집착하는 이유는, 기록되었을 때 존재 가치를 인정받기 때문이다. 기록한다는 것은 내가 누구인지 밝히는 것이다. 즉, 인간은 기록을 통해서 자기 정체성을 확인한다.

> 100년 후를 내다보는 브랜드라면 브랜드 아이덴티티의 기록이 잘 퇴적될 수 있도록 풍화, 침식, 운반 작용을 위한 환경을 만들어 주어야 한다. 그래야만 브랜드는 블로그에 퇴적된 기록을 통해서 'ON' 할 수 있다.

이제 인간의 기록장은 웹으로 옮겨가고 있다. 블로그는 본래 웹 상의 기록을 의미하는 웹로그web log에서 출발한 단어이다. 이렇게 인간이 웹 상의 기록장blog에 자신을 기록하면서 존재감을 확인하듯이, 브랜드 역시 블로그에 기록함으로써 자신의 정체성을 확인하고 알린다. 그리고 그 기록은 블로고스피어에서 누적된다.

기업 블로그가 개인 블로그와 다른 것은 '삭제'해서는 안 된다는 점이다. 물론 게시된 글이나 댓글을 지우거나 비공개로 전환할 수는 있다. 그렇지만 혹여 고객의 댓글이 기업 이미지에 부정적인 영향을 끼친다고 판단하여 '삭제'를 클릭하는 순간, 고객은 자신의 의견이 반영되지 않았다는 생각을 하게 되고 감정적으로 받아들일 경우 배신감을 느끼기도 하기 때문이다. 이는 곧 그 기업의 신뢰가 삭제되는 것을 의미한다. 그 글은 기업의 소유물이 아니기 때문이다. 따라서 기업 블로그의 모든 기록은 시간 순서대로 차곡차곡 쌓이며 영원히 기록된다. 뿐만 아니라 이슈가 되는 포스팅의 링크를 따라가 보면 브랜드 담당자가 상상도 하지 못할 블로그나 커뮤니티 게시판, 메신저 대화창에서 자사 브랜드에 대한 이야기가 오가고 있음◎26을 알 수 있다. 그 모든 것은 기록되며 그 기록은 상상도 못할 루트를 통하여 브랜드에 부메랑이 되어 돌아온다. 그 부메랑은 기업을 죽일 수도, 살릴 수도 있다.

이렇게 퇴적되는 기록들이 쌓여서 브랜드 아이덴티티를 만든다. 온브랜딩에서의 브랜드 아이덴티티는 브랜드가 일방적으로 만드는 것이 아니라 고객들의 클릭으로 인한 링크의 부메랑으로 만들어진다. 그것이 긍정적이든 부정적이든 간에 말이다. 국내의 한 파워 블로거는 기업 블로그에게 전하는 조언에서 "고객들은 어디에서든 당신 브랜드에 대한 안 좋은 이야기를 하고 있다. 따라서 차라리 당신 블로그에 와서 하는 편이 낫다"◎27라고 말한다. 기업 혹은 브랜드가 어디에서 떠돌고 있는지 모르는 부정적인 의견에 일일이 대응할 수는 없다. 그렇지만 그러한 의견이 어딘가에서 부유하고 있다면, 그것이 언젠가 브랜드 아이덴티티에 악영향을 미칠 것은 분명하다.

이러한 브랜드 아이덴티티가 수년, 수십 년, 나아가서 수백 년 동안 누적되면 하나의 아이덴티티 퇴적지를 형성하게 된다. 지질학자들이 퇴적지의 단층연구를 통하여 과거를 추측하듯, 이러한 브랜드 퇴적층은 자사 브랜드의 10년 후, 100년 후의 브랜드 담당자에게 그 어느 고객조사 자료보다 값진 유산이 될 것이다. 특정 기간 검색 혹은 주제어 검색을 통한 단층연구를 가능하게 할 것이기 때문이다. 또한 이렇게 누적된 브랜드 아이덴티티에 대한 기록은 좀처럼 알기 어려운 고객들이 남긴 흔적을 찾아 볼 수 있게 한다. 단적인 예로 어떤 블로그에 남겨진 고객의 자취를 하이퍼링크를 따라 가다 특정 타깃 고객의 블로그에 도착했다고 하자. 그럼 기업들이 그렇게 알고 싶어하는 '우리 고객의 라이프스타일'을 엿볼 수 있는 것이다. 따라서 100년 후를 내다보는 브랜드라면 브랜드 아이덴티티의 기록이 잘 퇴적될 수 있도록 풍화, 침식, 운반 작용을 위한 환경을 만들어 주어야 한다. 그래야만 브랜드는 블로그에 퇴적된 기록을 통해서 'ON' 할 수 있다.

ON blogosphere 2. 진정성과 친밀감의 스피어

기업들이 기업 블로그를 런칭할 때 하는 몇 가지 오해가 있다. 이는 블로그의 가치와 본질을 바라보지 못한 데서 기인한다. 몇 가지 오해 중 하나는 기업이 블로그를 만드는 것을 정보의 유통을 마음대로 조절할 수 있는 자사의 언론사를 하나 세운다고 생각하는 것이다. 다시 말해, 보도자료를 자유롭게 배포할 수 있는 채널을 하나 갖게 될 것이라는 오해이다. 두 번째는 블로그를 유행으로 보는 경향이다. 유행이기 때문에 선택 사항이라고 생각한다. 그래서 인터넷을 사용하는 젊은 층이 타깃이 아닌 기업은 필요하지 않다고 판단하기도 한다. 세 번째는 구체적인 방법에 있어서 파워 블로거들과 어떻게 협업해서 좋은 리뷰를 받아낼지를 고민하는 것에 지나지 않는다는 것이다. 하지만 투자대비 효과를 빌미로 이렇게 블로고스피어에 대한 '연구'없이 블로고스피어에 뛰어든 기업 블로그의 상당수가 현재 퇴출위기에 처해있다.

기업 블로그가 블로고스피어를 이해하기 위해서는 고객이 블로그에 접속하는 순간 기대하는 바를 상상함으로써 그들이 기업 블로그에 바라는 바를 추론해 볼 수 있다. 누군가의 블로그에 접속 log on할 때 당신은 무엇을 기대하는가? 아마도 '무언가 다른 것, 긴밀한 것'을 기대할 것이다. 상대의 일기장에 초대받은 기분으로 포스팅된 기록 log들을 살펴보다 보면, 대화는커녕 대면조차 못해본 사람에게 굉장한 친밀감을 느낄 수 있다. 또한 평소에 알고 지내던 사람이라 하더라도 블로그에서 상대의 생각의 문장들을 대하면, 상대의 '진짜 모습'을 발견한 듯한 착각을 하게 된다. 이렇게 블로그는 사적이기에 '친밀한 교감'이 오가고, 진짜 모습이 보여질 때에 교감이 이루어지는 '진정성'을 필요로 하는 공간이다.

최근 기업의 공식 블로그를 런칭했거나, 런칭하기 위하여 준비 중에 있거나, 런칭을 해야 할지 말아야 할지 눈치를 살피고 있는 기업들의 움직임이 커지고 있다. 그렇지만 성공적이라고 불리는 기업 블로그가 소수인 것은 블로그를 찾는 고객중심이 아니라 블로그를 운영하는 기업 입장에서 운영되고 있는 경우가 대다수이기 때문이다. 고객은 기업의 홈페이지가 아닌 기업 블로그를 방문할 때 역시 '무언가 다른 것'을 기대한다. 그것은 기존의 블로고스피어에서 학습된 '친밀함'과 '진정성'일 것이다. 이것을 만족시키는 기업 블로그는 고객과 친구가 되지만, 이를 만족시키지 못하고 기업 홈페이지와 다를 바 없는 '거리감'과 '형식적인 정보'를 전달하는 기업은 고객과 거리 좁히기에 실패한다.

Log ON Corporation Blogging, 성공적인 기업 블로깅을 위하여

위에서 살펴본 블로그와 브랜드의 연관성, 그리고 블로고스피어의 본질적 속성을 바탕으로 성공하는 블로그의 조건을 꼽을 수 있다. 그것은 컨텐츠의 신뢰성, 블로거의 실존성, 그리고 커뮤니케이션의 진정성이다. 이는 각각이 만족된다고 되는 것이 아니라, 세 가지 조건이 유기적으로 조합되어야 하는 조건이다. 실존성을 갖춘 블로거가 신뢰성있는 컨텐츠를 생산해내며 고객과 진정성이 느껴지는 커뮤니케이션을 시도할 때 말이다.

> 고객은 기업의 홈페이지가 아닌 기업 블로그를 방문할 때 역시 '무언가 다른 것'을 기대한다. 그것은 기존의 블로고스피어에서 학습된 '친밀함'과 '진정성'일 것이다.

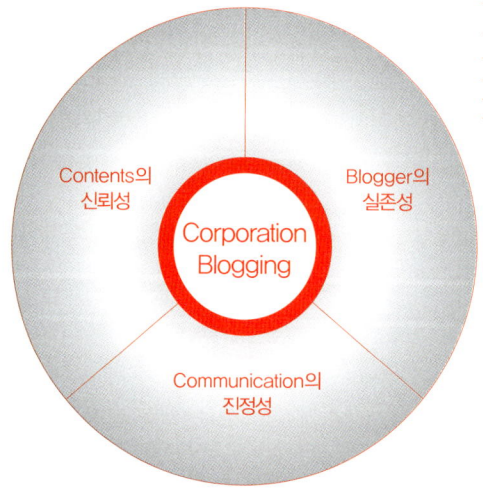

〈표1〉 기업 블로그의 세 가지 조건

Identity

첫째 블로거의 실존성이란, 온라인의 특성을 익명성이라고 말하는 것과 다소 상반되는 개념이다. 블로거는 실명을 인증받지 않아도 실존하는 존재이다. 링크된 그의 블로그로 존재를 증명할 수 있기 때문이다. 그래서 블로고스피어에서는 댓글에도 링크된 블로거와 링크가 걸려있지 않은 블로거는 차이가 있다. 전자는 어떠한 의견을 보이더라도 진정성을 인정해 주지만 후자인 익명의 경우는 겁쟁이로 판단된다. 블로고스피어에서의 익명성은 신뢰와 관련된 문제이기 때문이다. 그래서 기업 블로그에게 추가적으로 요구되는 것은 고객이 누구와 이야기하는지 구체적으로 알 수 있어야 한다는 것이다. A라는 기업의 블로그 담당 직원이 아니라 어떤 팀의 어떤 취향의 어떤 성격의 사람이며, 자사 브랜드에 대해 얼마만큼의 열정이 있는 사람인지 알 수 있어야 고객은 인격체 대 인격체로 대화를 하고 있다는 느낌을 받는다.

둘째 컨텐츠의 신뢰성이란, 이 블로거의 이야기가 믿을만한 것인가 아닌가에 해당한다. 요즘은 어떠한 상품 정보를 검색하거나 사용 후기를 알기 위해서 기사 검색을 하는 것이 아니라 '블로그 검색'을 한다. 그만큼 개인의 경험이 담긴 컨텐츠를 신뢰한다는 것이다. 판매를 목적으로 하는 정보의 나열이 아닌, 개인의 감정을 솔직하게 드러내고 장단점을 투명하게 보여주는 데서 컨텐츠의 신뢰성은 시작된다. 따라서 기업 블로그는 검색을 통하면 얼마든지 얻을 수 있는 정보, 단순한 홍보용 보도자료 등은 지양해야 한다. 블로그에 어울리는 블로그다운 컨텐츠가 힘을 발휘하기 때문이다. 한 문장에라도 감정이 녹아 있어야 하며, 실존성있는 블로거 자신만의 생각이 담길 수 있도록 해야 한다. 이러한 면모가 느껴질 때에 고객은 블로그의 컨텐츠가 믿을만 하다고 판단한다.

세 번째는 커뮤니케이션의 진정성이다. 진정성은 블로고스피어에서 특히 중요하게 여겨지는 키워드이며, 이는 고객과의 커뮤니케이션에서 가장 잘 드러난다. 온라인은 기본적으로 무엇도 숨길 수 없는 *투명성을 특성으로 한다. 그야말로 조사하면 모두 나오는 정보의 광장 안에서 누구나 정보 편집자가 될 수 있고, 어떤 정보든 비교가 가능하다. 온라인은 무엇이든 오픈되어 있는 투명성 그 자체이기 때문에 사소한 것들이 커다란 문제가 되기도 하고 커다란 선물이 되기도 한다. 특히 투명하기 어려운 기업이 투명해지는 순간 블로거들은 열광한다. 그래서 블로고스피어에서는 투명한 기업, 솔직한 기업이 승리한다. 본래 거짓이었다면 솔직하게 사과하고 반성하며 자정의 기회로 삼겠다고 알리는 것도 진정성 있는 커뮤니케이션의 방법이다.

이는 추후에 기업 블로그 성공 케이스로 다루어질 LG전자의 기업 블로그 '더블로그'와 기아자동차의 글로벌 공식 블로그인 '기아버즈', 그리고 김안과의 공식 블로그 '옆집아이'에도 적용하여 분석의 툴로 활용될 것이다. 이들은 "귀찮아서" 혹은 "잘 모르겠어서"라는 이유로 블로그를 이해하려지 않는 기업에게 블로그를 통해서 소비자와 어떤 관계를 만들고, 이를 통해서 어떻게 브랜드 아이덴티티를 강화시킬 것인지에 대한 방안을 제시해 줄 것이다. UB

*투명성
고객과의 접촉 환경을 구축한다는 것은 온라인 공간에서 당신은 투명한 상태이며, 최종 소비자나 이용자, 또는 회원들이 직접적으로 접촉하면서 다른 경쟁자들과 쉽게 비교할 수 있음을 의미한다. 모든 행동에 대해 즉각적인 반응을 받게 될 것이며, 심지어 매우 세밀한 감시를 받게 될 것이다. 미봉책이란 없다. 웹에서 무엇인가를 테스트하는 것은 언제나 개방적인 것이다.
출처: 토마스 가드, 《4D 브랜딩》 (2007,커뮤니케이션북스)

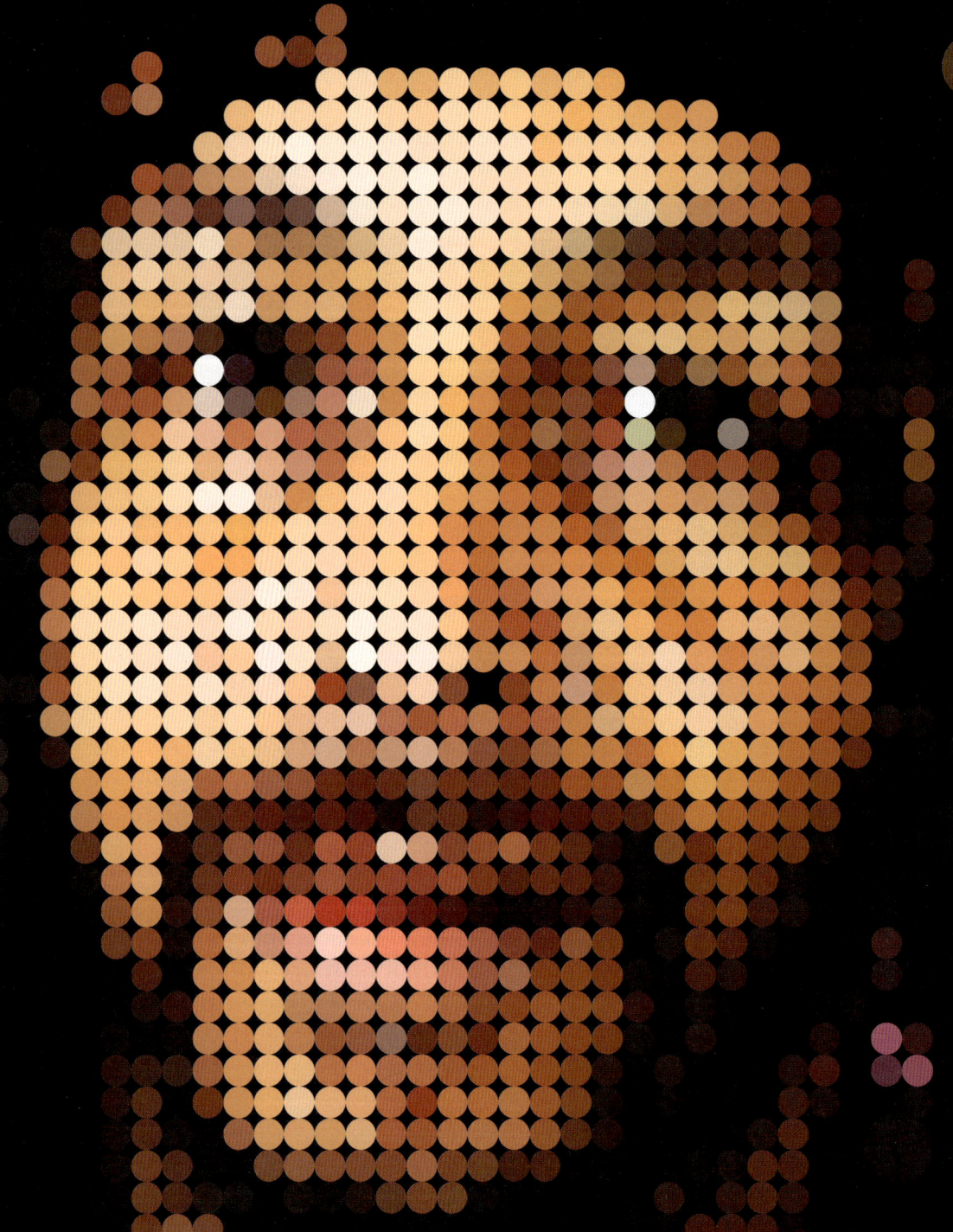

Naked Conversations ON Social Media
HUMANIZATION ON
온브랜딩은 브랜드의 인간화다

The interview with **Shel Israel**

블로고스피어는 브랜드[070]들이 활발한 활동을 보이는 온브랜딩의 현장 중 하나이다. 그래서 많은 기업들은 소셜 미디어를 통한 브랜딩에 관심도를 높이고 있다. 소셜 미디어 전문가인 셀 이스라엘과 scobleizer.com을 운영하는 유명 블로거인 로버트 스코블은 《블로그 세상을 바꾸다》에서 기업들이 블로고스피어에서 대화하는 방법에 대해서 이야기 했다. 공저자인 셀 이스라엘에게 인터뷰를 요청하며 '블로그'에 대한 질문으로 일관하자 그는 먼저 다음과 같은 충고를 던졌다. 중요한 것은 블로그 자체가 아니라 소셜 미디어로서의 블로그이며, 세상을 바꾸는 블로깅의 핵심은 책의 원제에서 찾을 수 있듯 'Naked Conversation', 즉 솔직한 대화라는 것이다. 또한 실제로 전 세계적으로 5억 명 정도의 사람들이 소셜 미디어와 관련을 맺고 있으며, 40세 이하 인터넷 사용자의 75% 정도가 소셜 미디어를 이용하고 있고, 글로벌 100대 기업의 60%, 그리고 1000대 소비재 제품군 기업의 75%가 지금 현재 소셜 미디어에서 활동 중인만큼 기업이 소셜 미디어에 대한 관심을 높이는 것은 당연하다고 강조했다. 고객과 함께 브랜드 아이덴티티를 만드는 것이 온브랜딩이라고 했을 때, 이는 '대화'가 있어야 가능하다는 점에서 온브랜딩에 대하여 같은 방향을 가지고 있음을 알 수 있었다. '온브랜딩'에 대한 개념을 '브랜드의 인간화'라고 지적해준 점 역시 맥을 같이 했다.

유니타스브랜드는 온브랜딩에 있어서 브랜드의 아이덴티티 구축이 가장 우선시 되어야 한다고 생각합니다. 이러한 생각에 대하여 온라인 소셜 미디어 전문가로서 당신의 의견이 궁금합니다.

저는 브랜드의 핵심은 '누군가가 당신의 회사에 대하여 어떻게 느끼고 있는가'라는 감정의 문제로 보고 있습니다. 이러한 감정이 브랜드 아이덴티티라면 그 의견에 동의합니다. 특히 온라인 환경이 중요하게 대두하고 있는 시점에서는 더욱 그렇습니다. 고객이 브랜드에 대하여 느끼는 감정은 항상 변화하는데, 그러한 변화된 감정을 쉽게 공유하고 얼마든 변형시킬 수 있는 환경이 온라인에서 구축되고 있는 중이기 때문입니다. 전통적으로 그러한 '감정'은 광고나 마케팅, PR, 디자인 요소 등에 의해서 만들어졌죠. 그러나 점차 브랜드 경험을 할 수 있는 공간이 인터넷으로 옮겨오면서 브랜딩의 주체가 기업에서 소비자에게로 넘어가는 분기점이 되었다는 의미 입니다.

사실 지난 50~60년간 마케팅의 주요 이슈는 메시지의 효율적 확산이었습니다. 따라서 전통적인 마케팅 영역에 있던 사람들은 인터넷을 '메시지의 확산을 더 용이하게 하는 도구라는 점에 커다란 의미를 두고 있습니다. 그래서 그 '분기점' 이전의 사고를 하고 있는 사람들에게 온라인 브랜딩은 SEO(검색 엔진 최적화), 배너 광고, 클릭수의 증가 정도에 불과할 것입니다. 그렇지만 제가 생각하는 온라인 브랜딩은 조금 더 인간다워지는 것입니다. 왜냐하면 온라인 브랜딩은 '사람이' '사람에 관한' 이야기를 하는 것이기 때문입니다. 고객과 파트너들, 기업 내부 직원과 이들에 대해서 알고 싶어하는 투자자들에 대한 이야기를 하는 활동이 온라인 브랜딩 입니다.

따라서 당신이 '온브랜딩'이라고 부르는 그것을 저는 '브랜드의 인간화'라고 표현하고 싶습니다. 과거에 브랜드가 자신을 고객에게 말하는 방식은 마치 명함 하나를 건네는 것과 같았습니다. 어떠한 브랜드를 대표하는 누군가가 명함을 고객에게 건네면 명함과 명함을 건네는 사람이 그 브랜드를 상징하는 것이었고, 고객은 명함을 전달받는 순간의 그 '감정'으로 브랜드를 기억했습니다. 그렇지만 오늘날에는 그 관계가 완전한 반전을 이루었습니다. 이제 고객들이 브랜드를 접하는 환경이 굉장히 다각화된 것입니다. 소셜 미디어에서만 보더라도, 브랜드는 그 속에서 상당히 많은 사람들과 동시에 대화를 하게 되었습니다. '한 사람'이 아니라 '사람들'입니다. 그 사람들이 브랜드에 어떠한 감정을 가지고 있느냐가 브랜드 아이덴티티를 결정합니다. 사람들에 의해서 브랜딩이 이루어지는 것, 그것을 브랜드의 인간화라고 말하는 것이죠.

저희가 브랜드 아이덴티티가 중요하다고 말한 이유 역시 인터넷 환경에서는 브랜드 아이덴티티가 구축될 때에 오프라인보다 고객의 영향을 더 많이 받는다고 보기 때문입니다. 이러한 관점에서 온라인 환경에서 브랜드가 ON하기 위한 조언을 한다면 어떠한 말을 전하고 싶으십니까?

소셜 미디어를 통한 방법을 제안해 드려야겠군요. 먼저 '대화'를 시도하려고 노력하기에 앞서 먼저 '듣는 것'을 시작하라고 하겠습니다. 그리고 현대적인 검색 툴을 활용해서 누군가 당신 브랜드에 대해서 어떠한 이야기를 하고 있는지를 찾아내십시오. 그런 다음 그 이야기를 듣고, 적절히 대응하십시오. 또한 소셜 미디어를 활용하여 당신 브랜드에 대하여 불만을 품고 있는 고객들을 찾아내어 그들을 만족시켜야 합니다.

마지막으로 소셜 미디어에서는 제품을 "팔지 말고, 이야기하십시오[028] tell, don't sell". 이 말은 소셜 미디어를

'한 사람'이 아니라 '사람들'입니다. 그 사람들이 브랜드에 어떠한 감정을 가지고 있느냐가 브랜드 아이덴티티를 결정합니다. 사람들에 의해서 브랜딩이 이루어지는 것, 그것을 브랜드의 인간화라고 말하는 것이죠.

활용하여 브랜딩을 하려는 기업에게 늘 강조하는 말입니다. 이 말이 의미하는 바는 소셜 미디어는 철저히 '대화'를 위한 공간으로 존중 받아야 한다는 것입니다. 소셜 미디어에 당신의 상품을 밀어 넣고 그것을 판매하려는 시도는 절대로 하지 마십시오. 이야기하는 방법에 있어서도 불특정 다수인 대중들이 마치 친구가 되었다고 생각하고 친구에게 이야기하듯이 솔직하게 말하십시오. 그들의 말에 귀 기울이되, 당신이 한 말에 대해서 그들이 어떻게 반응을 하든 그 생각 자체를 존중해야 합니다. 그들에게 맡겨 두어야 하죠.

브랜드에게도 소수의 진정한 친구가 있다면 자연스럽게 당신의 회사와 브랜드, 그리고 당신의 제품이나 서비스를 자세히 알기 위해서 먼저 다가오고, 스스로 다른 사람에게 추천할 것입니다.

블로그는 인간이 자신의 아이덴티티를 만들거나, 강화시키는 도구로 활용하곤 합니다. 기업 역시 블로그를 통해서 브랜드 아이덴티티를 강화시킬 수 있다고 생각합니다. 이러한 전제 하에, IT를 브랜딩 관점에서 'Information Technology'가 아닌 'Identity Technology'라고 재정의하는 것에 대하여 어떠한 의견을 가지고 계신가요?

그 의견을 존중하지만 IT를 아이덴티티 테크놀러지로 해석하는 것에 대한 제 생각은 조금 다릅니다. 블로그는 아이덴티티가 만들어지는 곳이라기 보다 어떠한 관점이나 정보의 전환이 일어나는 곳입니다. 그것으로 부정적인 브랜드 아이덴티티가 긍정적으로 바뀔 수는 있겠죠. 그렇지만 전적으로 브랜드 아이덴티티가 만들어지는 곳이라고는 생각하지 않습니다. 소셜 미디어로서의 블로그에서 성공적으로 브랜딩을 하기 위한 팁을 드리자면 트위터, 페이스북, 링크드인, 유튜브 등의 소셜 미디어에서는 가장 고객에게 관대한 기업이 가장 눈에 띈다는 사실을 기억하라는 것입니다. 소셜 미디어에서는 고객에게 관대한 기업일수록 최고로 부상할 가능성이 높습니다.○29

저는 블로그를 소셜 미디어의 여러가지 대화 툴 중의 하나로 보고 있습니다. 그래서 기업 블로그에 대한 조언을 할 기회가 있을 때 소셜 미디어의 여러가지 대화 툴을 결합해서 사용하라고 권합니다. 마치 목수에게 망치 하나만으로 집을 짓지 말라는 충고를 하는 것 같이 말이죠. 소셜 미디어는 매스 미디어와는 다르기 때문입니다. 소셜 미디어는 좋은 인상을 남기거나 추종자를 만드는 것에 관한 것이 아닙니다. 고객과의 관계에 관한 것이죠.

아이덴티티는 '관계'에 의해서 만들어집니다. 이때, 블로그는 빠른 상호작용이라는 특성이 있기 때문에 브랜드 아이덴티티를 구축하기에 좋은 환경일 것입니다. 이에 대한 당신의 생각을 말씀해 주십시오.

브랜드는 '관계'에 의해서 만들어 진다는 것에 동의합니다. 블로그가 관계를 만드는데 용이하다는 것도 말이죠. 그러나 그러한 '관계'에 있어서 생각해야 할 것은 많은 수와 맺는 관계보다 나를 지지하는 소수의 친구가 더 소중하다는 것입니다. 일상에서 우리가 수백만 명의 친구가 필요하다고 느끼지 않는 것과 같습니다. 브랜드에게도 소수의 진정한 친구가 있다면 자연스럽게 당신의 회사와 브랜드, 그리고 당신의 제품이나 서비스를 자세히 알기 위해서 먼저 다가오고, 스스로 다른 사람에게 추천할 것입니다.

책에서도 강조했듯, 블로깅에 있어서 중요한 키워드는 '진정성과 투명성'입니다. 하지만 '진정성과 투명성'이란 인위적으로 만들어지는 것이 아닙니다. 따라서 기업 블로그는 본래 투명한 기업문화와 진정성을 가지고 있는 기업이 사용할 수 있는 무기 아닐까요? 오히려 그렇지 않은 기업이 블로그를 오픈한다는 것은 위험할 것 같습니다.

그렇습니다. 소셜 미디어는 신뢰를 기반으로 합니다. 따라서 어떤 기업이 신뢰성이나 투명성을 잃어버린다는 것은 당신의 가장 가까운 가족이나 친구들이 그

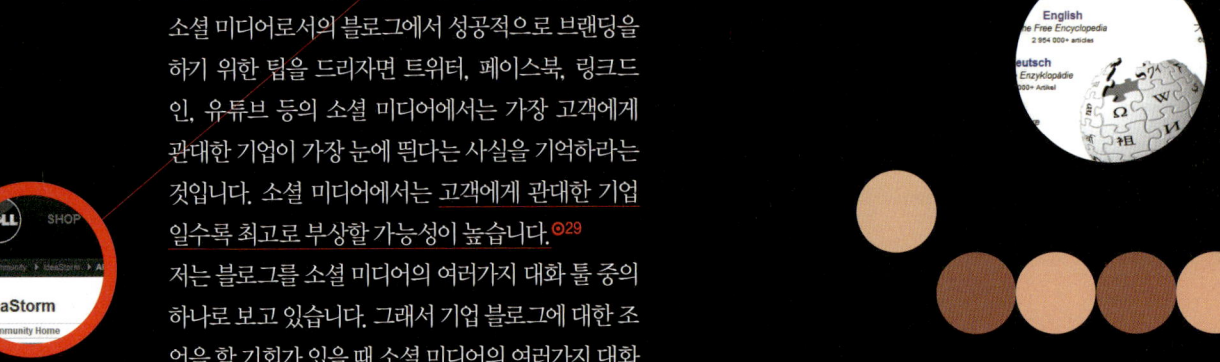

동안 당신이 그들을 기만해 왔다는 것을 알아버리는 것과 같은 것입니다. 블로그는 솔직한 대화가 오가야 하기 때문에 진정성이 없다면 오히려 그 기업에게 독이 될 수 있습니다.

'블로그는 마라톤이다'라는 말이 있습니다. 기업은 그만큼 장기적인 관점에서 블로그를 준비하고 운영해야 한다고 생각합니다. 따라서 블로그는 판매를 위한 '마케팅 도구'가 아니라 '브랜딩'을 위한 전략이 아닐까요?

그렇습니다. 같은 맥락에서 이야기 하자면 기업들은 소셜 미디어를 이용하고자 하는 목적을 분명히 해야 합니다. 이때 주의해야 할 것은 너무 많은 계획을 세우면 자칫 핵심을 놓쳐버릴 수 있다는 것입니다. 소셜 미디어는 굉장히 드라마틱한 환경 속에서 수많은 이야기가 동시에 오가는 공간이기 때문입니다. 그곳에서의 대화 과정에 '항상' 참여하고 순응할 필요가 있지만 '항상' '모든' 대화에 참여한다는 것이 쉽지 않은 일입니다. 그렇기 때문에 기업들은 그들 스스로 이 컨텐츠가 그들의 시장에서 유용하거나 흥미롭게 느껴질 수 있다고 판단될 때만 포스팅을 해야합니다. 확신이 있는 경우에만 포스팅 하라는 것입니다. 그렇지 않는다면 어떠한 예상치 못한 상황이 연출될지 모릅니다. UB

셸 이스라엘 파워포인트, 파일메이커, 선마이크로시스템즈의 워크스테이션 등의 소프트웨어들을 출시하는 데 핵심적인 역할을 수행한 홍보전문가이다. 그는 20년 넘게 혁신 전문가로도 활동해 왔으며 《블로그 세상을 바꾸다》 이후에 소셜 미디어에서의 기업 커뮤니케이션에 대한 두 권의 책, 《The Conversational Corporation》 《Twitterville》을 출간했다.

34 ON-BRANDING

당신과 나의 ON을 위한 아이덴티티

Real Identity ON, 티스토리

The interview with 다음커뮤니케이션 전략서비스기획팀 티스토리 담당 **매니저 신선영**
다음커뮤니케이션 기업커뮤니케이션팀 **매니저 이용욱**

기업 블로그는 보통 포털사이트의 블로그나 블로그 전문 사이트를 통해서 구축된다. 티스토리는 블로그 플랫폼 전문 사이트로 기업이 블로고스피어에서 'ON'할 수 있는 땅과 재료들을 제공하는 브랜드다. 블로그 전문 사이트로서 여타 브랜드들을 '그 브랜드답게' 만들어주는 것이 미션인 티스토리의 브랜드 아이덴티티는 'My Real Identity'이다. 당신이 기업이든 개인이든 당신만의 진짜 아이덴티티를 찾고 만들 수 있도록 도와주겠다는 것이다. 이러한 티스토리에게 "티스토리스러움은 무엇이냐"고 묻자 정작 "티스토리스러움은 없다"고 말한다. 자신의 색깔이 강하면 자신을 통해 브랜드가 되려는 고객의 색깔을 희석시킬 수 있기 때문이라고 한다. 하지만 결국 진정한 티스토리스러움은 '무엇으로든 변신 가능한, 그래서 가능성이 무한한 레고와 같은 것'이다. 이러한 티스토리에게서 고객을 ON하도록 도와주는 방법, 그리고 브랜드로서의 티스토리가 'ON'하기 위하여 구사하고 있는 온브랜딩의 전략들에 대하여 들을 수 있었다.

www.tistory.com

블로그의 주인인 고객의 아이덴티티를 찾아주기 위해서 무엇이든 가능하지만 단, 그것이 자사의 철학에 부합해야 하며, 아이덴티티는 다른 사람과의 관계를 통해서 완성되기 때문에 다른 사람들과 공유되어야 한다는 것이 티스토리가 '당신의 ON을 돕는' 방법이다.

Identity ON, 당신의 ON을 도와드립니다

블로그는 흔히 '인터넷 세상의 자아' '온라인 페르소나' 등으로 불린다. 블로그를 하나의 '섬우주'에 비유한 일본의 웹 전문가 우메다 모치오는 일본의 유명 소설가 히라노 게이치로와 함께 웹에 대한 대담을 담은 《웹 인간론》에서 "사람은 블로그에서 성장할 수 있으며, 블로그에서 자기 자신을 발견한다"고 말했다. 그만큼 인간은 블로그에서 텍스트나 이미지, 영상 등으로 자신을 표현하고, 자신을 확인하고 있다. 기업 역시 마찬가지다. 인간이 그러하듯 기업도 블로그를 통하여 고객에게 인식되는 브랜드 아이덴티티를 발견하며, 텍스트나 이미지, 영상 등으로 자신을 표현하면서 성장할 수 있다.

티스토리는 개인 혹은 기업 고객들에게 각각의 섬우주를 만들어 주기 위하여 고객이 자신의 아이덴티티를 가장 잘 보여줄 수 있는 모든 것을 하겠다는 것을 철학으로 가지고 있다. 이러한 철학을 반영한 티스토리의 브랜드 아이덴티티가 'My Real Identity'이다. 고객 자신이 생각하는 자신의 진정한 정체성을 찾게 해준다는 의미다. 그래서 티스토리의 모든 의사결정 기준은 '고객의 브랜드 아이덴티티를 더 잘 표현하는 데 합당한가'에 있으며 모든 서비스는 이 철학을 기반으로 설계되어 있다.

'고객의 진짜 정체성My Real Identity'을 찾아주기 위한 세 가지 기준이 그들의 철학이자 아이덴티티인 'My Real Identity'를 강화시킨다. 바로 자신들의 철학에서 벗어나지 않기 위해 '옳은Right' 선택을 하며, 고객의 아이덴티티를 더 잘 표현하기 위한 서비스라면 무엇이든 '제한을 두지 않겠다Unlimited'는 것이다. 또한 이렇게 만들어진 아이덴티티는 다른 사람들과 '공유Sharing'되었을 때에 진정 그 가치를 다 한다고 생각한다. 따라서 블로그의 주인인 고객의 아이덴티티를 찾아주기 위해서 무엇이든 가능하지만 단, 그것이 자사의 철학에 부합해야 하며, 아이덴티티는 다른 사람과의 관계를 통해서 완성되기 때문에 다른 사람들과 공유되어야 한다는 것이 티스토리가 '당신의 ON을 돕는' 방법이다. 티스토리의 서비스전략을 담당하고 있는 신선영 매니저와 커뮤니케이션팀의 이용욱 매니저에게서 이러한 개별 서비스들이 티스토리의 철학에서 출발하고 있음을 확인할 수 있었다.

신선영 티스토리의 브랜드 아이덴티티는 무형의 것이라고 하고 싶어요. 그 정도로 티스토리 자체는 손에 잡히지 않죠. 개인 고객이든 기업 고객이든 누구라도 가장 자신다운 브랜드가 되도록 하는 것이 최종 목표에요. 이러한 부분이 정책에도 상당부분 반영 되어서, 저희는 거의 모든 컨텐츠의 공개를 지향해요. 나를 표현하려면 나를 공개하지 않고서는 표현할 수 없거든요. 더 많은 사람들과 언제 어디서든 공유하기 위해서 모바일 서비스는 런칭 초기부터 지원하고 있으며, 앞으로 다양한 디바이스로의 확장도 고려하고 있습니다. *45*

이용욱 항상 '티스토리스러움'을 드러내기 보다, 어떻게 해서든 유저들이 자신만의 브랜드를 구축할 수 있는 서포터 역할을 해야 한다고 생각하고 서비스를 제공해서인지, 가끔은 담당자인 저희조차도 "이것도 티스토리였어?"라며 놀랄 정도의 블로그를 발견할 때가 있습니다. *15* 그럴 때야말로 기분이 좋죠. 티스토리의 가능성이 무궁무진하다는 증거니까요. 이것은 모두 오픈되어 있고, 개방되어 있기 때문에 가능한 것 같아요. 용량제한이나 도메인의 제한, 타사와의 제휴 제한 등이 없죠. 소스도 오픈되어 있습니다.

이 모든 결정은 '웹사이트의 주인은 블로거다'라는 또 하나의 철학에서 출발한다. 모든 컨텐츠의 주인은 블로거이기 때문에 블로거의 편의에 맞게, 블로거가 원하는 대로 서비스를 제공하고, 고객들의

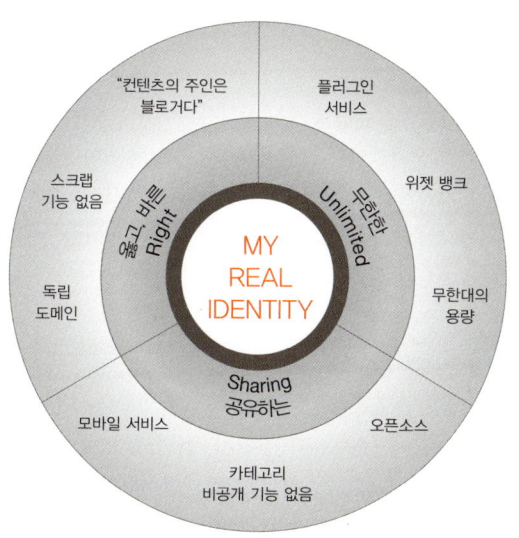

〈표 1〉 티스토리의 브랜드 아이덴티티 휠

86 ON-BRANDING

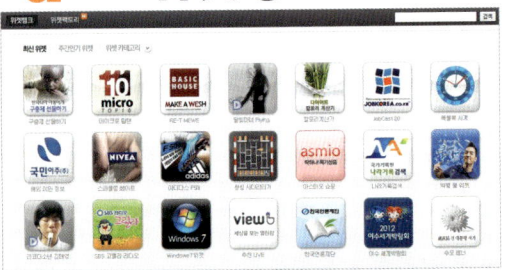

<사진 1> '티스토리스러움'을 나타내는 서비스인 위젯 뱅크와 다음 뷰

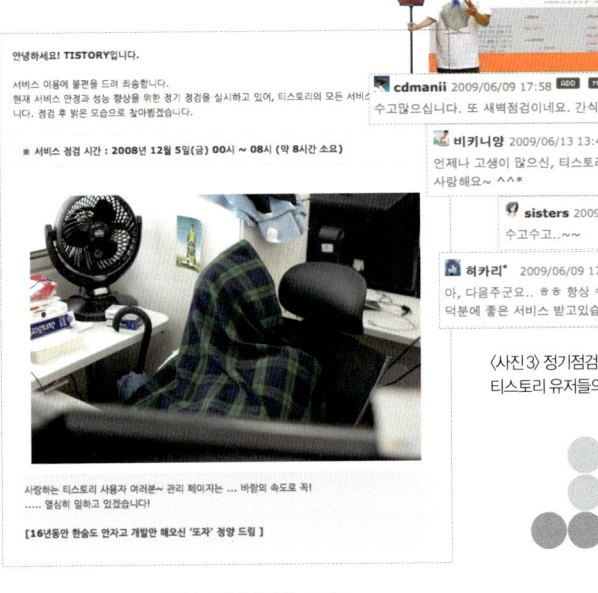

<사진 2> 티스토리 정기점검 시간 동안의 재미있는 공지글

<사진 3> 정기점검 공지 글에 대한 티스토리 유저들의 "수고하세요" 댓글

컨텐츠를 사용할 때에는 가능하면 블로거의 허락을 받는다. 이러한 철학이 반영된 대표적인 것이 '노 스크랩' 기능이다. 스크랩이라는 것은 무단의 의미가 있기 때문에 저작권 보호에 대한 개념을 서비스 설계에 반영한 것이다.

My Real Identity ON, 티스토리의 온 브랜딩

티스토리 역시 온브랜딩을 하고 있는 브랜드다. 다른 브랜드의 온브랜딩을 돕는 브랜드가 자신도 온브랜딩 하고 있다는 것이 복잡하게 들릴 수도 있다. 그렇지만 누구보다 고객의 브랜딩에 대한 고민이 생활화되어 있고, 블로고스피어에 대한 이해가 높은 블로거들이 운영하는 브랜드인 만큼 티스토리의 온브랜딩에서는 다른 브랜드가 본받을 만한 온브랜딩의 키워드를 발견할 수 있었다.

기업 블로그에 있어서 중요한 세 가지는 이해, 관계, 신뢰이다. 블로고스피어에 대한 이해가 전제되어야 하며, 블로거들과의 관계를 구축해야 하고, 궁극적으로는 상호간의 신뢰를 쌓고 유지해야 한다. 이 세 가지는 티스토리의 공지사항 블로그인 노티스 블로그(notice.tistory.com)에서 가장 잘 이루어지고 있다. 사실 노티스 블로그의 역할은 정기점검, 새로운 서비스의 오픈, 베타 서비스 오픈 등을 알리는 것이 목적이다. 그렇지만 티스토리의 노티스 블로그는 마치 티스토리 유저들의 놀이터 같다. 함께 모여서 의견을 공유하고, 소식을 알리고, 장난을 치고, 친밀감을 높이며, 서로를 지지하고 응원하고, 나아가서 하나가 되는 공간이다. 이는 티스토리가 유희와 친밀한 관계를 추구하는 블로거들의 성향을 이해했기 때문이다.

1. 블로고스피어에 대한 이해, 유희추구

블로고스피어에 대한 이해라고 해서 웹 2.0의 정신인 참여, 공유, 개방을 말하는 것은 의미가 없다. 설치형에 가까운 서비스형 블로그를 지향하는 티스토리는 서비스 자체가 웹 2.0 정신을 기반으로 설계되었기 때문이다. 티스토리가 블로고스피어를 이해하는 방식은 그들이 제공하는 '놀이터'를 통해서 볼 수 있다. 티스토리는 '우리가 공유하고 개방했으니 참여해 달라'고 부탁하거나 설득하지 않는다. 유희를 즐기는 블로거들의 특성을 이해함으로써 자연스러운 참여를 유도한다. 이를테면 정기점검 시간의 노티스 블로그를 들여다 보면 그렇다. 블로거들에게 정기점검 시간이란 업무 중단에 가까운 것이기 때문에 지루하고 화가 날 수도 있는 시간이다. 그런데 그 공지 글에 그 동안 블로거들의 공모받은 위트 넘치는 사진을 갤러리 식으로 보여주거나 정기점검의 '현장'을 이미지를 통하여 보여주는 것이다. 이는 티스토리의 온브랜딩을 가장 상징적으로 보여주는 이벤트이기도 하다. 고객의 온브랜딩을 위해서 항상 ON되어 있어야 할 블로그 서비스에게 정기점검이란 OFF를 의미한다. 자신의 본분을 다 하지 못하는 것에 대한 구구절절한 사과[30]를 하고, 그 미안함을 즐거움으로 돌려주는 것이다.

2. 고객과 관계맺기, 샨새교

위키백과에서 '샨새교'를 입력하면, '티스토리'에 대한 설명 페이지가 열린다. 샨새교는 키보드에서 tistory를 한글 입력기 설정 상태에서 입력했을 때에 나오는 단어로, 티스토리 유저들 사이에서는 하나의 신흥 종교로 통하며 이는 '티스토리를 사랑하는 사람들의 모임'의 대체어 역할을 한다. 이 역시 블로거들의 유희추구 성향의 이해에서

고객을 이해하고, 관계맺으며, 신뢰를 얻음으로써 'My Real Identity'라는 티스토리의 브랜드 아이덴티티는 고객에 의해서 진화되고, 고객과의 교감을 통해서 항상 ON된 상태로 완성되어 간다.

〈사진4〉 샨새교의 만우절 이벤트

출발한다. 하지만 단지 재미에 그치는 것이 아니다. 그들만의 놀이문화가 종교화되고, 실제로 마치 종교처럼 모두가 공유하는 하나의 추상적 가치로 자리잡는다. 종교놀이화된 샨새교는 교주를 세우고, 교리를 만들고, 행사를 엶으로써 하나의 커뮤니티가 되었다. 커뮤니티는 일대일의 관계가 다대다의 관계로 넘어가는 새로운 관계의 관문이다. 티스토리는 이러한 관계의 장을 만들어서 자연스러운 참여를 유도하고, 고객을 친구로 만들며 나아가서 지지자, 전도사로 만들고 있다. 이때 티스토리의 노티스 블로그는 샨새교의 성전이 된다.

3. 신뢰의 광장, notice.tistory.com

티스토리의 담당자 역시 노티스 블로그의 색깔에 대하여 다음과 같이 말한다. 티스토리의 노티스 블로그는 굉장히 특이한 성격의 블로그입니다. 쉽게 이야기하면 쌍방향 커뮤니케이션이 이루어지고 있는 곳인데, 저희도 희한하다고 표현하는 것이 "장애가 났으니 조금만 기다려달라"는 공지 글에 많은 경우에는 댓글이 200개씩 달리는 것입니다. 거의 "새벽에 수고가 많으십니다. 감사합니다. 응원합니다." 이런 내용이죠. 저희가 시도하는 소통을 이용자들도 느끼고 있는 모양입니다."

관계 구축의 궁극적 목표, 기업 블로그의 궁극적 목표, 브랜드의 궁극적 목표는 고객으로부터 신뢰를 얻는 것이다. 티스토리는 고객을 이해하고 고객과 관계를 구축해서 결국 고객의 신뢰를 얻었다. 공지사항에 대한 수십, 수백 개의 댓글이 이에 대한 증거일 것이다.

노티스 블로그에서 일어나는 샨새교의 활동, 만우절 이벤트, 정기점검 시간의 놀이문화 등은 고객을 티스토리로 모여들게 하여 티스토리 안에서 활발히 활동ON하게 한다. 티스토리가 고객을 이해하고 관심과 배려를 보여주자, 고객은 그러한 사소한 배려에 감동을 받고 오히려 브랜드에 감사하고 안심하는 것이다. 이렇게 만들어진 관계는 브랜드와 고객을 서로에게 헌신적이며 작은 실수쯤은 곧잘 잊어주는, 마치 친구와 같은 사이로 만들었다. 이렇게 든든한 지지자가 된 고객 친구들은 그들의 친구에게 티스토리를 소개하고 초청장을 보내며, 자신의 블로그에 티스토리 서비스에 대한 포스팅을 하고, 다른 블로그에 티스토리를 옹호하는 댓글을 달아 결국 티스토리가 항상 켜져 있게 하는 엔진이 된다. 이 모든 것이 티스토리다움이다. 고객을 이해하고, 관계맺으며, 신뢰를 얻음으로써 'My Real Identity'라는 티스토리의 브랜드 아이덴티티는 고객에 의해서 진화되고, 고객과의 교감을 통해서 항상 ON된 상태로 완성되어 간다. UB

신선영 서울여자대학교 영어영문학과를 졸업하고 2004년 다음커뮤니케이션에 입사한 후, 파이 블로거뉴스 2.0, 티스토리 등 신규 서비스 기획 업무를 맡은 후 현 다음커뮤니케이션 커뮤니티본부 티스토리 총괄 PM으로 재직 중이다.

이용욱 중앙대학교 국어국문학과를 졸업하고 한양대학교 대학원에서 국어국문학을 공부한 후, 네오커뮤니케이션즈 AE, 피알원 PR3 팀장을 지내고 현 다음커뮤니케이션 기업커뮤니케이션팀에 재직 중이다.

KIA BUZZ ON CONVERSATION

글로벌 커뮤니케이션의 허브
ON 대화의 기술, 기아버즈

The interview with 기아자동차 해외마케팅팀 과장 류정엽

기업 블로그는 최근 많은 주목을 받고 있는 'ON'의 도구다. 이때 항상 거론되는 성공사례가 있는데, 바로 기아자동차의 글로벌 공식 블로그인 '기아버즈'다. 기아자동차가 일반 기업 블로그와 다른 선택을 한 것은 국내 기업으로서는 최초로 영문 블로그를 오픈했다는 점이다. 2007년 9월 런칭 이후에 170개국 이상의 블로거들이 방문하는 글로벌 커뮤니케이션의 허브가 된 기아버즈는 전 세계 고객들의 의견을 모아 들을 수 있고, 기아자동차의 의견을 모아 전달하는 역할을 하고 있다. 그렇지만 기아버즈가 성공을 인정받는 이유는 글로벌 블로그를 만들었기 때문만은 아니다. 기아자동차에 관심을 갖고 기아버즈를 찾아주는 고객들에게 열정으로 답하기 위해서 노력하고 있기 때문이다. 그 노력의 중심에는 고객과의 질 높은 대화가 있었다. 글로벌 커뮤니케이션 허브로서 영문 홈페이지가 아닌 영문 블로그를 오픈하고, 온라인 공간에서 전 세계의 고객과 대화하는 법을 배웠다는 기아버즈에게 그들의 '대화의 기술'에 대해서 들어 보았다.

www.kia-buzz.com

It is the major sponsor of the Australian Open and an official motive partner of FIFA the governing body of the FIFA World Cup as well as a EUROTOP partner of UE ia Motors Corporation's brand slogan "The Power to Surprise" represents the company's global commitme rpassing customer expectations through continuous automotive innovation. Lastly, after reading these Kia B les, if you come across an error or have a suggestion, please contact the editors of Kia BUZZ as we welcome edback.

In order to help you enjoy Kia-BUZZ  at its fu re is some information for you. Kia Motors wants to create a two way communication community, an envi ent where all members of the media, customers, bloggers, journalists, automotive enthusiasts, consumers en the "competition" around the world can share and discuss Kia's products, brand and marke tivities.

Kia BUZZ supports the Blogger's Code of Ethics as posted i

> "블로그는 그 사람의 진면목을 투명하게 들여다 볼 수 있는
> 도구라는 의미입니다. 그런 의미에서 기업의 홈페이지가 이력서라면,
> 기업의 블로그는 자기소개서와 같습니다."

류정엽 블로깅은 우리의 브랜드 아이덴티티와 퍼스낼리티를 가감없이 그리고 과감하게 보여주기에 유리한 채널입니다. 노력한다면 점퍼에 츄리닝을 입고 다니던 예비역이 꽃중년의 모습으로 보여질 수 있습니다. 그렇다고 가식적으로 겉포장만 하라는 의미는 아닙니다. 블로그는 그 사람의 진면목을 투명하게 들여다 볼 수 있는 도구라는 의미입니다. 그런 의미에서 기업의 홈페이지가 이력서라면, 기업의 블로그는 자기소개서와 같습니다. 요즘은 저희도 사람을 선발할 때에 블로그나 미니홈피 주소를 알려달라고 요청합니다. 그러면 그 사람이 어떤 사람이고 얼마만큼의 열정을 가지고 있는지 단번에 알 수 있습니다. 블로그에서는 거짓말을 할 수 없죠. 기아버즈 역시 기아자동차의 글로벌 자기소개서가 되었으면 하는 바람입니다. 그렇다면 기아버즈로 인해서 기아자동차라는 브랜드가 전 세계에서 늘 살아있을 수 있게 될 것입니다.

기업 블로그를 시작할 때에 블로그를 단지 미디어로 본다면 그것은 블로그의 기본 속성을 이해하지 못한 것이다. 블로그는 미디어이기에 앞서 커뮤니케이션 채널이다. 기사 유통을 위한 채널이 아니라 대화가 오가는 곳이라는 의미다. 그런 의미에서 기아버즈는 기업 블로그를 시작하기에 앞서, 블로그를 통해서 이야기하고자 하는 바를 명확하게 알고 있었다. 바로 브랜드의 아이덴티티를 정확하게 전달함으로써 긍정적인 브랜드 아이덴티티를 구축하고자 하는 것이다.

실제로 기아버즈에 컨텐츠가 포스팅 될 때 기아자동차의 브랜드 아이덴티티인 "익사이팅 앤 인에이블링 Exiting & Enabling 한가 아닌가"가 포스팅의 기준이 선택된다고 한다. 이러한 브랜드 아이덴티티는 2년이라는 시간 동안 포스팅된 컨텐츠와 그에 대한 고객들의 댓글을 통하여 누적되어 그 퇴적층 자체가 기아자동차의 브랜드 아이덴티티를 이루고 있다. 기아버즈를 통해서 구축된 브랜드 아이덴티티는 기아자동차라는 브랜드를 항상 켜져 있게 하는 선순환 구조를 만든 것이다.

Conversation ON, 블로고스피어에서의 대화의 기술

브랜드 아이덴티티의 구축이라는 목표를 정한 후에 기아버즈는 블로그를 찾는 고객들과 신중한 대화를 시도하고 있었다. 글로벌 공식 블로그인만큼 전 세계 고객에게 기아자동차의 입장을 대변해야 하기 때문에 고객과 적당한 거리를 유지하며 커뮤니케이션을 하고 있다. 자칫 위험한 대화의 수단이 될 수도 있는 블로그에서 이루어지는 대화에 있어 몇 가지 원칙을 정하고 그것을 고수한 결과, 기아버즈에서는 기아자동차의 비전을 말하는 CEO와 유럽의 기아자동차 마니아, 중동의 기아자동차 딜러, 미주 지역의 PR 담당자, 자국에도 디젤식의 소렌토가 출시되는지 궁금한 오스트레일리아의 고객, 그리고 아제르바이잔의 불만을 품은 고객까지 대화가 일대일로 이루어지고 있었다. 이러한 대화를 통하여 기아버즈는 단지 소통의 허브에 그치는 것이 아니라 해외시장 동향 파악, 고객불만 해소, 고객감동을 위한 허브 역할을 하고 있다. 류정엽 과장은 2년 동안 기업브로그를 운영하면서 얻은 블로고스피어에서의 기업 블로그 대화의 노하우를 전해 주었다.

소비자는 이미 기업과 대화할 준비가 되어 있다

류정엽 기업들은 기업 블로그를 오픈할 때에 고객들과 대화를 할 만반의 채비를 하고 문을 엽니다. 하지만 블로그를 오픈하고 나면 기업보다 소비자가 먼저 모든 준비를 하고 기업을 기다리고 있었음을 알게 될 것입니다.

기아자동차는 기아버즈를 런칭한 후에 유럽의 기아 팬 블로거들의 존재를 처음 알게 되었다. 초기에는 신상품 정보나 리뷰가 놀랍도록 정확하고 빨라서 고스트 블로거가 아닐까를 의심할 정도였으나, 신상품 정보에 대하여 속도 경쟁에 가까운 신속하고 날카로운 대화가 오간 결과 기아자동차의 팬이라는 것이 밝혀졌고, 기아자동차는 감사의 제스처로 그들을 유럽 기아자동차 시승단으로 초대하는 최초의 시도를 했다. 그러자 그들은 신상품 리뷰와 입소문으로 답했다.

대화의 룰을 미리 밝혀라

류정엽 블로그는 오픈된 소통 채널입니다. 때에 따라 공식적이어야 하는 기업 블로그에서 예상하지 못한 대화로 돌발 상황이 연출될 수 있습니다. 따라서 기업은 해당 블로그에서 오갈 수 있는 대화의 룰을 미리 밝히는 것이 좋습니다. [63]

이를테면 제품에 대한 불만은 대응하지 않고 해당 부서에서 직접 회신을 하겠다거나, 기업비밀이나 욕설이 섞인 댓글에 한하여 삭제를 하겠다고 밝히는 것이다. 이런 원칙이 없이 댓글에 대응하지 않거나 삭제를 한다면 고객은 오히려 화를 낼 것이고 이것이 더 큰 화를 부를 것이다. 기아버즈는 블로그의 소개 메뉴에서 포스팅 컨텐츠 가이드라인 Kia BUZZ Guidelines과 댓글 및 트랙백 운영 원칙 Comments and Track Back Policy을 밝히고 있다.

듣는 양이 더 많아져야 한다

류정엽 기아버즈가 추구하는 '진짜 대화는 이야기하고 싶은 것과 듣고 싶은 것의 비율이 5:5가 되는 것입니다. 현재는 8이나 7이 이야기하는 비율이고, 2에서 3 정도를 듣고 있지만 앞으로 개선을 통해서 듣는 양을 더 늘일 생각입니다.

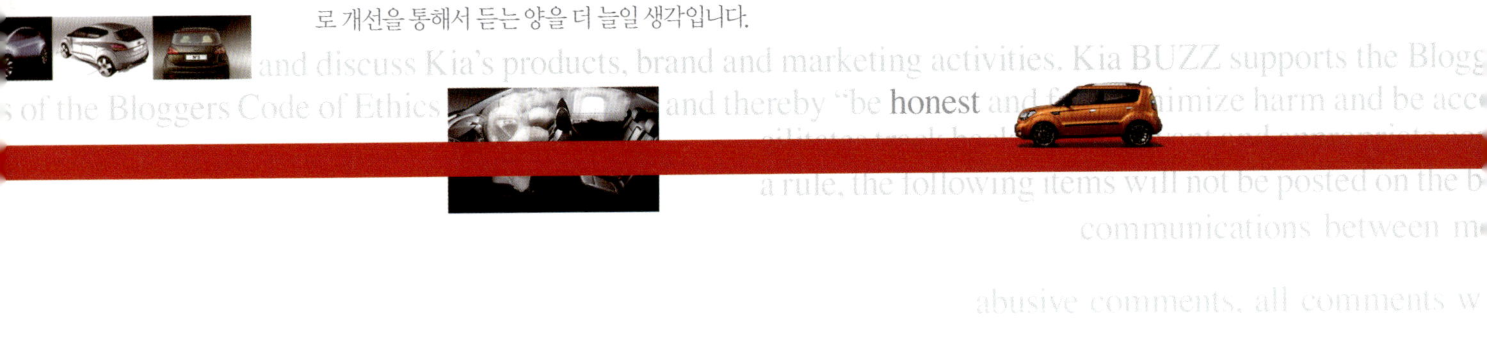

진정한 대화의 기술은 말하기보다 듣는 기술이라는 말이 있다. 기업 블로그 역시 말하기보다 듣는 것이 더 중요하다. 듣는다는 것은 단지 귀를 기울인다는 것이 아니다. 이로 인해서 고객들이 정말 원하는 것이 무엇인지 알 수 있게 되고, 이것이 기업 블로그가 진정으로 추구해야 하는 방향이다.

> "기업들은 기업 블로그를 오픈할 때에 고객들과 대화를 할 만반의 채비를 하고 문을 엽니다. 하지만 블로그를 오픈하고 나면 기업보다 소비자가 먼저 모든 준비를 하고 기업을 기다리고 있었음을 알게 될 것입니다."

블로그의 컬트적인 대화에 주목하라

류정엽 블로고스피어에는 컬트적인 요소가 있습니다. 특정한 주제가 소수의 사람들에게 열광적인 반응을 불러 일으킴으로써 커다란 영향력을 미칠 수 있다는 것이죠.

기아 자동차의 '통풍시트'와 같은 포스팅 http://kia-buzz.com/?p=1625 은 신문기사나 방송 영상과는 어울리지 않는 컨텐츠였다. 그렇지만 이렇게 대부분이 궁금해하지는 않지만 때로는 주류 매체에서 다루어지지 않는 내용이 디테일하게 다루어졌을 때 열광적인 반응이 일어난다. 기아자동차의 시트 시스템 디자이너가 직접 통풍 시트의 개발 과정을 전문가의 관점을 실어 생생하게 그려내자, 캘리포니아에서부터 아랍에미레이트까지 언제 통풍시트가 달린 제품이 자국에 출시되는지에 대한 문의가 이어지기도 했다.

블로그는 열정의 도구다

류정엽 블로그는 열정의 도구라는 말에 120% 동의합니다. 열정이 없으면 대화할 이유가 없기 때문이죠.

브랜드에 대한 열정, 고객에 대한 열정, 대화에 대한 열정이 없는 기업은 정해진 시간에 TV 광고만 틀면 된다. 기업이 블로그를 오픈한다는 것은 일일이 댓글을 달아 주어야 해서 귀찮고, 어떤 예측하지 못한 사고가 생길지 몰라 두렵기도 하지만 그럼에도 불구하고 그러한 귀찮음과 두려움을 감당하면서라도 고객과 대화를 하겠다는 열정⊙31인 것이다. 게다가 블로그에서 강조되는 지속성과 진정성은 단지 시간과 비용을 투자한다고 만들어지는 것이 아니다. 모든 것은 열정이 만든다.

31 p185

댓글이 더 진지해야 좋은 대화다

류정엽 댓글에 답변을 하는 사람은 홍보 담당자뿐만 아니라 누구든 가장 정확한 정보를 전달 할 수 있는 사람이 하기 위해 노력합니다. 목포 항구의 직원만이 할 수 있는 대답이라면 어떻게 해서든 그 사람을 수소문해서 확인을 하고, 되도록이면 자국 고객의 질문에는 해당국가의 담당자가 답변하도록 하고 있습니다.

블로그에서 가장 실질적인 대화가 오가는 공간은 댓글 공간이다. 그래서 기아버즈는 포스팅되는 글만큼이나 댓글에서 진정성을 보이려 노력하는 것이다.

블로그의 대화는 위기 때 더 큰 힘을 발휘한다

류정엽 2008년 1월 초 기아버즈를 방문한 블로거들의 댓글을 분석하던 중 미국 기아자동차 딜러십에서 불만족한 고객이 자신의 블로그에 불만족스러운 서비스에 대한 경험을 포스팅해서 그것이 이슈가 되고 있음을 파악했습니다. 이를 알고 미국법인을 통해 해당 딜러에게 알려 불만고객에게 직접 대응하게 하였고 그 고객에게 개인적으로도 응대했습니다. 그 결과 1월 말 이슈 제기자가 다시 대응 결과에 만족한다는 포스팅을 해 기아자동차의 향상된 고객서비스를 위한 노력 내용을 전달하는 것으로 마무리되었죠. 09

블로그는 흔히 위기대응을 위한 채널로 활용되기도 한다. 델의 DIRECT2DELL 32이나 최근 농심의 기업 블로그같은 경우 기업의 위기 상황에 고객과 직접 대화하는 커뮤니케이션

기아버즈는 모든 포스팅에 필진의 사진과 실명, 직급이나 직책, 국적 등을 밝힘으로써 블로거의 실존성을 만족시키고 있다. 기아버즈에서 보여지는 각국의 전문가들의 포스팅은 기아의 글로벌 기업 이미지를 부각시키는 역할도 하고 있다.

채널의 효율성을 알 수 있는 좋은 사례다. 하지만 어떠한 기업에 위기가 닥쳤을 때 블로그와 같은 일대일 커뮤니케이션 채널을 열어 놓고 있던 기업이 위기에 대응하는 것과 그때에서야 채널을 여는 기업을 바라보는 고객의 시선은 다를 것이다. 전자가 유리함은 당연하다.

글의 포스팅은 그 컨텐츠를 가장 잘 표현할 수 있는 사람이 작성해야 한다

류정엽 컨텐츠 기획은 저희가 하더라도 실제 글을 쓰는 사람은 그 글을 가장 잘 표현할 수 있는 사람이 되어야 한다는 것이 원칙입니다. 그래서 저희는 필질 그룹을 운영하면서 그 컨텐츠에 가장 적합한 좋은 필진을 전 세계에서 찾아내는 것이 업무 중 하나입니다.

블로그에서의 대화는 주로 텍스트로 이루어진다. 특히 그 텍스트에 필진 개개인의 생각이나 의견이 담겨있을수록 블로그스럽다고 느낀다. 그래서 고정 필진 외에 신입사원에서부터 본부장, 그리고 CEO까지 모두가 잠재적 필진이며 리포터가 된다. 그 분야에 가장 정통한 전문가가 직접 글을 쓰고, 내부 관계자가 제공하는 비하인드 스토리나 직원의 개인적 체험 등이 담겨야만 컨텐츠의 재미와 신뢰성이 담보되기 때문이다. 또한 기아버즈는 모든 포스팅에 필진의 사진과 실명, 직급이나 직책, 국적 등을 밝힘으로써 블로거의 실존성을 만족시키고 있다. 기아버즈에서 보여지는 각국 전문가들의 포스팅은 기아자동차의 글로벌 기업 이미지를 부각시키는 역할도 하고 있다.

LOG ON BRAND IDENTITY

CEO까지 모두가 잠재적 필진

기아버즈의 첫번째 포스팅은 기아자동차의 CEO인 정의선 사장의 축사로 시작된다. 글로벌 기업의 대표가 직접 기아자동차의 비전과 기아버즈에 대한 응원의 글을 남기자 고객들의 축하와 기대의 댓글이 이어졌으며 정의선 사장 역시 댓글에 다시 답글을 남기는 정성을 보였다. 기업의 비전은 기업의 대표가, 자동차의 디자인 과정은 디자이너가, 프로모션 활동 모습은 각국의 PR 담당자가 직접 글을 씀으로써 고객들이 기아버즈에서 전문성과 친근감을 느끼게 하고 있다.

Success ON, 기아버즈의 성공

기아버즈가 지금까지 지속적으로 성장하며 안정적으로 운영되고 있는 이유는 진정성있는 커뮤니케이션을 하기 위한 전사적인 노력을 기울였기 때문이다. 하지만 위에서 열거한 '대화의 기술'만으로는 부족하다. 진정성이 담긴 대화의 기술 역시 중요하지만, 당장의 수익과 연결이 되지 않는 블로그의 에너지를 쏟을 수 있었던 것은 이를 지탱하는 다음의 요소가 있기 때문이다.

그것은 바로 기아자동차 경영진들의 관심이다. 이에 대해서 류정엽 과장은 다음과 같이 이야기한다. "블로그는 운영을 할수록 어려워집니다. 하지만 저희를 계속 나아갈 수 있게 하는 것은 경영진의 관심입니다. 기아버즈가 경영진의 눈치를 보며 운영되는 것이 아니라 기업 블로그의 필요성과 가치를 100% 이해해 주시는 경영진의 지지와 함께 성장하고 있습니다. "기아버즈를 잘만 키워나가면 5년, 10년 뒤에 기아가 기아버즈의 굉장한 도움을 받을 것"이라는 말 한 마디로 운영되는 것입니다. 기업 블로그는 열정이 동력이기 때문에 경영진의 관심과 지지가 없다면 상당히 어려울 것입니다." 실제로 이러한 경영진의 관심은 운영진에 대한 배려에 그치지 않고, 경영진이 직접 기아버즈에 포스팅을 하고 댓글을 통하여 고객과의 대화에 참여하며 기아버즈를 내외부로 뜨겁게 달구는 힘이 되고 있다. UB

브랜드가 친구를 갖게 된다는 것은 온브랜딩에 성공한다는 의미로 직결된다. 친구는 내가 없는 자리에서도 나의 이야기를 하고, 친구의 친구들에게 나를 알리며, 나의 작은 실수쯤은 덮어주어 항상 나를 살아있게 하는 존재이기 때문이다.

*미도리스웹 midorisweb.com
더블로그의 운영자인 정희연 차장의 개인블로그인 미도리스웹은 기업 홍보와 기업 블로깅, 온라인 브랜딩에 대한 주제로 꾸며지고 있다. 2년간 300개 이상의 포스팅을 한다는 것은 일주일에 2~3개의 포스트를 하는 열정을 보였다는 의미다. 블로거들이 하나의 포스트를 올릴 때에 들이는 열정을 생각하면, 미도리스웹에 담긴 에너지를 감지할 수 있다. 또한 블로그 사용설명서를 공지하고 있는 점이나, 트랙백과 링크를 최대한 활용하고 있는 점, 댓글에 대한 세심한 대응 등에서 파워 블로그가 운영되는 모습을 확인할 수 있으며, 'Corporate Blog' 카테고리는 기업 블로그를 시작하려는 이들에게 도움이 될 만한 자료들로 채워져있다.

블로그는 사적인 공간이다. 누군가에게 나의 블로그 주소를 알려준다는 것은 '날 알아보러 오라'는 의미이기도 하다. 따라서 기업이 블로그를 오픈한다는 것은 친구를 우리집에 초대해서 우리집과 나를 보여주고, 이야기를 하고 함께 식사를 하는 것이다. 따라서 기업이 블로그를 운영할 때에는 사적인 공간으로서의 블로고스피어에 대한 이해가 필요하며, 블로거들과 친구되는 법을 익혀야 한다. 브랜드가 친구를 갖게 된다는 것은 온브랜딩에 성공한다는 의미로 직결된다. 친구는 내가 없는 자리에서도 나의 이야기를 하고, 친구의 친구들에게 나를 알리며, 나의 작은 실수쯤은 덮어주어 항상 나를 살아있게 하는 존재이기 때문이다. 블로그를 단지 하나의 '웹페이지'로 바라보는 기업이 블로고스피어에서 원하는 바를 이룰 가능성은 희박하다. 아니 거의 없다고 할 수 있다. 이런 의미에서 LG전자의 기업 공식 블로그인 '더블로그 THE BLOG'는 블로고스피어에 대한 이해를 기반으로 운영을 설계했다. 블로그는 기본적으로 사적이기에 관계가 기반이 된다는 점을 이해하고 블로거들과 '관계 맺기'에 더 관심을 갖고 있는 것이다. 런칭 한 지 5개월 여인 더블로그의 성공여부를 이야기하기에는 이르다. 그렇지만 그저 연락을 주고 받는 사이의 관계가 아니라 고객과 친구 관계를 맺으려고 노력하는 시도들이 온브랜딩을 하는 기업 블로그로서 의미가 깊을 것이다. LG전자 친구들의 '대화의 기지'가 되고 있는 더블로그를 ON하게 하는, 기업과 고객간의 '친구되기'에 대해서 알아보았다.

Understanding ON, 블로고스피어에 대한 이해

LG전자의 더블로그가 주목을 끄는 이유는 기업 공식 블로그를 런칭하기 위한 준비 기간에서 진정성이 느껴지기 때문이다. 더블로그를 이끄는 LG전자 홍보실의 정희연 차장은 이전에 개인 홈페이지를 7년간 운영했을 정도로 온라인 공간에 대한 기본적인 이해가 있었다. 그럼에도 불구하고 기업 블로그 런칭에 대한 제안이 있었을 때에 고사했던 것은 블로고스피어에 대한 이해가 아직 부족하다고 생각했기 때문이다. 그래서 더블로그 런칭 전 본격적으로 개인 블로그를 운영하면서 블로고스피어에 대한 학습을 시작한다. 단순한 이해를 넘어서기 위해 오픈한 *'미도리스웹'은 성공하는 블로그의 조건을 충족시킨 결과 파워 블로그로 선정되는 영예도 안았다.

THE BLOGer 1기

ON-BRANDING

http://midorisweb.com

〈표1〉 더블로그의 운영 원칙

진정성을 직접적으로 보여주기 위해 고객들에게 먼저 다가가서 아는 체하고, 잘못을 인정하고 사과하려는 자세를 취하고 있으며, 트랙백이나, RSS, 댓글 등을 통하여 직접 커뮤니케이션을 하려는 사적인 배려를 보이는 것이다.

그녀가 미도리스웹에서 학습하고 느낀 것들은 더블로그에 적용되었다. 물론 개인 블로그와 기업 블로그 간의 차이는 크다. 개인 블로그에서 가능한 것들이 기업 블로그에서는 불가능한 경우가 더 많기 때문이다. 기업 블로그는 기업 전체의 입장을 대변하는 것이며, 블로그에서의 '삭제'는 신뢰의 상실을 의미하기 때문에 한 번 올린 게시글이나 댓글에 대해서는 '책임'을 져야 하는 부담도 있다. 또한 기업 블로그가 '감정'이 살아있는 컨텐츠를 내 놓는다는 것은 쉬운 일이 아니다. 이러한 기업 블로그로서의 어려움을 극복하기 위해 해외의 여러 블로그들을 연구·분석하여 더블로그의 운영을 위한 원칙들을 세웠다. 그 원칙들은 컨텐츠의 신뢰성, 블로거의 실존성, 그리고 커뮤니케이션의 진정성을 모두 만족시킨다.

더블로그는 블로거의 실존성을 증명하기 위해 7명의 필진을 모두 공개하고 실명으로 포스팅을 하며, 1인칭 시점의 글쓰기, 댓글 대화에 캐릭터 부여하기 등을 통하여 고객이 '누구와' 대화하고 있는지를 밝히려고 노력한다. 사이버 공간의 가상 인물이 아니라 대화의 실체가 느껴지도록 하기 위해서다. 컨텐츠의 신뢰성을 위해서 매스 미디어용 보도 기사와 블로그 보도 기사를 분리한다. 필진 구성에 있어서도 실제로 블로그 운영 경험이 있는 내부의 직원이 선정되었고, 일반 검색을 통해서는 찾을 수 없는 전문적이며 흥미로운 기사들을 무엇보다 '꾸준히' 포스팅한다는 원칙을 가지고 있다. 마지막으로 커뮤니케이션의 진정성을 보여주기 위하여, 기업 블로그가 쉽게 채택하지 못하는 댓글 등록제와 100% 댓글 대응 원칙을 세웠다. 대부분의 기업 블로그가 스팸 댓글이나 부정적인 댓글의 파괴력을 이유로 댓글 승인제를 택하고 있는 것과는 대조적이다.

Focus ON, 블로그스피어에서 친구되기

더블로그에서 조금 더 자세히 들여다 볼 필요가 있는 부분은 고객들, 즉 블로거들과 커뮤니케이션하고 관계를 맺는 방식이다. 정희연 차장은 블로거들과 친구가 되어야 한다고 말한다. 친구가 되어야 하는 이유는 블로그스피어에서 대화의 주도권이 블로거에게 있기 때문이다. 그 블로거들은 친밀한 대화를 굉장히 중요하게 생각하기에 블로그에서 가장 중요한 것은 진솔하게 오가는 대화라고 할 수 있다. 친구가 된다는 것

🔶 성공적인 기업 블로그 운영을 위한 열 가지 지침

1. 듣기부터 시작한다
경쟁 블로그나 다른 영향력 블로그들의 대화 노하우를 파악하고 나면 시작하기가 훨씬 수월할 것이다.

2. 블로그를 위한 목표를 세운다
신제품을 홍보할 것인가? 이벤트 프로모션 목적인가? 아니면 장기적인 기업대화의 장을 위한 대화가 목적인가?

3. 투자수익률(ROI)을 추정한다
블로그는 돈이 들지 않는다고 생각하지만 실제로는 모니터링, 기획, 원고 작성, 리포팅 등의 운영비가 생각보다 많이 소요된다.

4. 계획을 수립한다
기업 블로그는 보통 여러 명이 하나의 블로그를 운영하기 때문에 치밀한 운영 정책이 필요하다.

5. 리허설을 한다
블로그가 완전히 정착하기까지는 최소 3~6개월이 소요되니 우선 베타 버전으로 운영해 보는 것도 좋다.

6. 편집 과정을 개발한다
기업 블로그의 글은 누가 최종 검토할지, 관련 부서별 협업은 어떻게 할지 정하고, 시의성 있는 이슈에 참여할 여지를 남긴 60~70% 정도는 얼개로 편집 안을 짜 두는 것이 좋다.

7. 블로그와 회사 홈페이지와의 상호 연관성을 설계한다
블로그 디자인도 기업 브랜드 아이덴티티를 고려하여 홈페이지와의 일관성을 갖도록 하고 홈페이지 내에 링크를 하는 것이 좋다.

8. 블로그 홍보 계획을 수립하라
각종 검색 엔진 등록은 기본이다. 인기 블로그들에게 링크를 두고 댓글을 달아 찾아오게 하는 방법도 좋다.

9. 블로그는 글쓰기 이상의 활동이라는 점을 명심하라
블로그는 댓글이 중요하며 댓글이 없다면 그 블로그는 대화가 없는 것과 같다.

10. 속이지 말라
블로그는 속성상 개인의 솔직한 의견을 원한다. 고객들은 최악의 상황에서도 거짓없이 대처하는 기업에게 높은 신뢰를 보인다.

출처: midorisweb.com/392
참고: 쉘린 리, 조시 버노프 《그라운드스웰(2007, 지식노마드)》

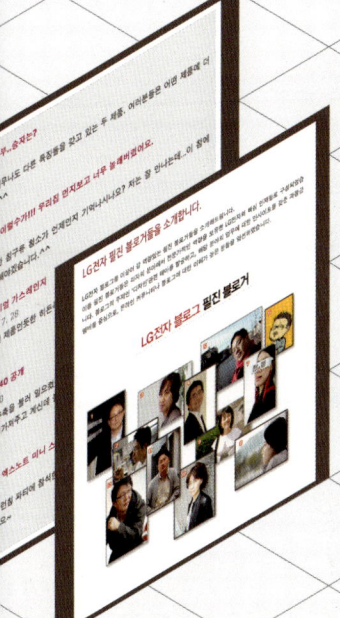

은 잘못을 이해해 주고, 사과를 받아주며, 무엇보다 진심어린 충고를 해 줄 수 있다는 것을 의미한다. 따라서 블로고스피어에서 고객과 관계를 맺은 가장 좋은 방법은 친구가 되는 것이다.

하지만 기업과 고객이 친구가 되는 것이 어려운 이유는 보통의 기업들은 고객에게 먼저 손 내밀기보다는 가면을 쓰고 블로거들이 먼저 친구처럼 이야기해 주기를 원하기 때문이다. 블로거들이 먼저 기업과 친구가 되기 위해 다가설 이유가 없음에도 불구하고 말이다. 이러한 문제를 위하여 더블로그는 다음과 같은 전술을 펼친다. 진정성을 직접적으로 보여주기 위해 고객들에게 먼저 다가가서 아는 체하고, 잘못을 인정하고 사과하려는 자세를 취하고 있으며, 트랙백이나, RSS, 댓글 등을 통하여 직접 커뮤니케이션을 하려는 사적인 배려를 보이는 것이다.

사적인 배려

친구 관계란 긴밀한 관계를 말한다. 그것은 쉽게 만들어지는 것이 아니다. 고객이 경험하는 브랜드의 대응이 기계적인 매뉴얼의 하나라고 느껴지면 친구되기에는 실패하는 것이다.

정희연 블로그는 일대일이 되어야 해요. 그래서 100% 댓글 대응이 원칙이에요. 자주 찾아주시는 블로거의 경우에는 그 닉네임만 봐도 특성이 느껴질 때가 있어요. 그때에 "이런 것에 관심이 있으시군요. 저도 이런 것 좋아해요"라는 식의 개인적인 대화를 시도하기도 하죠. 저희와 통할 것 같은 블로그를 발견하면 거기에 트랙백을 걸어야 할 것 같은 직업병도 생길 정도입니다. 이러한 작은 배려들이 저희 블로그를 더 찾게 하고, LG전자에 조금 더 친밀하게 느끼도록 하는 것 같아요. 🔗11

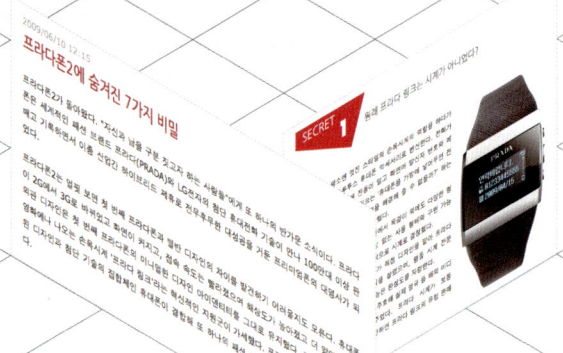

"아쉬운 것은 기업 블로그를 대행사가 제안해서 시작하는 경우가 많다는 것입니다. 하지만 기업 블로그는 그 기업의 마인드와 철학을 반영하는 미디어에요. 그 기업의 마인드나 철학을 누가 대신해주실 수 없어요."

Give, and then Take

Give and Take는 '준 대로 받겠다, 받는 만큼 주겠다'는 의미가 크다. 하지만 블로고스피어에서는 고객에게는 받을 것을 기대하기 이전에 먼저 주어야 한다.

정희연 준 대로 받겠다는 마인드는 안 돼요. 먼저 상대에 대해서 관심을 갖는 것이 중요하죠. 매일 우리 블로그를 찾아 주는 블로거는 정말 고마워요. 그때에 저희가 먼저 다가가서 관심을 보여주려고 노력해요. 먼저 아는 체하는 것이 중요한 것 같아요. 그래서 유입 경로 분석을 해 보면 이제는 검색어에 걸려서 우연히 더블로그에 들어오시는 분보다 RSS로 저희 포스트를 구독해서 정기적으로 오시거나 직접 '더블로그'를 검색해서 들어오시는 비중이 높아졌어요.

비밀의 공유

친구는 비밀을 공유하는 사이다. 비밀을 공유할 때 친밀함을 느끼며 특별한 관계로 여겨진다. 그렇지만 블로그에서 기업의 기밀을 공개하라는 것은 아니다. 단 어디에서도 볼 수 없는 비밀스러운 정보가 공유됨으로써 특별한 브랜드 경험을 제공해야 한다.

정희연 친구란 비밀을 공유하는 사이잖아요. 그래서 저희블로그는 찾는 블로거들에게만 제공하는 컨텐츠를 채우려고 노력해요. 어디에서도 볼 수 없었던 비밀스런 기사나 사진이겠죠. 얼마 전에 포스팅된 '프라다폰2에 숨겨진 7가지 비밀'과 같은 경우에는 어디에서도 공개된 적이 없는 이야기였죠. 이를 통해서 고객들은 저희에게 더 친밀감을 느낄 수 있을 것입니다.

휴머니즘의 회복

특히 대기업이 블로그를 운영한다고 하면, 상업적인 도구로 활용하지 않을까 하는 의심을 먼저 품기 때문이다. 따라서 기업을 거대한 콘크리트 속의 무생물로 인식하지 않게끔 인간적인 모습을 부각시키려는 노력도 필요하다.

정희연 기업 블로그에는 사람의 손길이 느껴져야 하는 것 같아요. 저 안에 내 친구가 있고 내가 아는 사람이 있다는 느낌이 들게끔 해야 하는 것이죠. 그래서 가장 먼저 대화의 실체를 만들기 위해 필진 대부분이 실명을 쓰고, 각 글에 자기 사진과 함께 소개가 달려 나와요. 그렇지 않은 공식적인 답변은 '엘진'이라는 이름으로 나가기 때문에 엘진에 캐릭터를 부여했어요. 20대의 젊고 발랄한 커리어우먼으로 설정했죠.

친구가 되는 대화법

직장의 동료와 있을 때와 친구와 있을 때의 '나'의 모습은 다르기 마련이다. 따라서 고객에게 친근하게 다가가기 위해서는 어떻게 이야기하느냐가 중요하다.

정희연 친구와 말하듯 캐주얼한 말투를 시도해요. 그래서 글의 주어도 "LG전자는"으로 시작하는 것이 아니라 글쓴이가 "저는"으로 시작하는 1인칭으로 쓰려고 하고, 마치 집에 초대해서 차를 한잔 마시면서 마음을 툭 터놓을 수 있을 정도의 친구처럼 느끼도록 거리감을 좁히고 싶어요. 단 한 번의 대화라도 그 사람에게 관심을 보이고 정보를 주는 것 모두가 브랜드를 경험하는 것입니다. 그 경험 하나로 브랜드의 우호적 지지자가 될 수 있죠.

Keep ON, 기업 블로그를 지속시키는 힘

더블로그가 고객과 친구가 되려고 하는 것은 온브랜딩에서의 브랜드 아이덴티티는 기업이 만드는 것이 아니라 고객과 함께, 혹은 고객에 의해서 만들어진다는 점을 직감하고 있기 때문일 것이다. 아무리 기업이 브랜드 아이덴티티는 A라고 전달해도, 고객이 B라고 인식하면 소용이 없다. 마지막으로 '친구 관계'를 기업 블로깅의 중심에 둔다는 것 외에 정희연 차장은 기업 블로그가 잊지 말아야 할 점들에 대해서 지적해 주었다. 정희연 차장이 지적한 기업의 철학과 투명성은 기업 블로그를 지속가능하게 하는 힘이다. 기업의 철학과 투명성이 반영되는 기업 블로그로 운영 될 때에 고객은 자신의 진짜 모습을 보여줄 것이다.

LOG ON BRAND IDENTITY

🔍 CEO가 운영하는 기업 블로그_ 썬마이크로시스템즈의 CEO 조나단 슈워츠의 블로그

blogs.sun.com/jonathan
blogs.sun.com/jonathan/kr (한국어 블로그)

썬마이크로시스템즈(이하 '썬')의 CEO 조나단 슈워츠는 2004년 CEO로 부임하자마자 블로그를 개설하여 현재 영어, 중국어, 스페인어를 비롯해 한국어까지 11개 언어로 서비스를 제공하고 있다. 그의 블로그에서 회사 홍보용 보도자료는 인용글에 가끔 링크로 등장할 뿐이다. 만우절에는 썬이 배포한 모든 무료 소프트웨어를 돌려달라는 농담을 올리고, 부정적인 댓글에 신경을 쓰지 않기로 유명하며, 유일한 필터 역할을 하는 고문 변호사가 블로그 업데이트에 소홀하면 그에게 문자 메시지를 보낸다고 한다. 그가 이야기하는 방식 역시 고객을 친구로 만드는 방식이다. 회사의 주가가 하락을 하면, 블로그에 고객과 투자자를 안심시키고 루머들을 잠재우기 위해서 자신의 입장을 밝힌다. 그것도 CEO의 빛나는 테이블이 아닌 허술한 테이블에 앉아서 동영상으로 대충 찍어 올리는 것이다. 이런 모습을 본 블로거들은 썬의 비밀을 공유하게 되고, 그의 인간적인 면에 친근함을 느낀다. 이 블로그는 대외적으로는 썬이 투명하고 진정성 있으며 유쾌한 기업으로 이름을 알리는 역할을 하며, 내부적으로는 4,640명의 블로거가 있을 정도로 블로깅을 장려함으로써 임직원간의 수평적 의사소통을 가능하게 하는 역할을 하고 있다.

참고: midorisweb.com/189

정희연 정희연 차장은 LG전자 홍보팀에서 온라인 PR을 담당하고 있다. 블로그 '미도리의 온라인 브랜딩'을 운영하면서, PR 2.0, 미디어 2.0의 변화에 주목하고 있다. 최근에는 기업 블로그에 대한 정보를 공유하며 국내 환경에 맞는 기업 블로그의 방향성에 대해 블로거들과 많은 대화를 나누고 있다.

기업 블로그는 기업의 철학을 보여주는 곳

정희연 아쉬운 것은 기업 블로그를 대행사가 제안해서 시작하는 경우가 많다는 것입니다. 하지만 기업 블로그는 그 기업의 마인드와 철학을 반영하는 미디어예요. 그 기업의 마인드나 철학을 누가 대신해 줄 수는 없어요. 기업 블로그 중에서도 🔍CEO가 운영하는 기업 블로그🖊13가 굉장히 호평받고 중요하게 여겨지는 이유 중 하나가 CEO의 철학은 곧 기업의 철학이기 때문에 그의 글 하나하나가 기업의 입장을 대변하는 것입니다.

기업 블로그는 투명성이 전제되어야 하는 곳 ⊙33

정희연 최근 많은 기업들이 기업 블로그를 시작해야 할지 말아야 할지 지켜보고 있어요. 그런데 저희가 자신 있게 시작할 수 있었던 이유는 LG그룹 자체가 윤리성을 중요시하는 기업이기 때문이에요. 그래서 두려울 것이 별로 없었죠. 블로거 서포터를 모집하는데 블로거 한 분이 이런 이야기를 해 주시더군요. "LG가 윤리적으로 단점이 별로 없기 때문에 제가 이러한 서포터에 지원을 해도 부담이 없어요." 온라인은 투명하기 때문에 정직하지 않은 기업이 기업 블로그를 운영하면 어려움이 많을 거에요.

기업 블로그는 진짜 고객을 볼 수 있는 곳

정희연 블로그에서는 진짜 고객이 보여요. 기업의 블로그를 방문해서 글을 읽고, 댓글을 단다는 것은 기본적으로 그 브랜드에 관심이 있다는 것이고, 그때에 호의적인 브랜드 경험을 하게 되면 일반 방문객이라 할지라도 언젠가는 고객으로 바뀔 수 있습니다. 그리고 고객의 진짜 목소리를 들을 수 있는 곳이기도 해요. 저희 경영회의에서는 고객의 목소리를 듣기 위해서 고객상담센터에 들어온 불만사항을 공유하곤 하는데 그 역할을 조만간 저희 블로그의 댓글로도 할 예정입니다." **UB**

100 ON-BRANDING

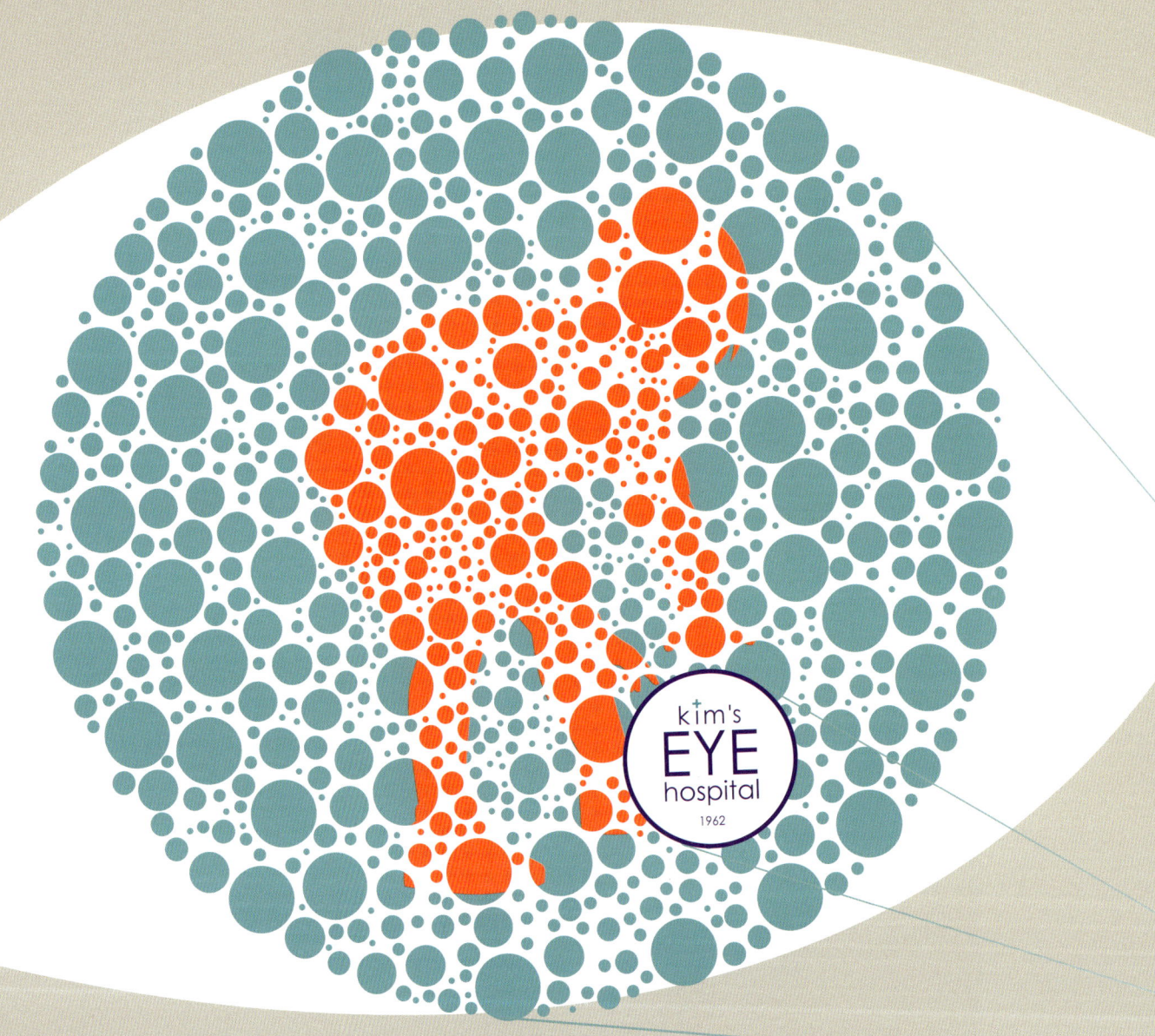

따뜻한 '관계의 안전지대'
Warmheart ON, 김안과 옆집아이

The interview with 김안과 병원장 김성주

적어도 한국사회에서의 병원에 대한 이미지는 '따뜻하다, 재미있다, 친근하다'보다는 '차갑다, 무섭다, 권위적이다'라고 하는 편에 무게가 더 실린다. 그런데 전자에 가까운 이미지를 블로그를 통해서 만들어가고 있는 병원이 있다. 김안과라는 안과병원이 운영하는 '옆집아이'라는 이름의 블로그가 그렇다. '한때는 테리우스'라는 닉네임의 원장님이 '건망증 선생님' '알프스 소년' 등의 의사 선생님과 '어깨장군' '사랑스런 응댕' 등의 간호사들, 그리고 '엽기민원'과 같은 행정직원과 함께 필진으로 활동하고 있다. 이곳은 컨텐츠 구성에 있어서도 쉽게 풀어 쓴 의료 상식에서부터 김안과의 재미있는 회식 이야기, 김안과 근처의 맛집 소개까지 다양하다. 김안과가 블로그를 통해서 성공적으로 'ON'하고 있는 이유는 '순수한 의도' '불안을 녹이는 정성' '가족 같은 편안함' '친구 같은 친근함' '기업 경영의 투명성' 등 기업 블로그에서 내내 강조한 모든 요소들이 '진정성'에 뿌리를 두고 구현되고 있기 때문이다.

blog.kimeye.com

김안과의 기업 블로그 *옆집아이는 온라인에서 관계의 안전지대를 구축하여 고객들을 만족시킨 결과 좋은 소문이 긍정적인 평판을 만들어내어, 목표한 브랜드 아이덴티티를 만들어 나가고 있다. 사람들에게 가장 안전한 관계의 지대는 아마도 가족일 것이다. 옆집아이에서 느껴지는 분위기도 가족적이다. 300명에 이르는 직원들이 의사, 간호사 할 것 없이 모두 서로의 일상을 공유하고 그 일상에 재치있는 글귀와 이미지를 실어 블로그에 포스팅을 하면 그것을 보러 온 방문자들은 흐뭇한 미소를 띄운 채 김안과의 잠재 고객이 된다.

옆집아이는 본능적으로 무엇이 블로그다운 블로그인지를 알고 그것이 브랜드 아이덴티티에 어떠한 영향을 미칠지에 대하여 직감적으로 느끼고 있는 기업 블로그였다. 따라서 옆집아이의 기업 블로깅 경험담은 기업 블로그를 시작하고자 하는 기업이 갖추어야 할 거의 모든 것에 관한 이야기가 될 것이다.

*옆집아이

블로그 주소	http://blog.kimeye.co.kr (본점) http://blog.yahoo.co.kr/cybereyedoc (분점)
개설일	2007년 12월 3일
필진	11명의 블로그 팀원 (의사, 간호사, 행정직원 등)
포스팅 수	331개 (2009년 6월 시점)
누적 방문자 수	81만 3천 명 (2009년 6월 시점, 본점) 93만 명 (2009년 6월 시점, 야후 분점)
컨셉 및 테마	• 김안과 사람들의 생각과 일상을 나누는 소셜 블로그 • 사람과 눈 : 병원을 배경으로 한 TV드라마처럼, 김안과 안·팎의 사람냄새 모락모락 피어나는 일상의 스토리
준비 과정	• 2007년 10월 블로그팀 구성 • 테스트 블로그 개설 • 블로깅 트레이닝 — 작문 기법 — 실제 글 작성 사례 연구 — 사진 포스팅 기법 — 눈길 끄는 작명 기법 — SEO, 트랙백 외 핵심 블로그 툴 기법

김안과에게 옆집아이는 단순한 기업 블로그 이상의 것을 의미한다는 느낌을 받았습니다. 현재 옆집아이는 김안과에게 어떤 의미를 갖나요?

김안과에서 옆집아이는 정말 옆집아이 같은 존재입니다. 병원에서 의사와 환자의 관계는 '2시간 대기 3분 진료'라고 말하죠. 제한된 시간 내에 제한된 대화가 이루어질 수밖에 없는 것은 저희 병원이라고해서 예외는 아닙니다. 옆집아이는 그 3분 동안에 다 하지 못한 이야기를 정말 옆집에 사는 아이에게 하듯이 편하게 나누는 공간입니다. 저희 병원의 이야기를 대신해주고, 환자들의 이야기도 대신 들어주는 아이죠. 옆집아이를 런칭하기 전에 3개월 정도 전문가들에게 조언을 얻고 기업 블로그를 운영하기 위한 교육을 받았습니다. 그때에 블로그 이름을 내부에서 공모했죠. 그때 나온 '옆집아이'라는 이름은 친근한 옆집아이처럼 기웃거리며 자꾸 돌아보고 싶고, 바라보면 입꼬리가 올라가며 흐뭇한 미소가 나오면 좋겠다는 저희의 기대를 만족시켜주는 이름이었습니다. 99%의 동의를 얻어서 정해졌죠. 그래서 옆집아이에서는 병원의 이야기가 아니라 눈eye과 사람에 관한 일상적인 이야기가 이루어져야 한다고 생각합니다. 김안과라는 병원 블로그이지만 김안과 자체에 대한 내용은 전혀 없습니다. 홍보의 수단으로 시작한 것은 분명하지만 사람 사는 이야기를 써 보자는 것이 옆집아이의 테마였기 때문이죠.

"옆집아이에서는 병원의 이야기가 아니라 눈eye과 사람에 관한 일상적인 이야기가 이루어져야 한다고 생각합니다."

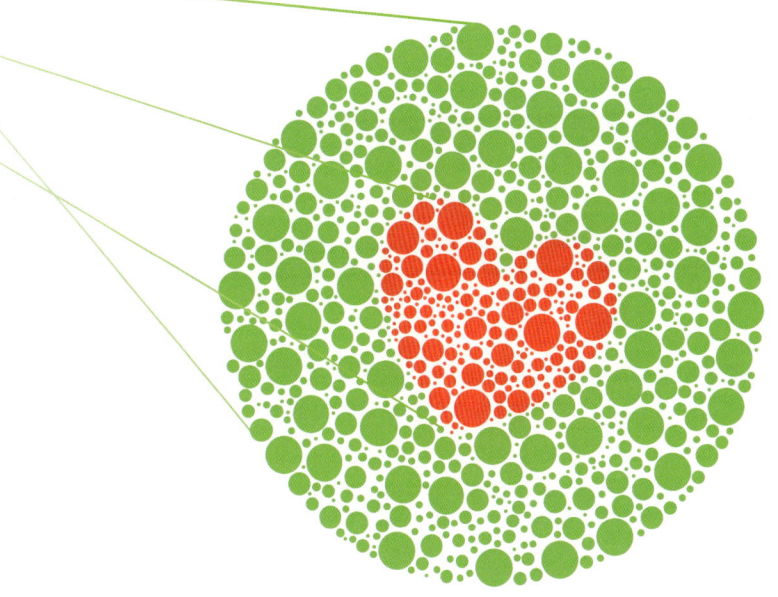

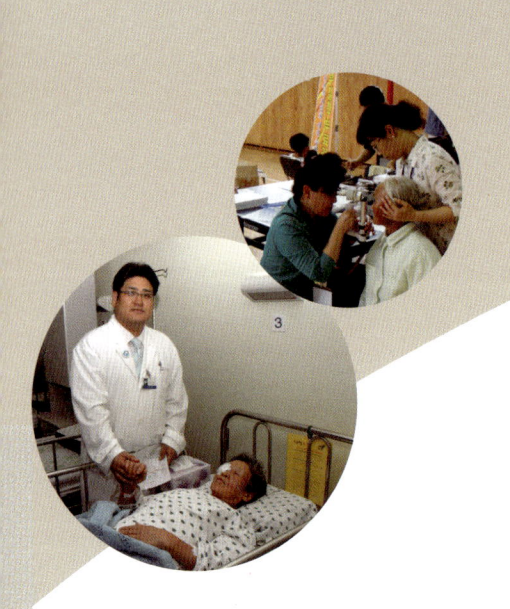

홍보의 수단이라기 보다는 사람 사는 이야기를 하겠다는 원칙을 지키는 것은 좋지만, 런칭 목적이 젊은층에 김안과를 알리는 것이었다고 알고 있습니다. 그런데 김안과를 알릴 수 있을 만한 내용을 배제하는 이유는 무엇인가요?
부모님 세대들은 김안과에 대해 잘 알고 계시죠. 하지만 20~30대들에게는 수많은 안과 병원 중 하나로 인식되고 있었습니다. 또한 영등포시장 가운데 위치해 있다 보니 이 또한 긍정적인 연상 이미지를 만들어내지 못했죠. 그래서 블로그를 통해서 젊은 사람들에게 김안과를 알리겠다는 목표는 확실했습니다. 결정 후에 다른 병원의 블로그를 비롯해서 기업에서 운영하는 블로그들을 살펴보았습니다. 그런데 제가 봐도 환자를 모으기 위한 도구로밖에는 사용되고 있지 않다는 것이 느껴졌습니다. 포스팅 되는 글도 주로 자신들의 병원은 무엇을 잘한다는 홍보성 글이나, 검색하면 찾을 수 있는 의료 상식, 혹은 논문자료, 보도자료 등이 무성의하게 나열되어 있었죠. 컨텐츠를 생산해 낸다고 보이는 경우는 드물었습니다. 그래서 그러한 방향은 절대 안 된다고 생각하고 방향을 달리 잡았습니다. 집필진도 반드시 의사일 필요는 없다고 생각했습니다. 김안과라는 병원의 일과를 공감하는 장으로 만들고 싶었습니다.

'김안과의 일상 이야기'를 하겠다는 컨셉이 정해진 후에는 어떠한 준비 과정이 있었나요?
필진을 구성해야 했죠. 하지만 필진 전원을 자발적 참여로 받았습니다. 누구에게도 참여를 강요하지 않고 순수하게 모집을 했죠. 참여한다고 해서 인센티브를 주는 것도 아니었습니다. 이것은 현재도 유지되고 있

"저희가 어떠한 아이덴티티를 정해 놓고 전달한다고 하더라도 블로그를 찾으신 분들이 그렇게 느끼지 않으면 소용이 없겠죠. 또한 여러 사람이 함께 만드는 블로그인 만큼 방향을 하나로 정해두려 하지 않았습니다."

는 원칙입니다. 애사심이 강한 사람들이 자신의 이야기를 써 주었으면 했습니다. 1년 정도 운영한 후에 몇 사람이 나가고 2차 블로그 팀이 구성되었습니다. 그러다 보니 새로운 카테고리가 생겨나면서 인원이나 컨텐츠가 자연스럽게 리뉴얼되었죠. 이렇게 능동적인 참여로 운영되다 보니, 관리적인 차원과 관계없이 자발적으로 굴러가는 블로그가 되었습니다.

현재의 옆집아이에서 느껴지는 김안과의 브랜드 아이덴티티는 사람에 비유하자면 '지적이지만 친근하고 위트있는 의사'로 다가옵니다. 실제로 김안과가 보여주고 싶은 브랜드 아이덴티티가 옆집아이를 통해서 잘 만들어지고 있다고 생각하시나요?
목표했던 젊은 사람들과 소통함으로써 그들에게 김안과의 진솔한 모습을 보이는 데는 어느 정도 성공했다고 봅니다. 그렇지만 옆집아이를 통해서 어떠한 브랜드 아이덴티티를 만들겠다라고 하는 생각은 크지 않습니다. 저희가 어떠한 아이덴티티를 정해 놓고 전달한다고 하더라도 블로그를 찾으신 분들이 그렇게 느끼지 않으면 소용이 없겠죠. 또한 여러 사람이 함께 만드는 블로그인 만큼 방향을 하나로 정해두려 하지 않았습니다.

단, 일관되게 유지하려고 하는 메시지가 하나 있다면 병원이 지독하고 나쁜 곳이 아니라, 병원도 사람 사는 곳이라는 것입니다. 옆집아이를 통해서 김안과 이야기도 전달하지만, 왜곡된 의료계도 대변할 수 있기를 바라고 있죠. 그래서 병원 이야기가 알고 싶으면 옆집아이에 가 보라는 말을 들었으면 합니다. 의사들이 얼마나 열심히 일하고, 환자들은 어떠한 고충을 겪고 있고, 저희가 그러한 고충을 얼마나 이해하고 있으며, 결과가 좋지 않을 경우에 얼마나 안타까워하는지를 블로그를 통해서 많이 알려졌으면 좋겠다는 생각입니다.

의도하신 대로 단지 정보를 전달하려고 하는 것이 아니라 감정과 의견이 담긴 컨텐츠를 포스팅 하려고 노력하시는 것 같습니다. 컨텐츠 운영 원칙이 따로 정해져 있나요?
특별한 원칙이 정해져 있다거나 하는 것은 없습니다. 하지만 개인적으로는 일주일에 하나의 포스팅을 하자는 저만의 원칙을 세우고 시작을 했습니다. 또한 너무 딱딱하지 않고, 쉽게 쓰려고 노력합니다. 가급적 중학교 2학년 수준을 넘지 않는, 누구라도 이해할 수 있는 포스팅을 하되 주로 저의 경험담을 토대로 이야기하려고 생각했죠. 그러다 보니 포스팅을 하나 하는데 서너 시간 정도가 걸립니다.

옆집아이에서 느껴지는 또 하나의 느낌은 따듯한 인간성, 그리고 정성스러움이었습니다. 하나의 글을 완성하는데 서너 시간이 걸렸기 때문에 그러한 정성을 느꼈다는 생각이 듭니다.
어려운 개념을 쉽게 풀어쓰려다 보니 그런 것 같습니다. 쉽게 표현하기 위해서 말투를 편하게 쓰는 것은 물론이고, 글에 맞는 그림으로 표현하기 위한 비주얼적인 부분에도 신경을 굉장히 많이 쓰고 있습니다. 때로는 적당한 이미지를 찾기 위해서 직접 촬영을 하기도 하고, 포토샵을 활용하기도 하고, 잘 찾을만한 직원에게 부탁하거나, 웹사이트를 밤새 뒤지기도 합니다. 하지만 꾸준히 그만한 시간을 빼서 포스팅을 한다는 것이 쉽지만은 않았습니다. 6개월을 하고 나니 '왜 시작을 했을까' 하는 회의에 빠질 정도로 에너지 소모가 많았고, 1년 정도가 되니 정체기가 오기도 했습니다. 하지만 이러한 정체기는 누구나 겪는 과정일 것 같습니다. 처음에는 신이 나서 하지만 시간이 지나면 아무래도 힘이 빠지기 마련이죠.

그럼에도 기업 블로그의 모범사례로 꼽히며 2년째 운영되고 있는데, 그 정체기는 어떻게 극복하셨나요?
억지로 무언가를 하려고 하지는 않았습니다. 그래서 한동안은 실제로 참여를 많이 안 했었죠. 그렇지만 처음부터 저절로 굴러갈 수 있는 구조가 만들어지다 보니 제가 조금 빠져도 운영이 되었던 것 같습니다. 그런데 옆집아이를 방문하실 거라 생각지도 못했던 분들이 "요즘은 왜 뜸하냐는 연락을 해 오셨고, 생각보다 많은 업계 관계자 분들이 보고 계신다는 생각에 일종의 책임감도 느낀 것 같습니다. 또한 아무 말 없이 "힘내세요"와 같은 댓글 한 마디가 많은 힘이 되어서 다시 돌아 왔습니다. 이런 과정을 겪으면서 블로그는 절대적으로 쌍방향 커뮤니케이션을 위한 것이라는 생각을 더욱 많이 하게 되었습니다. 아무리 바빠도 제가 포스팅한 글에 달린 댓글에는 "잘 봤습니다"라는 한 마디의 답글이라도 직접 달려고 노력하는 이유가 저도 그 한 마디에 힘을 많이 얻었기 때문입니다.

"일관되게 유지하려고 하는 메시지가 하나 있다면 병원이 지독하고 나쁜 곳이 아니라, 병원도 사람 사는 곳이라는 것입니다."

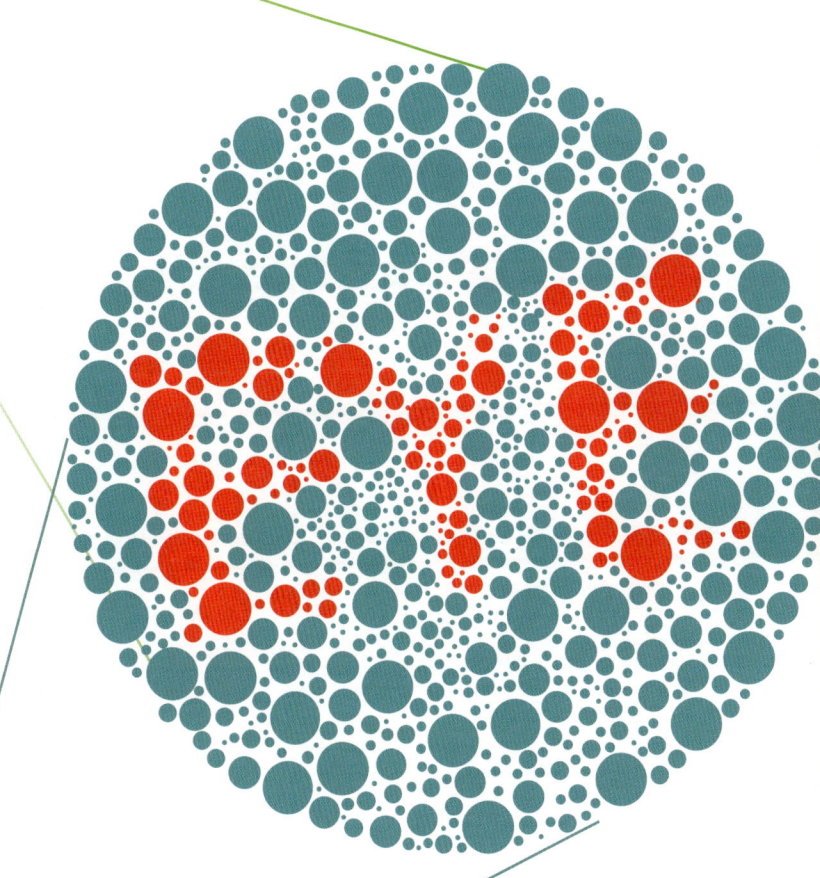

성공한 기업 블로그의 성공 법칙을 보면 "블로그는 판매보다 이야기를 나누는 곳"이라는 말을 합니다. 옆집아이도 판매보다는 이야기를 하는 공간인 것 같습니다.

그렇습니다. 저희 블로그의 슬로건과 너무 똑같네요. 여기는 상품을 파는 곳이 아닙니다. 때로는 라식 시술이 얼마냐는 문의가 댓글로 달리거나 이메일로 오기도 합니다. 그럼 저희는 "하하하, 그건 인근 안과에 가서 여쭈어보세요.^^"라고 답변하죠. 여기에서 또 하나의 운영 원칙이 숨어 있었네요. 그것은 "저의 병원으로 오세요"와 같은 말은 절대 하지 않는다는 것입니다. 그런 이야기를 할 것이었다면 광고를 했겠지만 굳이 그럴 필요는 없다고 생각했습니다. 그래서 그 원칙은 처음부터 지금까지 지켜나가려고 노력하고 있습니다. 옆집아이를 첫 페이지부터 마지막 페이지까지 살펴봐도 저희 병원으로 오거나, 저희 병원이 잘 한다는 이야기는 절대 없습니다.

자신감이 있기 때문에 가능한 운영 원칙이 아닐까요?

그렇습니다. 김안과는 대한민국 최고의 안과병원이자 동양최대의 안과병원, 그리고 세계와 견주어도 하나도 떨어지지 않는 인프라를 갖춘 병원이라고 자부합니다. 그래서 저희는 병원에서 이루어지는 모든 것에서 선도적인 역할을 해야 한다고 생각합니다. 병원의 홍보나 광고도 마찬가지죠. 그래서 신문 광고와 같은 선택은 없습니다. 제가 항상 이야기하는 것이 낯간지럽지만 정도正道를 걷는다는 것입니다. 병원은 병을 보는 곳이어야 합니다. 따라서 열심히 환자를 진료하다 보면 돈은 따라올 것이라는 생각입니다. 돈을 쫓았다면 라식 시술에 대한 홍보를 했을 것이고, 그랬다면 김안과는 대한민국에서 라식수술을 가장 많이 하는 병원이 되었을 것입니다. 그렇지만 그럴 생각이 없기 때문에 저희 병원에서 라식이 차지하는 비율은 5% 정도입니다. 가정 사정상 치료받기 곤란한 사람들을 돕고, 지방에 계셔서 수술을 받지 못하는 환자를 찾아가서 돕는 것이 정도를 걷는 것이라고 생각합니다.

"기업이 진정성이 없다면, 고객 역시 진정성을 보이지 않습니다. 하지만 무조건 솔직하기만 하다고 해서 좋은 것은 아닐 것입니다. 진솔한 대화를 하되, 포스팅한 글에 대해서는 책임을 질 수 있어야 합니다."

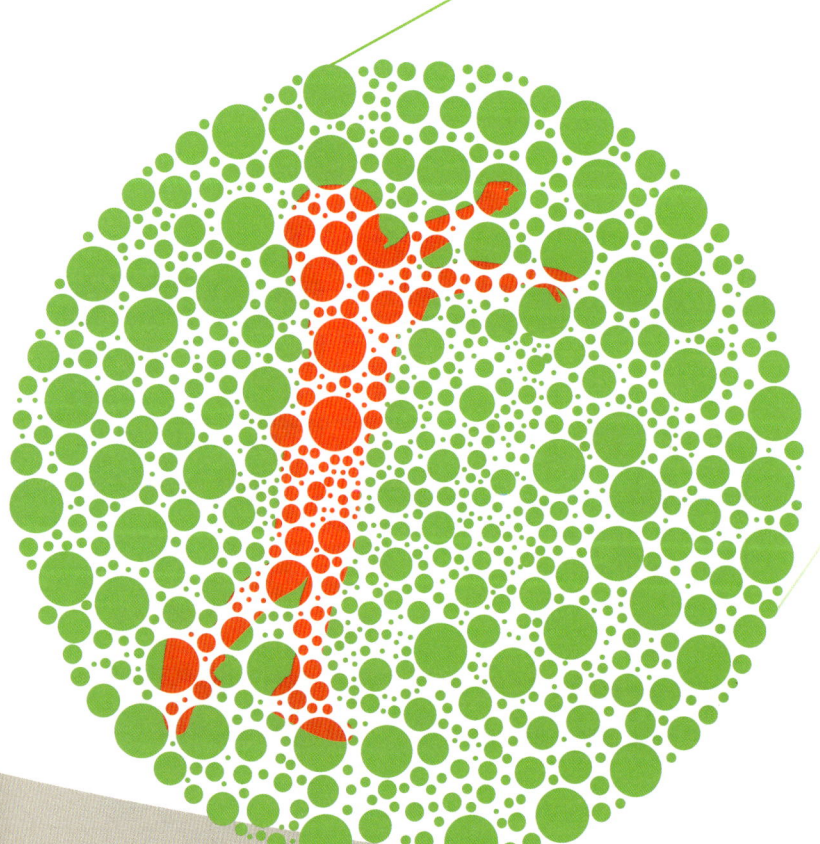

기업 블로그는 기업의 철학이 반영되는 곳이라고 합니다. 이러한 철학이 원칙에 반영되었기 때문에 진정성을 가진 블로그로 운영되고 있는 것 같습니다.

기업이 진정성이 없다면, 고객 역시 진정성을 보이지 않습니다. 하지만 무조건 솔직하기만 하다고 해서 좋은 것은 아닐 것입니다. 진솔한 대화를 하되, 포스팅한 글에 대해서는 책임을 질 수 있어야 합니다. 때로는 그 포스팅이 상상하지도 못했던 파급력을 만들어 내기도 한다는 것을 저는 경험했습니다. 작년에 안구 미백수술에 대한 포스팅으로 의학계에 이슈가 된 적이 있습니다. 제가 보기에는 안구 미백 수술이 안전하지 않다고 생각해서 이에 대한 포스팅을 했죠. 그 포스팅이 의학계를 발칵 뒤집어 놓았습니다. 옆집아이는 기존 의학계와 안구 미백술에 대한 안전 여부를 논하는 설전의 장이 되었고, 반론과 그 반론에 대한 반론이 오가면서 상처받는 말도 오갔죠. 기존 의학계는 이미 안구 미백술을 시술하고 있었기 때문에 저희는 단순히 의견을 이야기 한다고 생각했는데 상대의 입장에서는 화가 날 만한 것이었습니다. 결국은 대한안과학회, 안과의사회에서 '안구 미백 시술은 안 된다'라는 결론이 내려지는 것으로 논란은 잠재워졌습니다.

그때 '아주 작은 블로그 하나가 세상을 바꿀 수 있겠구나' 하는 생각이 들었습니다. 그래서 블로그가 장난삼아 글을 쓸 정도로 쉽게 접근을 해서는 안 된다는 것도 알게 되었죠. 진실이 없는, 진심이 없는 글은 누군가에게 커다란 피해를 입힐 수도 있습니다. 결국은 솔직한 글, 자신의 경험과 관련된 글이 가장 성공적인 블로그로 가는 길이 아닐까 하는 생각도 하게 되었습니다.

김안과 ON 옆집아이

김안과는 옆집아이에서 ON되어 있다. 병원이 문을 닫는 날에도, 의사와 간호사들이 퇴근을 한 후에도, 폭우가 쏟아져서 병원에 갈 수 없을 때에도 고객들은 김안과 대신 찾아갈 수 있는 옆집아이가 있기 때문이다. 그곳에서는 안구건조증이 왜 생기며, 컬러렌즈가 눈에 어떠한 영향을 주는지 물어보고 답변을 구할 수도 있다. 그리고 그 이야기를 개인 블로그로 가져가 원본에 대한 하이퍼링크를 달아 놓음으로써 지인들과 정보를 공유하고 그들에게 옆집아이의 존재를 알린다. 또한 옆집아이에서 느낀 가족적인 분위기와 재미있는 글과 사진에 대해서 메신저로 지인들과 대화하며 김안과를 자연스럽게 홍보한다. 알고 보니 김안과가 부모님 세대에서는 꽤 유명한 대한민국 최고의 안과병원인데 그곳에서 운영하는 옆집아이는 꽤 유익하고 재미있다는 이야기를 주고 받으면서 말이다. 그러다 누군가가 눈에 이상이 있다거나 라식수술을 하고 싶다고 하면 김안과를 추천할 것이다. 왜냐하면, 옆집아이에서 느껴진 김안과는 믿을만하기 때문이다. 이것이 김안과가 옆집아이와 함께 ON하는 방법이다.

김성주 연세대학교 원주의과대학을 졸업하고 인하대학교에서 의학사 석사와 박사학위를 받았다. 안성의료원, 연세대학교 안과병원, UCLA USA를 거쳐 연세대학교 의학대학 안과 조교수를 지낸 후, 현 대한안과협회 홍보이사, 건양의대재단 김안과병원 원장으로 재직중이다.

이렇게 김안과는 옆집아이 안에서 늘 살아있지만 옆집아이 역시 김안과 덕분에 꺼지지 않고 늘 켜져있는 블로그가 된다. 개설만 해 놓고 운영에 있어서는 미흡한 기업 블로그가 상당수다. 하지만 김성주 원장의 말대로 "이제 옆집아이는 저절로 자라나는 아이, 즉 자생력을 갖춘 아이"가 되었다. 그것은 '필진은 애사심이 있는 자원자에 한 한다' '상업적인 목적의 글은 그 어떠한 것도 허용하지 않는다' '중학교 2학년 정도의 수준이면 누구나 이해할 수 있는 쉽고 재미있는 컨텐츠로 구성한다' '김안과와 눈에 대한 이야기라면 어떤 이야기든 좋다'라는 명확한 원칙이 있었기 때문이다.

이러한 원칙을 지지하고 있는 뿌리는 바로 '정도를 걷겠다'는 김안과의 철학에서 출발한다. 이러한 철학이 옆집아이 곳곳에서 녹아 들어 옆집아이를 찾은 고객들은 '진정성'이라는 단어를 떠올리게 된다. "안전한 의료 상식을 전달함으로써 '환자의 병을 돌보는 병원'이라는 제 역할을 다하는 병원으로서의 정도를 걷겠다"고 '말'하지 않아도, 서너 시간 동안 쓰여진 하나의 글에서 독자들은 그 마음을 느끼기 때문이다. 바로 불안을 녹이는 정성이 김안과의 진정성을 증명한다. 진정성을 ON의 도구로 활용한 옆집아이는 김안과에게도 그렇지만, 고객들에게도 옆집아이와 같은 존재가 되었다. 옆집아이는 병원 브랜드 하나가 블로그를 진정성 있게 활용하였을 때 얻을 수 있는 최상의 결과를 보여주는 표본이 된 것이다. UB

참조 인터넷 미디어 리서치 & 코리안 클릭 (2009년 6월)

73.7
1인 월간 평균 방문 웹사이트 개수

25–29세 : 104.9개

30–34세 : 97개

35–39세 : 83개

19–24세 : 80.3개

OFF
LINE
BRAND
ON
BRANDING

'ON'은 온라인의 ON이 아니라, 영속의 'ON'이다

오프라인 브랜드의 ON-BRANDING

"The Death of a Pop Music Icon"은 2009년 6월 26일자, 인터넷 월스트리트 저널의 헤드라인 기사였다. CNN은 정규방송을 중단하고, 마이클 잭슨 사망에 대한 긴급 속보를 전했다. 각 포털사이트 및 검색엔진 뉴스 기사의 첫 번째 리스트 역시 이에 관한 기사로 도배되었다. 이 시점에서 세계적인 스타, 마이클 잭슨의 사망에 대한 세계 언론의 관심을 말하려는 것은 아니다. 주요 언론사의 관심만큼이나 인터넷을 달군 것은 인터넷 유저들의 반응이었다.

마이클 잭슨 사망 시, 야후 뉴스 방문자 수 1천 640만 명 기록
AOL 메신저, 마이클 사망 속보 이후 40분간 서비스 다운
마이클 잭슨 관련 트위터 메시지, 1분에 5천 개 이상 업데이트
24시간 동안 전체 트위터 전송 내용의 16%가 마이클 잭슨 관련 내용

여기서 생각해봐야 할 것은 온라인 공간에서 이루어지는 사람들의 커뮤니케이션이다. 온라인 유저들이 반응하는 것은 비단 유명 팝가수에 관해서만은 아니다. 새로 구입한 옷, 오늘 본 영화 혹은 부암동 골목길에 있는 어느 작은 카페에 대해서도 소비자들은 자신의 의견을 온라인에서 피력한다. 마이클 잭슨이나 카페주인과 같은 당사자들이 온라인에서 의도적인 홍보활동 혹은 마케팅을 하지 않아도 사람들은 끊임없이 정보와 의견을 공유한다. 사람이든 브랜드든 온라인 상에서의 소비자의 평가와 의견으로 인해 브랜드 아이덴티티가 구축되고 있다. 이것이 바로 오프라인 태생 기업이 온브랜딩을 주목해야 하는 이유다.

오프라인 태생 기업의 온브랜딩

오프라인에서 브랜드 가치를 발하는 100년 이상의 역사를 가진 코카콜라의 온브랜딩 비법은 무엇일까? 매년 미국의 400만 명 이상의 신생아 엄마 가운데 70%가 방문한다는 존슨앤존슨 본사 온라인 커뮤니티인, BabyCenter.com의 온커뮤니케이션ON-Commucaction 비결을 알고 있는가? 홍보한다는 오명을 쓰기 쉬운 기업의 온라인 커뮤니티에서 소비자를 온브랜딩하도록 동기부여시킨 필립스와 베네피트의 노하우는 무엇일까? '기업의 관여는 필요 없어!'라고 외치듯 고객 스스로 온브랜딩하고 있는 10만 명 이상의 회원 가운데 상당수가 마니아인 nikemania.com의 온브랜딩의 정체는 무엇일까? 지금까지의 질문에 막힘 없이 대답하고 실행하고 있는 브랜드가 있다면, 미처 알아보지 못한 것에 대해 미안함을 전한다. 그러나 만약 이 가운데 하나라도 대답하지 못하거나 온라인에서 자사의 활동에 대한 확신이 없다면, 다시 한 번 자사의 온브랜딩을 돌아볼 필요가 있다.

앞으로 전개될 코카콜라, 존슨앤존슨, 필립스와 베네피트 그리고 나이키는 오프라인에서 시작한 브랜드다. 이들 사례를 보면 그들이 무엇을 고려하였기에 온브랜딩에 성공했는지를 알 수 있을 것이다.

> **온라인에서 커뮤니케이션을 하기 전에 확실한 브랜드 아이덴티티를 구축했고, 소비자에 의해서 온브랜딩이 완성된다는 사실을 인지하고, 진정성이 묻어나는 일관된 커뮤니케이션을 한다는 점이다.**

그 하나는 명확한 브랜드 아이덴티티 구축이다. 이는 100년 이상의 역사를 쌓아온 코카콜라가 온브랜딩에 성공한 이유다. 만약 오프라인에서 브랜드 아이덴티티가 확고하지 않다면, 온라인 커뮤니케이션을 하기 전에 이를 재정비해야 한다. 그 이유는 명확한 브랜드 아이덴티티는 자신감으로 이어지고, 이 자신감은 소비자로부터 얻기 때문이다. 필립스와 베네피트의 온라인 커뮤니티는 기업이 시작하여 운영하고 있음에도 불구하고 이를 온브랜딩시킬 수 있었던 것은 소비자로부터 얻은 브랜드에 대한 자신감 때문이었다. 그리고 멈추지 않고 'ON'될 수 있는 커뮤니케이션 주제에 대해 고민한다면, 제품과 관련된 것 이상의, 즉 소비자가 관심을 가질 만한 폭넓은 주제로 이야기하는 것이 좋다. 존슨앤존슨은 제품의 강점이 아닌 아이를 가진 혹은 예비엄마들의 관심사에 관해 커뮤니케이션했다. 이것이 온커뮤니케이션으로 이어졌고, 온브랜딩하는 온라인 커뮤니티를 만들 수 있었다. 마지막으로 한 가지를 더 꼽자면, 마니아다. 자사 브랜드의 마니아가 있다면 온브랜딩을 하는데 유리한 위치를 선점할 수 있다. 왜냐하면 그들은 스스로 온브랜딩하기 때문이다. 이러한 사례가 바로 나이키다.

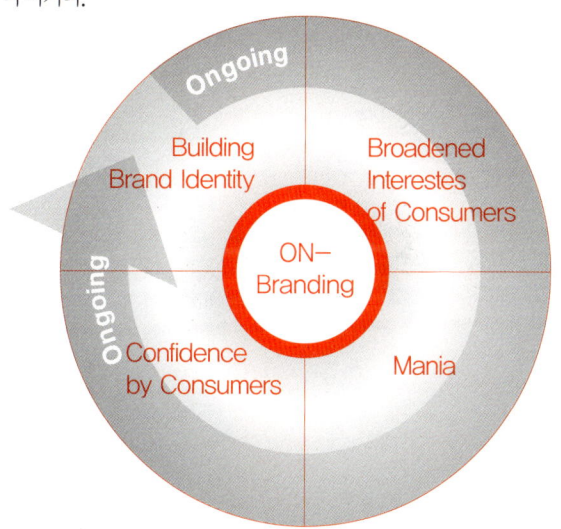

〈표 1〉 오프라인 태생 브랜드의 온브랜딩 성공 키워드

〈표 1〉은 앞으로 소개될 오프라인 태생의 브랜드가 온브랜딩되는 키워드를 도표화시킨 것이다. 브랜드 아이덴티티 구축(Building Brand Identity)은 코카콜라, 확장된 관심사(Broadened Interests of Consumers)는 존슨앤존슨, 소비자에 의한 자신감(Confidence by Consumers)은 필립스와 베네피트의 기업 온라인 커뮤니티, 마니아(Mania)는 나이키다. 이들의 성공적인 온브랜딩은 각자의 강점 외에도 공통점이 있다. 온라인에서 커뮤니케이션을 하기 전에 확실한 브랜드 아이덴티티를 구축했고, 소비자에 의해서 온브랜딩이 완성된다는 사실을 인지하고, 진정성이 묻어나는 일관된 커뮤니케이션을 한다는 점이다. 마지막으로 영속하는 유기체가 되기 위해 소통을 멈추지 않는다는 단순하면서도 실천하기 쉽지 않은 진리 역시 만족시키고 있다. UB

오프라인에서 기본을 쌓고, 온라인에서는 응용하라
명확한 프레임이 ON-Branding의 출발, 코카콜라

The interview with **코카콜라코리아 마케팅팀 브랜드매니저 이지연**
인터랙티브 마케팅팀 차장 강은경
코카콜라 마니아 이희성

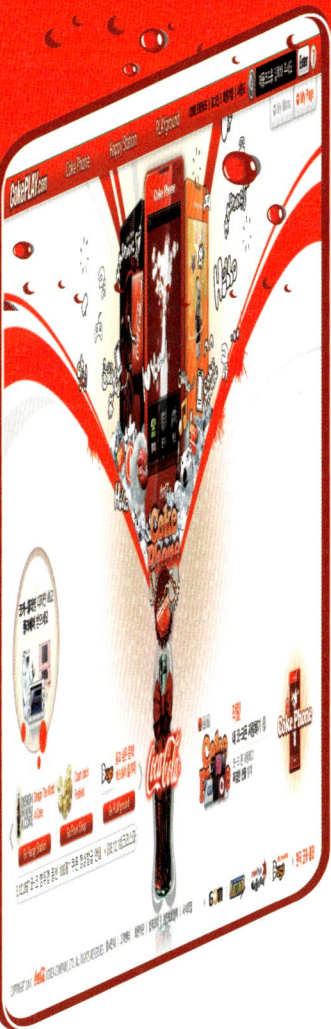

"어떤 프레임으로 세상을 접근하느냐에 따라 우리가 삶으로부터 얻어내는 결과물들은 결정적으로 달라진다. 우리가 프레임을 알아야 하는 이유가 바로 여기에 있다." 《프레임》의 저자인 서울대학교 심리학과 최인철 교수의 말이다. 브랜드도 같은 원리다. 브랜드 관점에서 프레임은 아이덴티티를 의미한다. 즉, 자사의 브랜드를 어떠한 프레임으로 바라보느냐에 따라 브랜딩 전략이 달라지며, 그 프레임이 분명할수록 소비자와의 커뮤니케이션에 오해가 없다. 이처럼 명확한 프레임으로 오프라인에서뿐만 아니라 온라인에서도 성공적으로 커뮤니케이션한 브랜드가 바로 코카콜라다. 이러한 확고한 브랜드 아이덴티티가 코카콜라의 온브랜딩을 가능하게 했다. 명확하고 일관성있는 브랜드 아이덴티티는, 소비자가 그 프레임으로 브랜드를 바라보게 하고 이것이 온브랜딩의 출발점임을 코카콜라는 잊지 않았다.

www.cokeplay.com

OFFLINE BRAND ON-BRANDING 111

오프라인에서 시작한 기업이 온브랜딩을 하려고 할 때, 'Back to Basic Branding' 즉, 기본으로 돌아가서 자사의 브랜드 아이덴티티가 제대로 구축되어 있는지부터 생각해야 봐야 한다.

활황하는 시장, 온라인

글로벌 불황으로 2009년의 미국 광고계 분위기는 밝지 않다. 2009년 7월 6일자, 미국 AP 통신에 따르면, 이번 2009년도 광고시장의 동향은 신문이 약 20%(352억 달러 책정), TV는 8%(533억 달러 책정), 라디오는 14.4%(165억 달러 책정)정도 광고 예산이 감소할 것으로 예상하였다. 반면 인터넷 광고는 12.6%(220 억 달러 책정) 증가할 것이라고 보도했다. 이는 광고에만 국한되지 않는다. 미국 시장조사기관인 포레스트 리서치 Forrest Research에서 조사한 결과에 따르면, 미국 기업들이 2004년에 디지털 마케팅에 지출한 금액은 119억 6천 2백만 달러, 2010년도는 264억 9천만 달러로 약 3%의 성장세를 예상했다. 이러한 온라인 광고 및 마케팅 증가 추세는 온브랜딩에 있어서 유의미한 결과다. 왜냐하면 비록 불황이라는 이유로 온라인 마케팅을 선호한다는 분석도 있지만, 기업들이 점차 소비자들이 오프라인보다 온라인에서 더 많은 활동을 하고 있음을 인지하고 있다는 것이다. 이는 소비자가 광고를 통해 브랜드를 접하는 것보다 블로깅, 커뮤니티 활동, 메신저 대화와 같은 온라인 활동들을 통해 브랜드에 얼마나 큰 영향력을 미치고 있는지를 깨닫고 있다는 증거다.

100년 온브랜딩의 1단계, 명확한 브랜드 아이덴티티

여기서 기업이 주목해야 할 사항은 소비자의 온라인 활동이 '브랜드 아이덴티티가 구축'되는데 큰 영향력을 행사한다는 것이다. 그래서 특히 오프라인에서 시작한 기업이 온브랜딩을 하려고 할 때, 'Back to Basic Branding' 즉, 기본으로 돌아가서 자사의 브랜드 아이덴티티가 제대로 구축되어 있는지부터 생각해야 봐야 한다. 다시 말해, 온브랜딩의 기본은 브랜드 아이덴티티 구축에서부터 시작된다. 기본으로 돌아가는 것, 어쩌면 지루하고 시시한 말처럼 들린다. 마치 수학 시험이 임박해 오는 시점에, 공식이 나오는 원리를 이해해야 한다는 답답한 소리일 수 있다. 물론 문제를 많이 풀면 도움은 된다. 하지만 공식의 기본 원리를 이해하지 못한 상태에서 응용 문제를 풀면, 난항을 겪게 된다. 왜냐하면 응용 문제는 단순히 기계적인 패턴의 반복을 통해서가 아닌 생각의 깊이를 통해 답을 도출할 수 있기 때문이다. 온라인은 오프라인의 응용 영역이다. 따라서 오프라인의 것을 온라인에서 응용하기 위해서는 브랜드 아이덴티티부터 점검해야 한다.

명확한 브랜드 아이덴티티, 코카콜라

이러한 기본의 중요성을 알고 명확한 브랜드 아이덴티티로 116년 동안 소비자의 러브마크를 새겨온 브랜드, 코카콜라가 있다. 매년 글로벌 브랜드컨설팅 그룹, 인터브랜드가 발표하는 '글로벌 브랜드 BEST'에서 코카콜라는 2008년까지 연속 8년째 브랜드 가치 1위를 굳건히 지키고 있다. 코카콜라가 브랜드 아이덴티티를 그 어느 브랜드보다 확고히 지키고 있다는 객관적인 증거다. 이 모든 것이 가능했던 것은 기본을 지키며 교과서대로 착실히 브랜딩을 해온 결과였다. 창의적이지만, 정도定道를 걷는 브랜드이며, 이것은 온브랜딩에서 빛을 발한다.

코카콜라코리아 이지연 브랜드 매니저는 "코카콜라는 이성보다는 감성, 곧 마음에 가까운 브랜드입니다. Optimism을 바탕으로 '젊음, 클래식, 혁신, 다이나믹'이라는 요소가 모두 연결되어 있죠. 이것이 모두 모여 ⊕Optimism이라는 코카콜라의 브랜드 아이덴티티를 강화하는 것입니다"라고 말하면서, 코카콜라))) 브랜드 아이덴티티의 확고함을 강조했다. 이처럼 명확한 코카콜라의 브랜드 아이덴티티가 바로 온브랜딩이 성공할 수 있었던 시작이었다.

⊕ **코카콜라의 브랜드 아이덴티티, 'OPTIMISM'**

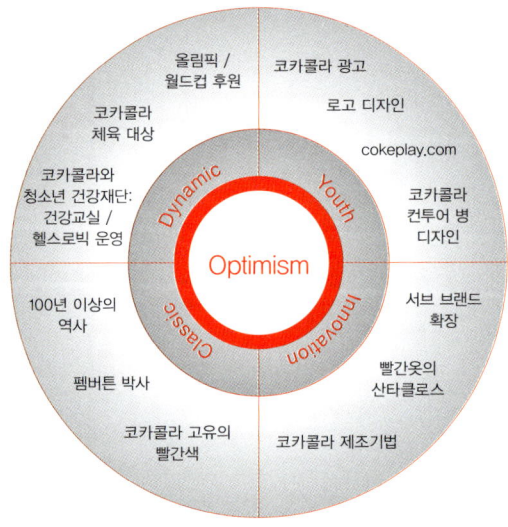

〈표 1〉 코카콜라 브랜드 아이덴티티 휠

코카콜라의 브랜드 아이덴티티의 핵심은 옵티미즘optimism, 즉 긍정주의이다. 이러한 코카콜라의 브랜드 아이덴티티인 optimism은, 그들이 제시하는 슬로건으로 이어진다. 슬로건의 변천사를 보면 다음과 같다.

"코카콜라 함께 가요(1939)" "코카콜라와 함께 웃어요(1979)" "언제나 코카콜라(1993)" "즐겨요. 코카콜라(2000)" "사는 맛을 느껴요(2001)" "생각을 멈추고 느껴봐(2003)" "코카콜라 세상에 오신 것을 환영합니다.(2006)" "행복을 여세요(2009)"
이러한 브랜드 슬로건은 소비자에게 optimism이라는 큰 주제 아래에서 일관된 메시지를 전달한다. 브랜드 일관성의 중요성에 대해서 《브랜드 매니지먼트》의 저자, 케빈 켈러는 "50년 내지 100년 동안 시장 선두를 지켜온 브랜드들을 포지셔닝의 질적 측면에서 대략적으로 살펴보면, 일관성 유지에 따른 이익에 대한 확실한 증거를 얻을 수 있다. 버드와이저, 코카콜라, 허쉬와 같은 브랜드들은 일단 독보적인 시장에서 선두 위치를 차지한 이후에는 놀라울 정도로 일관성있는 전략을 유지해오고 있다"라고 말했다.
요약하자면, 명확한 브랜드 아이덴티티는 브랜드 전략과 활동에 있어서 뿌리와 같은 역할을 하며, 이것은 온브랜딩을 흔들리지 않은 원칙 하에 오랫동안 브랜드를 유지시키는 원동력이다.

))) **브랜드 아이덴티티의 확고함**
이지연 코카콜라의 모든 캠페인의 근간에는 브랜드 아이덴티티가 있습니다. 사람도의 성격도 여러 가지가 모두 섞여 있잖아요. 어떤 사람의 성격이 정확성을 추구하는 측면이 강하다고 해도 그 외에 다른 측면의 성격들도 있듯이 브랜드도 마찬가지입니다. 브랜드는 커뮤니케이션이나 캠페인을 할 때, 브랜드 아이덴티티를 중심으로 이를 뒷받침하는 다양한 요소가 있습니다. 그래서 상황에 따라 이 가운데 어떠한 부분이 부각되느냐에 따라 다른 것이죠. 그래서 다이나믹한 부분을 더 이끌어낼 때가 있고, 젊음의 코드를 더 부각시킬 때가 있습니다. 이처럼 때마다 강도의 변화가 있을 뿐이지, 근간에 있는 브랜드 아이덴티티를 흔드는 것은 아닙니다.

OFFLINE BRAND ON-BRANDING 113

통합되고 일관된 커뮤니케이션을 위한 조직적인 노력

코카콜라가 일관된 브랜드 아이덴티티를 가질 수 있었던 이유는 브랜드의 통합 커뮤니케이션때문이다. IMC가 더는 신선하지 않게 받아들여진 지가 오래지만, 항상 '실행하고 있는가'에 대한 질문에 자신있는 회사는 많지 않다. 이에 대해 이지연 브랜드 매니저는 다음과 같이 말했다. "IMC 미팅이라고 해서, 브랜드팀에서 먼저 브랜드 코어 아이디어 메시지를 개발하여 브리핑하면 각 팀에서 그와 연결된 아이디어를 내고 한 자리에서 그에 대한 의견을 나눕니다. 이는 브랜드가 가고자 하는 브랜드 아이덴티티 혹은 메시지와 다르게 가지 않기 위해서입니다. 또한 캠페인의 성향에 따라, 이에 적합한 캠페인을 진행하는데, 주요 메시지에 따라 온라인으로 진행하는 것이 더 효과적인 캠페인이 있습니다. 캠페인이 도달하고자 하는 핵심 목적과 목표가 무엇인지를 결정한 이후에 이를 가장 효과적으로 달성할 수 있는 매체가 중심이 되어 커뮤니케이션합니다. 중심 매체의 핵심 아이디어가 전체 커뮤니케이션의 핵심 아이디어가 되죠. 이로 인해 보이스에 일관성과 힘이 생깁니다." 이처럼 코카콜라 온브랜딩의 성공 배경에는 브랜드 아이덴티티를 일관성있게 커뮤니케이션하고, 유지하려는 조직의 노력이 있었다.

Cokeplay.com의 온브랜딩

1. 온브랜딩의 시작, Cokeplay.com

코카콜라의 온브랜딩을 조사하고 인터뷰하면서 놀라웠던 것은 글로벌 브랜드인 코카콜라가 온라인 브랜딩을 결심한 최초의 지역이 한국이었다는 점이다. 코카콜라코리아가 온라인 브랜딩에 관심을 갖게 된 계기는 브랜드 소비자 조사를 통해 코어타깃인 12~29세가 생각하는 코카콜라는 더 이상 '젊음'을 상징하는 브랜드로 인식되지 않는다는 것을 알았기 때문이다. 이러한 인식을 바꾸고자 타깃층에게 가장 쉽고 가깝게 소구될 수 있는 매체가 온라인이라고 생각하고 2003년, 코카콜라코리아는 자체적으로 e-마케팅팀을 런칭했다. 이곳에서 *Cokeplay.com이 탄생했고 성공적이었다. 그러나 성공 이전에 실패 아닌 실패도 있었다. 2003년에 코카콜라코리아는 체리코크라는 신제품 런칭 광고를 Daum과 제휴하여 온라인에서만 5억 원이라는 당시로서는 큰 액수의 예산으로 집행했다. 3개월이라는 집행기간 동안 20%라는 고무적인 브랜드 인지도의 상승이 있었지만, 진정한 의미에서 온브랜딩은 아니었다. 장기적인 관점에서 진행되지 않았기 때문이다. 코카콜라는 고객과 좀 더 활발히 인터렉션이 일어날 수 있는 장기적인 시각에서의 온라인 브랜딩을 진행하고자 했고, 지금의 Cokeplay.com이 있을 수 있었다.

*Cokeplay.com
2004년 런칭 당시 Cokeplay.com은 4월부터 10월까지만 진행하는 프로모션 사이트로 기획되었다. Cokeplay.com의 목적은 코카콜라를 젊은 이미지로 전환하면서 코어 타깃층(12~29세)과의 관계를 재구축하는 것이었다. 코카콜라를 구입한 후 제품코드번호를 입력하면 Cokeplay.com에서 무료로 리니지2 보드게임을 할 수 있고, 음악을 다운받는 등 즐거운 경험을 할 수 있었다. 이는 코카콜라의 짜릿하고 시원한 제품의 직접적인 느낌을, 게임과 음악이라는 브랜드화된 경험으로 전환시킨 것이다. 이러한 노력으로 실제로 타깃층의 70%가 이웹사이트를 방문했고 4월에서 10월까지만 진행하는 단기 프로모션 아닌 장기적인 브랜딩 관점의 마이크로사이트로 전환되는 계기가 되었다.

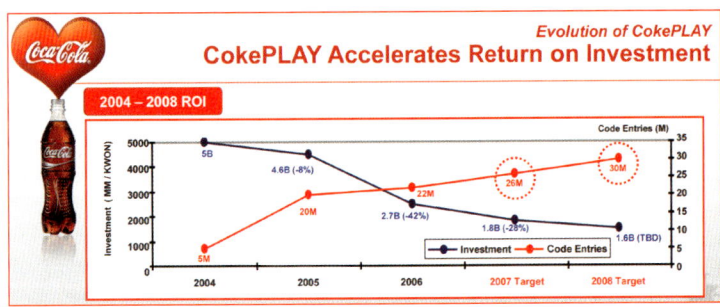

〈표 2〉 CokePLAY의 ROI   출처: 코카콜라코리아 제공

〈표 3〉 2004~2007년까지 CokePLAY의 전략변천사   출처: 코카콜라코리아 제공

다른 프로모션 사이트에 비해서 장기간에 걸쳐 진행된 Cokeplay.com이 10월 즈음에 보유하고 있었던 유저는 약 300만 명. 프로모션이 끝날 무렵 코카콜라코리아는 자사의 웹사이트를 방문한 유저와의 관계를 버리는 것이 옳지 않다고 판단했다. 그런데 Cokeplay.com이 끝날 무렵 실시한 조사에서 코카콜라를 좋아하지 않지만, 게임과 음악 등의 무료 서비스 때문에 방문했다는 답변이 많았다. 그럼에도 불구하고 코카콜라는 자사의 웹사이트를 방문한 유저들과의 관계를 지속적으로 유지하고자 했다. 오히려 유저들이 Cokeplay.com을 게이트웨이가 아닌, 코카콜라가 전하는 메시지를 이해하고 충성도를 높이는 웹사이트가 되도록 해마다 메시지를 강화하는 전략을 세웠다. 그리하여 Cokeplay.com은 단순한 온라인 마케팅으로 그치지 않고, 온브랜딩을 할 수 있었다.

2. 재무적인 성공으로 인한 온브랜딩의 역수출

보통 오프라인 기업이 온브랜딩을 할 때 우려하는 점은 ROI가 그만큼 나올 것인가이다. 그러나 Cokeplay.com의 ROI(Return On Investment)는 일반적인 시장의 우려를 잠식시켰다.

〈표 2〉에서 보듯이 2006년을 기점으로 Cokeplay.com의 ROI는 투자 대비 계속 증가하고 있다. 이러한 코카콜라코리아는 결과를 본사에 보고하였고, 이를 성공적인 사례로 판단한 코카콜라는 본사에 2006년, 인터렉티브 마케팅팀을 셋업했다. 그리고 글로벌 마이크로사이트인 mycokereward.com을 런칭했다. 이처럼 역수출이 가능했던 것은 Cokeplay.com이 단순히 인지도와 충성도만을 강조하는 '브랜딩을 위한 온라인 브랜딩'에 그치지 않고 코카콜라가 계속 살아있도록 하는 온브랜딩을 도왔기 때문이다. 몇십 억 원을 투자한 코카콜라 마케팅 활동에 비해 상대적으로 적은 투자 비용을 들인 CokePLAY가 소비자들의 평균 코카콜라 소비 지출을 높였다는 ROI 측면에서의 성공적인 결과가 있었기 때문에 가능했다. 이처럼 코카콜라의 온브랜딩은 재무적인 측면에서도 성공적이었고, 따라서 글로벌 시장으로 역수출 될 수 있었다.

Cokeplay.com의 ON-Going

〈표 3〉에서 보여지듯이 2005년도 Cokeplay.com의 주요 캠페인은 제2의 가수 '신화'를 뽑는다는 컨셉으로 베틀 신화 콘테스트를 Mnet과 제휴하여 소비자들의 춤실력을 보여줄 수 있는 동영상으로 올리도록 했다. 월드컵이 있었던 2006년은 CokePLAY 본래의 색깔을 유지하면서 오프라인 쪽에서 커뮤니케이션을 강화였다. 약 450만 명의 유저를 보유하게 된 2007년 캠페인은 웹페이지의 비주얼을 'Happiness in Bottle'이라는 컨셉으로 디자인하였다. 동시에 GomTV와 제휴하여 4개월간 유저들이 잘 볼만한 드라마 재방송, 버라이어티 방송 등을 코크 채널 안에서 진행하였다. 2007년이 CokePLAY에게 의미있었던 한 해였던 이유는 코카콜라 소비자의 참여가 있었기 때문이다. 코카콜라 마니아인 작곡가 이희성 씨는 자신이 작곡한 음원을 무료로 제공하였다. 그는 무료로 제공한 이유에 대해 다음과 같이 설명했다. "CokePLAY를 처음부터 관심있게 보아왔습니다. 그런데 웹사이트에서 코카콜라의 병 따는 소리만 나오는 게 허전한 느낌이 들었습니다. 이 점이 음악을 하는 사람으로서 Cokeplay.com에서 아쉬웠어요. 그래서 제가 생각하는 코카콜라와 CokePLAY의 이미지를 음악으로 작곡했던 거죠. 무엇을 바라고 했던 것이 아니어서 제가 누구인지도 말하지 않고 회사메일로 보냈죠. 마음에 들면 사용해달라고요." 이렇게 소비자에 의해서 CokePLAY만의 음악이 탄생하였다. 2007년에 이어 2008년에 진행했던 'Design The

OFFLINE BRAND ON-BRANDING **115**

World of Coke(DTWC)'는 코카콜라 병을 웹사이트에서 디자인하는 캠페인이었다. 이는 글로벌 규모로 진행되었다. 한국에서 만든 병이 총 비율의 60%를 차지할 만큼 국내 유저들의 반응이 뜨거웠다. 비록 온라인 안에서 구현되는 코카콜라 병 디자인이었지만, 소비자의 참여가 있었고, 그만큼 전 세계적인 규모로도 온브랜딩이 가능하다는 것을 보여준 사례였다.

이 점이 CokePLAY에서 아쉬웠어요

이희성 "온라인 사이트에 들어오는 고객들은 목이 말라서 코카콜라를 마시려고 오는 사람들이 아니잖아요. 분명, 코카콜라와 관련되면서도 이미지와 연관성이 높은 정보를 얻으러 들어온다고 생각해요. 초반에 게임을 통해서 CokePLAY의 유입 인구를 늘리는데는 성공했지만, 이제는 좀 더 다른 측면을 보여주어야 한다고 생각합니다. 사실 그 게임들은 CokePLAY에 가지 않아도 할 수 있잖아요. CokePLAY이 만이 보여줄 수 있는 전문적인 컨텐츠가 필요하다고 생각합니다."

코카콜라가 소비자와 Cokeplay.com에서 'ON'하려는 커뮤니케이션 방식은 일차원적으로 제품에서 느껴지는 경험(톡 쏘는 맛, 시원함 등)을 업그레이드시킨 브랜드화된 경험(게임, 음악, 제2의 가수 '신화' 선발 등)이었다. 즉, 코카콜라의 'ON'은 고객이 제품에 대해서 이야기하는 것, 그리고 Cokeplay.com에 대해 온라인 공간에서 평가하는 것도 포함되지만, 이보다는 자사가 제공하는 디지털 플랫폼인 Cokeplay.com에서 코카콜라의 브랜드 아이덴티티인 Optimism이 반영된 즐거운 경험을 커뮤니케이션하려고 했다. 이러한 이유로 2004년 이후에도 계속해서 진행한 캠페인들은 모두 코카콜라의 브랜드 아이덴티티를 강화시켰다. 그리고 매년 다른 버전으로 업그레이드하여 소비자들이 코카콜라를 'ON'시킬 수 있었다. 이것이 바로 코카콜라가 말하는 온브랜딩이다. 코카콜라의 온브랜딩은 여기에서 멈추지 않았다.

CokePhone으로 이어지는 온브랜딩

2009년은 Cokeplay.com이 변화의 폭이 큰 한 해였다. 우여곡절로 인해 시행의 어려움이 있었지만, 현재 약 100만 명이 코크폰 CokePhone을 설치했고 이 가운데 28%가 사용하고 있다. CokePhone은 초창기에 제품코드를 입력하여 사용하는 것으로 기획되었으나, 현재는 기획이 수정되었다. 무료로 사용할 수 있지만 CokePLAY에서 광고를 시청하거나, 이메일로 친구에게 전송, 퀴즈 풀기 등 CokePLAY와의 인터렉션을 통해 마일리지를 얻는 방식이다. CokePhone은 휴대폰 형태의 위젯으로, 실제 오프라인용 휴대폰 기능이 모두 있다. SMS, 전화, 모바일 게임, 음악, 동영상이 CokePhone에서 가능하다. 코카콜라코리아가 CokePhone을 기획한 이유는 현대인의 생활에 있어서 휴대폰이 필수품이기 때문에, 코카콜라를 'ON'하게 하는데 가장 유리한 속성을 갖고 있다고 판단했다.

초창기 CokePLAY부터 기획을 담당한 e-마케팅팀의 강은경 차장은 CokePhone의 온브랜딩에 대해서 다음과 같이 말했다. "CokePhone은 전술이 좋아서 단

> 코카콜라의 'ON'은 자사가 제공하는 디지털 플랫폼인 Cokeplay.com에서 코카콜라의 브랜드 아이덴티티인 Optimism이 반영된 즐거운 경험을 커뮤니케이션하려고 했다.

코카콜라의 브랜드 아이덴티티인 Optimism이라는 명확한 프레임을 제시하고 이를 지속적으로 잘 유지했다. 이것이 코카콜라가 온브랜딩으로 가는 문의 자물쇠를 열고, 소비자에 의해서 현재진행형이 될 수 있었던 열쇠다.

기간에 퍼졌어요. 게임을 업그레이드하거나 설치할 때 CokePhone의 설치여부를 물어서 소비자가 승낙을 하면 설치되도록 했으니까요. 하지만 이보다 더 중요한 것은 소비자들이 CokePhone을 지속적으로 사용하도록 해야 한다는 것입니다. CokPhone으로 모바일의 모든 기능을 무료로 사용할 수 있다는 것을 활발히 커뮤니케이션할 필요가 있는 것이죠. CokePhone이 소비자에 의해서 계속해서 살아있도록 하기 위해서 말입니다."

코크 마니아가 말하는 코카콜라의 온브랜딩

오프라인 태생의 브랜드가 온브랜딩에 성공하기 위해서는 기업의 노력이 우선시 돼야겠지만, 브랜드 메시지를 받아들이는 소비자가 온라인에서도 오프라인에서와 일관된 메시지로 이해하는 것이 중요하다. 즉 오프라인에서 듣고 보아왔던 브랜드의 메시지가 온라인에서도 계속 커뮤니케이션 되어야 35한다. 단, 오프라인에서의 경험을 온라인에 적합한 스타일로 바꾸어서 브랜드화시켜야 한다.

이희성씨는 코카콜라에 대한 애착과 관심이 높은 마니아였다. 그는 온라인에서 보여지는 코카콜라 브랜드 이미지를 'riding'이라는 단어로 표현했다. 'riding'이라는 단어가 의미하는 바는 스포츠의 역동성이 살아있는 느낌이며, 이것이 코카콜라의 짜릿하고 상쾌한 맛과 잘 어울린다는 것이다. 그가 말하는 'riding'은 코카콜라의 브랜드 아이덴티티인 Optimism의 구성 요소인 'dynamic'과 일치한다. 헤리 백위드는 그의 저서 《넥스트 마케팅》에서 "단순함과 명료함은 너무 많은 정보 속에서 복잡하게 살고 있는 사람들을 위로해주고 편안함을 느끼게 해준다. 또한 명료함은 안개를 헤치고 고객에게 자사의 가치를 전달한다"고 말하고 있다. 그의 말처럼 오프라인에서 보여지는 코카콜라의 명료한 브랜드 아이덴티티는 온라인에서도 투영되어 소비자에게 전달되었다. 코카콜라의 명백한 브랜드 아이덴티티는 커뮤니케이션을 심플하게 했으며, 이로써 소비자는 코카콜라의 메시지를 온라인에서도 정확히 이해하고 있었다. 코카콜라에 오랜 충성도와 애착을 갖고 있는 이희성씨는 코카콜라 브랜드의 '온브랜딩'의 장단점에 대해서 솔직히 이야기했다.

이희성 저는 정말로 코카콜라를 좋아합니다. 사실 다른 브랜드의 마이크로사이트도 가 보지만 CokePLAY만큼 잘하는 곳이 많지 않습니다. 그러나 아쉬운 점도 있어요. 코카콜라는 100년 이상의 역사를 가진 브랜드입니다. 그래서 '젊음'이라는 코드가 있지만 동시에 '클래식'하다는 점을 버릴 수 없죠. 코카콜라코리아에서 젊은 타깃층을 고집하기 위해 게임과 음악 등과 같은 컨텐츠를 제공하는 것은 좋은 방법입니다. 하지만 역으로 코카콜라의 오랜 역사를 보여주면서 이로 인해 왜 클래식할 수밖에 없는지를 설득해야 합니다. *코카콜라 본사에서 운영하는 블로그처럼 말이죠. 또한 코카콜라 마니아들이 코카콜라 브랜드로 무엇을 하는지 한 번쯤 생각해주었으면 합니다. 나라별 코카콜라 캔을 모두 모으거나 시즌별로 다르게 디자인된 캔과 병을 수집하는 친구들이 있습니다. 그러한 자료들은 어디에서도 얻을 수 없는 중요한 브랜드 히스토리죠. 코카콜라는 오랜 브랜드 역사를 가지고 있음에도 불구하고 히스토리를 전문적으로 표현하는데 미약하다는 생각이 듭니다.

*코카콜라 본사에서 운영하는 블로그
(www.coca-colaconversations.com)
20008년에 런칭되었고, 블로그의 주된 내용은 코카콜라의 지난 히스토리에 관한 모든 내용이다. 광고, 마케팅에서부터 사람에 관한 것까지, 코카콜라에 관한 역사를 블로그 안에서 감상할 수 있다. 이 블로그를 통해 코카콜라 본사는 자사의 역사를 새롭게 쓰고 있는 중이다. 오래된 이미지를 클래식으로 바꾸면서 젊은 이미지의 코카콜라와 맞물려 전통, 정통, 그리고 트렌드를 모두 갖춘 브랜드로 태어난 것이다.

그는 단지 코카콜라코리아가 지금까지 보여주었던 온브랜딩의 부족한 점을 토로하는 것이 아니었다. 코카콜

OFFLINE BRAND ON-BRANDING **117**

른 사람들이 갖지 못하는 정보를 제공함으로써 타인과 구별되고 싶어하는 심리를 건드려야 하는 것이죠.

이처럼 그는 온라인에서의 마니아적인 코드를 강조하면서 코카콜라의 다이나믹과 스포티한 측면을 살릴 수 있는 온브랜딩에 대해 열정적으로 이야기했다. 그리고 온라인은 분명 마니아에 의해서 브랜딩되고 활성화되고 있음을 강조했다.

이희성 코카콜라는 액션과 다이나믹함이 강조되는 브랜드이기 때문에 스포츠 마니아들과 연계해서 전문적인 사이트를 꾸며도 좋을 것 같습니다. 그러면 분명 코카콜라를 좋아하는 스포츠 마니아 혹은 보통의 스포츠 마니아들이 찾는 사이트가 될 수 있겠죠. 그리고 어느 날 코카콜라가 스노우보드 대회를 주최해서 전 세계의 유명한 선수를 초빙하는 것이죠. 그러면, 그 사이트에서 활동하는 혹은 그렇지 않은 스포츠 마니아들까지도 대회가 끝나고 나면 코카콜라 온라인 플랫폼으로 유입시킬 수 있는 기회가 생기지 않을까라는 생각이 듭니다."

이희성씨의 말을 통해 열정적인 마니아들에 의해서 코카콜라는 온라인에서 'ON'되어질, 그리고 현재보다 업그레이드된 '온브랜딩' 진화의 가능성을 엿볼 수 있었다. 소비자들은 특히나 브랜드 마니아들의 브랜드에 대한 기대치는 상상 그 이상이다. 다시 말해, 코카콜라는 소비자가 기대하는 것 이상의 경험이 무엇인지를 고민해야 한다. 물론 현재 그것을 실현하고 있을지라도 그것을 넘어서는 무엇을 말이다.

이지연 현 한국 코카콜라 마케팅·브랜드팀 브랜드 매니저로 코카콜라, 코카콜라 제로, 환타 등의 브랜드를 담당하고 있다.

강은경 현 한국 코카콜라 인터랙티브 마케팅팀 차장이며, 코크 플레이, 환타 쉐이커 흔들흔들, 파워에이드 제휴 프로모션 등 다수의 온라인 마케팅 활동을 진행했다.

이희성 현재 LJ WIZ STAR ENTERTAINMENT의 대표이사로 유승준, 보아, 박화요비, 슈퍼주니어 등 다수의 유명가수의 음악을 프로듀싱했다. 힙합음악과 가장 잘 어울리는 음료가 코카콜라라고 생각하게 된 90년대부터 코카콜라 마니아가 되었다.

라라는 브랜드가 글로벌 브랜드이지만, 분명 국내에서도 클래식함을 보여줄 수 있다고 믿었다. 마니아를 통해서 말이다. 그가 온브랜딩에서 마니아를 강조하는 이유는 작곡을 하면서 소비자가 오프라인에서 음악을 선택하는 것과 온라인에서 음악을 선택하는 것이 다름을 보고 온브랜딩에 있어 마니아적인 코드가 중요하다는 것을 느꼈기 때문이다.

이희성 오프라인에서는 많은 사람들이 '그 가수 좋아'라고 말을 하면, 설령 싫더라도 자기도 모르게 '나도 좋아'라고 동조하게 됩니다. 그런데 온라인에서는 달라요. 내 생각을 분명히 표현할 수 있거든요. 이는 BGM 선곡을 보면 알 수 있는데, 다른 사람들이 잘 모르거나 평소에 잘 안 듣는 노래를 선곡하는 경우가, 음악에서 보여지는 온라인과 오프라인의 차이입니다. 그래서 선곡을 할 때도 온라인에서 인정받는 클래지콰이, 허밍어반스테레오와 같이 오프라인보다 온라인에서 더 인정받는 가수들의 노래를 BGM으로 선곡하는 경우가 많아요. 왜냐하면 다른 사람들이 자신의 블로그나 싸이월드에 와서 음악을 듣고 나서, "어? 음악 수준이 꽤 있는데?"라고 생각했으면 하니까요. 남들이 모르는 것을 하고 싶은 마음이 온라인에서는 더 커집니다. 따라서 마니아적인 코드를 특히 온라인에서는 살려야 한다고 생각해요. 다

온브랜딩 도미노 게임 현상, 코카콜라

온브랜딩의 시작은 확고한 브랜드 아이덴티티의 구축이라고 앞서 말했다. 그렇다고 이것만이 온브랜딩의 충분조건은 아니다. 그 다음은 지속성이다. 그 지속성은 마치 도미노 게임에서 블록들의 간격을 일정하게 세워야 하는 것과 같다. 너무 멀어서 넘어뜨려도 닿지 않을 만큼 멀어서는 안 된다. 또한 그 간격이 반드시 일정하지는 않더라도 닿을 만큼의 거리를 두어야 하며, 그렇지 않으면 종착점에 도달하지 못한다. 코카콜라의 온브랜딩도 도미노 게임과 닮았다. 코카콜라의 브랜드 아이덴티티인 Optimism이라는 명확한 프레임을 제시하고 이를 지속적으로 잘 유지했다. 이것이 코카콜라가 온브랜딩으로 가는 문의 자물쇠를 열고, 소비자에 의해서 현재 진행형이 될 수 있었던 열쇠다. UB

118 ON-BRANDING

2 years

Pregnant

3 years

1 year

**Having a baby
changes everything**

newborn

Johnson & Johnson

5 years

9 years

배려는 진심이 담긴 있는 소통을 가능하게 한다

고객의 관심을 배려하는
ON-Communication,
존슨앤존슨

바이러스 백신 연구의 초석을 닦은 안철수 씨가 집필한 《CEO 안철수, 지금 우리에게 필요한 것은》에서 '전문가의 실력=전문지식×커뮤니케이션 능력' 이라고 말한다. 즉, 한 분야에 대한 깊고 통찰력 있는 전문지식만으로 자신의 일을 잘 해낼 수는 있지만, 커뮤니케이션 능력이 없으면 다른 이에게 전달해서 더 높은 수준으로 업그레이드시키지 못한다는 의미다. 브랜드도 다르지 않다. 제품이 훌륭해도, 소비자에게 전달하는 커뮤니케이션 능력이 없다면 문제가 될 것이다. 특히나 고객과의 커뮤니케이션을 통해서 완성되는 온브랜딩에서는 고객을 설득하기 위해서 객관적인 자료를 강요하듯 보여주기보다는 소비자의 관심사 혹은 걱정거리가 무엇인지를 먼저 고민해야 한다. 이는 제품을 직접적으로 이야기하여 부담을 주지 않는 '배려'가 있어야 가능하다. BabyCenter.com이라는 온라인 커뮤니티에서 성공적인 커뮤니케이션을 통해 온브랜딩에 성공하고 있는 존슨앤존슨이 있다. 그들의 온커뮤니케이션이 어떻게 온브랜딩으로 이어지는가에 관한 이야기가 전개된다.

www.babycenter.com

OFFLINE BRAND ON-BRANDING 119

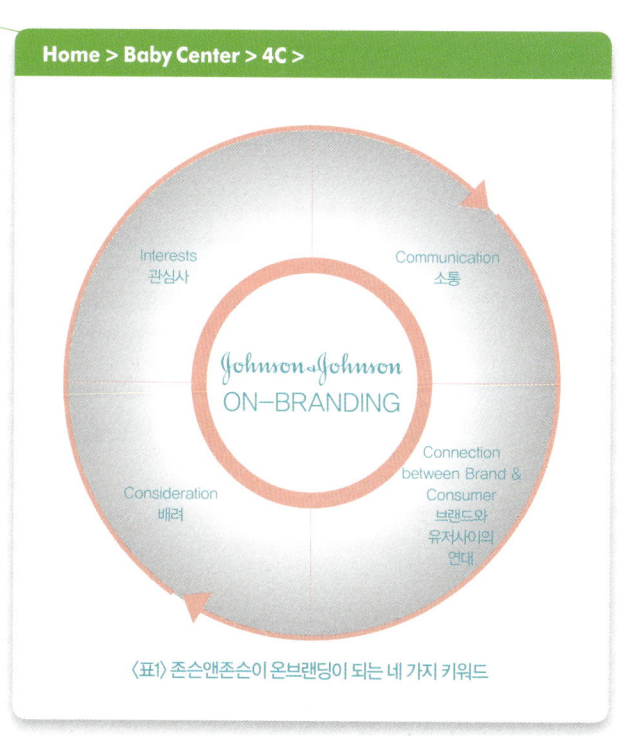

〈표1〉 존슨앤존슨이 온브랜딩이 되는 네 가지 키워드

자신을 세심하게 배려하는 브랜드와 그 브랜드에게 충성을 보이는 고객과의 관계 속에서 깊은 유대감은 형성되는데, 이것이 바로 온커뮤니케이션을 통해 온브랜딩되는 과정이다.

존슨앤존슨 온브랜딩을 위한 네 가지 키워드

온브랜딩을 할 때 명확한 브랜드 아이덴티티만큼 중요한 것이 있다면, 바로 소비자와의 관계를 잘 맺기 위해 어떻게 커뮤니케이션하는가이다. 특히 온라인 공간에서 고객과 긍정적인 관계를 맺기 위해서는 상대방에 대해서 알아야 하고, 알기 위해서는 서로의 관심사를 파악할 필요가 있다. 즉, 관심사는 대화를 여는 시작점이다. 대화를 열기 위해서는 직접적으로 자신의 의도를 설명하기보다는 조금은 넓은 범위의 주제에서 시작하여 좁혀가는 것이 현명하다. 그러므로 소통하기에 앞서, 먼저 고려해야 할 것은 Consideration, 배려이다. 자사의 고객이 어떠한 방식의 소통을 편안해 하는지를 생각해봐야 하고 그에 맞는 방법을 생각하고 그것으로 배려해야 한다. 이러한 배려는 소비자의 Interests, 즉 관심사가 무엇인지를 먼저 이해하고 고민하게 한다. 그런 이후에 Communication, 곧 소통이다. 이 때의 소통은 기업이 일방적으로 전달하는 것이 아니다. 서로의 소통이 너무 오랫동안 끊기지 않도록 해야 하며, 서로 교감과 공감이 오고 가는 커뮤니케이션이어야 한다. 이로 인해 소비자와 기업은 서로 Connection, 즉 친밀한 관계를 형성한다. 자신을 세심하게 배려하는 브랜드와 그 브랜드에게 충성을 보이는 고객과의 관계 속에서 깊은 유대감은 형성되는데, 이것이 바로 온커뮤니케이션ON-Communication을 통해 온브랜딩되는 과정이다.

확장된 관심사 Broadened Interests of consumers

"Having a baby changes everything." 이를 해석하면, "아이를 갖는다는 것은 모든 것을 변화시킨다" 이다. 이 메시지는 고농도의 함축적인 감정들을 내포한다. 아이를 갖게 됨에 따른 두려움, 긴장감, 설레임, 감사함 등이 뒤섞이는 감정들이다. 월드와이드 광고&마케팅의 부사장인 조 맥카티Joe McCarthy는 존슨앤존슨의 브랜드 드라이버Brand Driver 역할을 하는 위 문구에 대해서 다음과 같이 말했다.

"Having a baby changes everything."이라는 스테이트먼트를 약 4년 전쯤에 세웠을 때, 저희가 이 스테이트먼트를 사용함에 있어서 무리가 없다는 것을 알았습니다. 왜냐하면 존슨앤존슨은 오랫동안 아이 그리고 엄마와 유대관계를 맺어왔기 때문입니다. 또한 저희는 늘 신뢰할만한 헬스케어 회사로 인식되어 왔고, 엄

120 ON-BRANDING

마들이 신뢰하는 브랜드입니다. 스테이트먼트의 핵심은 저희 브랜드의 '영혼'과 '가치'를 모두 통합시켰다는 것이죠." 출처: 《BrandDigital》

존슨앤존슨은 고객이 자사의 브랜드를 어떻게 인지하고 있는지를 명백히 알고 있었다. 여기서 존슨앤존슨의 스테이트먼트는 엄마와 아이의 관계와 관련된 모든 내용을 다룰 수 있는 주제의 확장을 통해 커뮤니케이션을 한다. 즉 단순히 아이를 위한 제품을 제공하는 브랜드가 아닌, 임신을 계획하는 예비엄마부터 아이를 가진 엄마들의 마음을 읽는 브랜드 메시지를 전달한 것이다. 이러한 심플하면서도 감성적인 메시지는 존슨앤존슨이 온브랜딩을 함에 있어서 고객들의 확장된 관심 Broadened Interests ○36에 대해서 커뮤니케이션 할 수 있는 길을 열었다.

BabyCenter.com

BabyCenter.com은 존슨앤존슨에서 운영하는 온라인 커뮤니티 사이트로 브랜드가 고객과 어떻게 커뮤니케이션해야 하는지를 잘 알고 있는 듯하다. 존슨앤존슨 베이비케어의 글로벌 대표인 브리짓 헬러 Bridgette Heller는 고객이 BabyCenter.com을 어떻게 인식하고 있으며 자사가 이를 어떻게 활용하는지에 대해 다음과 같이 이야기한다.

"BabyCenter.com을 통해 소비자의 소리에 귀를 기울이고 많은 것을 배웁니다. 어떠한 엄마들이 서로 이야기를 나누는지, 처음으로 엄마가 되는 것에 대해서 어떠한 걱정과 관심이 있는지, 서로에게 어떠한 솔루션을 제공하는지를 커뮤니티를 통해 알 수 있죠."

"BabyCenter.com은 존슨앤존슨와 관련없이 엄마들이 모여서 이야기를 나눌 수 있는 공간입니다. 물론 이 커뮤니티에서 광고 및 마케팅을 하기도 하지만, 그렇다고 공공연한 마케팅을 하지는 않습니다. 저희는 이 사이트를 통해 소비자의 소리에 귀를 기울이고 많은 것을 배웁니다. 어떠한 엄마들이 서로 이야기를 나누는지, 처음으로 엄마가 되는 것에 대해서 어떠한 걱정과 관심이 있는지, 서로에게 어떠한 솔루션을 제공하는지를 BabyCenter.com을 통해 알 수 있죠. 이를 통해, 저희는 어떠한 종류의 컨텐츠들이 저희 커뮤니티를 방문하는 고객에게 가장 유익하고 적절한지를 결정할 수 있는 인사이트 ○37를 얻습니다. BabyCenter.com의 유저는 물론 이 사이트가 존슨앤존슨이 운영한다는 것을 알고 있지만, 상업적으로 유도하는 커뮤니티 사이트가 아닌, 기본적으로 사회 네트워킹을 위한 온라인 공간이

○36 p211 ○37 p208

라고 인지하고 있죠. 그래서 유저들은 편안하게 서로 자신의 아이에게 필요한 정보를 공유합니다. 매년 약 400만 명의 신생아가 미국에서 태어나며, 신생아 엄마의 70%가 이 사이트를 한 번 혹은 그 이상 방문한 적이 있습니다." 출처: 《BrandDigital》

브릿짓 헬러 대표가 언급한 것처럼, 존슨앤존슨은 자사의 고객에 대해 정확히 그리고 세심하게 알고 있다. 아이를 위한 제품이라는 단순한 메시지에서 벗어나서 좀 더 넓은 시야에서 고객의 관심사(Interests)이 무엇인지를 알고, 기업에서 제공하는 커뮤니티이지만, 최대한 기업의 이미지를 벗어버리고 편안함을 유도하는 배려(Consideration)가 있다. 그로 인해 소비자들은 서로 노하우를 공유하는 소통(Communication)이 일어난다. 이러한 소통은 존슨앤존슨과 고객의 유대감(Connection)을 증가시킨다. 이러한 유대감은 기업이 다시 고객의 관심사가 무엇인지를 더 정확히 파악할 수 있는 선순환 과정을 만드는 것이다. 이것이 바로 존슨앤존슨이 온라인에서 온커뮤니케이션하는 방법이며 이것은 온브랜딩으로 이어진다.

BabyCenter.com에 있는 아이를 위한 타임라인을 보면 40주라는 임신기간 동안에 체크해야 할 사항에 대해서 1주 단위마다 정보를 나누어 제공한다. 1세 때도 1주마다, 2세 때는 한 달 단위로, 3세 때는 2달 단위로, 4~9세까지는 4분기마다 필요한 정보를 제공한다. 뿐만 아니라 캘린더, 아이이름, 예상질문, 뉴스&블로그, 포토&비디오, 다양한 관심사, 상거래 등으로 나누어져 있는 섹션을 보면 존슨앤존슨이 얼마나 소비자의 관심과 걱정에 귀 기울이는지를 엿볼 수 있다. 예를 들어, 캘린더 섹션에서는 임신예정일지, 배란주기, 성장에 관한 일지를 체크할 수 있으며, 임신시 예상몸무게 측정, 아이 성장차트 등 심지어 태어날 아이를 위한 지출예산까지 계산할 수 있다. 이처럼 단지 정보를 수동적으로 받아들이는데 그치지 않고, 자신의 정보를 입력하고 그에 대한 답을 얻을 수 있는 구조까지 마련해 준 것이다.

메시지의 일관성

존슨앤존슨의 브랜드 메시지인 "Having a baby changes everything"은 Baby.com, BabyCenter.com, touchingbond.com 등 자사의 어느 웹페이지에서나 일관성이 있게 드러난다. 그들은 지나치다고 생각될 만큼 일관성 있게 브랜드 메시지에 근거해서 고객과 커뮤니케이션 하고 있다. Baby.com는 존슨앤존슨의 제품에 관한 컨텐츠가 주를 이루는 일반적인 기업 웹사이트다. 그러나 영리를 목적으로 하는 기업이라고 믿기지 않을 만큼 상업적인 방식을 취하지는 않는다.

ON-BRANDING

Pregnant　　　　　newborn　　　　　　　　1 year　　　　　　　　　2 years

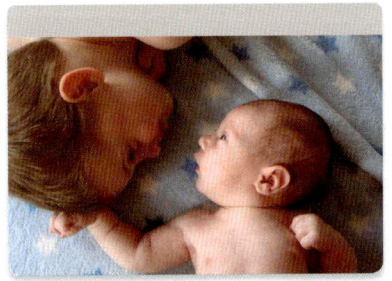

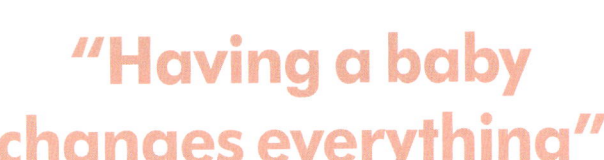

"Having a baby changes everything"

아이, 엄마, 아이와 엄마의 관계 등에 대해 이야기한다. 물론 그 안에는 BabyCenter.com을 링크시킴으로써 메시지의 일관성을 위해 노력한다. Baby.com뿐만 아니라, 존슨앤존슨의 가장 최근 캠페인이었던 "Make your touch more touching"은 touchingbond.com이라는 또 다른 존슨앤존슨 웹사이트에서 얼마나 자연스럽게 아이와 엄마의 삶 속으로 들어가서 커뮤니케이션하는가를 알 수 있다. 존슨앤존슨의 브랜드 아이덴티티인 '아기와 엄마의 삶과 관련된 모든 것'은 모든 커뮤니케이션의 접점을 하나로 모이게 한다. 그리고 이는 브랜딩의 필요조건인, 일관성을 흐트러뜨리지 않는다.

글로벌 기업의 로컬 커뮤니케이션

존슨앤존슨은 글로벌 기업이다. 글로벌 기업의 경우, 로컬지사의 커뮤니케이션 또한 중요한데, 존슨앤존슨은 본사뿐만 아니라, 전 세계적으로 해당국가의 고객과 온커뮤니케이션하기 위해서 노력한다. 글로벌 기업이 제시하는 브랜드 아이덴티티에 근거한 커뮤니케이션으로 성공한 국내 사례가 있다. 바로 온라인 컨설팅 회사인 이노버스가 런칭한 존슨앤존슨즈베이비의 베드타임(johnsonsbaby.co.kr/bedtime)이다. 이노버스는 존슨앤존슨 본사가 소비자리서치를 통해서 0~3세의 아이를 가진 엄마들의 고민 가운데 하나가 아이의 수면이라는 결과를 확인했다. 그리고 국내에서도 아이의 수면 문제가 엄마들의 가장 큰 고민임을 비공개포커스그룹조사를 통해서도 알 수 있었다. 이러한 과정을 거쳐 2008년 4월에 탄생한 베드타임은 4월과 11월에 약 2개월간 두 번에 걸쳐 진행되었고, 총 7만 명 이상의 소비자가 방문했다. 이와 같은 성공적인 결과 덕분에 영국, 중국, 싱가폴, 필리핀 등지로 역수출하게 되었다. 로컬에서 진행했지만 존슨앤존슨의 브랜드 아이덴티티를 손상시키지 않았으며, 보다 넓은 관점의 소비자 관심에 귀를 기울였기에 좋은 결과를 낳을 수 있었다. 이처럼 존슨앤존슨은 진정성이 담긴 메시지를 전 세계 소비자에게 일관성있게 커뮤니케이션하고 있다. 이노버스 박현우 대표는 진정성이 있는 커뮤니케이션에 대해서 이렇게 말했다. "스킨케어에 대한 것은 엄마들의 관심사 가운데 매우 일부분에 해당합니다. 그런데 그것이 마치 전부인 것처럼 커뮤니케이션하는 것은 잘못된 것이죠. 먼저 넓은 관점에서 이야기를 하고 많은 스킨케어 가운데 존슨앤존슨을 추천할께라고 커뮤니케이션해야 합니다. 그래서 제품이 아니라 아이를 가진 엄마의 입장에서 그들이 무엇을 걱정하고 관심이 있는지에 대해 고민했던 것입니다. 그러한 고민은 진정성이 없이는 불가능합니다."

온커뮤니케이션을 통한 온브랜딩의 진정성

온라인에서의 커뮤니케이션은 생각보다 쉽지 않다. 대부분 시각과 청각만을 사용해야 하는 공간이라는 한계때문에 생각보다 진심을 표현하기가 쉽지 않다. 마주보고 이야기할 수 없기 때문에 말을 건네기 전에 한 번

OFFLINE BRAND ON-BRANDING 123

5 years   5 1/4 years   5 3/4 years   9 years

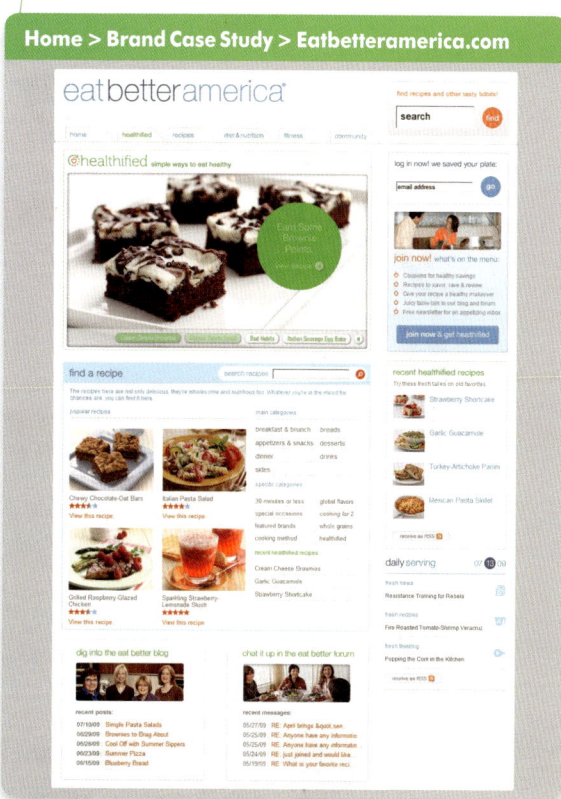

더 생각하고 배려하는 마인드는 필수다. 이러한 배려심은 온라인에서 커뮤니케이션을 해야 하는 기업의 입장에서 중요한 코드다. 배려가 있어야 소비자에게 자사의 제품만을 말하는 우를 범하지 않는다. 또한 이러한 배려는 제품을 이야기하기 전에 상대방이 무엇을 원하고 필요한지를 먼저 고려하게 한다. 이러한 고려는 앞서 말한 확장된 관심사에 대해서 이야기하도록 한다. 이러한 배려가 전제된 상황에서 관심사에 대해 이야기하게 되면 상대의 진정성을 자연스럽게 느낄 수 있다. 스캇 데밍 또한 그의 저서 《유니크 브랜딩》에서 진정성을 강조한다. "당신이 고객의 필요와 욕구를 이해하고 그들이 정말로 원하는 것을 찾아내려고 진심으로 노력할 때 당신과 고객은 진실한 소통을 할 수 있고 이를 기반으로 신뢰가 쌓이게 된다. 공감이나 진실함은 꾸며낼 수 없다."

오프라인보다 온라인에서 진정성의 중요성이 더욱더 부각되는 것은 소비자와 직접 대면할 수 있는 기회가 제한되기 때문이다. 이런 상황에서 소비자는 모니터를 앞에 두고 지금 인터넷이라는 공간에서 브랜드와의 소통을 시도하고 있다. 그것도 혼자서 당신의 브랜드가 무엇을 이야기하는지를 집중하고 있다. 이는 그만큼 커뮤니케이션에 있어서 조심스럽게 접근해야 한다는 의미다. 배려를 바탕으로 한 소비자의 확장된 관심에 대해 커뮤니케이션 하는 것은, 소비자가 기업의 진정성을 느낄 수 있게 하는 것이다. 이것이 존슨앤존슨이 계속해서 온브랜딩될 수 있는 이유다. UB

eatbetteramerica.com

제너럴 밀스General Mill Inc.는 씨리얼, 파스타 소스, 피자, 스프, 요거트, 빵과 과자를 구울 수 있는 갖가지 재료를 판매하는 소비재 식품 브랜드다. 이로써 미국 소비자들의 세 끼 식사를 해결하도록 노력하는 기업이다. 이 기업의 브랜드 가운데 우리나라에서 잘 알려진 것이 하겐다즈다. 이러한 기업이 존슨앤존슨의 BabyCenter.com만큼이나 소비자들의 확장된 관심을 고려한 온라인 커뮤니티 사이트를 탄생시켰는데, 바로 eatbetteramerica.com이다.

커뮤니티 사이트의 카테고리를 보면, 좋지 않은 식습관 고치기에 관한 동영상, 건강 요리 레시피, 다이어트 요리 레시피, 블로그, 포럼 커뮤니티 등 오로지 고객의 삶을 좀 더 건강하게 만드는 것에 초점을 두고 있다. '건강한 식습관'은 사실 사람들에게 환경적으로나 식습관적으로 보았을 때, 쉽지 않고 불편한 내용이다. 이러한 커뮤니티 사이트 때문에 자신의 식습관에 죄책감을 느끼거나 강제로 바꾸어야 한다고 강요를 받는 듯한 느낌이 받을 수 있기 때문이다. 그러나 eatbetteramerica.com은 '하는 것이 더 좋은 것'이라는 측면보다 '내가 원하는 것'에 대해 이야기한다. 또한 이 사이트의 어느 곳에서도 제너럴 밀스의 광고는 하고 있지 않다. 요리를 만드는 모습을 촬영한 동영상에서도 제품에 대한 간접광고를 찾아보기가 쉽지 않다. 이처럼 제너럴 밀스도 자사의 제품이 아닌 소비자의 확장된 관심사에 초점을 맞추지만, 배려를 바탕으로 하는 커뮤니케이션으로 온브랜딩을 하고 있다.

소비자가 브랜드의 자신감을 만든다

자신감에서 시작된 ON-Branding, 필립스와 베네피트

The interview with 필립스코리아 부사장 김영진 | 마케팅팀 과장 이윤창 | 요리 블로거 김소영 | 베네베네클럽 운영자 강지은 | 베네피트 마니아 남지아

"자신감은 격려를 먹고 자란다." 에머슨

자신감은 추진력과 신뢰의 근원이다. 자신감이 있어야 거침없이 일을 시작할 수 있고, 스스로를 신뢰할 수 있다. 이는 바로 상대방이 나를 인정하도록 만든다. 단, 자신감을 자만심과 혼동해서는 안 된다. 자신감은 타인의 인정에서 출발한다. 브랜드 관점에서 보면 소비자가 브랜드를 인정하고 그것이 브랜드의 아이덴티티와 연결될 때, 강력한 온브랜딩이 가능하다. 비록 홍보를 위한 장소라는 오명을 입기 쉬운 기업이 런칭한 온라인 브랜드 커뮤니티일지라도 소비자로부터 온 자신감이 있다면, 온브랜딩을 걱정할 필요는 없다. 이처럼 고객이 브랜드를 격려하고, 인정하는 자신감은 기업이 소비자의 자발적인 커뮤니티 활동에 대해 관대하게 바라보도록 한다. 결국 소비자들은 자신들의 의견을 존중하고 자신들에 의해 운영되는 온라인 브랜드 커뮤니티를 신뢰한다. 이것이 바로 기업이 런칭한 온라인 브랜드 커뮤니티가 온브랜딩 되는 길이다.

cafe.naver.com/philipskitchen | benebene.cyworld.com

기업 커뮤니티 시작의 조건, 자신감

기업이 온라인에서 브랜드 커뮤니티를 개설할 때, 다음과 같은 희망사항들이 있다.

'홍보스러운 냄새가 나지 않아야 한다. 기업이 최대한 통제 하지 말아야 하며, 그럴지라도 소비자에 의해서 운영되는 커뮤니티가 되어야 한다. 또한 이를 통해 브랜드 이미지와 매출이 동시에 상승해야 한다' 이것이 야무진 희망사항처럼 보이는 이유는 국내 온라인 브랜드 커뮤니티의 성공 사례가 아직까지는 많지 않기 때문이다. 그만큼 온라인 브랜드 커뮤니티가 쉽지 않음을 반증하는 것일 수 있다. 온라인에서의 커뮤니케이션의 중요성이 부각되기 시작하면서 기업들은 온라인 커뮤니티에 대한 강박증마저 생겼다. 그래서 기업 웹사이트 혹은 마이크로사이트에 가면 커뮤니티라는 섹션을 어렵지 않게 발견할 수 있다. 그러나 중요한 것은 온라인 커뮤니티의 개설 여부가 아니다. 왜냐하면 커뮤니티를 개설해 놓고 활발한 활동을 보이는 곳이 많지 않기 때문이다. 개설 여부를 결정하기 전에 고민해야 할 것이 바로 자사 브랜드에 대한 자신감이다.

것이다. 그리고 두 번째는 기업이 소비자를 믿는 것이다. 소비자가 기업을 믿는 것은 자신에게 늘 일관된 브랜드 약속을 지킨 모습을 인정하고 격려하는 모습으로 보여진다. 기업이 소비자를 믿는 것은 불만이 오감으로써 브랜드 이미지에 손상을 입힐 수도 있는 커뮤니티를 온라인에 오픈하고 이곳에서 소비자가 자유롭게 활동하도록 하는 관대함으로 보여진다. 이러한 믿음을 바탕으로 하는 것이 바로 자신감이다. 이러한 자신감이 전제된 온라인 커뮤니티를 개설했을 때, 진정한 의미의 온브랜딩이 가능하다. 왜냐하면 신뢰가 전제된 커뮤니케이션만이 기업은 소비자에게 자율권을, 소비자는 기업에게 로열티를 약속하기 때문이다.

필립스의 자신감은 제품력과 디자인

"기업에서 온라인 커뮤니티 개설을 하면 정보공유의 장이 아닌 성토의 장이 되기 쉽습니다. 그래서 커뮤니티를 열고 싶지만 동시에 꺼려지기도 하는 것이죠. 그만큼 조심스러운 결정입니다. 자만심일 수도 있지만 필립스가 커뮤니티를 오픈하기로 결정한 것도, 승인 과정없이 댓글을 달 수 있게 한 것도 제품에 대한 자신감 때문입니다." 필립스코리아 마케팅팀 이윤창 과장의 말이다. 그는 제품과 소비자가 필립스를 신뢰하는 것에 확신이 있었다. 이러한 그의 생각을 대변해 줄 수 있는 소비자가 요리블로거이자, 필립스 커뮤니티의 유저인 김소영 씨다. 그녀는 필립스에 대한 자신의 느낌을 다음과 같이 말했다. "필립스 제품의 심

홍보스러운 냄새가 나지 않아야 한다
김소영 커뮤니티는 블로그나 홈페이지보다 더 다가가기 편안하고 쉬운 것 같아요. 그 이유는 사람 냄새가 더 나서 그런 것 같아요. 커뮤니티에서는 주로 일방적으로 정보를 받기보다는 소비자끼리 대화가 오가면서 정보를 나누잖아요. 그러다보니 아무래도 인간적인 느낌이 더 드는 것 같아요.
김소영씨처럼 소비자들이 기대하는 커뮤니티는 기업이 아닌 사람 냄새가 나는 공간이다.

기업이 소비자를 믿는 것
이윤창 소비자를 원하는 방향으로 억지로 끌고 갈 수는 없어요. 기업은 단지 소비자가 활동할 수 있는 '장場'만 만드는 것이죠. 최대한 간섭하지 않고 소비자가 마음껏 활동할 수 있는 공간을 만들되, 기업 마음대로 그들을 조정하려 들지 않는 것이 기업 커뮤니티에서 가장 중요하다고 생각합니다.

강지은 유저들이 자신의 글이 검열을 받는다고 생각하면 누가 글을 제대로 올리겠어요. 솔직하고 진실성이 있을 수 없죠. 커뮤니티 내에서 문제가 생기면 저희가 꼭 관여하지 않아도 일정부분은 소비자끼리 해결되는 것 같아서 부정적인 측면을 걱정하지는 않아요.

> 자신감이 전제된 온라인 커뮤니티를 개설했을 때, 진정한 의미의 온브랜딩이 가능하다. 왜냐하면 신뢰가 전제된 커뮤니케이션만이 기업은 소비자에게 자율권을, 소비자는 기업에게 로열티를 약속하기 때문이다.

소비자로부터의 자신감, 소비자를 믿는 자신감

그렇다면 자신감은 무엇인가? 무엇에 대한 자신감이며, 그것의 출처는 어디인가? 이에 대해서 논하기 전에 자신감이 자만심과는 다르다는 것을 먼저 말하고 싶다. 자신감自信感의 한자를 보면 스스로를 믿는 느낌이다. 즉 자신감은 믿음에서 출발한다. 그러나 자만심은 다르다. 스스로 거만한 마음이라는 것을 自慢心이라는 한자를 통해서 알 수 있다. 그렇다면 자신감의 출발인 '믿음'은 무엇일까? 두 가지 측면에서 생각해 볼 수 있는데, 첫째는 소비자가 그 기업을 믿는

플한 디자인 때문인지 약간 차가운 느낌이 듭니다. 그래서인지 오히려 스마트한 느낌이에요. 커뮤니티 모임에 오시는 분들도 늘 말하고 실제로 사용하는 저도 동의하는데, 주방에 놓아두면 기분이 좋아집니다. 왜냐하면 뭐든지 척척 잘 할 것 같아서 다른 사람들에게 자랑하고 싶어지거든요. 제품력뿐만 아니라 디자인적인 요소도 뛰어납니다."

온라인 공간에서 서로의 존재에 대한 실체없이 신뢰가 오간다는 것은 쉽지 않은 일이다. 그러나 필립

스는 오프라인에서 얻은 신뢰에 대한 자신감이 있었기에, 커뮤니티에서 활동하는 소비자의 의견을 존중했다. 이로 인해 소비자는 더욱 필립스 커뮤니티에서 충성도를 보이며 필립스에 대한 잘못된 오해에 대해 서로 이야기를 나누며 공유하고 수정한다. 이에 대해 이윤창 과장은 다음과 같이 말했다. "저희는 커뮤니티에 많이 관여하지 않습니다. 엉뚱한 비방이나 오인지되는 부분의 80%가 유저들 사이의 커뮤니케이션을 통해서 저절로 해결됩니다. 나머지는 커뮤니티 운영자인 필키여왕에 의해서 99%까지 해결되기 때문에 오히려 저희는 필립스 커뮤니티의 덕을 보는 편입니다." 그는 온라인 커뮤니티의 부정적인 면보다 긍정적인 면을 알고 있었다. "사실 마케터이지만 소비자를 직접 만날 수 있는 기회가 많이 않습니다. 그런데 커뮤니티를 통해서 오히려 필립스 제품의 새로운 면도 발견하게 되고, 무엇이 불만이고 강점인지를 더 잘 알 수 있는 좋은 기회인 것이죠."

베네피트의 자신감은 컨셉

*베네피트의 국내 런칭이 성공적이었던 이유는 제품력에 있었다. 베네피트의 핵심 제품이었던 베네틴트의 경우, 립스틱처럼 자주 바르지 않아도 투명하고 붉은 입술을 오랫동안 유지시켜주는 기능이 있다. 이러한 경쟁력 있는 제품이 가능했던 것은 베네피트의 컨셉인 fake-it때문이었다. fake-it은 '속인다'라는 사전적인 의미보다는 빠르고 쉽게 화장을 통해 자연스러운 아름다움을 약속하는 컨셉이다. 이러한 베네피트는 화장품 트렌드세터들 가운데 fake-it라는 컨셉을 사랑하는 마니아들에 의해 성장했다. 그들은 다른 브랜드와는 차별화된 컨셉, 그러나 그 컨셉에 맞는 제품을 끊임없이 연구하고 제시하는 베네피트에 환호했다. 베네피트의 온라인 커뮤니티인 베네베네의 운영자 강지은씨는 다음과 같이 말했다. "오픈 당시, 베네베네는 남이 하지 않는 화장품을 사용하는 소비자들이 모여서인지 *스노비즘snobbism적인 성격이 강했어요. 지금보다 배타적인 성향이 있어서 대중에게 알려지는 것을 싫어했어요." 강지은 씨가 생각하는 스노비즘은 베네피트 마니아인 남지아씨에 의해서 다르게 표현되었다. 바로 '키치'였다. "베네베네 커뮤니티에는 예술가적인 성향의 사람들이 많이 모여요. 그들은 fake-it이라는 독특한 컨셉을 좋아합니다. 키치스럽죠. 그래서인지 소비자들도 키치스러운 사람이 많은 것 같아요."

베네피트가 베네베네 커뮤니티를 통해서 온브랜딩되었던 가장 중요한 이유는 자신의 컨셉인 fake-it에 대한 자신감이었으며, 이는 소비자로부터 온 것이었다. 이것은 베네베네 클럽에서 소비자들의 활동을 통해서 알 수 있다. 소비자들은 fake-it스러운 화장법을 개발하고 서로 이에 대한 정보를 교환하고 커뮤니케이션한다. 베네피트코리아의 오기석 대표는 베네피트의 커뮤니티를 사랑하는 마니아와 소비자에 의해서 베네베네 커뮤니티가 온브랜딩할 수 있었다는 점에 동의했다. "저희 베네피트 마니아분들은 베네피트 제품을 저희 직원들보다 10배 이상 사랑하시는 것 같습니다. 저희보다 더 많이 알고 있고, 커뮤니티에서 정성스럽게 제품을 분석하여 올리시는 분들을 보면 눈물이 날 정도로 감동스럽습니다. 상품에 대해서 솔직히 모두 이야기 해주고, 신제품이 출시되면 사용법을 개발해서 알려주기까지 하는 모든 활동은 소비자가 없었으면 불가능한 것입니다. 베네피트 고객들에 의해서 운영되는 것이죠." 🔗65

이처럼 소비자의 신뢰를 받는 브랜드는 자신감을 얻는다. 그래서 설령 커뮤니티 안에서 부정적인 이야기가 오가더라도 크게 동요되지 않는다. 왜냐하면 자사 브랜드를 사랑하는 소비자를 믿고 그 정보가 잘못된 것이라면 소비자에 의해서 수정될 것이라는 것을 믿고 맡기기 때문이다. 이러한 기업의 신뢰는 다시 소비자가 기업이 런칭한 온라인 커뮤니티를 홍보용 채널이라고 생각하지 않게 하며 적극적인 활동을 하도록 만든다. 이것이 기업이 런칭한 온라인 커뮤니티를 기업에 의해서가 아닌 소비자에 의해서 움직이게 만드는, 온브랜딩의 핵심이다.

기업의 온브랜딩 지속성에 대한 노력

필립스와 베네피트가 온브랜딩 될 수 있었던 또 다른 이유는 기업의 지속성에 대한 노력이었다. 필립스 이윤창 과장은 "필립스 커뮤니티가 지금까지 꾸준히 성장할 수 있었던 이유는 이벤트 혹은 다른 브랜딩 활동의 대부분이 단기적인 이벤트일지라도 장시간의 휴지기 없이 꾸준히 진행했기 때문이라고 생각합니다. 이러한 연속성은 기업이 운영하는 커뮤니티에서 중요한 요소로 끊임없이 노력해야 할 부분입니다"라고 말했다. 베네피트의 운영자인 강지은 씨도 커뮤니티 입장에서 어떻게 노력하는지에 대해 이야기했다. "사람들이 글을 올리고 싶어도 '화장품 비교

*베네피트
영화 〈엽기적인 그녀〉의 전지현이 바른 베네틴트로 유명해진 화장품 브랜드이다. 이후 온라인에서만 거래되다가 2004년 3월 한국에 정식으로 런칭되었다. 베네베네 커뮤니티 또한 오프라인에서 런칭을 한 후, 3개월 만에 동시에 오픈되었다. 이로 인해 오프라인보다 온라인에서 베네피트 제품이 더 익숙한 소비자를 커뮤니티로 유입시켜, 자연스럽게 커뮤니티 활동을 하게 하는 긍정적인 효과를 낳았다.

*스노비즘
'Snob'이라는 단어는 '속물'을 의미한다. 라틴어인 시네 노빌리타테(sine nobilitate = without nobility)에서 유래했으며, '귀족성이 없는 이'라는 의미를 가진다. 속물이라는 단어는 원래 영국 옥스퍼드와 캠브리지 대학의 귀족자제와 일반학생을 구별하기 위한 단어로 시작됐지만, 근대 이후에 '겉치레가 심하고 잘난 척을 심하게 하는 귀족'이라는 부정적인 의미로 변형되었다.

"저희는 커뮤니티에 많이 관여하지 않습니다. 엉뚱한 비방이나 오인지 되는 부분의 80%가 유저들 사이의 커뮤니케이션을 통해서 저절로 해결됩니다. 나머지는 저희 운영자인 필키여왕에 의해서 99%까지 해결되기 때문에 오히려 저희는 필립스 커뮤니티의 덕을 보는 편입니다."

리뷰를 위해 올린 내 피부를 보고 별 차이가 없다고 하면 어떡하지?' '발색이 엉망이고, 화장법은 촌스럽다고 하면 어떡하지?' '무플이면 어떡해' 등의 걱정 때문에 글을 쓰는 것을 망설이기도 합니다. 이를 방지하기 위해 베네베네 모니터 요원들이 댓글을 답니다. 그러면 글을 쓰는 사람들이 힘이 나고, 글 쓰는데 동기부여를 얻죠. 그리고 여름이 되면, 클럽이 약간은 침체가 되기 때문에 가볍고 쉬운 이벤트를 진행합니다. 예를 들어, '포지틴트가 좋나, 베네틴트가 좋나'를 묻는 이벤트였는데, 둘 중에 하나를 클릭만 하면 끝나는 이벤트였기 때문에 사용후기를 쓰는 노력보다는 쉽죠. 이런 이벤트에 참여율이 높습니다." 이처럼 기업이 온라인 커뮤니티를 끊임없이 살아있게 하기 위한 지속성에 대한 고민과 노력 없이는 온브랜딩은 가능하지 않다.

자신감의 출발점은 브랜드 아이덴티티

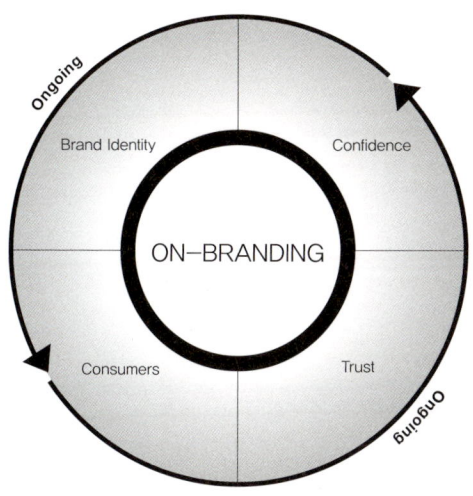

〈표 1〉필립스와 베네피트 기업 브랜드 커뮤니티의 온 브랜딩

〈표 1〉은 온라인 브랜드 커뮤니티가 어떠한 순환과정을 통해 온브랜딩 되는지에 관한 것이다. 명확한 브랜드 아이덴티티가 소비자에게 전달되면, 소비자는 그 기업을 신뢰하게 되고, 신뢰를 받는 기업은 자사의 브랜드에 대한 자신감을 얻는다. 이런 브랜드 자신감은 다시 브랜드 아이덴티티를 강화시키는 선순환 과정을 보인다.

필립스코리아의 김영진 부사장은 필립스의 브랜드 아이덴티티는 'sense and simplicity'이며, 소비자의 정확한 니즈 파악과 적시에 제공, 최신의 기술 선사, 직관적으로 사용할 수 있는 제품과 기술'이라는 메시지를 담고 있다고 했다. 필립스의 브랜드 아이덴티티는 심플하고 센스있는 디자인과 제품력으로 구현되고 이것이 결국 소비자에게 명확히 전달되었다. 그래서 소비자들은 필립스의 제품력을 믿고 어디에 내놓아도 자랑스러운 필립스 디자인을 사랑한다. 베네피트도 마찬가지다. 컨셉이 너무 뚜렷해서 브랜드는 브랜드 아이덴티티와 거의 일치하는 브랜드가 바로 베네피트다. 베네피트 소비자들은 fake-it 컨셉을 사랑하기에 서로 새로운 fake-it 화장법을 공유하는 등의 자발성을 보인다. 이로 인해 베네피트 또한 자신의 브랜드 아이덴티티에 대한 자신감을 갖는다. 브랜드마다 자신감의 핵심 요소는 다를 수 있다. 그러나 분명한 것은 자신감의 근원의 출발이 브랜드 아이덴티티라는 것이다.

온라인에서 브랜드 커뮤니티를 시작하려는 기업들은 기억해야 한다. 온브랜딩을 하기 위해 온라인에 브랜드커뮤니티 개설을 반드시 선택할 필요는 없다. 브랜드 아이덴티티가 확고하지 않다면, 그리고 그것이 제대로 커뮤니케이션되고 있지 않다면, 브랜드를 '온브랜딩'시키는 원동력인 자신감은 존재할 수 없다. 소비자에 의한 자신감은 기업이 브랜드 커뮤니티라는 장소만을 개설한다고 생성되는 것이 아니라는 사실을 잊어선 안 된다. UB

김영진 현 필립스코리아 부사장으로 경희대학교 경제학과를 졸업하고 뉴욕시 The College of Insurance에서 보험경영학 석사학위를 받았다. 필립스코리아 입사 전 그는 알리코생명보험, 조지아생명보험, 네덜란드 생명보험에서 부서장을 역임했다.

이윤창 현 필립스코리아 마케팅 매니저로 근무하고 있다. 필립스코리아 입사 전, CJ 상품팀에서 외부상품 소싱 및 관리, 신사업 개발, 그리고 편의식 CM과 BM 관련 업무를 진행했었다.

강지은 연세대학교 지구시스템학과를 졸업하고, 2004년 베네베네클럽을 알게 되었다. 클럽 회원이 1,000명 남짓하던 2005년에 베네베네클럽 클럽장이 되어 현재까지 운영하고 있다.

남지아 단국대학교를 졸업하고, 동대학원 석사를 받았다. 2008년 베네피트 모니터 요원으로 활동했다. 현재 한국브랜드디자인학회 정회원으로 활동 중이며, 남지아닷컴(www.namzia.com)이라는 패션 뷰티관련 블로그를 운영중이다.

김소영 필립스커뮤니티에서 oclara라는 아이디로 활동 중이며, 현재 blog.naver.com/fancy-con을 운영 중이다.

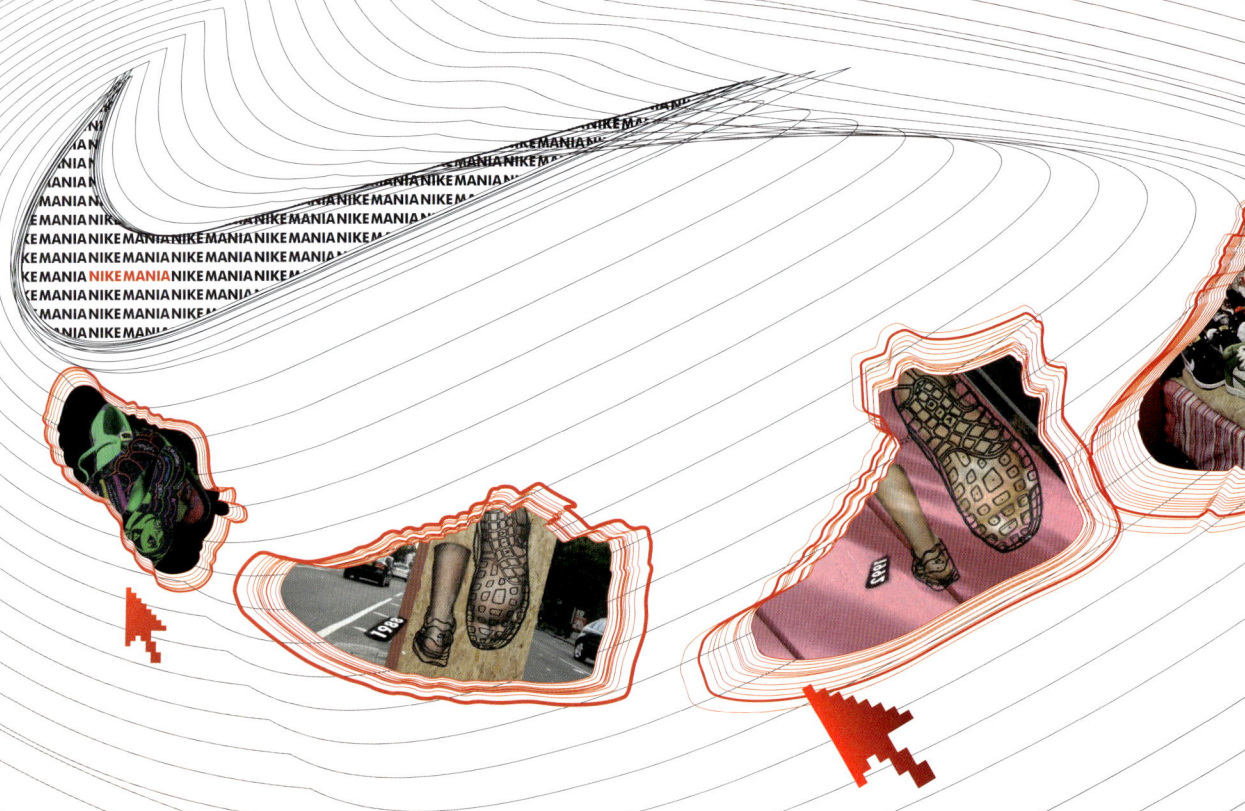

브랜드 가치는 현존하는 보물섬 지도이다

보물 탐험가, 나이키 마니아의 ON-Branding

The interview with 나이키마니아 닷컴 운영자 강성후

김위찬 교수는 그의 저서《블루오션》에서 "가격 수준보다 훨씬 상위의 '가치'를 제공하여 처음부터 순조롭게 대다수 목표 구매자들을 확보하고 시장의 규모를 확대해야 한다"라고 말한다. 그의 말처럼 소비자에게 있어서 브랜드의 '가치'는 인지도, 구매율, 충성도라는 모든 측면에서 중요하다. 따라서 브랜드 가치를 버릴 수 없는 귀중한 가치가 될 때, 그 브랜드는 마니아를 형성할 확률이 높아진다. 그리고 그 마니아들은 온라인에서 브랜드를 살아 움직이는 생명체가 되도록 한다. 특히 온라인에서 말이다. '나매'라고 불리는 나이키 마니아들이 모인 'nikemania.com'은 기업이 전혀 관여하지 않고, 오로지 소비자에 의해서 시작된 커뮤니티다. '나이키마니아'를 통해 브랜드가 스스로 온브랜딩될 수 있게 하는 마니아의 파워를 알 수 있었다.

www.nikemania.com

나이키 마니아들은 누구나 접근할 수 있는 온라인 공간에서 자신들만의 영역을 만들었다. 확실한 그들만의 왕국을 만들고, 나이키마니아닷컴 왕국에서 스스로를 '나매'라고 부르며, 그 안에서 자신들의 브랜드를 왕처럼 모시고 자신의 삶과 함께 한다.

브랜딩에 미치는 영향력의 주도권

황상민 나이키는 온라인에서 마케팅하는데 기업과 소비자 중에서 누가 주도권을 갖고 있는냐에 대해 논쟁할 필요가 없습니다. 왜냐하면 오프라인에서 나이키 기업이 지향하는 이미지를 소비자가 온라인에서 그대로 재현해주고 확장시켜주고 있으니까요. 이러한 상황에서는 주도권을 고민할 필요가 없습니다. 기업에서 말하는 브랜드 메시지대로 소비자는 이를 이해하고 좋아하니까요. 브랜드 입장에서는 환영할만한 일이죠.

온라인에서 마니아의 존재의 중요성

혹자는 '브랜드 마니아가 왜 중요할까? 굳이 필요할까?'라고 생각할 수 있다. 사실 잘못된 생각은 아니다. 왜냐하면 브랜드에 관심이 없고, '기업의 목적은 이윤 추구'라는 가장 기본적인 사명에만 신경을 쓰고, 마니아가 존재하지 않더라도 그들의 존재가 수익에 크게 영향을 미치지 않기에 신경을 쓰지 않는 기업이 존재하기 때문이다.

그러나 온라인이라는 공간이 등장하면서 상황은 바뀌었다. 온라인에서 정보의 속도는 오프라인보다 훨씬 빠르다. 누구에게나 개방되어 있고, 접근이 용이해졌다. 그래서 정보가 긍정적이든 부정적이든 급속도로 퍼지며, 특히나 부정적인 소식은 더 빠르게 확산된다. 이러한 온라인은 브랜드 충성도가 높은 마니아를 더 많이 보유할 가능성이 높은 곳이다. 왜냐하면 마니아들은 주로 부정적인 소식(브랜드 오해, 오인지, 실수 등)을 잠재우고, 긍정적인 소식(신제품, 브랜드 장점)을 더 확대시키는 역할을 하는데 특히나 온라인에서는 이 모든 것이 훨씬 쉬워졌기 때문이다. 이러한 이유로 온라인에서 마니아의 입지와 중요도는 마니아를 중요하게 생각하지 않았던 브랜드조차도 귀가 솔깃해질 만큼 높아졌다.

nikemania.com

오직 그 브랜드만을 바라보는 마니아를 10만 명 이상 보유한 온라인 브랜드 커뮤니티가 있다. 바로 nikemania.com이다. 나이키 입장에서 사실 이들은 모든 것을 다 내주어도 아깝지 않을 만큼 가치 있는 고객일 것이다. 나이키 마니아들은 누구나 접근할 수 있는 온라인 공간에서 자신들만의 영역을 만들었다. 그리고는 그곳에는 등급 제도와 가입 제한을 두고 다른 브랜드 고객들과 차별화를 둔다. 그리고 열심히 활동하지 않는 유저들을 강퇴시킴으로써 진정한 마니아로서의 본분과 역할을 다하도록 한다. 이들은 단순히 나이키의 좋은 소식을 확산시키고 나쁜 소식을 잠재우는 것에서 그치지 않는다. 확실한 그들만의 왕국을 만들고, nikemania.com 왕국에서 스스로를 '나매'라고 부르며, 그 안에서 자신들의 브랜드를 왕처럼 모시고 자신의 삶과 함께 한다.

nikemania.com by consumers

자발적인 동기에 의해 형성된 커뮤니티만큼 완벽한 온브랜딩의 필요조건은 없다. 브랜드가 온브랜딩함에 있어서 소비자에 의한 자발적인 커뮤니티가 형성된다는 것은 분명 유리한 조건일 것이다. 브랜딩에 미치는 영향력의 주도권이 온라인에서는 소비자에게로 더 많이 넘어갔다. 이러한 상황에서 기업이 스스로 긍정적인 영향을 미치기 위한 홍보를 하지 않아도, 커뮤니티에 소속된 사람들은 서로의 긍정적인 소통으로 브랜드 충성도를 강화하기 때문이다. 또한 커뮤니티 내에는 일반 소비자들까지도 관심을 갖게 하고, 참여하고 싶은 욕망을 불러일으키는 소속감과 동질감이 있다. 이러한 자발적 커뮤니티는 기업이 강요한다고 형성되는 형태가 아니기 때문에, 이미 기업의 손을 떠난 문제다. 소비자 스스로의 동기부여 없이는 불가능하다.

ON-BRANDING

nikemania.com은 2001년 1월 1일에 정식으로 오픈했다. 그 당시만 해도 국내에는 마니아들이 모이는 커뮤니티가 거의 없었던 때다. 인터넷에서 정보를 찾기도 쉽지 않았고, 유럽, 미국 등의 웹사이트를 가서 찾아야 하는 불편함과 나이키 정보에 대한 갈급함이 nikemania.com이라는 온라인 커뮤니티가 시작된 계기였다. nikemania.com의 운영을 맡고 있는 강성후씨는 1992년도부터 나이키마니아였다. 나이키 정보에 대한 마니아끼리의 불편함을 조금이라도 덜어보고자 그는 2001년부터 나이키코리아와 무관하게 nikemania.com이라는 온라인 커뮤니티 사이트를 오픈하였고, 그때부터 지금까지 나이키는 온라인에서 온브랜딩되고 있다.

이다. 유저들은 이곳을 하루에 한 번씩은 빠짐없이 방문하며, 어떤 유저는 이곳을 하루에도 수없이 방문하기도 한다. 여기서 그들의 일상이 기록된다. 그리고 커뮤니티 내에서 온라인 친구를 만들기도 하며, 거주 지역이 가까운 경우에는 자발적인 오프라인 모임을 갖기도 한다. 특히 nikemania.com 마니아들의 핵심 활동은 나이키 제품의 수집이다. 그들에게 나이키 신발의 수집은 특별한 취미가 아니다. 이미 그들 삶의 한 부분이다. 그래서 커뮤니티의 나이키 마니아들이 서로 정보를 공유하며 수집하는데 동기부여가 되고, 칭찬과 부러움을 통해 수집은 더 강화된다. 그들의 수집 수준은 마치 신전에 제사를 지내는 제사장을 연상케 한다.

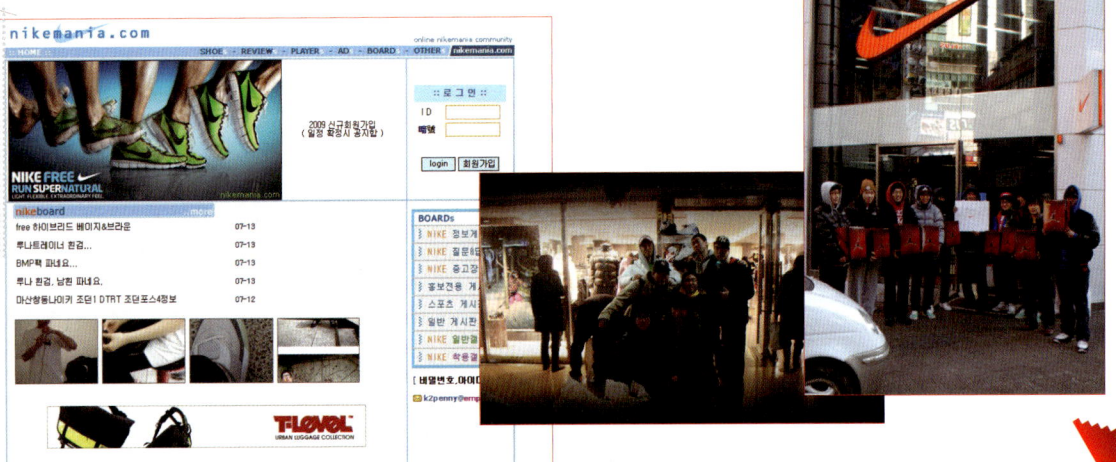

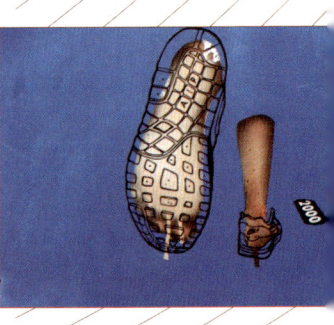

nikemania.com의 역할

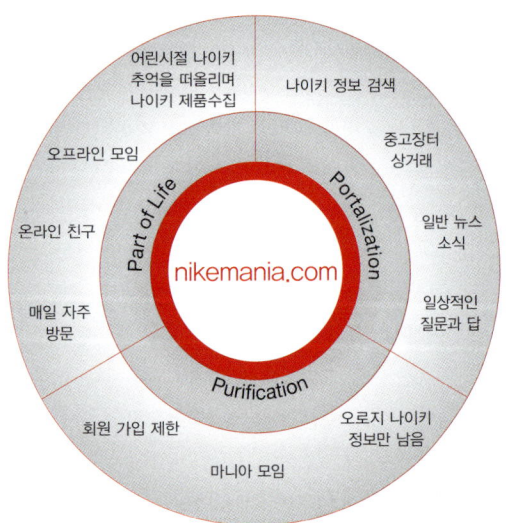

1. Part of Life
나이키 마니아에게 nikemania.com은 삶의 일부분

강성후 컬렉팅은 기본입니다. 컬렉팅한 제품을 온라인에서 전시를 하기도 하죠. 나이키는 같은 제품일지라도 컬러차이 혹은 한정판 여부에 따라 3~4배 더 비싸게 팔리고 이를 구매하기 위해 외국 경매사이트를 실시간으로 지켜보는 적극적인 참여자들도 있습니다. 습기 제거를 하거나 변색 방지 혹은 신발 밑창이 닳는 것을 막기 위해서 코팅을 할 수 있는 슈구라는 제품을 바르기도 합니다. 심지어는 공기와의 접촉을 막으려고 랩으로 싸서 진공 포장하여 보관하기도 하죠. 이를 위해 랩핑하는 기계 혹은 진공압축을 하는 용기를 사는 사람도 있습니다. 신기 위함이 아닌 소장을 위한 것이죠. 애장품의 색상이 변하면 마음이 아프거든요.

그들이 이렇게 수집에 열광하는 이유 가운데 하나는 나이키에 대한 애착과 열망이다. 또 다른 이유를 추가하자면 '추억' 때문이다. 시간이 얼마 지난 후에 나이키는 과거에 이미 발매했었던 제품을 스페셜 에디션으로 내놓

nikemania.com은 단순히 커뮤니티가 아니라, 브랜드를 고객의 일상 가운데, 아주 깊숙히 들여다 놓는 역할을 한다. 단지 외출용, 운동용 신발이 아니라, 일상의 언제 어디서나 'ON'되고 있다.

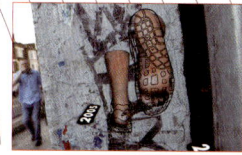

는다. 마니아들이 어렸을 때, 구매하지 못했던 제품이 재판되면, 구매동기가 유발된다. 이제 그들은 나이키를 구입할 만큼의 경제적 능력이 있으며, 이들에게 그 제품은 제품 이상의 의미가 있는, 추억을 수집하는 것이다.

이렇게 nikemania.com은 단순히 커뮤니티가 아니라, 브랜드를 고객의 일상 가운데, 아주 깊숙히 들여다 놓는 역할을 한다. 단지 외출용, 운동용 신발이 아니라, 일상의 언제 어디서나 'ON'되고 있다.

2. Portalizaion

nikemania.com은 단지 나이키 관련 정보만을 공유하는 것 이상의 기능을 한다. nikemania.com의 회원들은 사회적인 이슈 및 가십거리를 nikemania.com을 통해서 얻는다. 그래서 굳이 다른 포털 사이트를 들어가지 않아도 세상 돌아가는 정보에 뒤처지지 않을 수 있다. 또한 일상적인 질문에 대해서도 실시간으로 답변이 올라온다.

강성후 나이키 정보 게시판과 중고장터 그리고 잡담 및 일상의 이야기를 나누는 일반게시판이 가장 활발히 움직입니다. 일반게시판에는 나이키 관련 내용과 일상의 내용이 섞여있습니다. 어디 가면 이런 거 파나요? 얼마인가요? 점심에 무엇을 먹을까요? 어떤 치킨을 시킬까요? 등과 같은 사소한 것도 질문합니다. 이것이 장점이자 재미이죠.

이는 마치 네이버의 지식검색을 연상시킨다. 뿐만 아니다. 그들의 정보는 실시간이다. 자신이 보거나 구매한 제품에 대해서 가능한 즉각적으로 nikemania.com에 올린다. 또한 중고제품의 상거래까지 일어나서 쇼핑까지 가능한 포털 사이트를 닮았다고 할 수 있다. 또한 이 안에서는 상거래 도덕과 나이키 마니아로서 지켜야 할 윤리성까지도 찾아볼 수 있다.

강성후 오프라인에서 제품을 구하기 위해 한참을 줄 서 있거나 밖에서 밤을 새면서 기다리기도 합니다. 그리고 이러한 현장의 모습을 근처 게임방에 들려 nikemania.com에 바로 올리기도 합니다. 거의 실시간이죠. 이처럼 어렵게 얻는 제품은 거의 수집용이지 상업용이 아닙니다. 그래서 나매인들은 시세차익을 노려 상업적으로 수집하는 사람들을 좋게 보지 않습니다.

3. Purification

브랜드 커뮤니티에 있어서 자정purification 효과는 중요한 요소이다. 자정 효과는 두 가지 측면에서 생각할 수 있는데, 하나는 브랜드 마니아가 다른 사람들이 생각하는 브랜드에 관한 오인지 및 오해를 해결해주는 경우다. 필립스 커뮤니티가 바로 이러한 케이스다. 다른 하나는 바로 nikemania.com에서처럼 오인지와 비방이 커뮤니티 내에서 오랫동안 머무를 수 없을 만큼 그 게시물의 양이 많고 속도가 빠른 경우다. 고인 물은 썩기 쉬운데, 물이 고일 시간도 없이 새로운 글로 넘쳐 나는 커뮤니티가 nikemania.com이다. 이곳은 다른 브랜드 이야기가 오랫동안 머무를 수가 없다. 이것은 운영자때문만이 아니라, 삭제될 필요성조차 느끼지 못할 만큼 나이키의 정보와 관련된 컨텐츠와 마니아들의 일상에 관한 질문들 의해서 밀려나기 때문이다. 이것이 nikemania.com에서 보여지는 자정효과를 의미한다.

강성후 일반게시판에서는 나이키와 관련이 없는 내용은 잠시 머물렀다고 밀려나기 일수입니다. 하루 2,000여 건 이상의 게시물이 올라오기 때문에 다른 게시물에 의해서 자연스럽게 밀려나가는 것이죠.

참여동기를 이끌어 내는 커뮤니티

온라인은 참여의 동기를 이끌어내는 것이 중요한 공간이다. 참여가 없다는 것은 곧 죽어가는 생명체와도 같다. 《그라운드스웰》을 공저한 쉘린 리는 " '그라운드스웰'이란 사람들이 자신에게 필요한 것들을 기업과 같은 전통적인 조직으로부터 얻지 않고, 정보통신 기술을 이

132 ON-BRANDING

그들은 그 어느 브랜드보다 강력한 마니아가 있다. 이제 기업은 이들과 함께 하는 방법을 연구하는 것만 남았다. 단순히 단기적인 프로모션을 위해 함께 한다는 의미가 아니다. 마니아들이 적극적으로 참여할 수 있는 방법을 연구하는 것이다.

용하여 서로에게 직접 얻어 내는 사회적 현상"이라고 정의한다. 이러한 그라운드스웰의 개념은 바로 참여의 동기의 중요성을 말하며, 이는 마니아들에게 더 활발히 일어난다.

《그라운드스웰》의 저자들은 그라운드스웰이 일어나는 이유에 대해서 사람들의 욕구에 대한 아홉 가지 동기로 설명하는데, nikemania.com의 마니아의 활동도 그 가운데 세 가지의 관점에서 해석할 수 있다. 첫 번째가 '타인에게 인정 받고 싶은 욕구'다. 다른 사람들이 소유하지 못한 스페셜 에디션을 소유하고, 가장 먼저 최신의 정보를 올리면서 주목 받는다. 이는 나이키의 브랜드 아이덴티티처럼 최고와 최초가 되어 동질감을 가진 사람들로부터 인정받고자 하는 것이다. '이타적 욕구' 또한 존재하는데 내가 가진 정보를 다른 사람과 공유함으로써 그리고 다른 사람이 원하는 물건을 거래함으로써 타인을 도우려는 욕구다. 마지막으로 '친밀감'이다. 서로 같은 관심사와 흥미를 가진 사람끼리 교감하고 서로를 인정하면서 관계를 쌓아간다. 이것은 단지 자신의 이익을 위해 정보를 공유하는 차원을 넘어선다. 사람과 사람이 서로 소통하면서 유대감을 형성하고 강화하는 단계이다.

스스로 생명력을 유지하는 ON-Branding

온라인 커뮤니티가 온브랜딩에 성공하기 위해서는 기업이 동기부여를 하지 않아도 소비자에 의해서 지속적으로 'ON'되어 영속해야 한다. 디지털 광고 대행사인 포스트비주얼 설은아 대표는 온라인에서 소통이 일어나는 이유가 '브랜드 생명력' 때문이라고 말했다. "이제는 TV에서 어떤 제품이 좋다고 해서 소비들이 "그래, 좋아"라고 받아들이지 않잖아요. 검색하고, 물어보고 확인한 후에야 믿는 시대입니다. 그렇기 때문에 살아있는 브랜드가 되려면 온라인에서 살아 있어야 해요. 살아있다는 것은 정보를 많이 만들어야 한다는 것이 아닙니다. 사람들이 방문을 하지 않으면, 그리고 커뮤니케이션 일어나지 않으면 죽은 것이죠." 《그라운드스웰》은 기업이 온라인 활동을 통해 선택할 수 있는 다섯 가지 목표가 듣기listening, 말하기talking, 활성화하기energizing, 지원하기supporting, 참여시키기embracing라고 말한다. 이 가운데 '참여시키기'는 가장 큰 도전 과제이며, 앞서 언급한 네 가지 목표 중에 어느 한 가지라도 성공해본 적이 있는 기업만이 가능하다고 말한다. 다시 말해, 기업이 제품 및 업무 개선 과정을 혁신해 가는 중요한 역할을 고객들이 담당하도록 만드는 것이 '참여시키기'의 목적이다. 이러한 측면에서 nikemania.com은 가장 최종의 단계라고 말하는 소비자의 '참여'를 위한 모든 준비가 완벽히 완료된 상태다. 그들은 그 어느 브랜드보다 강력한 마니아가 있다. 이제 기업은 이들과 함께 하는 방법을 연구하는 것만 남았다. 단순히 단기적인 프로모션을 위해 함께 한다는 의미가 아니다. 마니아들이 적극적으로 참여할 수 있는 방법을 연구하는 것이다. nikemania.com은 스스로 생명력을 유지하는 생명체다. 기업이 주도하지 않았어도 스스로 태어나고 성장하고 생명력을 유지하고 있다. 기업이 많은 힘을 들이지 않고 성공적인 온브랜딩을 하고자 한다면 자사 브랜드에서도 이러한 커뮤니티가 있는지를 먼저 살펴보고. 만약 있다면 이들과 함께하지 않을 이유가 없다. 브랜드가 'ON'되기 위해서라면 말이다. UB

나이키의 브랜드 아이덴티티처럼 최고와 최초
강성후 나이키하면 최고죠. 나도 빠르고 멋질 것 같은 기분을 들게 합니다. 최고의 선수들로 구성된 광고 그리고 빼어난 디자인을 보면, 다른 브랜드와 분명 다를 것 같은 느낌이 듭니다. 나이키 광고를 보면 국내 최고 스타 선수들을 가장 먼저 영입합니다. 이것은 나이키코리아도 마찬가지예요. 최고에 집중하겠다는 기업의 의지겠죠. 그래서인지 다른 스포츠 브랜드 신제품이 출시 되도 그냥 지나치지만, 나이키는 일단 멈춰서 집중하게 됩니다. 최고의 작품을 보는 느낌이죠.

nike+의 온브랜딩 전략

nike+는 애플과 제휴하여 나이키 러닝화에 아이팟iPod 나노와 연결시키는 센서를 장착한 후, 자신의 달린 거리, 속도, 그리고 소모한 칼로리까지 알려준다. 이것은 nikeplus.com에서 확인할 수 있다. nike+는 미국에서 소비자의 적극적인 참여 동기를 이끌었으며, 웹사이트, nike+기술, nike+커뮤니티 그리고 애플과의 성공적인 제휴를 통하여 온브랜딩의 영역을 한층 업그레이드시킨 사례다.

왜냐하면 보통의 경우, 오프라인 기업이 온브랜딩을 한다고 할 때, 주로 웹사이트, 블로그, 커뮤니티라는 한정된 공간에서만 이루어지는 경우가 많으나, nike+는 오프라인과 온라인을 연계시킨 컨버전스된 온브랜딩으로서의 의미가 크기 때문이다. 그래서 nike+는 온브랜딩을 반드시 온라인 안에서의 활동으로 국한시키기보다 오프라인과 연계하여 끊임없이 소비자와 커뮤니케이션 하였다. 또한 전 세계적으로 나이키 소비자들이 nike+를 통해서 하나로 연결될 수 있는 링크의 개념이 적용된다. 세계 선수들의 기록에 비할 수는 없지만 나이키라는 브랜드 안에서 하나가 된 사람들끼리 자신의 달리기 실력과 기록을 비교할 수 있는 경험을 제공했다. 나이키라는 브랜드 아이덴티티가 최고와 최초를 지향했던 만큼, 소비자의 삶에서도 그들이 최고 혹은 최초가 될 수 있는 기회를 선사했다. 그러나 이처럼 미국에서 성공적이었던 nike+의 온브랜딩은 국내에서의 반응이 그다지 뜨겁지 않았다.

강성후 국내에서 nike+를 이용하는 소비자는 많지 않았습니다. 나이키코리아의 적극적인 마케팅이 부족했을수도 있지만, 다른 이유가 있습니다. 애플이 미국에서는 1위 브랜드이고, 거의 모든 사람들이 사용합니다. 상대적으로 우리나라는 nike+가 적용되는 아이팟 나노를 가진 사람이 보편적이지 않았습니다. 그래서 nike+가 한국에서 성공적이지 못했죠. 미국은 nike+때문에 매출이 올라갔지만 우리나라는 러닝화 점유율을 올릴 정도는 아니었죠."

앞서 언급했듯이, nike+가 분명 컨버전스의 온브랜딩을 개척했다는 측면에서 성공적인 사례임에는 분명하다. 그것이 국내소비자의 환경 조건 그리고 개인적인 취향 혹은 나이키코리아의 적극적이지 않은 홍보로 성공적인 온브랜딩 사례가 아니라고 기억될 수도 있다. 그러나 중요한 것은 지역마다 온브랜딩하는 방식을 모두 일괄적으로 적용할 필요는 없다는 것이다. 같은 브랜드라고 할지라도 지역 및 온라인의 환경, 소비자의 성향과 행동을 유심히 관찰할 필요가 있다. 나이키코리아는 수십 억 원을 투자하는 온브랜딩을 하지 않고서도, 10만 명이라는 나이키 소비자들의 의견을 24시간 365일 관찰·조사 할 수 있고, 그들에 의해서 나이키는 끊임없이 성장하고 있으며, 단단해지고 있다. 이러한 측면에서 나이키코리아는 행운아다.

소비자와 함께하고, 멈추지 않는 온브랜딩을 하다

'ON'과 'WITH'의
ON-BRANDING

지금까지 오프라인 태생 브랜드가 온라인에서 어떻게 브랜딩을 해야만 진정한 온브랜딩을 할 수 있는지를 사례를 통해서 알아보았다. 그들은 아직 자신을 성공사례라고 감히 말하지 않았다. 지금도 노력 중이며, 앞으로 더 노력하겠다고 했다. 온브랜딩을 위한 기업마다의 브랜딩 전략과 태도에 차이가 있었지만, 공통된 점이 있다면, 바로 'ON'과 'WITH'였다.

'At'이 아닌 'WITH'로 하는 'ON'브랜딩

온브랜딩이라는 개념을 정의하는 과정은 쉽지 않았다. 하지만 성공적인 온브랜딩을 위해 분명히 해야할 것은 계속해서 소통이 일어나야 한다는 'ON'의 의미를 기억해야 한다는 것이다. 또한 브랜드 아이덴티티를 구축해 나감에 있어서 소비자를 마케팅 대상으로 생각하는 의미인 '에게', 즉 'AT'이 아니라, '함께'라는 'WITH'의 자세를 지녀야 한다는 것이다. 다시 말해 자사가 만드는 브랜드 이미지를 소비자'에게' 일방적으로 전달하기보다는 커뮤니케이션을 통해서 그들과 '함께' 만들려는 마인드가 있어야 한다.

그런데 온브랜딩에 있어서 이 모든 것을 가능하게 하는 커뮤니케이션 방법을 자칫 말과 글에 의한 소통으로 한정해서 생각하기 쉽다. 그러나 반드시 그렇지만은 않다. 온브랜딩에 있어서의 커뮤니케이션이 더 넓은 의미라는 것을 보여주는 예는 애플이다. 애플의 홈페이지를 보면 도도하다는 생각이 든다. 사용후기는 있지만, 커뮤니케이션을 주도하려는 느낌보다는 제품을 홍보하려는 느낌이 더 강하다. "그럼에도 불구하고 애플은 매력적이지 않아?"라고 말하는 듯한 느낌이 든다. 그러나 애플은 분명 온브랜딩을 하고 있다. 자사 제품의 프로그램 소스를 오픈함으로써 소비자들이 자유롭게 소프트웨어 어플리케이션을 만들 수 있도록 허용하며 앱스토어에서 그것들을 서로 공유한다. 2009년 7월을 기준으로 6만 5천 개 정도의 어플리케이션이 평균 2.99달러에 거래되고 있으며, 전체 어플리케이션의 70%가 유료, 30%가 무료이고, 단 1년 만에 다운로드 받은 총 개수는 15억 개라고 애플코리아 박정훈 차장은 전했다. 애플 본사에서는 이에 대한 정확한 매출을 발표하지 않았지만, 업계에서는 적게는 2천만 달러에서 많게는 1억 6천만 달러로 추정하고 있다. 이러한 거래는 말과 글이 오가는 커뮤니케이션은 아니지만, 소비자의 자발적인 참여로 인한 거래로서, 개방과 공유가 공존하는 온브랜딩으로 해석할 수 있다. 온브랜딩의 커뮤니케이션은 소비자의 참여를 가능하게 하는 모든 행동을 포괄하는 의미다.

오프라인 브랜드는 기억해야 한다. 소비자와 함께하는 소통은 분명 온브랜딩의 핵심이다. 그리고 그 소통은 멈추어서는 안 된다. 특히나 온라인에서는 더욱 그렇다. 그러기 위해서 단지 말과 글로만 하는 소통만이 전부는 아니다. 애플처럼 자사에 맞는 소통의 방식을 찾아야 한다. 지금에서야 애플의 온브랜딩 방식을 보고 국내 이동통신사를 비롯하여 휴대폰 제조사들도 한국형 앱스토어를 만들겠다며 적극적인 태도를 보이고 있다. 물론 '한국형 앱스토어'도 중요하다. 하지만 자사가 온브랜딩을 시작하기 전에, 그리고 타사의 성공전략을 벤치마킹하기 전에, 기업은 먼저 스스로를 돌아봐야 한다. 그리고 어떠한 소통이 진정으로 자사 브랜드의 소비자의 행동을 좌우할 수 있는지, 얼마나 동기부여를 줄 수 있는지를 고민해야 한다. 국내 브랜드 가운데도 남부럽지 않을 만큼 글로벌 기업으로서의 위상을 가진 기업들이 있다. 이제는 스스로가 타 글로벌 기업에게 모범이 될 만한 온브랜딩의 사례를 만들 때이다. 이러한 고민의 시작이 영원불멸의 온브랜딩을 여는 길이다. UB

온브랜딩을 하기 전에 그리고 성공전략을 벤치마킹하기 전에, 기업은 먼저 스스로를 돌아봐야 한다. 어떠한 소통이 소비자의 행동을 좌우할 수 있고, 동기부여를 줄 수 있는지를 고민해야 한다.

50,000,000,000

대한민국 인터넷 쇼핑몰 하루 거래액 (단위 : 원)

2 ➔ 5,000

대한민국 인터넷 쇼핑몰 수 (1996년→2009년)

100 ➔ 200,000

대한민국 연간 인터넷 쇼핑몰 매출

(1996년→2009년, 단위 : 억원)

참조 신세계 유통산업연구소, 2009년 유통업 전망 | 정보통신위원회, 한국인터넷진흥원 2008년 인터넷 이용실태조사 | 인터파크 2009년 국내 인터넷 쇼핑 시장 동향 및 이용현황

24HOURS ON
STORE
24HOURS ON
BRAND

138 ON-BRANDING

Market ON, Branding ON

24시간 꺼지지 않는 가게, 인터넷 쇼핑몰

인터넷 쇼핑몰의 성장세가 가파르다. 최근 삼성경제연구소가 발표한 자료에 따르면 우리나라의 모든 소매업의 저성장이 예상되는 가운데 인터넷 쇼핑몰 만이 10% 이상의 성장세를 보이고 있다. 총 시장 규모도 20조원대. 매년 2조원 정도씩 시장이 성장하고 있는 것인데, 이 상태라면 조만간 백화점의 유통 규모도 넘어설 것으로 보인다고 하니, 예전처럼 소비자들이 전자상거래에 대한 신뢰가 없다는 이야기도 하기 어려울 것이다. 이미 우리나라 인구의 77% 이상이 인터넷을 사용하고 있고, 이들 중 50% 이상이 인터넷 쇼핑몰을 이용(한국인터넷진흥원, 정보통신부 추산)하고 있다. 그러나 인터넷 쇼핑몰들이 얼마나 자신을 '브랜드'로 생각하고 관리하고 있을지는 의문이다. 온브랜딩을 주제로 만나본 브랜드들 중 일부는 인터넷 쇼핑몰을 '유통 채널'의 한 형태로만 이해하고 있었다. 그래서 '브랜딩'에 관한 주제를 꺼내자 그들은 많은 부분 이벤트나 판촉, PR이나 광고에 관한 내용만을 이야기해 주었다.

물론 이런 부분들도 매우 중요하다. 하지만 과거 오프라인 시장의 발전 과정을 통해 얻은 교훈처럼, 상품과 서비스가 상향평준화 되고 시장이 성숙기에 접어들었을 때의 해답이 언제나 '브랜드'였음을 상기할 필요가 있다. 매년 인터넷 쇼핑몰의 평균 매출은 증가하고 있지만 인터넷 쇼핑몰의 개수는 줄어드는 것만 보아도 알 수 있다. 온라인 시장은 성숙 단계이고 소비자는 인터넷 쇼핑몰에서도 이제 상품 이외의 '어떤 것'을 찾고 있다.

이제 만나볼 인터넷 쇼핑몰 브랜드들은 각기 저마다의 'How-to'로, 쉽게 싫증을 느끼고 낮은 스위칭 코스트로 브랜드를 떠나는 까다로운 소비자로부터 비교적 오랜 시간 사랑을 받고 있다. 여기서 말하는 '사랑'이란 단기간 반짝하는 흥미적 요소나 매력을 의미하는 것이 아니다. 이 브랜드들은 끊임없이 자신의 웹사이트에서, 혹은 다른 장소에서도 자신의 브랜드를 '이야기하고 있는' 고객들의 로열티를 흔들리지 않게 할만한, 그래서 계속 이야기될만한 '어떤 것'을 가지고 있다. 어떤 브랜드는 그 어떤 것이 '이야기' 그 자체이기도 하고, 또 다른 브랜드는 그 '이야기'가 흐르는 길을 잘 파악하여, 언제건 다시 자신의 브랜드로 돌아올 수 있도록 선순환 구조를 만들기도 한다. 또는 고객과 브랜드 아이덴티티를 함께 만들어가기도 하

> 인터넷 쇼핑몰이 지금 팔고 있는 것이 '진정' 무엇인지 브랜드 혼자서는 알 수가 없다. 다만 브랜드가 할 수 있는 일은 고객으로부터 찾아낸, 고객들이 사고 있는 '진짜' 가치를 선택하고 지지하는 일이다.

고, '최초'를 고집하며 항상 새로운 것을 제공하려 노력하기도 한다.

How-to는 모두 다르지만 이들 브랜드 사이에는 공통점이 있고, 그것은 온라인의 가장 중요한 속성과도 맞닿아 있다. 바로 '자신의 반영'과 '소통'이다. 온라인 공간은 브랜드가 되고자 하는 바를 즉각적으로 보여주기에 좋은 환경이며, 또한 고객들로부터 이에 대한 피드백을 가장 빠르게 받아볼 수 있는 곳이기도 하다. 중요한 것은 고객으로부터 얻은 반응들을 브랜드에 얼마나 긍정적인 방향으로 반영할 것인가와, 이를 통해 더욱 확고한 브랜드 아이덴티티를 '고객과 함께' 만들어가는 것이다. 이처럼 소통에 적극적인 브랜드만이 정체되지 않고 언제나 24시간 ON상태일 수 있다. 인터넷 쇼핑몰

이 지금 팔고 있는 것이 '진정' 무엇인지 브랜드 혼자서는 알 수가 없다. 다만 브랜드가 할 수 있는 일은 고객으로부터 찾아낸, 고객들이 사고 있는 buying '진짜' 가치를 선택하고, 지지하는 일이다. 그것이 '상점'이 아니라 '브랜드'가 해야 할 일이다. 인터넷 쇼핑몰의 온브랜딩은 바로 거기서부터 시작된다. UB

140　ON-BRANDING

고객의 속성을 인정하라
새로움에 고객이 ON한다, 인터파크

The interview with (주)인터파크 INT 기획실장 박진수

"물론 인간은 자신이 원하는 것에 관심을 갖고, 또 영원히 그것에 관심을 가질 것이다. 하지만 다른 사람은 당신이 원하는 것에 관심이 없다. 세상 사람 모두 자기가 원하는 것에만 관심을 갖고 있다. 따라서 다른 사람을 움직일 수 있는 유일한 방법은 그들이 원하는 것에 관해 이야기하고, 그것을 어떻게 하면 얻을 수 있는지 보여주는 것이다. 이 것을 잊고서는 사람을 움직일 수 없다." 데일 카네기

인간 경영의 구루였던 데일 카네기의 말은 인간관계를 고민하는 사람들뿐만 아니라, 온브랜딩을 고민하는 브랜더들에게도 시사하는 바가 크다. 세 개중 하나의 상점이 일 년을 넘기지 못하고 사라지는 온라인 공간에서 13년째 'ON' 하고 있는 인터넷 쇼핑몰 인터파크는 고객이 인터넷에서 정말 원하는 것은 '새로운 서비스를 항상 제일 처음 경험 하는 것'이라고 말한다. 그래서 매번 '최초'의 기록을 만들어 고객에게 자신을 이용하면 원하는 것을 얻을 수 있다고 말하고 있는 인터파크는 다른 것보다 '새로움'으로 고객에게 ON되는 브랜드였다.

www.interpark.com

만약 온라인 쇼퍼들이 모두 이런 사람들이라면 기업의 입장에서는 좋을 것이 없다. 어떤 기업이 자신과 거래하는 고객이 더 까다로워지기를 원할까. 그러나 인터파크는 이런 내용을 '계명'으로 내세울 만큼 대담하고 새로운 시도를 하고 있다.

온브랜드의 고객은 '그래야만 하는' 사람

전자결제전문 기업인 이지스효성의 조사에 따르면 2009년 우리나라 인터넷 쇼핑몰 폐업률은 30.8%로, 세 개 중 하나의 상점이 일년을 넘기지 못하고 문을 닫는다고 한다. 이런 상황에서 우리나라 최초의 인터넷 쇼핑몰로서, 올해로 만 13년째 불이 꺼지지 않는 ON 가게가 된 인터파크의 장수 비결은 과연 무엇일까.

데이콤의 사내 소사장 제도로 생겨난 인터파크는 이기형 회장의 남다른 시각으로부터 시작되었다. 회사가 설립될 1996년 당시 우리나라는 인터넷 사용 인구가 전체인구의 약 3% 정도 밖에 되지 않는 수준이었다. 전자상거래의 문제가 아니라, 아직 '인터넷' 자체에 대한 개념조차 명확하게 공유되지 않았던 것이다. 그럼에도 불구하고 인터파크는 과감하게 시장에 발을 들여놓았고, 8백 여종의 상품을 직원 10여 명이 관리하던 데서 400만 종의 상품으로 연간 1조원의 매출을 올리는 회사로 성장했다. 여러 이유가 있었겠지만 시작이 그랬던 것처럼 그들이 개발하는 대부분의 것이 시장에서 '최초'인 경우가 많았던 것이 성장의 큰 이유가 되었다. 예를 들어 1999년 인터넷 쇼핑몰 최초 코스닥 상장이나 2003년 최초의 무료배송, 2006년 최초의 '하루 배송 보장' 등만 보아도 그렇다.

우리나라에 없었던 시장을 만들고, 시장을 넓히는 데 힘쓴 뒤 최근 리뉴얼을 진행하고 있는 인터파크의 새로운 브랜드 슬로건은 'Shopper's Heaven', 그러니까 쇼퍼들의 천국이다. 재미있는 것은 슬로건이 정립되면서 함께 생긴 'Shopper's Heaven 7계명'이다. 이 7계명은 인터파크가 고객에게 주는 미션과도 같은 느낌이다. 그렇지만 막상 고객이 보게 되면 의아해할 만한 미션들이다.

'Shopper는 변덕스러워야 한다. Shopper는 참을 수 없어야 한다. Shopper는 까다로워야 한다. Shopper는 남달라야 한다. Shopper는 욕심이 많아야 한다, Shopper는 즐길 줄 알아야 한다, Shopper의 프라이버시는 지켜져야 한다!'

'Shopper가 이런 사람이어서 힘들어요', 하는 기업 입장에서의 불만이 아니다. 인터파크는 오히려 고객들은 '그래야만 하는' 사람이라고 이야기하고 있는 것이다. 만약 온라인 쇼퍼들이 모두 이런 사람들이라면 기업의 입장에서는 좋을 것이 없다. 어떤 기업이 자신과 거래하는 고객이 더 까다로워지기를 원할까. 그러나 인터파크는 이런 내용을 '계명'으로 내세울 만큼 대담하고 새로운 시도를 하고 있다.

최초가 되겠다는 고집과 새로운 시도의 이유는 과연 무엇일까? 앞서 언급한 수치로도 알 수 있듯, 수많은 인터넷 쇼핑몰들이 생겨났다가 사라진다. 내로라하는 대기업들도 시장의 가능성만 보고 쉽게 발을 들여놓았다가 그대로 사이트를 닫거나 다른 기업에 매각해야만 했다. 기본적인 유통 체계와 큰 자본력을 가지고 시장에 진입했으나 성공은 생각처럼 이루어지지 않았다. 여러가지 요인이 있겠지만 대부분의 실패가 새로운 온라인 고객의 특성(온라인 시장에서 고객이 더 까다로운 이유)을 제대로 파악하지 못했기 때

🎤 회사가 설립될 1996년 당시
박진수 당시 우리나라는 온라인에서 물건을 사는 것이 어떻게 가능하냐고 생각하던 때였습니다. 이런 생각이 98~99년까지도 이어졌던 것이죠. 초고속 통신망들이 깔리고 인터넷 환경이 조성된 이후부터 비로소 인터파크를 비롯하여 삼성몰 같은 인터넷 쇼핑몰에서 물건을 사기 시작했습니다. 이는 저희의 브랜드 커뮤니케이션과도 관계가 있는데, 그 당시 저희는 과감하게 TV광고를 하면서 "주변에 사던 곳에서 사지 말고 인터파크에서 사라"는 커뮤니케이션을 했습니다. 그래서 '백화점에서 안 샀다, 인터파크에서 샀다' '서점에서 안 샀다, 인터파크에서 샀다' 이런 커뮤니케이션들을 주로 했죠. '온라인에서 한 번 사봐! 얼마나 편한 줄 아니? 집에 앉아서 배송받아!' 이게 주 내용이었습니다.

🎤 최근 리뉴얼을 진행
박진수 브랜드 아이덴티티라는 것은 시간과 환경에 따라서 계속 변화하는 것 같습니다. 똑같은 생각으로 계속 이어갈 수는 없기 때문에, 어떻게 고객들이 변화하는가를 계속 모니터링 하다가 시대에 뒤처진다거나, 저희가 너무 구태의연하고 올드해보인다고 하면 한번쯤 리뉴얼이 필요한 것이 브랜드라고 생각합니다.

문인 경우가 많다. 그러나 13년의 경험을 가진 인터파크의 경우, Shopper's Heaven 7계명에서도 보여지듯, 고객을 '그래야만 하는 사람'으로 '있는 그대로' 인정하고 있었다. 고객이 온라인에서 더 까다로울 수밖에 없는 이유를 파악하고, 고객을 바꾸기 보다는 있는 그대로 인정하면서 변덕스러운 고객을 만족시키기 위한 방법으로 최초가 되는 것을 선택한 것이다.

칭 코스트가 많이 들지 않는다. 마음에 들지 않으면 언제든지 다른 사이트로 쉽게 옮겨갈 수 있다. 인터넷에서 고객이 더욱 감정적이고 즉각적으로 대응하는 것은 쇼핑이 단지 구매의 문제가 아니라 개인의 '정보 탐색 능력'과 '자존심'에 관한 문제이기 때문이다. 고객은 그래서 온라인에서 더욱 '만족할 수 없는' 존재다. 이것은 너무나 쉽게 많은 정보를 획득할 수 있고,

> 인터넷에서 고객이 더욱 감정적이고 즉각적으로 대응하는 것은 쇼핑이 단지 구매의 문제가 아니라 개인의 '정보 탐색 능력'과 '자존심'에 관한 문제이기 때문이다. 고객은 그래서 온라인에서 더욱 '만족할 수 없는' 존재다. 이것은 너무나 쉽게 많은 정보를 획득할 수 있고, 다른 것을 선택할 수 있는 온라인에서 쉽게 바뀔 수 없는 고객의 특성인 것이다.

ON하는 고객에게 맞는 온브랜딩

어째서 고객이 기존 시장에서보다 온라인 시장에서 더욱 까다롭고 변덕스러울까. 인터파크의 박진수 기획실장은 다음과 같이 예를 들어 설명해 주었다.

박진수 만약에 동네 마트에서는 라면 한 박스에 만 원에 판매하고 있고, 시내에 있는 대형 마트에서는 구천 원에 팔고 있다고 생각해 보십시오. 동네 마트에서 라면을 구입하고 나서 대형 마트가 같은 상품을 더 싸게 판매하고 있다는 사실을 알게 되더라도 크게 화가 나지 않을 것입니다. 그리고 화가 난다고 하더라도 천 원 때문에 샀던 상품을 환불하고 대형 마트로 다시 가는 일은 많지 않습니다. 귀찮기도 하고, 여러 비용의 문제가 있기 때문입니다. 그런데 만약에 어느 인터넷 쇼핑몰에서 똑같이 라면을 샀는데 다른 쇼핑몰이 더 싸다는 사실을 알게 되었다고 생각해보십시오. 동네 마트의 경우보다 더 화가 날 것이고, 배신감도 들 것이고, 다시 그 쇼핑몰을 이용하지 않겠다고 생각할지도 모릅니다. 이 모든 것은 인터넷 쇼핑이 단지 '구매'의 문제가 아니기 때문입니다. 이것은 '정보에 관한 문제'이고, '정보를 다루는 능력'의 문제입니다. 자신의 정보 탐색과 습득의 능력이 떨어진다고 느낄 때 고객의 실망은 말할 필요도 없이 클 것입니다. 🔗25

인터넷 쇼핑은 단지 '편의성'에 근거한 '구매'의 문제가 아니다. 온라인은 기존 오프라인 시장에서처럼 스위

다른 것을 선택할 수 있는 온라인에서 쉽게 바뀔 수 없는 고객의 특성인 것이다. 인터파크는 그런 고객의 특성에 대해서 정확히 인지하고 있었다. 따라서 인터파크는 그런 고객에게 '적당히 만족해보라'고 요구하기 보다는 지속적으로 새로운 것을 제공함으로써 인터파크를 이용하는 고객의 지적 능력과 자존심을 채워주고 있는 것이다.

이런 고객을 파악하고 있던 인터파크는 자신을 이용하고 있으면 시장에서 최초로 시도된 무언가를 제일 먼저 제공받게 된다는 사실을 고객이 알게 해야 했다. 2003년 처음 무료배송이 시작된 것도 그런 맥락이다. 당시 업계로서는 🔗**단일제품의 무료배송**은 생각하기 어려운 구조였다. 기업이 배송료를 부담할 경우 실질적인 이익에 마이너스가 되기 때문이었다. 하지만 효율보다 새로움을 우선에 둔 이 최초의 시도로 인터파크는 높은 인지도와 늘어난 거래량으로 손실을 메우고도 남을 이익을 얻게 되었다. 사람들이 더 많이 인터파크를 찾게 되었기 때문이다. 2008년 누적 판매총액 2,720억원을 달성한 🔗**인터넷 종합 예약시스템 티켓파크**TicketPark도 1997년 우리나라에서는 최초로 서비스되었다. 표는 현장 발매가 전부였던 시장에 새로운 경험을 제공하게 된 것이다.

적당한 유통채널 vs. 온ON 브랜드

사실 온라인 시장에서 처음으로 새로운 것을 시작한다는 것에는 많은 위험이 따른다. 새로 제공하는 서비

🔗 **단일제품의 무료배송**
박진수 인터파크가 파란을 일으켰던 것이 책 한 권을 사도 무료배송, 화장품 하나를 사도 무료배송 한다는 '무료배송의 대명사'로 자리매김을 하면서부터입니다. 그게 2003년쯤 입니다. 그것 때문에 인터파크의 트래픽이 굉장히 늘었고, 인터파크도 알려지게 되었죠. 그 즈음 저희가 캐치프레이즈로 내세웠던 것이 "싸니까 믿으니까, 인터파크니까"로, 이것을 계속 고객에게 어필하기 시작했습니다.

🔗 **인터넷 종합 예약시스템 티켓파크**
박진수 저희가 인터파크라는 브랜드 네임을 알릴 수 있었던 계기는 인터넷 쇼핑몰 최초 코스닥 상장과 더불어, 2002년 월드컵의 티켓 예매를 다루기 시작하면서부터입니다. 예전에 티켓을 구매할 때를 생각해보면, TV 화면에 이렇게 나왔던 것을 기억하실 겁니다. "시내 유명 서점을 비롯한 예매처에서 구매하실 수 있습니다." 그런데 그 부분을 저희가 온라인으로 흡수하면서 트래픽이 많이 생겼던 것이죠.

스가 실패할 경우 어떤 시장보다 즉각적인 고객의 반응을 받게 되고, 한 번 생긴 불만은 고객 한 사람에게서 끝나는 것이 아니라 여러가지 형태로 다른 고객에게 인터파크와 관련된 '정보'가 되어 퍼져나간다. 한번 퍼져 나간 정보는 온라인에서 쉽게 사라지지 않는다. 기업은 몰라도 고객은 특정 쇼핑몰의 단점도 검색해 봄으로써 자신의 정보력으로 위험을 피해갈 때의 만족감도 누리려 할 것이기 때문이다. 물론 서비스가 성공적인 경우에는 브랜드가 '최초'로서 누릴 수 있는 이익을 얻게 되지만 이마저도 오프라인에 비해서는 턱없이 짧다. 성공적인 서비스 모델은 온라인 상에서 특히 더 쉽게 카피된다. '정보'와 '자존심'의 문제인 인터넷 쇼핑은 실상 누가 먼저 고객에게 서비스를 시작했느냐보다, 더 나은 서비스를 하는 것이 중요하기 때문이다.

그러나 인터파크는 기존의 것을 더 나은 서비스로 개발할 뿐만 아니라 지속적으로 새로운 것을 시도하고 있었다. 효율적이지는 않을지도 모른다. 그러나 단순히 더 많은 이익을 창출하려는 시도는 아니었다. 늘 새로운 것만이 고객을 움직일 수 있는 유일한 방법이며, 이렇게 고객을 만족ON하게 하면, 결국 자신의 브랜드도 ON하게 만든다는 사실을 알고 있었기 때문일 것이다.

박진수 인터파크라는 네 글자속에는 고객들이 생각하는 인터파크라는 브랜드의 약속들이 있습니다. 그 약속은 인터파크가 어떤 방법으로든 지키겠다고 말했던 부분일 것입니다. 그걸 안지키면 브랜드가 무너지는 건 당연합니다. 그 약속을 지켜야만 새로움을 향해 있는 인터파크의 브랜드 아이덴티티도 유지될 것입니다. 고객의 신뢰는 이를 토대로 계속 쌓이는 것이기 때문입니다.

적당한 유통채널로서 큰 이익을 누릴 것인지, 리스크를 감수하더라도 브랜드로서 오랫동안 고객과 함께 온브랜딩 될 것인지는 모든 대형 인터넷 쇼핑몰들이 한번쯤 고민해봐야 할 문제다. 유니타스브랜드가 만나본 다수의 대형 쇼핑몰들이 자신을 그저 '유통채널'에 지나지 않는다고 생각하고 있었기 때문이다. 그러나 인터파크의 사례처럼 당장의 매출이나 자신의 입장보다 고객을 먼저 생각하고, 충분히 만족된 고객에 의해서 온브랜딩되는 것이 장기적으로 사랑받는 브랜드가 되는 길임에는 의심의 여지가 없다. UB

박진수 경북대학교 신문방송학과를 졸업하고 육아포털 제로투세븐(0to7.com)을 창업했다. 에듀토피아 중앙교육 마케팅 팀장. 두산 에듀클럽 마케팅 팀장을 거쳐 현재 (주)인터파크 INT 쇼핑 기획실장으로 재직 중이다.

144 ON-BRANDING

아이덴티티로 브랜딩하다
아이덴티티로 소통하다,
로토코 & 녜스클로짓

The interview with 로토코 대표 윤상철 | 녜스클로짓 대표 김효정

"나는 가끔 스스로 묻는다. '옷이란 무엇인가?' 그 때마다 나의 대답은 같다. 옷은 '나를 나 자신일 수 있게 만드는 것'이다." 지아니 베르사체의 이 말은 몸 위에 입게 되는 옷이 내가 어떤 사람인지를 표현하는 가장 좋은 방법 중 하나라는 의견에 힘을 더한다. 이처럼 아이덴티티의 표현에 중요한 옷을 온라인에서 구입할 때, 고객들은 어떤 기준을 가지고 있을까. 여러 기준이 있을 수 있겠지만 만약 특정인이 가진 강한 아이덴티티가 녹아있는 브랜드를 만난다면 어떨까. 자신을 표현하고 싶어하고, '나'답게 만들고 싶어하는 고객들에게 고객 자신이 원하는 아이덴티티를 가진 사람은 매력적일 것이다. 더욱이 같은 매력이 브랜드에도 녹아있다면 그 브랜드는 항상 관심이 가고 구입하고 싶지 않을까. 이처럼 고객이 원하는 명확한 아이덴티티를 제공할 뿐만 아니라 고객과 소통해 자신만의 더욱 확고한 브랜드 아이덴티티를 구축하여 ON하는 브랜드가 바로 의류 쇼핑몰 로토코와 녜스클로짓이다. 파워풀한 컨셉으로 브랜드 아이덴티티를 구축하기에 유리한 온라인 공간을 충분히 활용하고 있는 이들을 만나보았다.

www.lotoco.com | www.nescloset.co.kr

24HOURS ON STORE 24HOURS ON BRAND **145**

사람의 아이덴티티가 브랜드 아이덴티티로

10년 전만해도 상상하지 못했던 일이지만, 지금은 의류 쇼핑몰들이 온라인 공간을 점령하고 있다. 통계청의 인터넷 쇼핑몰 통계에 따르면 인터넷 쇼핑몰 거래액 중 가장 높은 비중은 단연 의류 및 패션 관련 상품 시장(18.3%)이다. 그들이 파는 상품은 비슷한 종류일지 몰라도 그들이 파는 가치는 저마다 다름에도 불구하고, 오히려 자신들은 비슷한 가치를 판다고 말하고 있어서인지 1년을 넘기지 못하는 쇼핑몰이 30%일 정도로 수명은 그리 길지 않다.

로토코와 네스클로짓은 그런 의미에서 타쇼핑몰과는 조금 다른 케이스다. 바로 이들 브랜드를 만든 사람이 온라인에서 보여지는 이미지가 명확한, '유명인'이라는 특징을 가지고 있다. 로토코와 네스클로짓은 이 부분을 적극 활용하여 특정인(브랜드를 만든 사람)의 명확한 휴먼 아이덴티티를 브랜드에 '전이'시킨 후, 이를 좋아하는 고객들과의 커뮤니케이션을 통하여 브랜드 아이덴티티를 확고히 구축해 나가고 있다.

로토코와 네스클로짓이 이 휴먼 아이덴티티를 브랜드에도 그대로 적용하게 된 계기는 싸이월드Cyworld에 있다. 미니홈피가 개인의 아이덴티티를, 그것도 아주 멋지고 쉽게 보여줄 수 있는 툴이 되자 곧바로 많은 사람들이 모여들었는데, 싸이월드는 이런 흐름을 읽어 ***투멤** 시스템을 만들어냈다. 매일 한 사람 이상이 그날의 주인공이 되었고, 그 사람의 미니홈피는 당일 10만 명 이상의 방문자를 끌어들였다. 한번 괜찮은 투멤의 미니홈피를 발견하면 사람들이 지속적으로 그 투멤을 보기 위해 모여들기 때문에 투멤이 되면 거의 매일 5천 명 이상의 방문자가 생기는 것이다.

이 두 브랜드를 만든 사람들은 인터넷 쇼핑몰을 열기 전에 투멤이 되어 온라인 공간에서 유명해진 인물들이다. 그들은 미니홈피에서 자신의 모습을 사진이나 글을 통하여 충분히 보여줄 수 있었다. 🔗64 사람들은 미니홈피에 들러 그들의 패션에 관심을 보였고 질문도 했다.

윤상철 지금은 로토코의 주주인 네 명의 로토코 창립자들은 당시 싸이월드를 이용하면서 팬들이 많았습니다. 그들의 미니홈피 내에서 질문을 하는 사람들이 많았는데 주로 네 분이 어디서 옷을 사는지, 모자, 신발은 어느 브랜드인지를 묻는 경우가 많았습니다. '우리 패션에 관심을 갖는 사람들이 있구나'하는 생각이 들자 이것을 사업화해서 네 분이 즐겨 입는 것들을 스타일링 해서 보여주면 좋겠다는 생각을 하게 된 것이죠. 그들이 어떤 옷을 입고 커피를 마시는지, 어떤 스타일로 클럽에 가는지, 밥을 먹는지, 심지어 세차를 하는지를 보여주면 기존의 인터넷 쇼핑몰의 상품이미지가 아니라 '그들 자신'을 보여주는 것이 되는 겁니다. 그것이 상품 구매라는 고객의 기본적인 욕구를 만족시킴과 동시에 또다른 즐거움을 제공하는 것이라 생각한 것입니다. 🔗60

김효정 대학원에서 시각디자인을 공부하던 중이었는데 2005년 6월에 네스클로짓을 열었습니다. 지금 생각해보면 싸이월드에서 저를 표현했던 것이 현재 제가 좋아하는 일을 할 수 있게 해준 근원이었다는 생각이 듭니다. 네스클로짓 고객의 90% 이상이 저를 미니홈피에서부터 지켜봐 오신 분들입니다. 제가 어떤 생각을 가지고 있는지, 어떻게 성장하고 있는지를 지켜보신 것이죠.

이처럼 로토코와 네스클로짓은 싸이월드에서 미래의 잠재고객들을 만났고, 🔊**고객들이 좋아하는 자신의 아이덴티티를 그대로 브랜드에 전이시켰다.** 단지 유명인이 운영한다고 해서 브랜드가 유명인과 동일한, 혹은 흡사한 아이덴티티를 갖기는 어려울 것이다. 그러나 이 두 브랜드가 비즈니스에서 탁월했던 점은 싸이월드에서 잠재고객에게 보여주었던 창립자의 사진들과, 패션 브랜드로서 인터넷 쇼핑몰에서 보여지는 상품 이미지에 차이를 두지 않았다는

*투멤

싸이월드에서 제공하고 있는 서비스 중 하나로 투데이멤버(Today's Members)의 줄임말이다. 미니홈피를 잘 꾸민 회원들의 신청을 받아, 선정된 회원의 미니홈피를 싸이월드 메인화면에 소개해주는 서비스. 처음에는 투데이멤버를 뽑고 자기소개를 하던 정도에서 최근 '피플' 서비스로 확대되어 피플만나기, 콘테스트, 투멤인터뷰, 스타홈피 등을 통해 일반 회원을 온라인 공간의 '스타'로 만들고 있다.

싸이월드의 사진(위)과 거의 흡사한 분위기의 상품 페이지 구성(아래)을 보여주는 네스클로짓

🔊 고객들이 좋아하는 자신의 아이덴티티

윤상철 로토코가 성공할 수 있었던 것은 로토코가 그저 싸이월드에서 유명해진 이들의 이름만 건 쇼핑몰이 아니라, 그들이 직접 운영에 참여했기 때문인 것 같습니다. 연예인들의 쇼핑몰 같은 경우도 직접 운영하는 경우가 롱런합니다. 이름만 거는 경우에는 초반에는 반응이 좋지만, 결국 소비자들이 그 사실을 '알게' 되는 것입니다. 길게 가지 못하는 이유도 아마 거기에 있는 것 같습니다.

고객과의 대화는 브랜드가 더 '브랜드답도록' 만드는데 도움이 된다. 미처 이들이 보지 못했던 부분을 고객들의 이야기를 들으면서 깨달을 수 있기 때문이다. 로토코와 녜스클로짓이라는 브랜드의 아이덴티티는 로토키스트와 녜퓨어가 원하는 가치를 포함하고 있다. 그렇기 때문에 고객들이 스스로 브랜드에서 파생된 이름으로 자신을 부르고, 그 브랜드에 소속감을 느끼고자 하는 것이다.

'녜퓨'라 불리는 고객
김효정 녜퓨어라는 이름은 어느 순간 녜스클로짓을 방문하시던 분들이 스스로 그렇게 부르기 시작했고 저는 그저 함께 부르고 있을 뿐입니다. 그만큼 녜스클로짓에서 뭔가 편안한 느낌을 가져주신 거라 내심 뿌듯합니다. 요즘 인터넷 공간은 어떤 면에서는 참 삭막한데, 두 뼘 정도의 작은 공간이지만 저희만의 특별한 '여유'와 '공감'안에서 생겨난 애칭이라 각별할 수밖에 없습니다.

점이다. 실제로 두 브랜드의 쇼핑몰은 이들의 싸이월드의 사진이나 분위기와 크게 다르지 않다. 특정인의 확실한 아이덴티티가 브랜드에서도 그대로 나타나는 것이다.

로토키스트와 녜퓨가 사는^{buy} 것

'로토키스트'는 '로토코'라는 브랜드 네임에 사람을 의미하는 접미사 '-ist'를 붙여 만들어진 로토코 고객 집단의 이름이다. 재미있는 것은 이들 집단의 이름을 로토코에서 '만들어 준' 것이 아니라 고객 '스스로' 그렇게 부르기 시작했다는 점이다. 녜스클로짓도 '녜퓨어' 혹은 줄여서 '녜퓨'라 불리는 고객들이 있는데 이 이름 역시 녜스클로짓의 '녜스^{Nes}'에 순수하다는 의미의 '퓨어^{Pure}'가 붙어 만들어진 이름으로 고객들 스스로 만든 것이다.

고객들은 대부분 미니홈피서부터 표현된 창립자들의 사생활이나 이들 자체에 대해서 관심이 많다. 미니홈피를 통해서 보여지는 모습을 마음에 들어해서 자주 방문했던 고객들이었기 때문에 로토코나 녜스클로짓에서 (자신의 워너비가 되어버린) 이 창립자들의 이미지와 '닮은' 상품을 구입할 수 있다는 사실이 큰 강점으로 작용했다. 로토키스트나 녜퓨어라는 이름은 고객들이 이들 브랜드에 얼마만큼 동질감을 느끼고 있는지 보여주는 것이다.

윤상철 로토키스트라는 이름은 로토코의 옷을 입는 사람들이 모여 스스로 만들어졌습니다. 그렇게 모이면서 로토코에 동질감과 소속감을 느끼고 계신 것 같습니다. 그러면서 중요한 로토코의 구성원이 되는 것이죠. 그래서 어떻게 보면 로토코는 블랭크^{blank} 인 것 같습니다. 모든 것이 다 열려있는 공간으로 저희 고객이 만드는 공간이기 때문입니다. 로토코에 대한 정의도 고객이 내리는 것입니다. 다만 저희는 그들의 의견에 즉각적으로 대처하고, 저희와의 만남을 원하시면 클럽파티나 여러 이벤트를 통해 그 기회를 만들 뿐입니다. 그래서 오히려 로토키스트, 저희의 마니아가 더 강해지는 것이 아닌가 싶습니다.

코골이 청하던방, 볼때마다 옷장을 열어볼때마다 좋았던 서랍불리고 거울앞에서 어린애처럼 놀았다 첫눈오는날에 다시꺼내입고싶습니다

남성적 자유분방함이 표현된 로토코(위)와 개인적이고 감성적인 이야기가 상품페이지에도 표현되는 녜스클로짓(아래)

로토코와 녜스클로짓은 특정인의 확실한 아이덴티티에서 비롯된 브랜드라는 공통점이 있지만 고객과 소통하여 브랜드 아이덴티티를 더욱 강화하는 것에서는 조금씩 다른 방법을 쓰고 있다. 그 이유는 자신이 제공하는 가치를 좋아하는 고객층이 다르기 때문이다. 로토코의 경우, 창립자들이 한 명이 아닌 네 명의 남성 집단이기 때문에 그들이 함께 사업을 시작했을 때 그들의 쇼핑몰을 찾게 되는 고객도 주로 남성이었다. 패션에 관심이 많은 남자들이 주요 타겟이었지만 고객에 대한 특별한 분석이 필요 없었던 이유는 창립자들 자신이 너무나 분명히 그런 고객층의 특징을 대표하고 있기 때문이었다. 그래서 그들이 가장 좋아하는 것을 보여주는 것이 고객들도 '좋아하는' 것이 될 수가 있었다. 녜스클로짓의 경우는 창립자인 CEO도 한 명의 개인이며 여성이라 고객 또한 여성을 타겟으로 하고 있다. 로토코와의 차이점은 김효정 대표의 커뮤니케이션 방식의 차이인데, 여성 고객이니만큼 아주 작은 것에서부터 감성적인 이야기들로 '대화'를 나누는데 집중하고 있다는 것이다. 로토코가 주로 자유분

Choice by NesCloset's
the blouse getting more elegance

the b'... se getting more elegance
BLACK Aura.

Photographed by Kim'hyojung

방하고 트렌디한 남성 집단의 이미지를 상품 화보로 이용하고 있다면 녜스클로짓은 CEO를 포함한 개인의 사진을 이용하고 있으며, 상품과 관련된 CEO의 개인적인 추억이나 이야기들이 상품 소개페이지에도 함께 표현된다.

아이덴티티 학습과 반영의 24/7

이러한 브랜드의 커뮤니케이션 노력에 대한 고객의 반응도 다르게 나타난다. 로토코의 경우 상품 이미지가 크게 화보 형식으로 표현되기 때문에 이에 따른 고객의 반응도 이 화보와 흡사한 자신의 이미지를 찍어 게시판에 올리는 것으로 표현된다. 녜퓨어의 경우 녜스클로짓에서 구입한 옷을 입고 찍은 사진과 함께, 그들의 아주 사소한 이야기까지 게시판을 통해서 다른 녜퓨어나 CEO와 함께 소통하고 있다.

김효정 녜스클로짓은 사소한 것으로부터 오는 공감이 중요한 것 같습니다. 그것이 저의 취향이나 라이프스타일에 관한 공감이든, 아니면 소통하면서 인간적으로 얻어지는 것이든 말입니다. 이 작은 공간에서 일어나는 대화의 중요성을 알기 때문에 2년 전에 녜스클로짓을 홈쇼핑 채널로 가져가 크게 키워보자는 제안도 쉽게 거절할 수 있었습니다. 제가 녜퓨분들과 게시판을 통해서 나누는 이야기는 언니와 여동생이 한밤에 나란히 누워서 해야 할만한 아주 사소한 이야기들입니다. "중요한 결혼식이 있는데 싸이월드에 찍어 올렸던 옷을 개인적으로 빌려달라"고 말씀하시는 분들도 있을 정도죠. 그래서 특별히 업무가 끝난 후라도 따로 시간을 내서 그분들 이야기를 읽고 답해드리고 있는 겁니다.

고객들의 활동, 그리고 그런 고객과의 대화가 이 3두 브랜드의 성장에 큰 도움이 되는 것은 당연하다. 또한 로토코와 녜스클로짓의 경우 이런 고객과의 대화는 브랜드가 더 '브랜드답도록 만드는데 도움이 된다. 미처 이들이 보지 못했던 부분을 고객들의 이야기를 들으면서 깨달을 수 있기 때문이다. 로토코와 녜스클로짓이라는 브랜드의 아이덴티티는 로토키스트와 녜퓨어가 원하는 가치를 포함하고 있다. 그렇기 때문에 고객들이 스스로 브랜드에서 파생된 이름으로 자신을 부르고, 그 브랜드에 소속감을 느끼고자 하는 것이다. 브랜드 아이덴티티가 로토키스트와 녜퓨어가 갖고자 하는 휴먼 아이덴티티와 거의 흡사하기 때문에 로토코, 녜스클로짓을 보고 '로토코스러움' '녜스클로짓스러움'이 학습된 고객이 브랜드와 대화나 소통을 통한 피드백으로 다시 이들 브랜드를 더 브랜드스럽게 강화하는 것이다. 댓글이나 화보, 녜스클로짓의 사소한 대화들이 그 예가 된다. 브랜드의 입장에서는 이러한 고객의 반응을 보고 더 강화할 점을 깨닫게 되고 자연스럽게 더 확고한 브랜드 아이덴티티를 구축할 수 있게 되는 것이다. 온라인 공간은 바로 이러한 브랜드 학습과 반영의 과정이 브랜드의 입장에서도, 개인의 입장에서도 24시간 계속되는 곳이다.

모두가 브랜드 아이덴티티를 CEO나 특정인과 같이 확고한 이미지로부터 물려받을 수는 없을 것이다. 그러나 이들 브랜드에서 더욱 중요한 것은 누군가에게서 이미지를 전이시킨 것보다는, 브랜드의 강점이 무엇인지 정확하게 알고 표현할 수 있는 능력과 마니아 고객들에게 받은 반응으로 더욱 확고한 자신만의 브랜드 아이덴티티를 구축해 나가는 지혜이다. 수없이 많은 브랜드들이 겨루는 온라인 공간이지만 고객에게 사랑받는 ON 브랜드의 핵심은 이런 곳에서일수록 더욱 명확한 브랜드 아이덴티티를 보여주는 것이다. 이를 알고 있는 브랜드가 되어야 온브랜딩의 핵심인, 살아있는 브랜드에 가까이 갈 수 있다. UB

로토키스트가 올린 자신의 화보. 로토코의 기존 화보 이미지와 흡사하다.

3두 브랜드의 성장에 큰 도움

윤상철 처음에는 많은 분들이 저희가 '스타'들에 의존해서 브랜드를 키웠다고 인식을 하셨고, 지금도 그렇게 평가하는 사람들이 있을 수도 있습니다. 그러나 반짝 이슈들이 사라진 이후에도 로토코의 매출이 큰 변화 없이, 오히려 상승추세에 있는 것으로 봐서는 로토키스트들이 단순히 그런 것을 보고 들어오는 것이 아니라는 걸 알 수 있습니다. 그들은 로토코 자체를 사랑하고 좋아하며, 스스로 하나의 홍보요원이 되어서 계속 주변에 전파해 가는 것 같습니다. 매일매일 꾸준한 방문자수, 또 회원 가입자가 계속 증가하는 것을 봐서는 다른 스타마케팅, 그런 것과는 차별되는 것이 아닐까 합니다.

윤상철 한국외국어대학교에서 정치외교학을 전공하였다. (주)위버파트너스의 대표이사로, 2008년 4월부터 (주)로토코의 대표이사직을 겸하고 있다.

김효정 성신여자대학교 대학원에서 시각 디자인을 전공했다. 2005년 6월 녜스클로짓을 열고 5년 동안 대표이사로 재직 중이다.

ON-BRANDING

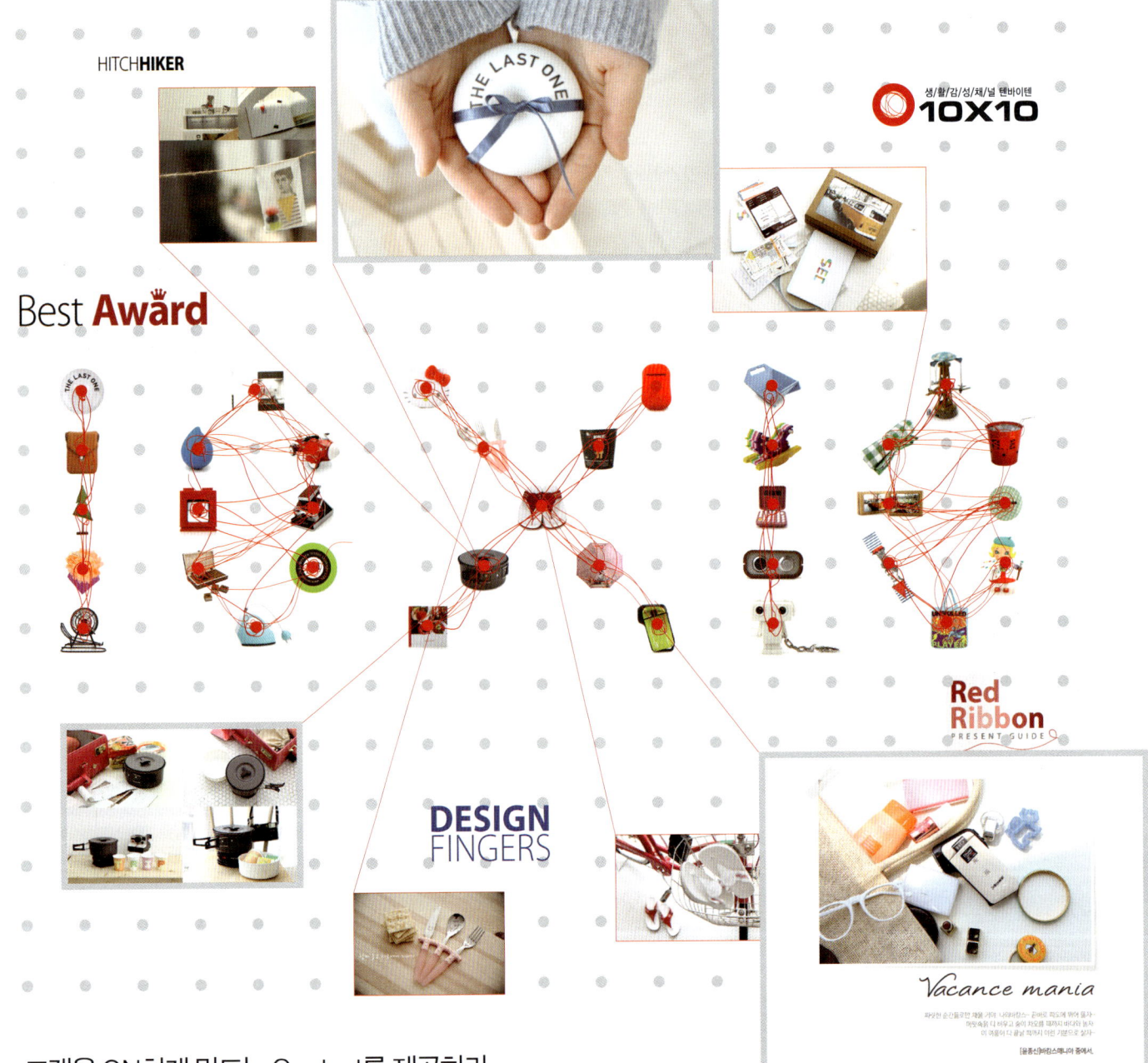

고객을 ON하게 만드는 Context를 제공하라

감성적 이야기 큐브, 10×10

The interview with (주)텐바이텐 대표이사 이창우

입소문 마케팅, 스토리텔링 마케팅, 브랜드 스토리. 이 모든 단어의 공통점은 '이야기'다. 이야기를 좋아하는 인간의 본성은 '호모나랜스(homonar-rans, 이야기하는 사람)'라는 단어에서도 보여지듯, 오프라인 공간이든 온라인 공간이든 시간과 장소에 상관없이 드러난다. 그래서 오프라인 기업들도 꾸준히 이야기를 브랜드 구축에 이용해왔다. 물론 온라인 공간에서도 예외는 아니다. 그러나 온라인의 양방향성을 고려해볼 때 온라인 공간에서 기업이 이야기를 완성하여 고객에게 일방적으로 주입하는 것은 의미가 없다. 그래서 기업이 일방적으로 제공하는 이야기가 아니라, 고객이 자신의 이야기를 만들도록 'Context'를 제공하는 것이 더 중요하다. 고객 '개인이 가진' 감성적 이야기가 바로 '브랜드의 이야기'가 되도록 적절한 Context를 제공하여, 쉬지 않고 ON하고 있는 텐바이텐(10×10)을 살펴보면 이것이 바로 브랜드가 ON하는 길임을 실감하게 될 것이다.

www.10X10.co.kr

● Context의 힘

위와 같이 점선으로만 구성된 그림을 보면 사람들은 맨 처음, 점을 이으면 어떤 모습으로 완성될지를 머릿속으로 그려본다. 점들이 명확한 경우 대부분 오랜 시간이 지나지 않아 거의 직관적으로 그것이 어떤 모습인지 알게 된다. 위의 점들이 10×10이라는 글자가 된다는 사실을 알았다면 다음 단계는 사람마다 다르다. 어떤 사람은 사실을 알게 된 것만으로 만족하고 떠날 것이고, 어떤 사람은 점을 이어 더 명확한 모습으로 만들려 할 것이다. 또 어떤 사람은 거기에 색칠까지 하고 싶어한다. 이렇듯 똑같은 소재를 대하더라도 사람들은 그것을 모두 다르게 발전시켜 나간다.

　마찬가지로 완성된 그림보다 앞으로 고객이 완성시켜 나갈 여지를 많이 주는, 즉 '점' 정도의 자극을 주는 브랜드가 고객의 참여가 무엇보다 중요한 온라인 공간에서 더욱 성공적으로 온브랜딩할 수 있다. 완성된 이야기를 주기보다는 고객이 스스로 이야기를 만들 수 있는 'Context'만을 제공하는 것이다.

　Context라는 단어 자체는 주로 '문맥'이라는 의미로 해석되나, 텐바이텐에서 제공하는 Context는 '상황' 혹은 '환경'에 더 가까운 의미다. 고객에게 특정한 자극요소를 제공함으로써 고객이 자신에게 내재 되어 있던 이야기를 스스로 끌어내고 재조합하여, (텐바이텐과 연관된) 새로운 이야기를 만들어내는데 사용하도록 하는 것이다. Context라는 단어의 조합을 살펴보면 'Con-'이라는 접두사는 '함께'라는 의미로, '-text'는 '짜여지다'는 의미로 나눌 수 있다. 따라서 Context는 '함께 짜여진 것'으로 해석될 수 있다. 텐바이텐이 제공하는 Context가 텐바이텐을 ON하게 하기 위해 자신과 고객을 함께 움직이게 만든다고 생각해 볼 때, Context야 말로 텐바이텐에 가장 적합한 단어인 것이다.

★★★★★

완성된 그림보다 앞으로 고객이 완성시켜 나갈 여지를 많이 주는, 즉 '점' 정도의 자극을 주는 브랜드가 고객의 참여가 무엇보다 중요한 온라인 공간에서 더욱 성공적으로 온브랜딩할 수 있다. 완성된 이야기를 주기보다는 고객이 스스로 이야기를 만들 수 있는 'Context'만을 제공하는 것이다.

Hitchhiker 1 + Photo Sticker 2

브랜드 철학으로 Context의 밑그림을 그리다

이제는 흔한 스타일이 되었지만 2001년, 텐바이텐이 처음 시장에 모습을 드러낼 때까지만 하더라도 인터넷 쇼핑몰의 상품 소개 페이지에서 볼 수 있는 이미지는 오로지 상품이 정면으로 놓여진 단 한 장의 사진이 전부였고, 현재 텐바이텐처럼 자세하고 감성적인 상품 소개는 없었다. 텐바이텐이라는 브랜드가 지금의 모습이 될 수 있었던 이유는 바로 서비스를 오픈한 지 얼마 되지 않았을 무렵 이창우 대표가 가진 의문 때문이었다.

이창우 그 당시 종합 쇼핑몰에서 파는 상품들의 이미지들은 모두 똑같았습니다. 확대보기를 눌러도 상품 정면 사진 한 장만 조금 더 확대되어 보일 뿐이었죠. 제 스스로가 고객의 입장에서 왜 이것밖에 보여주지 않을까하는 의문이 들었습니다. 더 자세한 사진에 나만의 감성까지 녹인다면 이제와는 전혀 다른 것을 고객에게 제공할 수 있을 것 같았습니다. 그래서 텐바이텐은 제품 하나에 다섯 컷에서 일곱 컷 정도의 사진을 자세히, 일부는 연출해서 보여주었습니다. 그러자 똑같은 상품이라도 상품에 대한 관심도가 확 달라졌습니다. 비주얼과 고객의 느낌 등에서 새로움을 찾았던 거죠.

디자인을 전공하지는 않았지만 그 당시에는 새로운 컨셉이었던 '디자인 상품 전문 쇼핑몰'을 런칭하면서 '고객에게 기존의 것과 다른 것을 제공해야 한다'는 생각을 가지고 있던 이창우 대표는 같은 상품을 팔아도 그것에 어떻게 차별화된 가치를 부여할 것인가를 항상 고민하였다. 겉모습이 화려한 제품을 팔고 있지만 정직하게 상품의 모든 것을 보여주고 싶었고, 그런 생각이 텐바이텐이라는 브랜드의 중요한 철학으로 자리잡게 되었다.

이창우 텐바이텐은 정직한 브랜드이고 싶었습니다. 물론 저희가 비주얼을 굉장히 중요하게 생각하지만 그것이 고객에게 잘못된 정보나 왜곡된 진실을 보여주는 차원이 아니라, 있는 그대로를 조금 더 디테일하게 감성적으로 보여주자는 것입니다. 예쁜 비주얼이 과대 포장이나 고객을 속이기 위한 작업은 절대 아닙니다.

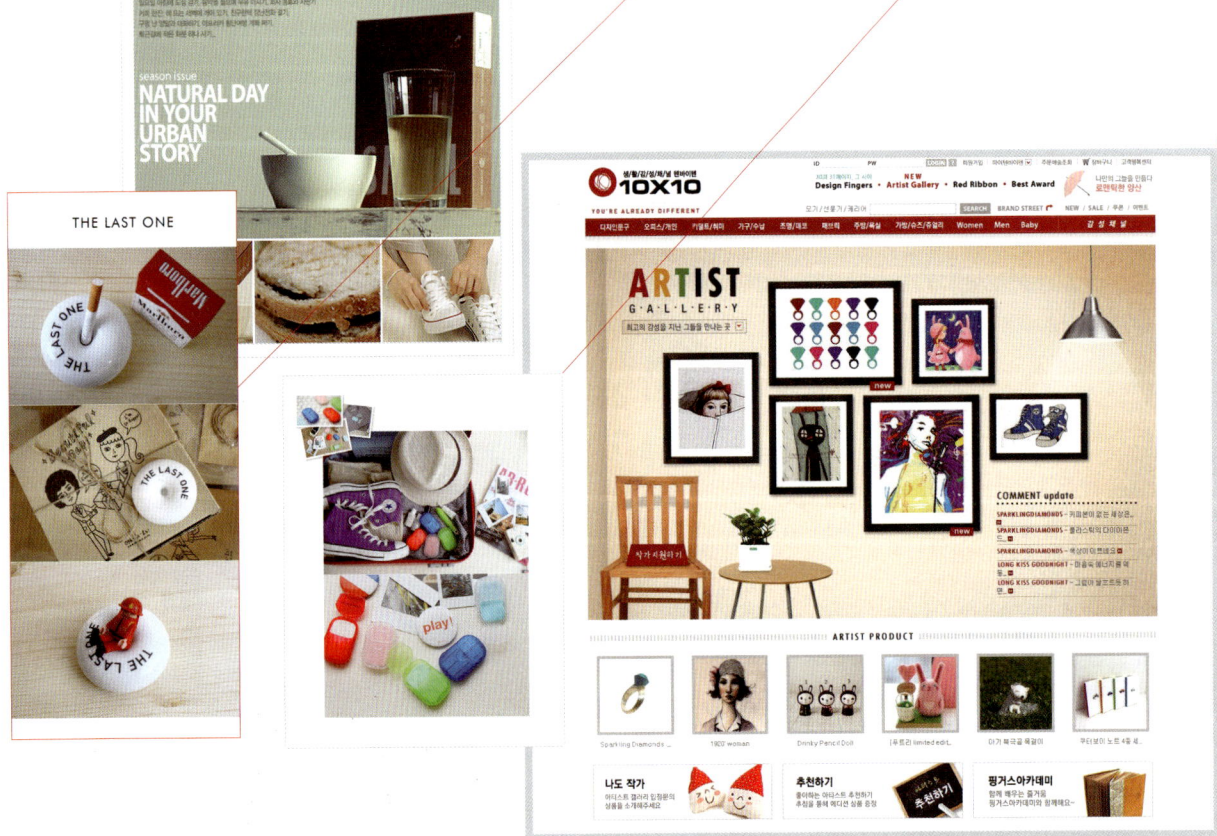

★★★★★

텐바이텐의 브랜드 철학은 기존의 것과 전혀 다른 새로운 것을 보여주되, 그것이 꾸밈을 위한 거짓이나 왜곡된 정보가 아니라 투명하게 모든 것을 고객에게 보여줌으로써 신뢰를 얻고자 하는 것이다.

Context, 브랜드의 이야기를 만들다

〈표 1〉 10X10의 Context 제공이 '고객 이야기'의 ON'과 '브랜드의 ON'이 되게 하는 과정

텐바이텐의 브랜드 철학은 ⁽³⁾기존의 것과 전혀 다른 새로운 것을 보여주되, 그것이 꾸밈을 위한 거짓이나 왜곡된 정보가 아니라 투명하게 상품의 모든 것을 고객에게 보여줌으로써 신뢰를 얻고자 하는 것이다. 이러한 브랜드 철학을 바탕으로 텐바이텐의 강점인 '상품의 감성적인 소개' 노하우가 탄생할 수 있었다. 소품과 함께 '구성된' 텐바이텐의 상품 이미지는 상품의 실체뿐만 아니라, 그 상품과 관련된 특수한 감성까지 전달한다. 텐바이텐의 브랜드 철학 중 투명성은 상품 자체의 모습fact을 여러 각도로 사진에 담으려는 노력, 즉 상품의 모든 것을 보여주고자 하는 사진으로 표현된다. 그리고 ⁽³⁾새로움이 바로 '감성'의 영역인데, 상품의 진실한 모습을 보여주되 그 상품을 보았을 때 떠오르는 이미지를 소품이나 배경으로 상품과 함께 구성하여 촬영함으로써 고객이 같은 상품이라도 좀 더 감성적으로 느낄 수 있게 해준 것이다.

이렇게 구성된 새로운 상품 페이지는 바로 〈표 1〉에서 보이는 Context 1(상품 이미지)이다. 바로 이 Context 1은 고객이 스스로 자신의 이야기를 떠올릴 수 있게 만드는, 즉 고객 자신의 추억이나 아는 이야기가 머릿속에서 ON되게 만든다. Context 1을 접하면 고객은 이와 연관된 이야기를 머릿속에 떠올린다. 그렇게 고객의 머릿속에 떠오른 개인적 이야기는, 자극 요소였던 Context 1과 합쳐져 또다시 Context 2가 된다. Context 2는 고객의 머릿속에서 상품의 이미지와 고객이 본래 가지고 있던 이야기가 만나 새로운 이야기가 된 것이다. 새로운 이야기들Context 2은 댓글이나 리뷰 등과 같이 즉각적으로 텐바이텐 홈페이지 내에서 그대로 표현되기도 하고, 고객의 블로그나 미니홈피 등에서 2차적으로 표현되거나, 혹은 그저 고객의 머릿속에 남기도 한다. 이렇게 고객마다 다른 새로운 이야기가 〈표 1〉의 과정을 통해서 계속 만들어지는 것이 텐바이텐이 고객에게 주는 경험이다. 고객은 계속 새로운 이야기를 만들면서 텐바이텐과 연관된 '자신만의 이야기'를 가질 수 있고, 이런 이야기들이 잠재되어 있다가 생각날 때마다 계속 텐바이텐을 찾게 되는 것이다. 결국 이것이 텐바이텐이 정체되지 않고 ON할 수 있는 이유가 된다.

⁽³⁾ 기존의 것과 전혀 다른 새로운 것

이창우 어떤 신규 사업을 시작할 때 그것이 '기존의 것과 달라야 된다'는 강박관념이 있습니다. 저희 스스로도 강박관념이지만 고객분들 입장에서도 마찬가지입니다. 사실 다른 곳이 해서 평범한 정도만 하면 평범한 걸로 끝나는 데 저희는 마이너스가 되어버리거든요. 그런데 텐바이텐이 뭔가 새로운 것을 시작했는데 "에! 그냥 평범하네" 그러면 큰일인 거죠.

⁽³⁾ 새로움이 바로 '감성'의 영역

이창우 온라인에서 '감성'이라는 건 평범하지 않은 선택이기에 오히려 이를 선택한 것일 수도 있습니다. 비즈니스 세계에서 감성이라는 단어는 어울리지 않는 단어라고 생각하는 경우가 많은데, 저희는 그런 새로운 것을 찾거나 도전하고 싶은 마음에 찾게된 키워드가 바로 '감성'이었던 것입니다.

Context로 ON하라

'브랜드의 이야기'를 통한 마케팅이나 브랜딩 방법은 온라인 공간에 들어서면서 좀 더 새로운 방법으로 진화하게 되었다. 그 사이 텐바이텐을 모방하여 탄생했던 많은 디자인 상품 전문 쇼핑몰들이 오픈마켓 형태의 다른 대형 인터넷 쇼핑몰들에 흡수되어 자신의 색깔을 잃거나 사라졌다. 그러나 텐바이텐이 오히려 자신을 더 큰 브랜드로 성장시킬 수 있었던 이유는 온라인의 특성, 즉 고객이 적극적으로 참여할 수 있는 양방향성이라는 특징을 직관적으로 이해하고, 브랜드 철학을 바탕으로 고객에게 '완성된 이야기'가 아닌 Context를 제공해서였다. 그리고 텐바이텐의 나머지 이야기를 고객과 함께 완성시켜 나갔기 때문이다.

겉으로는 단순해 보였던 그들의 이미지는 단지 상품을 예쁘게 꾸며서 보여주기 위한 것이 아니라, '진실'에 아주 작은 감성 코드를 더한 Context를 제공하기 위함이었다. 완성된 이야기가 아니라 참여할 여지가 있는 Context를 제공받은 고객은 더욱 적극적으로 이야기 만들기에 참여할 수 있었다. 자신의 이야기와 제공받은 Context를 합쳐 새롭게 만든 이야기를 해당 브랜드, 혹은 브랜드를 함께 '즐기고' 있는 고객과 커뮤니케이션 하면서 상품뿐만 아니라 텐바이텐과 연관된 즐거움과 추억이 생기기 때문에 또다시 텐바이텐을 방문할 수 밖에 없는 것이다.

온라인은 매스미디어와 같이 일방적으로 고객에게 완성된 어떤 것을 전달하는 공간이라기보다는 브랜드가 완성되어가는 과정에 고객을 적극적으로 참여시키는 공간이다. Context를 제공하여 브랜드를 활성화하는 것이야말로 고객을 브랜드에 깊이 관여시킴과 동시에 즐거움을 주어 브랜드를 ON하게 만드는 전략이 된다. 더욱 중요하게 생각해야 할 것은 브랜드를 ON시키는 것은 브랜드 혼자만의 몫이 아니라 고객과 함께 Con-text 짜나가는 것이라는 점이다. 고객과 함께 만드는 브랜드가 진정한 온브랜드라는 점을 인정할 때 비로소 성공적인 온브랜딩도 가능할 것이다. UB

자신의 색깔을 잃거나 사라졌다

이창우 8년 동안 사업을 하면서 저희 나름의 숨겨진 자부심이라고 할 수 있는 것이, 그래도 이쪽 시장을 잘 지켜왔다는 것입니다. 저희가 사업을 시작할 때 사실 비슷한 전문몰이 굉장히 많았습니다. 그런데 지금은 거의 오픈 마켓에 흡수되고, 정말 몇 군데 안 남았죠. 그래도 아직 저희가 전문몰로 사업을 할 수 있는 것은 공급업체나 생산자들의 어떤 원칙이나 이런 것들을 지켜주려고 많이 노력을 했고, 상품 특성을 잘 살리려고 여러 방법으로 노력했기 때문이기도 합니다.

★★★★★

더욱 중요하게 생각해야 할 것은 브랜드를 ON시키는 것은 브랜드 혼자만의 몫이 아니라 고객과 함께 Con- 짜나가는 text 것이라는 점이다. 고객과 함께 만드는 브랜드가 진정한 온브랜드라는 점을 인정할 때 비로소 성공적인 온브랜딩도 가능할 것이다.

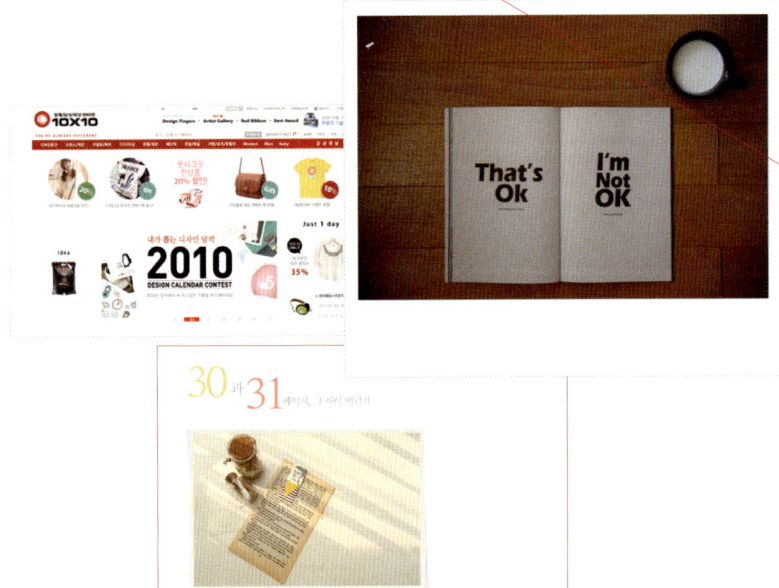

이창우 현 (주)텐바이텐 대표이사로 한양대학교 건축학과를 졸업하고 원도시 건축설계사무소를 거쳐, 삼성물산의 인터넷사업팀에서 근무한 바 있다. 2001년 텐바이텐을 공동 창업했다.

◆ DESIGN FINGERS를 통해 본 텐바이텐의 온브랜딩

앞서 〈표 1〉과 같이 정리될 수 있는 텐바이텐만의 온브랜딩 방식은 사업 초기부터 줄곧 성공요인으로 손꼽히는 디자인핑거스 DESIGN FINGERS라는 서비스를 살펴보면 더 자세히 알 수 있다.

이창우 2002년 월드컵을 기점으로 어려움을 겪었습니다. 그 때 디자인핑거스라는 메뉴를 기획하게 되었죠. 제품 하나를 보여주더라도 더 재미있게, 더 자세히 설명해주고 상품 코멘트도 달게 하자는 생각으로 기획되었는데 그것이 입소문을 많이 타게 되었습니다. 고객의 참여가 가장 큰 성공의 요인이죠.

1. 사실적인 이미지 vs. 감성적인 이미지

Context 1을 구성하는 것은 사실적인 이미지와 감성 코드이다. 사실적인 이미지는 상품을 단지 한 각도에서 보여주는 것이 아니라 앞면, 옆면, 뒷면 등 모든 각도에서 상품을 직접 만지고 눈으로 보는 것만큼이나 자세히 보여주는 것이다. 사실적인 이미지에는 어떤 왜곡도 없으며, 상품을 구매하는 고객들이 상품에 대해서 기본적으로 갖는 궁금증을 해결하기 위해 필요하다. 반면 감성 코드라는 것은 똑같은 상품의 이미지도 사실적인 이미지 외에 본래 상품과 직접적인 관련이 없는 소품들을 활용하여 '구성된 이미지'로 보여주는 것이다. 보통 이런 이미지들은 로모카메라로 촬영된 사진들이 그렇듯 비네팅(사진 주변부가 어두운) 현상이 보이는 이미지라던가, 초점 외의 물체가 흐리게 나타나는 아웃포커싱된 사진들이 주를 이룬다. 이미지를 대했을 때 특정한 분위기나 감성이 잘 드러나는 사진이라고 할 수 있다. 한 상품에 대한 두 가지 형태의 사진들을 보는 고객들은 이성적인 궁금함도 해결할 뿐만 아니라, 상품의 감성적인 코드를 읽어 그 이미지와 관련된 개인적인 이야기를 떠올리게 된다. 예를 들어 밝은 배경의 창가 앞에 놓여진 커피잔이 찍힌 이미지를 접하면, 이미지와 비슷한 경험이나 TV에서 봤던 이야기, 친구에게 들었던 이야기를 떠올리게 되는 것이다(Context 1 → 고객 개인의 이야기 ON). 이런 이미지는 고객의 개인적인 추억과 상품의 접점을 만들어 전혀 새로운 이야기를 생각하게 만든다. 이런 과정이 바로 고객이 텐바이텐을 경험하고 브랜드와 관련된 스토리를 갖게 하는 것이다. 이런 경험은 고객이 계속 텐바이텐을 찾게 하는 힘이다(Context 2 → Brand ON).

2. 상품설명 vs. 소소한 이야기

기존의 인터넷 쇼핑몰이 상품에 대한 사실적 설명(크기, 무게, 용도, 가격 등)만을 나열했다면, 텐바이텐은 감성적인 짧막한 이야기 소재를 고객에게 던져줄 뿐이다. 예를 들어 디자인핑거스 메뉴에서 'Memory It'이라는 메모지 상품의 이름은 '끄적이는 즐거움'이다. 그 상품에는 용도보다는 '짧은 글을 쓰는 즐거움'에 관한 이야기가 에세이처럼 나와있다. 그러나 이것도 완성된 하나의 이야기라기보다는 '여유있게 커피 한 잔을 마시면서 메모하는 즐거움'에 관한 감성적인 표현이며, 고객들은 일련의 이미지를 보며 자신의 여유와 경험, 이야기를 떠올리게 된다.

〈그림 1〉 디자인핑거스의 감성적인 이미지들

〈그림 2〉 디자인핑거스 내 Memory It이라는 제품의 이미지

3. 리뷰와 댓글

텐바이텐이 제공한 Context를 통해 자극된 고객의 이야기는 ③ 리뷰나 댓글 형태로 텐바이텐 웹사이트 내에서 표현되기도 한다. 리뷰가 주로 사실에 근거한 상품 자체에 관한 이야기가 주를 이룬다면, 댓글은 Context 1을 대한 후 받은 상품과 관련된 느낌이나 자신의 추억에 관한 이야기가 많다. 고객들은 댓글을 쓸 뿐만 아니라 이미 작성된 다른 고객들의 댓글을 보며 자신과 다른 이야기를 접하고, 공감하기도 한다. 이런 댓글들 또한 텐바이텐이라는 브랜드에 관한 이야기가 되며, 결정적으로 고객을 지속적으로 끌어들여 브랜드가 ON하는 이유가 된다.

> 솔솔 바람과, 부드러운 음악과, 달콤한 카라멜. 그리고 .. 네가 있다면 하루가 참 솜사탕 같을거야. 수업시간 선생님 몰래 공책 한컷을 부욱 - 찢어내는 일도 없이 공책 귀퉁이도 용감하지 않겠지? 음, 또 ... 말쑥한 공책이 더워질 여름, 날 위한 차가운 얼음 물잔에도 축축해 지지 않는 책상으로도 지켜줄거지? 끼적끼적, 내 마음속의 불협화음도, 환상의 하모니도. '그'에 대한 그리움도, 원망도, 미치 버리지 못한 사람도, 다 ... 담아올거지?
>
> suhyun011** 2009.06.23

〈그림 3〉 디자인핑거스에 고객이 남긴 감성적인 상품 댓글

③ 리뷰나 댓글 형태로 텐바이텐 웹사이트 내에서 표현

이창우 저희 고객의 리뷰 참여율이라든가 적극성이 남다르다는 이야기를 많이 듣습니다. 다른 곳에서 이벤트 같은걸 하면 정말 상품 받기 위한 코멘트로 끝나는 경우가 많은데, 저희 고객들은 정말 그 상품에 대해서 분석을 하거나, 굉장히 길게 자기 의견과 감정을 남기는 친구도 있습니다. 그런 적극성 자체가 많이 틀린 것 같아요.

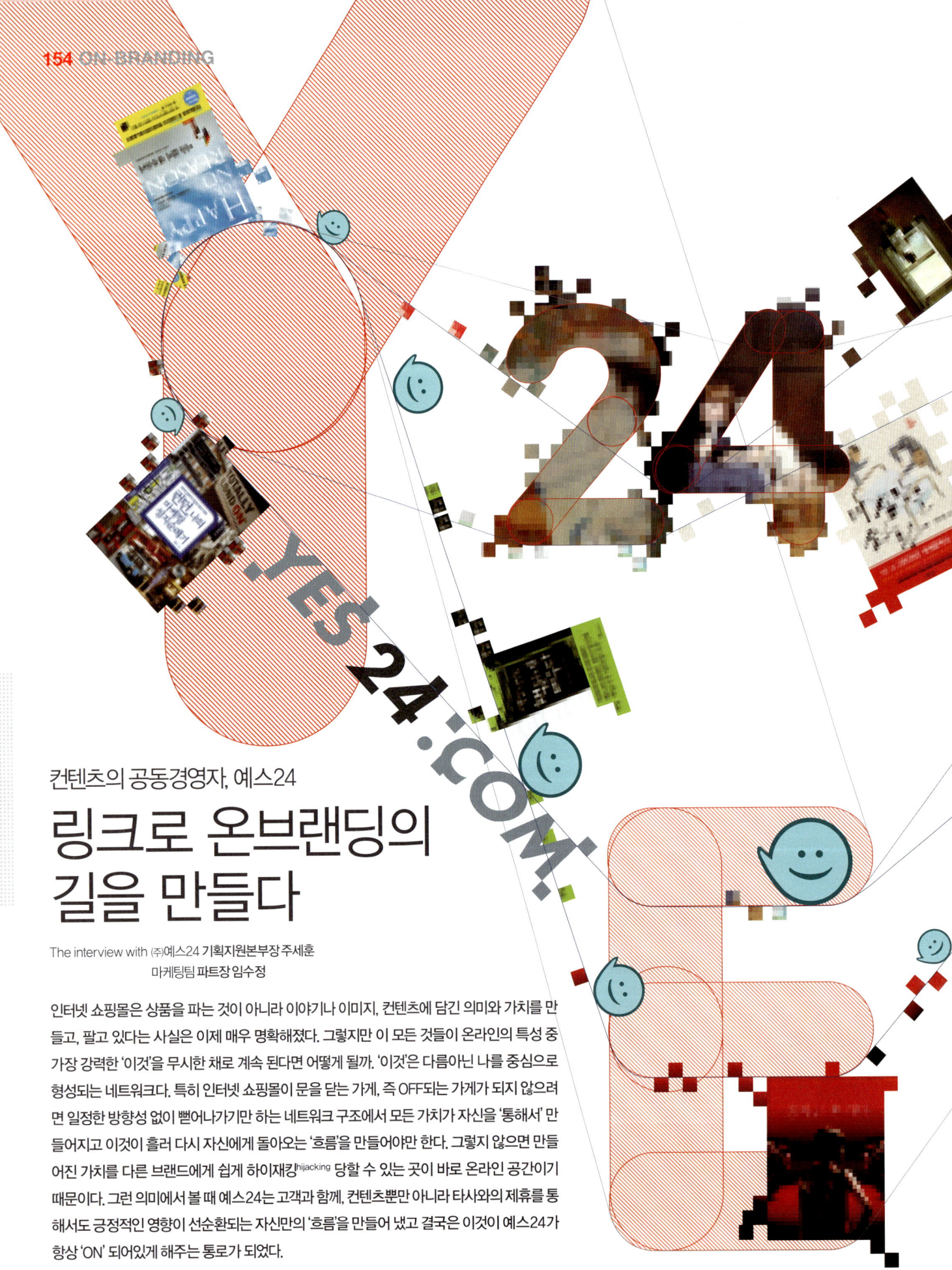

컨텐츠의 공동경영자, 예스24
링크로 온브랜딩의 길을 만들다

The interview with ㈜예스24 기획지원본부장 주세훈
마케팅팀 파트장 임수정

인터넷 쇼핑몰은 상품을 파는 것이 아니라 이야기나 이미지, 컨텐츠에 담긴 의미와 가치를 만들고, 팔고 있다는 사실은 이제 매우 명확해졌다. 그렇지만 이 모든 것들이 온라인의 특성 중 가장 강력한 '이것'을 무시한 채로 계속 된다면 어떻게 될까. '이것'은 다름아닌 나를 중심으로 형성되는 네트워크다. 특히 인터넷 쇼핑몰이 문을 닫는 가게, 즉 OFF되는 가게가 되지 않으려면 일정한 방향성 없이 뻗어나가기만 하는 네트워크 구조에서 모든 가치가 자신을 '통해서' 만들어지고 이것이 흘러 다시 자신에게 돌아오는 '흐름'을 만들어야만 한다. 그렇지 않으면 만들어진 가치를 다른 브랜드에게 쉽게 하이재킹 hijacking 당할 수 있는 곳이 바로 온라인 공간이기 때문이다. 그런 의미에서 볼 때 예스24는 고객과 함께, 컨텐츠뿐만 아니라 타사와의 제휴를 통해서도 긍정적인 영향이 선순환되는 자신만의 '흐름'을 만들어 냈고 결국은 이것이 예스24가 항상 'ON' 되어있게 해주는 통로가 되었다.

www.yes24.com

고객이 길을 제시해주다

쇼핑몰들이 너나 할 것 없이 리뷰에 열광하고 있다. 소비자의 의견은 이제 어느 때보다 강력해져서 단순히 매출에만 영향을 주는 것이 아니라 상품과 브랜드의 성패에까지 영향을 미친다. 오프라인에서는 찾아보기 어려운 온라인 시장만의 특징은, 이런 소비자의 의견이 곧 디지털 컨텐츠화 되어 온라인 공간에서 끊임없이 유통되면서 그것이 정보 이상의 가치[43]를 부여 받는다는 점이다. 따라서 브랜드의 성패를 위해서는 이 컨텐츠들의 관리가 무엇보다도 중요하다. 그러나 이 광활한 온라인 공간에서 어디서 생산되어 어떻게 유통될지 모르는 수많은 컨텐츠를 어떻게 브랜드에게 유익하도록 만들 것인가? 바로 이 문제에 대해 충분히 고민하면서 온브랜딩의 길을 만들어가고 있는 브랜드가 바로 예스24이다.

예스24는 1998년 한국 최초의 온라인 서점이었던 WebFox가 1999년 4월 새롭게 단장하면서 갖게 된 이름이다. 예스YES라는 긍정적 이미지와 24시간이라는 의미가 결합되면서 예스24는 고객에게 '24시간 최고의 서비스'를 약속하게 된 것이다. 한참 사업이 성장하기 시작할 무렵까지 이 약속을 지키기 위해 예스24는 빠른 배송과 양질의 도서 정보 제공 등에 집중하는 전략을 쓰고 있었다.

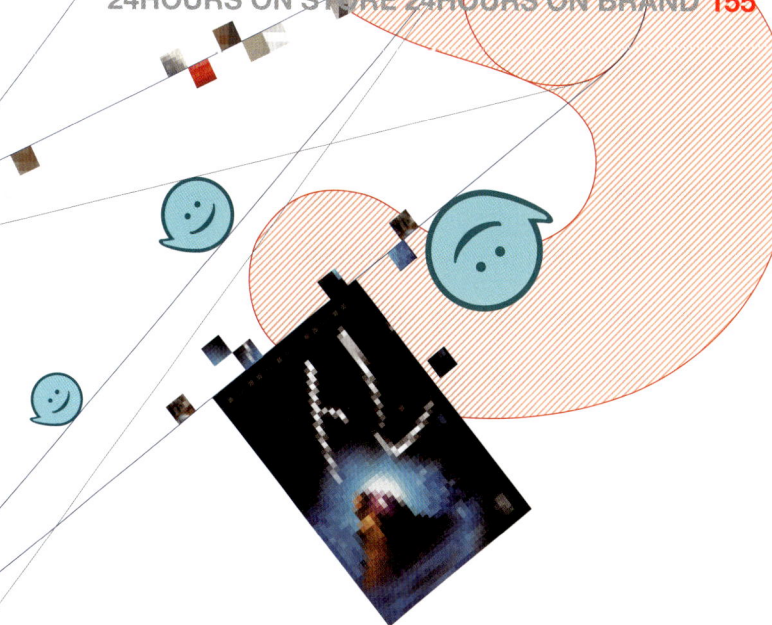

예스24는 이러한 소비자들의 의견을 적극적으로 받아들였다. 자신들을 규정짓는 중요한 요소인 양질의 컨텐츠를 생산해 내는데 박차를 가한 것이다. 그러나 그 컨텐츠는 단순히 그들의 노력으로만 만들어진 것은 아니었다. 컨텐츠를 자발적으로 생산하는 '고객'의 몫이 무엇보다도 중요했던 것이다.

주세훈 전자상거래에서 책이 갖는 특성이 있습니다. 책은 어디에서 거래되더라도 규격화되어 있고 품질에 차이가 없습니다. 변질되지도 않고 따라서 보관도 까다롭지 않습니다. 그래서 다수의 인터넷 서점들이 생겨나게 되었고 초창기에는 서로 더 값싼 책을 빠르게 공급하기 위해 경쟁했습니다. 또한 오프라인 서점에서 도서를 구입하는데 익숙했던 사람들에게 온라인 서점은 더욱 저렴하고 편리하다는 사실을 알려야만 했죠.

온라인 서점이 갖추어야 할 기본적인 서비스들을 준비하고 제공한 뒤, 예스24는 시장을 지켜보기로 했다. 그러다 소비자조사를 계기로 재미있는 점을 발견해 낸 것이다. 당초 예스24가 생각했던 자사의 강점은 빠른 배송과 저렴한 가격이었는데, 소비자 조사를 해보니 이 부분에서는 소비자들이 다른 온라인 서점들과 거의 다르지 않은 점수를 주었다. 오히려 그 조사에서 소비자에게 높은 점수를 받은 것은 바로, 예스24가 자체적으로 생산하거나 고객들이 *YES 블로그에 남기는 리뷰를 통해 생성된 '컨텐츠'였다. 정보와 읽을 거리가 많은, '컨텐츠가 풍부한 서점'이라는 것이 고객들이 정의 내린 예스24의 모습이었던 것이다.

예스24는 이러한 소비자들의 의견을 적극적으로 받아들였다. 자신들을 규정짓는 중요한 요소인 양질의 컨텐츠를 생산해 내는데 박차를 가한 것이다. 그러나 그 컨텐츠는 단순히 그들의 노력으로만 만들어진 것은 아니었다. 컨텐츠를 자발적으로 생산하는 '고객'의 몫이 무엇보다도 중요했던 것이다. 예스24의 상품인 책은 모든 문화의 원천소스가 될 수 있는 특성을 가지고 있기 때문에 이를 '원료'로 고객들은 도서 리뷰를 비롯한 여러가지 컨텐츠를 만들 수가 있었다. 예스24는 어쩌면 이런 고객의 컨텐츠가 구체화되는 도화지를 적절히 제공했던 셈이다. 다만 예스24의 문제는 고객을 어떻게 지속적으로 컨텐츠를 함께 만들어 가는 파트너[44]로서 붙잡아 두느냐 하는 것이었다.

따라서 그들은 스스로를 고객의 컨텐츠까지 혼자 소유한 오너의 개념이 아니라, 고객과 함께 경영하는

*YES블로그

2003년 11월, 예스24는 인터넷 서점에서는 최초로 블로그 서비스를 시작했다. 현재 260만 개의 블로그가 개설되어 있으며, 이를 통해 올라오는 서평도 하루 평균 500건 이상이다. 2007년부터 블로그 활동을 활발히 하는 블로거에게 다양한 혜택을 제공하는 '스타블로거' 서비스나 '예스24 블로그 축제'를 비롯한 예스24의 많은 이벤트와 서비스가 이 블로그 서비스를 기반으로 제공되고 있는 것이다. YES블로그는 예스24가 그들의 아이덴티티를 파악하고 이에 얼마나 집중하는 전략을 사용했는지를 보여주는 좋은 예이다.

> 그들은 온라인 공간에서 소비자의 역할이 무엇보다 중요하다는 사실을 아주 작은 것에서부터 파악하게 되었고, 이를 놓치지 않고 고객이 브랜드의 이야기에 참여하는 적극적인 생산자가 되도록 전략적으로 반영했다.

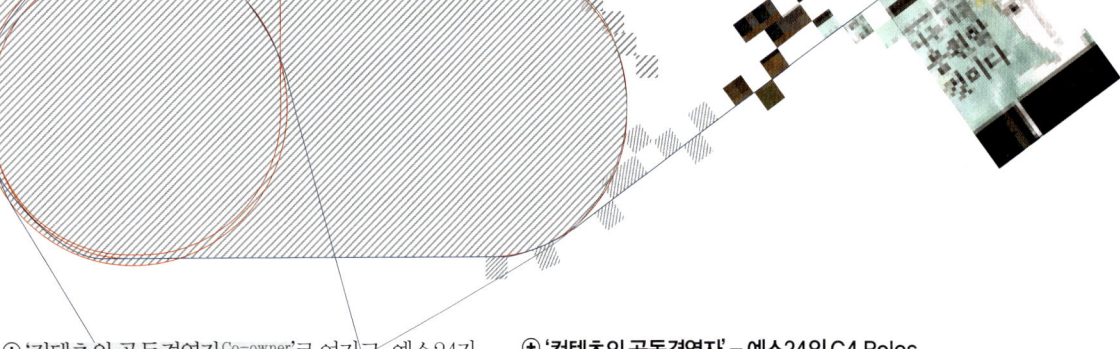

'컨텐츠의 공동경영자Co-owner'로 여기고, 예스24가 생산하는 컨텐츠와 고객의 컨텐츠를 위한 적절한 도구의 제공과 더불어 서비스, 제휴에 이르는 모든 활동을 진행시켰다. 만약 예스24가 초기에 그들의 강점이라고 생각했던 빠른 배송과 저렴한 가격에만 초점을 맞추고 고객이 준 의견들을 살펴보지 않았다면 이런 발상의 전환은 불가능했을 일이었다. 그러나 그들은 온라인 공간에서 소비자의 역할이 무엇보다 중요하다는 사실을 아주 작은 것에서부터 파악하게 되었고, 이를 놓치지 않고 고객이 브랜드의 이야기에 참여하는 적극적인 생산자가 되도록 전략적으로 반영했다.

주목해야 할 점은, 이렇게 '경영자'로 격상된 고객들이 가만히 앉아서 경영자의 지위만 누리지는 않는다는 것이다. 컨텐츠의 생산자로서 주인의식을 가질 수밖에 없는 고객은 예스24를 위해서가 아니라 자기 자신을 위해서 양질의 컨텐츠를 만든다. 이런 고객을 위한 예스24의 역할은 '예스24의 홍보를 위한 컨텐츠'가 아니라 고객이 '자신을 위한 컨텐츠'를 더 잘 만들 수 있게 도와주는 일이었다. 단기적인 관점에서 보면 '할 필요가 없는' 일이 될지 모르는 이런 서포터의 역할이 꼭 필요했던 이유는 시간이 지나면서 예스24를 통해 나타나고 있다. 바로 그렇게 고객을 도와 생성된 컨텐츠들이 또다른 고객이 예스24를 찾게 만드는 계기가 될 것이다. 결국 고객을 돕는 모든 일들이 예스24 자신에게도 이익이 되어 돌아오는 컨텐츠의 선순환 구조가 구축되었다.

'컨텐츠의 공동경영자' – 예스24의 C4 Roles

예스24가 컨텐츠의 이상적인 선순환의 구조를 가질 수 있었던 이유는 스스로 컨텐츠의 공동경영자로서 예스24가 생산하는 컨텐츠와 고객이 생산하는 컨텐츠 모두의 적절한 수급과 서포팅 활동에 초점을 맞추고 제반 활동을 이어갔기 때문이다. 컨텐츠의 생산에서부터 시작되는 순환의 구조는 컨텐츠 수신자로서 역할로 끝나는 것이 아니라 경계가 모호할 만큼 다시 컨텐츠 생산자 역할과 맞닿아 있다. 따라서 컨텐츠는 한번 생산되고 나면 잘 닦여진 길로 끊임없이 순환하며 지속적인 영향력을 갖게 되는 것이다.

주인의식

임수정 고객들의 입장에서는 스스로 많은 컨텐츠를 만들어 쌓아둔 예스24에 남다는 애착을 가질 수밖에 없습니다. 자신이 남긴 리뷰나 기록들이 다 개인의 히스토리입니다. 이런 히스토리가 브랜드와 고객 사이에 있기 때문에 더욱 친밀감이 높은 것이죠.

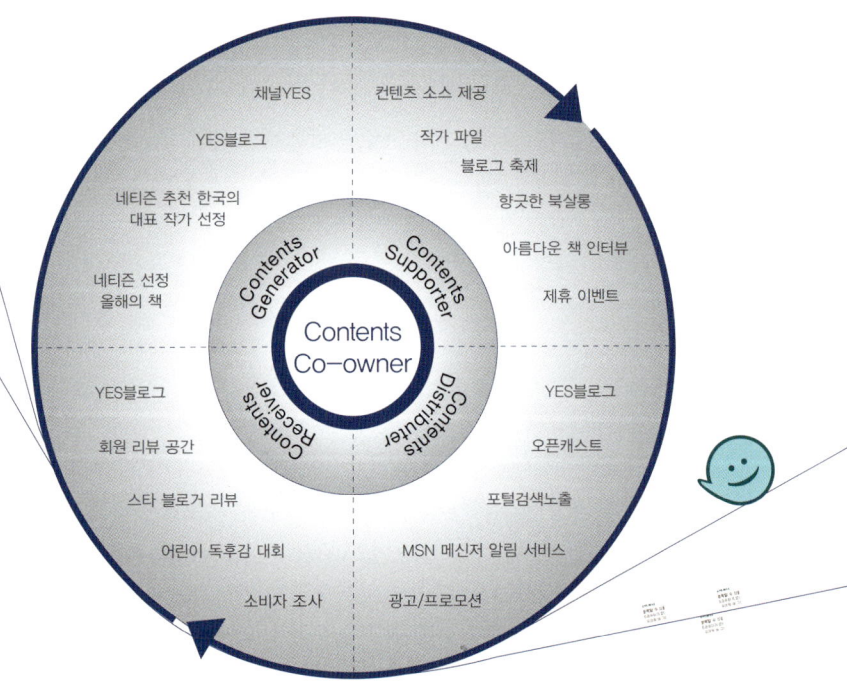

〈표 1〉 예스24의 브랜드 아이덴티티와 4가지 역할을 통한 컨텐츠의 선순환

컨텐츠 생산자 Contents Generator, **컨텐츠 수신자** Contents Receiver
YES블로그는 컨텐츠가 생산되는 장소임과 동시에, 발생한 컨텐츠가 외부로부터 댓글이나 새로운 포스팅을 통해 다시 피드백을 받는 컨텐츠 수신의 장소이기도 하다. 현재 예스24 내 260만 명 정도 되는 블로거들에 의해 발생되는 컨텐츠들은 단지 포스팅 횟수뿐만 아니라 방문자 수, 댓글, 추천 정도에 따라 이에 상응하는 혜택을 얻게 되기 때문에 블로거들은 다른 고객들에게 좋은 평가를 받을 만한 양질의 컨텐츠를 만들려고 노력할 것이다. 이렇게 생산된 컨텐츠는))) 예스24의 외부 배급(컨텐츠 배급자의 역할)을 통해 온라인 상에서 유통되다가 그 컨텐츠를 접하고 더 많은 정보를 얻으려 예스24를 방문하는 새로운 고객들을 만들어낸다.

채널YES는 예스24가 자체적으로 생산하는 컨텐츠가 모인 장소로 하루 페이지 방문 수가 6~7만 명 이상일 만큼 활발히 운영되고 있다. 여기서 제공되는 컨텐츠는 유명 작가나 칼럼니스트의 기고나 인터뷰 기사 등이 있으며, 특히 아이들의 예스24 경험을 위한 플래시 동화를 제작해 제공함으로써 아이를 둔 3~40대 여성 고객의 관심을 끌었다. 또한 '네티즌 추천 한국의 대표 작가 선정'이나 '네티즌 선정 올해의 책' 등의 이벤트는 기존 고객의 투표를 통해서 새로운 이슈나 베스트 리스트로 생산되어 컨텐츠화 되고 있다.

컨텐츠 서포터 Contents Supporter
예스24의 컨텐츠 서포터로서의 역할은 일차적으로 개인이 컨텐츠를 제작하는 데 있어서 불편이 없도록 고객들을 기술적으로 뒷받침하는 것◉45에서부터 시작된다. 또한 혼자 책을 읽고 컨텐츠를 생산해내기에는 자극의 한계가 있음을 알기 때문에 블로그 축제나 작가와의 만남(향긋한 북살롱) 등과 같은 오프라인 활동과 연계된 이벤트로 (이를테면 오프라인 행사의 후기나, 이때 만난 사람들과의 커뮤니케이션 등의)새로운 컨텐츠를 만들어낼 수 있도록 자극을 준다. 기업이 단지 일회성으로 그치지 않고 매년))) 지속적으로 고객에게 이러한 자극을 주는 것은 상당히 중요하다. 인터넷 쇼핑몰의 경우, 특히 스위칭 코스트가 거의 들지 않는 특성이 있기 때문에 단발성의 이벤트가 흥미를 끌 수는 있으나 고객 유지로까지 이어지기 어렵다. 그러나 기간을 정해두고 매번 정해진 때에 큰 행사를 기획하면 한번 이 행사에 다녀온 사람들이 남긴 글은 '이런 일이 있었다' 정도의 '행사후기'나 '경험담'일 뿐만 아니라 곧바로 '정보'로 변환되어, 참석 경험이 없는 고객들마저도 이를 기다리고 참석하고 싶게 만든다.

예스24의 애드온 AD-On 서비스 또한 컨텐츠 생산을 자극하는 방법 중 하나이다. 자신의 리뷰를 통해 다른 고객이 그 상품을 구매하면 컨텐츠 생산자에게 포인트로 보상해 주는 것이다. 기업 내 조직과 마찬가지로, 동기부여를 위한 적절한 보상체계는 훌륭한 컨텐츠 결과물로 나타난다. 고객이 만든 컨텐츠만 이용하려는 것이 아니라 그들을 공동경영자로서 존중하기에 컨텐츠를 통해 얻은 이익을 보상체계를 통해 나누고 있는 것이다.

컨텐츠 배급자 Contents Distributor
이렇게 제작된 컨텐츠가 예스24의 웹사이트 내부에서만 공유된다면 닫힌 커뮤니케이션의 형태가 만들어지면서 기존 고객의 소속감은 높아질지 몰라도, 오히려 외부 고객의 유입이 차단되거나 예스24의 가장 중요한 자산 중 하나인 컨텐츠의 질이 떨어지는 결과를 초래할 수도 있다. 내부의 정해진 인원을 통해 만들어지는 내용은 한계를 갖게 마련이기 때문이다. 결국 컨텐츠가 포털 사이트의 검색이나 자체 검색을 통해 상품의 정보와 함께 예스24 외부로 자연스럽게 유통되어야만 ①기존 컨텐츠 질의 검증과 피드백이 가능하고, ②정보에 흥미를 느낀 신규 고객의 유치가 가능하며 ③새로 유치된 고객들 중 양질의 컨텐츠를 제공할 스타블로거를 발굴할 수 있고 ④이에 따라서 시간은 걸리겠지만 직접적인 매출 증대에도 효과적일 것이다. 이러한 컨텐츠의 유통에는 네이버의 오픈캐스트(참고 : p211)나 검색 제휴 등이 효과적으로 이용되고 있다.

))) 예스24의 외부 배급 (컨텐츠 배급자의 역할)
주세훈 저희는 우수 블로거들의 글을 외부에서도 볼 수 있게 해서, 고객이 유입되게 합니다. 그래서 리뷰가 검색되도록 포털사이트와도 제휴하고 있습니다. 예스24 블로그에 글을 쓰더라도 내 글이 다른 곳에서도 노출이 되고, 주요 일간지 웹사이트와도 제휴해서 노출을 시킵니다. 예전에는 주로 상품 제휴를 했었어요. 그렇지만 지금은 웹진 기사, 우수블로거들의 리뷰 등을 노출시키는거죠. 읽을 거리가 되어서 많은 사람들이 유입되게 하고, 또 다시 글을 쓸 수 있는 거리를 만들어 드리는 거죠. 그것이 신규고객을 창출시키는 겁니다.

))) 지속적으로 고객에게 이러한 자극을 주는 것
임수정 이런 이벤트들은 한번 하고 끝내는 것이 아니라 연속성이 있는 것이 매우 중요합니다. 온라인 같은 경우에는 오프라인의 대 기업처럼 광고를 대대적으로 하지는 못합니다. 대신 행사들은 작게 하지만 이것을 경험하시는 고객들은 인터넷에서 이것을 많이 이야기하고, 그것이 예스24의 긍정적인 이미지를 지속적으로 강화하는 것입니다.

◉45 p85

링크, 온브랜딩으로 길을 내다

이렇듯 '모든 것은 연결될 수 있고, 그렇게 연결된 것은 반드시 되돌아온다'는 온라인 공간의 특성을 이해한 예스24의 강력한 브랜딩은 컨텐츠의 선순환 구조뿐만 아니라 다른 브랜드와의 제휴를 통해서도 나타난다.

주세훈 온라인에서 브랜드가 링크의 개념을 알면서도 적용하지 못한다면 온라인에서만 가능한 강력한 툴을 써보지도 않고 버리는 것과 같습니다. 어떤 웹사이트도 메인페이지, 상품의 상세페이지, 결제페이지 정도의 직선 링크 정도는 있습니다. 하지만 거기서 한걸음 더 나아가 네트워크화 된 링크의 구조를 생각해야만 합니다. 그렇게 생각해보면 많은 비용을 투자하는 제휴가 아니라 온라인이기 때문에 가능한, 서로에게 원윈이 되는 제휴도 얼마든지 가능합니다. 또 이를 통해 온라인 공간과 오프라인 공간의 링크도 가능해지는 것입니다.

예스24가 진행하고 있는 이벤트 중 하나를 예로 들어 제휴의 선순환 구조를 보여주는 제휴지도를 그려보면 주세훈 본부장의 이야기를 좀 더 쉽게 이해할 수 있다. 제휴로 참여하는 각 주체들은 누구도 자신이 쉽게 제공할 수 있는 것 이상의 무리한 역할을 하지 않고도 홀로 고객을 대상으로 하는 이벤트를 진행할 때보다 더 큰 이익을 얻을 수 있기 때문에 이 또한 선순환 구조로 볼 수 있다.

죽지 않음ON은 흐름에 있다

인터넷 쇼핑몰을 운영하는 사람들이 제일 쉽게 겪는 유혹은 "당장 돈이 되는 일을 하라"이다. 오프라인보다 제한된 공간에서 더 즉각적인 고객 반응을 쉽게 관찰할 수 있는 온라인의 특성 때문에 자극적인 단발성 프로모션이 더 효과적으로 느껴지기 쉽다. 하지만 쉽게 여기고 쉽게 행동할수록 뒤늦게 브랜드에 돌아오는 타격은 더욱 큰 법이다.

당장 눈에 보이는 결과를 보여주지 않을지 몰라도 한 번 잘 닦여진 수로로 흐르는 물은 쉽게 그 방향을 바꾸지 않으며, 어딘가에 고여 썩지 않는다. 그런 의미에서 예스24는 자신이 고객과 함께 만든 가치를 다시 예스24로 돌아오게 하는 수로를 잘 닦아, 그 안에서 흐르는 컨텐츠의 가치를 썩지 않게 만들어 ON하는 브랜드였다. 예스24의 온브랜딩은 고객을 공동 경영자로 이해하고, 그들이 선택한 브랜드의 아이덴티티를 근간으로 모든 초점을 고객에게 맞출 때 시작되었던 것이다.

인터넷 쇼핑몰 브랜드들은 지금까지 살펴본 브랜드들과 마찬가지로 자신이 파는 상품이 아니라, 자신이 진정 무엇을 팔고 있는지 고객의 입장에서 생각해보는 것이 중요하다. 그리고 그를 통해 확실한 브랜드 아이덴티티를 구축하고, 온라인이라는 공간의 특성을 백분 활용하여 '링크'를 타고 브랜드 아이덴티티에 긍정적인 영향이 순환되는 네트워크의 흐름이 만들어지도록 숨은 노력을 해야 한다. 이것이 브랜드가 고객을 통해 죽지 않는 브랜드로 ON할 수 있는 결정적인 방법이 될 것이다. UB

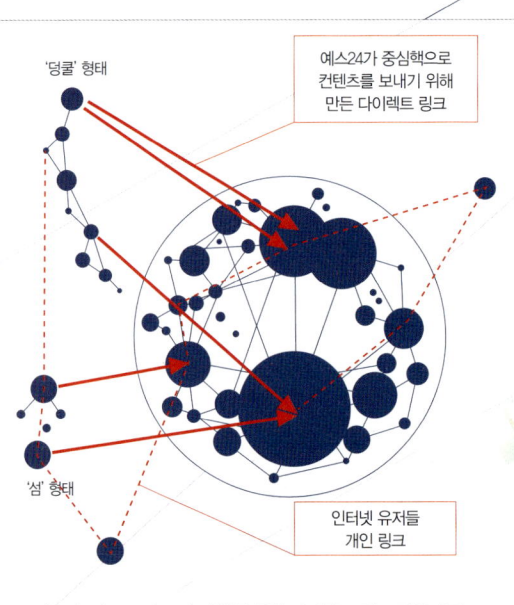

〈표 2〉 예스24의 포털 제휴를 통한 다이렉트 링크 만들기를 가시화한 이미지

온라인에서 브랜드가 링크의 개념을 알면서도 적용하지 못한다면 온라인에서만 가능한 강력한 툴을 써보지도 않고 버리는 것과 같습니다.

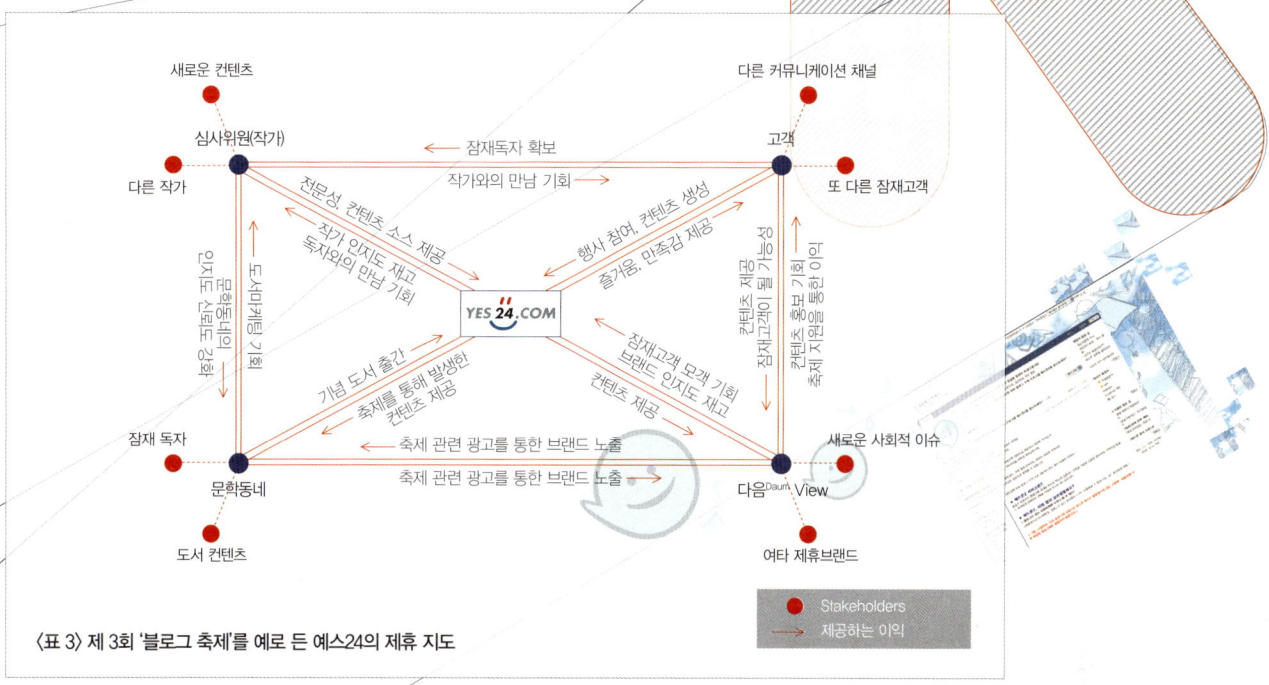

〈표 3〉 제 3회 '블로그 축제'를 예로 든 예스24의 제휴 지도

제휴의 선순환 구조를 보여주는 제휴지도

흔히 웹에서는 모든 정보가 네트워크 되어 있어 순환된다고 생각하기 쉽다. 그러나 《링크(2002, 동아시아)》의 저자 A.L. 바라바시의 말처럼 실제로 웹상의 모든 도큐먼트가 서로 연결되어 있는 것은 아니다. 어떤 한 웹페이지에서 링크를 통해 움직이기 시작하였을 때, 링크를 통해서 우리가 도달할 수 있는 웹페이지는 전체 웹페이지의 24%에 불과하다고 한다. 웹에서의 네트워크는 일종의 방향성을 가진다. 모든 사람이 같은 경로, 같은 방향으로 이동하지는 않지만 일부 웹페이지는 '섬' 혹은 '덩굴'이라고 불려질 정도로 한 방향성만을 가지거나 고립되어 있다. 따라서 브랜드는 자사의 웹사이트 내에서 고립될 가능성이 큰 자체 생산 정보나 컨텐츠를 외부로 노출시키기 위해서 그 내용을 담은 웹페이지를 어떤 순환 경로 내에 위치시킬 것인가를 고민해야 한다. 자사 웹사이트 내부에서만 유통이 될 경우 '섬'이나 '덩굴'의 형태로 머무를 수 있는데, 이를 전체 웹페이지의 1/4 이상이 집중된 중심핵(보통은 포털사이트)의 노드(특정 페이지)와 직접적으로 연결해주는 링크를 만들어 이어주어야 한다는 것이다. 네이버, 다음과 같은 대형 포털사이트들은 중심핵에 위치해 있기 때문에 포털과 제휴하여 자사의 컨텐츠를 포털에서 검색, 노출 가능하게 제공해주고, 예스24는 노출빈도를 높이는 효과를 얻을 수 있다.

예스24의 경우, 컨텐츠의 흐름뿐만 아니라 타 브랜드와의 제휴를 통해 제휴의 선순환 구조까지 만들어내고 있다. 인터넷을 기반으로 하는 비즈니스의 경우 일정 수치 이상의 트래픽이 생기고, 제작된 컨텐츠가 중심핵으로 이동만 가능하다면 온라인, 오프라인 브랜드를 막론하고 컨텐츠를 중심으로 한 제휴를 맺기에 유리한 위치를 선점할 수 있다. 컨텐츠 유통이 원활한 예스24와 같은 브랜드와 제휴할 경우 타브랜드 역시 그 유통 경로를 따라 인터넷에서 노출이 가능하기 때문이다. 막대한 예산 없이도 서로의 브랜드를 노출시켜주고, 고객에게는 더 좋은 서비스를 제공할 수 있는 것이다. 따라서 예스24의 '제3회 블로그 축제'의 제휴사를 통해 살펴본 〈표 3〉의 제휴지도에 위치한 모든 이해관계자들은 자연스럽게 모두 하나 이상의 다양한 이익을 얻게 된다. 네트워크 경제가 상징하는 본래의 이익처럼, 하나의 제휴를 계획했을 때 비용은 추가적으로 발생하지 않지만 그로 인해 얻는 이익은 더 커지는 것이다.

제휴의 선순환 구조는 기존 예스24 고객들의 자발적인 컨텐츠 생산과 유통으로 인한 풀 바이럴pull viral을 통한 마케팅 활동뿐만 아니라, 예스24의 의도적인 컨텐츠의 노출을 통한 푸시 바이럴push viral 마케팅 활동까지 가능하게 하여 최종적으로 컨텐츠 선순환 구조에 기여하게 된다.

주세훈 경희대학교에서 경영학을 전공하고, 연세대학교 언론홍보대학원에서 광고홍보학 석사 과정을 마쳤다. 대동그룹 기획조정실에서 근무한 후 (주)신영 I&C 전략기획실장, (주)와우북 마케팅 팀장을 역임했다. (주)예스24에서 마케팅팀장, 도서사업본부장을 거쳐 현재 기획지원본부장으로 재직 중이다. 사단법인 한국쇼핑몰협회 운영위원, 서울북인스티튜드 인터넷 마케팅 강사, 한겨레문화센터 웹마케팅 강사로도 활약하고 있다.

130,000,000
네이버 1일 검색어 입력 개수

7,700,000
Daum 카페 개수 (오프라인 카페 및 음식점 수의 15배)

2700+2300+2500±α
네이트온 + SKT + 싸이월드 가입자 수의 시너지는? (단위 : 만명)

0.25
구글 검색시 평균 반응 속도 (단위 : 초)

SEARCHING ON IDENTITY TECH

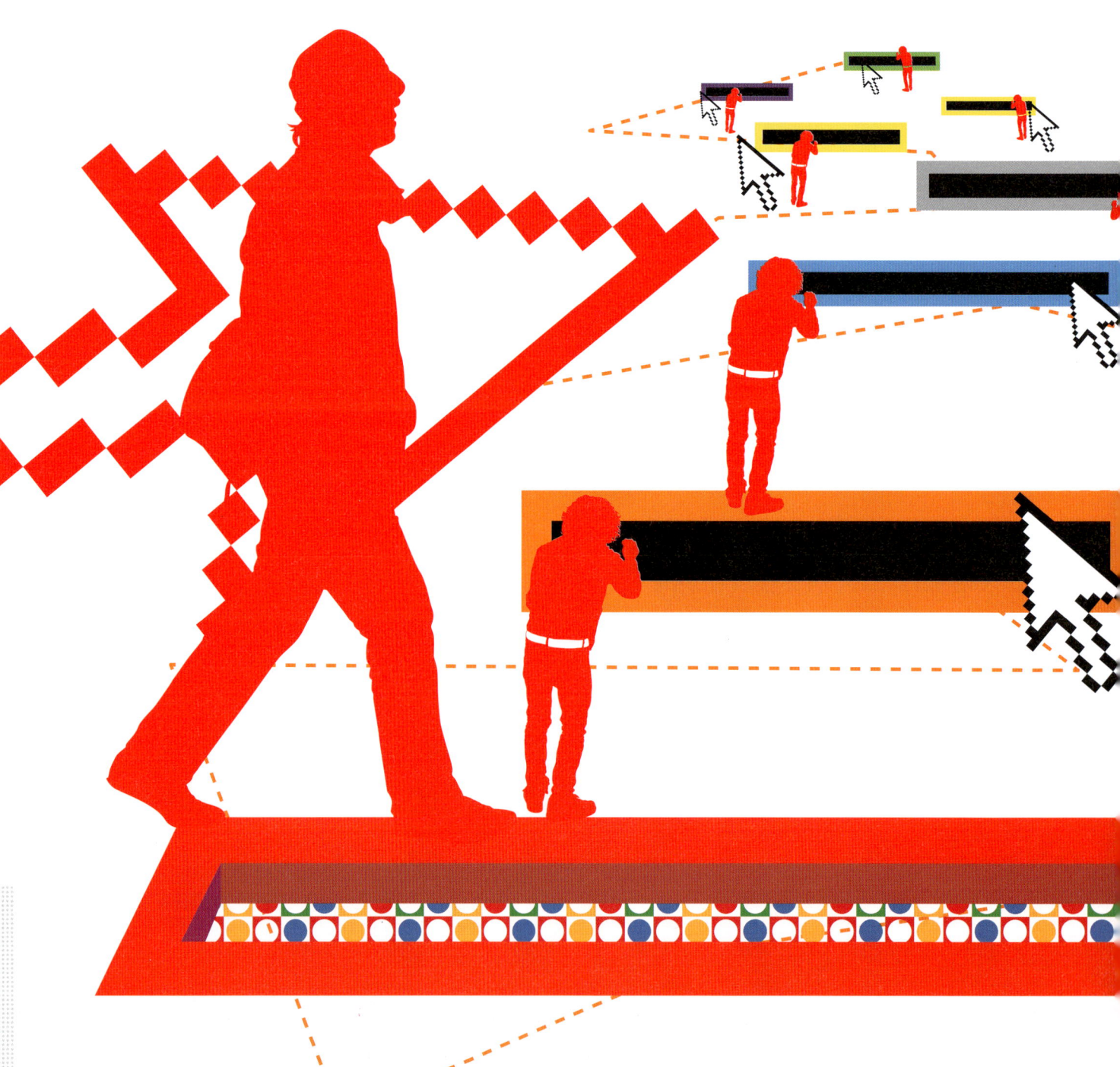

아이덴티티를 위한 검색, 검색을 위한 아이덴티티

TALKING ON BRAND, CRAWLING ON IDENTITY

We are talking ON and ON and ON…

참으로 '수다'스러운 세상이다. 이러한 인간의 '구설욕구'는 오늘만의 독특한 현상은 아니다. 구설욕구의 근원을 찾아 고대 그리스, 로마, 중국에서부터 현대 대중문화에 이르기까지 수다의 역사를 연구한 크라우스 틸레 도르만은 《수다의 매력(1996, 새로운사람들)》에서 수다의 뿌리를 소개했다. '호기심'과 '폭로의 욕구'가 그것이다. 하지만 오늘날, 세상이 유독 더 수다스럽게 느껴지는 이유는 무엇일까?

큰 고민 없이 '환경'의 진보와 인간 '욕구'의 진화 때문이라는 것에 동의할 수 있을 것이다. 환경의 진화 측면부터 말하자면 온라인을 말하지 않을 수 없다.

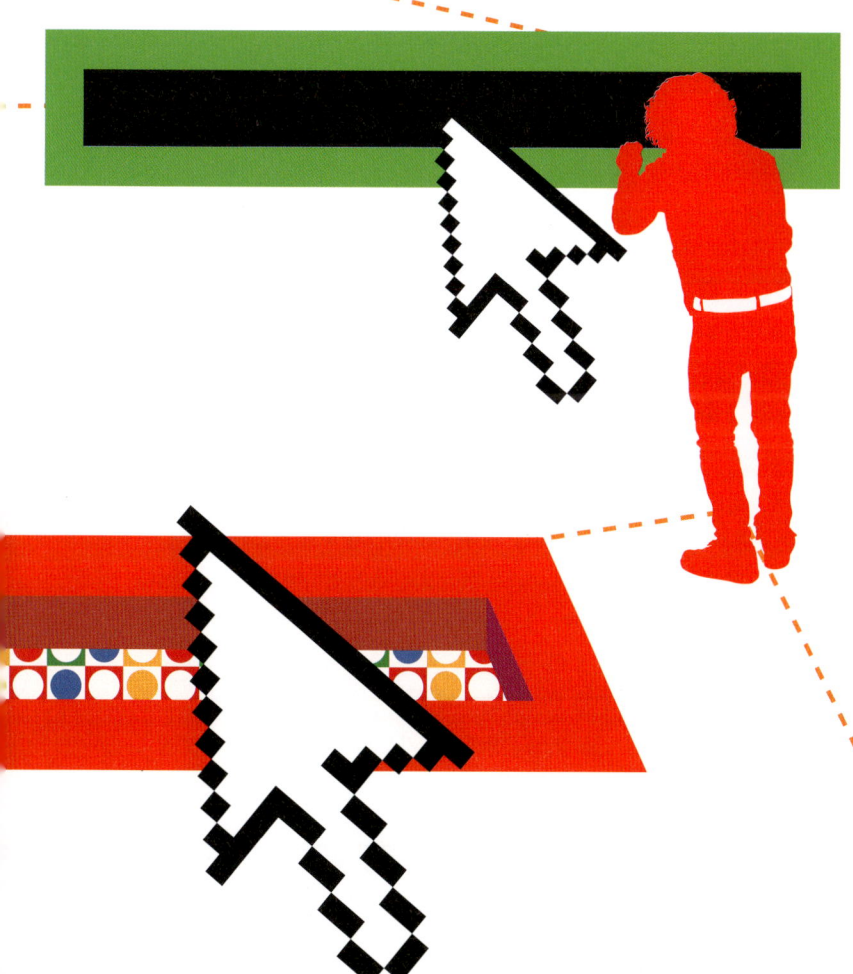

공유·개방·참여의 웹 공간이 아니었다면, 지극히 사적으로 이루어졌을 호기심 해결의 잔해물, 그리고 비밀스러운 폭로는 개인적 밀담으로 그쳤을 것이기 때문이다. 이처럼 24시간 ON 상태로 '사적인 이야기의 공론화'를 부추기는 온라인 환경은 지금도 그 누군가의 입술과 손을 끊임없이 간질이고 있다.

환경의 진화와 더불어, 인간의 수다를 더욱 부채질한 것이 모든 것에 대한 '고관여화' 현상ㅇ46이다. 매슬로우의 욕구단계 이론까지 말하지 않더라도 이제 사람들은 (평균적으로) 과거에는 기본적 필요에 의해서 구매했던 재화에 대해서도 까다로워졌으며 좀 더 확실하고 합리적인(?) 선택을 위해 컴퓨터 앞에서 빈번히 손과 눈을 움직여 댄다. 노트 하나를 사더라도 줄이 쳐져 있는지, 줄 간격은 어떠한지, 재질이 친환경 재생지를 사용한 것인지, 좀 더 싸게 파는 곳은 없는지, 이미 사용해본 사람은 무엇을 불편해 했는지 조사한다. 그것이 투하된 시간과 노동력 대비, 진정으로 경제적인 것인지에 대해서는 잠시 잊은 듯 하다.

이러한 고관여화 현상 이외에 또 한 가지 주목할 것은 증폭된 '드러냄'의 욕구이다. 사람들은 특정 커뮤니티에서 개인적인 의견을 열심히 개진하면서, 다른 사람이 올려놓은 시시콜콜한 질문에 답변을 달면서, 자신이 스스로의 파파라치가 된 듯 하루 일과를 블로그나 미니홈피를 통해 소상히 보고하면서, 어떻게 해서든 열심히 자신을 드러내고 있다. 이는 언어사회학자인 칼보우Carbaugh가 지적했듯이 이야기를 하는 것 자체가 스스로의 존재감을 표출하는 무의식적 방식인 동시에, 스스로를 이해하는 방법이 되기 때문이다. 이러한 인간의 본능적 구설욕구, 호기심, 그리고 드러냄의 욕구를 해소하기 위한 몸부림의 잔재들은 비트화되어 고스란히 온라인 환경에 남아 떠돌고 있으며, 이는 '컨텐츠(특히 UCC)'라는 이름으로 존재한다.

ON–Searching

단벌신사에게는 옷장(있을까가 의문이지만)을 열어 무엇을 입을지 고민할 필요도, 그 옷이 어디에 있는지 찾을 필요도 없다. 하지만 패리스 힐튼 정도라면 이야기는 달라진다. 옷장으로 모자라, 옷방, 구두방, 액세서리방을 따로 두고 있는 그녀는 어떻게 생긴 옷이었는지도 기억이 가물가물하지만 오늘 당장 꼭 입어야 할 것 같은 그 옷을 '찾아'내야만 한다. 바로 '검색'이 필요한 순간이다.

이처럼 선택의 대상이 무수히 많아지면서 등장한 것

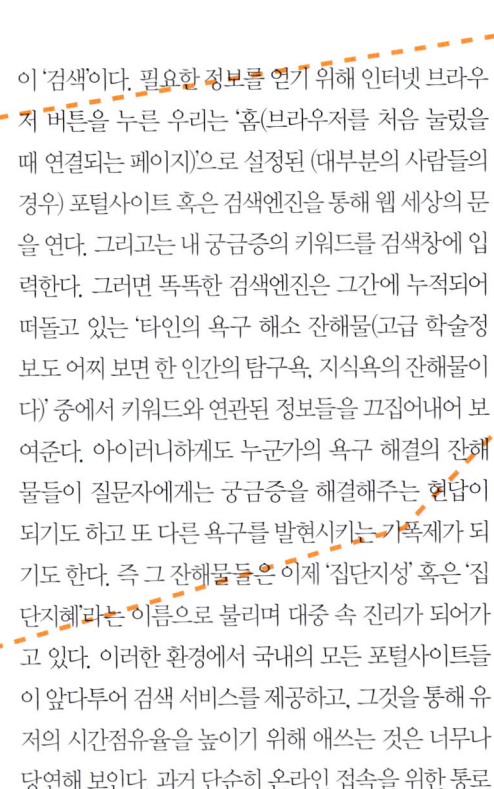

이 '검색'이다. 필요한 정보를 얻기 위해 인터넷 브라우저 버튼을 누른 우리는 '홈(브라우저를 처음 눌렀을 때 연결되는 페이지)'으로 설정된 (대부분의 사람들의 경우) 포털사이트 혹은 검색엔진을 통해 웹 세상의 문을 연다. 그리고는 내 궁금증의 키워드를 검색창에 입력한다. 그러면 똑똑한 검색엔진은 그간에 누적되어 떠돌고 있는 '타인의 욕구 해소 잔해물(고급 학술정보도 어찌 보면 한 인간의 탐구욕, 지식욕의 잔해물이다)' 중에서 키워드와 연관된 정보들을 끄집어내어 보여준다. 아이러니하게도 누군가의 욕구 해결의 잔해물들이 질문자에게는 궁금증을 해결해주는 현답이 되기도 하고 또 다른 욕구를 발현시키는 기폭제가 되기도 한다. 즉 그 잔해물들은 이제 '집단지성' 혹은 '집단지혜'라는 이름으로 불리며 대중 속 진리가 되어가고 있다. 이러한 환경에서 국내의 모든 포털사이트들이 앞다투어 검색 서비스를 제공하고, 그것을 통해 유저의 시간점유율을 높이기 위해 애쓰는 것은 너무나 당연해 보인다. 과거 단순히 온라인 접속을 위한 통로에 불과했던 포털사이트는 오늘날 24시간 '검색'에 주력하고 있다.

24시간 깨어있는 오라클

이제는 너무 당연스럽게 사용하고 있는 검색 기능을 두고 한 번쯤 되짚어볼 문제는, 우리가 검색을 통해 묻고 있는 것이 '무엇'이냐는 것이다. 온라인에 접속해서 아무렇지 않게 묻고 있는 질문들은 보고서를 작성하기 위한 사실적인 정보나 수학 문제를 풀기 위한 공식을 넘어서, 뾰족한 답이 있을리 만무한 질문이나 깊게는 영혼에 관한, 삶과 죽음에 관한, 인간 관계에 관한, 나의 내일에 관한 답을 구하고 있다. 과거 신탁을 위해 영매인 오라클에게 물어왔던 질문들과 흡사해지고 있는 듯하다. 점차 검색엔진들은 오라클과 같은 존재가 되어가고 있으며 영매를 가장한 검색엔진은 대중들이 만들어내고 있는 집단지성을 마치 신의 목소리인양 보여주고 있다. 그것도 수초 안에 말이다.

물론 과거 신을 영접할 수 있는 특권을 가진 신성한 오라클을 인간의 잔재주(영매의 능력에 비하자면)로 구현되고 있는 여러 포털사이트나 검색엔진과 동일 선상에 놓고 신성을 모독할 생각은 없다. 외려 신에게 물어야 할 것까지 인간의 지식 조각 모음들에 연연하여 그릇된 결론을 맺어버리거나, 삶과 죽음에 관한 질문까지 알지도 못하는 타인에게 묻고 그들의 답변에 목숨까지 버리는 현상을 실로 목격하며 생긴, 우려 섞인 사견에 가깝다. 우리는 왜 포털사이트나 검색엔진들이 보여주는 검색 결과물에 점점 더 맹신에 가까운 신뢰를 보이게 되는 것일까?

프랑스의 천재 소설가로 불리는 베르나르 베르베르의 소설 《신》의 가장 큰 전제는 '이 우주에서 지구의 역사를 처음부터 죽 지켜본 증인은 오로지 신뿐이다'라는 것이다. 실로 그러해 보인다. 영생불멸의 인간이 없

SEARCHING ON IDENTITY TECH **165**

> 이 크롤러는 이제 사회환경의 변화와 사용자의 다양해진 욕구로 빈번해진 검색에 의해 광속으로 날아다니는 수퍼 크롤러로 진화했다. 이 수퍼 크롤러는 앞으로 더욱 각 유저들에 의해 길들여질 것이다.

는 현재로서는 그의 말에 동의할 수밖에 없다(무신론자라면 '태양' 정도로 생각해 보면 어떨까). 그러던 중에 오버추어로 시작된 (쓸만한) 검색엔진은 실로 놀라웠으며 신의 뜻을 전달하고 있는 오라클처럼 보였다. 모든 것을 알고 있는 듯이 내가 알고자 하는 것의 과거, 현재, 그리고 미래의 모습을 보여주는 그에게는 충직한 영매의 모습이 엿보였기 때문이다. 하지만 실로 그러한지는 의문이다. 검색 결과에 없으면 존재하지 않는 지식이며, 감히 신에게 묻지 말아야 할 오만한 질문이자, 신의 지식에 도전하는 행위일까? 과거의 실수를 되짚어보면서 이에 대한 답을 찾아보는 것도 의미가 있을 것이다. '지구는 둥글다'라는 사실을 몰랐을 때, 눈에 보이는 바다 너머의 세상을 몰랐을 때, 우리의 선조들이 그렸던 지도를 생각해보자. 내가 살고 있는 즉, 알고 있는 땅을 제외한 가장자리는 온통 암흑의 세계 혹은 낭떠러지, 아니면 각종 괴물들로 넘쳐나는 공간으로 그려 넣었었다. 그러나 알다시피 보이지 않는다고 없는 것이 아니다.

이처럼 인간의 지식이 편협해지는 것에 대한 우려⊙47는 온라인에서 검색되는 정보의 범위가 더욱 다양해지고 깊어지면, 그리고 검색 기술이 좀 더 인공지능화되어간다면 점차 해결될지도 모른다. 검색의 내용이 단순한 대중들의 인기도, 광고로 인한 우선 노출, 단순 문자 매칭이 아니게 된다면 좀 더 내게 필요한 정보에 다다를 수 있을 것이며, 현재 보이지 않는 정보는 만들어서라도 가져오는 기술이 생겨날지 모르기 때문이다. 다행히도 이것을 위해 각 포털사이트나 유명 검색엔진들은 좀 더 똑똑하고 진화된 검색을 위해 노력 중이다.

ON–Crawling

검색은 기본적으로 크롤러(정보수집 프로그램), 인덱스(웹페이지에서 수집한 데이터베이스), 그리고 사용자가 입력한 검색어를 인덱스에 연결해주는 소프트웨어로 이루어진다고 볼 수 있다. 그 중 가장 눈여겨 보고자 하는 것이 바로 '크롤러(crawler, 기어가는 사람, 포복동물)'다. 이는 검색 결과를 얻는 과정의 시작을 열어주는 존재로서 거미줄 같은 웹상에서 링크 사이를 오가며 정보를 수집하는 '로봇거미' 정도로 이해하면 된다. 그리고 이 크롤러는 이제 사회환경의 변화와 사용자의 다양해진 욕구로 빈번해진 검색에 의해 광속으로 날아다니는 수퍼 크롤러로 진화했다. 이 수퍼 크롤러는 앞으로 더욱 각 유저들에 의해 길들여질 것이며, 그러한 발전 양상은 다음과 같은 진화된 검색의 모습을 예견하게 한다. ⊙69

Searching_ON Night

해리포터의 주인공인 해리의 검정 망토 위에 자리잡은 헤드위그라는 부엉이는 작가가 의도했는지는 알 수 없지만 로마 전설에 등장하는 미네르바의 부엉이(지혜와 지식의 상징)와 참으로 많이 닮았다. 어찌되었건, 이 헤드위그 처럼 앞으로 진화된 크롤러(검색엔진)는 내가 잠자고 있는 밤새 온 웹을 뒤져서 원하는 정보를 정리해 가져다 줄지도 모른다. 예를 들어 당신이 만약 내일 오전 11시까지 얼마 전 런칭시킨 브랜드에 관한 소비자 조사 보고서를 내야 한다고 해보자. 오프라인 상권과 실 사용자 FGI를 위해 외근을 나가야 하는 당신은 검색엔진에게 다음과 같은 명령을 내릴지 모른다.

"내일 오전 9시까지 온라인상에서 이번 신규 브랜드에 관해 언급된 모든 내용을 찾아줘. 그리고 그 글을 쓴 이들을 거주 지역별, 성별, 연령별로 정리해서 엑셀 시트로 정리해놔 줘. 구매경험까지 파악해서 정리되면 더 좋고!"

성실한, 그리고 당신에게 잘 길들여진 부엉이는 24시간 눈에 불을 켜고 요청사항과 관련된 모든 정보를 찾아와 정리해 놓고는 모니터 안에서 당신을 기다리고 있을 것이다.

Communication_ON Patting

사물에 인간공학 기술이 적용 된다는 것이 단순히 지성에 관한 이야기만은 아닐 것이다. 감성을 갖게 될 것임을 포함한다. 아마 다마고찌가 처음 등장했을 때를 기억할 것이다. 이미 짜여진, 지금과 비교해 보면 너무나 단순한 소프트웨어로 작동되면서 울고, 웃고, 밥을 먹고, 놀아달라고 떼를 쓰고, 배설물을 만들어내는 즉, 보살핌의 관계를 시도했던 애완동물인체 했다.

⊙47 p171

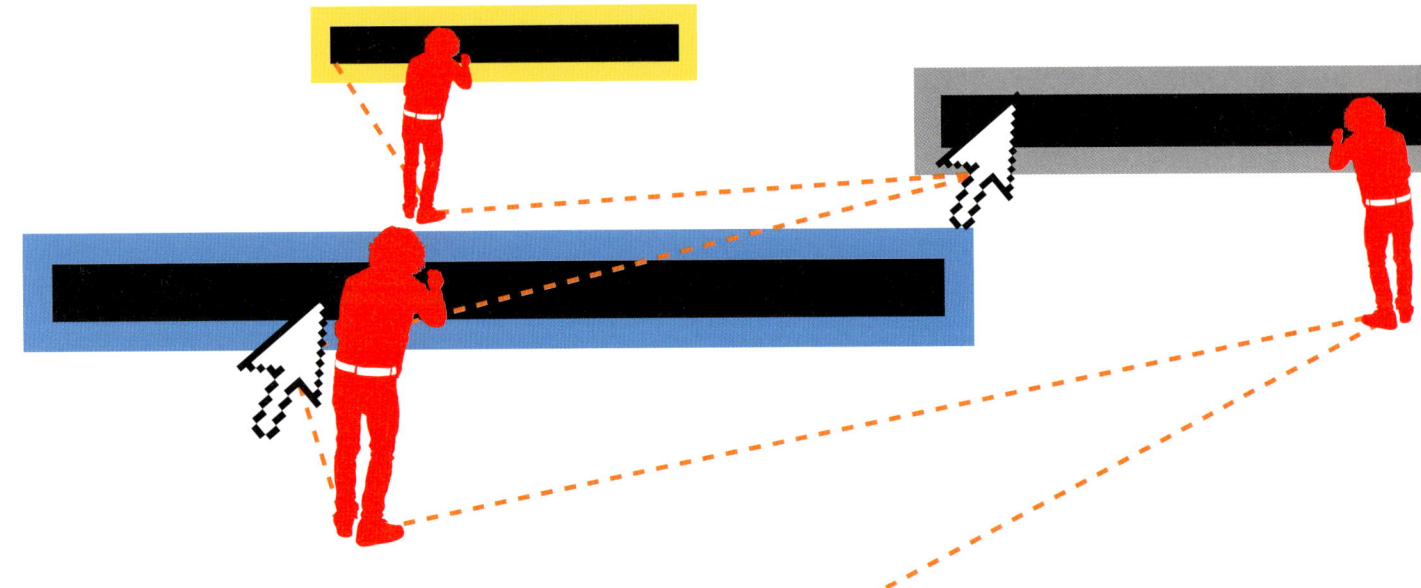

당신이 어떤 업에 종사하는 마케터 혹은 브랜더라면, 그것을 떠나 '무언가를 팔려는 사람'이라면 포털사이트 혹은 검색엔진을 수시로 방문하여 (열람까지는 아니라도) 탐색해야 한다. 자사 브랜드에 대한 소비자들의 진솔한 생각들이 도처에 깔려있는 보물창고이기 때문이다

Meeting_ON Facing

검색의 궁극적 목적은 '만남'일 것이다. 현재의 검색도 사실상 무수한 클릭을 통해 일종의 만남을 만들어내고자 하는 끝없는 노력이다. 만남의 대상은 정보(지식, 지혜, 그리고 사람)이다. 그런데 그 지식을, 지혜를 가지고 있는 사람을 직접 만날 수는 없을까? 그러한 정보를 떠나 언젠가 한 번쯤 꼭 만나고 싶었던 사람을 바로 만날 수는 없을까? 우리가 궁극적으로 바라는 모습이 그러하다면 그렇게 될 것이다. 그것이 곧 기술의 방향성이 될 테니까 말이다.

실제로 정보학과 양자학이 함께 논의하고 있는 큐비트qubits이론◉48에 철학이 가미되면서 실존하고 있는 물체를 양자 단위로 쪼개어 그것을 정보화시키고 그 정보를 비트단위로 입·출력하여, 전혀 새로운 시공간에서 다시 정보를 양자로, 양자를 다시 사물로 조합해내는 연구가 활발히 진행 중이라고 한다. 그렇게 된다면 쉽게 말해, 오래 전부터 각종 스토리의 주제가 되었던 (현대 판타지물은 고사하고, 심지어 고대 설화에 나타났다가 사라지기를 반복하는 산신령처럼) 순간이동이 가능해지는 시대가 올지 모른다는 것이다. 그러한 시대에서는 지구상의 모든 사람에게 바로 필요한 지식과 지혜에 대해 얼굴을 맞대고 질문할 수 있는 날이 오지 않을까? 원하는 문서를, 책을, 실제 제품으로 바로 받아서 볼 수 있게 되지 않을까? 실로 '검색'이라는 키워드는 무궁한 상상을 가능케 하는 미지의 단어다. 이것이 비록 매트릭스 속의 매트릭스일지라도 말이다.

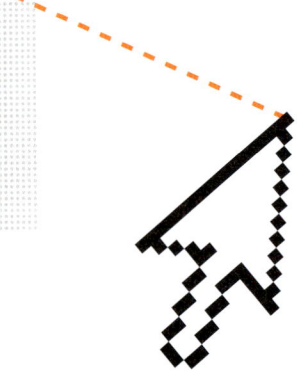

이처럼 앞으로 더욱 진화된 크롤러는 감성을 가진 존재로, 검색 결과에 대해 상벌을 가하면 크롤러는 이에 반응하며 나에게 더욱 잘 길들여지는 애완동물이 될 것이다. 특히, 잘 했을 때에는 실제 모니터를 두드려주며 패팅(patting, 친밀감을 표현해 주는 두드림)을 통해 교감이 가능해지고 이번의 패팅이 다음 검색지령의 결과물의 퀄리티에도 영향을 미치게 되는 인간공학적 검색엔진이 등장할지 모른다는 의미이다. 뿐만 아니라, 단순 정보를 찾는 것을 넘어 삶에 대한 진지한 질문들, 그리고 솔직할 수 없는 질문과 답변에 있어 나의 감정을 그대로 읽어내는 세상에 단 하나뿐인 나만의 크롤러가 탄생할지도 모를 일이다. 모니터를 두드리며 전달되는 나의 감정을 알아채는 크롤러에게는 다음과 같은 미션이 내려질 수 있다.

"물론 지금으로서도 좋은 정보야. 그런데 내가 더 궁금한 것은 소비자가 우리 브랜드를 통해 궁극적으로 얻고자 하는 '가치'가 무엇인 것 같으냐는 것이지. 좀 더 조사해봐. 힘들면 조금 쉬었다 해도 돼."

"코틀러 박사님이 언제 시간 되시는지 알아봐주고, 가능한 빠른 시간 내에 약속 잡아서 그리로 옮겨줘."

ON-Building of Brand Identity

역사적 사명인지, 아니면 비즈니스적 숙명인지는 알 수 없지만 이제 검색기능은 모든 포털사이트들의 기본 속성이 되었고, 포털(portal, 관문, 시작)이라는 단어의 의미 그대로 수많은 소비자들이 온라인에서의 ON을 위해 포털사이트 혹은 검색엔진을 연다. 그리고는 그 공간 안에서 쉴새 없이 말을 하고, 그 말들은 고스란히 기록되어 남으며, 남은 기록들은 내가 검색창에 입력한 키워드에 따라서 리스트업된다.

대체 이 현상이 뭐가 그리 새삼스럽냐고 반문할지 모른다. 그러한 반문이 생길 만큼 이제 포털은 우리의 '일상'이 되었고 그곳에서 이야기하는 것 자체가 지독한 '습관'이 되었다. 바로 그것이 무서운 것이다. 특히 내가 우리 기업의 브랜딩 관계자(휴먼브랜드 관점에서 보자면 우리 모두가 되겠지만)라면 더욱 그렇다. 기업이 잠자고 있는 동안에도 소비자들은 24시간 ON상태로 브랜드에 대해 쉴새 없이 이야기하고 있다. 이것은 온라인 채널을 열어둔 기업이든, 온라인은 전혀 신경도 쓰지 않는 동네 골목 한켠의 조그만 떡볶이 가게든 다를 바가 없다(참고 : p20). 소비자는 스스로 자신의 일상을 기록하는 블로그에, 미니홈피에 자신의 하루를 소상히 기록한다. 그런데 문제는 그곳에 우리 브랜드가 자연스럽게 등장한다는 것이다. 〈그림 1〉은 '스타벅스'로 검색한 결과 중 하나의 링크를 따라가 확인한 내용이다.

그 짧막한 블로그 페이지에 등장한 브랜드만 해도 벌써 서너 개이다. 이처럼 한 브랜드의 제품과 서비스는 소비자들에게 수다를 떨 수 있는 이야기 소스를 (본의 아니게) 쉴새 없이 제공하고 있고, 이는 개인 블로그에, 카페와 같은 커뮤니티에, 그리고 각 포털들의 지식 검색 서비스에 소상히 기록된다. 좋아하는 것은 왜 좋은지, 싫다면 왜 싫은지, 변했다면 무엇이 변했으며 그 변화가 가져온 또다른 변화가 무엇인지를 지극히 개인적인 의견들과 버무려 전달한다. 이러한 브랜드 경험 보고서(?)는 링크를 타고 쉼 없이 옮겨지며, 비록 옮겨지지 않더라도 이 개인미디어를 접한 시청자의 인식 속에 옮겨진다. 이러한 반복은 끝이 없다.

이처럼 마케터, 브랜더들이 모르고 있는 사이에도 무한한 컨텐츠 복제[49]의 과정을 통해 브랜드의 아이덴티티가 만들어지고 있다. *브랜드 아이덴티티라는 것은 한 기업이 외치고자 하는 절실한 목소리(철학, 비전, 미션)가 아닌, 그것을 실제로 경험해본 소비자들에 의해 만들어지는 것이라는 것을 안다면, 기업은 소비자들이 24시간 오라클을 찾아 고하고 있는 목소리에 귀를 기울여야 한다.

당신이 어떤 업에 종사하는 마케터 혹은 브랜더라면, 그것을 떠나 '무언가를 팔려는 사람'이라면 포털사이트 혹은 검색엔진을 수시로 방문하여 (염탐까지는 아니라도) 탐색해야 한다. 자사 브랜드에 대한 소비자들의 진솔한 생각들이 도처에 깔려있는 보물창고이기 때문이다. 더욱 무서운 것은 각 포털들은 그 흔적들을 더 잘 찾아내기 위한 수퍼 크롤러들을 진화시키기기 위해 심혈을 기울이고 있다는 사실이다. 이번 섹션, 'Searching ON Identity Tech'에서는 한국인들에게 익숙해진 네 개의 크롤러들을 키워나가고 있는 네 개의 포털사이트 혹은 검색엔진을 소개할 것이다. 각각의 브랜드가 진화시키고 있는 그 크롤러들의 특색과 컨셉은 무엇이고 어떻게 진화하고 있는지를 알게 될 것이다. 각 회사의 마케터와 브랜더들의 숙제는 그 특색과 컨셉을 '자사의 온브랜딩을 위해 어떻게 활용할 것인가'이다. UB

〈그림 1〉 '스타벅스'로 검색한 결과 중 하나의 링크 [26]

*브랜드 아이덴티티

브랜딩: 아이덴티티 구축

제대로 된 브랜드들은 자신들이 궁극적으로 소비자들에게 전달하고자 하는 가치 즉, 철학과 비전이 있다. 그러나 이것이 곧 브랜드의 아이덴티티는 아니다. 브랜드 아이덴티티는 그 철학과 비전을 상품이나 서비스의 형태로 경험하게 된 소비자에 의해서 형성되는 것이다. 그리고 그 소비자의 경험 속에 해당 브랜드가 외치고 있는 철학과 가치관이 그대로 묻어나 하나가 되었을 때 즉, 브랜드의 철학을 소비자가 그대로 경험하게 되었을 때만이 제대로 된 브랜드 아이덴티티가 형성된 것이라고 볼 수 있다. 브랜딩이란 다른 것이 아니라 이처럼 아이덴티티를 구축해나가는 과정이라고 할 수 있다.

선택을 유도하는 부드러운 개입

툭툭 건드려 성공하다,
ON Nudging

The interview with Richard H. Thaler

온브랜딩이라는 주제를 연구하면서 《넛지》라는 책에 관심을 갖게 된 이유는 책에서 소개된 '집단동조' 현상과 '선택설계'라는 두 가지 개념 때문이다. 오프라인 매장에서 상품을 구매할 때 의사결정에 도움, 혹은 영향을 미칠 수 있는 사람은 함께 간 친구나 매장 직원 정도에 불과하다. 하지만 온라인 환경에서는 상황이 다르다. '시·공간에 제약 없음'이라는 특징 때문에 원하기만 한다면 수십, 수백 명의 의견을 들어볼 수도 있고, 운이 좋으면 실시간으로 질문과 답을 할 수도 있다. 소비자의 입은 온라인에서 늘 ON 상태이기 때문이다. 그래서 나타날 수 있는 현상이 '(개인적 의견보다는 집단의 영향에 의해 의사결정을 내리는) 집단동조 현상'이다. 동시에 기업의 입장에서는 이러한 집단동조 현상을 적절히 이용하여 '(선택을 용이하게 하도록 돕는) 선택 설계'를 할 수 있다는 개념 역시 마케팅, 브랜딩 관점으로 볼 때 흥미로운 주제일 것이다. 소비자의 '구매'라는 적극적 행동변화를 유도할 때 이러한 개념을 적용시킬 수 있다면 더 큰 수익을 낼 수 있을 것이기 때문이다.

결론부터 이야기하자면 두 가지 키워드를 중심으로 세웠던 가설은 '어느 정도' 맞았다. 하지만 중요한 것은 그 두 가지 키워드가 아니라, 그 두 가지 키워드가 갖는 '방향성(다른 말로는 철학)'이었다. 넛지(nudge, 팔꿈치로 슬쩍 찌르다, 주의를 환기시키다)라는 단어의 사전적 정의를 빌어 이 책의 저자인 리처드 탈러가 말하고자 했던 것은 단순한 '트릭(혹은 낚시)'으로 고객을 유인하는 것이 아니다. 고객이 '올바른 선택을 할 수 있도록 돕는 부드러운 개입' 즉, 고객에게 유익한 것을 제공하고자 하는 노력이 기업에게 필요하다는 것이었다.

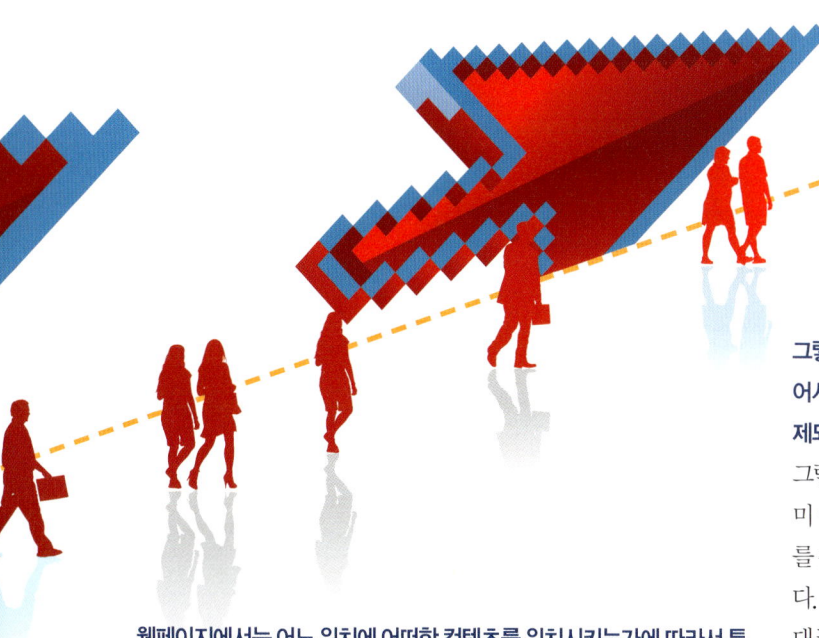

웹페이지에서는 어느 위치에 어떠한 컨텐츠를 위치시키는가에 따라서 특정 정보의 노출 가능성을 높일 수도 있고, 사용자 편의를 만들어 낼 수 있는 장치들도 마련할 수 있기 때문에 웹사이트의 UI에서도 숨겨진 넛지들이 많이 있다고 생각하는데 어떻게 생각하십니까?

말씀하신 것처럼 유저들이 무의식적으로 받아들이는 소소한 것들도 어떻게 보면 모두 넛지들입니다. 그래서 웹페이지의 구성을 고민하는 개발자 혹은 디자이너 자체를 거대한 *선택 설계자 choice architect 라고 볼 수 있는 것입니다. 만약 페이지상 좌측 하단에 로그인 장치가 있다면 굉장히 불편하고 그 사이트는 다시 가고 싶지 않을 것입니다. 또한 가장 중요한, 그리고 이목을 끌만한 컨텐츠를 중앙에 크게 위치시키는 것도 다 설계자의 몫이죠. 그래서 해당 페이지에서 최대한 효율적인 방법으로 효과적인 커뮤니케이션을 위해 설계를 하는 모든 행동이 넛지라고 볼 수 있는 것입니다.

하지만 넛지와 분명히 구분해야 할 것은 교묘한 '트릭'입니다. 사실상 많은 웹사이트들은 굉장히 많은 트릭(넛지처럼 보이는)을 사용하여 사람들이 별로 신경 쓰지 않는 부분에 교묘히 숨겨두죠. 예를 들자면 이런 것입니다. 일전에 항공권 예약을 하기 위해 한 사이트에 들어갔죠. 표를 선택하고 결제를 하려다가 구매 내역을 자세히 보니 다음 번 티켓 구매시 할인 쿠폰을 '구매'하는 옵션에 자동으로 체크가 되어있더군요. 하마터면 언제 쓸지 모를 그 쿠폰까지 살뻔 했죠. 그 쿠폰을 언젠가는 사용한다면 '사기'는 아니라 할지라도 이러한 옵션을 자기도 모르게 구매하는 것을 원하는 사람이 얼마나 될지는 모르겠습니다. 이처럼 때로는 소비자가 자신도 모르게 체크된 항목들이 있는지를 찾아내서 옵션 선택을 해제 해야 합니다. 이러한 트릭들을 넛지라고 표현하고 싶지는 않습니다. 속임수에 가깝죠.

*선택 설계자(choice architect) ○50
선택 설계자는 사람들이 결정을 내릴 때 그 배경이 되는 '정황이나 맥락'을 만드는 사람입니다. 대부분의 사람들이 자신이 선택 설계자임을 모르는 경우가 많지만, 당신이 마케터나 브랜더라면 선택 설계자임이 틀림없다. 뿐만 아니라 마케팅 활동에 사용될 POP를 디자인하는 디자이너, 상사가 의사결정을 내릴 근거가 될 보고서를 작성하는 직원, 콩을 싫어하는 아이에게 콩으로 만든 완자를 만들어 내놓는 엄마, 모두가 분명한 선택 설계자이다.

그렇다면 넛지의 개념 안에는 상대방이 어떠한 선택을 하게 유도함에 있어서의 방향성 즉, '상대에게 유익한 선택'이 되도록 해야 한다는 것이 전제되어 있는 것입니까?

그렇습니다. 사람들에게 좋은 것을 전달하기 위한 것일 때 넛지가 의미 있는 것입니다. 기업들 중에서도 이러한 넛지를 사용하는 사례를 찾아볼 수 있죠. 대표적인 사례가 빌 슈링크 Bill Shrink 일 수 있습니다. 이 사이트는 사람들이 카드사를 선택하거나 자신에게 적합한 휴대폰 요금제를 결정할 때 소비자가 올바른 선택을 할 수 있도록 돕습니다. 평소 소비 패턴을 분석해서 최적화된 상품을 제시하는 것입니다. 몇몇 카드사나 통신사들 중에는 요금제를 복잡하게 만들어서 소비자들의 판단을 흐리는 경우가 있습니다. 그런 회사들로부터 잘못

⊕ 넛지를 효과적으로 사용하고 있는 사이트들

❶ 빌 슈링크 Bill Shrink (www.billshrink.com)

자신의 소비패턴 등을 기반으로 최적의 카드 상품, 휴대폰 요금제를 제안해주는 사이트이다. 관련 정보를 기입하면 이메일로 자신의 소비 성향을 분석한 도표 자료를 보내준다.

❷ 파지티브 에너지 Positive Energy (www.positiveenergyusa.com)

전력을 공급하고 수익을 내는 이 기업은 고객들이 에너지를 조금이라도 더 아낄 수 있도록 하는 넛지를 사용하고 있다. 이 회사의 고객들은 월별 사용액 고지서를 받을 때 이웃 주민들과 비교하여 자신이 에너지를 얼마큼 사용하고 있는지를 보여줌으로써 에너지 소비량을 줄일 수 있도록 유도한다.

❸ 도네이트 라이프 일리노이 Donate life illinois (www.donatelifeillinois.org)

일리노이 주의 온라인 장기기증 홍보 사이트로, 2006년 관련 법규가 제정되면서 230만 명 이상(일리노이주 인구의 60%에 해당)이 장기기증에 동의하게끔 하는 데 주역이 된 사이트이다. 기존의 복잡했던 '당사자 승인 후, 유족의 추가 동의 절차'를 없애고 '당사자 승인제를 필요·충분조건으로 하는 온라인 등록제를 실시하였다. 또한 이웃들이 얼마나 많이 장기기증에 동의하였으며 어떤 이유로 기증을 결심하게 되었는지를 소개하면서 유저들의 의사결정에 넛지를 가했다.

된 트릭에 의해 그릇된 결정을 내리는 것을 예방해 주는 사이트입니다. 이러한 것이 진정한 의미의 넛지라고 볼 수 있습니다.

넛지라는 것은 굉장히 파급력 있고 효과적인 방법입니다. 어떻게 사용하느냐에 따라 굉장한 차이를 만들어 내는 것이죠. 선택설계자는 최대한 사용자 중심에서 사고하고 우호적인 환경을 만들어주어, 그들의 삶을 향상시킬 수 있는 방법을 고안해야 합니다. 그러한 선택 설계가 어떻게 영향을 미칠지에 대한 아주 세심한 주의가 필요한 것이죠. 이는 꼭 온라인에서만 해당되는 이야기는 아닙니다. 어떠한 것이라도 당신이 사람들의 선택에 영향을 미치는 활동을 하고 있다면 당신은 이미 선택 설계자입니다. 🔗04

사례를 들어보면 넛지를 사용하는 기업들의 윤리성에 대한 이야기인 것 같습니다.

이것은 더 이상 윤리성에 대한 이야기가 아닙니다. 기업 생존에 관한 문제죠. 넛지를 사용하든 안 하든, 윤리적이지 못한 기업은 오래 가지 못한다는 것은 이제 너무나 당연한 이야기입니다. 하지만 온라인이라는 환경에서 활동하는 브랜드라면 더욱 그래야 한다는 말은 덧붙이고 싶습니다. 온라인 공간은 오픈된 공간이며 소비자들이 특정 브랜드의 허울을 벗겨 내기 더욱 쉬운 환경입니다. 오픈된 정보가 많기 때문이죠. 🔗33 소비자들은 브랜드를 관찰하고 '탐색'합니다. 그리고 그 탐색 과정 속에 알게 된 정보를 계속해서 퍼트리고 공유하죠. 대부분의 사람들의 온라인 공간에서 머무는 시간이 많아지면서 이러한 양상은 더욱 두드러지고 있습니다. 즉, 한 사람이 다른 사람들에게 미치는 파급력이 더욱 커지고 있는 것입니다. 그래서 기업들은 작은 넛지로도 큰 영향을 미치는 온라인 환경context 🔴51을 충분히 이해하고 윤리적 측면에서 문제될 부분을 만들어서는 안 됩니다.

저희가 연구하고 있는 온브랜딩이라는 개념에도 '기업의 솔직함(혹은 투명성)'에 대한 코드가 녹아 있습니다. 왜냐하면 최근에는 브랜드가 24시간 동안 매일 소비자들에 의해서 관찰되고 있으며 평가받기 때문입니다. 그리고 이러한 현상은 온라인 공간에서 더욱 활발히 진행되고 있기 때문에 기업이 솔직하지 못하면 소비자들은 금새 그 브랜드가 자신에게 이로운지 해로운지를 판단하고 격렬한 버즈를 만들어 낼 것이기 때문입니다.

물론입니다. 넛지처럼 보이는 트릭은 '상술'입니다. 그리고 소비자는 곧 알아차립니다. 넛지가 아닌 트릭을 사용하는 기업은 결국 신뢰받지 못하는 기업이 될 것이고 이는 곧 사라질 브랜드가 될 것임을 의미하죠. 말씀하신 것처럼 온라인에는 굉장히 밀접하게 연결된 수많은 SNS들이 있습니다. 대표적으로 블로그나 마이스페이스 같은 개인적 공간은 물론이고 유튜브나 트위터(참고 : p248) 같은 툴을 통하면 한 브랜드에 대한 메시지는 급속도로 전파됩니다. 나쁜 이야기일수록 더욱 그렇죠. 게다가 웹사이트인 경우, 신뢰를 회복하기가 더욱 어렵습니다. 한 두 번의 클릭으로 손 쉽게 그것을 대체할 수 있는 웹사이트에 접속할 수 있기 때문입니다.

올바른 넛지들을 이용하여 이 타성의 힘을 긍정적인 결과물로 만들어낼 수 있습니다. 기업 역시 그러한 넛지를 활용하여 고객에게 이로운 것, 고객중심의 편의를 고려한 상품을 끊임없이 고민하여 제안한다면, 말씀하신 온브랜딩 개념도 긍정적으로 사용할 수 있을 것입니다.

말씀하신 각종 SNS로 소통의 수단이 많아지고 손쉬운 관계설정이 가능해짐에 따라 온라인 공간에서는 의도하지 않은 넛지 현상들이 발생할 수 있을 것 같습니다. 특정 브랜드에 대한 개인의 생각이 다른 사람들에 의해 굉장히 많은 영향을 받게 되기 때문입니다. 책에서 말씀하신 *집단동조현상과 연계될 수 있는 개념인 것 같은데 어떻게 생각하십니까?

그렇죠. 의도하지는 않았지만 다른 사람들의 의견이 나의 의사결정에 넛지를 가하여 결과에 영향을 미치는 경우가 많이 있습니다. 그렇기 때문에 유니타스브랜드에서 말하고자 하는 온브랜딩도 동의할 수 있는 부분이 많이 있습니다. 소통이 더욱 자유로울수록 그러한 상황이 연출될 가능성은 더 높아집니다. 끊임없이 이야기를 나눌 때 그 안에는 분명 브랜드에 관한 이야기들도 있을 것입니다. 소비자들의 그러한 대화 속에서 브랜드가 이야기 된다면 의도하지 않은 넛지 현상들이 발생해 브랜드 이미지 형성, 나아가 아이덴티티 형성에 영향을 미칠 수도 있는 것입니다.

그런데 집단동조 현상을 조금 확장시켜 생각해보면 그 개념이 각종 포털 사이트의 검색 결과를 대하는 태도에까지도 영향을 미치고 있다고 생각합니다. 선호도, 검색 횟수가 가장 높은 컨텐츠가 '정답'이라고 생각해버리는 우를 범할 수도 있기 때문입니다. 전체 유저들을 편협한 지식인들로 만들게 되지 않을까요?

일견 동의할 수 있습니다. 하지만 그러한 현상은 *속성별 제거법

SEARCHING ON IDENTITY TECH 171

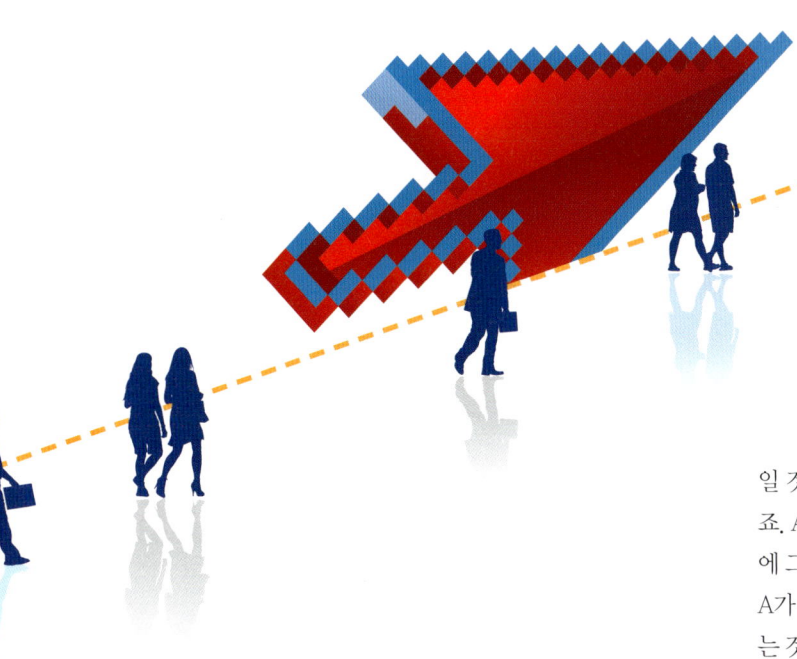

일 것입니다. 아마 좀더 기술이 발전한다면 이런 것이 있을 수 있겠죠. A와 B는 같은 미스터리 작가를 좋아하는 독자들입니다. 이럴 때에 그들에게 계속해서 미스터리류의 책만을 소개하는 것이 아니라, A가 구매한 다른 장르(미스터리류를 제외한)의 책을 B에게 소개하는 것이죠. 취향이 비슷할 지 모르니, B도 그 책을 좋아할 수도 있지 않을까요? 그러한 검색이 좀 더 현명하고 유익한 검색이 될 것입니다.

*속성별 제거법
이스라엘의 심리학자 아모스 트버스키Amos Tversky가 1972년 창안한 용어로, 의사 결정시에 먼저 어떤 속성이 가장 중요한지 결정하고 허용 범위를 설정한 다음, 이 기준에 부합하지 않는 대안들은 모두 제거하는 것이다. 속성이 여러가지인 경우 속성별로 이 프로세스를 반복하여 최종 선택을 하거나 '최종 후보들'을 평가할 수 있을 정도로 선택권을 좁히는 방법을 말한다. 우리가 사용하는 '검색 기능'도 이와 비슷한 방법으로 진행되고 있다. 특정 기준(한 개 혹은 여러 검색어, 검색어간 띄어쓰기 등)을 제시하면 그에 합당한 '단어들을 갖춘 컨텐츠'를 추려내어 결과치를 제시한다. 앞으로는 이러한 '단어 일치도(때로는 광고 수익을 위해 손을 대기도 하지만)'뿐 아니라 다양한 접근 매커니즘을 가진 검색모델들이 더욱 많이 등장할 것이다.

*집단동조 현상
당신이 한 실험에 참가했다고 생각해 보자. 과제는 단순하다. 커다란 흰색 카드에 선 하나가 그려져 있고 빔프로젝트를 통해 출력되는 스크린에는 세 개의 선이 그어져 있다. 당신이 해야 할 과제는 카드에 그려진 선과 같은 길이의 선을 스크린에서 찾아내 '큰소리'로 말하면 되는 것이다.

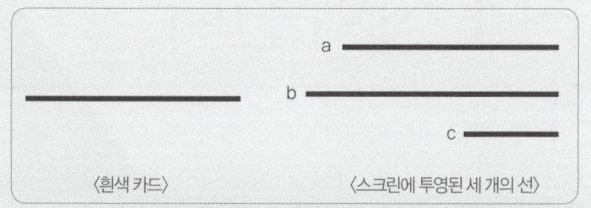

〈흰색 카드〉   〈스크린에 투영된 세 개의 선〉

카드에 그려진 선과 같은 길이의 선은 a이다. 실험에 참가한 모든 사람들이 당연히 답을 맞춘다. 그런데 네 번째 실험에서부터는 이상한 일이 벌어진다. 모든 사람들이 답이 c라고 말한다. 명백한 오답이다. 이제 당신이 답할 차례이다. 무엇이라고 답할 것인가? 당연히 a라고 답할 것이라 생각하겠지만, 12번의 실험에서 약 75%의 사람들이 적어도 한 번은 오답을 말하는 집단의 의견을 따랐다. 물론 1950년대의 실험이고, 많은 미디어를 통해 인간의 다양한 심리현상에 대한 지식이 생긴 오늘날의 당신은 다른 사람들이 c라는 답을 말할 때부터 뭔가 미심쩍어, '혹시 몰래카메라는 아닌가'라고 의심하고 집단을 따르지 않을지 모르겠다. 하지만 이러한 명백한 '답'이 있는 것이 아니라면, 또 큰 소리내서 말하는 것이 아니라 아무도 지켜보는 사람이 아니라면, 무의식 중에서는 자신의 감각적 증거를 무시하고 집단을 따를 확률은 더욱 높아질 것이다. 때문에 브랜드에 관한 선동자가 성냥을 긋고◉70 이 불꽃이 몇몇의 사람들에게 옮겨 붙으면 대중들은 그 불꽃을 화염으로 키우는 산소와 같은 역할을 하게 된다.

이런 넛지라는 개념을 연구하게 된 특별한 이유가 있으십니까?
휴대폰에는 무수히 많은 선택조건들이 있다는 것을 아실 것입니다. 최신형일수록 더욱 그러하죠. 제조사들은 '기본 설정'이라는 디폴트 옵션(default option, 새로 지정하지 않으면 자동으로 선택되는 옵션)들을 설정해 둡니다. 조사결과에 따르면 그러한 디폴트 옵션이 무엇이냐에 상관없이 많은 사람들이 변경하지 않고 사용하며, 심지어 설정되어 있는 디폴트 옵션이 눈과 귀에 거슬려도 변경이 가능하다는 것을 생각조차 못하는 경우가 많습니다. 때로는 알아도 귀찮아서 바꾸지 않죠. 여기서 보여지는 타성의 힘을 보십시오. 우리는 올바른 넛지들을 이용하여 이 타성의 힘을 긍정적인 결과물로 만들어 낼 수 있습니다. 기업 역시 그러한 넛지를 활용하여 고객에게 이로운 것, 고객중심의 편의를 고려한 상품을 끊임없이 고민하여 제안한다면, 말씀하신 온브랜딩 개념도 긍정적으로 사용할 수 있을 것입니다.◉56 기업 차원을 넘어 이러한 넛지가 정부 정책으로 사용된다고 상상해 보십시오. 작지만 강력한 넛지들로 세상을 바꿀 수도 있습니다. 이것이 넛지의 힘입니다. UB

elimination by aspects'의 단점으로 보는 것이 더욱 타당할 듯 합니다. 그것이 바로 검색엔진들이 빠질 수 있는 함정입니다. 그렇기 때문에 앞으로 그들이 해결해 나가야 하는 숙제이기도 하죠.◉47 예를 들면 아마존은 당신의 지난 구매내역을 바탕으로 수시로 당신에게 적합하다고 생각되는 책들을 추천해 줍니다. 만약 미스터리 책들을 많이 읽었다고 한다면 계속해서 그러한 종류의 책들을 제안하죠. 하지만 분명 당신은 미스터리 말고도 다른 분야에 흥미를 느낄 수도 있고, 따라서 오히려 그런 정보는 당신을 귀찮게 하는 것일 수도 있습니다. 이런 현상이 발생하는 이유도 아마존이 당신과 관련한 데이터베이스에서 '미스터리'라는 장르 속성을 제외한 모든 요소를 이미 제거했기 때문

리처드 탈러 시카고대학 행동과학 및 경제학 석좌교수이자 경영대학원 의사결정 연구센터의 책임자이다. 또한 국가경제연구소의 연구원으로도 재직중이며 행동경제학을 경제학계에 알리는 데 기여해왔다. 미 의회에도 적극적으로 출석하여 넛지를 활용한 자신의 방법론을 제도권으로 들여왔으며 저서로는 〈승자의 저주〉가 있다.

ON Curiosity

'존재'는 질문으로부터 시작된다, 네이버

The interview with 엔에이치엔㈜ CMD본부 본부장 조수용

24시간 ON 상태인 네이버의 1일 방문자 수는 1,700만 명. 그 중 1,200만 명이 '검색 서비스'를 이용하고 있으며, 방문자들의 검색어 입력 횟수는 1일 1억 3천 회에 달한다. 이것이 현재 네이버가 가진 기록이다. 포털을 브라우저 홈으로 두고 있는 대부분의 사람들(2009년 6월 기준, 네이버의 시장점유율 약 74%_코리안클릭)은 언젠가부터 네이버(Navigate+er=NAVER)를 웹이라는 정보의 거미줄로 가득한 정글에서 '안내자'로 임명했다. 유저들은 네이버에서 어떠한 가치를 제공받고 있기에 이처럼 강력한 '위임'을 할 수 있었는지, 또한 네이버는 어떻게 그러한 가치를 지속적으로 제공하며 스스로의 아이덴티티를 유지하고 있는지 궁금했다.

Royalty ON Naver?

조수용 솔직히 말씀드리면 제가 네이버의 브랜딩을 담당하고 있지만 네이버가 브랜딩이 잘 돼있기 때문에 이용고객이 많은 것이라고는 생각하지는 않습니다. 물론 타사와 비교했을 때 브랜드적인 가치를 인정받고 있는 것 같기는 하지만 오프라인 브랜드처럼 브랜드가 강력해서 사용하는 것은 아니라는 것입니다. 다만 네이버가 사용하기 편리하기 때문에 쓰는 것이지, 브랜드의 느낌이 신선해서 혹은 나의 아이덴티티를 잘 표현해주기 때문에 사용하는 것이라고 말하기는 힘듭니다. 만약 네이버에서 제공하는 검색 결과물보다 더 좋은 결과물을 보여주는 '서비스'를 가진 포털사이트나 검색엔진이 등장한다면 누구든 금방 1등이 될 것입니다.

브랜드의 속성값 중 중요한 부분을 차지하는 '고객 충성도'라는 개념이 온라인을 기반으로 탄생한 브랜드에도 있을까? 이러한 의문이 들 수 있는 이유는 많은 사람들이 온라인 환경의 특징 중 하나로 '스위칭 코스트(전환비용)Switching Cost◉52'의 제로'를 꼽기 때문이다. 물론 개인의 '역사'가 고스란히 저장되어 있는 싸이월드 미니홈피나 블로그, 아니면 인터넷 쇼핑몰 중 내 스타일에 딱 맞는 상품을 제공하는 곳은 사정이 조금 다를 수 있다. 하지만 클릭 한 번으로 싸이월드 미니홈피의 모든 컨텐츠를 '이사'시킬 수 있어도, 그리고 그 인터넷 쇼핑몰과 똑같은 제품을, 더 싼 가격에 구할 수 있어도 고객들의 충성도가 유지될지는 의문이다.

일반 소비자로서 위의 예시처럼 '기록'의 특성을 갖는다거나 '개인적 취향'과 관련이 적은 특정 제품을 구매한다고 생각해 보자. 예를 들어 모델명까지 정확히 알고 있는 MP3 플레이어를 사려는 소비자는 그 상품을 A라는 인터넷 쇼핑몰에서 사든 B라는 인터넷 쇼핑몰에서 사든 큰 관계가 없다. 물론 마일리지나 각종 쿠폰을 이용하여 기존 고객을 유지하려는 사이트들이 있기는 하지만 그것의 실제 효익이 당장의 가격 차이를 보상할 수 없다면 대부분의 소비자는 아마도 최저 가격을 제시하는 사이트에서 (신규 가입을 해서라도) 구매한다.

마음에 둔 특정 상품을 구매하는 것에 있어서도 이러한데 하물며 단순한 '검색'을 위해 방문하는 사이트에서는 더욱 더 전환비용을 고려할 필요가 없다(쇼핑몰에서 그나마 미련을 갖게 하는 마일리지 같은 효익도 없다).

내가 주로 가서 검색하는 포털사이트가 네이버이기 때문에 B사의 검색 서비스는 절대 이용하지 않겠다는 소비자는 극히 찾아보기 힘들 것이다. 현재 열려있는 창의 X표시를 누르고 타 검색사이트를 열면 그만이다. 몇 초 만에 이루어지는 '변심'이다. 게다가 나의 궁금증을 해소시켜줄 정보를 어디서 얻었는지에 대해 따져 물을 사람도 없다. 즉, 브랜드의 중요 기능중 하나인 '상징'을 내보일 수도 없는 것이다. '개구리의 심장구조'에 대한 궁금증을 검색 결과물로 제시된 여러 자료들 중 '양서류의 진화에 따른 심장 구조의 변화'라는 전문 학술지의 pdf문서를 통해 해결하든, 아니면 초등학교 5학년생이 학교 숙제를 하기 위해 그 나름대로 블로그에 퍼다 놓은 과학책 79페이지의 스캔사진을 통해 해결하든 상관이 없다는 말이다. 그렇기 때문에 즐겨찾기 목록에 추가되거나 홈으로 설정된 특정 포털사이트나 검색엔진은 사실 충성도를 가장한 습관'이거나 '무의식적 습관'이라고 볼 수 있다. 그렇다면 네이버는 어떻게 그렇게 높은 시장 점유율을 보일 수 있는지 궁금하지 않을 수 없다.

답이 달릴 때까지, Log-ON

네이버가 유저를 지속적으로 유인할 수 있었던 이유는 분명 여러 가지가 있겠지만 네이버도, 그리고 일반 사용자도 인정하는 대표 서비스로 '지식iN'을 꼽을 수 있다. 그리고 이것은 분명히 네이버로의 '빈번한 접속'을 만들어낸 핵심 서비스임에 틀림없다. 네이버 지식iN에는 시시콜콜한 질문에서부터 고차원적인 지식이 있어야만 답변을 달 수 있을만한 질문들이 가득하고 이 질문들에 친히 답변을 달고자 하는 지식 기부자들로 넘쳐난다. 우선 궁금증을 가진 사람은 기존에 그와 관련된 질문과 답변이 있는가를 확인(관여)하고, 찾지 못하면 결국 스스로 질문을 하게 된다(참여). 그런 방식으로 '과연 이러한 질문에도 답변이 달릴까?'하는 우려와 함께 자신의 궁금증을 활자로 옮기는 순간 '참여'가 시작되고, 계속해서 네이버를 방문해야 할 당위성이 만들어진다. 질문을 올리게 되면 '실시간 답변'의 요행을 바라며 창을 끄지도 않고 남겨둔다. Log ON상태를 유지하게 되는 것이다.

> 내가 주로 가서 검색하는 포털사이트가 네이버이기 때문에 B사의 검색 서비스는 절대 이용하지 않겠다는 소비자는 극히 찾아보기 힘들 것이다. 현재 열려있는 창의 X표시를 누르고 타 검색사이트를 열면 그만이다. 몇 초 만에 이루어지는 '변심'이다.

◉52 p72

유저가 컨텐츠 생산에 직접 참여할 수 있는 모델은 유저로 하여금 상당한 애착과 높은 관여도를 만들게 된다.

만약 블로깅을 해 보았다면, 혹은 싸이월드를 사용해 본 사람이라면 작은 댓글 하나에, 그리고 내가 단 댓글에 대한 피드백을 받는 것에 얼마나 민감해지는지 이해할 수 있을 것이다. 이처럼 빈번한 방문을 하게 된 사용자는 다음 번 방문의 편의를 위해 '네이버를 홈으로' 설정하기에 이른다. 홈이라는 것은 유저가 인터넷에 접속하기 위해 브라우저를 여는 순간 매일 접하게 되는, 그래서 익숙해지고 그 화면의 구성과 비주얼에 길들여지는, 결국 다른 사이트는 어색하게 느껴지고, 급기야 '다른' 것이 아니라 '틀리고 불편한' 것이 되어버리는 무의식적 '습관'이 만들어지게 되는 것이다. 이는 곧 네이버라는 웹페이지가 ON의 상태를 유지할 수 있는 여러 강력한 무기 중 하나임에는 분명해 보인다.

하지만 사실 이러한 지식iN 서비스는 네이버가 최초로 만들어낸 서비스는 아니다. 최초가 아니었음에도 불구하고 빠른 속도로 시장 점유율을 높여갈 수 있었던 이유는 '다량의 한글로 된 컨텐츠', 그리고 그 컨텐츠들이 '검색'이라는 서비스를 통해 가시화되었다는 것이다.

1999년 네이버가 처음 시작될 당시 웹 문서의 대부분은 영문 문서였고, 결국 영어를 모국어로 사용하지 않는 이상 정보에 대한 접근 자체가 힘들었던 상황이었다. '검색'이라는 단어가 '방대한 양의 정보'에서 내가 원하는 것을 찾아내고자 할 때 필요한 기능이라는 것을 다시금 상기해 보자면 한글로 된 데이터는 '검색'이라는 개념을 도입한다는 것 자체가 무색할 정도로 척박했다. 소비자가 포털 사이트에서 검색을 위해 'ON'상태를 유지할 이유가 없던 것이다.

조수용 당시 한글 검색의 수준은, 우편번호라는 키워드를 검색창에 입력하면 체신청 사이트 하나 나오고 끝날 정도였습니다. '티라노사우루스'를 영어로 치면 수십만 개의 사이트가 검색되지만 한글로 입력하면 아예 안 나오거나 개인 홈페이지 하나 나오는 정도였죠. 사용하는 언어에 따른 불균형이 확실히 있었습니다.

웹을 비유하는 말로 꾸준히 사용된 표현이 정보의 '바다'이다. 하지만 한국 데이터베이스 실정에 '바다'라는 표현을 가져다 쓰기에 다소 무리가 있어, 네이버는 바다보다 조금 좁은 느낌의 '밀림'을 컨셉으로 잡았다고 한다.

그래서 네이버의 메인 컬러가 그린이 되었으며 초창기 강조되었던 모티브가 '탐험가 모자'였다는 비하인드 스토리도 있다. 이러한 상황에서 네이버는 한글로 된 문서를 직접 만들기 시작했다. 검색을 경쟁우위 요소로 가져가려 했던 네이버에게는 시장을 창조하는 전략이었고, 동시에 존재의 당위성을 증명하기 위한 필사적 노력이었을 것이다. 처음으로 시작한 작업이 뉴스와 백과사전을 웹으로 옮겨 놓는 작업이었다. 그리고 이때에 드디어 '지식iN' 서비스를 런칭하게 된 것이다.

조수용 질문과 답변 서비스는 굉장히 방대한 양의 '한글로 된 웹 문서'를 만들어냈습니다. 질문과 답변의 세트 하나 하나가 소중한 '자산'이 된 것이죠. 동시에 블로그 서비스를 시작했습니다. 물론 지식iN과 블로그는 네이버가 독자적으로 발명해낸 서비스는 아니었습니다. 하지만 '검색'이라는 기능과 시너지를 냈기 때문에 타사 대비 강력해 질 수 있었던 것입니다. 이에 더하여 웹 2.0이라는 거대 트렌드가 굉장한 파급력을 가져왔고, 이에 네이버의 서비스들이 폭발적인 인기를 끌 수 있었습니다.

SEARCHING ON IDENTITY TECH

동시대를 살아가는 혹은 전 세대를 지내온 사람의 '선험적 경험으로부터 얻는 지식'을 '지혜'로 정의해 보자면 네이버는 삶이라는 정글을 헤쳐나가는 우리들에게 지식을 넘어선 지혜를 찾아 보여주고 있는 것이다.

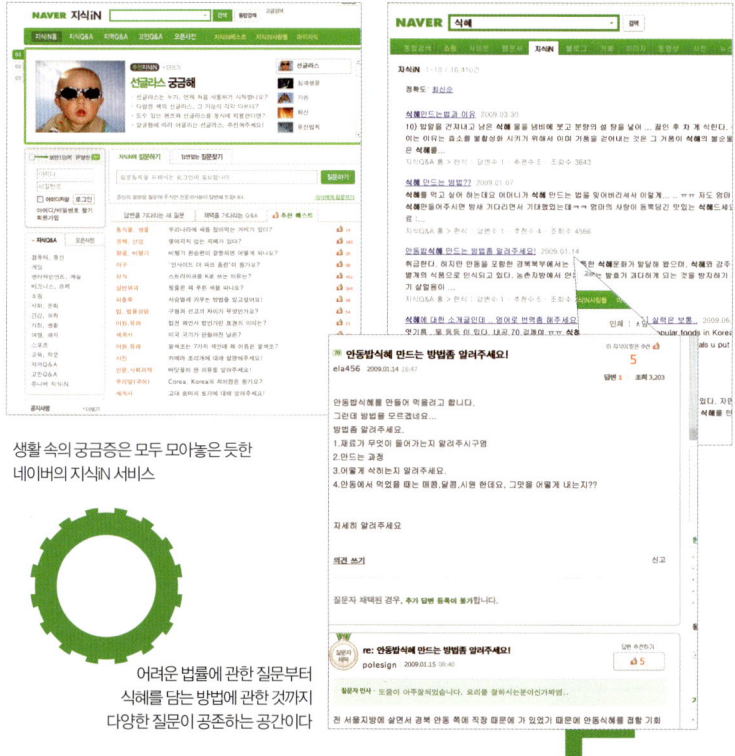

생활 속의 궁금증은 모두 모아놓은 듯한 네이버의 지식iN 서비스

어려운 법률에 관한 질문부터 식혜를 담는 방법에 관한 것까지 다양한 질문이 공존하는 공간이다

Crawling ON Wisdom

사실 '지혜'라는 단어는 사용하기가 굉장히 민감한 표현이다. 온라인에 떠도는 정보의 어느 수준까지를 감히 '지혜'라는 단어로 규명할 수 있는가에 대한 우려 때문이다. 특히나 온라인에 보여지는 정보들 중에는 실속 없고 심심풀이용 답변들도 적지 않다는 점을 생각해 보면 더더욱 '지혜'라는 단어는 부담스럽다. 그러나 네이버의 지식iN에서 찾을 수 있는 정보들은 단순히 지적 수준을 높이기 위한 정보를 설명하는 '지식'이란 단어로는 아우를 수 없는 컨텐츠들로 넘쳐난다. 할머니에게서나 배울 수 있음직한 '식혜를 잘 담그는 방법', 직장에서 만난 멘토에게 배움직한 '직장에서의 예절', 인생의 멘토에게 물음직한 '행복의 조건' 등을 발견할 수 있는 곳이 이곳이기 때문이다. 이처럼 동시대를 살아가는 혹은 전 세대를 지내온 사람들의 '선험적 경험으로부터 얻는 지식'을 '지혜'로 정의해 보자면, 네이버는 삶이라는 정글을 헤쳐나가는 우리들에게 지식을 넘어선 지혜를 찾아 보여주고 있는 것이다. 그래서 네이버 검색의 아이덴티티는 '지혜를 찾아 보여주는 크롤러[69]'로 설명될 수 있다.

네이버의 검색 아이덴티티 : Wisdom Crawler

네이버 지식iN 서비스는 크게 지식Q&A, 지역Q&A, 고민Q&A로 나뉜다. 하지만 각 카테고리는 질문의 단순 구분이기 때문에 답변의 퀄리티나 답변자의 정보를 알기는 힘들다. 때문에 지식iN '전반'에서 보여지는 위의 질문들을 통해 네이버 '검색'의 아이덴티티를 분석해 보면 다음과 같다.

Wisdom from COMMON PEOPLE
'질문'이 반드시 고차원적이지만은 않다. 주변 사람들에게 질문하자니 귀찮게 여길 것 같은 질문들, 혹은 비밀스러운 질문들, 유치해 보이지만 누군가에게 꼭 물어봐야 할 질문들. 지식iN은 이러한 질문들을 솔직하게, 그리고 별 부담 없이 올릴 수 있는 곳이다. 이러한 질문에 비록 전문가나 박사는 아니더라도 비슷한 고민을 가지고 있거나, 그 고민을 해결한 평범한 사람들53이 자신의 경험에서 터득한 지식 즉, 지혜에 가까운 지식들을 공유한다.

조수용 과거에 정보라는 측면에 계속 포커스를 맞췄다고 한다면, 이제는 지혜의 레벨로 올라가는 것 같습니다. 선험자에게 얻는 정보조. 사실 중심의 정보가 드라이했다면 지혜에는 사람의 감성이 녹아 들어있는 것입니다.68

Wisdom from EXPERT
네이버에서는 변호사, 의사, 노무사나 특정 분야 전문가의 도움이 필요한 질문에 답변이 달릴 수 있도록 돕는다. 경제적 어려움으로 전문가를 찾지 못하는 사람들도 이 답변을 통해 당장의 문제를 해결할 수 있는 것이다. 이들 중에는 일선에서 물러난 현자賢者인, 실버 세대도 포함되어 있다.

조수용 좋은 답변을 많이 하시는 분들은 명예지식인에 등재됩니다. 한 번은 그 분들 중에 화학공학을 전공하신 할아버지께 왜 그렇게 열심히 답변을 하시는지 여쭤봤습니다. 그랬더니 알고 있는 지식을 나눠주지 못하고 돌아가시면 그 지식이 세상에서 없어지는 것이 안타까워서라고 하시더군요. 지식을 나누다 보니 스스로도 공부를 더하게 되고 굉장한 성취감과 보람이 느껴진다고 합니다. 사람들이 고마움을 표현할 때 얻는 감동도 크다고 하시고요. 전에 이어령 선생님께서 네이버 지식iN 같은 서비스는 한국 사람이기에 가능한 것 같다고 말씀하신 적이 있는데, 확실히 외국 포털사이트에서는 찾아보기 힘든 현상입니다.

Wisdom from YODA
영화 〈스타워즈〉에 등장하는 멘토인 요다YODA와 같은 인물들은 네이버에서도 만나볼 수 있다. 세상을 살아가면서 잃기 쉬운 인간다움에 관한, 혹은 삶에 관한, 다소 형이상학적인 질문들에 답변을 다는 사람들이 등장했기 때문이다.

이처럼 다양한 사람들의 삶과 그 삶에 대한 이야기로 북적이는 이곳에서는 타인의 삶 자체가 곧 나에게 필요한 지혜로 다가오는 횡재를 하기도 한다. 지식iN에서 '행복'이라는 단어로 검색되는 질문&답변 세트는 770,364개나 된다. 반면, 정말로 '지식' 검색만을 위해 찾을 것 같았던 지식iN 서비스에서 정작 그 유명한 '상대성 이론'에 대한 검색 결과는 13,821건에 그친다.

조수용 네이버는 늘 편안하면서도 궁금증을 모두 해결해 줄 수 있는 똑똑하고 건실한 청년같은 친구이고 싶습니다. 그래서 네이버를 통해 서로 만나지 못 할뻔한 지혜를 연계하여 지식이 선순환 될 수 있도록 돕고 싶습니다. 그것이 저희가 검색 사이트가 되고 싶은 이유이며, 정보보다는 지혜를 담아내는 녹색 그릇이 되고 싶은 이유입니다.

ON going Branding

이와 같은 검색 아이덴티티를 가지고 있는 네이버라는 브랜드를 온브랜딩의 관점에서 살펴보자면 다음과 같은 두 가지 관점이 있을 수 있다. 한 가지는 네이버라는 브랜드 자체의 온브랜딩이며 다른 한가지는 이 네이버라는 검색 플랫폼을 통해 보여지는 특정 브랜드의 온브랜딩일 것이다.

어쩌면 대부분의 독자가 온브랜딩이라면 무조건 '온라인 상에서 일어나는 브랜드 관리'라고 생각할지 모르겠다. 그래서 좀 더 명확한 이해를 돕기 위해 온라인 태생 브랜드인 네이버의 온브랜딩을 이야기해 보자면, 온라인 상에서의 브랜딩을 위한 네이버의 노력(UI$^{User\ Interface}$, UX$^{User\ eXperience}$, 디자인 등)뿐만 아니라 오프라인 상태 즉, 온라인 접속 상태가 아닌 환경에서 네이버의 브랜딩 활동 역시 네이버의 온브랜딩 활동인 것이다. 마치 오프라인 태생의 브랜드들이 24시간 ON 상태를 유지하기 위해 온라인상에서의 브랜딩 활동에 에너지를 쏟는 것과 마찬가지로 말이다.

그러한 측면에서 네이버는 오프라인에서도 ON 상태를 유지하기 위해 끊임없이 노력하고 있다. 그것도 '지혜를 찾아 제공해 주다'라는 그들의 검색 아이덴티티에 맞는 활동들을 진행 중이다. 스타벅스에 비치되었던《네이버 트렌드》라는 검색 키워드 정리 도서도 그 일환으로 해석될 수 있다. 오프라인에서 소비자에게 좀 더 가까이 다가가고 그 책을 통해 많은 스타벅스 이용객들이 네이버를 경험할 수 있도록 또 다른 접점을 만들어 내고 있는 것이다. 또한 '진정한 지혜는 책에 있다'는 (네이버로서는 다소 획기적이면서도 대담한) 가치관을 보여주기 위해 '폐간된 좋은 도서 복간하기'와 같은 오프라인 캠페인도 기획 중이며, 책에 대한 접근도가 떨어지는 비도심 지역에서는 '도서관 건립' 등의 활동을 하고 있는 것도 마찬가지이다.

위의 내용이 네이버 자체의 온브랜딩이라면, 두 번째 관점은 우리가 포털 사이트를 좀 더 눈여겨 봐야 하는 이유를 말해주는 온브랜딩이다. 지혜를 모아 제공하고자 하는 네이버 지식iN 서비스의 질문과 답변에서는 특정 브랜드가 사람들 사이에서 어떻게 회자되고 있으며, 그 브랜드 제품의 장단점은 물론, 요즘 선호되고 있는 제품이나 트렌드에 대해서 알 수 있다. 이러한 정보에는 회사 입장에서 많은 돈, 시간, 에너지를 투자하여 실시하는 정량적 소비자 조사나 FGI보다 더 솔직하고 디테일한 피드백이 숨어있다. 실제로 지식iN에서 '컨버스'를 검색하면 54,071 건의 질문과 답변이 나오고 그곳에서는 수많은 상품평과 추천 상품이 담긴 내용이 오가고 있다. 스타벅스를 검색하면 12,099개의 질문&답변 세트가 검색된다. 이처럼 한 브랜드에 대한 궁금증, 그 궁금증 해소를 위한 탐색의 과정 속에서 자사 브랜드의 의지와는 상관없이 소비자들에 의해 브랜드 아이덴티티가 형성되는 경우가 허다하다. 이것이 브랜더나 마케터들이 자신의 웹페이지(일종의 컨트롤이 가능한)뿐 아니라 온라인 공간에서 떠도는 소비자의 날 것^{raw} 같은 의견에 집중해야 할 이유가 되는 것이다. 이러한 현상을 관찰하는 것이야말로 브랜더나 마케터에게 꼭 필요한 일일 것이다. UB

조수용 2003년부터 NHN의 CMD(Creative Marketing & Design)본부의 본부장을 맡고 있는 그는 서울대학교 산업디자인학과 및 동대학원을 졸업 후, 프리챌의 초기 멤버로서 디자인실장을 역임한 바 있다. 2007년 대한민국 디자인대상 디자인경영 공로부문 국무총리상을 수상하였으며, NHN이 2008년 디자인 경영대상 최우수상을 수상함에 있어 중추적인 역할을 하였다.

> 한 브랜드에 대한 궁금증,
> 그 궁금증 해소를 위한 탐색의 과정 속에서
> 자사 브랜드의 의지와는 상관없이 소비자들에 의해
> 브랜드 아이덴티티가 형성되는 경우가 허다하다.

178 ON-BRANDING

Crawling ON Human

ON BRANDING의 ON상溫床, Daum

The interview with Daum커뮤니케이션 커뮤니케이션 SU본부 **본부장 김지현**
Daum커뮤니케이션 커뮤니티, 동영상 SU본부 **본부장 신종섭**
Daum커뮤니케이션 브랜드 마케팅 **팀장 윤정하**

언제부터인가 '온라인 커뮤니티'를 '카페'라고 부르는 것에 익숙해졌다. 이것에 일조한 것이 Daum인 것임은 분명해 보인다. 특히나 현재 이 글을 읽을만한 독자들이 추억할 법한 '온라인 커뮤니티와의 첫 경험'이 Daum일 확률이 높기 때문에 더욱 그렇다. PC통신에서 웹으로의 전환이라는 지각변동이 일어나던 1999년 즈음, Daum은 '카페'라는 온라인 커뮤니티를 수용할 수 있는 거대한 '광장' 서비스를 소개했다. 그 후 약 10년이 흐른 지금, 대한민국 인구의 약 78%에 이르는 3,800만 명이 Daum의 카페 서비스 회원으로 등록되어 있으며 카페 수만 해도 2009년, 770만 개를 돌파했다. '취뽀(취업 뽀개기_ 회원 수 1,143,062명)' '베드(베스트 드레서_ 회원 수 753,773 명)' '10in10(맞벌이부부 10년 10억 모으기_ 회원 수 630,764 명)' '임출(임신과 출산 그리고 육아_ 회원 수 337,444 명)' 등의 Daum의 대표적인 카페는 수많은 이야기를 만들고 전달하며, 사람들을 웃게도, 울게도 만들고 있다. Daum의 커뮤니티 서비스는 대체 어떠한 요소들이 있기에 이처럼 사람들로 시끌벅적한, 24시간 항상 ON되어 있는 광장으로 자리매김할 수 있었는지 들어보았다.

대한민국의 78%가 Daum의 커뮤니티 서비스 회원이라는 것은 실로 놀라운 수치입니다. 사람들에게 'Daum의 연상이미지'로 강하게 각인되어 있는 것이 '카페'인 것도 당연하다는 생각이 듭니다.

신종섭 Daum이라는 포털사이트에 아이디를 가지고 있는 회원은 우리나라 국민의 80%에 해당하는 4천만 명 정도 됩니다. 그런데 대한민국의 78%가 커뮤니티 회원이니, Daum 회원이라면 거의 카페 서비스를 이용하는 것으로 봐야죠. 지난 10년간 Daum 카페에 쌓인 총 게시물의 개수는 약 36억 개 정도 입니다. 얼마 전 내부에서 이 수치를 색다른 접근으로 환산을 해보았는데, 이 글 한 개를 A4 용지 한 장으로 계산해서 쌓았을 경우 에베레스트산을 약 40개 더한 높이에 해당된다더군요.

그런데 온라인 커뮤니티 서비스를 '카페'라고 명명한 이유는 무엇입니까?

신종섭 실제로 유럽의 노천 카페를 떠올리면서 만든 이름입니다. Daum이라는 광장에 수많은 노천 카페가 있는 모습을 상상한 것이죠. 사람들이 편하게 머물면서 쉴 새 없이 이야기를 나누는 곳 말입니다.

Daum이라는 포털사이트는 '광장'과 많이 닮았다. 다양한 사람들이 자유롭게 모여 삼삼오오 그들만의 대화를 나누고 그것이 커져 커뮤니티가 되고, 때로는 여론을 형성하는 힘이 실린 목소리가 퍼져 나오는 곳이기 때문이다. 여기에 커뮤니티 서비스를 지칭하는 '카페'라는 단어는 언뜻 생각해도 광장과 잘 어울리는 단어다. 카페가 있는 광장. 그런데 알고 보면 '카페'와 '광장'은 그 태생부터가 뗄래야 뗄 수 없는 관계이다.

유럽에서 사교와 토론의 문화를 상징했던 '커피'가 최초로 상륙한 곳은 이탈리아의 무역도시, 베니스였다. 자연스럽게 유럽 최초의 카페인, '보테자 델 카페'도 1645년 베니스에 세워졌고, 현존하는 가장 오래된 카페인 '카페 플로리안'이 있는 곳도 베니스, 산마르코 '광장'이다. 이 '카페 플로리안'의 등장은 머지않아 산마르코 광장 전체가 카페 촌을 이루게 하였으며, 이는 곧 수도인 로마로 흘러 들었고 카페는 사교계 인사들이 북적이는 대표 장소가 되었다.

베니스에서 시작된 카페문화가 꽃을 피운 곳은 피렌체였다. '꽃을 피웠다'의 의미는 카페문화가 점차 중산층으로 확대되어 이것이 부유층들만의 독점적인 장소가 아닌 일반 대중들도 카페에서 대화를 통해 친교를 맺고, 문학과 예술의 다양성에 대해 열띤 토론을 벌일 수 있게 되었다는 것이다. 물론 대화의 주제 역시 확대되어 문화와 예술에 머무르지 않고 공통된 관심사(취미나 삶에 관한 이야기, 육아에 관한 이야기 등)로 확대되었을 것이다. 이처럼 계급적 구분이 점차 사라진 공간으로 변모하면서 18세기경 영국 런던에는 인구 100명 당 한 개의 카페가 생길 정도였다고 한다. 그런 측면에서 독일의 사회철학자 하버마스 Jurgen Habermas가 17, 18세기 영국의 '커피하우스(영국사람들은 카페를 커피하우스라고 부른다)'나 프랑스의 살롱을 '공론장 public sphere'이라고 표현한 것도 어색할 것이 없다.

이처럼 수세기 전 대중들의 만남의 장소, 소통이 공간이었던 카페라는 이름을 가진 Daum의 '카페' 서비스 역시 비슷한 역할을 해오고 있다. 유료 서비스를 기반으로 했던 PC통신에서 만들어진 CUG Close User Group 형태의 동호회가 초창기 유럽 카페의 성격을 띠었다면, 웹이라는 플랫폼에서 좀 더 많은 사람들

이 손쉽게 참여할 수 있는 장을 만들어준 Daum의 카페는 더 많은 사람들이 용이하게 모여서 소통할 수 있는 공간을 만들어준 것이다. 그리고 그 대화의 내용이나 주제 역시 참여하는 사람만큼이나 다양해졌다.

그렇다면, Daum은 사람들이 모여 대화를 나눌 수 있는 광장과 같은 공간을 제공하는 것으로 봐야 하겠군요.
윤정하 그렇죠. 저희 스스로도 Daum은 광장같다는 표현을 많이 씁니다. 그리고 그 안에 카페가 있는 형식이죠. 카페 서비스도 저희가 어떤 특정영역에서 특정한 이슈를 제공하는 방식이 아니라 말 그대로 작은 공간, 터를 제공하는 것이죠. 이 공간에서 사람들이 공통 주제로 이야기를 하면 토론이 되고, 동영상을 찍으면 UCC 동영상이라는 컨텐츠가 나오고, 의견을 한데 모아 목소리를 높이면 여론이라는 것이 되는 것이죠. 그래서 의도적으로 뭔가를 제공하면서 '이곳은 어떤 곳이야'라고 규정을 하는 것이 아니라 단지 공간 플랫폼인 것입니다. 만나고, 이야기하고, 떠들고, 싸우고, 놀고, 부딪치고, 깨지고를 경험하면서 얻는 가치들을 스스로 만들어나가는 것입니다.

멋진 건축물을 지어두고 유저에게 오픈 한다기 보다는 유저들이 알아서 세트장을 설치하고 거기에서 어떤 활동으로 ON하든 큰 관여를 안 하신다는 의미 같습니다.
윤정하 사람들은 광장에서 모든 것을 마음대로 할 수 있습니다. 좌파 집회건, 우파 집회건, 월드컵 응원이건, 방송국 방송이건 마음대로 말입니다. 서비스에 따라 조금씩은 다를 수 있겠지만 카페의 경우는 더욱 그런 편입니다. 저희의 역할은 그 여러가지 활동이나 모임들이 잘 진행될 수 있도록 전기와 수도를 끌어다 드리고 조명을 밝혀 드리는 것에 불과합니다.

김지현 사실 아고라도 정치적인 공간으로 만들 의도는 전혀 없었는데 사용하는 유저들에 의해서 색이 결정되어 버린 것으로 봐야 합니다. 하지만 그 색이 언제 변할지는 아무도 모르죠. 변화 속도는 굉장합니다. 주제도 만찬가지입니다. 아고라 안에도 많은 방들이 있습니다. 한때는 정치적 이슈가 많이 생겨나다가 경제방, 정치방, 문화방 등 언제 어느 공간이 뜨거워질 지 모르는 것입니다. 저희는 그런 공

> 주목 받을 수 없었던 개인의 목소리가 공감을 얻고, 그 공감이 청원이 되고, 그 청원이 사람들의 관심을 받게 되고, 결국 미약할 것이라 생각했던 자신의 목소리가 세상에 전파가 될 수 있는 곳이되는 것입니다.

그런데, 장이라면 어떤 장이라고 생각하시나요? 예술의 전당이 될 수도 있고 홍대 앞 주차장거리에 펼쳐지는 장이 될 수도 있을 텐데요.
윤정하 서울광장 같아요. 대규모 시위도 일어나고, 서울시 축제도 일어나고, 다른 지역으로 연결되는 중앙 노드이기도 하고요. 정말 다양한 것들이 일어납니다. 저희가 어떤 방식으로 규정했다기 보다는 이런 행위를 할 때는 이런 공간, 저런 행위를 할 때는 저런 공간이 되는 것입니다. 그리고 그러한 활동을 하는 카페 자체가 일종의 브랜드로 발전하기도 합니다. 카페의 컨텐츠를 바탕으로 책이 만들어지기도 하고 거대한 여론이 형성되어 카페 자체가 이미지를 갖게 되면서 일종의 브랜드처럼 되어가는 것이죠.

간들을 계속해서 많이 열어주고 있는 것 뿐이죠. 다른 포털보다 훨씬 더 그런 측면이 많다는 것이 저희의 특징인 것 같아요.

18세기 영국으로 다시 가보자. 인구 100명 당 한 개의 카페가 생겼으니, 공급이 많아져 커피가격은 당연히 곤두박질 쳤고, 결국 한 잔에 1페니에 이르게 되었다. 이처럼 싼 가격은 더 많은 사람들이 커피하우스로 몰려들어 부담 없이 사람들과 이야기 나눌 수 있는 환경을 마련하였다. 이러한 모임은 자연스럽게 민생에 관한 이야기까지 이어졌을 것이고 그만큼 다양한 주제에 대한 다양한 의견 즉, 민중의 생생한 목소리로 가득찼을 것이며 그 안에서 비슷한 의견을 가진 사람들이 모이면서 일종의 여론이 만들어 지기도 했을 것이다.

실제로 커피하우스들은 점차 정치클럽화 되어갔고 명예혁명이 일어날 즈음에는 불안정한 정치적 상황에서 긴밀한 교류의 장으로 자리잡혔던 것이 사실이다. 아고라도 크게 다르지 않다. 실제 아고라에서 이슈가 되는 주제들을 살펴보면 교통정책에 대한 개선안, 정치적 이슈에 대한 의견, 공공 시설 활용 방안 등 크고 작은 '1인 정책자'들의 제안들로, OFF될 새가 없다.

현재의 아고라는 말 그대로 모든 사회적 이슈의 시작이자 과정이며, 끝이라고 생각합니다. 24시간 ON 된 상태로, 수백 만의 유저들의 생생한 의견들로 뜨겁기 때문입니다. 온라인 상에는 다른 커뮤니티 혹은 1인 미디어 채널도 많은데 왜 유독 아고라가 인기를 끌고 있다고 생각하십니까?
김지현 아고라는 일종의 신문고 역할을 합니다. 즉, 다른 온라인 미디어보다 파급력이 크다는 것이죠. 주목 받을 수 없었던 개인의 목소리가 공감을 얻고, 그 공감이 *청원이 되고, 그 청원이 사람들의 관심을 받게 되고, 결국 미약할 것이라 생각했던 자신의 목소리가 세상에 전파가 될 수 있는 곳이 되는 것입니다. 즉, 소시민의 목소리로 큰 영향력을 만들어 낼 수 있기 때문에 많은 네티즌들이 방문하고 있는 것이라고 생각됩니다.

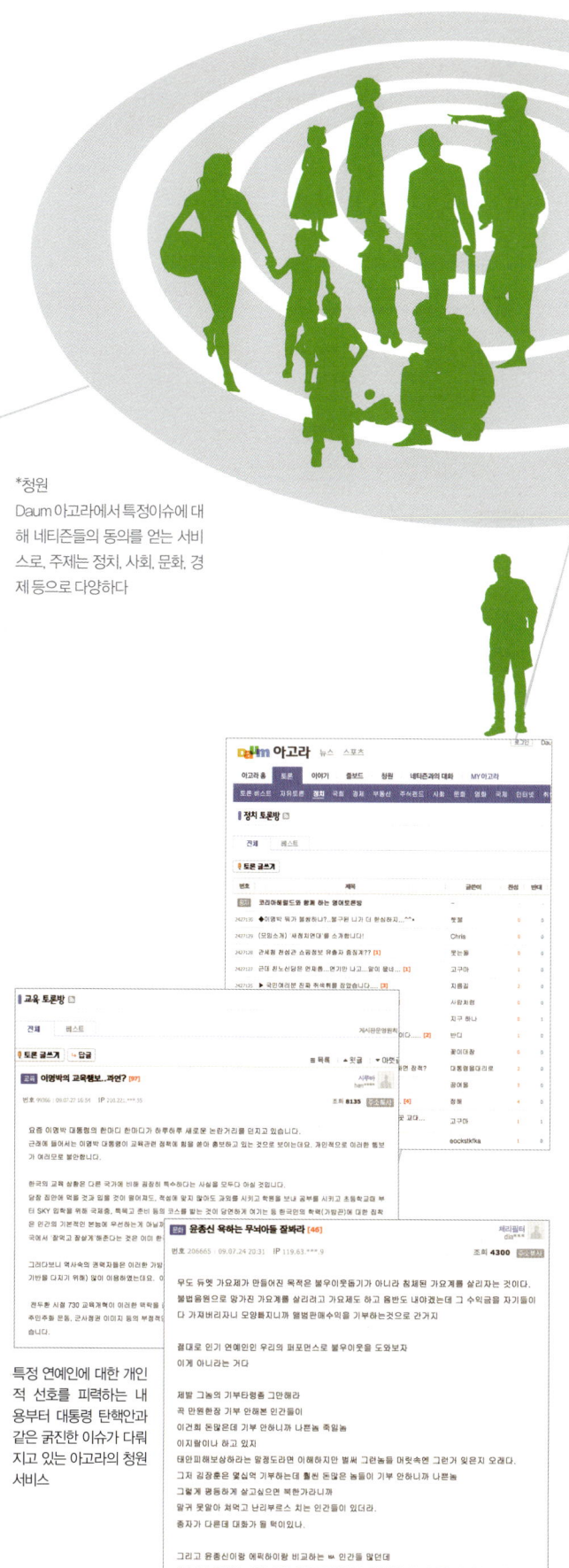

*청원
Daum 아고라에서 특정이슈에 대해 네티즌들의 동의를 얻는 서비스로, 주제는 정치, 사회, 문화, 경제 등으로 다양하다

김지현 본부장의 말처럼 아고라는 신문고 역할을 한다. 블로그가 자기 집 앞에 붙여놓은 '벽보'의 역할 정도이고, 카페에 호소하는 목소리가 관청 앞의 '방榜'에 해당한다면 아고라는 모두가 들을 수 있도록 큰 소리로 북을 치며 억울함을 호소하는 민생 신문고와도 같다. 집 앞 벽보나 관청 앞의 방도 행인들에 의해 입소문이 날 수 있지만 민생 신문고만큼의 파급력은 갖지 못할 것이다.

이처럼 아고라는 자신의 목소리를 높여 대중들에게 호소할 수 있는, 그것도 내 목소리를 효과적으로 세상에 알릴 수 있는 공간이 된 것이다. 그래서인지 아고라에 등장하는 이슈들은 특정 연예인의 팬이 다른 연예인을 험담하는 주제로 펼치는 개인적인 서명운동부터, 대통령 탄핵안과 관련된 정치적 이슈까지 다양하다. 이처럼 온라인 환경에서 제시될 수 있는 의견이 다양해지면서 자연스럽게 과거에는 특정 매체만이 가질 수 있었던 권력이 시민들에게 이양되었다. 그 이슈 중에는 당연히 일반 브랜드에 대한 이야기, 그래서 한 브랜드를 웃고 울게 하는 의견들 역시 어렵지 않게 찾아볼 수 있다.

아고라에서 브랜드와 관련된 이슈들도 생기는지 궁금합니다. 기업의 입장에서는 자신들도 모르는 사이에 열혈팬 혹은 안티팬이 생기는데, 그들의 이야기가 굉장한 속도로 전해질테니 주의 깊게 살펴 보아야 할 곳인 것 같습니다.
김지현 물론입니다. 대표적으로는 모 신문사에 대한 불매운동을 들 수 있겠죠. 또한 특정 브랜드 상품에 대한 직접적인 불매운동도 종종 보입니다. 반면 의외로 작은 기업의 상품이나 서비스의 탁월함이 소개되면서 공감 요소를 사는 부분들이 많이 있습니다. 현재 진행 중인 여러 청원을 보시면 브랜드와 관련된 이슈들을 바로 확인하실 수 있으실 것입니다.

특정 연예인에 대한 개인적 선호를 피력하는 내용부터 대통령 탄핵안과 같은 굵직한 이슈가 다뤄지고 있는 아고라의 청원 서비스

🔍 아고라에서 보여지는 브랜드와 관련된 이슈들

실제로 '아고라 청원'에서 브랜드 관련 이슈들을 어렵지 않게 찾아볼 수 있다. 특정 브랜드에 대한 불만족으로부터 시작된 불매운동, 죽어가는 브랜드를 살리자는 청원, 휴먼브랜드와 관련하여 호·불호를 따지는 청원, 특정 프로그램에 대한 여론 형성 등 다양한 모습으로 등장한다. 이처럼 기업이 알 수 없는 곳에서도 브랜드는 늘 소비자에 의해서 평가 받고 있으며 그 평가에 따라 다양한 사람들이 의견을 같이하며 온라인 서명운동을 펼쳐가고 있다.

■ 특정 브랜드에 대한 의견 개진

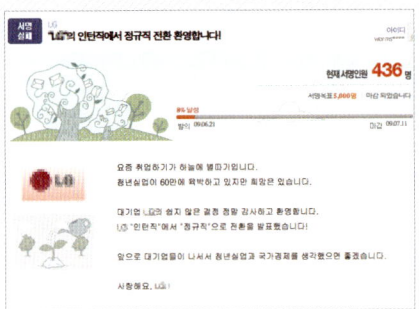

■ 특정 브랜드에 대한 여론 형성 🔗03

■ 특정 브랜드 불매 운동 청원

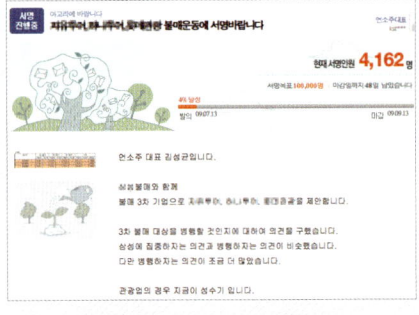

■ 휴먼브랜드에 대한 호·불호 의견 개진

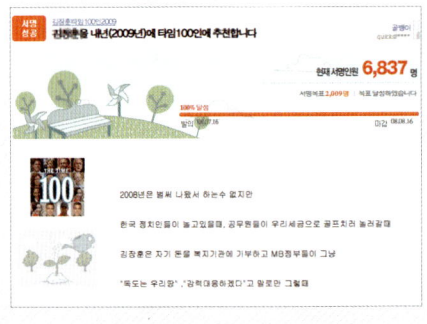

이처럼 24시간 온라인상에서 ON하고 있는 소비자들의 의견에 귀를 기울이고 적극적으로 활용하고 있는 브랜드들이 있는지 궁금합니다.
김지현 아직까지는 기업에서 적극적으로 대응하는 케이스는 드뭅니다. 그만큼 이러한 상황에 대해서 경각심 혹은 관심을 두고 있지 않다는 것을 반증하는 것인지도 모르겠습니다. 물론 아직까지는 정치적인 이슈가 많은 것이 사실이기 때문에 접근하는 것 자체가 조금 부담스러울 수도 있겠지만 브랜드에 관한 이러한 움직임이 언제 눈덩이처럼 불어날지 모를 일입니다.

말씀하신 것처럼 아직 브랜드 입장에서는 아고라 뿐만 아니라 블로그처럼 소비자와 가까워질 수 있는 채널을 알면서도 부담스러워서 활동을 꺼리는 기업들이 많이 있습니다. 그럼에도 불구하고 기업이 이러한 채널을 적극적으로 활용하여 얻을 수 있는 이점은 무엇입니까?
김지현 모든 기업이 그러한 채널을 열 필요는 없습니다. 그 기업 혹은 브랜드의 아이덴티티에 적합한 경우에만 활용하는 것이 합당합니다. 다양한 플랫폼이 있고, 선택은 기업의 몫인 것이죠. 다만 가장 잘 맞는 플랫폼의 특성을 파악하고 해당 브랜드의 지향점을 잘 파악해서 택해야 합니다. 🔗14 물론 이러한 채널들에 위험부담이 있는 것은 분명합니다. 쉽게 말하자면 사용자들과 같은 눈높이에서 이야기하는 것이기 때문에 계급장을 떼고 대화하는 것이라고 볼 수 있습니다. 많이 다칠 수도 있습니다. 하지만 그것을 이용해서 얻을 수 있는 혜택도 매력적이죠. ROI 측면에서의 효율성 말입니다. 그리고 이러한 채널을 통해 쌓아진 신뢰를 바탕으로 하는 브랜드는 쉽게 흔들리지 않습니다. 사용자들과 함께 적극적으로 대화한 기업들은 '마니아'라는 브랜드 전도사들을 만들어낼 수 있는 것이죠.

같은 목적의식을 갖는다는 것은 자연스럽게 강력한 결속력과 유대감, 그리고 서로간의 신뢰를 형성한다. 과거 런던의 커피하우스가 민중의 여론 형성의 목소리가 움튼 곳이라면 오스트리아에서의 카페는 그 성격이 조금 달랐다. 주로 음악과 예술에 깊은 관심을 가진 사람들(요즘 말로는 마니아 정도로 표현될 수 있다)이 돈독한 관계를 형성하며, 사교활동을 주된 목적으로, 만남을 이어나간 곳으로서, 이 시대의 동호회 모습이 더 강하게 나타났다. 즉, 오스트리아의 카페는 취미나 문화 코드를 중심으로 더욱 빈번한 만남과 결속력을 갖게 되었고 드디어 유럽 최초로 '카페 콘서트'의 모습이 연출되었다. 다

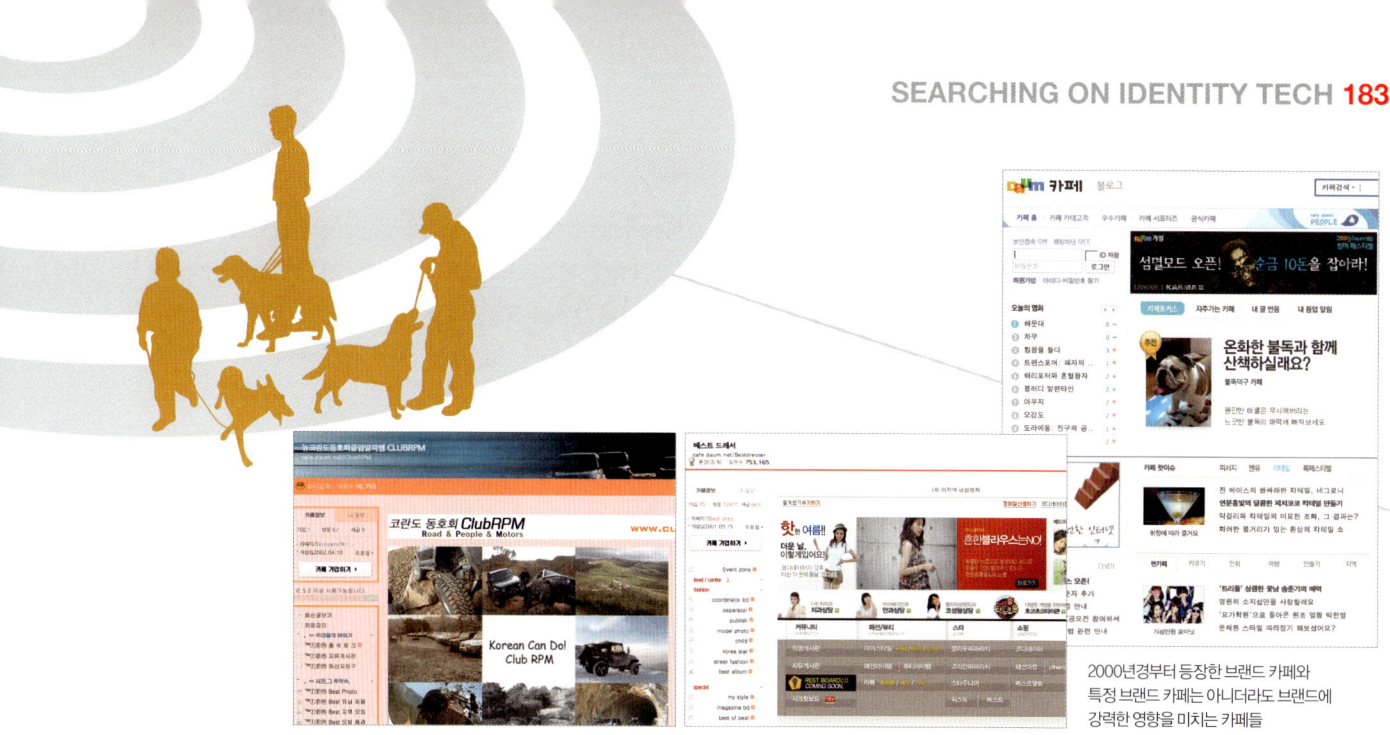

2000년경부터 등장한 브랜드 카페와 특정 브랜드 카페는 아니더라도 브랜드에 강력한 영향을 미치는 카페들

뉴브강과 운하 사이에 있는 공원에 천막을 치고 카페 영업까지도 시작한 그들은 '숲과 음악의 도시, 빈Wien'이라는 현재의 명성을 쌓아 올린 최초의 인물들이다.

저희가 온브랜딩 개념에 있어 주목하는 요소 중 하나가 '마니아'입니다. 브랜드의 생명력이 끊기지 않게 즉, 지속적인 ON을 위해 없어서는 안 될 존재이기 때문입니다.
신종섭 그러한 마니아 집단이 가장 크게 활동하는 집결체가 바로 카페 플랫폼입니다. 종전에도 말씀 드렸다시피 Daum에는 770만 개의 카페가 있고 그 중 브랜드 카페에서 핵심적인 역할을 하는 사람들이 바로 마니아입니다. 한동안 유행했던 '폐인'이라는 단어도 네티즌들에 의해 만들어진, 조금은 희화화된 신조어이긴 하지만 한자를 보면 '사랑할 폐廢'에, '사람 인人' 입니다. 즉, 어떠한 대상에 대해 집착적이라고 할 만큼 특별한 사랑을 보인다는 측면에서 브랜드 마니아와도 비슷한 의미의 단어입니다.

공통된 관심사를 중심으로 커뮤니티에서 활동하는 마니아들이 어찌보면 Daum 자체의 온브랜딩을 위해서도 핵심적인 역할을 할 것으로 보입니다.
신종섭 Daum이라는 브랜드가 유저들에 의해서 지속적으로 이용되는 것 자체를 ON되어있다고 표현한다면 카페가 그것에 중추적인 역할을 했다는 것은 부인할 수 없습니다. 공통된 관심사에 대해 논하는 장소이기 때문에, 지속적인 방문과 의견 개진이 필수이기 때문입니다. 아고라가 폭발적일 수 있었던 이유도 마찬가지입니다. 이미 Daum 카페에서 자신의 의견을 말하는 환경에 너무나도 익숙해진 유저들이 더 넓은 공유의 영역으로 나간 것이죠. 아고라뿐만 아니라 '텔레비전' 서비스에서 보여지는 연예인을 대상으로 한 마니아 활동도 카페에서 활발히 생겨났던 팬덤카페와 비슷한 양상을 보이고 있습니다. 팬카페에서 확장된 개념으로 봐야 하는 것이죠. 이처럼 Daum 카페 활동을 통해 마니아 코드나 그러한 활동에 익숙해진 유저들은 카페 서비스뿐만이 아닌, 저희가 제공하는 다른 서비스들에 대해 거부감 없이 자연스럽게 사용하고 있습니다. 그렇기 때문에 Daum에 사람들이 계속 방문할 수 있는 것이고, 그것이 Daum의 온브랜딩을 가능하게 했다고 볼 수 있는 것이죠.

마니아들은 Daum 자체의 온브랜딩뿐만 아니라 일반적인 브랜드의 온브랜딩도 가능하게 한 것으로 보이는데, 어떠한 사례들이 있을까요?
신종섭 카페에 참여하는 사람들이 많아지면서 카페의 종류도 점차 다양해졌습니다. 취미활동 중심으로 생활 전반의 모든 영역으로 범위가 확대된 것이죠. 특히 카페 서비스가 시작된 바로 다음 해인 2000년부터는 '브랜드 카페'들이 등장하면서 브랜드 마니아의 형성 조짐을 보였습니다. 대표적인 것이 '클럽 코란도' 스사모(스카이 휴대폰 사용자 모임)' '나이키 마니아' 카페 등입니다. 이처럼 특정 브랜드 카페가 아니더라도 '임출(임신과 출산 그리고 육아)' 카페나 '베드(베스트 드레서)'에서는 특정 브랜드에 대한 만족 혹은 불만족 사항이 생기면 걷잡을 수 없을 만큼의 여론이 형성됩니다. 비슷한 관심사를 가지고 있는 사람들이기 때문에 회원의 목소리는 그 누구보다도 영향력이 큰 것이죠.

그러한 브랜드 카페들은 어떠한 공통된 특징을 보이던가요?
신종섭 '경험과 정보의 공유'라는 카페 본연의 강점과 브랜드가 섞여 묘한 결합을 이루어 냈습니다. 영화 카페에서의 '관람 후기'처럼 구매후기나 사용후기, 제품의 세세한 장단점과 A/S 경험 등 전반적인 정보들이 오가는 대화의 장이었죠. 정보라기 보다는 '노하우'란 표현이 더 어울리겠습니다. 어디서 무엇을 어떻게 하면 잘 살수 있고 구매 후에 문제가 생기면 어떠한 방법으로 해결할 수 있으며, 제품 관리는 어떻게 하면 되는지에 대한 노하우 말입니다.
그런데 이것과 동시에 생겨난 것이 바로 '안티'입니다. 브랜드의 장점

뿐 아니라 나쁜 경험까지 공유되다 보니 자연스럽게 생겨난 것입니다. 하지만 경험을 공유하는 것에서 끝나는 것이 아니라 직접 기업을 향해 잘못된 점들을 시정할 것을 요구하기도 하고 굉장히 적극적으로 브랜드의 단점에 대해 말하고 다니는 것이죠. 급기야 불매운동까지 일어납니다. 02

결국에는 카페라는 플랫폼 안에서 사람들끼리 호혜적인 노하우를 공유하는 것으로 보입니다.

신종섭 그렇죠. 그래서 Daum은 사람 중심의 플랫폼이라고 말할 수 있는 것입니다. 이는 카페나 아고라 등에 국한된 이야기가 아닙니다. 모든 포털이 지향할 수밖에 없는 검색기능도 마찬가지 입니다. Daum은 이 검색이라는 것도 사람을 중심에 두고 있다고 봐야 합니다. 결국 사람을 찾아주는 검색 서비스일 수 있죠. 나와 비슷한 관심사를 가진, 내가 궁금해 하는 부분에 대한 답을 가진, 나와 뜻을 함께할, 내게 정신적으로 힘이 되어줄 '사람'을 찾아주는 역할을 하는 것입니다. 즉 단순히 아무나 올린 지식이나 정보가 아닌 내가 신뢰할 수 있는 사람이 말하는 지식이나 정보 그리고 노하우이기 때문에 더 가치 있고 믿음이 가는 것입니다. 그래서 커뮤니티의 성패는 오히려 정보의 양보다는 사람이 있는 컨텍스트context가 중요한 것이죠. 아무리 좋은 정보가 많아도 카페 주인장이 마음에 안 들거나 활동하는 사람들과의 '관계'가 흔들리면 더 이상 방문하지 않는 것이 카페입니다.

관계 중심의 플랫폼이기 때문에 더욱이 '집단동조' 현상도 많이 일어날 것 같습니다. 이러한 환경은 브랜드의 아이덴티티가 한 번 잘못 인식되면 굉장히 큰 타격을 받게 될 텐데 이에 잘 대응한 브랜드 사례는 없었습니까?

신종섭 여러 방법으로 대응하는 브랜드들이 있겠지만 현재까지는 단순한 입막음을 위해 무료 상품을 준다든가, 각종 할인 및 프로모션 전략으로 위기에 대응하는 정도입니다. 하지만 그것으로는 근본적인 문제 해결이 어려워 보입니다. 잠잠해질 때까지 시간이 흐르는 것을 기다리는 기업들이 대부분입니다. 그래도 소비자의 부정적인 의견에 가장 이상적인 모습을 보인 것의 대표적인 사례는 '스사모'일 것입니다. (과거) 스카이측은 스사모 회원들의 목소리에 정중히 귀를 기울였습니다. 물론 마니아들의 자세도 중요했죠. 스사모 마니아들은 '긍정적 안티'의 모습에 가까웠습니다. 새로운 모델이 등장할 때마다 철저하게 새 모델을 리뷰하고, 또 결함이 발견될 때에는 적극적으로 당시 SKT측에 대책을 요구했습니다. 그리고 그것에 대한 회사측 피드백도 받고 자신들이 인정받고 있다고 생각이 드니 긍정적인 관계 형성이 이루어지는 것 같았습니다.

그 외에도 브랜드에 강력한 영향력을 미친 카페들이 많습니다. 라네즈 화장품의 특정 라인이 단종 되었을 때 그 상품을 다시 부활시킨 '화장발 카페', 자생적 커뮤니티였음에도 불구하고 본사 상품 품평회까지 참여할 수 있게 된 '한섬카페', 그 외에 각종 자동차 카페들이 굉장히 큰 영향력을 갖고 있으며 해당 브랜드들에게도 고객 시각의 팁을 꽤 많이 제공하는 것으로 알고 있습니다. 21

사람을 찾아주는 검색서비스

같은 관심을 가진 사람들이 함께 한 자리에 모여 소통할 수 있는 공간이 된 Daum은 영화나 공연, 음악, 그리고 문학 등에 관심 있는 수많은 사람들이 모여들어 개개인의 의견과 경험을 나누며 자신과 비슷한 일반인들의 생각을 들여다보고, 그들의 평가에 귀 기울이기 시작했다.

이로써 사고의 스펙트럼을 보다 확장시켰을 뿐 아니라, 문화상품에 대한 소비 과정에 있어서도 전문가들만큼이나 중요한 영향력을 행사하게 되었다.

Daum은 여러 만화가 혹은 작가들의 등단의 장소가 되어왔다. '문학 속 세상', '만화 속 세상'이라는 서비스 플랫폼을 통해서다. 등단까지는 아니더라도 활발한 인터넷 연재가 이루어지는 곳으로 유명하다.

이 모든 것이 가능했던 이유는 'Daum(多音)' 즉, 다양한 목소리를 가진 개개인의 개성이 존중되는 분위기에서 다원적 문화가 생성되었기 때문이다.
그래서 현재도 많은 신인 작가나 아티스트들은 자신에게 관심을 갖고 실력을 인정해 줄 사람들을 만나고자 Daum이라는 광장에서 열심히 활동중이다.

비슷한 관심사를 가진 사람을 찾아준다 / 나를 인정해 주는 사람을 찾아준다 / 노하우를 공유할 사람을 찾아준다

Human Crawler

Daum은 '3800만 회원 모두가 선생님이 되기도 하고, 동시에 학생이 되기도 하는 학교' 같은 곳이다. 호혜적인 관계를 유지하고 있는 회원들은 생활 상식, 전문지식이나, 입시 정보에서 취업을 위한 정보에 이르기까지, 다양한 종류의 정보와 지식이 수많은 카페를 통해 공유한다.

자신의 체험에서 얻게 된 노하우를 공유하는, 그래서 회원 모두가 패치워크 지식을 만들어 나가고 있는 곳이다.

Daum의 검색 아이덴티티 : Human Crawler

카페를 통한 온브랜딩이 성공적이기 위해서는 어떠한 자세가 필요하다고 생각하십니까?

김지현 온라인 커뮤니티에서의 올바른 소통의 방법을 알아야 하죠. 일반적으로 브랜드가 고객에게 메시지를 전달하려 할 때 일차적인 것이 광고일 것입니다. 그러한 CF나 지면 광고를 통한 것은 무기체적인 소통입니다. 하지만 온라인에서의 소통은 유기적인 소통◯54입니다. 유저들의 의견에 피드백을 주면서 유기적인 소통이 되는 것이죠. 피드백이라는 것은 단순히 '반응을 보이는 것' 이외의 다른 면모를 지니고 있습니다. 피드백을 주는 대상에게서는 그 사람만의 개성이 느껴지게 되고, 사람을 느끼게 됩니다. ARS 자동 음성 서비스와 진짜 상담원의 차이일 수 있죠. 이처럼 '사람'이 느껴지는 소통은 상대방의 존재감을 느끼게 하고 결국 '관계'를 형성하게 되는 것이죠. 예를 들어 연예인을 단순히 TV에서 보는 것은 극중 모습이 전부입니다. 하지만 그 사람과 대화를 나누거나 글을 통해서 피드백이 오가는 소통을 해보면 완전히 새로운 그 사람의 존재감◯55을 느낄 수 있는 것이죠. 결국 광고를 통한 일방적 정보전달이 머리에 남는 것이라면, 온라인 채널을 통한 소통에서 만들어진 메시지는 마음에 남는 것이라고 볼 수 있습니다.

활발한 활동을 펼치고 있는 브랜드 관련 카페들

윤정하 커뮤니티를 통해 지속적인 브랜딩을 시도할 때에는, 굉장히 장기적인 안목이 필요합니다. 그러기 위해서는 고객을 가르치려 들면 안 됩니다. 대화를 해야 하는 것이지요. 마음을 열고 모든 비판까지 받아들일 준비가 되어있어야 합니다. 결국 브랜드는 같이 소통하면서 키워나가는 것입니다. 돈은 많이 안 들지만 노력과 발품이 드는 것이 온라인에서의 브랜딩입니다. 하지만 그만큼 신뢰가 쌓일 것이고 그로 인해 오래 지속되는 관계가 될 것입니다. ⌁31

"우리는 사용자에게 기생하고 있습니다."
인터뷰가 끝나갈 무렵 신종섭 본부장이 남긴 말이다. 소비자를 주인으로, 중심으로 생각하지 않으면 나올 수 없는 표현이다. 이러한 마음가짐이 있기 때문에 광장의 성격을 가진 'Daum'이라는 플랫폼이, 그 안에서 커뮤니티 활동을 활발히, 자유롭게 할 수 있도록 서비스해주는 '카페'라는 플랫폼이 나올 수 있는 것이다. 그 플랫폼 안에서 공통된 관심사에 대한 유저들의 'Daum(多音, 다양한 목소리)'이 '화음(和音, 어우러짐)'으로 만들어지고 있으며, 그들은 언제나 뜨겁다. 이 뜨거움이 Daum을 온브랜딩의 온상溫床이라고 부를 수 있는 이유다. 무엇으로 뜨거운지는 유저에게 달렸다. 그 중 특정 브랜드에 의해 뜨거워질 때 그 브랜드는 그곳에서 ON 되고 있는 것이다.

사람을 찾아주는 크롤러◯69인 Daum의 비전은 '사람'을 중심으로 그들이 모여 이루는 세상을 '즐겁게' 변화시키자는 것이다. 그리고 그 중심에 카페가 있다. '즐겁다'는 것은 단순히 'fun'만을 의미하는 것이 아니다. 싸움도 있고, 분쟁도 있고, 좋은 일도 있고, 희한한 일도 있는 것이며, 그것을 통해 느끼는 삶의 희로애락喜怒哀樂이 바로 즐거움이다. Daum의 로고를 이루고 있는 D·a·u·m의 각 알파벳이 조금씩 겹쳐져 교집합을 이루고 있는 것도 사람과 사람사이의 소통과 교류를 의미한다. 그리고 그 교집합 안에서는 사람도, Daum도, 브랜드도 늘 ON 상태이다. [UB]

"온라인 커뮤니티란 많은 사람들이 사이버 공간에서 인간 관계의 웹을 형성하기 위해 인간적 감정을 가지고 충분한 길이의 공개적 토론을 수행할 때 만들어지는 사회적 총체이다." – 라인골드Rheingold

김지현 PCBee 컨텐츠사업본부 본부장을 거쳐 현 다음커뮤니케이션 커뮤니케이션 SU 본부장을 맡고 있다. 동시에 MS Shell 부문 MVP, E-비즈니스·모바일 컨퍼런스 전문강사로 활동하고 있으며 충주대학교 전자계산학과 겸임교수를 역임한 바 있다. 저서로는 《웹트렌드&전략리모트》《UCC마케팅》 등 40여 권이 있다.

신종섭 서울대 인류학과를 졸업한 그는 롯데닷컴 마케팅팀을 거쳐 2004년 다음커뮤니케이션에 입사, 다음카페 기획파트장, 커뮤니티 마케팅팀장, 동영상서비스팀장을 거쳐 현재 Daum 카페, 블로그, Tistory, tv팟 등 다음 커뮤니티 서비스 전략을 총괄하고 있다.

윤정하 한양대학교 경영대학원 마케팅관리 석사를 마치고 유니원커뮤니케이션즈에서 SK텔레콤, LG생활건강, 두산 등의 온라인 마케팅을 도왔다. 다음커뮤니케이션의 브랜드 마케팅팀장으로서 2006년 월드컵 광고, 마케팅에 중추적인 역할을 하였으며 2007년 UCC 캠페인을 총괄한 바 있다.

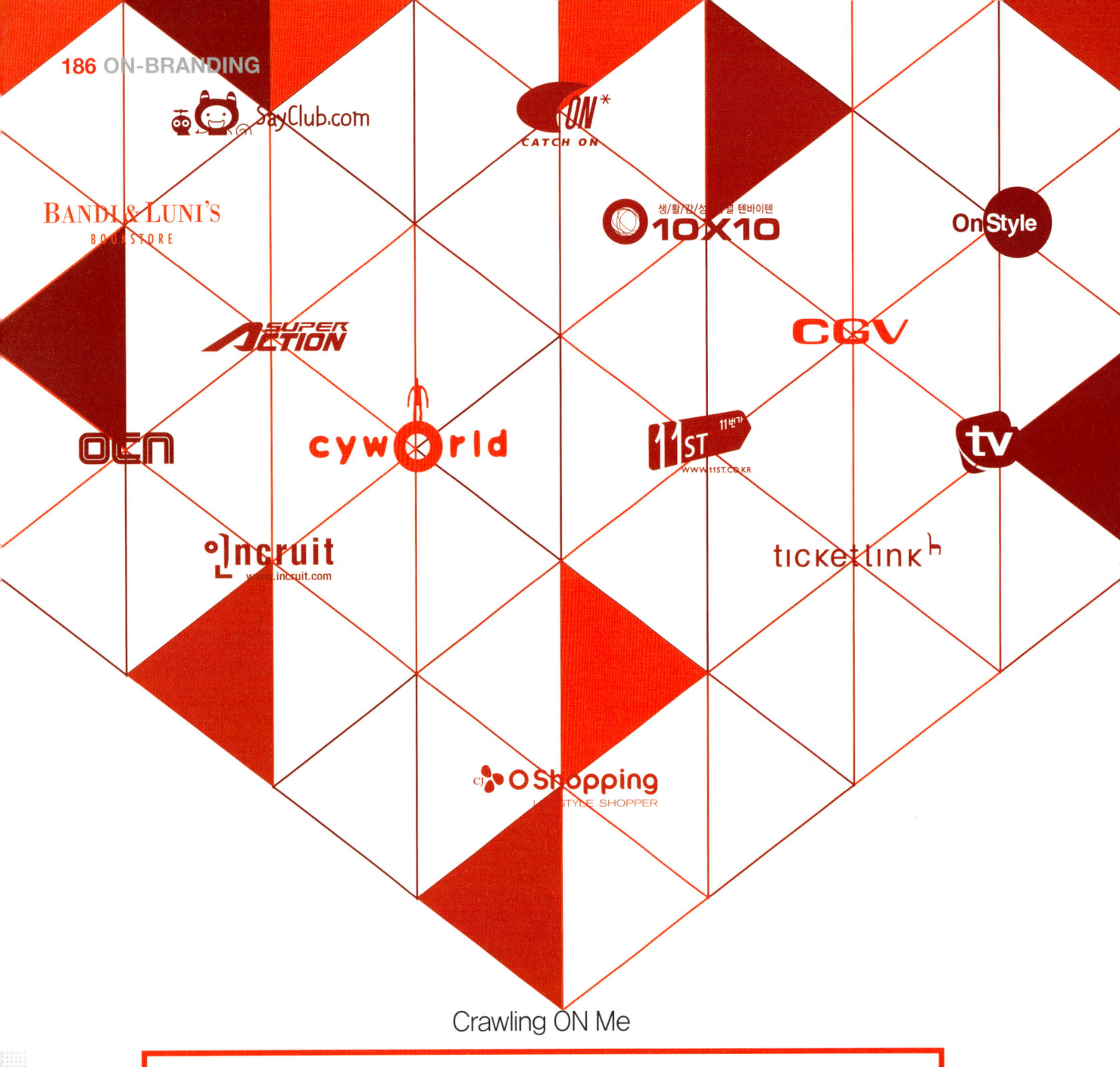

Crawling ON Me

흩뿌려진 나의 아이덴티티를 찾아주다, 네이트

The interview with SK커뮤니케이션즈 UI디자인실 이사 한명수, 마케팅커뮤니케이션팀 과장 조준형

네이트가 변했다. 그들의 새로운 로고는 '나를 중심으로 돌아가는 세상'에 관한 이야기를 함축하고 있다. 나를 하나의 '점'으로 인식하고, 또 다른 점(타인 혹은 정보)들과 연결되어 '선'을 이룬다. 이 선을 통해 개인들은 소통할 수 있게 되는 것이다. 점과 선이 두 개 이상 모이면 이는 면을 만들고, 그 면은 곧 '미디어'가 된다. 정보의 수신자와 발신자 그리고 제 3자(직·간접적 피드백 주체)가 생겼기 때문이다. 이처럼 수많은 점들과 선(링크) 그리고 면(미디어)이 모이면 드디어 공간을 만든다. 이 네트워크와 유비쿼터스 공간에서 각 개인은 정보 수신자, 발신자로서의 미디어 주체가 되는 것이다. 여기서 중요한 것은 내(유저)가 그 점들 중 하나이며 그 공간은 나를 중심으로 돌아간다는 것이다. 인간은 자신이 북극점에 서 있어도, 적도를 밟고 서 있어도, 심지어 우주 그 어느 지점에 서 있어도 세상은 자신을 중심으로 돌아가고 있다고 생각한다. 모든 것이 나의 사고에 대한 작용·반작용에 의해 정의되고 정리되기 때문이다.

그 어떤 별자리도 단 한 개의 별만으로 이루어지지는 않는다. 대부분의 사람들이 하나의 별자리로 인식하고 있는 북극성도 실은 작은 곰자리에서 가장 밝은 별일 뿐이다. 이처럼 하나의 별자리로서 이름을 갖고, 스토리를 가지며 존재감을 얻기 위해서는 독립된 별이 아닌 전체의 별이 모여 별자리를 이루어야 한다.

사람이라는 존재도 마찬가지이다. 세상을 살아가는 모든 사람은 자신이 속한 그 집단 속에서 분명 하나의 별이다. 그리고 그 조직 내에서 자기가 맡은 역할에 따른 포지션이 있으며 다른 별(동료)들과 선을 이어 하나의 '조직'이라는 거대한 별자리를 이룬다. 이 '조직 별자리'가 아이덴티티를 갖기 위해서는 모든 별들이 모여야 가능해지듯, 개개인 역시 사회 속에 흩어진 '자신의 별'들이 ON 상태로 모여 하나의 별자리가 될 때 확실한 존재로 해석될 수 있는, 명확한 아이덴티티를 표현할 수 있는 것이다.

알다시피 우리는 수많은 기대역할을 부여 받고 살아가고 있다. 아들로서, 아버지로서, 교수로서, 친구로서, 신문 사설 위원으로서, 블로거로서, 까탈스러운 소비자로서, 생산자로서… 수많은 역할에 따라 다른 가면을 쓰게 되는 것이다. 이처럼 해당 역할에 따라 제한적으로 보여준 그 별 하나가 오롯한 나일 수는 없다.

그런데 인간이 세상에서 삶의 영역을 넓혀가면 갈수록 하나의 나는 점점 더 쪼개져 다양하고 많은 집단에 속하게 되고, 그 집단 내에서 기대되는 나의 역할에 충실한 모습만을 보여주게 될 확률이 높다. 기대역할에 맞는 모습을 연출하는 것이다. 하지만 진짜 나는 이러한 모든 역할을 하고 있는 즉, 흩뿌려진 나의 모습을 한데 모아야 볼 수 있다.

Log ON 상태의 흩어진 나를 모으다

명의 도용에 대한 두려움 때문에 생기고 있는 소프트웨어들이 여럿 있다. 클릭 한 번으로 내가 가입한(나의 아이덴티티를 나누어 가진) 모든 사이트의 개수를 알려주는 것이다. 개인적으로는 5개의 ID패턴으로 52개의 사이트에 가입되어 있는 것을 확인할 수 있었다. 이처럼 개인들은 온라인에서 무수히 많은 ID로 쪼개져 분산되어 살아가고 있다. 네이트는 이처럼 나누어진 나를 모아주는 서비스를 시도하고 있는 듯하다. 우선 그들의 계열사인 싸이월드, 11번가, 네이트온 등을 기반으로 인크루트, 티켓링크, CJ오쇼핑 등 39개 사와 제휴하여 각각의 사이트를 방문하지 않더라도 나와 관련된 정보를 끌어모아 제공하는 것이다. 예를 들어 네이트에 로그인하게 되면 네이트온에도 자동으로 로그인 되어 메신저를 사용할 수 있고 싸이월드의 일촌들의 로그인 상태를 알 수도 있다. 11번가에서 구입한 상품이 있다면 그 상품 배송정보도 확인할 수 있다는 이야기이다. 실로, 흩뿌려진 내가 각 사이트에서 활동하던 것을 하나의 플랫폼에서 확인하고 관리할 수 있게 될 것이다. 점차 제휴사를 늘려가고 있다는 네이트의 계획이 현실화 된다면 네이트 로그인 한 번으로 나에 관한 많은 정보를 한 곳에 모아 관리할 수 있게 되고 결국, '네이트 Log ON = 나의 온라인 활동의 ON'을 의미[56]하게 될지도 모른다.

한명수 사람들의 생활에 밀접하게, 그래서 그 삶의 일부가 되는 것이 목표입니다. 그래야 온라인에서 유저들의 삶의 중심이 될 수 있기 때문입니다.

네이트의 새로운 움직임은 그들의 최대 강점인 싸이월드, 네이트온과 같은 SNS와, 온·오프라인(휴대폰)의 통합 네트워킹을 통해 포털사이트로서의 '네이트'를 온라인 활동의 '오픈 허브'로 포지셔닝 시키려는 전략이다. 네이트온 가입자 수 2,700만, SK텔레콤 가입자 수 2,300만, 싸이월드 가입자 수 2,500만. 물론 그 중 중복 가입자가 있겠지만, 이미 막대한 회원수를 보유한 계열사들과 협업할 수 있는 네이트는 포털사이트로써 유저들에 대한 접근성과 상호 링크로 인한 영향력을 더욱 확장시켜 나갈 잠재력을 지녔다.

조준형 개방 즉, 'openness'는 이제 시대정신에 가깝기에 이것을 전략으로 택한 것은 선도적인 것이 아니지만, 이것에 있어 네이트가 강력할 수 있는 이유는 그간 구축되어온 강력한 SNS 환경 때문입니다. 새로운 CI에서도 보여지듯, 삼각형 하나하나가 한 곳에 머무르는 것이 아니라 유연성을 가지면서 변형되고, 역동성을 가지게 되는 것이죠.

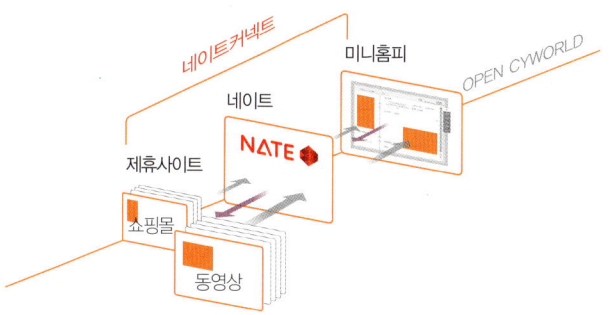

Drawing Myself

오픈 허브로서의 네이트 역시 타 포털사이트와 마찬가지로 검색서비스를 기반으로 하고 있다. 네이트 검색만의 특징을 꼽자면 검색결과에 싸이월드 미니홈피의 컨텐츠가 함께 검색된다는 것과 위에서 언급했듯 오픈 커넥팅을 구사한다는 점에 있다. 이로써 개별 ID가 아닌 통합된 전체 모습의 나에게 좀 더, 그리고 쉽게 다가갈 수 있도록 하는 것이다. 그러나 그러한 기술적 편의성 이외에 네이트가 제공하는 검색을 보자면 몇 가지 측면에서 나 스스로를 더 잘 찾아내 스스로에 대한 이해를 돕고, 이해한 나를 더 잘 '표현'할 수 있도록 돕기 위해 많은 준비를 하고 있는 것으로 보인다. 대표적으로 이미지 검색 기능이 그렇다. 싸이월드나 개인 블로그를 운영해본 사람이면 공감하겠지만 온라인에 포스팅 할 때 글과 함께 업로드 하는 이미지는 상당히 중요하다. 이미지의 색감이나 이미지 속 사물들의 크기에 따라 글을 통해 전달하려는 메시지가 명확해지기도, 흐려지기도 하기 때문이다. 이러한 상황에 빈번히 맞닥뜨리는 소비자를 위한 듯, 네이트에서는 이미지의 색감별, 이미지 속 오브제의 형태별, 크기별 검색이 가능하다. 이는 나 스스로를(글이나 이미지를 통해) 그려내는 것에 익숙한 유저들이 자신을 더욱 잘 표현할 수 있도록 돕고 있는 것이다. 이러한 측면에서 🔍네이트 검색의 아이덴티티는 '나의 아이덴티티 크롤러69'라고 할 수 있다.

조준형 궁극적으로 네이트가 전하고 싶은 것은 "세상은 하나다! 그리고 그 세상은 나를 중심으로 돌아가는 네트워킹으로 이루어져있다!"라는 것입니다.

네이트 검색이 지향하는 아이덴티티를 보면 알 수 있듯, 네이트는 고객의 변하지 않는 욕구를 보았다. 그간 싸이월드와 네이트온의 유저들을 통해 사람들이 얼마나 스스로를 표현하고 싶어하는지(싸이월드 사진첩), 삶을 기록하고 싶어하는지(싸이월드 다이어리), 타인들과 이야기 나누고 싶어하는지(네이트온 대화, 쪽지)를 말이다. 그러한 과정을 통해 각 개인이 정체성을 확인하고 강화하는데 있어 용이하고 적합한 서비스가 네이트다.

'나를 중심으로 돌아가는 세상'을 맛보게 하고, 보여주고, 구현하는 것을 돕는 플랫폼인 네이트는 일반 브랜드의 마케터나 브랜드에게 또 다른 보물을 찾아낼 수 있는 환경이 되기도 한다. 각 개인의 싸이월드 컨텐츠에서까지도 검색 결과를 도출해 보여주는 네이트에서는 브랜더, 마케터들이 자신의 브랜드가 어떻게 회자되고 있는지를, 그것도 고객들이 아주 개인적인 공간에서 읊조리듯 내뱉은 말들을 통해 확인할 수 있다. 그것이 진짜로 소비자가 느끼고 있는 브랜드 아이덴티티이며, 브랜드 경험이다. 이처럼 개인의 자아표현적 욕구를 실현하는 과정 속에서 발견되는 특정 브랜드의 온브랜딩 현상을 보여주는 네이트는 브랜더, 마케터들이 ON 상태를 유지해야 하는 이유를 제공한다. [UB]

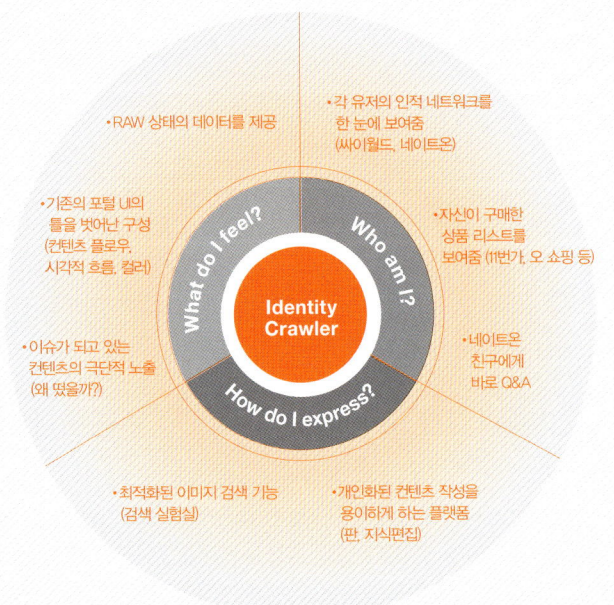

🔍 **네이트 검색의 아이덴티티**

네이트의 검색 아이덴티티 : Identity Crawler

Who am I?

네이트에 로그인을 하는 동시에 바로 네이트온, 싸이월드로 관계 맺은 지인들의 ON·OFF 상태가 표시되기 때문에 네이트온 친구에게 말을 걸 수도 있으며, 싸이월드 일촌을 방문할 수도 있다. 뿐만 아니라 네이트의 제휴사 중 내가 자주 방문하는 사이트를 연동시키게 되면 해당 사이트에서 나의 활동을 총체적으로 확인할 수 있다. 내가 어떤 프로그램을 좋아하고(tvN), 무엇을 구매하고 있으며(11번가, O shopping), 어떤 책을 읽고(반디앤루니스), 어떤 직종에 관심을 가지고 있는지(인쿠르트)를 한번에 볼 수 있는 것이다. 이러한 서비스는 단순히 편리성을 제공하는 것을 넘어, 자신이 '관계'를 맺고 있는 사람들을 한 번에 보여줌으로써, 내가 온라인 공간에서 어떤 '활동'을 하고 있는지를 모아서 보여줌으로써 내가 어떤 사람인지를 알게 되는데 도움을 준다. 네이트의 지식 검색 서비스 역시 이러한 컨셉이 잘 반영되어있다. 타 포털사이트에서 질문을 올리게 되면 말 그대로 '공개' 되고 나를 전혀 모르는 그 누군가의 답변을 기다린다. 하지만 네이트는 질문이 올려지는 동시에 네이트온에 친구에게 바로 질문이 보내지게하여 나의 취향, 성격, 때로는 입맛을 고려한 답변들을 받아볼 수 있는 서비스를 제공하고 있다. 타인이 인지하고 있는 나를 알아볼 수도 있는 기회가 된다.

조준형 예를 들어서 내가 종로 맛집을 물어봤는데, 다른 포털사이트의 경우 제가 어떤류의 음식을 좋아하는지를 모르는 여러 사람이

한명수 '왜 떴을까?'같은 서비스의 비주얼도 사실은 굉장히 파격적인 시도입니다. 기존 사이트들 같으면 굉장히 작은 영역에서 흑백 톤으로 심플하게 갈 수도 있는 컨텐츠인데 저희는 극대화시켜서 2배, 3배도 아니고, 10배 수준의 과잉 그래픽으로 운영한지가 꽤 됐습니다. 이런 식으로 컨텐츠의 노출을 과감하게 극대화 시키는 것이죠. 사실 웹사이트에서 레드 컬러를 쓰는 것 자체가 굉장히 위험합니다. 그럼에도 불구하고 그러한 열정적인 에너지와 역동성을 보여주기 위해 과감히 레드를 선택했습니다. 물론 앞으로 유저분들이 사용하시면서 주시는 피드백 등을 통해서 함께 호흡하게 되면 또 다음 단계로 넘어갈 수 있을 것⊙57이라고 생각합니다. 그래서 UI도 기존의 포털에서는 보지 못한 구조를 갖고 있는 것⊙50입니다. 이제 해석은 유저들의 몫이고, 그것을 어떻게 받아들이는 가도 유저에 따라 다르게 자리매김 할 것으로 생각됩니다.

조준형 이번에는 다소 위험요소들을 안고 시작했습니다. 기본적으로 네이트라는 브랜드는 무선, 유선에 같이 쓰이는 포괄적인 브랜드이기도 하고 후발주자이기 때문에 다소 과잉된, 조금 날 것 스러운 태도를 취하고 있는 것이죠.

How do I express?

내가 누구이고, 무엇을 느끼고 있는지를 알게 된 사람이라면 누구든 스스로를 표현하고 싶어진다. 이때 필요한 것이 바로 스스로 만들어내는 컨텐츠이며 그것은 시각적 혹은 청각적 요소를 동반한다. 네이트의 검색 기능 중 가장 독특한 점이라면 자신이 표현하고 싶은 컨텐츠나 이미지, 음악 등을 더욱 쉽게 검색할 수 있는 '검색 실험실'이라는 서비스를 제공하는 것이다. 싸이월드, 이글루스 등 여러 개인 블로그에 익숙한 네이트 유저들을 위해 준비된 듯한 이 서비스는 이미지 검색을 색상별, 구도별, 인물 크기별 등의 세부 기준으로 검색할 수 있게 하고 있으며, 음악과 관련된 소스도 기존의 싸이월드 등의 SNS가 가지고 있는 데이터베이스를 검색할 수 있도록 하고 있다. 이로써 사용자는 좀 더 쉽고 빠르게 자신을 표현할 수 있는 재료들을 구할 수 있게 된다.

답변을 줍니다. 하지만 네이트온의 친구들은 제가 일식류를 좋아하니까 "종로 어디로 가면 A 일식 집이 있어, 사장님도 친절하시고!"라는 답변을 줄 수 있는 것이죠.

What do I feel?

네이트의 모든 컨텐츠는 기본적으로 '날 것, 덜 가공된'이라는 컨셉을 가지고 있다. 그리고 그 컨셉은 컨텐츠 뿐만이 아니라, 그 컨텐츠들이 흐르고 있는 구조 즉, UI에서도 보여진다. 네이트가 이러한 덜 가공된 듯한 컨텐츠를 제공하는 이유는 사용자의 좀 더 솔직한 욕구를 만족시켜주고, 날 것을 제공받은 사용자가 '스스로 그 컨텐츠를 해석하고 이해함'으로써 스스로의 사고방식이나 가치관에 충실할 수 있도록 해주기 위함이다. 뿐만 아니라 기존의 포털들이 시도하지 않았던 과감한 시도인 '왜 떴을까?' 서비스처럼 사용자들의 관심이 ON 되어있는 이슈에 바로 참여하여 유저들이 스스로의 의견을 개진할 수 있도록 돕고 있다. '왜 떴을까?' 서비스는 기존의 포털 사이트에서 구사하던 UI 구성에 비해 상당히 파격적이다. RAW한 컨셉으로 다소 자극적인 폰트 크기와 컬러를 사용하고 있으며 위치도 화면 로그인 배너 바로 위에 둠으로써 좀 더 용이한 클릭을 가능케 한다.

한명수 홍익대학교 시각디자인과 및 동 대학원을 졸업하였다. (주)FID 총괄 크리에이티브 디렉터(CCO), (주)FRUM 아트디렉터를 거쳐 현재 SK커뮤니케이션즈 UI디자인실의 이사로 재직 중이다. 주요 프로젝트로는 NIKE, SAMSUNG CeBIT 2004, 삼성문화재단, CJ, sponge 등의 온라인 프로젝트 디자인 및 디렉팅을 하였다. 개인 홈페이지인 www.extra-project.com를 운영하고 있다.

조준형 인하대학교에서 경영학을 전공한 그는 브랜드앤컴퍼니(주)에서 컨설턴트, (주)모나미에서 브랜드매니저를 거쳐, 현재 SK커뮤니케이션즈 마케팅본부 마케팅커뮤니케이션팀 과장으로 재직 중이다. SKT네이트, SPEED011, ting, Melon, 싸이월드, 네이트, 네이트온, 이투스, 이글루스 등의 프로젝트 전략 수립에 있어 중추적인 역할을 해왔다.

전체검색 ▼ | by the, for the, of the Searching

OOOON Comunication, 구글

● The interview with 구글코리아 마케팅·홍보 상무 정김경숙

구글의 핵심역량은 검색의 효율성이다. 소위 '시간 싸움'을 하는 기업이기 때문이다. 새로운 기능을 추가하려 해도 그 서비스가 검색 결과 도출 속도를 지연시키면 런칭하지 못하는 서비스가 된다(구글의 검색 결과 도출 시간은 평균 0.25초라고 한다). 이 같은 기준으로 1999년부터 현재까지 구글은 검색의 '개념', 검색의 '대상', 검색의 '방법'에 있어서 과거의 자신을 부인하며 거듭된 진화를 거쳐왔고 검색 시장의 기준이 되었다. 이처럼 24시간 작동되고 있는 첨단기술의 응집체인 구글을 꾸미는 수식어로 '대화중(ON Communication)'이란 표현을 시도한 것에 의아해할지도 모르겠다. 당연한 것이 구글은 늘 '천재 개발자의 명석한 기술, 그러나 악하지는 않은 기업'으로만 해석되어왔기 때문이다. 하지만 이번에는 검색의 역사, 구글의 기술적 위대함 보다는 어떻게 구글이 24시간 동안 ON상태를 유지하며 사용자와의 대화를 시도하고, 자신의 다른 면모를 보이며 고객에게 친근감을 표현하고 있는지에 대해 초점을 맞추어 조명할 것이다.

SEARCHING ON IDENTITY TECH

화장 안 한 얼굴의 당혹스러움

카테고리별로 정리되지 않은 채 쭉 나열해 놓은듯한 검색 결과를 처음으로 보았을 때는 (검색창과 로고 외에는 별것이 없던 구글의 메인 화면에 이은, 두 번째) 충격이었다. 한국형 포털사이트에 익숙했던 사용자라면 마치 포털사이트의 맨 얼굴을 보게 된듯한 느낌이었을 것이다. 화려하고 정돈된 맛이 없이, 어딘지 모를 허전함과 무질서한 느낌 말이다. 물론 현재의 구글코리아는 한국 유저들의 특성을 고려하여 2007년 5월 검색결과의 카테고리화를 도입했지만, google.com은 여전히 맨 얼굴 그대로이다.

하지만 그러한 맨 얼굴의 당혹스러움은 점차 구글이 사용자와의 무형적 대화를 통해 전하고 있는 '우리가 화장하지 않는 이유'를 알게 되면서, 오히려 솔직하고 자연스러운 느낌으로 전이되었다. 사실 구글이 우리에게 지키겠노라고 약속한 것이 '화려한 기교'가 아닌 '명확한 기술'임을 상기해보자면 당혹스러울 것도 없다. 오로지 검색 자체를 통해 자신의 철학, 아이덴티티, 컨셉을 표현하고 있으며, 그것을 가시화시킨 UI-User Interface로 그들이 전하고자 하는 UX User eXperience를 만들어내고 있는 것뿐이다. 약속을 지키기 위한 성실함을 불평할 이유는 없는 것이다.

정김경숙 포털사이트와 검색엔진의 다른 점 중 가장 큰 것이, 포털사이트는 유저를 그 안에 오래 머물게 하는 것이 가장 중요한 목표입니다. 제공하고 있는 서비스를 이용하게 하고 광고 노출도도 높여야 하기 때문이죠. 하지만 저희는 '유저가 얼마큼 빨리 원하는 사이트를 찾아 빠져나가는가'가 관건이라서 포털사이트와는 매트릭스부터가 완연히 다릅니다. 구글은 검색하게 되면 우측 상단에 항상 경과시간이 뜹니다. 그만큼 속도에 민감하다는 것이고, 최대한 빨리 찾아서 빨리 원하는 정보가 있는 곳으로 이동하게 만들어 주는 것이죠. 컴스코어라는 트래픽 점유율을 발표하는 글로벌 기업이 있는데, 매년 발표되는 순위를 보면 구글닷컴이 검색량, 방문자 수, 사용자 수 부문에서는 1위입니다. 하지만 5위인 것이 있죠. 머무는 시간부문입니다. 작년에 4위에서 5위로 떨어졌을 때 저희는 너무 좋아했습니다. 그것이 목표이니까요.

이처럼 구글의 가치관은 오로지 검색의 최적화에 맞추어져 있다. 따라서 검색의 핵심 구성요소 중 하나인 크롤러◉69를 계속해서 진화, 발전시키게 되었다. 그래서 🔍구글 검색의 아이덴티티는, '크롤러를 위한 for the crawler' '크롤러에 의한 by the crawler', 그리고 '크롤러의 of the crawler' 검색엔진이라고 할 수 있다.

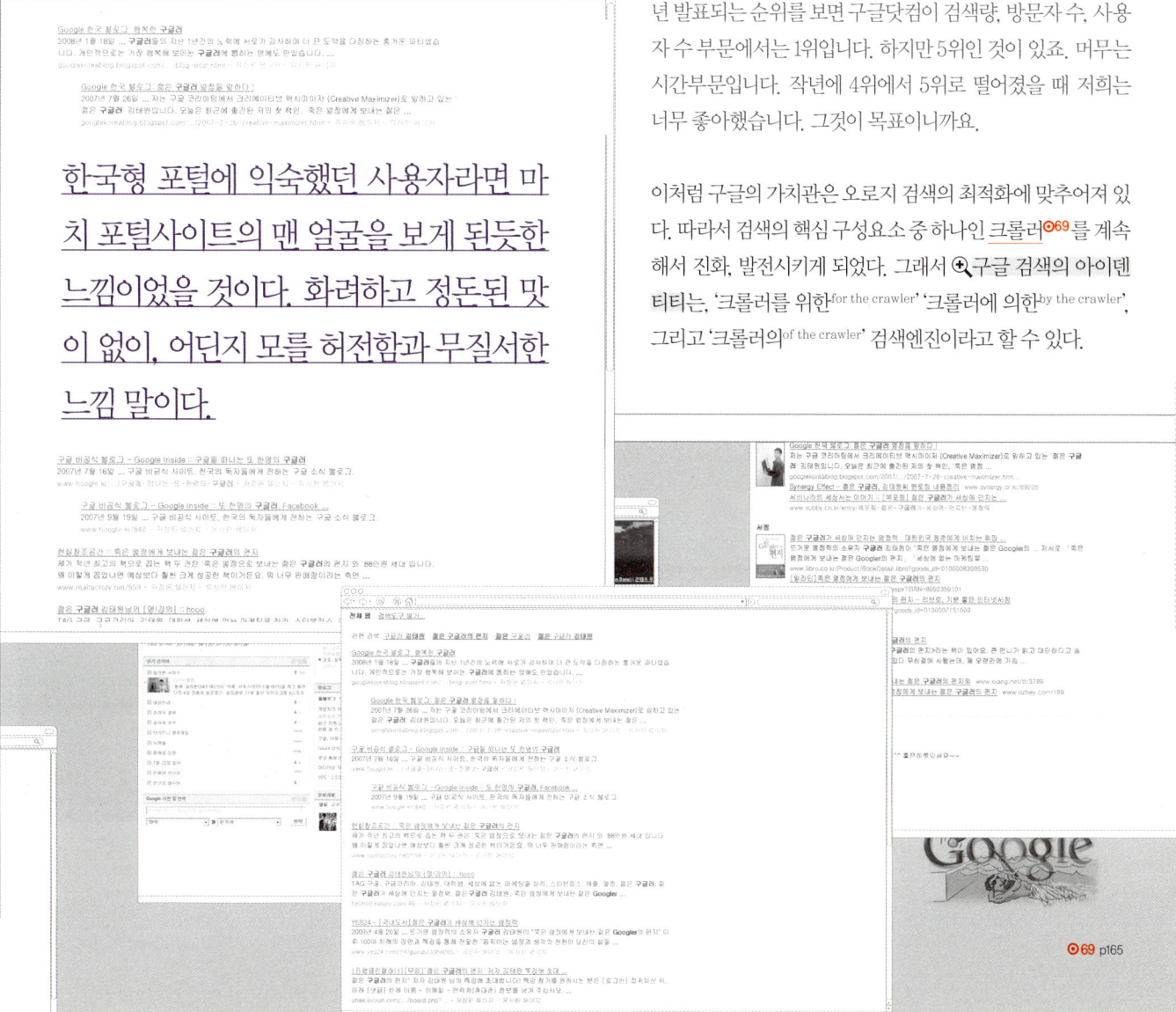

◉69 p165

구글 검색의 아이덴티티

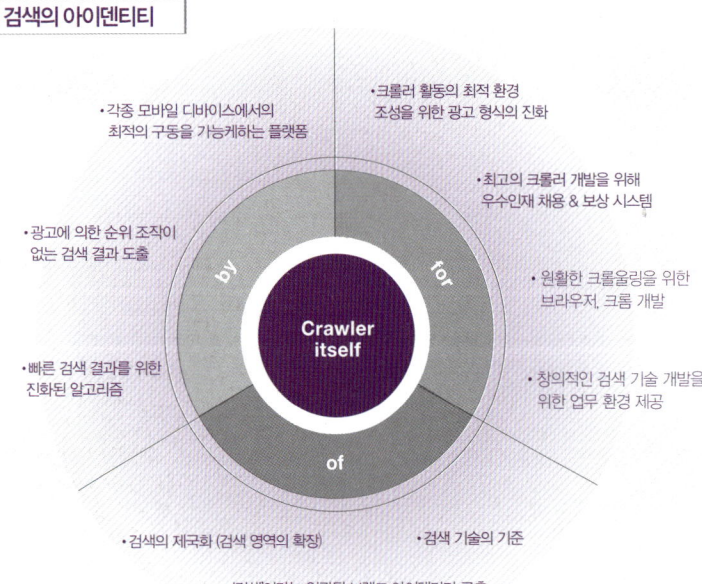

구글의 검색 아이덴티티 : Crawler itself

For the Crawler itself(검색 자체를 위한)
구글의 목적은 오로지 검색의 최적화에 있다. 따라서 최대한 크롤러가 신속히, 제대로 작동할 수 있는 환경을 제공해야 했으며, 이를 위해 구글은 웹페이지에서 노출되는 광고 방식을 변경했다. 뿐만 아니라 더욱 창의적이고 진화된 크롤러 개발을 담당하고 있는 구글러들의 업무환경을 개선해주었으며 이에 적합한 인재 채용에 힘쓰고 있다. 이 모든 활동이 크롤러 자체를 위해 모든 에너지를 쓰고자 하는 구글의 단면을 보여주는 것이다.

By the Crawler itself(검색 자체에 의한)
모든 것이 크롤러를 위해 최적화된 환경에서 탄생한, 진화된 크롤러는 곧바로 진화된 구글을 만들어낸다. 즉 구글은 크롤러에 의해서 ON 되는 것이다. 진화된 크롤러로 인해 '검색 속도'가 개선된 것이고, 검색된 정보가 가로 세로 사각 배열로 정리되어 보여지는 '구글 스퀘어'도 등장할 수 있었던 것이다. 또한 입력한 검색어에 대해 구글 검색결과 페이지에서 가장 위에 랭크된 페이지에 바로 연결 시켜주는 'I'm feeling lucky' 같은 새로운 검색 서비스도 모두 검색 기술에 의해 구현되었다. 그렇기 때문에 구글만의 검색 알고리즘은 코카콜라의 제조 비법처럼 절대 공개되지 않는 것이다. 뿐만아니라 이미지를 최소화하여 가벼운 브라우저를 구현해내기 때문에 각종 모바일 디바이스에서 최적화된 서비스를 제공할 수 있게 되었다.

Of the Crawler itself(검색 자체의)
구글은 최첨단으로 진화된 다양한 크롤러가 존재하는 '검색의 제국'이다. 웹 정보를 제일 빨리 검색하는 크롤러의, 세계 지도(구글맵, 구글어스)를 검색하는 크롤러의, 세계 각국의 언어(구글번역)를 검색하는 크롤러의 제국인 것이다. 게다가 구글의 창립자 중 한 명인 세르게이 브린^{Sergey Brin}은 자신의 아내 앤 보이치키^{Anne Wojcicki}가 설립한 유전자정보 서비스회사인 '23앤드미^{23 and Me}'가 수행하는 파킨스씨병 연구를 위해 연구 자금과 자신의 DNA를 제공하기로 하였다. 인간의 DNA구조 내에서 질병을 검색할 수 있는 서비스를 상상하고 있는 것이다. 크롤러의 집단 제국을 만들기 위한 구글의 진화와 진보는 끊임없다.

구글의 창립자인 래리 페이지와 세르게이 브린

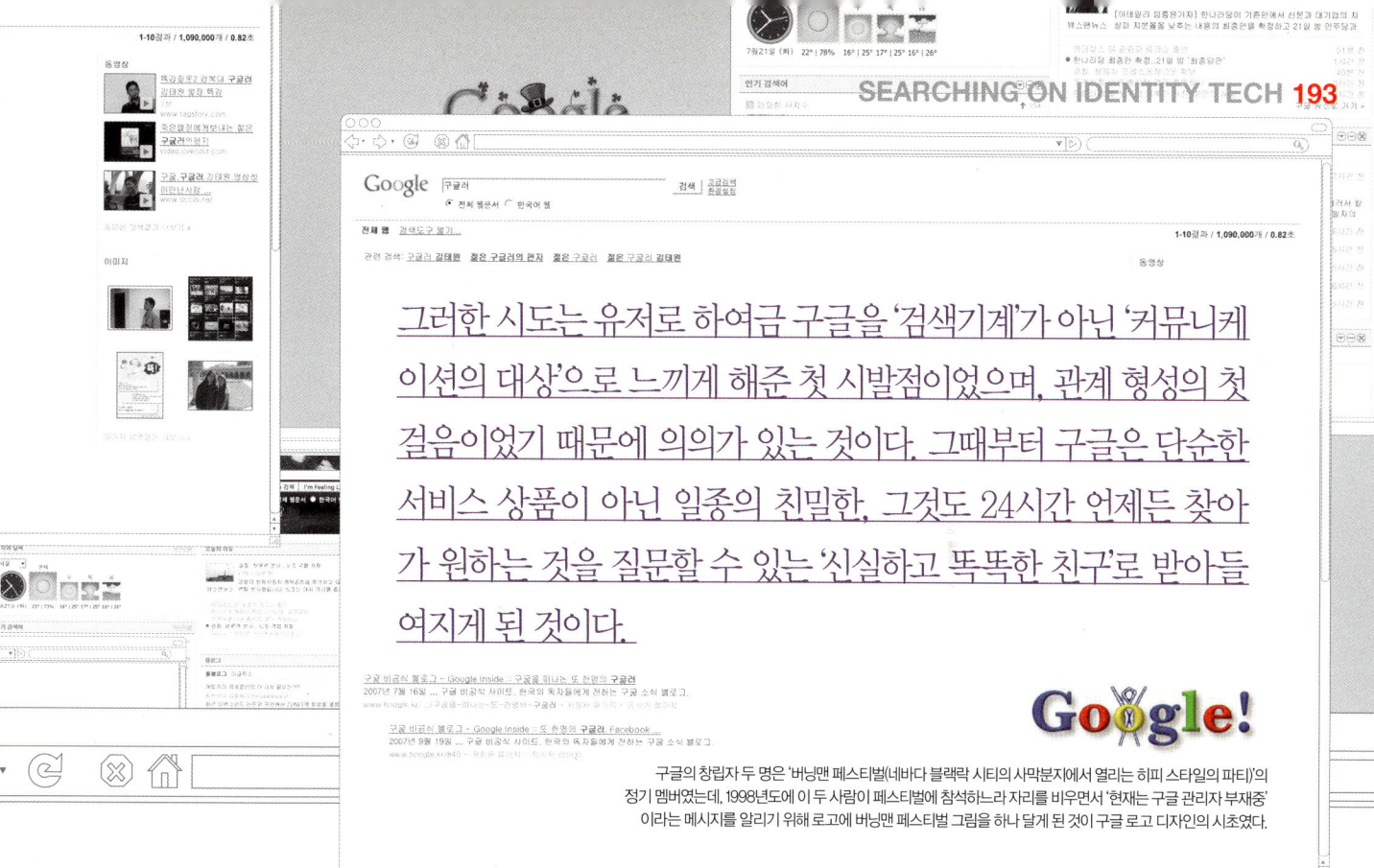

Hi, there!

단순히 여기까지라면 구글 앞에 굳이 'ON Communication'이란 수식어를 붙일 이유가 없다. 24시간 웹에서 유저의 검색을 위해 대기하고 있는 검색 기능을 가진 사이트는 많다. 그러나 구글은 '유저와 대화'를 시도했다는 것에 차이가 있다. 그러한 시도가 있기 전의 구글은 단순히 검색창에 입력된 키워드에 따른 검색 결과를 제시하는 기계처럼 느껴졌고, 사용자들 역시 구글이 자신들을 대화 상대 혹은 실체로 여기고 있다고는 생각하지 않았다. 게다가 초기의 구글은 자신의 고유 컨텐츠(이를테면 포털사이트의 커뮤니티나 블로그 및 동영상 클립들)를 가지고 있지 않았다. 그 말인즉, 자신의 메시지를 전달할 채널이 없었다는 것인데, 그럼에도 불구하고 대화를 시도한 것이다. 그 대화의 처음은 구글 전직원의 휴가를 알리기 위해 자신의 얼굴인, 로고를 바꾼 것에서 시작되었다. 요즘에야 구글이 특정 기념일에 맞추어 종종 얼굴을 바꾼다는 것도, 대부분의 포털사이트들도 비슷한 시도를 한다는 것에도 익숙해져 있다. 하지만 그 당시의 그러한 시도는 유저로 하여금 구글을 '검색기계'가 아닌 '커뮤니케이션의 대상'으로 느끼게 해준 첫 시발점이었으며, 관계 형성의 첫 걸음이었기 때문에 의의가 있는 것이다. 그때부터 구글은 단순한 서비스 상품이 아닌 일종의 친밀한, 그것도 24시간 언제든 찾아가 원하는 것을 질문할 수 있는 '민첩하고 똑똑한 친구'◐58로 받아들여지게 된 것이다.

정김경숙 자신의 여자친구네 집에 딸린 차고를 빌려 사업을 시작했던 구글의 초창기 때에는 직원 수가 몇 명 되지 않았습니다. 그래도 휴가는 가야죠. 그런데 이 구글 사람들은 전 사원이 동시에 휴가를 가기로 마음먹었다고 합니다. 하지만 모두가 휴가를 떠나면서 그냥 갈 수는 없는 노릇이고, 그것을 알리기 위해서 '구글은 놀러갑니다'라는 의미로 구글의 로고에 변화를 주었다고 합니다. 그것이 유저들에게 큰 반응을 얻었고, 현재까지 지속되고 있는 것입니다.

Keeping ON THAT friendship

관계는 '시작'보다 '유지'가 더 어렵다. 게다가 유지하더라도 어떠한 관계로 유지하는가 즉, 서로에게 호감을 유지하며 (어떠한 종류가 되었든) 가치를 제공할 수 있는 관계로 유지하는 것은 더욱 어렵다. 주변 친구들 중 인기 있고 부드럽게 대화를 풀어가는 사람들은 일종의 공통점이 있다. 상황에 따른 ①순발력과 융통성, 그리고 ②재치와 유머, ③진지함이 묻어나는 철학을 겸비하고 있다는 점이다. 전 세계적으로 보자면 검색엔진 분야의 단연 1위인 구글도 그러한 면모로 친구들(유저)과 의미 있는 관계를 유지하고 있다. 이 세 가지 코드는 어떻게 구글이 24시간 스스로 ON 상태를 유지하며 사용자들과 Log ON 상태로 끊임없이 대화를 나눌 수 있는지를 설명한다.

① ON going 할 수 있는 관계의 첫 번째 조건, 순발력과 융통성

기본적으로 구글의 순발력은 검색 속도로 설명될 수 있다. 그래서 '융통성'에 대해 좀 더 생각해 보려면 구글러(googler, 구글 직원)들을 살펴볼 수밖에 없다. 구글을 만들어 내는 것은 결국 사람 즉, 구글러들이기 때문이다. 그렇다고 구글이 구글러들의 창의적 사고를 위해 조성한 근무환경 및 문화(근무시간의 20%는 자유시간, 사내에 비치된 놀이거리, 생동감 넘치는 근무 환경 등)조성이나 구글플렉스(직원 편의시설)에 대해서 이야기하려는 것은 아니다. 물론 혁신적 근무 환경이 융통성 있는 직원을 만들어내는 것에 도움을 주는 것은 분명하다. 하지만 이것은 그 이전에 인재 선발 때부터 구글다움(창의성, 진취성, 긍정성)을 갖춘, 즉 삶에 융통성이 있는 사람들을 채용하기 때문에 가능한 것이다. 구글 사람들은 그것을 '구글리 googlely 하다'라고 표현한다. 그 구글리함은 또다시 구글스러움을 강화시킨다.

정김경숙 구글리한 인재란, 일을 잘하는 것은 기본이고 뭔가 늘 새로운 것을 시도하는 사람을 의미합니다. 저희 직원들을 보면서 놀랄 때가 많습니다. 예를 들어서 저희 회사에는 '아래 한글'을 개발하셨던 분, 즉 한때 한 회사의 대표로 계시던 분이 평사원 엔지니어로 일하시고 계십니다. 그 분은 직위와는 상관없이 구글에서 일을 하고 싶었던 것이고 저희는 그러한 새로운 도전 정신을 가진 분과 함께 일하고 싶었던 것 뿐이죠. 또 한번은 구글 내부에서 자체적으로 연주회를 열어야 했습니다. 그런데 놀라웠던 것은 구글러들로만 이루어진 오케스트라가 구성될 정도였다는 것입니다. 사실 그 정도의 실력이려면 평소에 연습을 꾸준히 하지 않으면 안 되는데 다들 그러한 실력을 유지하고 있었다는 사실이 놀라웠습니다. 자신의 삶을 즐기고 있는 것이죠. 그러한 면모는 업무를 할 때의 창의력에도 큰 영향을 미치게 됩니다. 기술적인 일뿐만 아니라 아날로그적인 삶에 가까이 있다는 것도 큰 의미를 갖습니다. 그것이 저희가 제공하는 서비스 등 모든 요소에 반영될 테니 말입니다.

구글리한 사람들이 만드는 서비스에는 당연히 구글스러움이 드러날 수밖에 없다. 그런데 구글은 2008년 10월, 완전 개방형 모바일 플랫폼인 '안드로이드Android를 오픈했다. 플랫폼 소스 코드를 누구나 사용할 수 있도록 완전히 개방한 것이다. 아무리 웹이라는 속성이, 그리고 웹 2.0의 시대의 키워드가 참여, 공유, 개방이라고 할지라도, 기본적으로 그러한 행동이 '명확한 아이덴티티를 유지'하는 것이 생명인 브랜딩에 과연 좋을까는 의문이었다. 예를 들면 한 패션 브랜드에서 모든 재료(옷감, 실, 단추 등)를 제공하고 소비자에게 옷을 만들어서 함께 즐기자고 한다면 그것은 일회성 이벤트로는 훌륭할지 몰라도 브랜드 아이덴티티를 구축함에는 치명적일 수 있다. 분명히 소속 디자이너가 있을 것이고 그 디자이너의 고유한 디자인 철학을 침해할 여지가 있기 때문이다.

하지만 결과적으로 구글은 없어지지 않았고, 정체성은 더욱 극명해졌으며 소비자의 참여와 공유는 더욱 확대되었다. 그리고 유저들은 구글을 더 많이 이해하게 되었다. 아이구글iGoogle이 제공하고 있는 수많은 위젯들 중에는 오픈소스를 이용해 소비자들이 만든 위젯들로 넘쳐난다. 이것이 어떻게

구글이 구글스러울수 있는 조건, 구글러와 구글플렉스

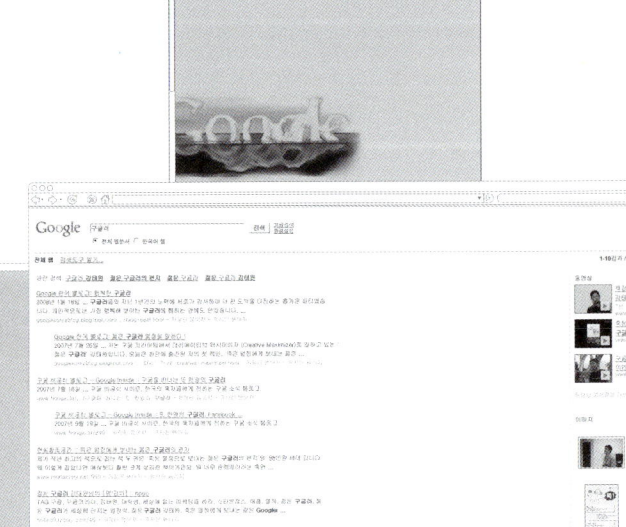

가능했을까? 바로 모든 것을 오픈하되 절대 양보할 수 없는 몇 가지 철칙만큼은 확실히 고수하며 근본을 흔들지 않았기 때문이다. 08 '악해지지 말자'라는 철학과 정보의 왜곡을 막는 검색 기술이 그것이다. 결국 유저들은 구글 안에서 구글이 제공하는 재료로 구글스러운 것들을 다양하고 화려하게 창조해낸 것이다. 구글은 소비자가 만들어내는 옷이 구글에게 잘 어울리는지, 피팅fitting감은 좋은지를 확인해 볼 수 있고 기준이 될 수 있는 마네킹 바디와 같은 역할을 해온 것이다. 이와 같은 순발력과 융통성은 사용자로 하여금 더 깊은 관여도를 갖고 끊임없이 대화할 수 있게 하였으며, 사용자 스스로가 구글스러움에 취해 자신이 만들어내는 서비스에서도 구글다움이 묻어나게 한 것이다.

② ON going 할 수 있는 관계의 두 번째 조건, 재치 혹은 유머

유머는 실시간으로 대화하지 못하면 쉽게 생겨날 수 없는 코드이다. 그렇다면 구글에는 어떠한 '재치 혹은 재미'코드가 있다는 것일까? Gmail 서비스 중에는 이메일 전송을 다시 한번 재고하게 해주는 서비스가 있다. 사람들은 늦은 밤의 감흥에 취해서, 순간적으로 격앙된 감정에 취해서, 때로는 술에 취해서 전송 버튼을 누르자마자 후회하게 될 이메일을 보내는 경우가 종종 있다. '누가 나를 잠시만 말려줬더라면…!' 했던 경험이 있을지 모르겠다. Gmail은 이러한 '예견된 후회'를 할지 모르는 유저를 위해, 이메일 내용에 욕설이나 좋지 않은 표현이 많은 경우에는 대화를 시도한다. 예를 들면, 그러한 이메일인 경우 전송 버튼을 누르면, 간단한 '산수' 문제 몇 개를 틀리지 않고 풀어야 이메일을 최종으로 전송할 수 있도록 하는 장치를 마련한 것이다. 만약 산수 문제를 틀리게 되면 '너 지금 술 취했니?' 등과 같은 메시지가 뜨면서 메일을 보낼 수가 없게 된다. 이것이 구글의 위트이다. 물론 옵션으로 설정 유무와 특정 일자와 시간(금, 토요일 저녁과 같이 음주 확률이 높은 시간대?)을 선택할 수 있다.

구글이 개발한 브라우저인 '크롬chrome'이라는 웹 애플리케이션에도 그러한 면모가 엿보인다. 크롬 역시 다른 브라우저들처럼 가끔 다운이 되는 경우가 있다. 우리가 현재 사용하고 있는 브라우저가 다운되었을 때의 팝업창을 기억해 내보자. 아무 응답이 없거나 '런 타임 오류' 혹은 '오류가 있어 창을 닫습니다' 등의 메시지 창이 떠오른다. 그것도 일종의 대화일 수는 있으나 '즐겁지 않은' 대화이다. 반면 크롬은 재미있는 이모티콘과 함께 '헉!' 등의 외마디 외침을 던진다. 영문으로는 'oops!'부터 시작해서 한국의 '헉!'에 비하면 훨씬 과감하고 재미있는 표현들도 많이 사용된다. 어찌 보면 당황스럽고 화가 날 수 있는 유저를 위한 밉지 않은 재치이다.

한국에서 준비된 만우절 이벤트도 유머 코드를 가지고 있었다. 2007년 4월 1일 한국에 Gmail을 런칭 했을 당시 한국에서 제공하는 메일 용량은 굉장히 적은 편이었다. 이런 상황에서 Gmail은 4GB를 제공하겠다고 발표했다. 많은 사람들이 만우절에 하는 거짓말이라고 생각했지만 동시에 기대감을 가지고 지켜보았다. 의도한 것인지 모르겠지만 분명 마케팅 효과도 톡톡히 있었을 것이다. 사람들의 뇌리에 좀 더 강력한 인상을 남기게 되었기 때문이다. 물론 실제로 4GB의 용량을 가진 Gmail을 선보였다(현재는 유저의 메일용량 사용정도에 따라 차등 제공하고 있다). 또 다른 만우절 이벤트로 진행되었던 '사투리 번역기('니 모하노?' '가가 가가?'등의 검색어를 입력하면 표준어로 바꿔주는 서비스, 반대 검색도 가능)'를 소개하며 "구글이 한국 내의 지역적 의사소통이 좀 더 원

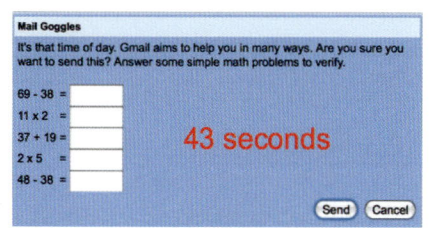

이메일 전송을 다시 한번 재고하게 해주는 수학문제들

구글이 개발한 브라우저 크롬

크롬이 다운되었을때 떠오르는 메시지 창

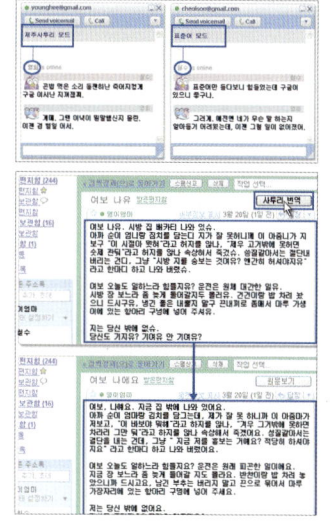

만우절 이벤트로 진행된 사투리 번역기 사용 예시

활해질 수 있도록 사투리 번역기를 런칭했습니다!"라는 유머를 던진 것도 구글이다. 미국계 검색 전문 엔진에서 이와 같은 서비스를 제공한다는 것은 놀라운 일이었다. 물론 실제 작동되는 서비스는 아니었다. 그럴듯하게 디자인된 플랫폼 캡쳐화면 몇 컷과 번역 샘플 몇 가지가 다였다. 하지만 한국 유저들은 다시 한번 재미를 느꼈다. 이처럼 효율성을 제 1순위로 여길 것 같은 구글이 선보인 서비스들은 소비자들로 하여금 '의외성'을 느끼게 하기에 충분했다. 그 의외성이 재치, 그리고 유머를 만들어 내었고 이는 실제 친구와 장난을 치는 듯한, 그래서 더욱 호감이 가는 상대로 구글을 ON시키기에 충분했다.

정김경숙 사투리 번역기 이벤트를 가능하게 했던 것도 회사의 철학을 함께 공유하고 그에 동의하는 직원들 덕분이었습니다. 각 직원들은 이미 고유 업무가 있음에도 불구하고 이러한 이벤트를 준비한다는 소식에 자발적으로 참여했습니다. 전라도 출신은 전라도 방언들의 데이터 베이스를 구축하고 엔지니어들은 그것을 구현할 수 있는 간략한 플랫폼을 만드는 것이죠. 이런 것은 스스로 즐기지 못하면 할 수 없는 일들입니다.

③ON going 할 수 있는 관계의 세 번째 조건, 진지함이 묻어나는 철학
유머감각이 있되 사람을 가볍게 보이지 않게 만드는 것이 바로 그 사람의 철학일 것이다. 무게감을 주는 철학이란, 그 철학 자체가 무거워서가 아니라 얼마나 확고하며 그 철학에 맞는 진정성있는 행동을 보이느냐가 더 중요한 부분이다. 구글에게는 변치 않을 철학인 '악해지지 말자 Don't be evil'는 너무도 유명하다. 대부분의 사람들이 '기업=이윤', 그리고 '이윤=악evil'으로 해석하기 쉽다. 하지만 구글은 모든 기업이 그렇지만은 않음을 증명하려 노력하고 있다. 하지만 아무리 멋진 철학도 실행으로(혹은 전략으로) 가시화되지 못하면 '죽은 현학'

이 될 수밖에 없다. 그렇기 때문에 그 철학은 그것을 중심으로 뭉친 조직원들 즉, 구글러들 간에 공유되고 실제의 업무 현장에서 살아 움직이고 있어야 하는 것이다.

구글은 기본적으로 그 철학을 명쾌하게 보여주는 *구글 십계명(구글이 발견한 10가지 진실)을 가지고 있다. 그 십계명의 하나하나가 기업의 실제적인 행동 지침이자 전략, 전술이 되며 기술 발전의 당위성을 제공하고 있는 것이다.

정김경숙 이번 유튜브 같은 경우도, '실명제 도입'을 하지 않기 위해 아예 관련 서비스를 닫아버렸습니다. 손해로 보면 많이 손해죠. 유저도 잃고 광고 수익도 잃게 되는 것이기 때문입니다. 그런데 회사는 스스로 물어봐야 합니다. "이것이 진정 유저를 위하는 것인가?" 이처럼 의사결정 때 흔들리는 부분이 있으면 기본으로 돌아가서 구글의 철학을 기준으로 생각해보는 것이죠. 61 이 말이 굉장히 추상적이고 현실과 괴리된 것처럼 들릴지 모르지만 저희는 실제 현실에서 가까이 접하고 있습니다. 어떤 프로젝트를 기획할 때에 뭔가 찝찝하게 느껴지는 것들이 있으면, 바로 회의 중간에 서로 묻습니다. "이거 좀 악한거 아니야?" "그래? 그럼 접자!" 이렇게 되는 것이죠. 철학 자체가 심플하기 때문에 의사결정의 속도도 빨라집니다. 그래서 저희의 철학은 살아있는 잣대라는 생각이 듭니다.

ON-Branding을 위한 ON Communication

브랜드라는 것, 아이덴티티라는 것은 그 기업의 로고의 문제나, 특정 제품 하나만의 문제가 아니라, 모든 제품, 로고, 철학, 그 안에서 일하는 사람, 그 사람들이 일하는 프로세스 등 모든 기업 구성요소가 관여되는 것이다. 그리고 최종적으로 그렇게 준비된 기업을 소비자가 어떻게 느끼느냐에 따라 결정된다. 아무리 기업이 소리 높여 "우리 브랜드는 A입니다!"라고 외쳐

> 아무리 기업이 소리 높여 "우리 브랜드는 A입니다!"라고 외쳐도 소비자들이 "당신들은 a인 것 같습니다만…"이라고 한다면 그 브랜드의 아이덴티티는 사실상 a에 가까운 것이다.

구글 십계명(구글이 발견한 10가지 진실)

1. 사용자에게 초점을 맞추면 나머지는 저절로 따라옵니다.
Google은 처음부터 사용이 가장 편리한 서비스를 제공하는 데 초점을 맞췄습니다. 고객을 우선적으로 생각한다고 주장하는 기업은 많지만 주주의 이익을 위해 고객의 작은 희생을 요구하는 경우가 많습니다. Google은 사이트 방문자에게 도움이 되지 않는 변화를 거부합니다.

2. 한 분야에서 최고가 되는 것이 최선의 방법입니다.
Google은 검색 엔진입니다. 검색 문제 해결에 주력하는 세계 최대 규모의 연구원을 보유한 Google은 Google의 강점이 무엇인지, 그리고 이러한 강점을 어떻게 발전시켜 나갈 수 있는지 충분히 인식하고 있습니다. Google은 난관을 계속 헤쳐나온 노하우를 바탕으로 복잡한 문제를 해결하고 수백만 사용자에게 빠르고 원활한 검색 서비스를 제공해 왔습니다.

3. 느린 것보다 빠른 것이 낫습니다.
Google은 사용자가 즉각적인 만족을 느낄 수 있어야 한다고 생각합니다. 사용자는 당장 해답을 찾고 싶어 합니다. 이는 당연한 요구입니다. 사용자가 최대한 빨리 사이트를 떠나도록 하는 것이 목표라고 하는 기업은 Google 밖에 없을 것입니다. Google은 페이지에서 불필요한 비트와 바이트를 모두 제거하여 서비스 환경의 효율성을 높임으로써 검색 속도 기록을 자체적으로 계속 갱신하고 있습니다.

4. 인터넷도 민주주의가 통하는 세상입니다.
Google은 사이트가 가치있는 컨텐츠를 제공하는지 여부를 판단할 때 수천만의 웹사이트 운영자의 의견을 참조하기 때문에 성공을 거두었습니다. 편집자들에게 맡기거나 검색어가 나타나는 빈도만으로 판단하는 것이 아니라 PageRank™라는 혁신적인 기술을 이용해 모든 웹 페이지의 순위를 정합니다.

5. 책상 앞에서만 검색이 가능한 것은 아닙니다.
세계가 점점 모바일화되어 가면서 사용자는 한 곳에 고정되기를 거부하게 되었습니다. 사람들은 PDA나 휴대폰을 통해, 심지어는 자동차 안에서도 정보를 손쉽게 액세스하기를 원합니다.

6. 부정한 방법을 쓰지 않고도 돈을 벌 수 있습니다.
Google은 기업입니다. Google은 검색 기술을 다른 회사에 제공하고 Google 사이트 및 기타 사이트에 게재되는 광고에서 수입을 얻습니다. 그러나 사용자는 Google에서 광고를 한 번도 본 적이 없을 수도 있습니다. 검색결과와 관련성이 없는 광고는 Google 검색결과 페이지에 게재되지 않기 때문입니다. 모든 검색어에 대해 검색결과 위쪽이나 오른쪽에 스폰서 링크가 나타나는 것은 아닙니다. Google은 광고가 사용자가 찾는 것과 관련성이 있을 때만 유용한 정보를 제공한다고 생각합니다.

7. 세상에는 무한한 정보가 존재합니다.
Google이 검색 엔진 중 최대 규모의 인터넷 페이지 색인을 구축한 후, Google 엔지니어들은 접근이 쉽지 않은 정보에 관심을 돌렸습니다. 사용자에게 전 세계 모든 정보를 제공하기 위한 Google의 노력은 끊이지 않을 것입니다.

8. 정보의 필요성에는 국경이 없습니다.
Google 본사는 캘리포니아에 있지만 Google은 전 세계 사용자가 정보를 쉽게 이용할 수 있도록 하는 것을 목표로 삼기 때문에 세계 전역에 지사를 두고 있습니다. Google에 새 언어를 추가하는 것을 보다 빨리 이루기 위해 Google은 누구나 Google.com 웹사이트에서 자동화 도구를 이용해 번역 작업에 참여할 수 있도록 하고 있습니다. 덕분에 멀고 외딴 곳의 사용자도 서비스를 이용할 수 있도록 Google은 자사의 서비스를 다양화하고 품질을 향상시킬 수 있게 되었습니다.

9. 정장을 입지 않아도 업무를 훌륭히 수행할 수 있습니다.
Google의 창립자들은 Google이 진지하게 다루는 것은 검색밖에 없다고 말합니다. Google의 바탕에는 업무는 힘이 들더라도 즐거워야 한다는 생각이 깔려있습니다. 이 때문에 Google의 기업 문화는 남다릅니다. 대화가 자유롭게 이루어지는 환경은 생산성의 증대로 이어지고, 수백만의 사용자가 Google 결과를 신뢰하고 있다는 사실은 동료애를 고취시킵니다. 변화를 추구하는 사람들에게 필요한 도구를 쥐어주십시오. 세상이 바뀝니다.

10. 위대하다는 것에 만족할 수 없습니다.
항상 기대 이상의 서비스를 제공하고자 노력하는 Google에게 최고란 끝이 아닌 시작입니다. Google은 기술 혁신과 반복 함수를 통해 이미 성공적인 서비스도 예상치 못한 방법으로 향상시켜 왔습니다. 그러나 현 상태에 만족하지 않는 것이 바로 세계 최고의 검색 엔진인 Google의 원동력입니다.

출처: 구글 홈페이지 중 일부 발췌 및 편집

도 소비자들이 "당신들은 a인 것 같습니다만…"이라고 한다면 그 브랜드의 아이덴티티는 사실상 a에 가까운 것이다.

그래도 고객이 이러한 고견을 우리 브랜드 담당자에게 와서 친절히 속삭여 준다면야 그나마 다행이다. 문제는 우리도 모르는 사이에 그들끼리, 혹은 휑하게 뚫린 웹 세상에 대고 크게 소리치고 있다는 것이다. 그래서 고객과의 커뮤니케이션이 중요한 것이다. 오해가 있다면 풀어야 하는 것은 비단 인간관계에 국한된 문제는 아니다. 구글과 같은 기술 중심적 기업에게서 우리가 배워야 할 것은 기술만이 아니라 그들이 그들의 로고로, 실질적인 서비스로, 서비스 제공 과정 중에 생길 수 있는 커뮤니케이션 툴로 유저와 끊임없이 커뮤니케이션하고자 하는 그들의 열정이다. 그 열정이 진정으로 녹아든 서비스만이 그들의 가치를 왜곡 없이 전달할 수 있다.

그렇다면 구글이 24시간 온라인 공간에서 사용자들과 끊임없이 대화하면서 때로는 융통성 있고 재치와 유머를 겸비한 친구로서, 때로는 진중한 철학으로 진정성이 묻어나는 결단을 보여줌으로써 궁극적으로 이루고자 하는 꿈은 무엇일까?

정김경숙 검색은 정보의 획득을 위함이고, 정보는 곧 힘이자 자유입니다. 모든 정보에 평등하게 접근할 수 있다는 것은 결국 민주주의의 근본과도 연결됩니다. 구글은 자유를 추구합니다. 더 다양한 의견을 공유하면서, 서로를 이해하게 되고 결국 웹상의 민주주의를 구현하고자 하는 것이죠. 그것을 위한 환경을 마련해 주고자 하는 것이 구글의 목표입니다.

구글은 웹상의 민주주의를 위해 끊임없이 검색을 재정의하고 검색의 관점으로 세상의 모든 것들을 받아들이고, 이해한다. 그리고 이제는 전 세계적인 정보 공유에 한 걸음 더 다가가기 위해서 '번역기술'에 굉장한 에너지를 쏟고 있다. 1초도 안 되는 시간에 언어의 장벽을 허물기 위한 시도이다. 이처럼 언어의 통합을 꿈꾸는 구글의 시도가, 바벨탑을 무너뜨리면서 신이 인간에게 내린 응징에 대한 무례한 도전인지, 아니면 신의 능력에 대한 '모방(완벽한 복종을 뜻하는)'인지는 알 수 없다. 확실한 것은 이러한 노력을 통해 진화하고 있는 구글은 우리를 다른 세상으로 리드하고 있다는 사실뿐이다. UB

정김경숙 연세대학교 독어독문학과 졸업 후 University of Nebraska–Lincoln에서 경영학 석사를 마친 그녀는 모토로라코리아㈜ 마케팅 부장, 한국릴리㈜ 마케팅 이사를 거쳐, 현재 구글코리아 홍보총괄 상무로 재직 중이다.

인터넷 이용자 중 인스턴트 메신저 사용 49.9%
그 중 '친교 활동을 위한 채팅'

75.1%

인터넷 이용자 중 커뮤니티(카페·클럽) 사용 50.2%
그 중 '친교 및 교제 목적"

64.5%

인터넷 이용자 중 블로그 사용 58.1%
그 중 '친교 및 교제 목적'

64.2%

이들에게 '관계'란?

참조 한국인터넷진흥원, 인터넷 이용실태 조사 2008년

LINK ON THE NETWORK

이익, 정보, 재미, 관계로 ON하다

관심경제학으로 보는
ON - BRANDING

경제학의 근간은 수요와 공급이다. 그 두 가지 요소의 불균형을 균형으로, 균형을 불균형으로 만들어 내는 모든 행위들로 세상은 돌아가고 있고 있다. 지난 수십 세기 동안 그 방법론은 크게 달라진 것이 없다. 다만 계속해서 바뀌는 것이 있다면 수요와 공급의 '대상'이다. 무엇에 대한 수요, 무엇에 대한 공급이 이슈화 되는가에 따라 패러다임과 접근 메커니즘이 달라지게 되는 것이다. 그렇다면 21세기의 그 대상은 무엇인가? 바로 소비자의 '관심'이다. 오늘날의 경제 주체들은 과잉 공급되고 있는 상품과 정보의 난립 속에서 희귀재가 되어버린 소비자의 '관심'을 두고 치열한 경쟁을 하고 있다. 승자만이 소비자의 관심점유율과 시간점유율을 높일 수 있기 때문이다. 유니타스브랜드 Vol.9, '호황의 개기일식, 불황'에서 소개했던 '원어데이'와 '잡코리아'는 불황에서 활황하는 브랜드라는 것 이외에 한가지 공통점이 더 있었다. 온라인 태생 브랜드로서 고객의 뜨거운 '관심'의 대상이 되어 고객을 Log ON 상태로 계속 유지시킨다는 것이다. 그들에게서 발견된 온브랜딩의 핵심 코드는 '이익, 정보, 재미, 관계' 라는 관심유발의 네 가지 키워드였다.

"이 책은 웹이 왜 중요한지에 대한 기존의 견해를 뒤엎는다. 이 책에는 사람들의 주의를 끌고 기존의 사업에 부가가치를 더하며 중요한 고객 로열티를 세우는 전략들이 나오고 있다. 곧 독자들은 자신의 경쟁자가 이 책을 읽지 않기를 바라게 될 것이다." -제프 베조스, 아마존닷컴 창립자, 현 CEO

자신의 경쟁자가 그 책을 읽지 않기를 바랬던 것은 제프 베조스Jeffrey Preston Bezo도 마찬가지 였을 것이다. 경영자로서 솔직한 그의 마음이 엿보이는 위의 서평이 담긴 책이 바로, 웹 경제가 폭발하던 1999년에 출간된 《웹 경제학webconomics》이다. 당시의 웹 경제를 이끌고 있는 여러 기업을 분석하며 다분히 미래 예언적인 논조를 유지했던 에번 슈워츠Evan I. Schwartz는 이번 특집을 준비하면서 웹 경제의 과거와 현재, 그리고 미래에 대해 묻기 위해 꼭 만나고 싶었던 사람이었다. 지금은 너무나 당연한, 그래서 모든 웹사이트의 기본이 되어버린 명제들을 이미 10년 전에 예견한 그는 아마도 지금으로부터 10년 후의 웹에 대한 밑그림도 그려줄 수 있을 것 같았기 때문이었다. 비록 수 차례의 시도에도 불구하고 인터뷰에는 실패했지만, 이제는 절판되어 구하기도 힘들게 된 그 책을 아직 접하지 못한 독자들을 위해서라도, 그가 짚어낸 *'웹 경제에서 살아남기 위한 아홉가지 법칙'을 간추려 전달하고 싶다.

*'웹 경제에서 살아남기 위한 아홉가지 법칙'
1. 양질의 서비스로 웹 방문자들의 관심을 지속시켜라
2. 구매 가능성이 높은 고객에게 집중하라
3. 신상정보를 제공하는 소비자에게 보상하라
4. 값진 정보가 있어야 소비자를 끌 수 있다
5. 웹은 여러분야에 걸쳐 셀프 서비스를 확산시킨다
6. 가치 기반 통화를 이용하는 독자적인 화폐 시스템
7. 신뢰도 높은 브랜드는 웹에서 더욱 빛을 발한다
8. 웹 경제에서는 소규모 기업도 쉽게 세계화를 이룰 수 있다
9. 시장 변화에 기민하게 대응하라

물론 이 법칙들은 온라인 공간에서 '경제학적 관점'으로 살아남기 위한 방법이다. 하지만 그가 말한 핵심을 정리해보면 결국 '이익, 정보, 재미'를 제공하여 궁극적으로 고객과의 친밀한 '관계'를 형성하라는 것이고(물론 책 어디에도 이와 같이 네 가지의 키워드로 정리된 글귀는 없다) 이는 곧, 현재의 온라인 공간에서 고객의 '관심'을 사기 위해 중요한 키워드임에 틀림없다. 기본적으로 고객의 관심을 사기 위해서는 해당 사이트를 통해 얻어지는 (금전적, 시간적) '이익'이 있어야 하며, 아무데서나 볼 수 있는 그냥 그런 정보가 아닌 부가가치가 더해진, 재창조 되고 재해석된 '정보'가 있어야 하고, 그 정보를 공유하는 과정에서 OFF 시킬 수 없는 '재미'◉60를

그들이 어떤 '이익, 정보, 재미'를 제공하고 있으며, 궁극적으로 어떤 '관계'를 만들어가고 있는지(브랜딩을 하고 있는지), 그리고 그것을 가능하게 한 것의 바탕에는 어떠한 태도가 있는지 발견할 수 있을 것이다.

느껴야 하는 동시에, 이러한 요소들을 바탕으로 독특한 '관계'를 만들어 냈을 때 고객의 '관심'을 살 수 있기 때문이다. 그리고 그 관심은 다시 그 브랜드가 'ON' 될 수 있는 핵심 요소가 되는 것이다. 그 ON의 모습은 즐겨찾기로의 등록, 해당 사이트에서 제공하는 '알리미' 등의 설치, SMS 수신 동의 등의 모습으로 표현된다.
이 단어들이 이제는 너무나 당연한 이야기처럼 느껴지기에, '진부하다'고 말한다면, 그 쉬운 명제들이 구체적으로 구현되고 있는 웹사이트가 왜 몇 개 되지 않는지, 그리고 잘 안다면서 당신은 왜 성공하지 못하고 있는지 되묻고 싶다.

앞으로 소개될 두 개의 온라인 브랜드 *'원어데이'와 *'잡코리아'의 인터뷰를 읽어보면서 그들이 어떤 '이익, 정보, 재미'를 제공하고 있으며, 궁극적으로 어떤 '관계'를 만들어가고 있는지(브랜딩을 하고 있는지), 그리고 그것을 가능하게 한 것의 바탕에는 어떠한 태도가 있는지 발견할 수 있을 것이다. 결론부터 이야기 하자면 그들에게 있어서 실력(이익, 정보, 재미, 관계형성의 기술)은 기본이다. 중요한 것은 태도(철학)이다.

*원어데이
1998년 옥션을 런칭한 이준희 대표가 '하루에 한 가지 상품을 판매한다'는 컨셉으로 지난 2007년 런칭한 인터넷 쇼핑몰이다. 하루에 한 가지 상품을 판매함으로써 규모의 경제로 가격을 낮출 수 있고 포장, 배송, 관리의 용이함을 강점으로 지닌다. 뿐만 아니라 원어데이의 성장에 핵심으로 볼 수 있는 '상품 토크'를 통해 고객 간, 그리고 고객과의 대화를 끊임없이 유도하고 있다. (참고 : 유니타스브랜드 Vol.9 p118)

*잡코리아
구인, 구직을 원하는, '직업'이라는 키워드로 모여든 사람들이 서로 만날 수 있도록 돕는 오픈마켓 형태의 웹사이트이다. 1998년 김화수 대표가 런칭하여 현재 해당 분야 시장 점유율 1위를 유지하고 있으며 잡코리아 이외에 아홉 개 이상의 서브 브랜드들이 있다. (참고 : 유니타스브랜드 Vol.9 p108)

*정보, 이익, 재미로 맺어지는 '단계'

- 유저 개개인의 이야기
- 정보
- 이익
- 재미
- 관계

참여자 개개인의 이야기는 누군가에게는 '정보'가, '이익'이, '재미'가 된다. 이처럼 한 사람의 이야기는 온라인 공간에서 마치 파장이 퍼지듯 전파 되고, 그러한 이야기들의 교집합에서 '관계'가 형성된다.

ON-BRANDING

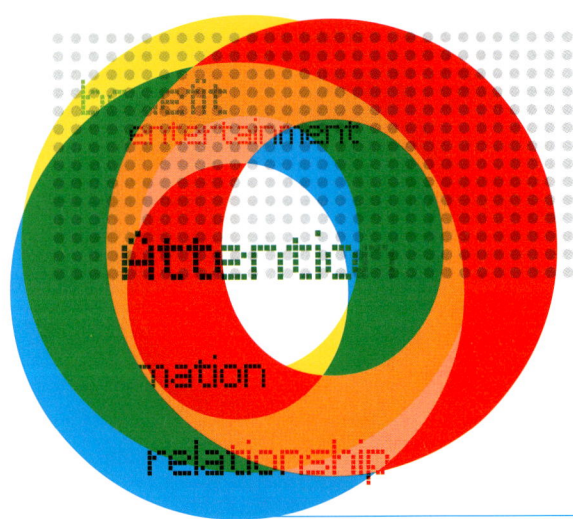

one a day
하루에 한가지로 ON하는 브랜드, 원어데이

The interview with 원어데이 고문 이면희

20081128

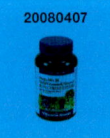
20080407

20090222

20090310

'싼 가격'은 여전히 소비자가 인터넷 쇼핑몰을 방문하는 주된 요인임에는 틀림없다. 덕분에 대형 인터넷 쇼핑몰에서는 너도나도 싼 가격을 앞세워 번쩍이는 형광색 배너로 소비자의 시선을 자극하고 원색으로 쓰여진 커다란 글씨를 내세우는, 말 그대로 소리 없는 아우성이다. '관심'을 끌기 위함이라고 하지만 그것은 어디까지나 일차적인 시각적 자극일 뿐이며, '변심을 전제로한 관심'일 뿐이다. 인간은 분명 학습의 동물일진데 오프라인에서 저지르던 실수를 똑같이 반복하고 있다. 이제 포화상태인 인터넷 쇼핑몰들에게 절실히 필요한 것은 '브랜드'이다. 브랜드가 곧 '관계'임을 알고 있다면 최저가를 통한 '이익'은 기본으로 하고, 고객을 온라인 활동에 적극적으로 참여시켜 그 참여 안에서 알찬 '정보'를, 그곳에서만 맛볼 수 있는 '재미'를, 다시 찾게끔 하는 '관계'를 형성할 줄 알아야 한다. 이러한 네 가지 코드로 쉼 없이 고객들을 불러 모으는 원어데이로부터 구체적인 그들의 How-to를 들어보자.

원어데이의 이준희 대표가 1998년 옥션을 런칭할 때부터 지금까지 고문(顧問)의 역할을 해오신 것으로 알고 있습니다. 외부에서 보시기에 원어데이의 가장 큰 경쟁우위 요소는 무엇이라고 생각하십니까?
일단 '재미'있다는 것이죠.

그날 하루만큼은 그 어느 곳보다도 동일 상품을 제일 싸게 살 수 있는 사이트 즉, 경제적 '이익'일 것이라 예상했는데 다소 의외입니다.
물론 가격 요소는 원어데이의 가장 큰 강점이지만, 가격 때문에 원어데이를 찾는다고만은 해석하기 힘든 현상들이 많습니다. 만약 최저가이기 때문에 고객들이 찾는다면 모두 사이트를 방문하자마자 구매를 하고 나가야 합니다. *그래야 경제적이고 이성적인 활동일 것입니다. 하지만 저희 고객들은 저희 사이트에 '머물러' 있습니다. 그 이유가 바로 '재미'가 있기 때문이라는 것입니다.

구체적으로 어떠한 재미를 의미하는 것입니까?
원어데이를 경험하면서 느껴지는 재미는 굉장히 다양할 수 있습니다. 기본적으로는 상품을 소개하는 방식입니다. 원어데이는 당일 상품에 관련된 카툰을 만듭니다. 아주 짧고 간단한, 그렇지만 고객들이 현실적으로 공감할 수 있는 스토리를 제공하는 것입니다. 이처럼 '원 스토리 어 데이' 컨셉으로 상품에 이야기를 만들어 드립니다. 상품은 사지 않으시더라도 이 만화를 보러 하루에 한 번씩 방문하시는 분들도 계시다더군요.
또 다른 재미는 '횡재했다'라는 느낌을 드리는 것입니다. 금전적 이익을 떠나서 '덤'으로 드리는 상품들은 받는 사람의 하루를 즐겁게 합니다. 평상시에도 다른 제품들을 조금씩 덤으로 드리곤 했는데, 얼마 전 진행했던 런칭 2주년 행사 때는 미리 그런 말씀을 드리지 않고 덤 행사를 진행했습니다. 엄청난 덤을 드렸죠. 온라인상에도 많은 글들이 올라왔었는데, 아주 뿌듯했습니다.
이것 이외에는 소비자 스스로가 찾는 재미입니다. 그간 내가 원하던 상품을 가장 싸게 샀다는 재미, 합리적으로 소비를 하고 있다는 스스로의 만족감, 최근 살지 말지를 고민 중이던 그 상품이 저렴한 가격에 판매되서 느끼는 반가움, 그리고 구매를 하지 않더라도 상품토크에서 오가는 댓글들을 지켜보는 재미 등 다양할 수 있는 것입니다. 이러한 것들이 쇼핑할 때의 즐거움이죠. 그리고 그것을 통해 수많은 정보를 얻게 됩니다.

*그래야 경제적이고 이성적인 활동
'가격'은 '경제성'을 의미하며, 경제적이라는 것은 '효율성'에 관한 것이고, 투입된 비용대비 얻는 효과에 관한 것이다. 그 투입된 비용이라 함은 실질적인 돈이 될 수도 있지만 많은 사람들이 간과하는 것이 바로 소비된 '시간'에 관한 것이다. 예를 들어 빌게이츠의 시간을 돈으로 환산하면 1초당 14만 원을 벌어들이고 있기 때문에 길거리에 떨어진 10만 원짜리 수표를 줍는 시간이 1초 이상 걸린다면, 그것은 그에게 비경제적인 행위가 된다는 것이다.
원어데이의 판매리포트를 보면 고객들의 '구매까지 걸린 시간'이 소개되는데 이를 보면 많은 사람들이 5분 이내에 구매 결정을 하는 것으로 보인다. 그러나 그 5분이라는 것은 '로그인 후부터 구매까지의 시간'이기 때문에 5분으로 기록되지만 로그인 전에 상품토크를 읽으며 투자하는 시간이 얼마큼 인지는 알 수 없다. 즉, 자신의 '시간당 임금'을 생각해 본다면 원어데이에서 구매하는 것이 정말 경제적인 것인지는 의문이다. 물론 개인적으로 처한 환경에 따라서 시간과 돈의 우선순위가 달라질 수 있기에, 정확히 경제적인 개념에서 '적정 탐색 시간'을 말하기는 힘들지만 상품토크를 통해 '참여'하는 모든 시간을 따져보면 분명 '경제적으로는 손실'인 사람들이 분명 있음에도 불구하고, 그들이 원어데이에서 ON 상태를 유지하는 것에는 분명 다른 이유가 있다는 것이다.

상품에 대한 '정보'는 다른 곳에서도 충분히 잘 설명할 수 있는 곳이 있을 것으로 생각됩니다.

상품에 대한 사실적이고 상세한 규격이나 기능 설명은 당연히 그럴 수 있습니다. 하지만 상품토크에서 확인할 수 있는 정보들은 그러한 정보가 아닙니다. 매일매일 바뀌는 상품에 대해 그 날 하루 동안은 그 상품에 대해 어느 곳보다도 더 전문적이고 실제적으로 구매에 도움이 되는 정보들을 많이 접할 수 있습니다.

물론 그 정보는 당일 판매자가 여러 소비자들의 궁금증을 해결해 주는 과정에서 보여지기도 하지만 더욱 재미있는 것은 소비자들간에 오가는 질문과 답변을 통해 실질적으로 도움이 되는 정보들입니다. 이미 그 상품을 사용해본 다른 유저의 경험에서 묻어나는 지식이나 해당 분야에 깊은 지식을 가진 사람들이 내놓는 정보들이 특별하죠. ⌒43 ⊕ 일종의 전문 커뮤니티와도 같은 역할을 합니다.

커뮤니티처럼 대화가 오갈 수 있도록 장을 만들어 주신 특별한 이유가 있으십니까?

제시된 상품을 사고자하는 사람은 당연히 그 상품에 '관심'이 있기 때문입니다. 그러한 관심은 '궁금증'을 유발하고 그 궁금증은 곧 '대화'하고 싶은 욕구로 이어집니다. 그 대화가 일어날 수 있도록 하기 위

⊕ 런칭 2주년 행사

원어데이는 비정기적으로 '원어데이원박스'라는 이벤트를 진행한다. 무엇이 들었을지 모를 박스를 1,000원에 사는 복불복 이벤트인데 진행할 때마다 몇 시간 안에 품절 현상을 보이며 원어데이 회원들에게 뜻밖의 재미를 선사한다. 그런 원어데이가 런칭 2주년 기념으로 진행한 이벤트의 컨셉은 밤 12시부터 익일 밤 12시까지 1시간 간격으로 24가지 상품을 판매하는 것이었는데, 놀라운 것은 '덤'으로 넣어준 선물들이었다. 그리고 그에 관한 이야기들은 온라인상에서 원어데이에 관한 많은 이야기들을 만들어내며 소리 없이 퍼져나가고 있었다. 아래의 상품 사진은 원어데이 2주년 행사에서 세 가지 상품을 구매한 어떤 고객이, 자신이 활동하고 있는 회원수 약 8,000명 정도의 한 인터넷 카페에 올린 글이다. 각 사진 안에 가장 왼쪽 제품이 실제 구매한 상품, 그리고 나머지 상품들은 '덤'으로 온 상품들이다.

1) 구매상품: 6,000원대 헤어세럼 + 덤: 물병, 티백
2) 구매상품: 6,000원대 공 DVD 50장 + 덤: 600p 퍼즐
3) 구매상품: 5,000원대 지갑 + 덤: 체지방 측정 디지털 체중계, 쿠킹 타이머, 줄자

또한, 어떤 블로거는 상품상자보다 더 큰 덤 박스를 받았다.

구매상품: 6,000원대 공 DVD 50장 + 덤: 1000p 퍼즐, 완도해산물 세트(건미역, 멸치, 다시마, 김)

이러한 구매 경험을 소개한 글에는 많은 수의 댓글이 달렸으며, 이 이야기들 중심에는 원어데이라는 브랜드가 있었다. 소비자들에 의해 만들어진 긍정적인 이미지가 원어데이의 브랜드 아이덴티티에 영향을 미치고 있는 것이다.

⊕ 일종의 전문 커뮤니티와도 같은 역할

원어데이는 당일 판매되는 상품에 대한 상품정보를 두 가지 측면에서 제공하고 있다. '상품상세정보'에서는 상품의 이미지와 동시에 기능, 규격, 원산지 정보 등 사실적인 정보를 제공한다. 즉 판매자의 일방적인 정보 제공이다. 하지만 '상품토크'에서는 소비자들 간의 댓글 형식으로 '대화'가 오가는데 이것은 살아있는 지식과 지혜가 담긴 정보이다. 마치 포털사이트에서 그 상품에 대한 검색을 하였을 때 각종 블로그에 게재된 상품평이나 사용후기 혹은 구매 전 고민의 내용들을 한곳에 모아놓은 듯한 내용들로 가득 차게 된다. 뿐만 아니라 판매자에게 직접 질문도 할 수 있다. 다음은 얼마 전에 판매가 진행된 야마하YAMAHA의 홈시어터 스피커 모델, YAS-71, TSS-20, NX-U02를 두고 '상품토크'에서 일어난 소비자들간의 대화 내용 중 일부이다.

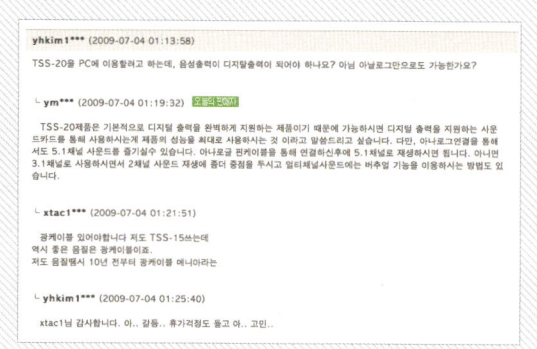

스피커 전문 쇼핑몰이 아님에도 불구하고 소비자들은 거의 전문가처럼 특정 모델을 언급하며 관련 기능에 대해 궁금증을 이야기한다. 그런 질문에는 당일 판매자는 물론, 그것에 대해 잘 알고 있는 다른 소비자들도 댓글을 달며 대화를 나눈다. 이에 직접적으로 참여하지 않는 소비자들도 이러한 대화 내용을 보면서 자연스럽게 좀 더 구체적인 정보를 알 수 있게 된다. ⌒54

오해가 생길 수 있는 표현이라 조심스럽기는 하지만, 저희는 '고객은 우리가 성심 성의껏 보살펴야 할 아이와 같다'고 생각하고 있습니다. 정신연령이 낮다는 의미가 아니라, 아이들처럼 호기심도 많고 원하는 것도 다양하다는 의미입니다.

해 마련된 장소가 바로 '상품토크'입니다. 그런 대화 속에서 직·간접적으로 '참여'하다 보면 이 사이트를 지속적으로 방문해야 하는 이유가 생깁니다. 직접 질문이나 답변을 달면서 참여한 사람은 그것에 또 다른 답변이 달렸는가를 확인하기 위해서, 또 간접적으로 지켜만 보던 사람은 그 사이 새로 등장한 정보가 있는지, 궁금한 점이 있지만 직접 작성하기 귀찮은 것을 누가 대신 물어봐 주지는 않았는지를 둘러보기 위해서 지속적으로 방문하는 것입니다.

'참여'를 기반으로 하는 '상품토크'가 원어데이를 항상 ON상태로 유지하게 하는 요인인 것 같은데, 그런 과정 속에서 일종의 '소속감'도 생길 것 같습니다.

물론입니다. 그러한 소속감은 내가 직접 참여하고 있다는 것이 느껴질 때, 내 목소리가 어떠한 영향력을 미치고 있다는 것이 느껴질 때 더욱 강화됩니다. 한 번은 A라는 상품을 판매하고 있었는데 고객 중 한 분이 상품토크에서 "이 상품은 그 액세서리가 있어야 빛이 나는 상품인데, 그 액세서리는 안 파시나요?"하고 제안하신 경우가 있었습니다. 당시 판매가 진행되던 중이었음에도 불구하고 당일 판매자와 원어데이의 MD가 바로 만나서 고민해보고 그 액세서리를 구매해와서 함께 판매한 적이 있었습니다. 뿐만 아니라, 당일 판매되는 상품은 최저가임을 자부하는 저희에게 어떤 고객분은 같은 제품이 더 싼 가격으로 판매되고 있는 곳을 제보(?)해 주십니다. 그러면 바로 담당 MD가 당일 판매자와의 협상을 통해 가격을 조정하는 경우도 있습니다. 이렇게 고객의 의견에 철저히 귀 기울여 주는 것은 고객으로 하여금 더 큰 소속감을 갖게 하는 방법이 됩니다. 자신의 의견이 바로 바로 반영되는 곳이기 때문입니다.

그러한 상호작용은 소속감을 넘어 브랜드의 생명이라고도 할 수 있는 신뢰를 구축할 수 있는 중요한 요소인 것 같습니다. 신뢰를 구축하기 위해 또 어떠한 노력을 기울이고 계십니까?

신뢰라는 것은 '책임감'을 바탕으로 약속을 지켜나갔을 때만 가질 수 있는, 기업에 대한 고객의 '무의식적 위임'과도 같은 것입니다. 그래서 원어데이는 모든 직원에게 엄격한 '책임감'을 요구합니다. 더욱이 외부 판매자와 소비자를 연계하는 비즈니스 모델을 갖고 있는 원어데이로서는 저희 직원이 아닌 외부 파트너의 실수로 고객과의 신뢰가 깨질 수 있습니다. 상품 조기 매진이나 부분적으로 불량품이 있을 수도 있기 때문입니다. 그래서 단순히 기업 철학만으로 그 신뢰를 지켜나갈 수 있는 것이 아닙니다. 어떻게 해서든지 그것을 전략으로, 시스템으로 풀어낼 수 있는 경영 방침이 있어야 합니다.

그래서 저희는 모든 것이 '프로젝트 책임제'입니다. 당일 판매되는 상품은 담당 MD의 책임 하에 상품 소싱부터, 스토리를 부여해 만화로 만들고, 상품 사용법 동영상을 촬영하고, 그 상품이 판매되는 24시간 동안 생기는 상품토크까지 모두 담당 MD가 책임집니다. 그러다 보니 직원들의 책임감이 높아질 수밖에 없고 상품토크에서도 친절함과 적극성을 띠게 됩니다. 그러한 MD의 태도를 경험한 소비자는 신뢰를 갖게 되는 것이죠. 그러한 태도만이 상대적으로 신뢰를 쌓기 어려운 온라인에서 지속적인 관계를 유지할 수 있는 원동력이 되는 것이죠.

그날 판매되는 상품에 있어서는 MD가 일종의 '일일 브랜드 매니저'같은 역할을 하게 될 것 같습니다. 또한 상품토크를 통한 잦은 대화는 특정 MD와 유저간의 일종의 '관계'도 맺어질 것 같은데, MD는 몇 명이나 있습니까?

현재는 약 10명 정도 됩니다. 재미 있는 것이 각각의 MD들마다 독특한 개성이 있어서 각각 선택해오는 상품들에 그 MD의 성격이 묻어납니다. 그리고 고객분들이 각 MD들의 특징들을 어느 정도 파악하고 있습니다. 그래서 자기와 스타일이 맞는, 취향이 맞는 MD들이 상품 판매를 진행하는 날에는 더 믿고 구매하는 현상도 일어나고, 상품토크에서 해당 MD와의 대화도 더 진솔하게 이어지게 됩니다. 고객과 대화를 할 때 사용하는 말투나 스타일에서도 MD의 색깔이 여실히 드러납니다. 천편일률적인 대화가 아닌 것이죠. 심지어 코드가 잘 맞는 회원들과 MD가 실제 오프라인에서 만나서 관심 영역을 공유하고 동호회에 함께 참여하는 경우도 있었습니다.

인터넷 쇼핑몰이지만 오프라인에서도 만남이 이루어지면서 항상 ON 상태가 유지되는 살아있는 브랜드, 저희가 연구중인 ON-Branding 개념과도 잘 맞는 현상인 것 같습니다.

그렇게 해석될 수 있죠. 그것이 갖는 중요한 시사점은 온라인 사이트에 와서 정말 '사람'을 느끼고 나갈 수 있다는 것입니다. 옛날에 상품을 팔러 전국 팔도를 다니던 보부상을 생각해 보십시오. 그것처럼 일대일의 대화를 통해서 상품에 대한 정보, 상품에 담긴 개인적 스토리, 그리고 아주 일상적인 이야깃거리로 실체가 있는 사람을 느낀다는 것입니다.

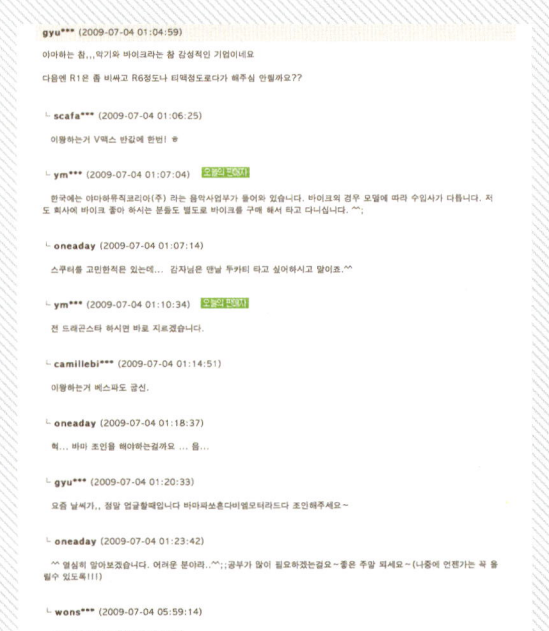

홈시어터 스피커를 팔고 있는 판매자와 구매를 위해 사이트에 들린 소비자가 나눈 대화이다. 그런데 상품에 대한 이야기가 아닌, 언제가 월급날이고 카드값이 빠져나가 현재 재정상태가 어떤지에 대한 이야기까지 꺼내가며 대화를 하고 있다. 뿐만 아니라 판매자임에도 불구하고 가정경제를 생각해가며 구매를 고려하라는 진심 어린 충고까지 전한다. 이러한 대화는 마치 친구와 함께 오프라인 매장에 들러 구매를 고민하는 동안 오가는 대화에서나 들을 수 있는 내용일 것이다. 24

분명 오늘의 상품은 스피커지만 상품토크에서 일어나는 대화는 반드시 해당일에 판매되는 상품에 관한 것이 아니다. 야마하라는 브랜드에 대한 평가에서 시작된 이야기는 야마하의 스피커, 야마하의 오토바이로, 오토바이로 이어진 이야기는 또다시 스쿠터, 드래곤스타, 베스파, 바마, 뉴마제라는 다른 오토바이 브랜드로까지 확장되어 친구와 대화하듯 이어지고 있다.

온라인은 그처럼 일상적인 대화가 솔직하게 일어날 수 있는 만큼 불만 사항을 토로하기도 쉬운 환경일 것입니다. 많은 기업들이 오픈 채널을 열어두기를 꺼려하는 이유도 그러한 소비자들에게 대응하는 방법에 익숙하지 못해서일 것입니다. 그러한 경우에는 어떻게 대응하고 계십니까?

물론 그러한 글들이 올라오기도 합니다. 그런 글을 보면 지우고 싶은 욕심이 나는 것도 사실입니다. 한편으로는 저희의 진정성을 몰라주는 것 같아 섭섭하기도 합니다. 하지만 서비스를 제공하는 기업은 늘 고객에게 관대해져야 합니다.

오해가 생길 수 있는 표현이라 조심스럽기는 하지만, 저희는 '고객은 우리가 성심 성의껏 보살펴야 할 아이와 같다'고 생각하고 있습니다. 정신연령이 낮다는 의미가 아니라, 아이들처럼 호기심도 많고 원하는 것도 다양하다는 의미입니다. 29 이러한 마음가짐으로 임하고 있기 때문에 말씀하신 것처럼 '대응'이라는 표현 자체가 저희에게는 와 닿지 않습니다. 저희는 대응한 적이 없습니다. 그 의견을 수렴을 할 뿐입니다. 왜냐하면 그러한 불평이 생기는 것도 모두 원어데이의 책임이기 때문입니다. 그것을 지우거나 반박하는 것은 네티즌에게 책임을 전가하는 행위라고 생각합니다. 원어데이를 좋아하는 고객도, 단점을 지적하는 고객도 모두 저희 고객입니다. 그 의견을 수렴하면서 최선을 다하는 것이 결국 원어데이가 발전하는 유일한 방법이라고 생각합니다. 또한 그러한 목소리들로 인해 커뮤니티에 결속력이 생기는 경우도 많습니다. 실제로 그러한 글이 올라오면 그것을 본 다른 고객분들이 저희보다 더 빨리, 열심히 원어데이를 옹호해 주실 때가 있습니다.

그와 같은 태도를 갖게 된 특별한 이유가 있으십니까?

이유라기 보다는 그것이 원어데이 이준희 대표의 철학이기 때문인 것 같습니다. '아무리 손해 보더라도 약속은 반드시 지킨다'라는 대표의 철학이 회사 전체에 녹아있습니다. 실제로 지난 2년 동안 약속을 지키기 위해서 손해를 감수 61한 경우가 한 두 번이 아닙니다. 하지만 그렇게 하다 보면 고객들이 점차 알아주십니다. 그러한 경험이 여러 번 쌓여야만 비로소 신뢰 관계가 구축되는 것이고, 브랜드가 될 수 있는 것이죠. 짧은 기간 내에 이루어질 수 있는 것이 아닙니다.

"브랜드는 신뢰로 형성되는 '관계'의 응집입니다. 당장의 손해는 단순한 실失이 아닙니다. 돈으로 살 수 없는 신뢰를 득得할 수 있기 때문입니다." 원어데이 대표 이준희

이면희 미시건 주립대학교에서 경영학 학사, 휴스톤 텍사스 주립대학교에서 경영학석사, 펜실베니아 대학교에서 경영학 박사과정을 마친 그는, 국민투자자문회사(현 현대투자신탁)의 수석연구위원, 한터투자경영연구소 대표이사를 거쳐 1998년 주식회사 옥션 상임고문으로 재직한 바 있다. 현재는 ㈜인더스트레이더 대표이사, ㈜알레 회장직을 맡고 있으며, 저서로는 《명품경영학》 《지식의 재구성》 《경제학 현실에 말을 걸다》가 있다.

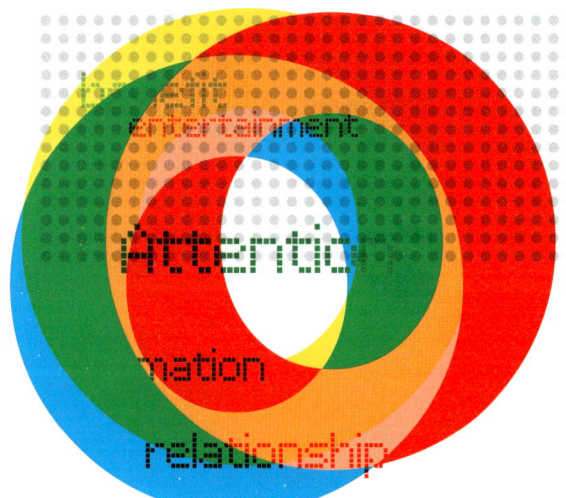

JOBKOREA.CO.KR™
ON finding my Position, 잡코리아
The interview with 잡코리아 대표 김화수

'불로소득이나 취미와는 구별된다. 활동의 지속성이 유지되기 위해서는 능력·적성·개성 등이 합치되어야 하며 사회적으로 합법적인 것으로서 '사회적 역할'을 할 수 있어야 한다.'

이것이 '직업'의 사전적 의미이다. 정의대로라면 올바른 직업을 갖기 위해서는 우선 자신의 능력과 적성, 게다가 개성까지 알아야 하며, 그것에 부합된 일을 통해서 사회적 가치를 창출할 수 있어야 하는 것이다. 자신을 제대로 아는 것도 평생 숙제일텐데, 이를 간파해 사회적 가치까지 창출하는 것은 쉽지 않은 일일 것이다. 이처럼 굉장히 어려운 문제이기 때문에 늘 고민의 대상이 되는 '직업'은 누구에게나 '관심의 대상'일 수밖에 없다. 그렇기 때문에 잡코리아의 총 회원 수 716만 명, 일 평균 방문자 수 28만 명, 일 평균 페이지뷰가 874만 건에 이르는 것도 놀라운 일이 아니다. 이처럼 잡코리아는 직업이라는 것을 비즈니스의 중심에 두고 있기에 기본적으로 사람들이 높은 관심을 보이는 곳이다. 하지만 잡코리아에는 '그것 이상의 무언가' 즉, +알파를 갖고 있기에 해당 분야에서 1위 자리를 고수하고 있는 듯했다. 잡코리아 김화수 대표로부터 그 '+알파'에 대해 들어보았다.

요즘처럼 경기가 어려워 취업률이 낮은 시기에, 잡코리아에 관한 '관심'은 더욱 뜨거울 것 같습니다. 어찌 보면 태생적으로 높은 관심을 가질 수밖에 없는 아이템으로 비즈니스를 시작하셨는데 이러한 비즈니스 모델에서 가장 중요한 요소는 무엇입니까?

저희는 기본적으로 DB$^{Data\ Base}$를 근간으로 하는 비즈니스입니다. 그렇기 때문에 정보의 양과 질, 그리고 스피드가 중요한 속성이죠. 정보의 질이라는 것이 양적인 면과 항상 동일한 선에서 논의되는 속성은 아닙니다. 양이 많다고해서 질이 좋은 것은 아니죠. 그러나 온라인 공간에서 확실한 것은 '양이 수반되지 않으면 질이 만족될 수가 없다라는 것'입니다. 양이 일차적 만족요인이 됩니다. 그래서 양은 질을 위한 필요조건으로 볼 수 있습니다.

그런데 이처럼 중요한 정보의 양과 질보다도 더 상위 레벨에 있는 것은 '속도'입니다. 사실 어찌 보면 구인·구직 공고 후 실질적인 만남이 이루어질 때까지의 속도를 빠르게 하기 위해서 양적인 측면이 존재하는 것이죠. 구직자로서 이력서를 올렸을 때 나에게 적합한 직장이 아니어도 우선은 면접제의가 최대한 빨리, 많이 와야 그래도 효과가 있다고 느낄 수 있다는 것입니다. 그것에 더하여 질적인 측면 즉, 내가 원하는 기업에서 면접제의가 와야 궁극적으로 효과를 느끼는 것입니다. 결국, 저희가 제공하고자 하는 가치는 스피드, 그것을 가능하게 하는 정보의 양, 그리고 최종적으로 질적으로 높은 매치메이킹을 만들어 내는 것입니다.

그렇다면 잡코리아의 기본적인 기능적 아이덴티티는 구직자와 구인자 간의 적합도 높은 매치메이킹이 될 것 같습니다.

그래서 저희는 마켓 플레이스를 지향한다고 할 수 있습니다. 인적 자원의 마켓 플레이스라는 플랫폼으로 사회적 부가가치를 만들어 내는 것입니다. 대한민국의 부가가치를 생산할 수 있는 인적자원을 최대한 발굴해 내고 빛을 보게 해주는 것이죠. 그간 '대한민국 인재개발팀'이라는 캠페인 슬로건을 사용했던 것도 같은 이유입니다. 구인 구직자 간의 잘 된 매치메이킹 하나가 궁극적으로 한국 GDP를 끌어올릴 수도 있는 것이니까요.

그렇다면 비슷한 서비스를 제공하고 있는 경쟁사 대비, 잡코리아가 고객으로부터 끊임없이 '관심'을 끌고 ON 상태를 유지할 수 있는 이유는 무엇이라고 생각하십니까?

닭이 먼저인지 달걀이 먼저인지 구분하기 힘들지만 구직자들이 원하는 정보가 우선 양적으로 많기 때문에 계속해서 자주 찾게 되고 그러다 보면 그만큼 다양하고 좋은 인재 정보와 기업 데이터 풀이

많아지기 때문에 퀄리티 높은 매치메이킹이 가능하다고 봅니다. 이런 성공 사례들이 고객에게 또 다시 방문할 이유를 주는 것입니다. 그러면 다시 정보의 양적 상승이 일어나죠. 이로 인한 선순환 구조가 저희를 지속적으로 ON이 시켜주는 요인인 것 같습니다.

비즈니스 특성상 '정보'가 핵심인 것 같습니다. 그렇다면 처음 런칭했을 때에는 기존 구인·구직 데이터가 많지 않았을텐데 그럼에도 불구하고 어떻게 고객들이 잡코리아를 찾을 수 있었다고 생각하십니까?

초창기까지 거슬러 올라가려면 저희 '기업 철학'을 이야기 하지 않을 수 없습니다. 앞서 말씀 드렸던 '인재 발굴을 통한 사회적 가치 창출'이라는 저희의 철학이 너무 추상적이고 거창하게 들리시겠지만, 그러한 기업 철학은 이것을 공유한 직원들이 만들어 내는 상품이나 서비스에서 느껴지고, 그것이 고객의 '경험'을 달리 만들어 줍니다. 일반적으로 회사의 수익이나 매출을 내는 것이 사회적 가치를 만들어 내는 것과 반대의 방향이거나 상당히 괴리가 되는 경우가 많이 있습니다. 그런 비즈니스를 할 때는 기업이 내부 직원들에게 제시할 수 있는 비전이 떳떳하지 못합니다. 그렇게 되면 직원들이 소명의식을 갖고 일하기 힘들 수 있습니다. 하지만 저희는 시작부터 "인적자원 마켓 플레이스를 통해 사회적 부가가치를 만들어 낸다"는 비전을 가지고 있었고, 그것에 동의하는 직원들이 사명의식을 가지고 전심을 다해 노력하다보니 매출이나 수익이 자연스럽게 상승되는 것입니다. 사명감과 돈이 나란히 간다는 것은 큰 의미가 됩니다. 저나 직원들이 투자하는 많은 노력, 시간, 돈의 가치가 희석되거나 헛되지 않고 하나의 비전을 위해 완전히 소모될 수 있다는 것, 그것이 아무런 DB없이 시작했던 잡코리아가 처음부터 고객을 어떻게 끌 수 있었는가에 대한 유일한 답이 될 수 있을 것 같습니다.

하고 계시는 일이 단순한 인적 네트워킹을 만들어가는 마켓 플레이스의 역할만은 아닌 것 같습니다. 대표님께서는 이 업을 어떻게 정의하고 계십니까?

인간으로서 '자신의 완전한 포지션을 찾아가는 과정을 돕는 것'이라고 보고 있습니다. 기업 고객에게도 구직 고객에게도 이유있는 이·전직은 궁극적으로는 기업과 구직자가 보다 완전한 자신을 찾아가는 것이기 때문입니다. 조금 역설적으로 들릴 수 있겠지만, 결혼 전 이성교제에서 실패해 보는 것이 더욱 완성적인 결혼을 할 수 있는 확률을 높일 수 있다고 생각합니다. 만남과 헤어짐을 통해서 나에 대해서 더 알게 되고, 앞으로 어떤 배우자를 만나는 것이 서로에게 이로운가를 알 수 있는 경험이 되기 때문입니다. 그래서 좀 더 성공적인 결혼을 할 수 있는 것이죠. 그것처럼 최대한 자신을 좀 더 잘 알기 위해, 삶의 완성을 위해, 자신의 소명을 제대로 찾기 위해 정보를 찾는 사람들에게 도움이 되고 싶은 것입니다. 그것을 찾은 고객들이 좀 더 용이한 방법으로 트랜잭션을 할 수 있도록 돕는 것이죠. 다른 서비스들도 그것을 위해 존재한다고 생각하시면 됩니다. 예를 들어 이번에 새로운 적성검사시스템을 도입했습니다. 점차 변하는 현실에 적합한 적성검사 모델을 개발한 것입니다. 수억 원의 투자금이 들어갔지만 현재 무료로 제공하고 있습니다. 이 검사는 구직자도 구직자이지만 현재 직장을 다니고 있는 재직자를 대상으로 많이 이루어집니다. 자신의 진짜 적성, 그리고 인성을 확인해 보면 현재 그리고 지금까지 일해왔던 분야가 스스로에게 적합한지를 알 수 있는 것입니다. 만약 맞지 않다면 저희를 통해서 찾아가는 기회로 만들라는 것입니다. 이러한 것이 궁극적으로 저희가 지향하는 가치를 만들어 내는 구체적인 노력이 되는 것이죠.

그러한 철학이 담긴 무료 서비스들이 고객에게는 고스란히 실질적인 '이익'이 되고 재방문율을 높이기 때문에 다시 정보의 양적 측면을 높일 수 있는 방법이 되는 것 같습니다.

실제로 기업고객과 개인고객 중 90%가 무료 서비스로 실질적인 혜택을 보고 계십니다. 그리고 말씀하신 것처럼 정보의 양적 증가에 이러한 서비스 변경 사항도, 저희의 고민거리도 결국은 다 고객의 피드백에서 오는 것이라고 생각합니다. 현재 시행되고 있는 서비스의 약 25% 정도가 그렇게 형성된 것이라고도 볼 수 있습니다.

도 도움이 되지만 더 높은 수준의 효과도 있습니다. 저희가 제공하는 가치의 상대적인 크기가 훨씬 커지죠. 아무래도 무료 서비스이기 때문에 잡코리아를 경험한 사용자는 상대적으로 높은 만족감을 얻게 됩니다.

그러한 만족감은 저희 게시판이든, 포털사이트든, 개인 블로그든 잡코리아에 대한 불평불만의 글이 나올 만한 상황을 적게 만듭니다. 공짜로 사용해본 것에, "이것은 엉망이니까 절대 이용하지 마세요"라고 말하지는 않죠. 오히려 저희가 발전할 수 있는 대안점을 제시해 주는 경우가 더 많습니다. "절대 쓰지 마세요!"와 "이것만 개선되면 좋겠는데"의 접근은 제3자가 보았을 때 굉장한 차이가 있는 것이죠.

저희가 온브랜딩이란 개념을 연구 중인 이유도 바로 그러한 측면 때문입니다. 말씀하신 것처럼 잡코리아의 서비스를 경험 해본 사람들이 대표님도 모르게 어디선가 잡코리아에 대한 이야기를 끊임없이 하고 있을 것입니다. 문제는 그러한 소비자의 직설적이고 솔직한 피드백이 잡코리아의 아이덴티티를 만들어 나가고 있다는 점이고, 흥망을 결정지을 수도 있다는 것입니다.

그러한 점 때문에 저희도 많은 조사를 하고 있습니다. 크게 두 가지로 나누어 접근하고 있는데, 한 가지는 현재 존재하는 의견들을 발견해 내는 것입니다. 존재하는 것을 발견해내는 것은 검색엔진이 제일 확실합니다. 곳곳에 숨어있는 글들을 다 끄집어 낼 수 있기 때문에 그 안에서 부정적, 긍정적으로 평가되어 있는 것을 모두 확인할 수 있습니다. 저는 네이버와 구글 같은 포털사이트나 검색엔진에서 잡코리아를 검색창에 넣어 검색한 결과를 바로 즐겨찾기로 해 두었습니다. 그렇게 되면 수시로 첫 페이지에 새로 올라오는 정보들을 계속 알 수 있습니다. 🔗22 그리고 다음의 '취업 뽀개기'같은 커뮤니티를 계속해서 체크합니다. 저희가 애써 조사하지 않아도 그곳에는 저희 서비스는 물론 이 사업분야에 대한 전반적인 의견들이 많이 올라오기 때문에 도움이 됩니다. 물론 저희 웹사이트에 바로 올라오는 의견도 끊임없이 체크하고 있습니다.

두 번째 접근은 현재 보이지는 않지만 잠재된 고객들의 욕구를 읽어내는 것입니다. 그래서 2년 또는 1년에 한 번 정도 저희 회원들을 대상으로 대규모 설문조사를 하는 것입니다. 가끔은 이 모든 조사 자료를 한 번에 다 모아서 아예 책으로 만들어서 계속 옆에 두고 봅니다. 눈으로 보는 것과 귀로 듣는 것이 다르며, 지금 보는 것과 시간이 지나서 보는 것이 다르기 때문입니다. 지금은 현재의 고민 거리에 관한 내용밖에는 보이지 않아서 놓치는 의견들을 나중에 다시 짚어낼 수 있습니다. 그러한 자료만 보아도 우리가 지금 어떤 문제가 있고, 우리가 어느 길로 잘못 가고 있으며, 경쟁사에 비해서 무엇을 잘못하고 있는 지를 알 수 있습니다. 그래서 개선 가능한 부분은 바로 개선을 하게 됩니다. 🔗37

실제 소비자의 요청 혹은 무의식적 욕구를 반영해 변경된 서비스에는 어떤 것들이 있었습니까?

구직자들에게 피드백을 받아보니 의외로 지하철 역을 중심으로 해서 구직하고자 하시는 분들이 굉장히 많다는 것을 알게 되었습니다. 솔직히 어느 역 근처인지, 역에서 얼마나 가까운지가 얼마나 중요할까 싶었지만 실제로는 그렇지 않다는 것이죠. 그래서 그런 피드백을 바탕으로 '지하철 노선도 중심의 채용정보'라는 서비스를 이미 약 7년 전에 런칭했습니다.

그리고 현재 고민 중인 서비스가 한 가지 있습니다. 이것도 사용자의 의견을 통해 알게 된 것인데, 현재로서는 구직자가 이력서를 올리면 업종과 직종에 상관없이 기업들이 검색을 할 수 있게 되어있습니다. 그랬더니 내가 고려하고 있지 않은 기업에서부터도 면접 제의가 너무 많이 온다는 것입니다. 물론 이런 현상이 생각지도 못했던 직종에서 나의 업을 찾을 수 있게 되는 행운이 따른다면 좋겠지만 대부분의 경우, 외려 귀찮을 정도로 연락이 많이 오는 것이죠. 그래서 이제는 업종과 직종을 제한해서 기업열람을 시켜야 하는 것은 아

닌가를 두고 고민하고 있습니다. 지금 당장은 아니더라도 미래의 어느 시점에서는 분명히 해야 할 서비스인 것 같습니다. 문제는 타이밍이죠. 너무 빨리 가도, 너무 늦게 가도 안 되기 때문에, 그러한 불만의 빈도가 얼마나 잦아지느냐를 지켜보고 있습니다. 사실은 구직자도 스스로도 자신의 직종이나 업종을 제한하기가 쉽지 않을 수도 있고 그로 인해 놓칠 수 있는 기회들이 있을 수 있기 때문에 더 많은 고민이 필요한 것입니다. 이러한 서비스 변경 사항도, 저희의 고민거리도 결국은 다 고객의 피드백에서 오는 것이라고 생각합니다. 현재 시행되고 있는 서비스의 약 25% 정도가 그렇게 형성된 것이라고도 볼 수 있습니다.

소비자의 욕구를 반영해 변경된 서비스를 제공하게 되면 고객들의 반응이 달라질 것 같습니다. 그러한 과정을 통해 일종의 '관계'가 형성된다고 느낀 적이 있으신가요?
구체적인 관계라기 보다는 저희의 모든 브랜딩 활동이 결국에는 관계를 구축해 나가기 위한 활동이라고 생각됩니다. 저희는 서비스가 곧 브랜딩이기 때문이죠. 또한 직접적으로 대화를 통해 가질 수 있는 것도 관계지만 의식 속에 어떠한 '존재로 인식되는 것' 자체가 '관계'일 수 있습니다. 지속적으로 이 업계에서 1위를 차지하고 있는 것은 고객들이 저희를 직업에 관해 고민할 때에는 한번 쯤 꼭 확인해야 하는, 일종의 '존재'로 인식하고 있다는 것이고, 이것이 잡코리아가 고객과 관계를 형성하고 있다는 것을 증명하는 것이라고 생각합니다.

반면 열린 커뮤니티 속에서 '고객들 사이'에 형성되는 관계가 있습니다. 게시판을 통해 고객들은 궁금한 사항을 서로 묻고 원하는 정보를 요청합니다. 쉽게 말해 특정 기업의 면접 후기에서부터 연봉정보 그리고 회사 분위기를 계속 묻고 답하십니다. 먼저 경험하신 분들이 그것에 대해 답도 달아주시고 면접을 다녀온 후 좋았던 점, 나빴던 점을 적나라하게 말씀해 주시죠. "이런 회사에는 절대 가지 마라"는 코멘트도 많고 답답함이나 불안감을 토로하시면 위로해 주시는 분들도 많으십니다. 그러한 상호 참여의 과정을 통해 서로 위안도 되고 심리적 불안감도 해소시켜주면서 만들어지는 관계도 있다고 생각합니다. 어찌보면 잡코리아의 게시판 내에서도 특정 기업이 지속적으로 회자ON되고 있습니다. 그것도 온브랜딩일 수 있을 것 같습니다.

궁극적으로 고객분들께 어떠한 가치를 전달하고 싶으신가요?
사실상 잡코리아를 이용하는 분들은 현재 직장을 찾고 있는 분들이기 때문에, 정황 자체가 그리 즐겁지 못한 상황일 확률이 높습니다. 그래서 자괴적일 수 있죠. 하지만 저희는 당신의 현재 상태가 자괴적일 수밖에 없는 상황이기 때문에 잡코리아를 이용을 하는 것이 아니라, '더 나은 미래, 더 나은 직장, 나에게 더 적합한 직업을 가질 수 있는 기회를 가지기 위함이기 때문'이라는 것을 알려 드리고 싶은 것이죠. 고객에게 진정한 '직업의 의미' 그리고 자신의 진짜 포지셔닝을 찾을 수 있도록 돕는 것이 저희의 '직업'이기 때문입니다. UB

"중요한 것은 얼마나 버느냐가 아니라 '무엇'을 유료화 할 것인가입니다. 개인 고객 서비스보다는 기업고객 서비스를 유료화 하는 것이 사회적 가치창출에 있어서도 바람직한 방향성이라 믿습니다." 잡코리아 대표 김화수

김화수 성균관대학교 무역학과를 졸업하고 1995년 ㈜넥서스컨설팅에 입사하여 온라인 해외 시장조사 부문을 담당하며 팀장을 거쳤다. 1997년 ㈜칼스텍 기획개발실장으로 웹사이트 구축 및 사업기획을 추진하던 그는 1998년 한국외국어 대학교 경영정보대학원에서 MIS 전공 석사를 취득하기도 했다. 2000년 ㈜잡코리아 대표이사로 취임하였다.

인간적인 진심이 공유되는 곳

문학동네, ON정溫情으로 브랜딩하다

The interview with 문학동네 기획마케팅팀 한민아, 문학동네 카페회원 미망

온라인 공간에서 많은 기업들은 각기 다른 목적을 가지고 고객과의 소통을 시도한다. 상품에 대한 정보를 제공하기도 하고, 상품의 어떤 점이 불편한지 고객의 목소리를 듣는다. 궁극적으로는 이 모든 활동을 통해서 고객에게 신뢰받고 사랑받는 기업이 되기를 원한다. 그러나 지속적으로 고객과 만족스러운 소통을 하기란 쉽지 않다. 단발적인 이벤트나 상품의 정보만으로는 고객을 자신의 브랜드 카페나 블로그에 잡아둘 수 없기 때문이다. 그러나 온라인 공간에서 쉼 없이 24시간 활발하게 ON되고 있는 문학동네를 살펴보면 브랜드를 ON하게 만드는 동력의 근원을 알 수 있다. 그것은 바로 '진정성'을 가지고 소통을 위한 노력을 아끼지 않는 브랜드와, 그에 감동하고 배려에 대한 보답으로 넘치는 사랑을 보이는 고객 사이의 인간적인 관계이다. 대다수 기업의 생각과는 달리 온라인 공간만큼 인간적인 관계가 중요한 곳이 없다는 사실을 몸소 증명하고 있는 문학동네를 만나보았다.

cafe.naver.com/mhdn

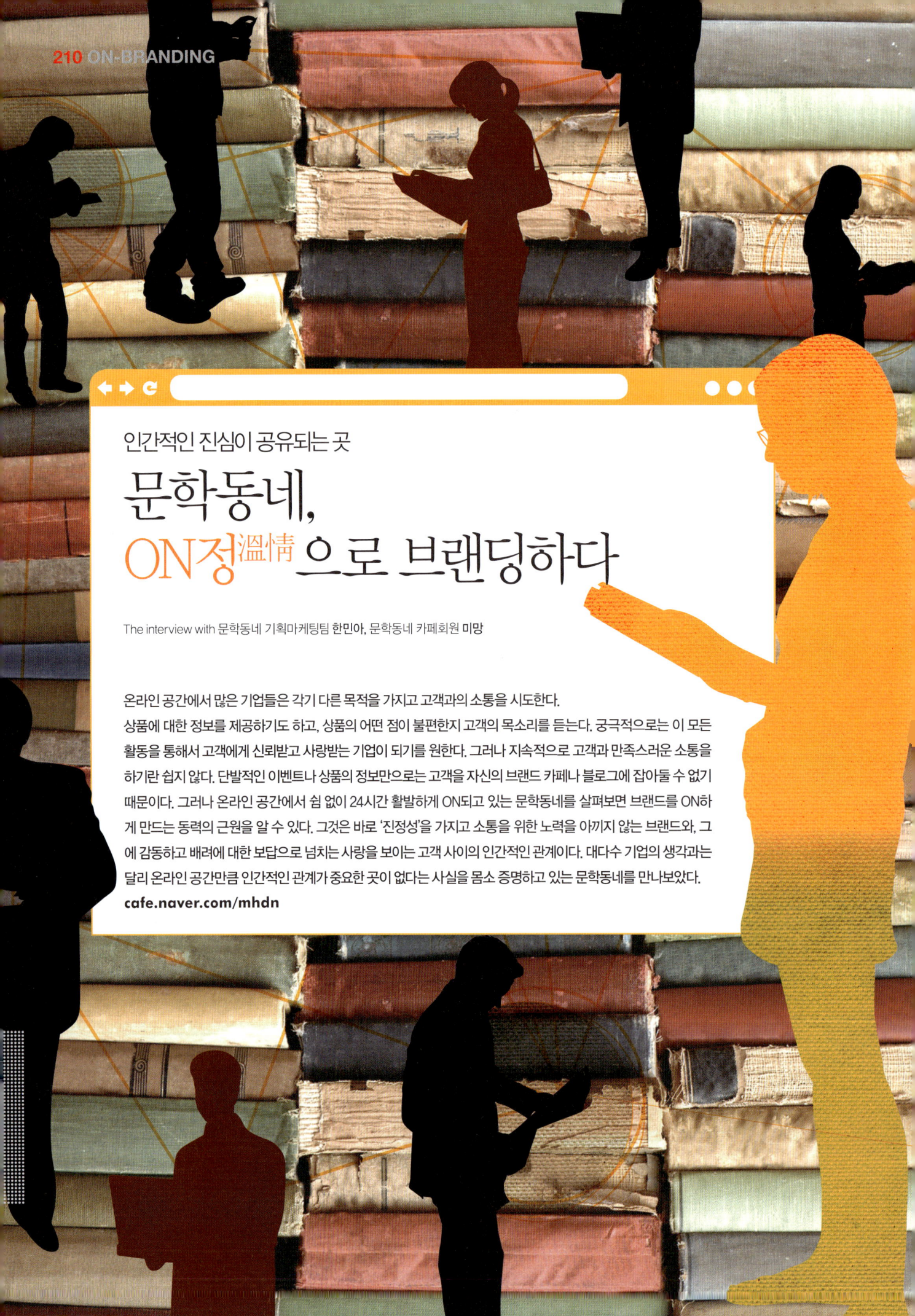

시도와 실패가 밑거름이 되다

한민아 수많은 출판사들이 책 한 권이 출판될 때마다 블로그를 만드는 등의 방법으로 고객과의 대화를 시도합니다. 누구나 소통을 원하지만, 책 한 권으로 지속적인 소통을 하기란 쉽지 않은 일입니다.

많은 기업들이 온라인 공간에서 고객과 소통하는 일이 중요하다는 사실을 깨달아가고 있다. 초고속 인터넷 보급률 세계 1위, 휴대폰을 통해서도 언제건 Log-ON이 가능한 시대에 온라인 공간을 그저 바라만 볼 기업은 많지 않다. 이렇게 온라인 공간이 성장할 때, 가장 큰 위기감을 느낀 산업이 아마도 출판업계였을 것이다. 많은 사람들이 온라인 서비스의 발전과 함께 출판업이 가장 큰 타격을 받을 것이며, 심지어는 사라질 것이라고 예상했다. 그러나 여전히 한 달에 3,000종 이상의 새 책들이 발간되고 있고, 출판업계 역시 온라인을 독자들과의 소통채널로 이용하고자 노력하고 있다. 그러나 다른 업계와 마찬가지로 온라인에서 성공적인 고객과의 관계를 만들기란 쉽지 않았다. 새 책이 나올 때마다 새로운 블로그를 만들고 이벤트를 벌여 방문자를 늘였지만 시간이 지나면 그 블로그는 누구도 들르지 않는 공간이 되고 말았던 것이다. 특정한 책 한 권으로 오랫동안 고객과 소통할 수 없었을 뿐만 아니라 다른 이야기를 나눌만한 공간으로 변화시키기도 어려웠다. 문학동네도 같은 문제로 오랫동안 시행착오를 겪었다. 자사의 홈페이지를 비롯, 여러 번 새로운 블로그를 만들었고 이벤트를 했지만 생각보다 좋은 결과를 얻을 수 없었다. 그러나 문학동네는 온라인 공간이 자유롭고 활발한 의사소통이 가능하다는 사실을 인지한데다가, 1993년 문학 전문 계간지로 출발하여 '문학동네신인상' '문학동네작가상' '문학동네소설상' 등을 통해 전경린, 김영하, 박민규 등의 스타 작가들을 세상에 알린 출판사로서, 이미 가지고 있는 컨텐츠는 충분했다. '책'이라는 특성상 고객에게 제공할 수 있는 정보나 컨텐츠는 부족하지 않았던 것이다. 문제는 그것으로 어떻게 고객과 소통할 것인가였다.

한민아 작년 5월에 처음 네이버에 문학동네 카페를 만들었습니다. 매번 새 블로그로 독자를 찾고, 모으고, 관리하고, 잊어버리고를 반복하는 시행착오를 여러 번 겪다가 아예 '문학동네만 믿고 와서 놀 수 있는 공간을 만들자, 우리 브랜드뿐만 아니라 문학을 사랑하는 사람들이 모이게 하자'는 생각이 들었습니다. 저희 브랜드를 좋아하는 사람들은 단지 저희 브랜드만을 사랑하는 사람이라기보다는 문학을 사랑하고 소통을 즐기는 사람들이라는 것을 깨달았던 것이죠. 🔗36

기업의 입장에서는 많은 에너지를 투자하는 일인데 자사 브랜드의 이익과 직접적인 상관이 없는 사람들을 모으고자 하는 생각을 하기는 쉽지 않았을 것이다. 그러나 문학동네는 많은 시행착오를 통해서 내용이 다른 각각의 단일 컨텐츠가 갖는 소통의 한계를 인식하게 되었고, 문학동네에 관심을 갖는 사람들의 공통점에 주목하게 되었다. 문학동네의 고객들은 다양한 책 읽기를 좋아하고, 자신의 이야기를 들려주거나 다른 사람의 이야기를 듣고, 글쓰기를 좋아하는 사람들이라는 점이다. 그래서 문학동네의 카페에 가면 문학동네에서 출간되는 책의 이야기나 정보만 있는 것이 아니다. 카페 회원들은 다양한 책을 읽고 이야기를 나누고 있으며, '해라'라는 이름으로 활동하고 있는 문학동네 기획마케팅팀의 한민아 씨나 다른 문학동네의 직원들까지도 '책'이나 '문학'에 관한 뉴스라면 어떤 것이든 제공하려고 노력하고 있다. 심지어 다른 출판사의 직원들까지도 문학동네 카페의 회원이다. 그들은 카페에 가입하면 '동네이웃'이라는 등급을 얻게 된다. 경쟁사라 하더라도 모두들 '문학'이라는 공통의 관심사로 모인 '이웃'이다.

한민아 책이라는 것이 '이야기'가 있어야만 존재할 수 있는 것이고, 책을 좋아하는 사람들은 아무래도 소통하고 싶어하는 욕구가 크잖아요. 그것을 채워주는 것이 어쩌면 저희 업의 본질일 겁니다.

그 결과 카페는 이제 시작한 지 1년 남짓 되었지만 13,000여 명의 회원이 활발하게 활동하는, 문학의 인터넷 소통창구가 되었다. 지금도 카페를 통한 작가들의 일일연재나 *오픈캐스트 등을 통하여 꾸준히 회원수가 늘고 있다.

*오픈캐스트Opencast
네이버에서 흥미거리와 생활 정보를 제공하던 초기 화면 하단의 박스를 이용자에게 개방하여, 기존에 네이버 측에서 제공하는 정보와는 다르게 이용자 스스로 다양한 컨텐츠들을 묶어 초기 화면에서 다른 사람과 공유하게 할 수 있는 시스템이다. 개인이 관심 있는 인터넷 정보들을 '링크'하여 발행하는 형식이며, 구독자들은 네이버 홈에서 그 자료들을 볼 수 있어 정보를 공유하는 새로운 방법이 되었다. 문학동네도 책과 관련된 자료들을 링크로 묶어 오픈캐스트로 제공하고 있으며, 현재 약 800여 명이 구독 중이다.

문학동네

고객 감동은 의도되지 않았다

문학동네라는 브랜드만을 고집하지 않고, 이름처럼 문학을 사랑하는 사람들이 모인 동네의 역할을 하고자 했던 그들의 카페에 사람들이 모여들기 시작했다. 처음에는 모든 카페들이 그렇듯 눈으로 정보를 훑고 다른 사람들이 쓴 글을 읽기만 하는 회원들이 많았다고 한다. 그러다가 차츰 다른 회원들의 글에 댓글을 달아 인사를 나누기도 하고, 하나의 책이나 문제를 서로 이야기해보면서 카페활동에 참여하고 결국 매일 방문하게 되는 충성도 높은 고객으로 변화했다. 이런 변화의 과정에는 🔍 **몇 가지 눈에 띄는 사건들**이 큰 역할을 했다. 그 일들을 지켜보면서 고객들은 문학동네를 경험하고, 감동하게 되었다. 그 사건들은 자칫 큰 문제가 될 수도 있었지만, 문학동네 전직원의 온라인 공간의 특성에 관한 정확한 이해와 높은 참여, 그리고 고객의 감정을 우선시해야 한다는 공감대가 기업 내부에 형성되어 있었기에 해결이 가능했다.

🔍 몇 가지 눈에 띄는 사건들

온라인 공간은 실시간으로 커뮤니케이션이 일어나기 때문에 어떤 문제가 발생했을 때 잘못 대응하게 되면 즉각적으로 고객의 불만을 사게 된다. 또한 직접 사람을 대하지 않고 글이나 이미지 등으로 커뮤니케이션이 일어나고 이것이 외부로 노출되기 때문에 불만이 있는 고객과의 대화는 다른 고객에게도 영향을 주어 브랜드에 치명적일 수 있다. 문학동네의 경우 다음의 몇 가지 사건들이 있었지만 진심을 담은 글과 태도로 오히려 고객들의 신뢰와 사랑을 얻었다.

CASE 1. 애드거 앨런 포, 《검은 고양이》 리콜 🔗[16]

"번역의 아쉬움이 크다. 왜 제목의 pit을 '저승'이라고 했을까. 왜 〈저승과 진자〉의 마지막 세 문장을 잘라냈을까." _유부만두, 2009/04/01 AM 11:59

"면목 없게 되었습니다. 곧 번역자의 글이 올라올 모양입니다. 번역자의 커다란 착각, 거기에 번역자를 꼭 믿고 번역자의 말씀을 그대로 답변으로 올린 담당 편집자의 잘못이 일을 민망스럽게 만들었습니다. 시스템상 가장 큰 잘못은 번역 저본으로 사용한 영어본을 번역자에게만 드리고 정작 편집부에서는 한 부도 가지고 있지 않았다는 점입니다. 번역자를 100% 믿고 편집하고, 번역자의 말씀을 100% 믿고 답변할 수밖에 없는 단초를 안고 있었던 것이지요. 가장 먼저 반성할 부분입니다. 이 책은 잘못된 책입니다. 리콜해서 다시 편집하고 제작하겠습니다. 번거롭게 해드려서 죄송합니다. 지적해주신 유부만두님께는 진심으로 감사드립니다. 역시 좋은 책은 독자가 만듭니다." _내유니콘, 2009/04/01 PM 05:38

오전이 막 끝날 시간에 애드거 앨런 포의 책 《검은 고양이》가 번역되는 과정에서 책의 마지막 세 문장이 누락되었다는 사실이 한 독자에 의해서 게시판에 올라왔다. 평소 온라인 게시판을 주시하고 있던 문학동네는 즉시 원문을 확인했고 몇 시간 이내에 정말로 번역과정 중에 실수가 있었다는 점을 발견했다. 즉시 번역자와 담당편집자의 사과글이 게시되었다. 그리고 같은 날 오후 5시 38분에 문학동네 대표(내유니콘)의 댓글로 책이 다시 발행될 예정이며 이미 판매된 책에 관해서는 리콜이 실시될 것이라는 내용이 게시되었다.

실수를 처음 발견한 고객뿐만 아니라 이 과정을 지켜보던 모든 카페 회원들은 문학동네의 용기있는 결정에 감동받았고, 댓글로 마음을 표현했다. 짧은 시간 내에 사실을 확인하고, 많은 손해가 발생하기 때문에 쉽지 않았을 도서의 리콜을 결정한 이유도 있었겠지만 무엇보다도 즉시 자신의 실수를 인정하고 고객의 마음을 헤아려 진심으로 썼던 사과 글의 영향이 컸다.

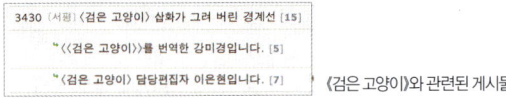

《검은 고양이》와 관련된 게시물

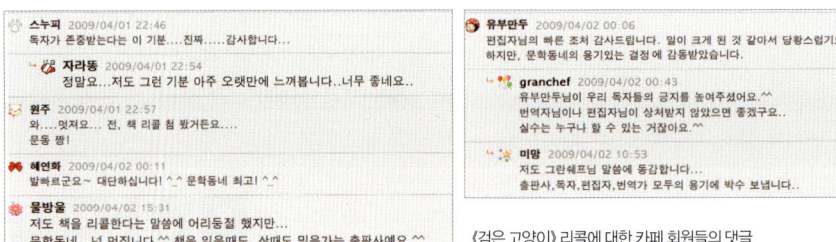

《검은 고양이》 리콜에 대한 카페 회원들의 댓글

CASE 2. 진짜 '이장'님을 모십니다

문학동네는 오픈카페로 가입하지 않아도 거의 대부분의 정보와 이야기를 읽을 수 있다. 그러나 한가지 문제는 작가들의 일일연재가 카페를 통해서 이루어지고 있었다는 점이다. 일일연재가 끝난 작품은 바로 책으로 출간되어야 했고, 작가의 글은 지적 저작권의 문제가 있어 여러가지로 온라인 공간은 제한 없이 컨텐츠를 오픈하기에 어려운 곳이었다. 어쩔 수 없이 카페 회원들에게도 등급제가 필요한 시점이었다.

한민아 제일 어려운 일이었습니다. 지금까지 문학동네 카페를 들러주셨던 회원분들을 활동 정도에 따라 등급을 나눈다는 게 너무 마음에 걸렸습니다. 이 문제로 오랫동안 내부에서 이야기가 있었습니다. 저를 비롯해서 많은 직원들이 회원들의 기분이 어떨지를 생각하고 고민했습니다. 이 문제 하나로 오랜 시간동안 회의가 이어졌고 결국 등급제를 도입하기로 했습니다. 그렇지만 최대한 고객의 기분이 상하지 않게 말하는 방법을 고민했습니다. 하나의 공지사항을 올리기 위해서 미리 써보고, 출력해서 내부 직원은 물론이고 외부 분들께도 미리 보여드려 어떻게 느낄지, 어떤 생각이 드는지 여쭤보았습니다. 오해의 소지가 있을 만한 단어나 문장은 계속 수정했습니다.[30]

기업이 직접 운영하는 카페의 운영방침을 바꾸는 일에서도 고객의 기분을 걱정하고 배려하는 진심은 변경된 사항을 공지하는 글을 작성하는 과정에서도 보여진다. 이런 진심과 배려들이 고객에게서 어떤 반응을 이끌어냈는지는 공지사항의 댓글만 봐도 알 수 있다. 고객의 입장에서는 특정 서비스를 이용하는데 자격요건이 생기는 일이라 기분이 상할만한 상황이었지만 문학동네의 경우, 오히려 기업의 배려를 체험하고 더 높은 로열티를 가지는 계기가 된 것이다.

기라솔 2009/06/05 23:32
문학 도시로 업그레이드 합시닷!!
새싹 대신 주민이 주민 대신 이장이 이장 대신 이장대신 시장이~~
더 업그레이드 하면 시장 대신 도지사가. 도지사 대신 대통령이?!
대통령은 3달에 한번 물갈이라?!

꼬리곰탕 2009/06/06 16:51
와우 이장님의 역할은 무엇인가요?
저도 이장님에 도전을 해야겠네요
분발하겠습니다~

해당 공지글에 관한 카페 회원들의 댓글

해라(0olina0) 부 매니저 http://cafe.naver.com/mhdn/4827 주소복사

NOTICE

문학동네에 진짜 ' 이장' 님을 모십니다.

동네에 주민보다 새싹이 많을 수가!
동네이장의 충격고백 " 사실 저는 동네일꾼입니다"

문학동네가 등급을 재정비했습니다.
동네에는 새싹보다 주민이 더 많아야 하고,
동네에 진짜 이장님을 찾아 모셔야 마땅해서입니다.

등급은
새싹멤버-동네주민-동네이장입니다.
동네작가는 그대로,
기존의 동네이장은->**동네일꾼**으로 이름이 바뀝니다.
그리고 타 출판 관련 종사자들을 한 분 한 분 소중히 **동네이웃**으로 모시겠습니다.

이렇게 등급을 재정비한 까닭은 동네 모든 분들이 이미 알고 계실 거라고 생각합니다.
자발적으로 서로 소통하고 문학의 양질의 콘텐츠를 많이 나누고자합니다.
새로 정비한 등급은 사실 전혀 어렵지 않습니다^^

동네에 새로 오신 주민들에게 환영의 덧글부터,
책 읽고 가볍게 적어본 책거리의 리뷰,
동네작가님의 보석 같은 연재 글에 덧글 응원,
동네의 다양한 이벤트와 행사의 참여가 동네 모든 분들을 이장님으로 만들어 드릴 겁니다.

동네에 새싹보다 주민이, 주민보다 이장님이 더욱 많아지길 기대하는 해라입니다^^
모두, 동네의 진짜이장이 되어주시겠어요?^^

등급 관련 공지

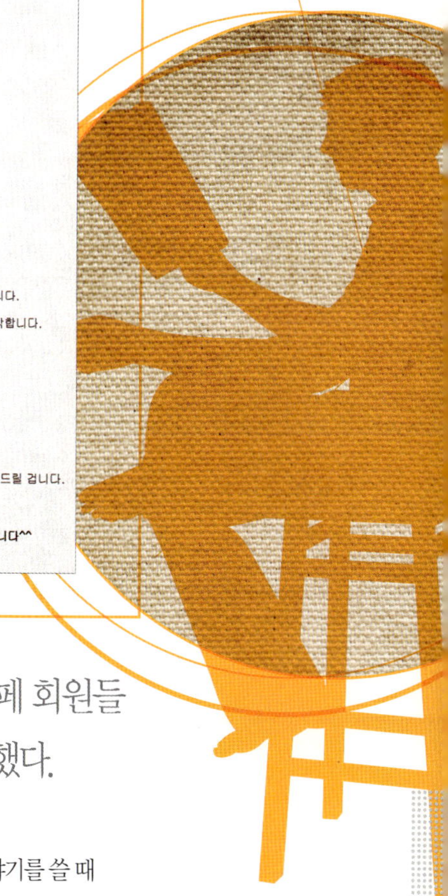

실수를 처음 발견한 고객뿐만 아니라 이 과정을 지켜보던 모든 카페 회원들은 문학동네의 용기있는 결정에 감동받았고, 댓글로 마음을 표현했다.

번역의 문제를 발견했을 때나, 새로운 이슈가 있을 때 적극적으로 댓글에 참여하는 회원 중에는 항상 실제 문학동네의 직원이 있었다. 그렇다고 직원들이 카페 회원들 사이에 숨어서 고객의 의견에 대응한다거나 거짓말을 한다는 것은 아니다. 오히려 대부분의 회원들이 그들이 문학동네의 직원이라는 사실을 알고 있다. 그래서 오히려 직원들은 자신의 이야기를 쓸 때도, 댓글을 달 때도 더 많은 주의를 기울인다.

한민아 사원부터 대표님까지, 전직원이 카페 활동에 적극적입니다. 회원들이 문학동네나 저희의 책에 관해서 주는 피드백뿐만 아니라 생활 속의 소소한 이야

기들까지도 꼼꼼히 챙겨보고 있습니다. 문학이나 출판에 관한 의견들도 고객과 나눕니다. 그러나 회사 분들도 그렇지만, 저도 문학동네 카페의 관리자 '해라'로서 활동할 때 여러 가지를 신경 씁니다. 저는 제가 딱 50 : 50이어야 한다고 생각합니다. 회사의 입장, 독자의 입장 양쪽 모두를 생각해서, '해라'라는 이름의 공식적인 문학동네 직원인 동시에 '친구' 같아야 하죠. 그래서 너무 회사의 입장에서만 커뮤니케이션 한다고 보이지 않을까, 혹은 너무 가볍게 보이지 않을까를 생각하고 의사를 전달하는 방법에 가장 신경을 많이 씁니다. 문학동네 전달자로서의 신뢰와 친구로서의 다정함을 동시에 가져야 하는 것이죠.

원들 중에는 거의 직원처럼 문학동네에 로열티와 애정을 가지고 있는 사람들이 많다.

한민아 심지어 어떤 분께는 그 분 이름이 새겨진 문학동네 명함까지 만들어 드렸습니다. 거의 반은 문학동네 직원이랄까요? 제 입장과는 다르기 때문에 놀이처럼 일해주시는 분도 있어요. 그런 분들이 카페 문화를 같이 만드는 것 같습니다. 카페 분위기를 같이 지켜주시는 거죠. 온라인 카페는 어려운 부분이 많은데 정말 든든합니다. 오프라인에서 만나서 솔직한 얘기도 듣고, 조언도 많이 듣고 있어요. 온·오프라인에서 같이 소통하는 절친한 친구죠.

고객의 직원화는 또다른 온브랜딩의 주요 키워드다. 온라인만큼 고객이 적극적으로 브랜딩의 과정에 개입하고 참여하기에 용이한 곳이 없기 때문이다. 고객도 이를 인지하고 있으며, 로열티를 가질 만한 경험만 하게 된다면 어떤 공간보다 적극적으로 행동한다.

고객의 직원화, ON브랜딩의 시작

카페 회원이자 문학동네의 로열티 높은 고객들의 이야기를 들어보면 문학동네의 이러한 온라인 활동들이 브랜드에 어떤 긍정적인 영향을 주고 있는지 알 수 있다.

미망 어떤 날은 하루 종일 카페에 로그인 상태일 때도 있습니다. 어떤 연재글이 올라왔는지, 다른 사람들이 어떤 생각을 하고 있는지 항상 궁금합니다. 문학동네 카페가 아니라면 저는 그런 경우가 거의 없죠.

문학동네 카페의 회원인 '미망'과의 만남은 직원이자 카페의 관리자인 한민아 씨의 소개로 이루어졌다. 두 사람은 직원과 고객이라기보다는 친구처럼 느껴졌다. 미망뿐만 아니라 많은 카페의 회원이 문학동네의 오프라인에서 이루어지는 각종 행사나 이벤트에 적극적으로 참여하고 있으며, 여기서 직원들과 만난 회

온라인 카페는 열려있는 공간이라 광고성 댓글이나 게시물이 종종 올라오곤 한다. 언제든지 그런 게시물이 올라와서 고객들에게 불쾌함을 줄 수 있기 때문에 기업에서는 이것을 관리하는 일도 주요 업무에 속한다. 그러나 문학동네의 외부 행사 때나 관리자가 인터넷에 접속하기 어려운 상황일 경우도 종종 생기기 마련이다.

미망 그럴 때는 저희가 해라 님께 전화로 연락을 해요. '이런 광고물이 올라왔으니 삭제해야 할 것 같다.' 만약 해라 님이나 다른 직원들이 관리가 어려운 상황일 경우에는 저희가 대신 직원 아이디로 로그인해서 삭제하는 경우도 있습니다. 서로 믿고 있기 때문에 그런 일도 가능하다고 생각해요. 🔖39

작은 일이지만 회원과 직원이 서로 누가 직원이고, 고객이랄 것 없이 서로 '문학동네'의 온브랜딩을 위해 애쓰고 있다. 고객의 직원화는 또다른 온브랜딩의 주

문학동네 카페 1주년을 맞아 카페 회원들이 열어준 파티

문학동네 카페 회원들의 오프라인 정모와 활동 사진

출처 : 네이버 카페 문학동네 cafe.naver.com/mhdn

요 키워드다. 온라인만큼 고객이 적극적으로 브랜딩의 과정에 개입하고 참여하기에 용이한 곳이 없기 때문이다. 고객도 이를 인지하고 있으며, 로열티를 가질 만한 경험만 하게 된다면 어떤 공간보다 적극적으로 행동한다.

진심이 있는 온브랜딩

미망 도서 리콜이나 등급제에 관해 이야기를 들어보면 이렇게까지 저희를 생각하고 있는데, 어떻게 문학동네를 좋아하지 않을 수 있겠습니까? 아주 작은 것도 배려하고 있다는 것이 해라 님의 글이나 다른 직원 분들의 글을 보면 느껴집니다. 카페에서 활동하는 모든 사람들이 아마 공감할 거에요.

문학동네의 직원이나 카페 회원은 서로 이런 관계가 '진심'에서부터 시작된다고 말한다. 직원은 이를 '소통을 위한 노력'이라고 말하고, 고객은 이를 '배려에 대한 결과'라고 말하지만 결국 그 시작에는 진심에서 비롯된 공감이 존재하는 것이다.

실생활에서보다 온라인 공간에서 진심을 표현하기란 더욱 쉽지 않다. 즉각적인 대응인 댓글이 활발히 이루어지는 카페와 같은 커뮤니티에서는 브랜드가 확실한 기준과 명확한 입장을 가지고 있지 않으면 쉽게 오해를 사서 치명적인 결과를 가져오기 쉽다. 그 '확실한 기준과 명확한 입장'은 브랜드마다 다를 수 있겠지만 이는 모두 고객을 위한 진심에서 비롯되는 기준과 입장이어야 한다. 개인적인 대화가 오가는 온라인에서는 특히 고객이 이 '진심'에 예민하게 반응하기 때문이다. 그 장소가 어디건 간에 브랜드 역시 '사람'이 관계되어 있고, 사람에게는 진심의 공감과 교류가 무엇보다도 중요하다. 브랜드가 보여주는 거짓 없는 참된 마음, 바로 '진정성'이 어디에서건 고객을 감동ON하게 만들고, 브랜드를 긍정적으로 회자되게ON 하기 때문이다. 특별히, 브랜드에 관한 좋은 소문이 나기에 온라인만큼 효율적인 툴(Ctrl+C, 복사기능)이 있는 공간이 없다는 데는 이견이 없을 것이다. UB

"소통이라는 게 리스크가 굉장히 커요. 예측하지 못하는 글이나 반응 때문에 힘들기도 하지만 이같은 방식으로 소통하는 것에 대한 가능성을 중요하게 생각합니다. 고객도 결국은 사람이잖아요. 진심은 어떤 상황에서도 반드시 통할 거라고 생각합니다." 한민아

한민아 책읽기를 좋아하다 책을 알리는 도서 마케팅을 시작했으며, 현재 문학동네 기획마케팅팀에서 온라인 마케팅을 담당하고 있다.

개인, 전복의 힘을 갖다
On vs. Off

오스티엄 편집팀장 배근정

"디지털 세상에서 모든 것은 극단적으로 개인화된다." -니콜라스 네그로폰테

"가상공간, 모든 나라에서 수천만의 합법적인 오퍼레이터operator들이 일상적으로 경험하는 공감각적 환영consensual hallucination." 이것은 1980년 사이버펑크 계열의 작가였던 윌리엄 깁슨William Gibson의 소설 《뉴로맨스》에 소개된 '가상공간'이다. 이것이 바로, '가상공간'이라는 용어가 세상에 처음으로 소개된 것이다. 30년 전, 윌리엄의 상상 속에 펼쳐진 가상공간은 '공감각적 환영'이었다. 그러나 오늘날, '인터넷'이 마련해준 가상공간은 '실재'보다 더 실재 같은 가상공간이다. 이 가상과 실재를 넘나들며 살고 있는 한 여자의 삶으로 먼저, 초대한다.

그 여자 vs. 그 여자

여기, 한 여자가 있다. 대학교를 졸업한 후, 한 회사에서 1년 여 정도 일하다 결혼을 하면서 사표를 던졌다. 처음에는 그저, 샐러리맨 생활에 지쳐 조금 쉬어볼 요량이었지만 시험관 시술을 통해 귀한 자녀를 (그것도 한꺼번에 둘이나) 얻자 아예, '전업주부' 선언을 해버렸다. 자신의 이름보다 '두 아이의 엄마'로 불리는 그녀는 대한민국의 평범한 아줌마다.

또 한 여자가 있다. 인터넷에 마련된 그녀의 블로그에 '오늘의 추천 요리'가 뜨자마자 각 지역의 마트에서는 그 요리의 재료를 준비하느라 부산히 움직인다. 거기에 그녀가 즐겨 사용한다는 한 회사의 오븐 제품이 공개되기가 무섭게 똑같은 모델의 오븐이 하루 만에 무려 1,300여 개가 팔려나가는 기염을 토했다. 기업에서는 무슨 수를 동원해서라도 '그녀 모시기'에 열을 올리고 있으며, 그녀는 이제 남편보다 3배나 높은 연봉을 받는다. [67]

판이하게 다른 삶을 사는 두 사람. 마치 자석의 N극과 S극처럼 서로가 서로를 극으로 밀어내려고 애쓰는 듯, 닮은 꼴이라고는 눈 씻고 찾아도 절대, 찾아볼 수 없는 이 두 사람은 놀랍게도(?) '동일'인이다. 바로 그녀는 (우리가 익히 알고 있는) 문성실 혹은 둥이맘이라 불리는 이다.

쌍둥이 남자 아이를 키우며 여느 주부들처럼 아이들이 '그저' 건강하게 크는 것만을 바라는 그녀, 문성실. 특이점이라고는 전혀 찾아볼 수 없는 그녀가 인터넷에 '둥이맘'이라는 아이디로 로그인하는 순간 갑작스레 스포트라이트를 받기 시작한다. 그녀는 바로, 하루 2만 명이라는 기적에 가까운 방문자 수를 기록하는 블로그 '문성실의 아침 점심 저녁'의 운영자이기 때문이다. 이곳에서 그녀는 가히, 스타다. 그녀가 포스팅 하는 요리는 대한민국 주부들의 저녁 메뉴로 단번에 낙찰(?)되고, 그녀가 "이 양념이 맛있어요"라고 한 마디라도 할라 치면 그 양념은 어느새 인터넷의 인기 검색어 대열에 오른다. 문성실 vs. 둥이맘. 이들의 차이점을 좀 더 면밀히 살펴보도록 하자.

'36세' '쌍둥이 남자 아이의 엄마' '결혼 16년 차' '27평의 아파트' '전업 주부' '단발머리'…

만약, 당신이 누군가에게 문성실이라는 인물을 소개한다면 (물론, 그녀가 블로그를 개설하기 전이라는 가정 하에) 어떻게 얘기하겠는가. 아마도, 이러한 수식어가 그녀의 이름 앞에 구구절절 붙을 것이다. 이것은 그녀를 '문성실'이라고 명명命名해주는 사회적 코드Code다. 이 사회적 코드 없는 그녀의 존재는 사실상, 무의미하다(생각해보라. 우리도 누군가에게 자신을 설명할 때, 직업, 나이, 성별 등의 신상명세를 줄줄이 읊어야 한다). 그녀는 어디를 가든지 크든 작든 이 사회적 코드의 지배를 받는다. 아이를 더 낳거나 혹은 취업을 하거나 성형수술을 하여 코드 변환을 하지 않는 한, 그녀의 삶은 대부분 이 코드 안에서 결정되고, 선택된다. 예컨대, 그녀를 부를 때면 그녀의 이름보다 '아줌마' 혹은 '쌍둥이 엄마'라는 호칭이 반사적으로 툭, 튀어나오는 것처럼 말이다. 그러니까 이 코드는 '사회'라는 지도地圖에서 그녀의 자리를 알려주는 '고정된 좌표'라 할 수 있다.

그런데 그녀가 '둥이맘'으로 변하는 순간 그녀는 이 좌표에서 '완벽하게' 이탈을 감행한다. 그녀를 '문성실'이라고 인식시켜주는 육체나 신분장치, 경제적인 지표 등의 좌표는 더 이상 둥이맘이 된 그녀에게 아무런 영향력을 행사하지 못한다. 자, 그런데 우리가 여기서 눈 여겨 봐야 할 것은 이것이 아니다. '둥이맘'에게는 어떠한 수식어도 필요치 않다는 것이다. 그녀의 키가 큰지 작은지, 그녀의 나이가 많은지 적은지, 그녀가 몇 평의 아파트에 사는지는 전혀, 중요하지 않다. 좀 더 정확히 말해, 그것은 그녀를 설명하는 어떤 필요 충분 조건도 (옵션까지도) 되지 않는다는 것이다. 오직, 그녀는 '둥이맘'으로만 존재할 뿐 사회적인 코드 따위(?)는 필요 없다. '둥이맘'이 하나의 좌표이며 그녀를 명명케 하는 지표일 뿐이다. 그런데 이런 둥이맘에게도 몇 가지 행동 규칙이 있다.

1. 불연속적이다. 둥이맘은 항상always 나타나지는 않는다. 그녀는 때때로sometimes 나타난다. 그래서 그녀의 삶은 연속적으로 이어지지 않는다.
2. 독립적이다. 그녀는 절대, 남에게 예속되지 않은 채 철저하게 독립성을 유지한다.
3. 목적적이다. 둥이맘은 철저하게 목적에 따라 움직인다. 그녀의 목적은 요리 포스팅!

이 세 가지 규칙이 끝은 아니다. 가장 중요한 규칙이 하나 더 남아 있다. 이것이야말로 문성실과 둥이맘을 가장 명확하게 구분해주는 가름선이다. 이 네 번째 규칙은 잠시 후 얘기하도록 하겠다.

다시 문성실로 돌아와 보자. 문성실은 사회라는 '구조' 속에 존재하는 인물이다. 그녀는 사회의 질서에 따라 움직이며 그 구조를 벗어날 수도 뛰어 넘을 수도 없다. 따라서 문성실이라는 '개인'보다는 그녀가 속한 '사회', 구체적으로 그녀가 서 있는 '좌표'가 더 힘을 가진다. 그러나 둥이맘은 그녀 자신이 사회이며, 좌표다. 그럼 이쯤에서 한 가지 궁금한 점이 생긴다. 무엇이 문성실과 둥이맘 사이에 '간극'을 만들어냈는가, 말이다.

비트의 세계 vs. 현실의 세계

만약, 프랑스 사전이 있다면 'sens[saŋs]'라는 단어를 찾아보라. 여러 개의 정의가 있지만, 총 세 가지로 그 뜻을 정리해볼 수 있을 것이다. 하나는 '방향', 다른 하나는 '느낌', 그리고 마지막 하나는 '의미'다. 우리에게는 '노마드Nomade'로 잘 알려진 세기의 철학자 질 들뢰즈Gilles Deleuze. 그는 《의미의 논리Logique du sens》라는 그의 저서에서 'sens'를 '계열série'이라고 얘기한다. 계열이란, 유사한 점이 있는 각각의 것들이 모여 하나의 계통 혹은 조직을 이루는 것을 말하는데, '사실주의 계열의 작가' '진보 계열의 인사'라고 할 때 사용되는 그 '계열'의 뜻으로 이해하면 된다. 들뢰즈는 우리의 삶에서 일어나는 각각의 *사건들이 그 사건 자체만으로 볼 때는 그저, '물리적인 효과'에 지나지 않지만 사회를 관통하고 있는 어떤 '계열'에 들어가는 순간 하나의 '의미'를 지니게 된다고 말한다.

예컨대, 나폴레옹의 머리에 왕관이 얹혀진 하나의 사건을 들여다 보자. 이 사건만으로 볼 때, 이것은 그저 한 사람의 머리에 왕관이 쓰여진 물리적인 현상에 불과하다. 그러나 그 당시의 역사적인 맥락, 즉 계열에 비추어 이 사건을 해석하면 이 사건은 "유럽의 정치적 질서가 변했다"라는 '의미'를 갖게 된다는 것이다. 들뢰즈는 우리가 살고 있는 세계는 하나의 사건이 벌어지면 그것이 어떤 의미인지 채, 고민해볼 새도 없이 이미 특

*사건
들뢰즈가 말하는 사건은 우리가 사용하는 사전적 의미의 '사건'이 아니다. 여기에서 말하는 사건은 '특별한 어떤 일'이 아니라 이 세상에 일어나는 모든 일을 일컫는 말이다. 예컨대 밥을 먹는 것도 사건이며, 숨을 쉬는 것도 사건이다.

정하게 계열화되어 있는 사회적 맥락 속에서 의미가 정해져 버린다고 얘기한다. 앞에서 살펴보았던 'sens'의 사전적 뜻으로 잠시 되돌아가보면, 결국 sens란 일정한 '방향'성을 가지고 있는 '의미'라는 뜻(들뢰즈는 sens가 가지고 있는 두 번째 정의인 '느낌'은 '주체성'으로 해석하나 이 글에서는 제외한다)이 될 게다.

'문성실'이라는 인물 앞에 붙은 수식어들은 바로, 이 sens에 의해 '의미'지어진 것들이다. 문성실이 사는 세상은 자본주의의 sens, 외모지상주의의 sens, 아가씨와 아줌마의 대립의 sens가 흐르는 곳이기에 그녀의 삶에서 일어나는 모든 사건들은 이 'sens'에 견주어 보았을 때 (척도를 매길 수 있다면) 비교적 낮은 등급의 의미로 매겨질 수밖에 없다. 그렇기 때문에 그녀는 그녀가 '존재'하기 이전에 이미 구조화되어 있던 sens에 의해 평범하다 못해 (극단적으로는) 보잘 것 없는 사람으로 '코드화'되는 것이다. 그렇다면 둥이맘은 왜 이러한 코드로부터 '자유'를 누리는 것일까. 그것은 바로, 둥이맘은 아직 'sens'의 궤도 안에 들어가지 않은 'non-sens[noŋ saŋs]'이기 때문이다.

들뢰즈는 우리 사회는 'sens'가 지배하는 사회지만 그 아래에는 수많은 'non-sens'가 있다고 얘기한다. 'non-sens'는 언뜻 보기에는 '의미가 없다'라고 해석될 수 있으나, 실상은 정반대의 뜻이다. 즉, '의미가 무수히 많다'라는 뜻이다. 들뢰즈는 non-sens란 "아직 '의미'로 분화되지 않은 잠재적인 층위"라고 정의 내리며, "아직 현실화되기 이전의 차원에 머무는 것"이라고 얘기한다. 정리해보면, 'non-sens'는 기다 아니다 그렇다고 긍정도 부정도, 옳음도 그름도 아닌 어떤 '의미'로도 규정되지 않은 가장 '순수한' 상태를 말하는 것이다. 덧붙여 sens와 대립되는 개념도 아니다. 그것은 모든 방향으로 열린 상태이며, 어떤 sens로도 분화될 수 있는 잠재성을 가지고 있는 상태다.

온라인 공간이 바로, 이 'non-sens'의 상태다. 왜일까. 그곳은 '비트^{Bit}의 세계'이기 때문이다. 비트란, 모든 대상을 끊임없이 절단하여 더 이상 나눌 수 없는 하나의 '점'으로 전환시킨 다음 여기에 0과 1이라는 이진법의 부호를 입력시킨 것으로, 디지털을 기반으로 한 온라인 공간의 모든 것은 이 비트의 형태로 존재한다. 비트는 본래의 대상으로부터 이탈하여 더 이상 나눌 수 없는 최소의 단위이기 때문에 독립적이다. 즉, 이것은 어떤 '구조에도 얽매이지 않는 탈脫구조화된 상태'란 것이다. 앞서 설명한 둥이맘의 행동 규칙은 바로, 이 비트가 만들어낸 온라인 공간의 '흐름'이다. 비트의 세계는 로그인 하는 순간 생겨나며, 로그아웃 하는 순간 사라진다. 다시 말해, 흐름과 단절이 반복되는 공간이기에 둥이맘은 불연속적인 존재로 나타난다. 게다가 비트의 공간은 태생적으로 '독립성'을 띠고 있을 뿐만 아니라, 이곳은 '목적'에 의해 생성되고 소멸되는 공간이다. 온라인 공간에서 생겨나는 웹사이트 혹은 커뮤니티들은 '분명한' 목적에 따라 그 생生과 사死가 결정된다.

이 비트는 라이프니츠가 말한 '모나드^{Monads}'와도 일맥상통한다. 라이프니츠는 모든 대상을 쪼개어 나가다 보면 더 이상 나눌 수 없는 하나의 점^{dot}을 단자, 즉 모나드라 하였다. 쉽게 말해 모나드는 복합물 속에 들어있는 '실체'인데, 이것은 외부로부터 독립되어 있는 하나의 점으로 그 어떤 간섭으로부터도 배제된 채 스스로의 생생한 의지$^{vital\ willpower}$를 가지고 활동하는 '개별화된 존재'를 말한다. 바로 이 존재가 온라인 공간에서 부유하는 수많은 ID들이다. 현실 공간에서의 이름^{name}은 (정확히 말해 그 이름을 가진 실존 인물) 그 주인공을 둘러싸고 있는 (어느 나라의 국민, 어느 집단의 성원, 어떤 민족과 인종, 성별 등의) 물리적 물질 관계를 표현한다면, ID는 (정확히 말해 ID로 온라인 공간에 등장하는 사람) 그러한 물리적 물질적인 관계 속의 '누구'가 아니라 그 '개인' 자체다. 둥이맘은 '어떤' 둥이맘이 아니라 '둥이맘' 그 개인 자체를 표현하는 것으로 그것은 어떤 sens에도 지배를 받지 않는 non-sens의 상태다.

그런데 그녀가 온라인에서 오프라인으로 나오는 순간 'sens' 즉, 하나의 계열화된 의미 속으로 들어가 버리는 사건이 벌어졌다.

온라인 vs. 오프라인

'둥이맘'을 오프라인 공간으로 끄집어 낸 것은 다름 아닌, 출판사였다. 그녀의 블로그가 알음알음 알려지기 시작할 무렵, 그것을 유심히 살펴보던 한 출판사에서 그녀의 요리 레시피를 한데 묶어 책으로 출간한 것이다. 그 후 세 권의 책이 더 발행됐을 뿐만 아니라 베스트셀러까지 되자 그녀는 더 이상 '둥이맘'이 아닌 '문성실'이라는 이름으로 불려지기 시작했다. 그뿐이 아니다. 그간 포털 사이트인 네이버에서 제공하는 블로그 서비스를 통해 블로그를 운영해왔던 그녀가 온라인 공간으로 다시 돌아갔을 때에는 그녀의 이름을 문패로 한 '문성실 닷컴'이라는 새로운 블로그를 개설한 것이다. 대체, 그녀에게 어떤 변화가 일어난 것일까.

그녀가 가장 먼저 출간한 책은 《네이버 요리블로거 문성실의 쌍둥이 키우면서 밥해먹기》이다. '책'이라는 것은 '공식적으로 한 분야의 지식을 인정받았다'라는 의미다. 그렇기 때문에 '문성실'이라는 이름으로 책이 출간되는 순간 그녀의 요리는 '공인인증'을 받은 것이나 다름없다. 결국 이것은 '문성실 표 요리'라는 하나의 sens를 만들어내기에 이른다. 사람들은 이제 문성실 씨가 추천하는 요리를 개인의 요리 비법이 아니라 '전문가가 알려주는 레시피'로 인식하게 되며 더 나아가서는 '믿음'으로 발전한다. 이제 '문성실 표 요리'는 하나의 '사회적 코드'가 되어 제 2, 제 3의 문성실을 만들어내며 더욱 강화된 sens로 자리를 굳히게 된다. 따라서 그녀가 온라인 공간으로 복귀할 때는 non-sens 상태의 '둥이맘'이 아니라 계열화된 '문성실'로 재구성되는 것이다. 예를 들어, 이미 오프라인 공간에서 하나의 sens를 가지고 있는 작가 이외수 씨가 온라인 공간으로 들어갈 때 전혀 새로운 아이디가 아니라 단박에 그임을 알 수 있는 'www.oisoo.co.kr' 이라는 도메인을 개설하는 것처럼 말이다.

그런데 non-sens는 (−)무한대부터 (+)무한대까지 수많은 sens로 분화될 수 있는 잠재성을 지닌 층위라고 했다. 그러니까 둥이맘이 '문성실 표 요리'라는 sens가 아니라 다른 sens가 될 수 있었던 '가능성'이 존재했다는 것이다. 이것은 다른 말로 non-sens가 어떤 계열을 만나느냐에 따라 그 '의미'가 전혀 다르게 나타날 수 있다는 것! 얼마 전 온라인 공간을 뜨겁게 달구었던 '미네르바'가 그 좋은 예다. 미네르바는 한 포털사이트에서 활동하던 이른바, 인터넷 논객이었다. 미국발 경제위기가 닥쳐왔을 때 그는 앞으로의 경제 상황에 대해 예리하게 분석했고, 그것은 수많은 사람들의 공감을 불러일으켰다. 그러나 공감을 받은 사람들의 숫자가 많고 적음을 떠나 그것은 non-sens일 뿐이다. 이유는 (예상하는 대로) 두 가지다. 첫째는 '미네르바'는 (정확히 미네르바라는 대화명으로 온라인 공간에 있는 그는) 어떠한 계열에도 존재하지 않는 '독립적'인 것이며 그렇기 때문에 둘째, 그가 게시판에 올린 글은 그의 개인적인 의견일 뿐, 어떤 계열에도 속하지 않기 때문이다. 그런데 그가 한 언론의 보도를 통해 오프라인 공간으로 나오는 순간, 그는 '이력'이라는 sens의 지배를 받게 된다. sens로 그를 비추는 순간, 그는 (온라인 공간에서는 굳이, 밝힐 필요가 없었던) '공고졸업, 전문대 출신, 삼십 대의 백수'라는 숨겨진 이력이 낱낱이 공개되며, 그는 미네르바가 아니라 '박대성'으로 코드화된다. 결국, "경제 문외한이 경제 예견을 했다. 고로 그는 사기꾼이다"라는 의미를 부여 받게 되고, 급기야 '범죄자'로 계열화 되어 경찰의 수사까지 받게 되었다. (미네르바는 그가 인터넷에 올린 글 중의 일부 내용이 사실과 달라 허위사실 유포 혐의로 수사를 받았지만 얼마 후 무혐의로 석방됐다.)

이것이 바로 온라인 공간과 오프라인 공간의 차이다. 정답이 없는 즉, 긍정과 부정, 옳음과 그름, 기다 아니다를 모두 '공유'하는 온라인 공간에서는 non-sens만이 존재할 뿐이다. 그들에게는 (방종에 가까운) 무한한 자유가 주어지며 오직, '존재' 자체로 독립성을 부여 받는다. 반면, 오프라인 공간은 제도와 규칙, 규범 등의 '통용되는 상식'인 코드가 존재한다. 모든 대상은 이 코드의 지배를 받으며, 코드에 따라 '의미'를 부여 받는다. 즉, 코드에 의해 존재가 선택되는 공간이다.

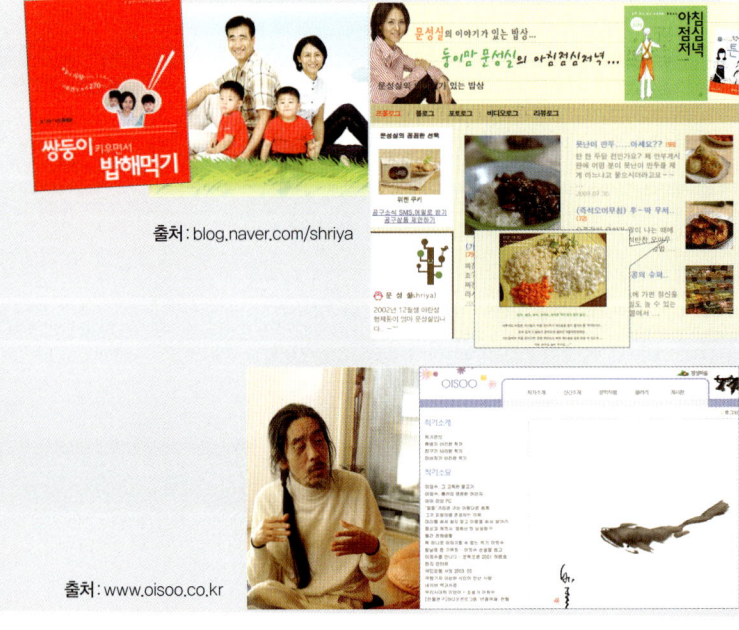

출처: blog.naver.com/shriya

출처: www.oisoo.co.kr

구조 vs. 개인

문성실과 둥이맘, 비트의 세계와 현실의 세계, 그리고 온라인과 오프라인이라는 차이를 만들어낸 것은 다름아닌 '인터넷'이다. 그런데 이 인터넷이 만들어낸 가장 큰 차이는 따로 있다. 바로, '구조'와 '개인'이다.

비트로 만들어진 온라인 공간은 오프라인 공간과 근본적으로 그 체계를 달리한다. 오프라인 공간은 하나의 '구심점'을 중심으로 질서화되고, 구조화되어 중심과 주변이 확연히 구분되는 양상을 띤다. 소위, 중앙집중형의 구조인 것이다. 들뢰즈는 이러한 한 시대의 기준이 되는 일정한 구심점을 가리켜 "*doxa[dɔksa]'라고 했다. 우리말로 해석하면 통념, 이데올로기 정도로 해석될 수 있을 것이다. 반면, 온라인 공간은 이러한 doxa로부터 이탈된 곳이다. 중심도, 구조도, 질서도 존재하지 않는다. 이곳은 비트적 공간으로 스스로를 드러내는 '개인'만이 존재하며, 그 개인이 중심이자 주변인, 이른바 모든 것이 수평적인 공간이다. 비트의 혁명가라 불리는 MIT 미디어랩 창시자 니콜라스 네그로폰테는 그의 책 《디지털이다 Being Digital》에서 "디지털 세상에서 '나(I)'는 단순한 통계치가 아니라 '나(Me)'이다. '나(Me)'는 인구통계학적 의미를 갖지 않는다. 디지털 세상에서는 나(Me)를 둘러싼 인구학적 장치는 필요 없다. 디지털 세상에서 모든 것은 극단적으로 개인화될 뿐이다"라고 했다. 즉, 디지털은 온라인 공간의 '개인'을 더욱 '개인화'한다.

여기서 중요한 것은 바로, 온라인 공간에 있는 '개인'이 오프라인 공간으로 들어오는 순간 이들은 '구조'의 지배를 받는다는 것이다. 그런데 이 '구조'는 기존의 오프라인 공간에서 통용되고 있던 doxa일 수도 있으며, 또는 전혀 다른 doxa일 수도 있다. 좀 더 구체적으로 살펴보자. 온라인 공간에서 부유하는 ID들 그리고, 그 ID들이 만들어내는 생각이나 의견은 아직 어떤 sens로도 의미화되지 않은 non-sens들이다. 여기서, 들뢰즈의 다음 이야기에 주목할 필요가 있다.

"doxa는 언제든지 '전복'될 수 있다."

들뢰즈는 한 사회에서 일어나는 수많은 사건들은 다양한 방식으로 sens화 될 수 있다고 했다. 다만, 그것이 doxa라는 것을 기준으로 보았을 때 '옳은' sens일 수도 있으며 혹은 '반대되는' sens일 수도 있는 것뿐이다. doxa는 한 시대의 보편적인 정서다. 즉, 그 시대의 신념이나 양식을 뜻하는 것이다. 그런데 역사를 훑어보면 이러한 신념과 양식은 그것에 반하는 신념과 양식을 가진 사람들 ―사회학적인 용어로 투쟁가라고 불리는― 에 의해서 언제나 전복되는 것을 종종 목격할 수 있다. 들뢰즈가 "doxa는 언제든지 무너질 수 있다"라고 얘기하는 지점이 바로, 이곳이다. 이처럼 doxa의 전복이 가능한 것은 (짐작했겠지만) 'non-sens' 때문이다. 기존 사회의 신념과 양식에 반하는 혹은 더 성장시키는 sens로 분화될 수 있는 가능성이 non-sens 안에는 존재하기 때문이다.

이것이 바로, 온라인 공간에서 부유하는 '개인'들을 주목해야 하는 이유이다. 그들은 수많은 sens로 분화될 수 있는 엄청난 '잠재력'이 내재되어 있는 존재다. 거기에 그들의 (둥이맘의 행동 규칙 중 공개하지 않았던) 네 번째 행동 규칙은 그들에게 '뜨거움'까지 부여한다. 네 번째 행동 규칙은 바로, '자발적'이라는 것이다. 온라인 공간에서 그들은 누구의 명령에 의해 움직이지 않는다. 독립적인 존재들이기에 이들은 '능동적'으로 움직일 뿐이다. 능동성은 엄청난 파괴력과 폭발력을 갖게 한다. 생각해보라. 당신이 '좋아서' 움직이는 것과 '의무감' 혹은 '명령에 의해' 움직이는 것은 그 시작부터 다르지 않은가. 들뢰즈는 doxa를 전복시키는 일종의 '저항'을 가리켜 para-doxa[para-dɔksa]라고 했다. 'para'는 '나란히 하다'라는 의미로 doxa와 평행선을 그리며 팽팽한 긴장관계를 유지하는 것을 말한다. '촛불집회'를 기억할 것이다. 이것의 출발점은 알고 있다시피 온라인 공간이었다. 온라인 공간의 개개인들이 오프라인 공간으로 나오는 순간, 이들은 para-doxa를 연출했다. 기존의 doxa의 시선에서 '반대되는' sens로 의미화 되었지만, 이들은 para-doxa를 이루며 doxa의 전복을 꿈꾼 것이다. 이것이 온라인 공간에서 움직이는 '개인'을 두려워해야 하는 이유다. 그들은 doxa를 전복시킬 '힘'을 가지고 있으며 무엇보다 이들은 doxa와 나란히 걸을 수 있는 '용기'를 지녔기 때문이다.

배근정 인간에게는 그 속에 아직도 개발되지 않은 잠재성이 무궁무진하다고 믿는 그녀. 그녀는 휴먼 드리머이다.

*doxa
sens와 doxa는 비슷한 의미이기는 하나, 조금의 차이가 있다. sens는 하나의 사건에 해당하는 계열을 말하는 것이라면 doxa는 시대나 사회를 관통하는 계열을 의미하는 것이다.

브랜드 2.0 시대

다음커뮤니케이션 커뮤니케이션 SU본부 본부장 김지현

웹 2.0은 Open API^{Application Programming Interface}라는 기반 기술을 통해 분절된 서비스들이 효율적으로 통합될 수 있도록 해주는 가치를 말한다. 미디어 2.0은 시민 누구나 세상에 큰 목소리를 낼 수 있도록 대안 미디어의 역할을 해내고 있다. 그렇다면 브랜드 2.0은 무엇일까? 웹 2.0, 미디어 2.0 모두 온라인이라는 플랫폼의 등장으로 새롭게 도약할 수 있었다. 온라인 플랫폼의 성장과 함께 사회, 정치, 경제, 문화 등 다양한 분야의 진화가 빠른 속도로 진행되고 있다. 마케팅과 브랜드 역시도 새로운 변화와 도약의 시기를 보다 적극적으로 맞이해야 할 시기가 되었다. 더 이상 마케터의 생각대로 움직이려 하지 않는 개미군단을 브랜드 전도사로 삼기 위해서 온라인의 다양한 활용 방안을 연구하고 투자해야 할 때다.

브랜드 전도사들의 위력

IT에 익숙하지 않은 사람들도 애플과 구글이라는 브랜드를 잘 알고 있다. 심지어 애플, 구글 서비스를 사용조차 하지 않는 사람들도 아이폰과 구글검색, Gmail은 알고 있다. 게다가 이들 기업의 브랜드 아이덴티티는 혁신적이고 친근하며 시장을 리딩하는 기업으로 인식되고 있다. 왜 고객들은 쉽게 접하기도 어려운 이들 브랜드를 우호적으로 인식하고 있을까?

2008년 1월, 샌프란시스코에서는 맥월드 2008(Macworld Conference & Expo 2008)이 열렸다. 애플의 신제품인 맥북에어 등을 선보이는 제품 발표회였다. 일개 한 회사에서 신제품을 발표하는데 전 세계에서 수천 명의 사람들과 기자들로 인산인해를 이루었다. 한 회사의 제품 발표회에 전 세계의 이목이 집중된 것이다. 제품 발표 이후 인터넷은 애플의 신제품에 대한 찬사로 뜨거웠다. 아니 정확하게 말하면 제품이 발표되기 수개월 전부터 온라인에는 이를 기다리는 블로거들(애플 마니아들)의 관심과 기대로 시끄러웠다. 그리고 제품 발표회에서는 신제품을 가장 먼저 만져보고 이 소감을 온라인(유튜브, 블로그 등)으로 실어 나르는 얼리어답터들의 치열한 경쟁이 이어졌다. 어김없이 다음날 조간신문에는 애플발 혁신적 제품 소식이 전 세계 언론을 강타했다.

애플은 천문학적인 금액을 들이는 광고를 집행하지 않고도 전 세계인의 뇌리 속에 애플이라는 브랜드를 각인시켰다. 누구 덕분일까? 바로 애플의 전도사들 덕분이다. 몸에 애플의 문신을 새겨 넣고, 맥월드 2008에 들어가기 위해 새벽부터 줄지어 늘어선 애플의 광신도들 덕분이다. 이들은 제품을 혼자 즐기고 만족하는 것을 뛰어넘어 주변 사람들에게 애플의 브랜드를 알리는데 앞장서고 있다.

과거에는 전도사의 주변인들 사이에서만 입소문이 나는데 그쳤겠지만, 이제는 온라인을 타고 전도사의 목소리가 전 세계에 타전되고 있다. 게다가 전도사들은 온라인 커뮤니티를 통해서 뭉치고 합쳐져, 그 목소리는 확성기로 증폭된 것처럼 더욱 커진다. 이들의 커뮤니티는 눈이 모이고 모여 커다란 눈사람이 되는 것처럼, 주변의 사람들을 감염시키며 보다 많은 사람들을 애플의 마니아로 만들어간다.

온라인에는 수많은 제품과 브랜드, 기업에 대해 떠들어대는 컨텐츠들이 가득하다. 이들 컨텐츠는 휘발되지 않고 언제나 소비자들이 접근할 수 있도록 열려있다. 열린 컨텐츠는 소비자들의 참여에 의해 눈덩이처럼 불어나면서 사람들의 가슴 속에 브랜드를 형성시킨다. 이러한 브랜드 인식 메커니즘은 과거에 마케터가 일방적으로 메시지를 전달하기만 하면 소비자들이 받아들이던 브랜드 메시지 인식 방식과는 크게 달라진 것이다. 온라인에서 브랜드는 수많은 사용자들의 참여와 커뮤니티를 통해서 전파되며, ON GOING된다. 브랜

맥월드 2008에 들어가기 위해 새벽부터 늘어선 줄

드의 형성이 사용자들의 참여에 의해서 지속적으로 이루어지는 것이다. 서로간의 토론과 나눔을 통해서 아이가 커가는 것처럼 성장되어간다.

브랜드를 담는 온라인 플랫폼

온라인 플랫폼은 사람들의 뇌에 랜선을 꽂고 머리와 가슴 속에 저장된 데이터를 옮겨 담는 그릇이다. 그 그릇은 기술의 발전과 트렌드의 변화에 따라 진화해왔다. 대표적인 플랫폼이 카페이다. 카페는 공통의 관심사를 가진 사람들이 모여 특정 주제에 대한 경험을 공유하는 곳이다. 1990년대 후반부의 카페는 오프라인 동호회의 온라인화 수준에 불과했다. 하지만, 2000년대로 접어들며 카페에 모인 컨텐츠는 검색의 중요한 범주가 되고, 카페에 담긴 컨텐츠가 보다 많은 사용자들에게 노출되면서 영향력을 행사할 수 있게 되었다. 게다가 사회의 이슈가 있을 때마다 카페가 개설되면서 사람들의 목소리를 한곳에 모아 응축시켜주는 역할을 해냈다. 특정 기업의 상품과 브랜

어디로 튈지 모르는 럭비공처럼 브랜드 이미지는 소비자들에게서 어떻게 형성되어갈지 모른다. 그것은 브랜드를 만들어가는데 동참한 사람들이 워낙 많고 그들의 목소리를 마케터가 의도대로 통제할 수 없기 때문이다.

드에 대한 안티 카페는 불만에 가득찬 소비자들을 한데 모아 브랜드의 이미지를 훼손하는 날카로운 비수가 될 수 있었다. 물론 카페는 브랜드 성장을 도와주는 아군의 역할도 해내고 있다.

이런 흐름에 이어 전 국민의 일상사를 담는 미니홈피 플랫폼이 트렌드를 주도하면서 싸이스타와 연예인 미니홈피가 주목을 받기에 이른다. 미니홈피는 특정인의 아이덴티티를 브랜드화⊙64해주는 것에서 확장되어 기업과 상품의 이미지를 형성하는데 기여해왔다. 카페가 공동의 관심사와 특정 주제, 이슈를 아이덴티티화했다면, 미니홈피는 개인과 특정한 대상이 아이덴티티를 갖게 했다는 것이다. 미니홈피는 온라인에 개설한 내 아바타와 다른 아바타를 일촌이라는 관계로 이어가며 카페에서 느끼기 어렵던 서로 간의 관계를 시각화하고 구조화할 수 있도록 해주었다. 이러한 현상은 브랜드의 미니홈피에서도 비슷한 면모를 보였다. 미니홈피 플랫폼에서 소비자는 브랜드와 단순한 관계를 맺는 것이 아니라 관계의 깊이를 느낄 수 있게 되었다. 카페 속 브랜드는 그저 인지와 각인 효과만 제공할 뿐이었지만, 미니홈피에서의 브랜드는 관계의 농도를 느낄 수 있도록 해준 것이다.

이제 온라인 플랫폼은 블로그로 또 한 번의 변화의 물결을 만들어 내고 있다. 블로그는 카페의 영향력과 미니홈피의 관계를 동시에 담고 있다. 목소리 큰 파워블로거들은 자신의 블로그에서 브랜드를 이야기한다. 그렇게 담긴 브랜드에 대한 이야기는 또다른 블로거의 입을 통해서 언급되며 주변의 블로거들에게 전파되어간다. 수많은 블로거들이 브랜드에 대해서 함께 이야기를 나누면 이것은 거대한 담론과 이슈가 되어간다. 이렇게 형성된 이슈는 소비자들에게 검색을 통해서 노출되고 언론은 이를 주목한다. 이러한 과정이 쌓이고 쌓여가면서 브랜드는 사람들의 가슴 속에서 각인되어간다.

2007년 5월부터 Daum에서는 한메일 기업 블로그(daummail.tistory.com)를 운영하고 있다. 이 블로그는 회사의 공식적인 블로그는 아니지만, 한메일을 만드는 기획, 개발자들이 운영하는 블로그이다. 즉, Daum에 근무하는 한메일 담당자들이 운영하고 있다. 이 블로그의 운영 목적은 한메일의 팬들을 만들기 위함이다. 즉, 한메일을 좋아하는 아군을 만들고 그들을 한메일의 전도사로 만들어 한메일의 브랜딩에 도움을 받고자 함이다. 한메일은 1997년 국내 최초의 무료 웹메일로 시작되어 전국민의 메일 서비스로 지금까지도 시장 점유율 1위이다. 하지만, 2001년 12월 온라인 우표제를 시행하며 많은 인터넷 사이트들의 보이콧을 받았고, 이는 한메일 사용자들에게 '한메일은 회원가입 시에 거부당하는 메일'이라는 인식을 만들게 되었다. 한메일의 온우제 망령은 한메일의 발목을 잡아 시장 점유율을 지속적으로 하락하게 만든 일등공신 중 하나였다. 이와 같은 한메일에 대한 사용자들의 인식 변화를 위해 한메일 기업 블로그에서도 관련 글(daummail.tistory.com/9)을 게재했다. 2년간 한메일 기업 블로그에는 총 218건의 포스팅이 올라왔으며 6,389건의 댓글과 474개

한메일 기업 블로그

의 트랙백, 그리고 167만 명의 방문자를 기록했다. 큰 비용없이 한메일에 대한 우호적인 아군을 확보할 수 있었으며, 이들이 한메일에 대한 전도사 역할을 하며 한메일의 이미지 개선에 큰 도움을 주고 있다. 이러한 과정은 과거 마케터들이 주요 매스미디어를 통해서 일방적으로 사용자에게 강제된 메시지를 전달하려고 했던 것과는 전혀 다른 모습이다.

어디로 튈지 모르는 럭비공처럼 브랜드 이미지는 소비자들에게서 어떻게 형성되어갈지 모른다. 그것은 브랜드를 만들어가는데 동참한 사람들이 워낙 많고 그들의 목소리를 마케터가 의도대로 통제할 수 없기 때문이다. 그런 이유로 세계적인 브랜드들이 온라인에 카페, 미니홈피(페이스북, 마이스페이스 등)와 블로그를 개설해서 브랜드를 만들어가는데 있어, 소비자들을 동참시키고 있는 것이다. MS의 블로그(channel9.msdn.com), 구글의 블로그(googleblog.blogspot.com), 애니콜 햅틱 블로그(haptic.anycall.com), 기업들이 운영하는 브랜드 미니홈피(durl.kr/kna) 등을 통해 브랜드가 어떻게 온라인 플랫폼에서 소비자들과 소통하고 있는지 알 수 있다.

약 280만 명의 추종자를 지닌 세계 최고의 스피커 애쉬튼 커쳐

실시간으로 전파되어 가는 브랜드

온라인 플랫폼에서의 브랜드 성장은 유기체와 같이 빠르게 진화해간다. 진화는 주변 환경과 DNA에 따라 다르게 나타나는 것처럼, 브랜드 역시 온라인 플랫폼에서 어떤 환경과 속성을 가지느냐에 따라 다르게 표출된다. 특히 최근의 온라인 플랫폼은 실시간$^{Real\ Time}$과 소셜 네트워크$^{Social\ Network}$의 속성이 강하게 내재되어 있어, 카페, 미니홈피, 블로그의 커뮤니티보다 전파 속도가 빠르며 영향력이 크다. 그 이유는 이슈의 전달이 지인을 통해서 전파되기 때문이다. 똑같은 메시지라도 누가 전달하느냐에 따라 그 메시지의 신뢰도와 영향력은 다르기 마련이다. 최근의 온라인 SNS 플랫폼은 그 어떤 매체보다 빠른 속도로 세계의 이슈를 전파하는 미디어로서 주목을 받고 있다. 또한, 이 플랫폼 속에는 사람들의 머리와 가슴 속에 브랜드가 어떻게 자리매김해가고 있는지를 실시간으로 파악할 수 있는 데이터들이 가득하다.

대표적인 SNS 플랫폼인 트위터(www.twitter.com)에서 가장 영향력을 가진 스피커는 누구일까. 트위터카운터(twittercounter.com/pages/100)에 따르면 aplusk(애쉬튼 커쳐), CNN, 오프라 윈프리, 버락 오바마 등이다. 이들이 온라인에 가볍게 재잘대는 소리는 네트워크 속에 형성된 관계를 따라 금새 수백만 명의 사람에게 전파된다. 그 메시지에는 그저 메시지만 담긴 것이 아니라, 최초 전달자와 직접적 전달자에 대한 신뢰가 담겨있다. 그렇기에 그 메시지에는 사람을 움직이고, 머리 깊숙이 각인시키는 힘이 담긴다.

행복은 성적순이 아니고, 돈이 많다고 반드시 행복해지는 것은 아니다. 하지만 성적이 좋고 돈이 많으면 행복에 더 가까워질 가능성이 높아지는 것은 사실이다. 그것이 자본주의 사회에 사는 우리 모두가 침묵으로 인정하는 세상의 이치이다. 하지만 다행히도 이런 침묵을 깨뜨리는 챔피언들이 속속 등장하고 있기에 우리는 꿈을 꾸며 살고 있다.

브랜드의 성공은 이미 소비자들의 머리에 각인되어 있는 글로벌 브랜드나 넉넉한 마케팅 집행이 가능한 일부 기업에게만 약속된 것이 세상 이치일까? 그렇다면 항상 세상은 부익부 빈익빈의 악순환 고리를 벗어나지 못할 것이다. 하지만 다행히도 이 고리를 깨뜨리는 챔피언들이 등장하는 것을 보면 예외에서 벗어난 이치도 있음을 알 수 있다. 그런 기회를 얻는 확률을 높이는 것이 온브랜딩이다. 온브랜딩은 많은 자금이 들지 않으며, 기득권자가 사용자의 머리를 독식하는 것도 아니다. 온라인에서 브랜딩의 주체는 마케터의 손이 아닌 소비자들의 입과 손이며, 그로 인해 소비자들의 머리에 각인된다. 마케터는 소비자들이 직접 브랜드를 이야기하고, 전파하고, 각인하도록 돕는 역할을 담당해야 한다. 즉, 소비자의, 소비자에 의한, 소비자를 위한 브랜딩이 필요하며, 그렇게 하기 위해서는 온라인이라는 바다에 뛰어들어야 한다. 멀리서 바다를 지켜보거나 배를 타고 항해하는 것만으로는 부족하다. 소비자들이 헤엄치는 그 바다 속으로 뛰어들어 함께 호흡하며 브랜드를 같이 만들어가는 참여와 소통의 행동이 필요하다.

김지현 PCBee 컨텐츠사업본부 본부장을 거쳐 현 다음커뮤니케이션 모바일커뮤니케이션 SU 본부장을 맡고 있다. 동시에 MS Shell 부문 MVP, E-비즈니스·모바일 컨퍼런스 전문강사로 활동하고 있으며 충주대학교 전자계산학과 겸임교수를 역임한 바 있다. 저서로는 《웹트렌드&전략리포트》《UCC마케팅》 등 40여 권이 있다.

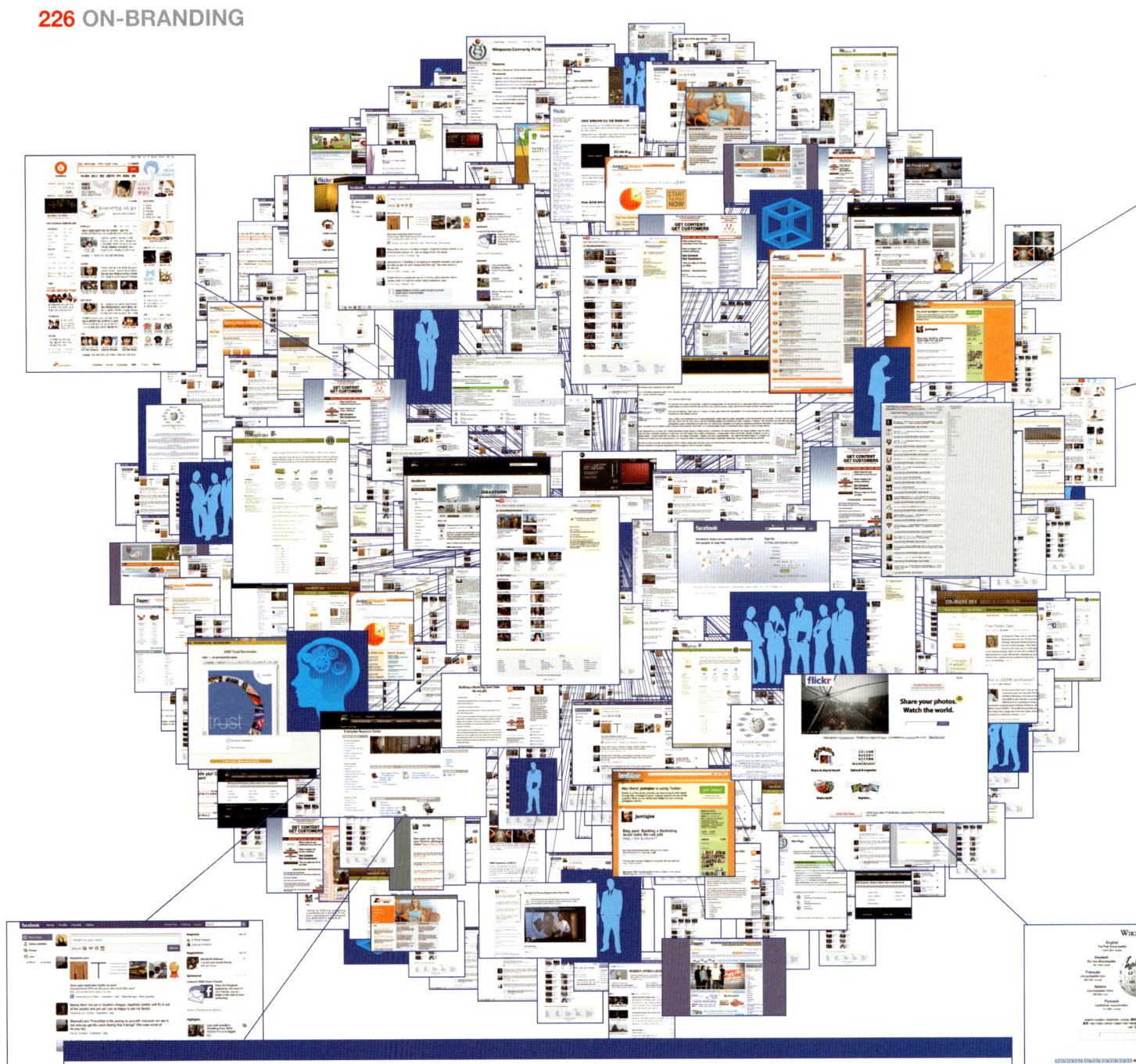

소셜 미디어, '온 브랜딩ON-Branding'의 시대를 열다

에델만코리아 이사 이중대

기업들이 일하는 시간과 상관없이, 소비자들의 대화는 소셜 미디어 커뮤니티를 통해 하루 24시간, 365일 지속적으로 이뤄지는 것이 현실이다. 따라서 기업들은 이런 현실에 적합한 브랜드 커뮤니케이션 활동을 전개해야 하는데, 그 활동은 전방위적으로 고객의 대화를 모니터링하고, 그 대화에 참여하고, 대화의 흐름을 리드해야 한다. 이러한 커뮤니케이션 활동을 '온브랜딩'이라고 정의할 수 있다. 그렇다면 이 같은 커뮤니케이션 상황 속에서, 지속적으로 사랑받는 브랜드를 구축하고 유지하기 위해 브랜드·마케팅·고객관리 및 PR 전문가들은 앞으로 어떤 커뮤니케이션 전략을 실행해야 할까? 소셜 미디어를 활용한 '온브랜딩'의 방향을 다섯 가지로 정리해본다.

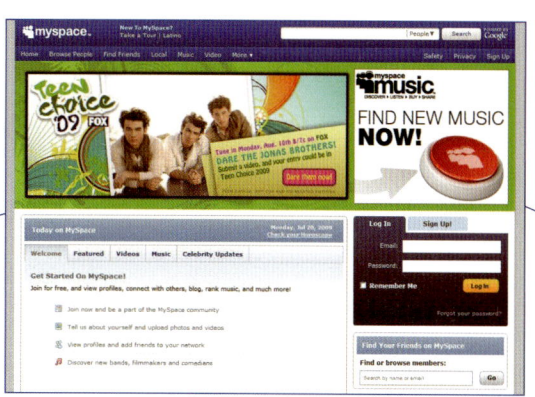

요즘 가장 많이 주목받고 있는 키워드 중 하나가 바로, 트위터Twitter라는 *소셜 미디어다. 트위터(twitter.com)는 영문으로는 140바이트byte 이내로 자신의 생각을 공유하는 소셜 미디어 채널로, '마이크로 블로그' 혹은 '미니 블로그'라고 불린다. 이는 "현재 무엇을 하고 있는가?" 혹은 "지금 관심 가지고 있는 것은 무엇인가?" 등의 아주 간단한 질문에 답하는 형식으로, '무엇이든 자기가 하고 싶은 말을 짧고 간단하게, 쉽게 올리는 온라인 공간'이라 할 수 있다. 또한 웹에 직접 접속하지 않더라도 휴대폰 문자 메시지나 스마트폰 같은 휴대기기로도 글을 올리거나 읽을 수 있다. 한마디로, 실시간으로 아주 쉽고 간단하게 누구나 미디어 활동을 할 수 있게 하는 플랫폼이다.

*소셜 미디어Social Media
인터넷 사용자들이 자신의 의견, 식견, 경험 및 시각을 서로 공유할 수 있게 하는 미디어로, 참여·공유·개방이라는 웹 2.0의 정신 및 관련 기술이 적용된 뉴미디어를 의미한다.

앞서 말한 트위터를 비롯해, 개개인의 생각과 정보를 포스팅하고 공유하는 블로그, 특정 사실에 대한 정의 및 사실을 공유하는 위키피디아wikipedia, 동영상을 공유하는 유튜브YouTube, 사진을 공유하는 플리커flickr, 사회적 관계를 공유하고 형성하는 소셜 네트워크 사이트(한국의 싸이월드, 영어권의 페이스북 등)이 있다. 다양한 소셜 미디어는 이미 우리의 일상 생활에서 활용되고 있으며, 이를 통해 우리는 자신의 삶과 의견을 다른 사람들과 더 넓게, 더 빠르게 공유하고 있다.

이러한 소셜 미디어의 활성화로 인해, 기업의 브랜드 구축을 위한 커뮤니케이션 전략이 바뀌고 있다. 타깃 고객들의 커뮤니케이션 패러다임이 변화됨에 따라, 기업의 의지와 상관없이 소셜 미디어 공간에서는 제품·서비스 브랜드에 대한 컨텐츠contents와 대화conversation가 소비자들에 의해 자발적으로 생산되고 있다. 또한 기업들이 일하는 시간과 상관없이, 소비자들의 대화는 소셜 미디어 커뮤니티를 통해 하루 24시간, 365일 지속적으로 이뤄지는 것이 현실이다. 따라서 기업들은 이런 현실에 적합한 브랜드 커뮤니케이션 활동을 전개해야 하는데, 그 활동은 전방위적으로 고객의 대화를 모니터링하고, 그 대화에 참여하고, 대화의 흐름을 리드해야 한다. 이러한 커뮤니케이션 활동을 우리는 '온브랜딩On-Branding'이라고 정의할 수 있다. 이제 기업들은 브랜드 구축을 위해서, 소셜 미디어로 더 풍성해진 고객들의 대화에 언제나 'ON' 되어있어야 한다. 그렇다면 이 같은 커뮤니케이션 상황 속에서, 지속적으로 사랑받는 브랜드를 구축하고 유지하기 위해 브랜드·마케팅·고객관리 및 PR 전문가들은 앞으로 어떤 커뮤니케이션 전략을 실행해야 할까? 소셜 미디어를 활용한 '온브랜딩'의 방향을 다섯 가지로 정리해본다.

1. 웹 2.0 시대로 인한 인한 브랜드 환경 변화를 이해하자

가장 먼저, 브랜드를 둘러싼 커뮤니케이션 환경 변화를 이해해야 한다. 새로운 제품, 서비스 혹은 브랜드 출시가 임박했을 경우, 기업들은 일반적으로 신제품 출시를 알리는 핵심 메시지를 광고나 보도자료, 프로모션 활동에 담아 신문, TV, 잡지, 라디오 등 기존 4대 매체를 중심으로 전달했다. 그 과정에서 인터넷은 보조수단 정도로 활용해 온 것이 사실이다. 이는 매우 일방향적인 커뮤니케이션 활동이었고, 타깃 소비자들의 직접적인 반응을 파악하는데 어려움이 있었다.

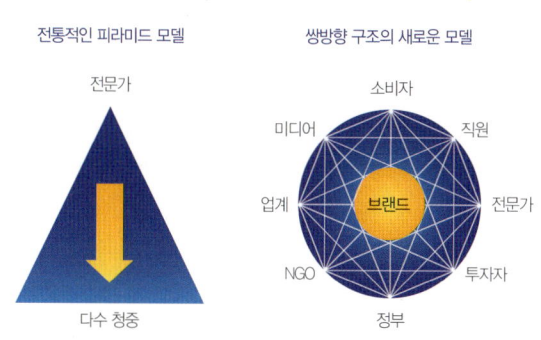

〈그림 1〉 소셜 미디어로 인한 기업 커뮤니케이션 환경의 변화 23

그러나, 새로운 테크놀로지와 사회적 흐름이 만들어낸 웹 2.0은 인터넷을 브랜딩 활동과 커뮤니케이션의 중심에 올려놓았다. 소비자, 업계 전문가, NGO, 자사 직원 등 누구나 블로그 혹은 온라인 커뮤니티를 통해 기업이나 제품에 대해 이야기를 하고, 자신들의 의견을 적극적으로 공유하게 된 것이다. 웹에서 대화하는 것에 능한 소비자들은 포털사이트 및 웹사이트, 다양한 소셜 미디어를 통해 자신만의 정보를 검색하고, 상품을 구매하고, 주장 및 의견을 펼쳐나간다.

> 이해와 마인드를 기반으로, 기업의 컨텐츠와 고객의 컨텐츠, 기존 미디어의 컨텐츠와 소셜 미디어의 컨텐츠들을 유기적으로 연동시켜나감으로써 자사 브랜드를 중심으로 한 '컨텐츠 에코 시스템'을 구축해나가야 할 것이다.

이처럼 누구나 자신만의 미디어와 채널을 소유하고 실시간으로 자신만의 메시지를 널리 퍼뜨릴 수 있는 환경이 구축됐다. 이 환경 변화를 정확하게 숙지하거나, 소비자들의 정보와 의견이 어느 경로를 통해 어떤 흐름을 타고 전개되는지를 이해하지 못한다면, 고객과의 소통은 저 먼 나라의 이야기가 될 것이다. 이 커뮤니케이션 환경 변화는 시간이 흐를수록 더욱 강화될 것이며, 따라서 기업들은 브랜드 구축을 위해 타깃 오디언스들과의 쌍방향적인 커뮤니케이션 활동을 전개할 필요가 있다. 바야흐로 소셜 미디어를 통한 '대화'의 중요성이 부각되고 있는 것이다.

2. 고객 2.0 커뮤니케이션으로 고객 만족을 업그레이드하자

최근 소비자들은 기업의 제품, 서비스 혹은 브랜드에 대한 불만이 생기게 되면, 오프라인 콜센터를 찾는 대신 포털사이트의 커뮤니티, 리뷰사이트, 블로그, 마이크블로그 등을 활용해 그 불만내용을 적극 공유하는 모습을 보여주고 있다. 기업들은 이제 친절한 콜센터 직원들의 목소리 혹은 고객 이메일만으로는 고객들의 불만을 모두 처리할 수 없는 상황에 처하게 된 것이다.

왜 고객들은 소셜 미디어를 통해 자신의 불만을 다른 사람들과 공유하는 것일까? 가장 주된 원인은 해당 기업이 관련 고객의 불만을 적극적으로 해결해주고자 하는 노력을 보여주지 않기 때문이다. 그래서 동일한 불만을 가지고 있는 사용자들이 모여 안티사이트를 만들거나, 해당 사항을 온라인에서 이슈화하고, NGO 단체, 정부 기관, 언론매체 등의 오프라인 기관과 연계해 그 불만을 해결하려는 모습을 보여주고 있다. 누군가가 자신의 의견을 들어주고, 그것에 대한 동의를 얻는 것을 원하기 때문에 소셜 미디어 공간에 불만을 토로하는 것이다.

타깃 고객들의 소셜 미디어 활용 현황을 이해하는 기업은 소셜 미디어 모니터링을 통해 고객의 의견을 경청하며, 어떤 이슈가 소셜 미디어 상에서 제기됐을 때 즉각적으로 적절한 대응을 취해갈 수 있다. 그 결과, 웹 2.0시대에 걸맞는 고객 만족 서비스를 이끌어내고, 더 나아가서는 긍정적인 기업 명성과 탄탄한 신뢰를 이끌어내게 된다. 고객과 지속적인 인터랙티브 커뮤니케이션 채널, 즉 소셜 미디어를 통해 고객 서비스를 효과적으로 수행하기 위해서는, 기업은 비즈니스 투명성을 지키고자 하는 기업문화를 구축하고, 실시간 대응 및 신속한 처리가 가능한 내부 의사 결정 프로세스를 사전에 구축해야 한다.

글로벌 기업들의 사례를 살펴보자. 소셜 미디어를 비즈니스적으로 가장 잘 활용하고 있는 자포스Zappos의 인터넷 쇼핑몰 사이트인 경우, 평상시에 자포스 트위터를 직접 운영하면서 고객이 자신의 트위터에 불만 의견을 올릴 시 이를 즉각 대응할 수 있는 소셜 미디어 모니터링 시스템을 구축하고 있다. 덧붙여, 스타벅스와 델 컴퓨터는 우리나라의 Daum 아고라와 같은 개념의 사용자 기반 사이트를 구축하여 고객들의 의견을 경청하고, 제품, 서비스에 고객들의 아이디어를 실제 비즈니스에 적극 반영하는 플랫폼으로 활용하고 있다.

www.mystarbucksidea.com

www.ideastrom.com

twitter.zappos.com

3. '모든 기업은 미디어 기업이다'라는 마인드로 컨텐츠 에코 시스템을 구축하자

소셜 미디어 등장은 개인과 개인, 개인과 다수, 다수와 다수 등 다각적인 대화를 촉진함에 따라, 소비자들은 더 이상 메시지 수용자로만 머물지 않고 적극적으로 컨텐츠를 생산, 소비, 공유하고 있다. 이러한 변화는 브랜드 구축 및 유지 전략에 있어 기회이자 위협 요소로 작용한다. 이런 상황에서 기업들이 '기회'를 살리기 위해서는, 앞서 언급한 자포스, 스타벅스 및 델 컴퓨터처럼 소셜 미디어를 활용하여 커뮤니케이션 채널을 다양하게 구축해 고객들의 컨텐츠를 이해하고 활용해야 한다.

또한, 기존과 같이 4대 매체를 통해 자사의 스토리를 일방향으로 전달하던 방식에서 벗어나, 소셜 미디어 상에서 이뤄지는 자사 브랜드에 대한 대화에 '직접' 참여해 기업의 핵심 메시지를 '직접' 전달하고, 잘못된 정보나 인식이 있다면 '직접' 이를 바로잡을 수 있어야 하는 것이다. 모든 기업들은 자사만의 채널과 미디어를 소유한 '미디어 기업'으로 거듭나야 하는 시대다.

이 같은 이해와 마인드를 기반으로, 기업의 컨텐츠와 고객의 컨텐츠, 기존 미디어의 컨텐츠와 소셜 미디어의 컨텐츠들을 유기적으로 연동시켜나감으로써 자사 브랜드를 중심으로 한 '컨텐츠 에코 시스템'을 구축해나가야 할 것이다. 특히, 기업이 보유하고 있는 컨텐츠(기업 및 제품 스토리, 임직원 소식, 리서치 자료, 리포트, 백서 등)를 소셜 미디어를 통해 브랜딩해나갈 수 있어야 한다.

또한, 컨텐츠를 개발할 때는 새롭게 창조하는 것보다 기존의 다른 컨텐츠를 차용하여 새로운 형태로 개발하는 것이 보다 현명할 것이며, 브랜드 컨텐츠를 개발할 경우, 기존 4대 매체의 독자Readers가 아닌 소셜 미디어 공간에서 검색자Searchers를 위해 컨텐츠를 개발하겠다는 마인드로 접근 방식을 달리해야 할 것이다.

4. 사내 직원을 소셜 미디어 상에서 기업 및 브랜드를 대변하는 올스타 멤버로 활용하자

소셜 미디어는 개인 브랜딩 구축에 있어 매우 효과적인 플랫폼이다. 소셜 미디어 채널을 통해 진술하고 정직한 인간적인 면모가 드러날 때 사람들은 귀를 기울이고 관심을 갖는다. 이를 잘 인식하고 있는 글로벌 기업들의 경우, 컨텐츠 에코 시스템을 구축하기 위해 자사 직원들을 많이 활용하고 있다. 더 나아가, 똑똑한 기업들은 직원을 자사 브랜드를 대변하는 홍보 대사 혹은 브랜드 전도사로 활용하고 있다.

과거에는 한 기업의 CEO 혹은 간부급들만이 기업을 대변할 수 있다고 인식돼 왔으나, 필자가 근무하고 있는 에델만에서 매년 전 세계 오피니언 리더들을 대상으로 조사·발표

해온 '2009 Edelman Trust Barometer(delman.com/trust/2009)'에 따르면, 응답자의 36%만이 CEO를 신뢰하고 있고, 39%는 기업 직원을, 58%는 '나와 같은 보통의 사람들(person like me)'을 신뢰한다고 답했다. 🔗53 소셜 미디어 전문가인 댄 스코블Dan Schwabel은 "한 기업에 100명의 블로그를 하는 직원들이 있으면, 투하 비용없이 훌륭한 마케팅 효과를 얻을 수 있다"고 말한 바 있을 정도로, 많은 글로벌 기업들은 자사 임직원들의 소셜 미디어 활동을 독려하고 있다.

기업 직원들은 단순히 기업을 알리는 홍보대사 역할뿐 아니라, 기업 경영진들이 듣지 못하는 외부 이슈나 잠재적 위기를 가장 처음 접할 수 있는 '경청자' 역할을 할 수 있다는 특징도 있다. 따라서 직원들과 경영진들 사이에서는 명확한 전략을 공유하고 열린 대화의 자리를 자주 갖고, 그러한 대화 커뮤니케이션 문화와 소셜 미디어 활용을 기반으로 해당 기업 및 브랜드에 대한 외부 이해관계자들의 이해를 적극 도모해야 한다.

5. 소셜 미디어를 통해 브랜드 메시지를 당겨오는 방법을 취하라

100년이 넘도록 많은 기업들과 마케팅 종사자들은 기존 4대 매체와 인터넷을 통해 메시지를 일방향적으로 밀어내는 'Push' 전략을 고수해왔다. 하지만 디지털 온라인 시대가 도래함에 따라 이제는 'Push'가 아닌, 고객들의 이야기를 다양한 소셜 미디어를 통해 기업의 컨텐츠 에코 시스템으로 끌어오는 'Pull' 커뮤니케이션 전략이 필요하다.

전통 미디어들이 예전에 비해 그 영향력을 잃어가고, 기업의 상업적 메시지를 담은 이메일은 스팸으로 취급되고 있는 현실에서, 이제 기업들은 브랜드가 소비자들에게 알맞은 타이밍에 알맞은 컨텐츠로 자연스럽게 '당겨질' 수 있도록, 그리고 고객들의 의견을 '당겨올' 수 있도록 'Pull' 커뮤니케이션 활동을 전개해야 한다.

컨텐츠 마케팅 전문회사인 Junta42(www.junta42.com)가 작년 12월 발표한 조사결과에 따르면, 마케팅 및 PR 종사자들의 56%가 광고가 아닌 '컨텐츠 마케팅' 예산을 늘리겠다고 했다. 또한 그중 68%가 소셜 미디어를 그 툴로 활용할 계획이 있다는 결과를 발표했다. 과거에는 커뮤니케이션 활동이 광고나 마케팅 종사자들의 역할로 치부된 바 있지만, 이제 소셜 미디어를 통한 'Pull' 커뮤니케이션 활동은 다양한 컨텐츠와 스토리를 융합시키고, 리믹스하고, 가장 매력적인 대화를 생산해낼 수 있는 사람이 그 역할을 담당하게 될 것이다.

이처럼 소셜 미디어를 기반으로 하는 온브랜딩 커뮤니케이션에는 이와 같은 다섯 가지 전략 방향을 기반으로, 스마트하고 세련된 스토리텔링과 대화 스킬이 요구될 것이다. 따라서 시장 내 커뮤니케이션을 담당하던 브랜드 매니저, 마케터, 고객 관리 및 PR 분야 전문가들은 이제 브랜드가 컨텐츠를 창조할 수 있도록 돕고, 그 과정에 스토리텔링과 대화 기법을 활용하여 자사 브랜드를 중심으로 하는 소셜 미디어 대화를 적극 촉진해야 할 것이다.

이중대 현재 에델만코리아 이사이자, 에델만 아시아-태평양 지역 Edelman Digital 분야 한국 오피스 대표이다. 한국외국어대학교를 졸업하고, 고려대학교 언론홍보대학원에서 석사학위를 받았다. 그는 Interactive Dialogue & PR 2.0이라는 주제로 junycap.com이라는 블로그를 운영하고 있다. 또한 블로그 기반의 IT 전문 매거진인 블로터닷넷에서 데스크 블로터로, 블로그연합네트워크 태터앤미디어에서 파트너 블로거로 활발히 활동 중이다.

> 디지털 온라인 시대가 도래함에 따라 이제는 'Push'가 아닌, 고객들의 이야기를 다양한 소셜 미디어를 통해 기업의 컨텐츠 에코 시스템으로 끌어오는 'Pull' 커뮤니케이션 전략이 필요하다.

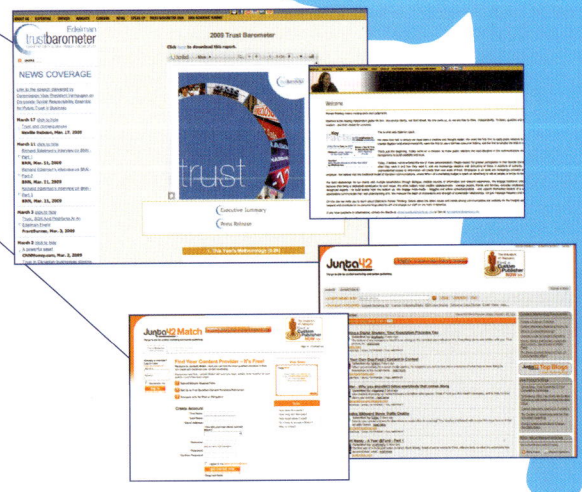

ON-Brand: The Dialectical Branding Process

ON - BRAND
변증법적 브랜딩 과정

펜타브리드 광고마케팅 그룹 이사 최영일

우리는 브랜드를 특정 기업이 만들고 미디어가 유포하고 우리가 본다고 착각하지만 브랜드는 이미 우리의 눈을 통과하는 순간 주관적 심리영역에서 고유한 사고체계와 이미 축적된 정보와 섞이면서 왜곡되거나 '자기조작화'된다. 그것도 나 하나가 아니라 사회연결망이라는 우주의 집단무의식의 공조현상 속에서 말이다. 물리적 영역에서는 이러한 현상을 하이젠베르크Heisenberg가 제시했다. 아인슈타인 이후 그는 우리가 전자입자를 측정하려고 개입하는 순간 전자가 어디에 있는지 알 수 없어진다는 '불확정성의 원리'를 발표했고, 1932년 노벨물리학상을 받았다. 과학은 전자의 위치를 통계적으로만 추정할 수 있을 뿐이다. 마찬가지로 진정한 브랜드가 어디에 있는지 알 수 없다. 사실 '진정한' 브랜드란 없다고 생각하라. 하나의 브랜드는 매순간 새롭게 태어난다. 구조와 행위의 뒤얽힘 속에서 브랜드는 순간적으로 존재하고, 점멸하며, 현현顯現할 뿐이다. 초기에는 커뮤니케이션 네트워크를, 향후에는 행위체 네트워크를 부유하는 브라운운동을 유유히 하면서.

들어가며

브랜드의 기원에 관한 몇 가지 설이 있다. 고대 그리스의 항아리 상인들이 자신들의 제품에 낙인을 찍었다는 기록이나 고대 이집트 유적에서 석공들의 생산자 서명이 발견되었다는 설, 혹은 중세 영국의 위스키 제조업자들이 술통에 찍은 표식 등 다양하다. 그러나 브랜드의 기원이 특정상품의 메이커를 식별하기 위해 표시한 '낙인'이라는 사실은 공통적이다. 하지만 필자는 브랜드의 기원을 구약성서로 본다. 신이 최초의 인간 아담을 창조하고 부여한 첫 번째 과업이 생태계의 각 개체에 이름을 붙이는 일이었던 것이다. (창세기 2장 19~20절) 남성인 아담이 스스로 최고의 '네이밍Naming'으로 생각하고 환호했던 개체가 무엇이었을까? 바로 '여자'였다. 물론 '네이밍'은 '브랜딩Branding'의 전부가 아니다. 하지만 명명, 즉 '이름 짓기'는 브랜딩 과정의 핵심이다. 여기서 우리는 '이름Name'이란 과연 무엇인가를 되짚어 보아야 한다.

그리스 철학의 전통에 따르면 모든 사물에는 '본질'과 '형상'이 있다. 플라톤이나 아리스토텔레스는 보다 중요한 것은 '본질', 즉 '영혼'으로 보았고, 이를 표상하는 '형상', 혹은 '육체'의 다른 말로 '이름'은 허상이자 불확실하고 가변적인 것으로 폄하하였다. 오랜 세월이 흐른 후 19세기 대표적인 언어학자 소쉬르Saussure는 언어체계를 분석하며 '기표 signifiant'와 '기의signifie'를 구분하였다. 여기서 한 사물을 표현하는 기호와 그 기호가 가리키는 실제 의미는 우리의 의사소통체계에서 과연 분리 가능한 것인가 고민해볼 필요가 있다. '기호'가 없다면 의미는 담길 그릇 없이 쏟아진 물들이 되어 소통 불가능한 사회가 될 것이고, '의미'가 불분명하다면 알아들을 수 없는 시그널들이 난무하는 바벨탑 사태가 벌어질 것이다. 따라서 어느 한 쪽이 빠진 커뮤니케이션 체계란 성립불가능하다. 인간의 커뮤니케이션 체계에서 명명命名과 호명呼名은 어떤 '의미'를 호출하고 공유하는데 가장 중요한 '약속'이다. 따라서 브랜드는 '특정한 약속 관계에서 그 의미를 호출할 수 있는 기표'인 것이다. 이 열쇠로 열고 들어간 곳이 허드레 창고인지 보물창고인지는 또 다른 문제영역이다.

인간의 커뮤니케이션 역사를 약술한다면 의미 중심의 절대주의 구조에서 형식 중심의 상대주의 구조로의 전환과정이었다. 과거에는 영원불변하는 의미가 훨씬 중요하다고 보았고, 그것을 표시하는 '이름'은 아무래도 상관없었다. 이 주종관계가 역전되기 시작한 것은 극히 최근에 들어와서이다. 20세기 시장자본주의의 고도화가 기의보다 기표가 더 힘을 발휘하게 된 전환을 만들었고, 기술주도의 미디어 발전이 형식 중심으로의 변화를 가속화시켰다. 그리하여 1960년대 이후 매클루언Mcluhan(우리에게는 '맥루한'으로 더 잘 알려진)의 시대가 열리면서 세기 말 급속히 부상한 인터넷 혁명은 '미디어'에 의한 커뮤니케이션 지각변동을 만들어냈다. 이는 19세기 학자 콩트Conte가 말한 역사진화의 세 가지 단계에 한 가지를 더하도록 한 변혁적 사건이다. 인간의 역사는 신화의 시대에서 형이상학의 시대로 이전했고, 다시 과학의 시대에 도달했는데 이제는 바야흐로 '브랜드'의 시대가 된 것이다. 일부 독자들은 인간집단이 믿음을 던져온 신神-철학-과학의 수준에 브랜드를 나란히 놓는 것에 반감을 느낄지 모르겠다. 하지만 필자는 "신의 현시대적 동격으로 '돈'을 놓는 것 보다는 차라리 브랜드여서 다행"이라고 주장하고 싶다. 역사적 과정에서 신본주의의 으뜸은 '신'이었으며 르네상스 이후 인본주의의 으뜸은 '인간'이었으니, 자본주의의 왕은 '자본', 즉 돈이어야 마땅함에도 다행히 단순한 물질 자체만이 아닌 '가치'를 담고 있는 브랜드인 것이 차라리 낫지 않은가.

앞서 살펴본 커뮤니케이션 체계의 변화는 인간의 정신과 가치관의 영역에서도 같은 맥락으로 이루어졌다. 전통적으로 성聖과 속俗을 구분해온 문화가 두 가지 방향의 복합적 진화로 나타났다. 콩트가 말한 과학의 시대 이후 세속세계에 대한 거룩함의 구속력이 급속히 약화되었다. 또한 한 개인의 삶 속에서 대립되는 두 영역은 충돌 없이 모순적 공존을 이루기도 한다. 더하여 보이지 않는 초월적 존재에 대한 관심보다 물성物性, 물질物質, 물화物化에 대해 강해진 집착은 물신物神에

"신의 현시대적 동격으로 '돈'을 놓는 것 보다는 차라리 브랜드여서 다행"이라고 주장하고 싶다. 역사적 과정에서 신본주의의 으뜸은 '신'이었으며 르네상스 이후 인본주의의 으뜸은 '인간'이었으니 자본주의의 왕은 '자본', 즉 돈이어야 마땅함에도 다행히 단순한 물질 자체만이 아닌 '가치'를 담고 있는 브랜드인 것이 차라리 낫지 않은가.

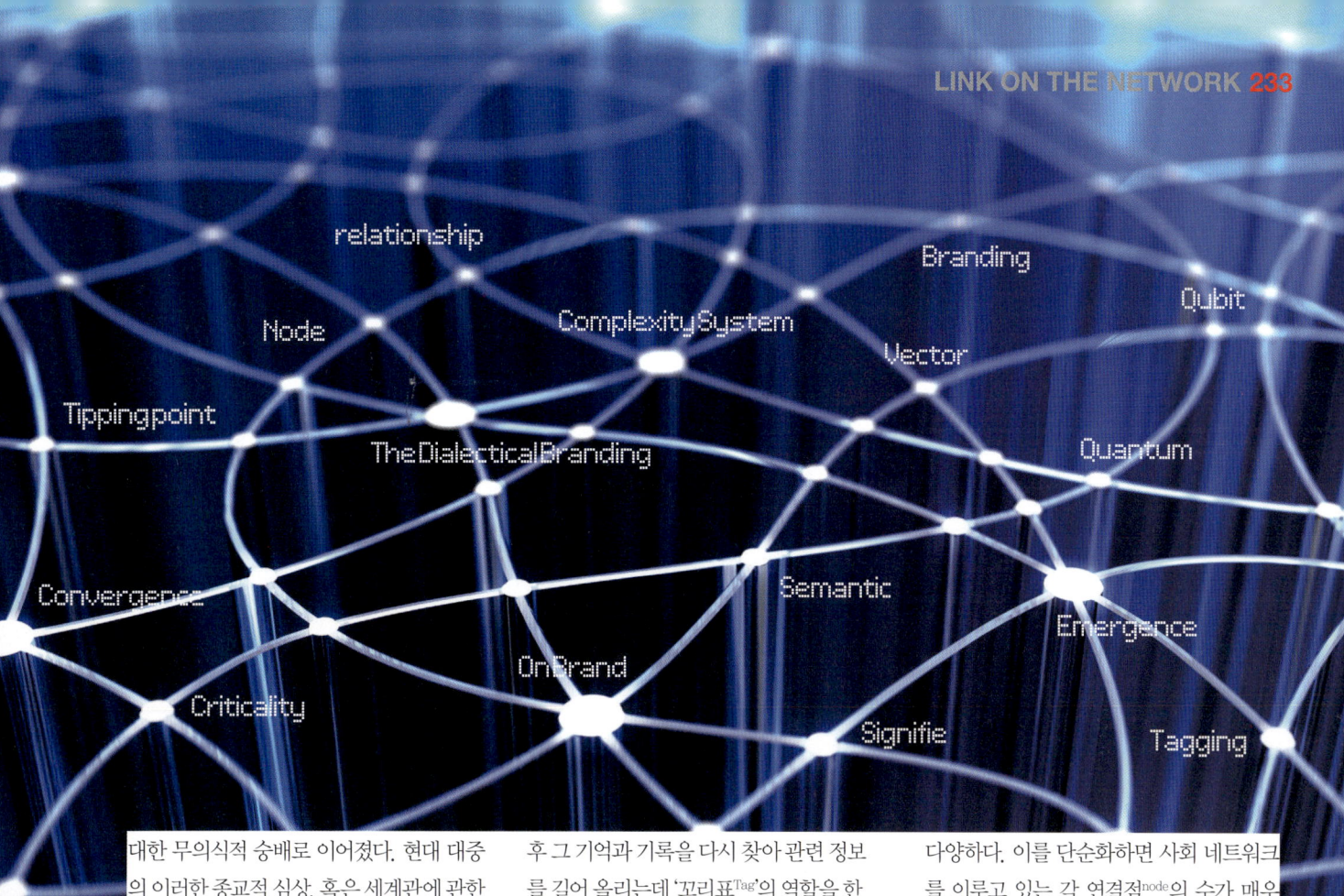

대한 무의식적 숭배로 이어졌다. 현대 대중의 이러한 종교적 심리, 혹은 세계관에 관한 사회 심리적 변화는 브랜드의 시대가 출현하는데 중요한 배경을 이룬다. 중요하게 포착해야 할 변화의 핵심은 기의 중심의 기표 종속이 두 요소의 균형 잡기Balancing로, 나아가 기표 중심 사회로 이행되었다는 점과 앞으로 말할 브랜드 공급자 중심의 브랜드 소비자 종속이 이제 소비자 중심으로 변화되었다는 점이다.

복잡계 환경의 이해

이제 우리는 '이름 짓기'와 '이름 퍼뜨리기' 과정에 있어서 우선 커뮤니케이션 환경의 변화를 검토하고자 한다. 이를 통해 사회공간에서 어떻게 특정한 숭배대상으로서의 존재가 출현하고 그 존재의 기표를 인지하고 사용하는 상호작용이 나타나는지 기반 지형을 분석하고자 한다. 또한 브랜드를 소비하는 대중과의 관계가 맺어지는 방식이 어떻게 변화했는가에 대한 메커니즘을 파악하여야 할 것이다. 개인영역 또는 집단에서 사람, 사물, 그리고 사건—특정한 개인적, 집단적 경험—에 대해 '명명'이 이루어지면 그것이 기억되거나 기록된다. 이름은 향후 그 기억과 기록을 다시 찾아 관련 정보를 길어 올리는데 '꼬리표Tag'의 역할을 한다. 그리고 연상되거나 인용되어 다시 '호명'되고 '불려'진다. '브랜딩'이라고 하는 것은 그 범위와 영역이 개인적 차원을 넘어서 한 사회나 커뮤니티에서 대중적 지위를 획득하는 현상을 약술한 것에 다름 아니다. 다만 우리는 이미 브랜드는 마케팅과 관련되어 특정 기업이 특정 상품이나 서비스를 잠재적 소비자집단을 대상으로 하여 창조해 내고 확산시키고자 노력하는 상징적 가치의 종합적 구성물임을 알고 있다. 여기서 종교적 숭배와 물신 숭배가 다른 것은 태생적 목적이 다르다는 것뿐이다. 이 둘 사이에는 적어도 사회학자 뒤르케임Durkheim이 분석한 사회적 현상의 과정은 동일하며 역사흐름 속에서 적어도 표면적 양상은 더욱 구분 불가능하게 될 것이다. 우리는 일단 브랜드는 자본주의 체제 안에서 칼 폴라니Karl Polanyi의 개념에 따라 '시장사회Market Society'라는 환경을 전제로 두고 있음을 이해하여야 한다.

현대 시장사회의 특성을 한 마디로 정의한다면 그것은 '복잡계Complexity System'라는 것이다. 복잡계는 내부에 담고 있는 요소가 매우 많으며, 무엇보다 이들 간의 상호작용이 다양하다. 이를 단순화하면 사회 네트워크를 이루고 있는 각 연결점node의 수가 매우 크고, 이들 간 관계인 연결선line의 수 역시 커서 매우 복잡한 연결망을 그려내고 있다는 것이다. 복잡계 환경의 이해를 돕기 위해 몇 가지 특성을 정리하면 다음과 같다.

초기 조건에 대한 민감성

기상학자 로렌츠에 의해 '나비효과Butterfly effect'로 많이 알려진 개념이다. 이는 복잡한 환경으로 구성된 위상공간에서 증폭과 상쇄의 피드백이 뒤섞여 시간적으로 초기의 사소한 차이들이 이후 상당히 큰 변화를 일으키는 선행조건으로 작용하게 됨을 의미한다. 즉, 과정 초기의 미세한 변동이 결과값에서 커다란 변화를 일으키는 상황으로 발전할 수 있음을 뜻한다.

상호의존성과 경로의존성

전통적인 과학적 인과관계 모델은 소수의 독립변수와 종속변수를 설정하고, 그 영향과 관계, 경로에 대한 분석으로 관계성의 유형과 정도를 밝히는 경우가 많았다. 하지만 현대 시장사회에서 변수 자체가 많아지는 것으로도 분석이 복잡하게 되지만 변수의 독립성과 종속성이 분명치 않고, 상호피

드백을 하는 관계로 얽히게 되면 이에 대한 선형적 분석이 불가능해진다. 따라서 복잡계는 '비선형적'이라고 이야기된다. [01] 또한 시간적 과정에서 초기 독립변수의 영향보다 어떤 사건의 바로 직전 환경의 복잡한 특성이 지속적으로 다음 사건의 궤적에 변화를 일으키는 경우 '경로종속적$^{Path\ dependent}$'이라고 본다. 이 경우 전통적 모델로 인과적 과정을 분석하는 것은 어렵다. 역사학자 개디스^{Gaddis}는 이를 '동작 과정의 초기에 일어난 사소한 사건이 궁극에 가서는 거대한 차이를 불러올 수 있는 성질'이라고 간단히 정의했다.

자기유사성

자연에 대해 프랙탈^{Fractal} 기하학을 적용하면 규모를 초월하여 자기유사성$^{Self\ similarity}$이 나타나는 현상을 발견할 수 있다. 프랙탈이란 수학자 만델브로트^{Mandelbrot}가 발견한 것으로 대안적 측정 구조에 대해 길이와 차원을 재정의한 것이다. 특정한 식물을 점점 작은 조각으로 쪼개어도 유사한 모양을 유지하며 쪼개지는 현상을 비롯하여 혈관, 정기방전, 광석의 균열, 갈라진 하천 바다, 해안선 등에서 닮은 '패턴'이 나타남을 볼 수 있듯이 관찰범위의 규모와 관계없이 같은 패턴을 유지하려는 성질을 '자기유사성'이라고 부른다. [05]

자기조직화

물리학적으로 가장 보편타당한 '절대법칙'이 있다면 그것은 열역학 제2법칙일 것이라고 학자들에게 인정받아 왔다. 이는 모든 물질과 현상의 방향은 엔트로피 증가의 방향이며 궁극적으로 '열죽음$^{Heat\ death}$'으로 나아간다는 것이다. 하지만 '생명과 진화의 활동', 즉 생명체가 진화를 통해 복잡성이 증가하고, 인간사회에서도 무정부적 현상 속에서 질서와 협력을 유지, 발전시키는 경우 등 예외적 현상이 일어난다. 이렇듯 특정한 패턴이나 유형, 질서를 유지하면서 유기체나 시스템의 복잡성이 증가하는 것을 '자기조직화Self organization'라고 한다.

임계성과 상전이

어떤 시스템, 혹은 사회가 초기 조건에 대한 민감성과 더불어 규모를 초월한 '자기유사성'이라는 두 가지 성질을 모두 갖고 있는 경우를 '임계성Criticality'이라고 지칭한다. 임계성을 갖는 물질이나 시스템의 경우 고유한 임계 값에 도달하면 한 상태에서 다른 상태로 급작스러운 전이가 일어나게 되는데 이를 '상전이Phase transition'라 한다. 물질계에서는 0℃의 물이 고체에서 액체로 변하고, 다시 100℃에서 기화하는 현상을 확인할 수 있으며, 사회적으로는 급격한 혁명이나 혁신, 또는 글래드웰Gladwell이 말하는 티핑포인트Tipping point와 같은 예가 있다. 상전이 현상은 점진적 변화, 혹은 양적 변화라기보다는 급진적 변화, 그리고 질적 변화의 수준에서 논의된다.

우리가 분석하는 시장사회는 복잡계 환경으로 진화하면서 위에서 언급한 특성들이 발현Emergence되고 있다. 이전 아날로그 시대, 오프라인 공간에서는 하나의 이름이 선언되고, 집단과 개인을 대상으로 확산되고, 인식되고 이해되어 사용되는데 많은 노력과 시간이 필요했다. 일례로 미디어학자인 해롤드 이니스Harold Innis의 커뮤니케이션 역사 분석을 보자. 넓은 영토를 통치해야 했던 로마제국은 수많은 점령지를 대상으로 매일 엄청난 파피루스 문서를 끊임없이 날려 통치의 지침을 하달하고, 반대로 점령지의 보고서를 받아야했다. 로마제국의 포장도로는 칙서들을 끊임없이 전달하는 말발굽 소리로 밤새도록 울려 퍼졌다고 한다. 그는 로마제국 멸망의 주원인의 하나로 이집트로부터 파피루스의 공급이 끊긴 것을 들었다. 즉 오프라인 커뮤니케이션의 주기와 빈도, 밀도를 유지하는데 드는 노력과 비용이 엄청났음을 알 수 있는 것이다. 그렇게 함으로써 '로마'라는 브랜드의 권력과 권위를 끊임없이 환기시킬 수 있었다. 이는 20세기 중반 라디오와 TV를 중심으로 전기전자 혁명에 의한 전파매체들이 대중 커뮤니케이션을 장악하기 전까지 고대와 중세를 거쳐 근·현대에 이르기까지 커뮤니케이션 환경, 매체와 매질, 정보 확산의 속도에 대한 막대한 비용으로 이어져왔다.

이제 고작 10여 년의 역사를 거슬러 올라갈 수 있는 디지털 시대, 온라인 공간은 어떠한가? 여기서는 그동안 과잉 논의되어온 지식정보사회에 대한 미래학자들의 개론이나 사이버공간에 대한 기초이론, IT 발전상에 대한 진부한 설명은 생략하고자 한다. 우리는 마케팅 분야의 시장구조론과 커뮤니케이션학의 정보 확산 이론의 주요한 단초를 에버렛 로저스Everett Rogers의 저서 '개혁의 확산Diffusion of Innovations'에서 찾아볼 수 있다. 농업분야에 적용되는 신농법의 확산을 연구하던 로저스는 확산모델의 정립을 통하여 이후 커뮤니케이션 분야에 대해 더 많은 영감을 제시했다. 이를 브랜딩에 적용해보면 다음과 같은 4단계 과정으로 구분할 수 있다. 1) 브랜드 창출, 2) 의사소통 채널의 등장, 3) 브랜드 확산에 걸리는 시간과 수용 속도의 최단경로 포착, 4) 사회 환경의 영향 및 상호작용의 다이나믹스 등이 그것이다. 우리가 논의하는 온브랜딩이란 무엇인가? 온라인 공간에서 창출되어 존재하고, 온갖 커뮤니케이션 네트워크의 참여자와 정보들이 상호작용하고, 불확정적으로 소비되는 브랜드의 형성 및 확산, 유지되거나 예측 불가능하게 소멸되는 복잡계 과정이 바로 온브랜딩인 것이다.

온브랜딩의 다이나믹스

잭 트라우트Jack Traut와 함께 20세기 후반 스테디셀러인 《마케팅 불변의 법칙》을 저술한 알 리스Al Ries는 21세기에 들어와 자신의 딸과 함께 《브랜딩 불변의 법칙》을 출간했다. 이 안에는 새롭게 출현한 인터넷 환경에서 유의할 브랜딩의 법칙이 정리되어 담겨 있다. 이 중 온라인 공간에 적절한 내용으로 쌍방향성의 법칙, 장벽과 경계가 해체된다는 세계화의 법칙, 저지르고, 빠르고, 최초가 되고, 집중해야 성공한다는 시간의 법칙, 인터넷 혁명을 통한 생활의 변화를 언급한 진화의 법칙이 포함되어 있다. 반면에 보통명사로 네이밍한 인터넷 브랜드는 필패한다는 보통명사의 법칙, 인터넷에서는 '이름' 밖에 내세울 것이 없다는 고유명사의 법칙 등 비판적인 내용도 있으며 인터넷을 통해 역설적으로 온라인 광고시장 보다 오프라인 광고시장이 더 커질 것이라는 인터넷 광고의 법칙이 있다. 특이하게 주목할 대목은 인터넷을 사업기회로 볼 것인가, 미디어로 볼 것인가 선택해야 한다는 양자택일의 법칙과 모두들 '통합Integration'을 들먹이지만 실상 벌어지는 현상은 '분화Diversification'라고 강조한 분화의 법칙이다. 물론 알 리스의 인터넷 브랜딩의 법칙은 학문적으로 정립된 '법칙'이 아니다. 일개 마케팅 컨설턴트의 시각일 뿐이다. 하지만 앞서 설명해오고 있는 온브랜딩과 복잡계 환경에 대한 관계성 분석에 있어서 몇 가지 중요한 키워드를 제공하고 있다. 세계화, 보통명사, 고유명사와 같은 일반적 상식은 걷어내고 인식해야 할 용어는 쌍방향성, 시간(혹은 속도나 타이밍), 미디어, 통합과 분화가 그것이다. 통합과 분화는 최근에는 융합과 발산의 양 측면을 고려하는 컨버전스Convergence와 디버전스Divergence로 통칭한다. 그렇다면 온브랜딩 과정에서 우리가 고려할 주요변수와 요소는 무엇일까?

1) 브랜드 네임이 존재한다. 2) 브랜드 네임이 온라인 공간에 떨어진다. 어떤 시간, 어떤 지점에? 3) 브랜드 네임이 착륙한 네트워크 특정 위치의 특정 행위자가 브랜드 네임을 인식한다. 4) 그것이 전파된다. 여기서부터는 철저하게 브랜드 공급자가 아닌 브랜드 수용자의 네트워크 매체의 영역이 된

개방, 공유, 참여라는 3대 원칙으로 제시된다. 이것은 온브랜딩의 3대 원칙과 다르지 않다. 하지만 아직까지도 허다한 브랜드와 서브 브랜드를 쏟아내는 기업과 브랜드 공급자, 브랜드 유통업자들은 이러한 변증법적 '형성'의 논리를 브랜딩 과정에 거의 반영하지 못하고 있는 것이 현실이다.

다. 5) 확산된다. 서서히, 또는 빠르게? 여기서 브랜드 공급자는 급격한 상승 S-Curve를 바라마지 않지만 네트워크 환경의 구조와 행위자의 의지 및 행동개입의 복잡계로 빠져들면서 확산, 혹은 정체, 혹은 소멸, 혹은 파괴적 변형의 경로에서 어느 길을 타고 흐를지는 아무도 알 수 없게 된다.

우리가 자연과학에서 배운 '확산'은 비커에 든 투명한 물에 잉크 한 방울을 떨어뜨릴 때 확인된다. 매질이 순수한 물인지 합성물인지 기름인지 젤인지에 따라 확산과정은 확연히 다르게 관찰된다. 마찬가지로 우리는 집단 네트워크, 즉 사회연결망 속에 브랜드를 메시징 하는 것이다. 네트워크 매질 특성에 따라 확산 사이클, 풀어서 설명하면 확산곡선의 진폭과 주기는 달라진다. 여기에서 매우 중요한 것은 앞서 복잡계 특성에서 언급했던 임계성과 상전이의 위치이다. 어떤 허접한 뉴스가 어느 날 온라인 포털에 쫙 깔린다. 선정적 헤드라인을 보고 이 기사를 클릭한 정보수용자들은 욕을 내뱉고 만다. 하지만 이 뉴스는 몇 시간 동안 인터넷 검색어 1위를 점하고 열 받은 댓글의 행진을 이어나간다. 우리가 매일 접하는 일상적 사건이다. 반면 정치, 경제, 사회, 문화적으로 매우 중요한 어떤 뉴스가 온라인 공간에 떨어지지만 비슷한 시기에 벌어진 해외테러, 자연재해, 스타의 자살, 주가폭락 등 반짝 이슈에 묻혀 통 알려지지 못하고 만다. 이 또한 매일 벌어지는 일상적 정보 확산 현상의 하나이다. 왜?

이를 설명하기 위해 본 저자는 사회연결망 내에서의 브랜딩 과정의 변증법을 제안하는 바이다. 변증법은 고대 그리스 철학에서 대화술이나 문답법을 의미하는 표현으로 시작하여 근대 철학자 헤겔Hegel에 이르러 정正-반反-합合의 3단계적 과정을 뜻하였고, 이데올로기의 대립시대에 마르크스Marx와 엥겔스Engels는 역사의 진화법칙으로 정립하기에 이른다. 브랜드의 '정'은 최초 브랜드 공급자가 창조해낸 의도된 생산물이다. '반'은 꼭 브랜드에 대한 저항이나 '안티Anti'를 의미하기 보다는 최초 브랜드에 자신의 입장이나 의사를 적극적으로 개입시키거나 주관성을 가지고 해석하는 소극적인 이해 등 브랜드라는 정보를 수용하고, 커뮤니케이션 과정에 참여하는 모든 개입행동을 말한다. 이는 격렬한 찬반토론이 될 수도 있고, 침묵과 무관심일 수도 있다. 그리고 최초 정보발신자와 네트워크 매체 내에서 수없이 개입하는 매개적 변수들의 상호작용의 결과 어느 시점에 유통되고 있는 브랜드의 형태가 '합'인 것이다. 당연히 이 과정은 역사가 지속되는 한 무한 반복될 것이다. 온라인이라는 정보공간에서는 이러한 브랜드의 실제적 형성과정, 브랜딩이 시간적으로는 순식간에, 공간적으로는 광범위하게, 참여자의 수로는 특정국가나 혹은 세계적으로 한계범위의 끝까지 확장 가능함으로 이전의 정보 확산 과정과는 비교할 수 없는 현상이나 효과를 만들어낸다. 뿐만 아니라 브랜드의 의미론Semantic적 측면에서도 최초 고안자의 의도와 전혀 상관없이 변형된, 때론 전혀 다른 의미로 유통될 수 있는 것이다. 이렇듯 속도와 범위, 즉 시공간적 변수와 참여 행위자의 수적 규모, 그리고 이들의 개인적 의사가 집단적 상호작용의 결과 나타나는 집단지성의 방향성과 의사결정은 작은 양적 축적이 어느 순간 급격한 질적 변화로 이어진다는 변증법의 양질전화量質轉化의 법칙과도 같다. 양질전화의 법칙은 다름 아닌 '혁명'이다.

커피브랜드인 스타벅스Starbucks는 상당히 문학적인 스토리를 담고 있다. 원형 상징물 안의 여성은 그리스신화에서 어부들을 유혹하여 바다 소용돌이에 침몰시키는 마녀 사이렌Siren이다. 스타벅스라는 이름은 작가 멜빌Melville의 작품 《백경Moby Dick》에 등장하는 포경선 피쿼드 호의 일등항해사의 이름에서 따왔다. 그는 소설 속에서 커피를 즐기는 인물로 그려진다. 스타벅스 브랜드의 이러한 심오한 뜻을 알고 애용하는 소비자는 몇 퍼센트나 될까? 우리나라 사람들에게 스타벅스는 '별다방'으로 더 친숙하다. 경쟁브랜드인 커피빈Coffee Bean 역시 간단하게 '콩다

방'이다. 현직 국가원수인 이명박 대통령이 당선될 때 자국민 네티즌들에게 2MB라는 별칭으로 불리게 될 것을 상상이나 했겠는가? 콘텐츠 유료화가 강화되면서 정보의 용량은 곧 비용이라는 인식이 강해진 온라인 공간의 유목민들은 축약어와 신조어, 다양한 외계어들을 쏟아내고 있다. '좌절'이라는 낱말은 'OTL'이라는 상형문자로 재기표화 되었다. 온라인에서 만들어진 축약어들은 오프라인으로 튀어나온다. 최근 커다란 사회적 충격을 준 노무현 전대통령의 영결식에는 '지못미'라는 피켓이 홍수를 이루었다. (이것을 '지켜주지 못해 미안합니다'로 풀어 쓸 필요조차 없을 것으로 본다. 이런 벌써 풀어 써버렸네...^^;; -익숙한 온라인 커뮤니케이션형 조크다) 이러한 커뮤니케이션에 대한 비용절감 현상은 온라인 공간이 창조되기 오래 전인 1949년에 이미 클로드 섀넌 Claude Shannon이 논문 '커뮤니케이션의 수학적 이론'에서 밝힌 것이다. 정보이론의 아버지로 불리는 그는 우리에게 익숙한 '비트BIT'라는 용어와 개념을 창시한 인물이다. 그런데 온브랜딩에 있어서 기본적으로 고려해야할 문제는 누가 어떻게 어떤 사건을 통해 시초 브랜드에 개입하여 브랜드 형성에 포지티브한 혹은 네거티브한 영향을 미칠 것인지가 불예측적이고 불확정적이라는 것에 있다. 따라서 온브랜딩 과정은 특정영역에 갇혀있지 않고 환경 전체에 대해 '열려' 있다. 이 원칙은 웹이 시작되던 때부터 강조되었고, '웹 2.0'의 철학으로 재환기 된 바 있다. 그것은 개방, 공유, 참여라는 3대 원칙으로 제시된다. 이것은 온브랜딩의 3대 원칙과 다르지 않다. 하지만 아직까지도 허다한 브랜드와 서브 브랜드를 쏟아내는 기업과 브랜드 공급자, 브랜드 유통업자들은 이러한 변증법적 '형성'의 논리를 브랜딩 과정에 거의 반영하지 못하고 있는 것이 현실이다. 많은 원인들이 있겠으나 기본적인 장애요인은 결국 고정관념과 몰이해, 복잡함을 기피하고 단순명쾌한 정답을 찾고자 하는 선형적 학습의 잔재일 것이다. '수학은 불완전하다'라고 주장한 '불완전성의 정리'를 1931년 발표한 천재수학자 쿠르트 괴델은 세계수학자 대회에서 축출되기에 이른다. 괴델은 21세기에 들어와 복잡계와 혼돈이론 영역에서 부활하여 선각자로 각광받고 있지만 그는 이미 1978년 사망한 이후의 일이다.

안 그래도 참여자의 양질 측면에서 복잡한 온브랜딩의 불예측적 진화과정을 더욱 복잡하게 만드는 것은 인간 행위자 이외에도 매개자(등장인물)가 아닌 매개체(등장물)들의 개입과 참여가 다양화되고 있다는 점이다. 프랑스의 과학사회학자 브루노 라투Bruno Latour는 행위자 네트워크Actor Network의 개념을 발표했다가 이를 '행위체' 네트워크Actant Network로 수정 명명한 바 있다. 우리사회의 연결망 안에 행위 하는 요소는 인간만이 아니라 이미 다양한 기계(하드웨어와 소프트웨어를 망라하는) 등 인공물과 지식, 정보가 결합되어 역동하고 있으며 이제는 커뮤니케이션의 여러 프로세스에 인공지능마저 개입하고 있다는 것이다. 아주 간단한 예를 들어 뉴미디어 디바이스가 등장하면 그 특성에 따라 브랜드의 상징기법이 달라지는 현상을 보자. 이러한 브랜딩 변화과정의 속도와 표현기법의 전환주기 및 복잡성은 계속 가속화되고 증폭된다. 우리사회의 복잡성은 '지수함수로 증가하는데 간단히 인간역사에서 지난 30만년 동안 축적된 지식과 정보의 양보다 향후 30년 동안 만들어지고 유통될 지식과 정보의 양이 많을 것이라는 계산으로 표현할 수 있다.

더 놀라운 근미래를 예언해볼까 한다. 여기서 근미래는 향후 한 세기 이내로 이루어질 일로 본다. 아직은 대중의 이해가 낮지만 현대 양자물리학자들은 '양자정보이론'인 큐비트Qubit 프로젝트에 매달려 있다. 이는 물질의 최소단위인 '양자Quantum'와 정보의 최소단위인 '비트BIT'의 합성어이다. 존재, 영혼, 정신, 기억, 지식, 정보는 그동안 철저한 이원론으로 봉쇄되어 왔던 물질, 육체, 분자, 원자, 양자 및 소립자와의 경계가 해체되면서 통합될 것이다. 이것은 상상하기 어려운 현실이 될 것이다.🔗48 기표와 기의가 하나로 합쳐진다. 국가와 민족마다 분화된 언어들이 지구촌 인간들의 소통을 얼마나 단절하고 있는가? 그런데 언어의 통합수준이 아니라 더 나아가 이름과 존재가, 형상과 의미가, 육체와 영혼이 하나로 통합된 세상이 어떤 것인지는 아직까지 그려낸 공상과학물도 없다. 브랜드는 그것이 표상하던 상품이나 서비스와 분리 불가능한 일체로 결합된다. 우리가 특정 브랜드를 선택하는 순간 지금의 온라인 쇼핑처럼 주문과 결재가 처리되는 것이 아니라 상품이 우리에게 즉시 나타나 나에게 점유될 것이다. (제레미 리프킨Jeremy Rifkin의 《소유의 종말》에 동조하여 렌탈Rental이나 리스Lease를 포함한 점유Occupation 개념을 썼다.) 어떠한 '것'을 알리기 위해 붙여진 이름, 그것을 경쟁우위를 가지고 더 널리 더 깊이 더 많은 사람들의 뇌리에 각인시키기 위해 쉽고 멋지게 포장된 브랜드. 이제 브랜드는 그것이 표상하는 상품과 분리되어 스스로의 가치를 갖는 시대를 맞이했다. 브랜드는 그 자체로 고유한 가치를 지니며 평가되고 가격이 산정된다. 예를 들어 3M은 미네소타라는 지역에서 광산업 및 제조업을 하던 기업의 이름이다. Minnesota Mining and Manufacturing Company였다. 그러나 현재 3M이라는 브랜드는 우리에게 다르게 인식되고 유통된다. 그런데 브랜드와 상품이 통합되는 시대에 우리는 또 다른 브랜드 역전 현상을 맞이하게 될 것이다. 오프OFF브랜드와 온ON브랜드의 구분이 무너지는 것은 차라리 미시적인 변화로, 이를 넘어서는 거대한 변화로 '브랜드'라는 개념 자체가 사라지거나, '이름' 자체가 없어지는 시대로 진입하게 될지도 모른다. 이때 새로운 Tagging과 Naming의 혁명이 일어날지는 모르겠으나 온브랜드의 변증법과 다이나믹스에서 한 가지만은 유효하게 살아남을 것이다. 그것은 더 빨리 더 넓게 공급자와 사용자, 발신자와 수용자가 섞인다는 점이다. 사회연결망이 복잡하게 얽힌 온브랜딩 과정은 이미 통제 불가능하다. 태동된 역사는 되돌아 갈

'선-악-더 확장된 선, 하지만 악의 색깔도 군데군데 끼어있는'의 변증법을 믿어야 온브랜드의 진화가 있다. 역사의 진보와 집단지성을 믿지 못하면 민주주의를 하지 말아야지. 마찬가지로 네트워크의 자정작용을 믿지 못한다면 온브랜딩을 시도하지 말 일이다.

수 없다. 과거 전쟁이론에서 발전되어 현재 비즈니스 영역에서 흔히 사용되는 전략기획, 마케팅 승리기법, 소수의 선전선동Propaganda, 시나리오 방식의 예측과 계획은 머지않아 무용지물이 된다. 마찬가지로 지금의 온브랜딩 방법론 또한 10년, 30년 후엔 새로운 도전에 직면할 수 있다. 다 버릴 수도 있어야 한다. 미리 볼 수 있다면 대비해야 한다.

일부영역에서 아직까지 뉴튼Newton의 운동법칙은 유용하지만 아인슈타인Einstein의 상대성이론이 등장한 이래 절대법칙은 허물어졌다. 20세기를 바꾼 상대성이론의 핵심은 아직까지 대중에게 충분히 이해되고 있지 않다. 고정관념은 과학의 이름 아래에서조차 한 세기 동안 깨지지 않음의 반증이다. 그럼에도 불구하고 과학적 결과는 우리 삶을 변화시키고 유지하는 기반 밑에서 실제로 작동하고 있다. 우리는 원자력에 의해 전력을 공급받고, 제트역학으로 하늘을 날고, 자기부상열차로 이동하며 유전자 조작식품을 섭취한다. 우리는 브랜드를 특정 기업이 만들고 미디어가 유포하고 우리가 본다고 착각하지만 브랜드는 이미 우리의 눈을 통과하는 순간 주관적 심리영역에서 고유한 사고체계와 이미 축적된 정보와 섞이면서 왜곡되거나 '자기조작'된다. 그것도 나 하나가 아니라 사회연결망이라는 우주의 집단무의식의 공조현상 속에서 말이다. 물리적 영역에서는 이러한 현상을 하이젠베르크Heisenberg가 제시했다. 아인슈타인 이후 그는 우리가 전자입자를 측정하려고 개입하는 순간 전자가 어디에 있는지 알 수 없어진다는 '불확정성의 원리'를 발표했고, 1932년 노벨물리학상을 받았다. 과학은 전자의 위치를 통계적으로만 추정할 수 있을 뿐이다. 마찬가지로 진정한 브랜드가 어디에 있는지 알 수 없다. 사실 '진정한' 브랜드란 없다고 생각하라. 하나의 브랜드는 매순간 새롭게 태어난다. 구조와 행위의 뒤얽힘 속에서 브랜드는 순간적으로 존재하고, 점멸하며, 현현顯現할 뿐이다. 초기에는 커뮤니케이션 네트워크를, 향후에는 행위체 네트워크를 부유하는 브라운운동을 유유히 하면서.

맺으며

위의 장황한 내용을 무리하게 압축한다면 온브랜딩 과정은 첨점 기하학Cuspidal Geometry의 위상공간 속에서 방향만을 예측하고 벡터Vector로 계산해볼 수 있을 뿐이다. 이는 열린 네트워크 환경 속에서 변증법적 상호작용을 스케치하기 위한 수학적 시뮬레이션이 될 전망이라는 뜻이다. 이 난감한 문장을 보다 쉽게 설명해보기 위해 역사적으로 현실과 환상이 복합된 한 사건을 고찰하면서 본 에세이를 맺고자 한다.

2차 대전 시기 독일 나치정권에 맞서 히틀러 암살시도에 가담하기도 했던 목사이자 신학자 디트리히 본회퍼Dietrich Bonhoeffer는 어느 날 꿈을 꾼다. 기독교 신앙인인 그에게 신이며 구세주인 예수 그리스도가 나타난다. 비록 꿈에서나마 숭배해 마지않는 신앙의 대상을 만난 본회퍼는 감격하여 평소 품고 있던 질문을 외친다. "오, 그리스도시여! 당신의 그 위대한 권능은 어디에서 나오는 것입니까?" 이 질문에 예수는 한 마디로 답한다. "나를 그토록 믿어주는 너로부터." 이 이야기는 듣는 이에 따라 기적일수도 있고 개꿈일수도 있다. 하지만 본회퍼는 깨달았고 자유주의 신학에서 한 걸음 더 나아가 상대주의 신학의 개념까지 도달한다. 상대주의와 신학. 이처럼 모순적인 결합이 있을까? 상대주의 종교학은 가능하지만 절대성을 배제하는 신학은 도대체 무엇이란 말인가? 상대주의 신학은 바로 '온브랜딩'이다.

불교의 임제 스님은 구도求道의 길을 가다가 부처를 만나면 부처를 죽이라는 화두를 던졌다. 부처를 찾으러 길을 떠났는데 목적달성을 눈앞에 두고 그를 살해하거나 파괴하라니? 그러나 이것이 '온브랜딩 과정'이다. 온브랜딩 과정에서는 그 간의 고생이 아까워 부처를 죽이지 못하고 있더라도 순식간에 군중이 달려들어 부처-엄밀하게는 부처라는 브랜드-를 해체하고 말 것이다. 그런데 그것은 비극적 종말이 아니라 엄청난 부처들

ON branding

이 확산되어 더 다채롭게 나타나는 사건의 출발이다. 혹여 악한 신, 악한 부처, 적그리스도가 나타나는 것 아닐까 염려되는가? 나의 소중한 브랜드가 무지하고 거친 집단에 의해 오염되고 오해되고 오독되는 것이 걱정되는가? 그렇다면 온 브랜드를 만들지 말고, 온브랜딩을 하지 말아야 한다. 문익환 목사의 강연 중 한 자락을 회상하게 된다. 그는 "모든 것이 좋다!"라고 말했다. 누군가 물었다. "그렇다면 악(惡)이란 무엇입니까?" 그의 대답은 이러했다. "악이란 악용된 선(善)일뿐입니다." 이러한 '선-악-더 확장된 선, 하지만 악의 색깔도 군데군데 끼어있는'의 변증법을 믿어야 온브랜드의 진화가 있다. 역사의 진보와 집단지성을 믿지 못하면 민주주의를 하지 말아야지. 마찬가지로 네트워크의 자정작용을 믿지 못한다면 온브랜딩을 시도하지 말 일이다. 악용된 엉뚱한 브랜딩 개입은 또 다른 지점에서 다른 변수의 개입에 의해 희화화된 재미를 줄 수도 있고, 언젠가 바로 잡히게 됨을 믿어야 한다. 온브랜딩이 열린 마음에서 시작되어 전지구적 집단행동으로 귀결될 것이라면 존 레논스러운 몽상일까? 하지만 애플과 픽사 스튜디오와 아이팟, 아이폰을 실현하고 있는 온브랜딩(네트워크를 적극 활용하는 커뮤니티 브랜딩의 의미에서)의 아이콘 스티브 잡스는 그렇게 시작했고, 여전히 프레젠테이션마다 존 레논의 노래 '이매진Imagine(상상하라)'을 BGM으로 깔고 다닌다.

"Feta Regunt Orbem! Certa Stant Omnia Lege."

불확실한 것은 운명이 지배하는 것, 확실한 것은 인간의 재능이 관할하는 영역

[참고문헌]
· 글루어 《쿨헌팅, 트렌드를 읽는 기술》(비즈니스맵, 2008)》
· 김용학 《사회 연결망 이론》(박영사, 2004)》
· 말콤 글래드웰 《티핑포인트》(21세기북스, 2004)》
· 에버렛 로저스 《개혁의 확산, 2005, 커뮤니케이션북스》
· 알 리스 《브랜딩 불변의 법칙》(비즈니스맵, 2008)》
· 페르디낭 소쉬르, 《일반언어학 강의 지만지, 2008)》
· 해롤드 이니스 《제국과 커뮤니케이션, 지만지, 2008)》
· 빌렘 플루서 《코무니콜로기》(커뮤니케이션북스, 2001)》
· Bayer, Hans C. von, Information : the new language of Science, 2003, The Orion Publishing Group
· Innis, Harold, Bias of communication, 1991, University of Toronto Press
· Suh, Nam P. Complexity, 2005, Oxford University Press 이외의 다수 논문들
그리고 사유를 고양시켜준 수많은 토론자들에게 감사하며

최영일 현 펜타브리드 광고마케팅 그룹 이사로 인하대학교 기계공학과를 졸업하고 연세대학교 사회학과 박사 과정 중에 있다. 한국글로벌커머스협회 부회장, 한국영상정보학회 학술운영이사 한국 eBI 협회 초대회장. 사이버문화연구소 이사 등을 역임하면서 온라인 마케팅의 초석을 다진 1세대다. 대학교에서 e-business 분야를 강의해왔으며, 현재 건국대학교 예술문화학부에 출강하고 있다.

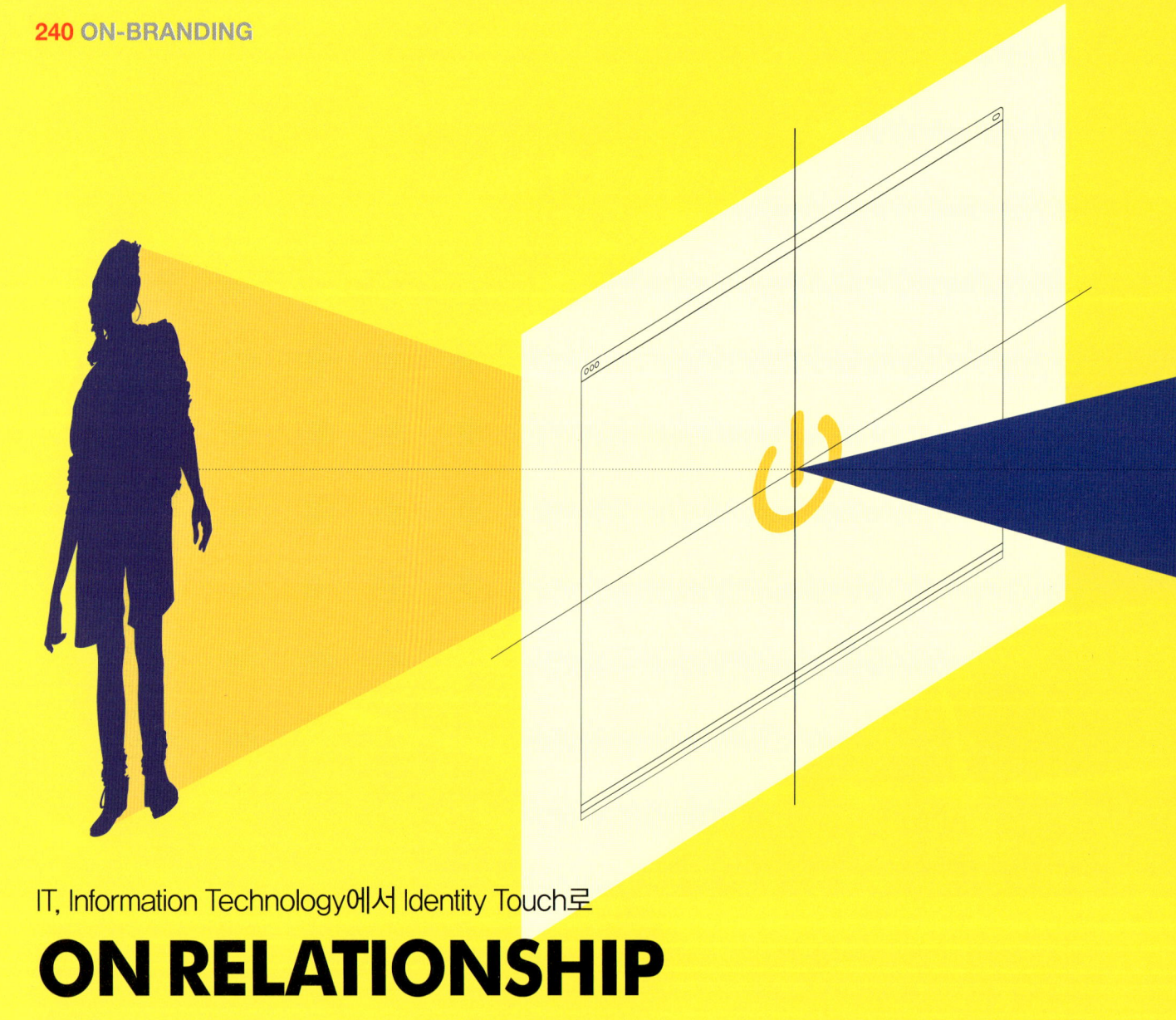

IT, Information Technology에서 Identity Touch로
ON RELATIONSHIP

편집장 권 민

본격적인 인터넷 비즈니스 활동이 시작된 지난 10년이라는 시간 속에서 우리는 너무나 많은 것을 경험했다. IMF 외환위기부터 지금의 세계 경기악화까지, 그리고 사스에서 신종 플루, 이라크 전쟁에서 북한의 핵위협까지 온라인 세상에 신경을 쓸만한 여력이 없었다. 비록 지금 온라인의 변화에 대해서는 가히 '혁명적인 웹 2.0시대의 도래'라고 말하곤 하지만 그것이 시장에서 어떤 변화를 가져오게 할 것인지에 대해서는 기업인들과 브랜더들은 느끼지 못하고 있다. 인터넷을 이메일 확인이나 정보 검색 용도로만 사용하는 사람에게는 그저 편리한 세상이겠지만, 시장의 변화를 아는 브랜더들은 소비자들에 의한 최후의 심판의 세계가 왔다는 것을 알 것이다.

Dilationship, 온라인 족보

한 포털회사에 이런 제안을 한 적이 있었다.

"저는 생물학적으로는 죽어도 온라인에서 영원히 살고 싶습니다. 그러니까 제 말은 제가 죽은 다음에도 저의 딸과 아들과 대화를 할 수 있고, 증손자와 고손자와도 이야기를 할 수 있고, 300년 뒤 나와 비슷한 유전자 배열로 생김새와 성격이 나와 쏙 닮은 자손과도 이야기하고 싶다는 것입니다. 아마 그 친구는 나와 비슷한 의사결정을 하며 나와 비슷한 삶을 살지 않을까요? 어쨌든 제가 생각하는 방법은 간단합니다. 먼저 사람들과의 관계에서 일상적으로 대화할 수 있는 주제 10,000가지를 선택합니다. 제가 그 질문에 대해서 시간 날 때마다 영상이나 글로 기록을 해 두는 것이죠. 또한 저의 일기나 특별한 주제를 가지고 쓴 글들을 모두 기록합니다. 저에게 영향을 주었던 책과 좋은 글귀도 적어놓죠. 그러니까 저의 모든 생각과 경험 그리고 비슷한 가치관을 가진 많은 자료들을 모두 저장하는 것입니다. 그렇게 '기록'으로 존재하는 저를 만드는 것이죠. 그런 다음에 자손들이

저에게 질문을 하면 제 블로그 안에 있는 인공지능 로봇이 제가 예전에 준비했던 답을 바로 말해줍니다. 준비하지 않았던 질문이라면 저의 여러가지 글에서 답을 찾아서 말해주는 것입니다. 그런 글에도 답이 없다면 저의 혈액형, 취향, 가치관, 스타일 그리고 그때의 감정을 참고해서 말해주는 것입니다. 그런데 이것이 가능할까요?"

"그래서 무엇을 원하시죠?"
포털회사의 마케터는 재미있다는 표정으로 물어 보았다.

"꼭 뭘 원하기보다는 저는 계속해서 자손들과 '관계'를 맺고 싶습니다. 단지 저의 유전자 정보만 전해주고 싶지는 않아요. 일단 자손들이 원하는 삶을 살다 보면 저를 찾아 와서 묻고 싶은 것이 있을 것입니다. 왜냐하면 선조들의 경험과 지식이 필요할 때도 있으니까요. 그리고 친근감이라고나 할까요? 굳이 검색이라는 기술적 용어로 표현한다면 패밀리 리서치Family Research라고 할 수 있겠네요. 그냥 돌아다니는 지식이 아니라 내가 경험하고 배운 것을 후손들에게 그대로 전달하고 싶은 것입니다. 그들과 끊어지지 않는 관계를 가지고 싶습니다. 사실 저는 10년 뒤에 사춘기를 맞이할 딸과 아들에게 차마 말하고 싶지 않은 주제로 편지를 써 두고 있습니다. 만약 딸이 나쁜 친구의 권유로 담배를 피게 된다면, 교통사고를 낸다면, 마약을 하게 되었다면, 가출하고 싶다면 그리고 아버지를 이해하지 못한다면... 대략 이런 주제로 글을 쓰고 있습니다. 아마 제 자식이 스무 살이 되면 제가 지금 저의 아버지와 대화가 안 통한다고 느끼는 것보다 더 안 통한다고 느낄 것 같아요. 그래서 미리 준비하고 있습니다. 저는 관계가 끊어지는 것을 원하지 않거든요. 그러기 위해서는 영적인 대화가 필요하죠."

"그런데 영적인 대화가 뭐죠?"

10년 전에 이런 황당한 이야기를 했다면 미쳤다고 했을 테지만 지금은 기술적으로 접근과 수용이 가능한지를 검토할 것이다. 왜냐하면 이미 구글은 신의 관점으로 세상의 모든 책을 전자책으로 만들려고 하고, 태평양 해저를 들여다보고 있으며, 지구의 어떤 곳도 수십 미터 위에서 볼 수 있도록 만들었기 때문이다. 또한 우리가 환상적이고 재미있는 미래로 상상하며 기다리는 것들은 구글을 이기려는 수많은 기업들이 더 획기적인 방법으로 준비하고 있기 때문이다.

인터넷의 순수 역사는 20여 년 정도 되었지만 본격적인 인터넷 비즈니스의 역사는 아마존을 기준으로 보았을 때 10년을 약간 넘는 짧은 기간이다. 과거가 가장 확실한 예언가라고는 하지만, 짧은 인터넷 비즈니스 역사의 10년 과거를 보면서 앞으로의 10년을 내다본다는 것은 이렇게 빠른 변화의 속도라면 예견하건대 아마도 100년 앞을 내다보아야 가능할 것이다. 즉 인터넷은 어디로 진화하고 있을까에 대한 예측은 그 누구도 하기 어려울 것이라는 말이다. 그렇지만 메모리 용량 증가 속도와 정보의 전달 속도는 예측하지 못하더라도, 확실하게 알 수 있는 것은 인터넷 진보의 '방향'이다. 그 방향은 앞에서 포털사와 미래의 인터넷에 대한 대화에서 흘렸던 단어인 '관계'이다.

최근에 인터넷의 확실한 진보를 온몸으로 체험한 적이 있다. 필자는 트위터라는 것을 통해서 개인적으로 꿈의 영웅이라고 생각하는 칼 라거펠트Karl lagerfeld의 3만 명의 팔로어 중 한 명이 되었다. 그가 말한 것을 받아 적고 있으며 그가 읽어보라는 책, 반드시 찾아보라는 장소, 생각해보라는 주제, 그리고 그분(?)이 고민하는 문제를 하명받고 있다. 어떻게 내가 런던에 있는 그분과 실시간으로 대화를 할 수 있게 되었을까? 뭔지 모르겠지만 바로 인터넷이 '관계'를 향해서 초월적인 혁신을 만들어 내며 변화 중에 있기 때문인 것만은 확실하다.

그렇다면 '관계'라는 관점으로 온라인의 구조를 살펴보자. 아이러브스쿨, 카페, 싸이월드, 블로그, 페이스북, 트위터, 세컨드 라이프, 위키피디아, 그 외에 온라인 세계를 장악(?)한 사이트의 뒷면에는 대부분 독특한 관계, 친밀한 관계, 기능적 관계, 교육적인 관계, 영적 관계 등 다양한 관계들이 구축 되어있다. 이런 다양한 관계가 인간 대 인간으로 끝나는 것이 아니라 소비자와 브랜드 간의 독특한 관계도 조성했다.

특히 브랜드를 가진 기업들에게 있어서 온라인의 태동으로 인한 소비자의 급작스러운 태도 변화와 적극적인 관계 맺기는 당혹스럽다. 그들은 브랜드를 단지 소비하지 않고 수집하려고 하기 때문이다. 상품 수집 역시 단순히 상품뿐만 아니라 철학, 비하인드 스토리, 감동적인 이야기, 생산자도 모르는 상품 이야기들을 광적으로 모으기 시작했다. 그리고 그 위에 자신들이 브랜드에 갖는 지극히 사적인 감정들을 토핑해서 자신의 웹사이트에서 이야기로 재생산하기 시작한 것이다. 그리고 그들은 자신들이 모은 브랜드에 관한 것으로 다른 사람들과 관계를 맺고 또한 기업과의 관계를 요구한다. 이런 반응에 대해서 대부분의 기업은 처음에는 감사했지만 그 이후에는 그들의 집착과 열정에 놀라는 한편, 부담스러운 존재가 되기도 한다. 예를 들어 특정 브랜드 웹사이트에 하루 방문자수가 만 명이 넘어가면서 '그들'에게 '선택'되면 상품 출시와 동시에 커다란 성공을 거둘 수도 있다. 하지만 현실은 그 반대의 경우가 더 많다. '그들'에게 잘못 '찍히면' 브랜드는 그대로 사라질 수도 있는 것이다. '그들'이 시장 여론 형성에 미치는 영향력이 강해지면서 상품의 생산라인과 광고의 방향성에도 영향을 미치게 되었다.

다시 돌아가서 웹 이전의 브랜드 매장에서는 사람들이 '오감'을 통해서 상품을 구매했다. 과일은 냄새를 맡아보고, 옷은 입어보고 그리고 이사할 곳은 찾아가 보았다. 백문불여일견百聞不如一見, 이것은 인터넷이 이 땅에 퍼지기 전에 '진리'에 가까운 '진실'이었다. 그러나 이제 사람들은 무엇인가를 사기 위해서 매장보다는 인터넷에 접속하고 자신들이 알고 있는 모든 네트워크를 통해서 자신이 구매할 제품에 대해서 보지 않고 듣는다. 바로 '오감'을 사용하지 않고 '교감'을 통해서 상품을 구매하게 될 것이다. 일견一見이라고 할 수 있는 자신의 눈으로 보고 손으로 만진 상품보다는 '상품평'과 '댓글'을 통한 백문百聞에 의해서 소비를 결정한다. 다수의 사용후기가 합리적인 구매의 기준이 된 것일까? 확실한 것은 소비자는 단순히 소비를 위한 '상품'보다는 이것을 통해서 어떤 '체험'을 할 수 있을까에 더 관심을 가지고 있다는 것이다.

특히 우리가 예의주시해야 할 것은 바로 브랜드에 관한 교감이 일어나는 과정에서 사람들은 새로운 관계를 맺게 되거나 소속감을 갖게 된다는 것이다. 처음에는 단지 상품 구매를 위한 정보를 탐색하기 위하여 브랜드 커뮤니티에 가입을 해서 상품에 관한 질문을 하면, 방금 전만해도 자신과 전혀 관계없던 사람이 구매에 영향을 주는 관계가 되어버린다. 정확히 말하면 자신과 비슷한 관점과 뜻을 가진 사람들을 만나게 되는 것이다. 일반적으로 오프라인에서 뜻이 같은 사람을 '동지'라고 말하고, 그 뜻을 함께 이루어 가는 사람을 '동반자'라고 말한다. 이런 비슷한 동질감을 느끼면서 특정 브랜드 예찬론자들이 설파한 브랜드의 정보를 모두 주워 담으며 사람들은 자신이 구매하려는 상품에 대해서 '필요'를 느끼기 보다는 '필연'을 확신하고 싶어한다.

그것이 기업인들이나 마케터들과 무슨 상관이 있는 것일까? 마케팅은 궁극적으로 브랜드를 구축하는 것이라고 한다. 브랜드를 구축하는 것이 무엇인가? 소비자가 브랜드에 관해서 충성된 감정을 누적시키는 것이다. 예전까지 마케터들은 어떤 상품을 팔기 위해서 매스미디어를 통해서 인지도를 올려서 익숙함과 친숙함으로 팔았다. 간혹 그것을 충성도라고 말하지만 '많이 알고 있는 상품이 안전하다'라는 인간의 기본적 심리를 건드리는 것뿐이다. 그렇다면 지금은 어떤가? 몇 조 원의 광고로 상품을 알린다고 소비자들이 그 값어치만큼 충성도를 보일까? 지금은 그런 시대가 아니다. TV에서 새로운 상품이 나오면 사람들은 인터넷에 들어가서 그 물건을 찾는다. 그리고 자신이 여러 정보 검색을 통해서 선택 여부를 판단한다.

재래식 마케팅 전략에서는 마케팅은 인식의 게임이었고 이 게임에서 이기기 위해서는 포지셔닝이 중요하다라고 배웠다. 그러나 위에서 언급했던 것처럼 지금은 기업이 자신의 브랜드 메시지를 주장하거나 조작하기 전에 소비자들이 먼저 온라인에서 '관리'에 들어간다는 것이다. 즉, 온라인에서는 소비자에 의한 브랜딩이 일어나고 있다. 만약에 브랜드의 진정성이 '공감'이 된다면 그야말로 하루아침에 꿈의 브랜드가 되고, 그렇지 않다면 4대 매체에 편성 스케줄을 잡기도 전에 사라지게 될 것이다.

본격적인 인터넷 비즈니스 활동이 시작된 지난 10년이라는 시간 속에서 우리는 너무나 많은 것을 경험했다. IMF 외환위기부터 지금의 세계 경기악화까지, 그리고 사스에서 신종 플루, 이라크 전쟁에서 북한의 핵 위협까지 온라인 세상에 신경을 쓸만한 여력이 없었다.

비록 지금의 온라인의 변화에 대해서는 가히 '혁명적인 웹 2.0시대의 도래'라고 말하곤 하지만 그것이 시장에서 어떤 변화를 가져오게 할 것인지에 대해서는 기업인들과 브랜더들은 느끼지 못하고 있다. 인터넷을 이메일 확인이나 정보 검색 용도로만 사용하는 사람에게는 그저 편리한 세상이겠지만, 시장의 변화를 아는 브랜더들은 소비자들에 의한 최후의 심판의 세계가 왔다는 것을 알 것이다.

아리스토텔레스가 세상의 4대 원소로 물, 불, 바람, 흙을 꼽았던 것처럼 2000년도에 성공적인 웹 마케팅의 5대 원소는 재미, 이익, 관계, 정보 그리고 관심이었다. 지금보면 누구나 다 아는 것처럼 보이겠지만 10년 전에는 디지털 유전자 지도를 보는 것 같았을 것이다. 지금도 그렇지만 당시에 이 5개의 요소가 모두 있거나 두 개 이상의 요소만 차별점이 있다면 성공을 했다. 최근에는 웹 2.0 시대가 되면서 3대 요소가 또 추가 되었다. 바로 참여, 공유 그리고 개방이다. 재미, 이익, 관계, 정보, 관심이 횡축이라면 참여, 공유, 개방은 종축, 즉 깊이를 말해주는 것 같다. 사실 이런 특정 단어들을 몇개 안다고 해서 웹 전체를 알지는 못하지만 최근에 온라인을 리딩하는 웹사이트들을 보면 이 8개의 단어들을 중심으로 컨텐츠와 운영방식이 결정된다는 것을 알 수 있다.

지금까지 밝혀졌거나 알려진 8대 요소들은 결국 '관계'라는 요소를 중심으로 움직이고 있다. 인터넷은 그 동안 제한적인 시간과 공간 안에서 운명에 지배당해 왔던 '관계'를 재미, 이익, 정보, 관심, 참여, 개방 그리고 공유라는 이름으로 재정의하고 있다. 그것이 바로 딜레이션십Dilationship, 즉 '디지털 릴레이션십'이다. 초창기의 인터넷은 정보의 교환이 주요한 기능이었기에 시장에 큰 영향을 주지 않았지만 인터넷이 발달하고 본격적으로 온라인에서 비즈니스가 이루어지면서 이야기는 달라졌다. 사람들이 '관심'을 얻고 소비자와 관계로 브랜딩이 될 경우에는 그야말로 심장이 왼쪽에서 오른쪽으로 옮겨간 것과 같은 커다란 변화를 가지고 온다.

흔히들 온라인 시장과 오프라인 시장이 나누어졌다고 생각하지만 소비자 입장에서는 그렇지 않다. 온라인에서 자신이 구매할 상품에 대해서 충분한 체험과 지식을 얻은 후에 오프라인에서 구매한다(온라인에서 바로 구매하는 경우도 있다). 온라인과 오프라인, 즉 컴퓨터 안에 있는 시장과 도로에 있는 시장으로 구분되는 것이 아니라 온라인을 중심으로 시장이 통합되고 있다. 이 과정에서 구매로 이어지는 '신뢰할 만한 상품 정보'는 특정 사이트에서 관계를 맺은 사람(카페 멤버, 관심 브랜드 사이트 소속 회원 등)의 '탁월한 브랜드 체험 간증'에 의해서 결정되는 것이다. 그렇다면 온브랜딩의 중심축 중에서도 핵심에 해당하는 '관계'에 대한 기본적인 지식을 가지고 살펴보도록 하겠다.

Relationship, 생명과학 그리고 관계

Relationship은 사람 사이의 '관계'를 의미한다. 또한 Relationship은 생물학에서는 '유연관계'라는 학술 용어로 쓰이는데, 이는 생물 분류군의 계통에 있어서 상호의 계통 발생상 근접성의 정도를 연구하는 학문이다. 따라서 이 두 가지 접근으로 '관계'의 본질을 이해해 볼 수 있다.

먼저 '관계'의 개념을 아는 것이 중요하다. 우리나라 드라마를 보면 방송 처음부터 방송이 끝날 때까지 '사건'보다는 오직 '관계'에 관한 이야기를 하고 있다. 우리 일상의 대부분이 행복과 불행으로 이루어진다면 이것은 관계가 잘 맺어지거나 깨져서 일어나기 때문일 것이다.

그렇다면 관계는 무엇일까? 너무 쉽게 정의되는 면이 없지 않아 있으나 그 정의는 명료하다. 관계란 둘이나 그 이상의 사람들이 상

> 지금까지 밝혀졌거나 알려진 8대 요소들은 결국 '관계'라는 요소를 중심으로 움직이고 있다. 인터넷은 그 동안 제한적인 시간과 공간 안에서 운명에 지배당해 왔던 '관계'를 재미, 이익, 정보, 관심, 참여, 개방 그리고 공유라는 이름으로 재정의하고 있다. 그것이 바로 딜레이션십, 즉 '디지털 릴레이션십'이다.

호적으로 무엇인가를 나누는 것'이다. 따라서 관계는 반드시 상호적 interact이라는 필요조건을 가지고 있다. 다른 말로 상호적이 아닌 것은 관계가 아니다. 상호적이라는 행위는 무언가를 서로 나누어 갖는 것이다. 물질이든 감정이든 말이다. 우리는 인터넷을 통해서 대화를 나누거나, 정보를 나누거나, 일상의 사건을 나누거나, 사진을 나누거나 아니면 자신에게 필요하지 않는 물건을 나누어 갖는다. 인터넷의 등장은 시공간의 한계를 가지고 있던 '관계'를 진화시켜 우리에게 상상하지 못한 결과물을 만들어 주고 있다.

예를 들어 나는 어제 보고서에 노르웨이 소년이 자신의 집 뒤뜰에서 찍은 오로라 사진을 사용했었다. 만약 이런 오로라 사진을 비용을 지불해서 얻으려면 얼마를 내야 할까? 하지만 지금은 플리커 회원이라는 관계 때문에 무료로 쓸 수 있다. 만약에 그 친구에게 정성스러운 메일만 보내면 아마 예전 같으면 싯가로 100만 원이 넘을 1,000장 이상의 사진도 받을 수 있을 것이다. 과연 이런 관계는 무슨 관계일까?

관계는 두 가지 관계로 구분된다고 한다. 첫 번째는 '협력'이라는 상호작용이 있는 '기능적인 관계'이다. 두 번째는 '교제'라는 상호작용이 있는 '완성적인 관계'이다. 기능적인 관계는 단순하다. 거래를 중심으로 대가라는 것이 기반을 이루는 관계이다. 반면에 완성적인 관계는 가족이 대표적이다. 종교단체를 비롯한 특별한 사명을 가진 단체도 여기에 포함된다. 서로 존재하면서 교제함이 목적이다.

그렇다면 지금 인터넷에 일어나는 관계들은 무엇이라고 정의할 수 있을까? 얼굴도 모르고 서로에 대한 아무런 정보도 없이 플리커라는 사이트를 통해서 그 귀한 사진을 모두 주는 관계는 무엇일까? 위키피디아에서 일명 '집단지성'이라고 불리는 사람들이 협력해서 무보수로 일하는 이유는 무엇일까? give and take라는 자본주의 사회체제 아래 최근 인터넷에서 일어나는 끈끈한 '비영리적 협력(참고 : p250)'은 낯설다.

일반적으로 기능적인 관계가 완성적인 관계에 이르기는 어렵다. 직장부하 직원이 직장상사에게 형과 같은 감정을 요구할 수 없다. 이것을 지키지 않는 경우에 바로 '부적절한 관계'가 되는 것이다. 물론 대를 이어서 하는 기업을 하는 아버지와 아들들의 관계는 완성적인 관계에서 기능적 관계를 유지하지만 둘 중에 무엇이 더 적합하냐고 묻는다면 '완성적인 관계'이다. 왜냐하면 아들이 일을 못한다고 내쫓지는 않기 때문이다.

우리가 온브랜딩에 주목해야 하는 것은 이런 '인터넷 관계 영향'으로 인해서 완성적인 관계와 기능적 관계의 개념이 허물어지고 있다는 것이다. 예를 들어 예전에는 '소비자'로서 기능적인 관계였던 것이 지금은 소비자가 아니라 사귐의 관계로 기업에게 있어서는 완성적인 관계의 대상으로 변했다는 것이다. 소비자는 브랜드를 통해서 자신을 완성시키고, 기업은 소비자를 통해서 브랜드를 완성시키는, 뭐라고 딱히 정의하지 못할 관계가 되었다.

어떤 소비자는 특정 브랜드를 좋아하게 되면 그 기업의 사장도 미처 몰랐던 많은 정보를 수집한다. 월급 받는 직원이라면 짜증날 법도 한 일이겠지만 그 소비자는 누가 시키지 않았음에도 자신이 좋아하는 브랜드를 위해 무보수로 궂은 일까지 도맡아 하고 있다. 마치 소명의식을 느끼고 있는 것처럼 말이다. 그 소비자는 남들이 모르는 정보를 수집하고 그것을 나누어주는 것으로 브랜드를 제일 많이 아는 사람이 된다. 만약에 자신이 숭앙하는 브랜드에 대해서 잘 모르는 누군가가 유언비언을 퍼뜨리면 떼로 몰려가서 그들이 알고 있는 잘못된 정보를 고쳐주고 그 사람의 자세와 태도를 교화시킨다. 정확히 말하면 소비자는 소비하는 사람이 아니라 '애인'이 되거나 팬클럽 회장이 되는 것이다. 하지만 이런 관계를 기생, 상생 그리고 공생이라고 말하지 못하는 것은 믿었던 소비자가 최악의 관계 파탄자가 되기도 하기 때문이다. 온라인에서 애정과 애증은 종이 한 장 차이가 아니라 클릭 한 번 차이라는 것에 데어본 마케터들은 알 것이다.

관계의 의미는 생물학적 학술용어로 접근해서 해석해 볼 수도 있다. 앞서 이야기했듯 Relationship에는 '유연관계'라는 의미가 있다. 이는 상호의 계통발생상 근접성의 정도를 연구하는 것을 의미하며, 호랑이가 '호랑이 과의 고양이'가 아니라 '고양이 과의 호랑이'라는 것을 밝혀내는 계통발생학의 주요 개념어다. 사람들은 보통 호랑이의 존재감(?) 때문에 고양이가 호랑이 과에서 발생된 것으로 착각하곤 한다. 하지만 호랑이와 고양이의 계통발생적 근접성을 연구하다 보면 호랑이는 고양이 과라는 사실을 알게 된다.

이를 인간에 적용해보면 '관계'라는 것은 단순히 기능적, 혈연적 특징을 구분하는 용어가 아니다. 우리는 하나의 개인이 어떤 사람과 근접하며, 어떤 집안에서 성장했는지를 '관계' 안에서 바라보아야 한다. 한 사람이 누군가와의 관계를 통하여 만들어지는 역할 또한 중요하다는 것이다. 이렇게 관계 속에서 만들어지는 어떤 역할과 그것의 중요성을 알았다면, 트위터같은 서비스가 왜 환호 받고 있는지 알게 된다. 결론부터 말한다면 인터넷은 관계를 더욱 강화, 다양화, 분화 그리고 창조시키고 있다. 예를 들어 트위터라는 사이트로 인해서 한 개인이 버락 오바마, 오프라 윈프리, 이외수, 김연아와 같은 롤 모델 혹은 스타와도 일대일의 관계를 맺을 수 있게 되는, 관계의 다양화가 이루어지고 있는 것만 보더라도 알 수 있다. 그곳에 얼마나 많은 재미, 이익, 그리고 정보가 있는가에 따라서 그리고 얼마나 개방, 공유, 참여가 이루어지고 있느냐에 따라서 관계는 다양한 형태로 분화되고 강화되며 팽창될 것이다.

이런 관계를 정리하고 정립하기에는 변화의 속도가 너무 빨라서 알아채기 힘듦에도 불구하고 마케터들이 가장 관심이 있어 하는 것이 바로 이 부분이다. 그러니까 누가 먼저 브랜드를 알렸고, 어디에서 브랜드 스토리가 첨가 되었으며, 브랜드가 친구와 친구, 얼리어답터와 사용후기, 트렌드 리더와 브랜드 마니아 등의 각종 관계 속에서 어떤 역할을 했는가이다. 다시 말해 마케터들은 자신의 브랜드가 온라인에서 누구와 어떤 '관계'를 통해 브랜딩이 되었는가를 가장 궁금해 한다. 왜냐하면 온라인에서 브랜드는 관계를 이어주는 뉴스, 정보, 재미, 스토리 등으로 다양하게 변화되기 때문에 그 관계를 파악하는 것이 핵심임에도 불구하고 알아내기가 쉽지 않기 때문이다.

그에 대한 해답은 관계를 또 다른 생물학적 관점에서 바라보면서 찾아보려 한다. 바로 본능과 욕망의 관점이다. 인간이 브랜드와 관계를 맺게 되는 근원적인 이유는 인간의 '욕구'에서 찾을 수 있으며 여기에서 브랜드의 성장 DNA를 찾아 낼 수도 있다. 그것은 관계의 질과 폭을 결정하는 '친밀감◉66'의 욕구다. 친밀감intimacy이라는 말의 어원은 '내부' 또는 '가장 깊숙한'이란 의미를 가진 라틴어인 '인티마intima'에 있다. 인간 내부의 가장 깊숙한 곳에는 누군가와 가까워지고 싶은 욕구, 즉 관계 맺고 싶은 욕구가 존재하는 것이다.

따뜻한 한 마디의 댓글을 달아 본 사람이면 그리고 자신의 블로그에 걸린 그러한 댓글을 보았더라면 한 문장에 얼마나 친밀한 감정이 응축되어있는지 알 수 있을 것이다. 그 동안 운명이라는 결정적 순간에만 의존했던 인간 사회에서의 '관계'는 인터넷에서는 이제 '클릭' 한 번으로 이루어지기도 한다. 친밀감을 만들려고 노력했던 시간과 돈 대신 온라인상에서는 마음만 맞으면 세컨드 라이프 같은 가상 공간에서 결혼도 할 수 있다. 우리는 제대로 된 Intermacy(Internet + intimacy)를 목도하고 있다. 그러니까 인간에게 있어 하나가 되고자 하는 친밀감은 본능이다. 우리가 주목해야 하는 것은 인터넷은 이성이 아니라 감성, 하나가 되려는 본능을 자극하고 있다는 것이다.

하지만 온라인상에서 일어나는 친밀감은 좀 해괴한 면이 있다. 바로 눈과 눈이 마주치면서 느끼는 친밀감이 아니라 방에서 혼자 컴퓨터를 키고 혼자 교감하는 친밀감이라는 점이다. 물론 이들도 오프라인에서 모임을 갖지만 그것은 특별한 경우이고 대부분 온라인에서 할 수 있는 모든 것을 다한다.

온라인은 익명성이 보장되고, 실명이라도 통제권이 없고, 듣고 싶은 것만 듣고, 보고 싶은 것만 보고, 혼자 상상하고 그리고 혼자 친밀감을 느낀다. 이렇게 배우고 학습되었던 인터넷 친밀감Intermacy이 현실에서도 그대로 나타나고 있다. 긍정적인 방향에서는 개방, 공유, 참여도 있지만 순간적이며, 충동적이며, 집단적이며, 이기적인 역주행도 하고 있다. 브랜드가 역주행을 하는 소비자를 만났다면 어떻게 될까? 아마 브랜드의 종말로 이어질 것이다.

그렇다면 관계를 통해서 얻는 것은 무엇일까? 복잡한 문제는 아니다. 관계는 아이덴티티를 결정한다. 남자와 여자 사이에 관계가 일어나면 부부나 애인이 된다. 새로운 관계는 권리와 의무를 만들어 내고 모든 행동과 목표가 그것에 따라서 달라진다. 남자는 여자와 사회적 관계가 만들어지면 남편이자 가장이 되고 이로 인해서 자신의 아이덴티티에 변화가 생긴다. 여자 역시 마찬가지일 것이다. 오프라인에서의 사회적 관계뿐만 아니라 디지털 릴레이션십 역시 인터넷 친밀감을 통하여 새로운 아이덴티티를 형성한다.

Ontology, 브랜드에서 아이덴티티로

'잇 걸it girl'이라는 말이 있다. 'IT업계에 있는 젊은 여인'을 말하는 것이 아니라 '젊고 섹시한 여자'라는 뜻이다. 1927년 엘리너 글린이 쓴 《It Girl》이라는 작품이 크게 인기를 끌면서부터 'it girl'은 일반 명사처럼 사용하게 되었다. 그런데 오늘날 IT가 새로운 의미로 변하고 있다.

먼저 it에는 여러가지 뜻이 있는데 사전적 정의를 살펴보면 '그것'이라는 뜻뿐만 아니라 '극치, 지상' '필요한 수완, 중요인물, 제 1인자'와 같은 전혀 예상하지 못한 뜻도 가지고 있다. 현재의 IT(Information Technology)는 현실 세계에서 '그 사람'에 불과한 일개의 개인을 지상에서 중요한 인물로 만들고 제 1인자로 만든다. 예를 들어 블로그 섹션LOG ON BRAND IDENTITY에서 보았듯이 블로그라는 디지털 일기장 혹은 글 모음에 불과한 것이 기업의 생존을 위협하고 있지 않은가! 주부의 음식 만들기가 가전제품 브랜드에 영향◉67을 미치고, 관심거리가 같은 사람들이 모여서 만든 카페가 기업의 상품에 대한 서비스를 쥐락펴락하지 않는가! 브랜드를 가지고 있는 기업에서는 유능한 인재를 온갖 스펙과 테스트를 통해서 힘들게 뽑는다. 그러나 정작 자신의 브랜드를 사랑하는 사람들은 인터넷에 들어가서 그들이 만든 자료를 보고 모셔온다. 단순히 상품 과다 사용자라면 샘플 하나 더 주고 신상품 테스트맨으로 활용하지만, 그 사람이 브랜드 사용자가 아니라 브랜드 철학과 비전에 대해서 공유하는 브랜드 수호자라면 태도가 달라진다. 이처럼 IT(Information Technology)는 소비자를 it(중요한 1인자)으로 만들었다.

인터넷의 태동은 자료교환이었다. 그래서 IT(Information Technology)가 Family name(?)처럼 되었고 그들이 모여서 일하는 업계는 IT업계라고 불렀다. 지금도 인터넷이 정보를 교환하는 역할을 매우 크게 하고 있지만 사람들은 정보 보다는 정보情報의 '보'가 빠진 정情◉68을 교환하고 있다. 바로 '관계'가 재정립되고 있다는 말이다.

그렇다면 하나의 브랜드가 좋아서 인터넷 공간에 모인 사람들은 어떠한 관계의 재정립을 이루고 있을까? 그것은 아이덴티티로 인한 관계라고 할 수 있다. 먼저 너무 범용되어서 오염된 단어인 아이덴티티의 어원부터 살펴보자. 아이덴티티는 후기 라틴어 표현들(identitatem, identitas)에서 공통적으로 보여지는 어근인 ident-와 라틴어로 비슷한 의미를 가진 idem이 섞이면서 'the same'이라는 의미가 되었다고 한다. 그래서 아이덴티티의 의미는 주체성보다는 '무엇과의 동일시'에 가깝다. 브랜드를 가진 기업가들은 오해하지 않기 바란다. (물론 일반적인 생필품과 같은 상품이라면 다르지만) 온라인에서 관계를 가지면서 브랜드를 좋아하는 것은 품질이 좋아서가 아니다. 상표의 이름이 좋아서도 아니다. 그렇다고 로고가 예뻐서도 아니다. 물론 그럴 수도 있지만 소비자의 아이덴티티를 가장 잘 표현하기 때문이다. 자신과 너무나 비슷한 가치관과 진정성이 있기 때문에 '관계'를 맺는 것이다. 여기에서 it에 대한 또 하나의 해석이 가능하다. 온라인에서 브랜드의 it은 아이덴티티 터치Identity Touch다.

할리데이비슨, 나이키, 애플의 마니아처럼 온라인에서 똘똘 뭉친 브랜드 수호자들이 지키는 것은 상표가 아니라 브랜드 아이덴티티다. 그래서 할리데이비슨을 몰면 모두 같은 복장을 하고, 나이키 에어포스를 신으면 마치 마이클 조던처럼 머리를 만지고, 애플을 쓰면 스티브 잡스처럼 옷을 입는다. 그들은 기업의 상품으로 소비하는 것이 아니라 브랜드의 상징을 공유하고 하고 있다. 온라인에서 소비자는 색다른 브랜드를 찾는 것이 아니라 자신이 원하는 아이덴티티를 찾는다. 기업은 그것을 차별화 상품이라고 말하지만, 소비자들은 자신을 잘 표현해주는 아이덴티티라고 생각한다.

물론 오프라인에서도 소비자들은 자신의 아이덴티티를 확인하는 브랜드를 선택하고, 마니아들끼리 정보와 의견을 공유한다. 그렇지만 인터넷 세상이 열리면서 쉽지 않아서, 혹은 귀찮아서 모이지 않았던 브랜드의 마니아들이 더 쉽게 모일 수 있게 되었다. 그들은 컴퓨터 앞에 앉아 온라인 커뮤니티에 접속해서 구매에 대한 정당성을 부여 받고, 자신의 선택에 대한 확신을 하게 되며, 단지 '정보와 의견'을 공유하는데 머물지 않고 자신의 '감정'을 공유한다. 관계는 감정에서 시작된다. 따라서 서로의 감정을 확인한 사람들은 더 끈끈한 유대감을 느낀다. 이렇듯 온라인은 소비자들의 욕망을 표출하게 하고, 그것을 공유하는 사람들 간에 욕망의 시너지가 이루어지면서 폭발하게 하는 환경을 제공했다. 인터넷으로 인해 촉발된 온브랜딩에서 고객들은 브랜드로 존재감을 확인하고, 브랜드는 그러한 고객들로 존재감을 확인받고 있는 것이다.

그래서 온브랜딩은 브랜드의 온톨로지Ontology, 즉 브랜드 존재론으로 이어진다. 인간은 왜 존재하며, 사물은 왜 존재하는지에 대한 고민은 인간의 가장 오래된 고민 중 하나였다. 그래서 고대 그리스에서부터 학문으로 연구된, 존재에 대한 본질을 연구하는 형이상학은 라틴어로는 'ontoligia'라고 하는데 이때의 on은 그리스어로 '존재자'를 의미한다. 온브랜딩에서 브랜드 온톨로지 역시 브랜드의 존재에 대한 질문으로 시작한다. 브랜드는 왜 존재하며, 왜 인간은 브랜드를 욕망하는지 말이다. 그것에 대한 답이 바로 아이덴티티에 있다. 소비자는 자신과 동일시하는 브랜드를 선택하며, 브랜드는 자신을 선택한 고객들의 아이덴티티에 의해 브랜드 아이덴티티가 만들어지고, 이로써 존재감을 확인 받는다. 상품, 즉 커머디티commodity는 아이덴티티identity가 되고 있다.

이 현란한 이론이 어려운 것은 아니다. 만약에 애플 노트북을 쓰고 있는 사람들은 누구일까? 어떤 음악을 좋아하고, 머리 모양은 어떻고, 체형은 어떨까? 이 질문에 대해서 10명의 사람들 중에 과반수가 비슷한 대답을 했다면 애플의 노트북은 상품commodity이 아니라 아이덴티티identity를 구축했다는 것이다. 실제로 그런 사람들이 많이 쓰고 있다면 서로 완성되는 관계를 이루었다고 말해도 과언이 아니다. 그렇다면 할리데이비슨은 상품일까? 아이덴티티일까?

이것이 사실이라면 브랜드를 가진 기업에서는 온브랜딩의 성공을 위해서 무엇을 먼저 해야 할까? 신종기술로 무장한 현란한 플래시 사이트로의 리뉴얼이 아니라 자신의 브랜드 아이덴티티를 소비자들이 온브랜딩할 수 있도록 재정비를 해야 한다. 아주 간단한 관계등식을 다시 한 번 보도록 하겠다. 남자와 여자가 결혼이라는 관계를 약속하면 남편과 아내가 된다. 브랜드와 소비자 사이에 관계(소비가 아니다)가 일어나면 어떻게 변할까? 브랜드는 상징, 아이덴티티, 시대정신, 가치관의 대변자, 라이프스타일의 코드, 스토리로 변한다. 소비자는 알아서 브랜드를 홍보하고 널리 알려주는 동업자, 브랜드의 사명과 가치를 지원하고 다른 소비자를 부추기는 동역자, 그리고 브랜드에 경영 위기가 있을 때 그것을 대중에게 알려주고 소비자들에게 이 브랜드의 존재 가치를 전파하는 동반자로 변한다. 그들 관계에서 우리가 다음 특집으로 다룰 '브랜드 수퍼네츄럴코드Supernatural code(중독, 애정, 숭배, 찬양, 몰입, 영적인 대화 등)'가 생긴다. 왜냐하면 이제 브랜드의 역할은 자신을 일상에서 재발견하는 도구가 되었기 때문이다. 즉 사람들은 자신의 아이덴티티를 확인하기 위해서 브랜드를 구매한다.

브랜드 자체로서는 감동을 주지 못한다. 감동을 주는 것은 사람이다. 사람은 상품을 판매하는 과정에서 서비스라는 이름으로 감동을 만든다. 그렇다면 온라인에서는 어떻게 감동을 줄까? 감동과 같은 울림 대역인 '감사'와 '감격'은 모두 상품을 중심으로 사람과 사람 사이의 체험에서 일어난다. 온라인에서 감동을 일으키려면 브랜더들은 진정성을 가진 댓글, 솔직한 답변, 정직한 용서, 열정적인 장인정신, 가치의 일관성 그리고 구호로만 외쳤던 고객사랑이 무엇인가를 배워야 한다. 즉 '판매'에서 '관계'에 대한 것을, '전략'이 아니라 '진심'을 배워야 한다. 영국의 공상 소설가인 아더 C클라크Arthur C Clarke은 "충분히 진보된 기술은 마술과 구별할 수 없다"고 기술의 실체를

현재 온라인의 기술력은 마술에 가까워지고 있다. 그렇다면 브랜더들은 이제 브랜드를 상품에서 사람에 가깝게 만들어야 한다. 바로 아이덴티티를 정립하고 그것으로 온라인에서 소비자와 이야기 하면서 '관계'를 맺어야 한다는 것이다. 앞으로 더욱 크게 벌어질 온브랜딩은 사람에 관한 이야기다.

말했다. 그의 말의 대구를 이루어 "강력하게 구축된 브랜드는 사람과 구별할 수 없다"고 말하고 싶다. 이제 브랜드를 가진 기업가들은 소비자가 소비의 주체가 아니라 사귐의 주체라고 인식을 바꾸어야 한다. 더 이상 세일, 쿠폰, 대중광고, 끼워팔기로 순간의 구매 충동을 자극하기 보다는 브랜드의 아이덴티티로 소비자들이 브랜드와 사귐을 갖도록 해야 한다.

현재 온라인의 기술력은 마술에 가까워지고 있다. 그렇다면 브랜더들은 이제 브랜드를 상품에서 사람에 가깝게 만들어야 한다. 바로 아이덴티티를 정립하고 그것으로 온라인에서 소비자와 이야기 하면서 '관계'를 맺어야 한다는 것이다. 앞으로 더욱 크게 벌어질 온브랜딩ON-Branding은 사람에 관한 이야기다. 더 정확히 말하면 브랜드와 사람과의 사귐과 관계에 관한 이야기다. UB

twitter

Anyone, Anytime, Anywhere ON

트위터

트위터는 마이크로 블로그 형식의 소셜 네트워크 프로그램이다. 140바이트(byte)(한글은 한 글자가 1바이트로 처리 됨) 이내의 단문 메시지를 입력, 전송하면 나의 메시지를 받겠다고 등록한 가입자들(팔로어, follower)의 계정으로 메시지가 자동으로 발송되고, 내가 정보를 받아보겠다고 등록한 사람들(팔로잉, following)이 보낸 메시지는 나에게 전달되는 것이다. 미국의 경우는 컴퓨터와 휴대폰 SMS으로 전송가능하며, 국내는 아직 웹에서만 이용할 수 있다. 한국판 서비스가 따로 없는 상황에서도 국내 이용자 수의 증가 속도는 놀라울 정도이다. 지난 1월 만 오천 여 명에서 6월 58만 명으로 증가(랭키닷컴 추산)했을 정도니, 앞으로의 지속적인 성장세가 기대된다.

트위터에서 aplusk라는 계정을 사용하고 있는 인물은 미국 유명 TV프로그램 'That 70s Show'의 인기 출연자이자, 데미 무어(Demi Moore)의 남편으로 유명한 애쉬튼 커쳐(Ashton Kutcher)이다. 그는 최근 CNN과 '누가 먼저 트위터 팔로어 100만 명을 돌파할 것인가'를 두고 공식적인 대결을 펼쳤다. 이 대결은 커쳐의 팔로어 수가 CNN과 거의 비슷했던 시점(미국시각으로 지난 4월 16일 정오에 CNN이 966,363명, 커쳐가 953,268명이었다)에, 커쳐가 "트위터를 사용하면 개인이라도 온라인 상에서 거대 미디어와 대등한 발언권을 얻을 수 있다는 사실에 놀랐다. 내가 CNN보다 먼저 100만 명을 돌파하면 테드 터너(Ted Turner)(CNN 창업자)의 집의 초인종을 누르고 도망갈 것"이라며 CNN에 도전장을 내밀고, CNN의 간판 토크쇼 진행자인 래리 킹(Larry King)이 이 도전을 기꺼이 받아들이면서 생긴 해프닝이었다. 이 대결은 결국 커쳐의 승리로 끝났고, 현재 커쳐는 2,838,776명의 팔로어를 두며 트위터에서 팔로어 순위 1위를 차지하고 있다.

그의 너무나 일상적인 내용의 트위팅 한 건이 온라인 스피어에서 얼마나 깊숙이, 그리고 넓게 전달되고 있는지 한 건의 트위팅을 따라가 보았다. 다음은 2009년 7월 15일 오후 5시 38분에 커쳐에 의해 발포된 트윗이다.

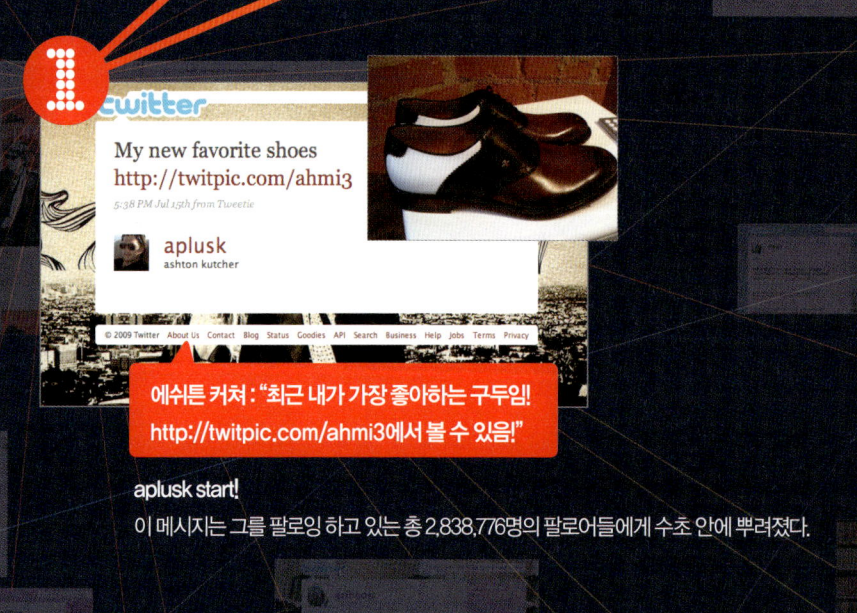

에쉬튼 커쳐 : "최근 내가 가장 좋아하는 구두임! http://twitpic.com/ahmi3에서 볼 수 있음!"

aplusk start!
이 메시지는 그를 팔로잉 하고 있는 총 2,838,776명의 팔로어들에게 수초 안에 뿌려졌다.

IDEA ESSAY 249

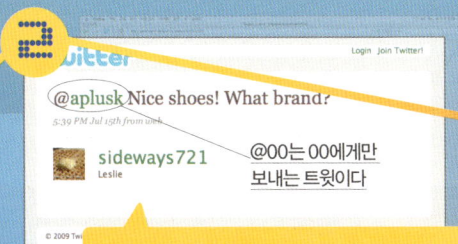

sidewyas721 : "커쳐, 멋진 신발이네요! 어느 브랜드인가요?"

sidewyas721의 질문
2,838,776명 중 한 명인 sidewyas721은 커쳐의 메시지를 받은 후 일분도 채 안돼 질문이 담긴 답변 트윗을 보낸다. 빠른 속도도 놀랍지만 더 놀라운 것은 sidewyas721라는 계정을 가진 이 유저는 단지 97명의 팔로어를 가진, 지극히 평범한 사람이라는 점이다. 이처럼 자유로운 팔로잉 구조는 트위터가 아니었다면 상상하기 힘든 두 사람의 조우를 만들어냈다. 한국에서라면 평범한 사람이 장동건과 일대일로 메시지를 주고 받는 격이다.

에쉬튼 커쳐 : "구찌!"

aplusk의 답변
sidewyas721의 답변을 받은 지 채 2분도 되지 않아 커쳐는 또 다시 모든 사람들에게 이 신발이 구찌의 구두임을 알리는 트윗을 보냈다. 첫 번째 트윗이 보내진 지 3분도 안 된 사이 이백만 명의 팔로어들에게 그것도 두 번이나. 이 구두가 구찌의 것임을 그리고 자신이 굉장히 좋아하는 상품임을 알렸다.

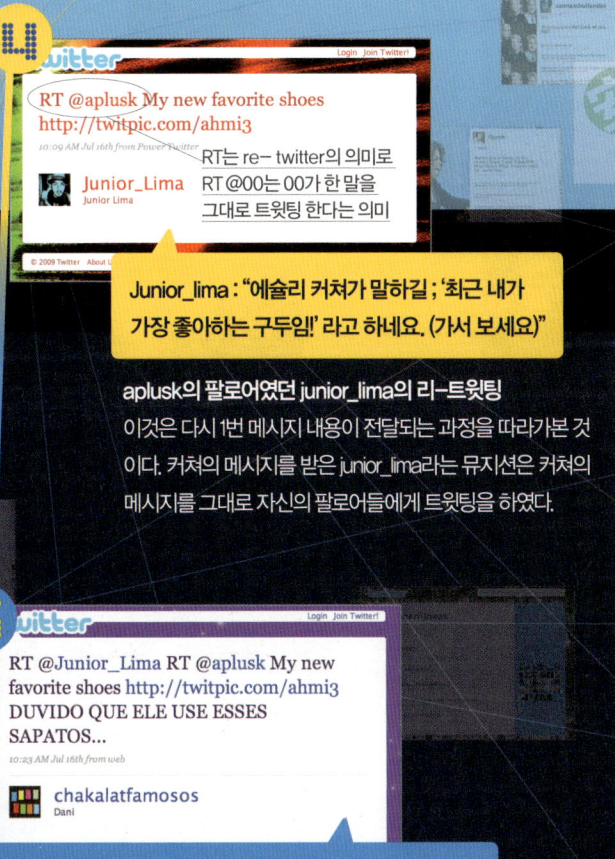

Junior_lima : "에슐리 커쳐가 말하길 ; '최근 내가 가장 좋아하는 구두임' 라고 하네요. (가서 보세요)"

aplusk의 팔로어였던 junior_lima의 리-트윗팅
이것은 다시 1번 메시지 내용이 전달되는 과정을 따라가본 것이다. 커쳐의 메시지를 받은 junior_lima라는 뮤지션은 커쳐의 메시지를 그대로 자신의 팔로어들에게 트윗팅을 하였다.

chakalatfamosos : "junior_lima가 말하길 ; 에쉬튼 커쳐가 말하길 ; '최근 내가 가장 좋아하는 구두임'라고 하네요. (가서 보세요)" 라고 합니다. … 그런데 이런 신발을 진짜 신겠다는 걸까?"

aplusk의 팔로어였던 junior_lima의 리-트윗팅을 다시 리-트윗팅한 chakalatfamosos
junior_lima의 46,185명의 팔로어 중 한 명인 chakalatfamosos은 최초 커쳐로부터 시작되었던 이 메시지를 자신의 팔로어들에게 다시 전송한다. 하지만 이번에는 자신의 짧은 의견을 덧붙였다(이 유저의 언어는 포르투갈어였다).

결국 트위터 유저 중 가장 많은 팔로어를 가지고 있는 애쉬튼 커쳐 발(發), 140바이트도 안 되는 이 짧은 메시지는 결국 그가 맨 처음 링크를 걸었던 주소(twitpic.com/ahmi3)에 10만 건 이상의 방문을 이끌어 냈다.

여기서 우리가 주목해야 할 것은 애쉬튼 커쳐의 인기가 아닙니다. 이 이야기의 중심에 있던 구찌라는 브랜드이다. 이 모든 현상은 7월 15일 오후 5시 38분부터 16일 오전 10시 23분까지 즉, 불과 16시간 45분 만에 이루어졌다. 그것도 메시지가 시작된 오후 5시 38분이면 오프라인 구찌 매장은 폐장을 준비할 시간이며, 오전 10시 23분이면 막 개장을 마쳤을 시간이다.

수억 원 대의 연봉을 받는 구찌의 브랜드 매니저나 마케터가 잠을 자고 있을 그 시간 동안, 전 세계 소비자들은 24시간 밤을 지새우며 끊임없이 떠들어대고(twitter, 지저귀듯 지껄이다) 있었던 것이다. 구찌라는 브랜드 파워에 커쳐라는 휴먼브랜드의 파워가 시너지를 내며 한 장의 구찌 구두 사진은 하룻밤 사이 수만 명의 사람들을 만나고 다녔다. UB

250 ON-BRANDING

지식아, 퍼져라! ON IDEA ON TED

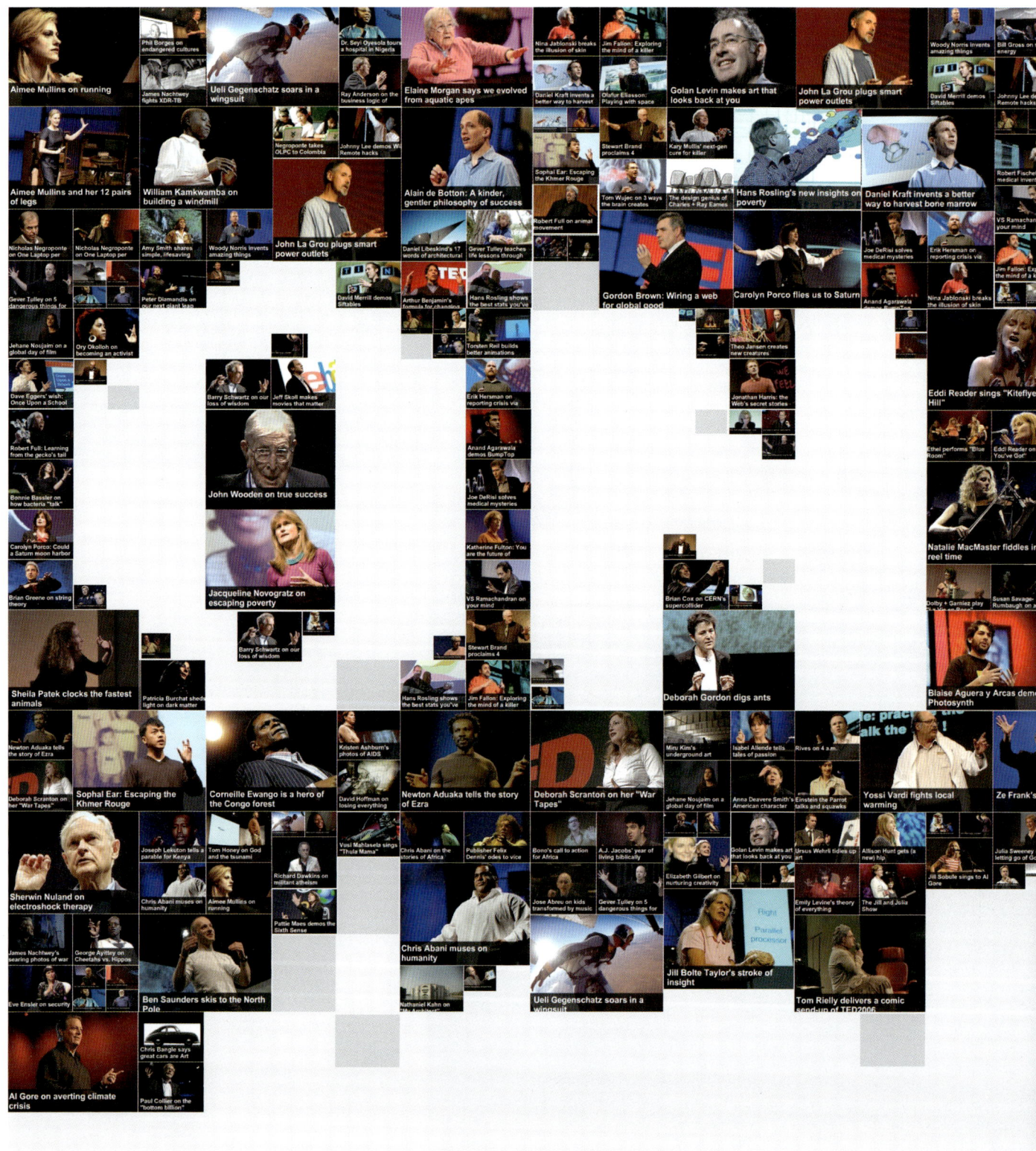

ON-BRANDING

▶ PLAY

"이건 나의 태도를 바꿨고, 행동을 바꿨고, 세상을 바꿨다."
"매 장면이 감동과 호기심, 영감과 흥분으로 가득 찼다."
"이건 축복이다. 달리 할말이 없다."

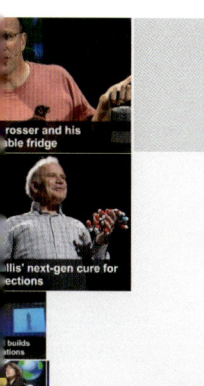

어느 영화의 리뷰에나 나올 법한 이 소감들은 세계적인 명사들의 아이디어를 공유하는 TED라는 사이트에 대한 유저들의 평가다. 무엇이 TED를 이용하는 유저들의 삶을 바꾸고, 감동을 주고, 마침내 축복마저 되어버렸을까? 사이트를 연지 만 2년만에 전세계적으로 1억 번 이상의 동영상 시청, 1,500만 명 이상의 사용자를 모아 인터넷에서 큰 호응을 얻고 있는 TED는 사실 1984년부터 기술Technology, 엔터테인먼트Entertainment, 디자인Design 3개 분야 명사들의 강연을 위주로 하는 유료 컨퍼런스를 오프라인에서만 열어왔다. 이 컨퍼런스에 참여하기 위해서는 연간 약 6,000달러의 비용이 든다.

그런데 2006년 크리스 앤더슨Chris Anderson이 TED를 인수하면서 온라인에서 이 강연들을 TEDtalk라는 이름의 10분 남짓한 동영상으로 대중에 공개하기로 한 것이다. 이후 마이크로 소프트의 빌 게이츠Bill Gates, 아마존의 CEO 제프 베조스Jeffrey Bezos, 트위터의 공동 창업자 에반 윌리엄스Evan Williams, 《이기적 유전자》의 리처드 도킨스Richard Dawkins 등 이름만 들어도 알 법한 유명 인사들의 아이디어가 대중에게 무료로 공개되었다.

혹자는 크리스 앤더슨이 어째서 이런 결정을 내렸는지 의아해 할 것이다. 아이디어가 돈이 되는 시장에서 그 아이디어를 대중에게 아무 대가 없이 공개했을 때 TED가 얻게 되는 이익은 과연 무엇일까?

그러나 프랑스 사회학자인 피에르 레비Pierre Revy를 필두로 한 많은 학자들이 인터넷을 "정보와 아이디어를 경쟁적으로 교환하는 탁월한 장소, 미래의 공간"으로 꼽는 이유는 시장에 공개된 아이디어와 지성들이 한 곳에 고여 썩지 않고 더욱 발전하며 살아있는ON 지식이 되도록 만드는 힘이 바로 이곳, 인터넷에 있기 때문이다. 마찬가지로 TED는 이 동영상들이 공개된 이후 전세계적으로 폭발적인 호응과 지지를 얻게 되었다. TED가 얻게 된 이익이란 바로 이것이다. 웹 2.0의 세가지 조건 중 두 가지인 '공유'와 '개방'을 직접 실천했던 것이 마지막 조건인, 인터넷 사용자들의 '참여'까지 이끌어내게 된 것이다.

그 '참여'를 가장 잘 보여주는 것이 올해부터 본격적으로 시작된 **개방형 번역 프로젝트**Open Translation Project이다. 사용자들이 자발적으로 참여하여 영어로 진행된 강의를 각 나라의 언어로 번역, 자막으로 제작해 세계적인 공유가 가능하도록 한 것이다. 번역이 가능하다면 누구나 TED로부터 나온 이 지식의 재생산에 참여할 수 있다. 마침내 지구의 한 지역에서 떠오른 아이디어가 세계적으로 공유될 수 있는 민주적인 기반까지 마련된 것이다.

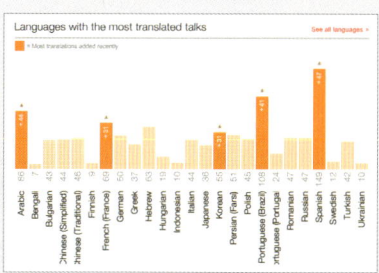

TED의 개방형 번역 프로젝트에 참여한 국가와 진행 현황

온라인 공간에는 이제 책과 대학에 갇혀 있던 지식부터 경험을 통해 얻어진 지혜까지 세상의 모든 지성이 모인다. 크리스 앤더슨이 정확히 파악했던 온라인의 특징은 더 이상 숨기고 감추는 정보와 지식에는 의미가 없다는 점이다. 공유하고 개방하기로 한 뒤에 시장에 나온 정보와 지식은 많은 사용자들을 통해 다른 지식들과 부딪치고 경쟁하였을 때 비로소 최상의 것이 된다. 재미있는 것은 이 '경쟁'이라는 단어 자체다. '경쟁Competiton'이라는 단어는 라틴어 'competere'에서 비롯된 것으로 '같은 지점을 향하다'라는 의미를 가지고 있다. 언뜻 봐서는 모순된 어원인 것 같지만 《대중의 지혜》의 저자인 제임스 서로위키James Surowiecki의 말처럼 집단이 만들 수 있는 최선의 것이 경쟁에서 나온다고 본다면, 오히려 꼭 맞는 말이다. 경쟁이라는 단어가 의미하는 '같은 지점'은 지식 생산자들이 경쟁을 통해 배출한 '최고'인 것이다.

온라인이란 공간에서 '최고'는 '함께' 만들어진다. '함께'가 가능하기 위해서는 먼저 자신의 것을 개방하고 공유하려는 선행이 있어야 한다. 우리가 TED를 통해 배워야 할 점은 바로 여기에 있다. UB

252 ON-BRANDING

AIR FORCE LIVE On Air
미국 공군에게 배우는 ON의 법칙

공식 웹페이지 www.af.mil
공식 블로그 운영 airforcelive.dodlive.mil
마이크로 블로그 사이트 트위터 계정 운영 twitter.com/US_Air_Force
비디오 공유 사이트 유튜브 계정 운영 www.youtube.com/afbluetube

위는 하나의 단체가 운영하는 소셜 미디어 채널들이다. 웹 페이지 주소에서 추측 가능하듯, 특정 기업 브랜드가 아니라 바로 미국 공군이다. 정부기관이, 그것도 고객(국민)과의 대화가 많이 필요할 것 같지 않은 미국 공군이 소셜 미디어 내에서 여러 개의 채널을 열어두고 있다는 것 자체가 '의외'다.

하지만 생각해보건대 브랜드의 최대 관심사인 '메시지(정보)'의 효율적 확산은 브랜드에서 관심을 두기 이전부터 정부기관에서 이미 선점하고 있었다. 사실 인터넷의 시초는 미국 국방부 산하 고등연구국에서 군사적 목적으로 고안된 네트워크였으며, 과거 대한민국의 중앙정보부, 미국의 CIA, 러시아의 KGB 모두 정보의 확보와 통제를 주요 목표로 하는 정부기관이었다.

또한 PR전문가들이 가장 활발하게 활동하고 있는 분야가 정치 선전 분야라는 점도 다르지 않다. 실제로 버락 오바마 대통령의 선거운동 캠프에는 페이스북의 창업자를 비롯한 소셜 미디어 전문가들이 참여하였으며, 유권자들에게 정보를 전달하고 관계를 구축하기 위해 페이스북, 마이스페이스, 링크드인, 트위터 등 16개 주요 소셜 네트워킹 사이트에 거점을 확보하고 이를 적극적으로 활용한 것으로 유명하다.

미국 공군은 여러 가지의 소셜 미디어 채널을 오픈한 이후에, 전 세계 미 공군의 커뮤니케이션 활동을 지원하기 위하여 구성한 Air Force Emerging Technology라는 이름의 팀의 팀원을 최근 3명에서 16명으로 확대할 만큼 적극성을 보이고 있다. 특히 블로그 포스트 내용을 평가하고, 부정적인 글에 대응하는 방법에 대한 순서도 Air Force Blog Assessment 를 그려 놓고 이에 적절히 대응하고 있다.

따라서 미국 공군이 보여주고 있는 소셜 미디어 내에서의 활동은 브랜드가 온라인 공간에서 메시지의 확산을 '관리'한다는 측면에서 ON하고자 하는 브랜드가 배울만한 좋은 모델이 된다. 특히 블로고스피어에서 관련 정보에 대한 대응 매뉴얼을 정립해 놓은 점은 블로그를 활용하여 고객과 호의적 관계를 맺고자 하는 기업에게 귀감이 될 것이다. UB

NOISE: 26.1
ELEV: 0.75

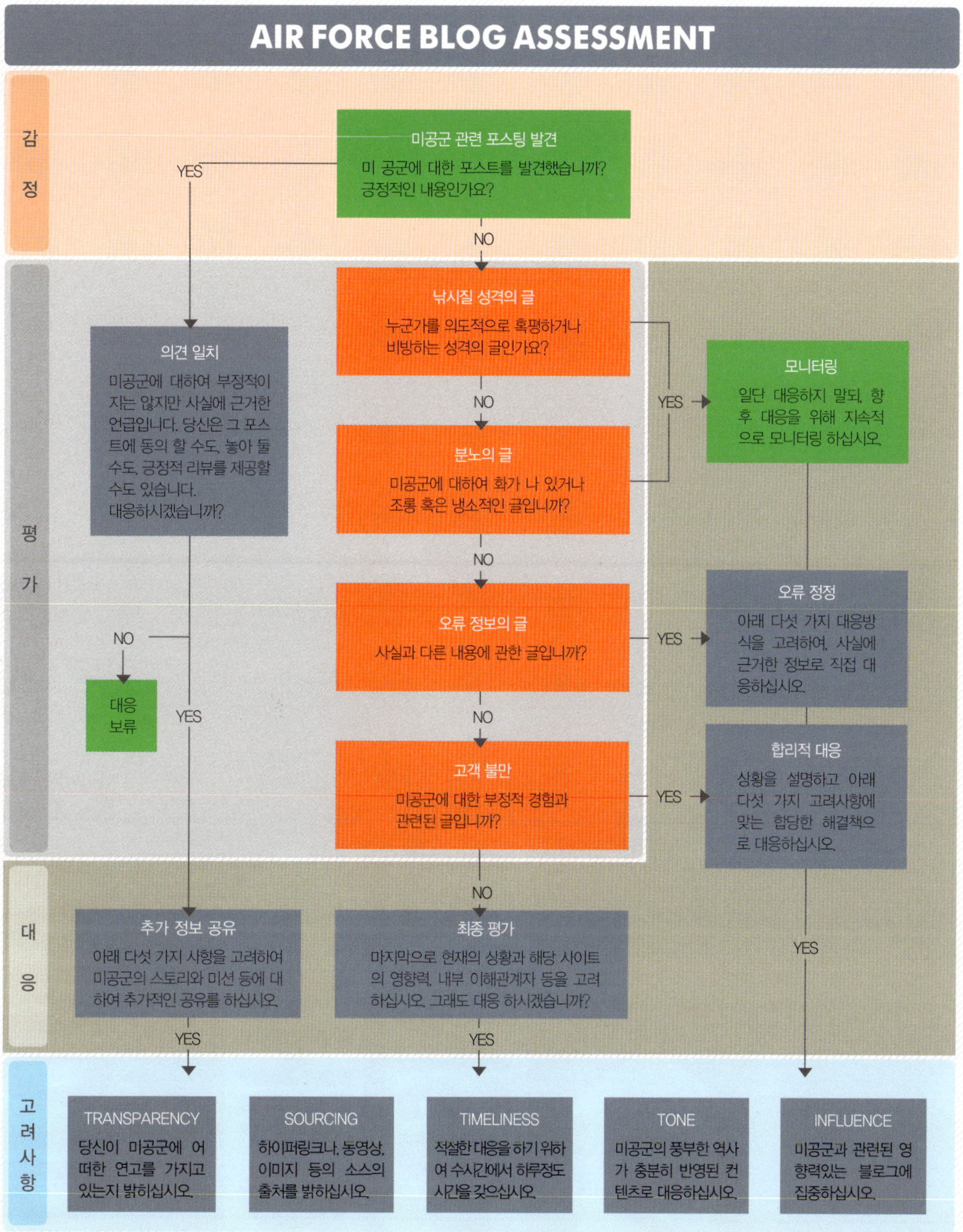

AIR FORCE BLOG ASSESSMENT

감정
- 미공군 관련 포스팅 발견: 미 공군에 대한 포스트를 발견했습니까? 긍정적인 내용인가요?

평가
- 의견 일치: 미공군에 대하여 부정적이지는 않지만 사실에 근거한 언급입니다. 당신은 그 포스트에 동의 할 수도, 놓아 둘 수도, 긍정적 리뷰를 제공할 수도 있습니다. 대응하시겠습니까?
- 낚시질 성격의 글: 누군가를 의도적으로 혹평하거나 비방하는 성격의 글인가요?
- 분노의 글: 미공군에 대하여 화가 나 있거나 조롱 혹은 냉소적인 글입니까?
- 오류 정보의 글: 사실과 다른 내용에 관한 글입니까?
- 고객 불만: 미공군에 대한 부정적 경험과 관련된 글입니까?
- 모니터링: 일단 대응하지 말되, 향후 대응을 위해 지속적으로 모니터링 하십시오.
- 오류 정정: 아래 다섯 가지 대응방식을 고려하여, 사실에 근거한 정보로 직접 대응하십시오.
- 합리적 대응: 상황을 설명하고 아래 다섯 가지 고려사항에 맞는 합당한 해결책으로 대응하십시오.
- 대응 보류

대응
- 추가 정보 공유: 아래 다섯 가지 사항을 고려하여 미공군의 스토리와 미션 등에 대하여 추가적인 공유를 하십시오.
- 최종 평가: 마지막으로 현재의 상황과 해당 사이트의 영향력, 내부 이해관계자 등을 고려하십시오. 그래도 대응 하시겠습니까?

고려사항
- TRANSPARENCY: 당신이 미공군에 어떠한 연고를 가지고 있는지 밝히십시오.
- SOURCING: 하이퍼링크나, 동영상, 이미지 등의 소스의 출처를 밝히십시오.
- TIMELINESS: 적절한 대응을 하기 위하여 수시간에서 하루도의 시간을 갖으십시오.
- TONE: 미공군의 풍부한 역사가 충분히 반영된 컨텐츠로 대응하십시오.
- INFLUENCE: 미공군과 관련된 영향력있는 블로그에 집중하십시오.

미공군의 블로그 대응 평가 흐름도는 세 단계로 구분된다. 감정, 평가, 대응 단계에 따른 대응 여부 판단을 한 후, 대응이 결정되면 다섯가지 요소를 고려하여 대응하도록 매뉴얼화 되어 있다.

1. 감정하기 : 블로고스피어에 미국 공군에 관련된 글을 발견하게 되면, 긍정적인지 부정적인지에 따라 대응 방향을 결정한다.
2. 평가하기
    - 긍정적인 글일 경우에는 그대로 대응을 하지 않거나 혹은 공군에 연관된 스토리를 추가로 공유한다.
    - 부정적인 글은 낚시질 성격의 글, 분노의 글, 오류 정보의 글, 불만 고객의 글 등 4가지 유형으로 나뉘며, 글의 내용에 따라 모니터링만 할 것인지, 오류 정보를 수정해서 전달할 것인지, 불만 고객에게 어떻게 대응할 것인지에 따라 방향을 결정한다.
3. 대응하기 : 상기 두 개의 감정 및 평가단계를 통해 대응 방향을 결정하고 나면, 대응자를 투명하게 공개하기, 정보의 출처 공개하기, 수시간 내에 대응하기, 미국 공군의 입장을 반영하여 대응하기, 주요 영향력 블로그에게 대응하기 등 다섯가지 대응 방식을 취하게 된다.

참고: junycap.com/blog/466 _에델만코리아 이중대 이사의 블로그 포스트 중 '미국 공군으로부터 한 수 배우는 블로고스피어 대화 참여하는 법'

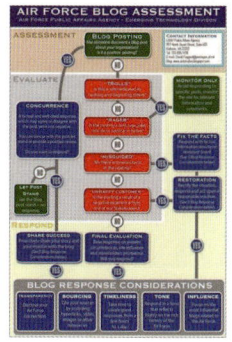

미공군의 블로그 대응 실제 흐름도

트렌드를 창출하되 수익을 전제하라
수익마인드
ON-Business, ON-Branding

BRAND IDENTITY
PHILOSOPHY
TRANSPARENCY
ON-GOING
TRUTH
PASSION
PROFIT CHAIN

많은 사람들이 온라인이라는 공간의 가능성을 감지하고 새로운 사업을 시도하고 있다. 그들의 기업가정신 덕분에 구글, 위키피디아, 유튜브, 트위터, 페이스북과 같은 신선한 아이디어가 온라인 세상을 한층 업그레이드시켰다. *오이스터닷컴Oyster.com도 이러한 기업가정신에 의해 탄생한 웹사이트다. 이들의 열정을 높이 산, 베인Bain이라는 기업은 640만 달러(약 80억 원)의 초기 비용을 오이스터닷컴에 투자했다. 이로써 오이스터닷컴은 소비자에게 보다 전문적이고 객관적인 호텔 리뷰정보를 제공할 수 있게 되었다.

그런데 이러한 좋은 정보를 무료로 제공하는, 선한 의도를 가진 기업이 해결해야 할 문제가 있다. 바로 수익 모델이다. 수익에 대한 오이스터닷컴의 공식적인 입장은 다음과 같다. "현재 저희가 집중해야 할 것은 사람들이 올바른 정보를 통해서 머무를 장소를 찾고 결정할 수 있도록 돕는 것입니다. 시장이 원하는 컨텐츠는 개인적인 취향이나 편견에 치우치지 않는 객관성이 있으면서 꾸며내지 않은 자세하고 정확한 호텔 리뷰 컨텐츠입니다. 이에 대해 확신을 갖고 고객입장에서 진심을 다해 운영을 하다 보면, 후에 얼마든지 스스로 수익을 낼 수 있는 방법은 많다고 믿습니다."

아이디어 하나로 시장에 뛰어들어 사업을 시작하면 당장 수익을 내지 못할 수도 있다. 하지만 오이스터닷컴이 온비즈니스가 되기 위해서는 초기에는 투자를 받더라도 가까운 미래에는 스스로 수익 모델을 찾을 수 있어야 한다. 온비즈니스는 반짝하고 사라지는 '유행성 비즈니스'가 아니다. 비즈니스 모델이 자생적인 수익을 창출하여 시장에서 큰 영향력을 행사하고, 오랫동안 ON되는 것이 온비즈니스다. 따라서 단지 누군가의 투자 혹은 인수만을 기대하는 수동적인 마인드로 온비즈니스는 불가능하다. 선한 열정과 철학에서 출발한 오이스터닷컴이기에 미국 유명 언론들조차 온브랜딩에서도 중요한 요소인 '정직함, 전문성, 지속성'이라는 키워드로 이 기업을 주목하고 있다. 온브랜딩의 많은 요소들을 이미 갖추고 있는 오이스터닷컴이기에 수익에 대한 자생력까지 갖춘다면 진정한 의미의 온브랜딩, 온브랜드가 되는 길은 그리 멀지 않을 것이다. UB

*오이스터닷컴Oyster.com 의 스토리

오이스터닷컴은 여행 전문 기자 13명과 전문 에디터 세 명의 정직원을 둔 호텔 전문 리뷰 웹사이트다. 어떠한 작위적인 수정도 하지 않은 수백 장의 사진, 한 눈에 들어오는 정리된 정보, 전문 여행가가 기자로 활동하면서 객관적인 기준으로 평가한 리뷰, 학력·경력·거주 장소·호텔 리뷰 수 등과 기자의 프로필을 투명하게 공개하는 등 소비자가 신뢰할만한 기준을 가지고 호텔 정보를 제공하고 있다. 이러한 오이스터닷컴은 엘리Elie, 에리얼Ariel 그리고 이스탄Eystan이라는 세 명의 창립자에 의해 런칭되었다. 엘리와 에리얼은 Epana라는 선지불 전화카드 사업을 2000년 초에 런칭하면서, 사업상 미국 전역을 돌아다닐 일이 잦아졌다. 이로 인해 오성급 호텔부터 싸구려 숙박집까지 경험하지 않은 호텔이 없을 정도였다. 엘리와 에리얼이 원하는 호텔 스타일은 달랐는데, 엘리는 쿨한 디자인, 테라스, 강한 수압, 인터넷 이용 가능, 편안한 침대가 있는 호텔을 원했다. 반면 에리얼은 그의 딸을 위한 어린이용 미니 풀, 자신을 위한 미니바가 준비된 호텔을 찾았다. 이러한 기준에 맞는 적당한 호텔을 인터넷에서 검색해봐도 그리 쉽게 정보가 찾을 수 없었다. 이러한 문제를 그들은 마이크로소프트 인터넷 검색 비즈니스를 담당하고 있는 이스탄과 앤디Andy에게 물어보았다. "검색은 기본적인 컨텐츠가 존재하지 않으면, 정보를 줄 수 없습니다"라는 답변을 들은 엘리와 에리얼은 또 다른 사업의 기회 감지하게 됐고, 이스탄과 함께 2009년 6월 22일 오이스터닷컴을 런칭했다.

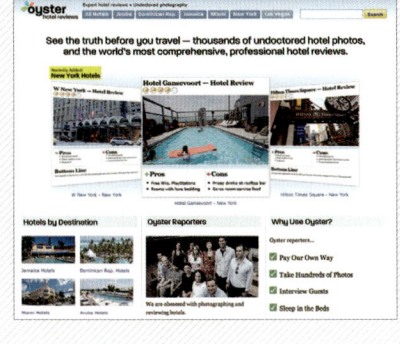
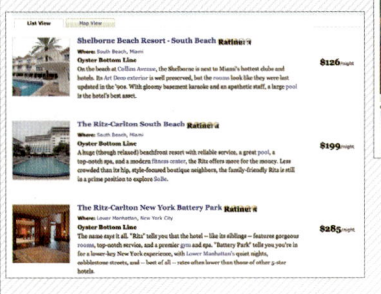
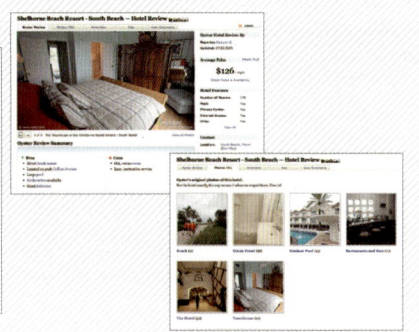

BUSINESS INSIGHT 6

선도적 기술 & 파괴적 기술
Advanced Tech. & Disruptive Tech.

유니타스클래스 이사 김경필

> 고객은 선도적인 기술에 놀라고, 파괴적인 기술에 돈을 낸다.

최근 들어 많은 IT관련 종사자 분들과 꽤 많은 인터뷰를 하게 되었는데 그분들의 기술에 대한 열정과 집착에 놀랐다. 날마다 신기술이 나오는 이러한 산업에서 앞선 기술에 대한 열망은 타 산업에 비해 훨씬 강해, 기술에 뒤지는 것을 마치 사망 선고로 여기는 것 같았다. 그래서 앞선 기술로 세상을 놀라게 하는 구글은 언제나 엔지니어들에겐 동경의 대상이다. 여기서 나는 독자들에게 재미있는 질문을 하나 해보려 한다.

"과연 구글은 선도적 기술을 그 누구보다 먼저 개발했기 때문에 성공했을까?"

필자는 구글이 선도적 기술$^{Advanced\ Tech.}$을 개발한 뒤에 성공한 것은 맞지만 구글의 성공 이유가 앞선 기술 때문이라는 사실에는 선뜻 동의하기 힘들다. 구글 어스, 스트리트 뷰 등의 서비스는 놀랍지만 기술의 놀라움 자체로 수익을 창출해 내지는 못하고 있다. 아직까지 구글이 제대로 돈을 버는 분야는 검색광고가 거의 유일하다. 10여 년 전 혜성같이 나타났다 혜성같이 사라진 넷스케이프도 수억 달러의 투자금을 모으는 데는 성공했지만 장기적 수익모델을 만드는 데에는 실패했다. 필자의 기억에는 선도적 기술$^{Advanced\ Tech.}$을 가졌음에도 불구하고 소리 없이 사라진 회사가 성공한 회사보다 오히려 더 많다. 소비자(유저와 광고주)는 새롭고 선도적인 기술에 신기해 하며 박수를 보내긴 하지만, 그 기술 자체에 돈을 낼 가능성은 크지 않기 때문이다. 그래서 기업이란 아무리 선도적 기술과 놀라운 서비스를 제공해도 장기적으로 수익이 발생하지 않으면 버틸 수 없는 것이다.

선도적인 기술이 의미가 있는 경우는 선도적 기술 때문에 소비자가 놀랐을 때가 아니라 소비자의 라이프를 파괴적으로 바꾸어 버렸을 때다. 소비자는 온라인에서 책을 구입할 수 있다는 사실에 놀라서 아마존을 이용하는 것이 아니라, 몇 번의 클릭으로 책을 구입하는 것이 번거롭게 서점에서 구입하는 것보다 실제적으로 도움이 되었기에 기꺼이 돈을 지불하는 것이다. KT의 영상통화 서비스인 SHOW의 놀라운 광고효과로 대한민국 국민모두가 영상통화서비스에 놀라고 신기해하지만 많은 사람들이 영상통화의 필요성에는 의문을 표하고 돈을 지불하지 않고 있기에, 비록 큰 반향을 일으키는 데는 성공하였지만 아직 제대로 사업화 되지 않고 있다. 또한 게임업체인 닌텐도는 X-box보다 더 선도적인 기술을 사용했다고 보기 어렵지만 사업은 더 잘되고 있다. 닌텐도의 기술은 선도적이지 않지만 파괴적이어서 평범한 일반 소비자도 게임을 친근하게 여기고 기꺼이 돈을 내고 닌텐도를 즐기기 때문이다.

요즘 포털시장에서는 검색이 가장 중요한 키워드다. (검색이 중요한 이유는 광고주가 기꺼이 검색광고에 돈을 지불하기 때문이다). 그래서 포탈을 비롯한 관련 시장의 모두가 좀더 발전된 기술을 적용한 좀더 정확한 서비스를 만들어내는 데에 고민하고 있으며 홍보담당자들은 자신의 검색이 우월하다고 말하고 있다. 나는 이 시장의 판을 바꾸려는 포털들은 구글 검색을 따라한 선도적 기술의 검색이 아니라 지금의 검색과는 전혀 다른 그래서 유저의 라이프를 변화시킬만한 변종적 이면서 파괴적인 패러다임 전환이 필요하다고 믿는다. 고객은 선도적인 서비스에 놀라고 파괴적인 서비스에 돈을 지불하기 때문이다. 그렇다고 선도적인 기술을 폄하하자는 것은 아니다. 엔지니어는 선도적인 기술을 선도적으로 만들어야 하고 오히려 이를 파괴적으로 활용하는 것은 경영자의 몫이다.

Unitas BRAND
ALL SET

유니타스브랜드의 **히스토리**History를
여러분의 **스토리**Story로 적용할 때입니다

Unitas BRAND는 총 22권, 약 5,600 페이지로 구성되어 있으며 기획기간 3년, 제작기간 4년 동안 성공적인 브랜드 사례 270여 개를 분석하고 국내 전문가 및 브랜드 현장 리더 500여 명, 해외 석학 및 전문가 90여명의 지식을 압축하여 만들어진 브랜드 매거북 시리즈입니다.

격월로 발행되는 유니타스브랜드를 Vol.21 '브랜드의 미래'까지 모두 모아 구성하는 **ALL SET**는 경영자는 물론 브랜더, 마케터, 디자이너의 참고서 입니다. 프로젝트 기획 및 프레젠테이션, 사내 그룹 스터디, 직원 교육 등에 활용되고 있는 유니타스브랜드 전 권을 이제, 당신의 서재에 보관하십시오.

20% Off

SEASON I 브랜딩
+
SEASON II 솔루션

~~410,000원~~

328,000원

Vol.1 ~ Vol.21 총 21권 구성

Unitas CLASS
School of Marketing and Strategy

마케팅과 전략의 교육 솔루션으로
10만 명의 전략가를 양성하는 기업 교육 회사입니다

Open Program
개인의 역량향상과 팀의 성과향상을 위해 최적의 전략과 솔루션을 제공하는 공개교육 프로그램

Human Insight를 통한 Creative Ideation,
[Reading for Leading] 성과내는 책 읽기

Premium Program
체계적인 사전분석과 커뮤니케이션을 통해 해당 기업의 문제를 해결하고 성과를 도출하는 기업 맞춤형 교육 프로그램

신입사원 브랜드 교육, 브랜드 내재화 교육, 디자이너를 위한 브랜딩 스쿨, 브랜드 비전/미션개발, 임원들을 위한 BrandView교육, 브랜드마케팅 시장조사 방법론, 브랜드 컨셉 구축과 실행

Network Program
최고의 전문가와 현장담당자들의 지식과 경험을 공유하는 세미나 / 컨퍼런스 프로그램

Book-Seminar, 정기 컨퍼런스, 24hr 컨퍼런스,
UNITAS MATRIX 세미나, Unitas Viewer Box

㈜유니타스클래스 www.unitasclass.com
3F, 907-4, Seokgyo bldg., Bangbae-dong, Seocho-gu, Seoul, KOREA 137-060
T +82.2.517.1984 / +82.333.0478   F +82.2.517.1921   E class@unitasclass.com   담당 **신현선** 팀장

기업의 미래에 투자하는
신입사원 브랜드 교육

Why 브랜드 교육?

기업의 전략은 누구나 따라할 수 있습니다. 그러나 강력한 브랜드는 그 누구도 쉽게 넘볼 수 없습니다.

직무기술서에 쓰여진 일만 잘하는 신입사원을 만드시겠습니까, 자사 브랜드에 대한 주인의식을 통해 강력한 브랜드를 구축해가는 신입사원으로 육성하시겠습니까? 선배가 시키는 일만 잘하는 신입사원을 만드시겠습니까, 고객의 눈으로 시장과 기업을 읽고, 자사 브랜드의 미래가치를 찾는 신입사원으로 성장시키겠습니까?

유니타스클래스의 '신입사원 브랜드 교육'을 통해 신입사원과 기업의 미래에 투자하시기 바랍니다.

교육내용

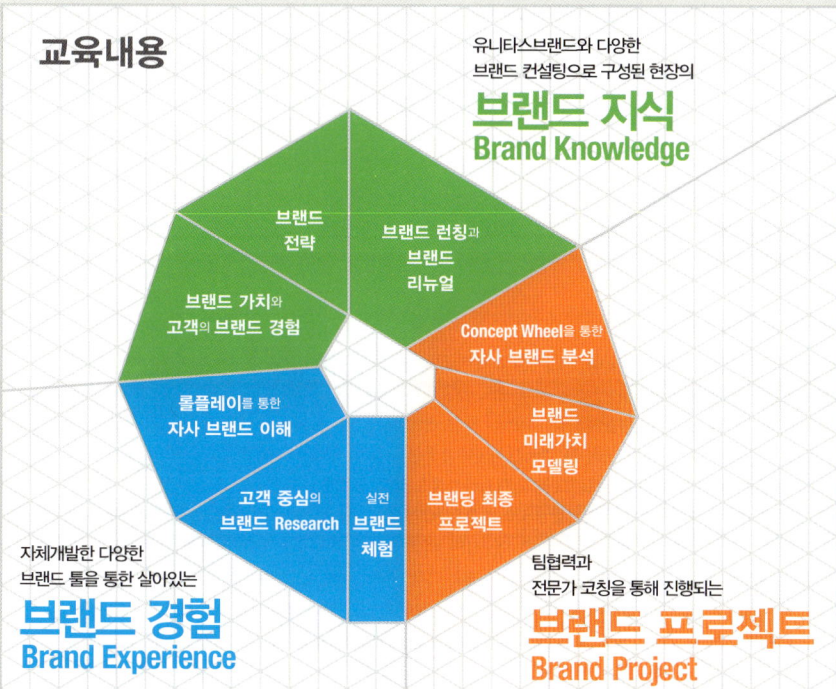

유니타스브랜드와 다양한 브랜드 컨설팅으로 구성된 현장의
브랜드 지식
Brand Knowledge

자체개발한 다양한 브랜드 툴을 통한 살아있는
브랜드 경험
Brand Experience

팀협력과 전문가 코칭을 통해 진행되는
브랜드 프로젝트
Brand Project

교육대상	각 기업의 **신입사원** 또는 **주니어급 사원**
교육기간	기본형 1~2일 프리미엄형 3~4일 기업에 따라 협의후 조정
교육방법	강의, 특강, 체험활동, 게임, 롤플레이, 모델링, 팀협력 프로젝트

※기준 인원은 **15명 이상**이며, 비용은 협의 후 결정합니다.

기대효과
- 고객 관점에서 브랜드 중요성을 인식하고 브랜드를 보는 시각을 갖게 합니다.
- 신입사원의 신선한 시각으로 자사 브랜드를 관찰할 수 있는 시각을 갖게 합니다.
- 자사 브랜드의 브랜드 정체성을 분석하여 미래 가치창출의 기회를 발견할 수 있습니다.
- 신입사원으로서 다양한 프로젝트에 능동적으로 참여할 수 있는 프로세스와 방법을 학습합니다.

Unitas CLASS
School of Marketing and Strategy

Premium Program
체계적인 사전분석과 커뮤니케이션을 통해
해당 기업의 문제를 해결하고 성과를 도출하는
기업 맞춤형 교육 프로그램

Unitas BRAND
유니타스브랜드
SEASON I Vol.11

PUBLISHER / EDITOR-IN-CHIEF 권 민
ART DIRECTOR 안은주

COMMUNICATION MANAGER 조선화

EDITOR 윤현식, 조이라, 박지연, 문지호

FEATURE EDITOR 배근정

WEB EDITOR 박요철

SPECIAL FEATURE EDITOR
UNITAS CLASS 김우형, 김경필

BOOK DESIGN AND ARTWORK
ART DESIGNER 이상민, 이진희, 박혜림

UNITAS FINDER
PHOTOGRAPHER 김학중

BUSINESS MANAGER 진경은
MARKETING MANAGER 김일출
MARKETING 윤인섭, 최승원
CONSUMER MARKETING 양성미
EDUCATION MANAGER 신현선

WEB CHIEF EXECUTIVE OFFICER 주로니

SPECIAL COMMITTEE OF DIRECTOR
주우진, 홍성태, 나건

도서등록번호 서울 라 11598
ISBN 978-89-93574-26-5
출판등록 2007. 7. 3
초판 1쇄 2009. 8. 12
초판 2쇄 2011. 9. 30
인쇄 ㈜프린피아

3F, 907-4, Seokgyo bldg., Bangbae-dong,
Seocho-gu, Seoul, KOREA, 413-843
서울시 서초구 방배동 907-4 석교빌딩 3층
Tel 02) 542-8508 Fax 02) 517-1921
광고문의 02) 333-0628
구독문의 02) 545-6240 010) 4177-4077

이 책은 저작권법에 따라 보호 받는 저작물이므로 무단전재와 무단복제를 금지하며, 이 책의 전부 또는 일부를 이용하려면 반드시 ㈜모라비안유니타스의 서면 동의를 받아야 합니다. 이 책에 수록된 글, 사진, 그림 등은 ㈜모라비안유니타스에 저작권이 있으며, 이미지는 저작권자의 허락을 얻어 실었습니다. 계약을 얻지 못한 일부 이미지들에 대해서는 편집부로 연락하여 주시기 바랍니다.

www.unitasbrand.com

기업구독자

경기도교육정보연구원(문헌자료실), 한국광고단체연합회, 스튜디오바프㈜, ㈜뉴데이즈, ㈜애드쿠아 인터렉티브, ㈜해피머니 아이엔씨, ㈜이투스, ㈜컨셉, 한국우편사업지원단, 우리컴, ㈜한국용기순환협회, ㈜디자인원, 얼반테이너, 민주화 운동기념 사업회, 광고인, 디자인수목원, ㈜에스마일즈, 다우그룹, 비아이티컨설팅㈜, ㈜카길애그리코리아, 한국수입업협회, 송추가마골, 굿앤브랜드, ㈜마더브레인, 브랜드36.5, 브랜들리, ㈜위즈덤하우스, ㈜작인, ㈜반디모아무역, ㈜브릿지 래보러토리, 한양애드, TBWA KOREA, ssp company, ㈜더크림유니티, MDSPACE, 유니버설문화재단, ㈜준코토미컴퍼니, ㈜아티포트, ㈜휴먼컨설팅그룹, ㈜한빛인터내셔널, 대림통상, ㈜디자인컨티늄코리아, ㈜에이션패션, 동화홀딩스㈜서울사무, 더아이디어웍스 주식회사, 중소기업 기술정보진흥원, 익사이팅월드커뮤니케이션, ㈜인디부니, 프린서프, 아이비즈웍스, 에리트베이직, ㈜빅솔, 브랜드아큐멘, ㈜아이듀오, rogmedia, ㈜위즈코리아, 지아이지오, 서하브랜드네트웍스, ㈜에스앤씨네트웍스, ㈜씨엠엠인터라거티브, 주식회사 오디바이크, ㈜엑스프라임, 삼화페인트공업㈜, CDR어소시에이츠, 시니어커뮤니케이션, 에이다임, 고양아람누리, ㈜세라젬, ㈜기독교호텔레비전, 시티그룹글로벌마켓증권, 서울장애인종합복지관, ㈜네시삼십삼분, obs경인tv, 금양인터내셔날, ㈜에프앤어스, 아시아저널, 한국생산성본부, 이다커뮤니케이션즈㈜, ㈜플립커뮤니케이션즈, 여름커뮤니케이션, ㈜인터내셔널 비아이에프, ㈜줌톤, ㈜이디엠에듀케이션, ㈜에듀인피플, ㈜한국성서유니온선교회, ㈜휴맥스, 대구전문서적, ㈜이룸네트워크, 리빙디자인연구소, ㈜루키스, 더브레드앤버터, ㈜윕스, ㈜아크앤팬컴, ㈜코리아더커드, 롯데삼강, 유엠엑스, ㈜투데이아트, ㈜더블유알지, ㈜패션홀릭

외부 교육 프로그램 진행

LG 전자 CVI그룹(고객가치 혁신팀) 마케팅 교육, 서울시청 해외 마케팅팀 브랜드 마케팅 교육, 펀 마케팅 클럽, PMC프러덕션 교육, 이화여대 평생교육원 MD과정 교육, 연세대학교 브랜드 전문가 과정(BM스쿨), ㈜세정그룹 마케팅 교육, ㈜톰보이 임원 워크샵 특강, ㈜티디코 브랜드 특강, 프랭클린 플래너 마케팅 특강, 한국디자인진흥원 실무디자이너 재교육 기획마케팅 과정, ㈜알파코 2008 우편원격교육 교재지정(노동부), 라퀴진 아카데미 트렌드 강의, 특허청 디자인트렌드 강의, 한국관광공사 온라인 브랜드 강의, 대우 일렉트로닉 디자인 트렌드 강의, Daum 브랜드 강의, 신세계 유통 연수원 교육, MD들의 수다장 정기세미나, 브랜드 커뮤니티 「링크나우」 세미나, 제1회 인사이트 포럼 「패션 인사이트 창간10주년 기념」 특강, 웹어워드 2010 온라인 브랜드 마케팅 세미나, 서울 패션 소싱 페어 2010, 마포청년 창업아카데미 「마포명물가게만들기」브랜드특강, ㈜하이트 임원 역량 강화 교육, 연세대학교 브랜드 전문가 과정, 대구 경북 디자인센터, 세정 시장조사 교육, GM 브랜드강의, 디자인코리아 2010 브랜딩스쿨, 서울디자인재단 디자이너스테이블, 호서선도대학 「창업실무」강의, 2011 프랜차이즈 서울 spring 「브랜드창업」 특강, 콘텐츠진흥원 「청년창의와 열정 취업특강」, 지콜론 3rd 세미나 「브랜드 특강」, SK커뮤니케이션즈 「브랜딩, 자기다움과 남과 다름」 특강, 이마트 신입사원 브랜드 교육, '아내가 창업을 한다 cafe' 북세미나 3회, 하나은행 「마케팅 챌린지코스」, 이랜드 전략기획본부 「브랜드 특강」, 중소기업유통센터 신진디자이너 「브랜드 창업」 특강, 서울디자인재단 「브랜드 디자인」 창업 특강, LG패션 「해외시장조사」 특강, 연세대 창업선도대학 「브랜드 창업」, 성공창업패키지 「브랜드 창업」 특강

Unitas BRAND MEMBERSHIP

www.unitasbrand.com
TEL 02.545.6240
MOBILE 010.4177.4077
격월 짝수달 초 발행

등급별 가이드

회원 여러분의 필요에 맞춰 다양한 등급별 정기구독 제도를 마련하였으니, 각각의 혜택을 참조하여 꼭 필요한 멤버십 회원으로 신청하시기 바랍니다.

Red 기업단체구독 MEMBERSHIP 레드 450,000원

유니타스브랜드 정기발송 (5권 X 연 6회)

기업로고 노출 (BI/CI)

유니타스브랜드 뉴스레터

특별 세미나

구분	브랜드 매거진			지식 세미나		통합지식 네트워크
Purple 퍼플 300,000원	유니타스브랜드 정기발송 (연 6회)	유니타스브랜드 뉴스레터	무크지 or 단행본 (연 1회)	유니타스브랜드 컨퍼런스 (동반 2인 무료)	브랜딩 클래스 (연 2회)	북 세미나 (연 4회)
Black 블랙 120,000원	유니타스브랜드 정기발송 (연 6회)	유니타스브랜드 뉴스레터	무크지 or 단행본 (연 1회)	유니타스브랜드 컨퍼런스 (동반 1인 50% OFF)		
Green 그린 96,000원	유니타스브랜드 정기발송 (연 6회)	유니타스브랜드 뉴스레터				

세미나 및 교육 가이드

*사정에 의해 일정이 변경될 수 있습니다.

구분	횟수/시간	참가비	무료 참가자격	1월	2월	3월	4월	5월	6월	7월	8월	9월	10월	11월	12월
Branding Class (권민 편집장 브랜딩 클래스)	2회 (pm 7:00~8:30)	100,000원	퍼플 (동반 1인 50% OFF)						6/9					○	
UnitasBRAND Conference (유니타스브랜드 컨퍼런스)	4회 (pm 1:30~6:00)	70,000원	퍼플 (동반 2인 포함) 블랙 (동반 1인 50% OFF)				4/7		6/24				○	○	
Book Seminar (북 세미나)	4회 (pm 7:00~9:00)	20,000원	퍼플			3/4	4/12						○	○	
Knowledge Donation Conference (지식기부 컨퍼런스)	1회	–	–										○		
Red 특별세미나	1회	–	레드										○		

구입처

Unitas BRAND
- ONLINE: YES24, 인터파크, 알라딘, 교보문고, 영풍문고, 반디앤루니스, 리브로, 11번가
- OFFLINE: 교보문고 전점, 영풍문고 전점, 반디앤루니스 전점, 리브로(수원점), 프라임문고(신도림점), 대교문고 외 기타 자세한 내용은 홈페이지 www.unitasbrand.com FAQ 참조

UNITAS MATRIX
- ONLINE: FUN SHOP, 10X10, YES24, 인터파크, 알라딘, 1300K, 비젠(베스트벤), 후추통.
- OFFLINE: 교보문고 핫트랙스(광화문점, 강남점, 영등포점, 잠실점, 목동점, 수유점) 영풍문고(종로점, 명동점), 반디앤루니스(종로점, 신림점, 코엑스점, 롯데스타점), 북바인더스(가로수본점)

㈜모라비안유니타스 서울시 서초구 방배동 907-4 석교빌딩 3층 Tel 02.545.6240 Email unitas@unitasbrand.com @UnitasBRAND

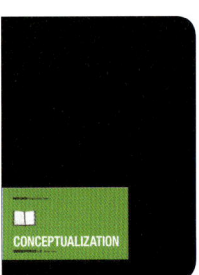

IMAGINATION
아이디어를 자유롭게 적어
보세요.

CONCEPTUALIZATION
컨셉 휠을 이용해 당신의
아이디어를 정리해보세요.

PROCESSIBILITY
정리된 컨셉을 각종
프로젝트에 활용하세요.

INTEGRATION
아이디어, 컨셉, 프로세스를
한번에 관리할 수 있습니다.

IDEATIOIN
당신의 아이디어를
사분면을 활용해 정리하세요.

SOFT IMAGINATION LINE
아이디어를 줄 노트에 정리해
보세요. (소프트 커버)

SOFT IMAGINATION DOT
아이디어를 도트 노트에 정리
해보세요. (소프트 커버)

SOFT CONCEPTUALIZATION
컨셉 휠을 이용해 아이디어를
정리하세요. (소프트 커버)

SOFT PROCESSIBILITY
정리된 컨셉을 각종 프로젝트
에 활용하세요. (소프트 커버)

SOFT INTEGRATION
스마트 인티그레이션
노트입니다. (소프트 커버)

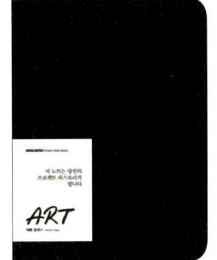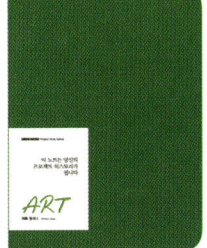

ART black
당신의 단기 프로젝트를
돕습니다. (3개월)

ART green
당신의 단기 프로젝트를
돕습니다. (3개월)

SOFT IDEATION
당신의 아이디어를
사분면을 활용해 정리하세요.
(소프트 커버)

RESEARCH
시장조사의 필수 노트!
리서치 노트입니다.

R(w)EAD
책을 읽고 성과를 창출해
보세요.

PROJECT IS ART

당신의 프로젝트
히스토리가 됩니다.

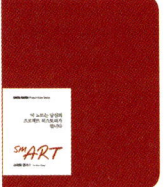

smART black
작은 사이즈로 단기
프로젝트를 돕습니다.
(3개월)

smART red
작은 사이즈로 단기
프로젝트를 돕습니다.
(3개월)

smART green
작은 사이즈로 단기
프로젝트를 돕습니다.
(3개월)

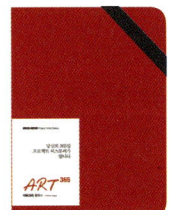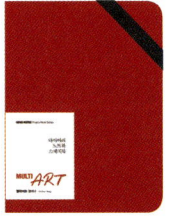

ART365 black
장기 프로젝트를 위한
노트입니다. (1년)

ART365 red
장기 프로젝트를 위한
노트입니다. (1년)

multi ART black
프로젝트뿐만 아니라
드로잉과 스케치를 할 수
있습니다. (1년)

multi ART red
프로젝트 뿐만 아니라
드로잉과 스케치를 할 수
있습니다. (1년)

UNITAS MATRIX

ONLINE FUN SHOP, 10X10, YES24, 인터파크, 알라딘, 1300K, 베스트펜, 후추동, 디자인 태그, 도서 11번가, G-Market
OFFLINE **핫트랙스** 광화문점, 강남점, 영등포점, 목동점, 수유점, 잠실점, **영풍문고** 종로점, 명동점, **반디앤루니스** 코엑스점, 종로점, 신림점, 롯데스타점, **북바인더스** 가로수본점, **두란노** 양재점

Follow Me!
@UNITASMATRIX

Copyright©2008 by **MORAVIANUNITAS** 3F, 907-4, Seokgyo bldg, Bangbae-dong, Seocho-gu, Seoul, KOREA Tel. 02.545.6240 Mobile. 010.2269.7384 www.unitasmatrix.com